Manfred Braunger

Kalifornien

REISE-HANDBUCH

Inhalt

California Dreaming zwischen Wüste und Meer 10
Kalifornien als Reiseziel 12
Planungshilfe für Ihre Reise 15
Vorschläge für Rundreisen 20

Wissenswertes über Kalifornien

Steckbrief Kalifornien 24
Natur und Umwelt 26
Wirtschaft, Soziales und aktuelle Politik 34
Geschichte 40
Zeittafel 50
Gesellschaft und Alltagskultur 52
Architektur und Kunst 58

Wissenswertes für die Reise

Anreise und Verkehr 72
Übernachten 76
Essen und Trinken 81
Outdoor 89
Feste und Veranstaltungen 93
Reiseinfos von A bis Z 97

Unterwegs in Kalifornien

Kapitel 1 – Los Angeles und Umgebung

Auf einen Blick: Los Angeles und Umgebung 120
Downtown Los Angeles 122
Zwischen Chinatown und Pershing Square 122
Südlich von Downtown 133
Aktiv: Fitnesstraining im Morning Crunch Boot Camp 139

Hollywood und Umgebung 141
Hollywood Boulevard 144
Weitere Ziele in Hollywood 148

Aktiv: Auf dem Promifriedhof von L. A.	149
West Hollywood	154

Zwischen Downtown und Santa Monica	**158**
Wilshire Boulevard und Umgebung	158
Westside	164

Die Küste und Orange County	**166**
Malibu und Pacific Palisades	166
Aktiv: Der South Bay Bicycle Trail	168
Santa Monica	169
Aktiv: Treppenlaufen in Santa Monica	172
Venice	172
Marina del Rey	174
Die Küste der South Bay	176
San Pedro	178
Long Beach	178
Orange County	180
Aktiv: Stand-Up Paddling in Huntington Beach	181
Anaheim	184

San Fernando und San Gabriel Valley	**186**
San Fernando Valley	186
San Gabriel Valley	187
Pasadena	188

Kapitel 2 – San Diego und Umgebung

Auf einen Blick: San Diego und Umgebung	**194**
Das Stadtzentrum von San Diego	**196**
Downtown San Diego	196
Balboa Park	201
Aktiv: Rundgang durch Old Town San Diego State Historic Park	204
Presidio Hill	205
Mission Valley	205
Aktiv: Ausflug ins mexikanische Tijuana	208

Die Küste von San Diego	**212**
Mission Bay	212
Pacific Beach	213
Aktiv: Baden, biken, joggen im Mission Bay Park	214
Ocean Beach	216
Point Loma	217

Coronado Peninsula. 217
Aktiv: Outdoor-Paradies: Die Südspitze von Point Loma 218

La Jolla und North San Diego County. 222
La Jolla 222
Del Mar. 225
Solana Beach 226
Rancho Santa Fe 226
Encinitas. 226
Carlsbad 227
Oceanside 228

Kapitel 3 – Kalifornische Wüsten und Las Vegas

Auf einen Blick: Kalifornische Wüsten und Las Vegas 234
Von San Diego in die südkalifornische Wüste 236
Auf der Interstate 8 nach Osten. 236
Anza-Borrego Desert S. P. 240
Julian. 244
Rückweg nach San Diego 245

Coachella Valley und Joshua Tree National Park 246
Auf dem Weg nach Palm Springs 246
Palm Springs. 249
Aktiv: Wüstenwanderung auf dem Palm Canyon Trail. 253
Coachella Valley. 254
Joshua Tree N. P. 256
Aktiv: Klettern im Joshua Tree National Park. 260
Filmkulissen und Geisterstädte 262

Death Valley, Mojave-Wüste und Las Vegas 264
Death Valley N. P.. 264
Aktiv: Erkundungen im Mojave National Preserve 270
Rhyolite 274
Las Vegas 275

Kapitel 4 – Zwischen Los Angeles und San Francisco

Auf einen Blick: Zwischen Los Angeles und San Francisco . 286
Central Coast 288
Auf dem Weg nach Santa Barbara. 288
Aktiv: Wandern und paddeln im Channel
    Island National Park 289
Santa Barbara. 290
Umgebung von Santa Barbara. 298

Pismo Beach 299
Aktiv: Mit dem ATV oder zu Fuß in den Oceano Dunes............ 300
San Luis Obispo 302
Von San Luis Obispo nach Norden 303
Big Sur... 305
Point Lobos State Reserve 307

Monterey Bay und Salinas Valley **308**
Carmel-by-the-Sea 308
Monterey 309
Monterey Bay 314
Santa Cruz 314
Salinas Valley 317
Aktiv: Hiking im Hügelland der
    San Gabilan Mountains 320

Kapitel 5 – Central Valley und Sierra Nevada

Auf einen Blick: Central Valley und Sierra Nevada **326**
Das Central Valley **328**
Bakersfield 329
Das mittlere Valley 331
Im Sacramento-Delta 334
Sacramento 335

Die Sierra Nevada **342**
Sequoia und Kings Canyon N. P. 342
Aktiv: Wandern im Giant Forest 343
Yosemite N. P. 345
Aktiv: Zu den botanischen Schätzen im Mariposa Grove 346
Mono Lake 351
Bodie 352
Mammoth Lakes 352
Owens Valley 352
Lone Pine 353

Kapitel 6 – San Francisco und die Bay Area

Auf einen Blick: San Francisco und die Bay Area **358**
Downtown San Francisco **360**
Hafenfront 361
Aktiv: Für zwei Stunden Hobby-Matrose 363
Nördlich der California Street 364
Chinatown 367
Aktiv: Fahrt mit dem Cable Car 369
Diesseits und jenseits der Market Street 370

Großraum San Francisco 381
Von Fort Mason zum Lincoln Park. 381
Aktiv: Mit dem Rad oder zu Fuß im Golden Gate Park 384
Von den Twin Peaks in den Mission District. 385

San Francisco Bay Area. 390
Marin County 390
Aktiv: Hiking im Muir Woods National Monument. 394
Sonoma Valley 396
Napa Valley 399
Berkeley 404
Oakland 405
San José 405
Silicon Valley. 408

Kapitel 7 – Nordkalifornien

Auf einen Blick: Nordkalifornien. 412
Die Nordküste 414
Von San Francisco nach Arcata 414
Aktiv: Hiking am Point Reyes 415
Aktiv: Wanderungen entlang der Avenue of the Giants. 419
Aktiv: Baden und Kajak fahren im Humboldt Redwoods S. P. 420
Redwood National Park 424
Crescent City. 429

Nördliche Bergregion 430
Gold Country 430
Aktiv: Als Goldwäscher am American River. 432
Sacramento Valley 436
Lassen Volcanic National Park 439
Aktiv: Bergtour auf den Lassen Peak 440
Mount Shasta. 441

Lake Tahoe 444
South Lake Tahoe und Umgebung. 445
Aktiv: Wintersport am Lake Tahoe 446
Emerald Bay 448
Von Tahoe City nach Truckee 448
Das Nevada-Ufer. 450

Kulinarisches Lexikon 452
Sprachführer 454

Register 456
Abbildungsnachweis/Impressum 464

Themen

Wassernotstand im Sonnenland 28
Der Kaiser von Kalifornien 44
Als die Bilder laufen lernten 146
Vorsicht Wüste! 269
Missionsindianer: Gotteskinder und Arbeitssklaven 322
Die Geschichte des Pony Express 333
Vorbereitungen auf The Big One 374
Hölzerne Giganten 426

Alle Karten auf einen Blick

Los Angeles und Umgebung: Überblick 121
Downtown Los Angeles 126
Hollywood 142
Auf dem Promifriedhof von L. A. 149
Der South Bay Bicycle Trail 168

San Diego und Umgebung: Überblick 195
San Diego, Stadtzentrum 198
Rundgang durch Old Town San Diego State Historic Park 204
Ausflug ins mexikanische Tijuana 208
Baden, biken, joggen im Mission Bay Park 214
San Diego – Küste 216
Outdoor-Paradies: Die Südspitze von Point Loma 218

Kalifornische Wüsten und Las Vegas: Überblick 235
Von San Diego in die südkalifornische Wüste 238
Anza-Borrego Desert State Park 242
Coachella Valley und Joshua Tree National Park 248
Wüstenwanderung auf dem Palm Canyon Trail 253
Joshua Tree National Park 258
Death Valley National Park 266
Erkundungen im Mojave National Preserve 270
Las Vegas 276

Zwischen Los Angeles und San Francisco: Überblick 287
Wandern und paddeln im Channel Islands National Park 289
Santa Barbara 292
Mit dem ATV oder zu Fuß in den Oceano Dunes 300
Monterey 310
Hiking im Hügelland der San Gabilan Mountains 320

Central Valley und Sierra Nevada: Überblick 327
Sacramento. 336
Wandern im Giant Forest 343
Zu den botanischen Schätzen im Mariposa Grove 346
Yosemite National Park. 348

San Francisco und die Bay Area: Überblick 359
Für zwei Stunden Hobby-Matrose 363
Fahrt mit dem Cable Car 369
San Francisco Downtown 372
Mit dem Rad oder zu Fuß im Golden Gate Park 384
Großraum San Francisco 386
San Francisco Bay Area (nördlicher Teil) 391
Hiking im Muir Woods National Monument 394

Nordkalifornien: Überblick 413
Hiking am Point Reyes 415
Wanderungen entlang der Avenue of the Giants 419
Baden und Kajak fahren im Humboldt Redwoods S. P. 420
Die Nordküste 422
Als Goldwäscher am American River 432
Bergtour auf den Lassen Peak 440
Lake Tahoe. 445

Die Flower-Power-Bewegung, die in den 1960er-Jahren in San Francisco ihren Anfang nahm, hat in der Bay-Metropole bis heute sichtbare Spuren hinterlassen, insbesondere im Stadtteil Haight-Ashbury

California Dreaming zwischen Wüste und Meer

Wäre Kalifornien ein souveräner Staat, belegte er unter den führenden Wirtschaftsmächten der Erde Platz sechs. Auch im nationalen Vergleich nimmt der Golden State mit 40 Mio. Einwohnern eine Sonderstellung ein. Ganz zu schweigen von seiner globalen Rolle als Trendsetter, ob es sich um Mode, Freizeit, alternative Lebensformen, Hightech-Entwicklungen oder um emissionsreduzierte Autos handelt.

Nicht kleckern. Klotzen! Dieses Mantra scheint Kalifornien, dem Land der Optimisten, auf den Leib geschrieben. Der Golden State sammelt Superlative wie kein anderer amerikanischer Bundesstaat: Bevölkerungsstärkstes Mitglied der amerikanischen Union, höchster Berg auf dem zusammenhängenden Staatsgebiet, tiefste Stelle der westlichen Hemisphäre, heißester Klima-Hotspot der Erde, höchste und älteste Bäume der Welt, US-Führungsrolle im Umweltschutz, Trendsetter in Sachen Mode, Freizeit, alternative Lebensformen, Hightech. Als souveräner Staat würde das ›Land der unbegrenzten Möglichkeiten‹ unter den führenden Wirtschaftsnationen der Welt Platz 6 belegen. Noch Fragen?

Das Land scheint die positive Weltsicht und den Glauben an Kraft und Dynamik erfunden zu haben. Kein Wunder, dass der Golden State seit Langem als Schrittmacher der Nation Menschen aus allen Teilen der Welt in Bann zieht. Dabei erweist sich das Arsenal der Verführungen als äußerst facettenreich. Unter allen Verlockungen sticht eine heraus, die Kalifornien zu einem touristischen Global Player gemacht hat: der einzigartige Facettenreichtum der Natur. So überrascht nicht, dass Outdoor-Aktivitäten, Fitness und Körperkult nirgends vergleichbare Blüten treiben – von Surfen über Stand-Up Paddling und Inlineskaten bis Mountainbiking und Snowboarden. Was Kalifornier davon nicht selbst erfanden, stilisierten sie zumindest zum ultimativen Freizeittrend hoch.

Sonne, Sand und Surf sind die unverwechselbaren Markenzeichen, aber nur südlich von San Francisco. Nördlich der lachsroten Golden Gate Bridge mäandert der legendäre Highway No. 1 an nebelverhangenen Steilküsten entlang, an denen sich brüllende Seelöwen in schwarzsandigen Buchten von ihren Hochseeabenteuern ausruhen. Die Straße windet sich durch mystische Mammutbaumwälder, die einer Fantasykulisse gleichen. Das raue Klima passt in die kraftstrotzende Natur, in der kleinstädtische Zivilisationsinseln nur geduldet erscheinen. Im Hinterland feiert dieser Landesteil sein eher beschauliches Provinzdasein am Fuße von Vulkanketten, deren höchste Erhebungen selbst im Hochsommer noch Schneemützen tragen.

Millionen Reisende zieht es Jahr für Jahr an den zerklüfteten Pazifiksaum zwischen Oregon im Norden und Mexiko im Süden, in die vor Dynamik fast berstenden Weltstädte San Francisco, Los Angeles und San Diego, in die hochalpine, granitgraue Sierra Nevada und in die exotischen Wüstenparadiese, weil dem Land auch im Zeitalter des Massentourismus seine magische Anziehungskraft nicht verloren gegangen ist. Ganz im Gegenteil. Auf dem

Highway No. 1 die wildromantische Küste zu ›erfahren‹, am Goldenen Tor in San Francisco über die traumhaft schöne Golden Gate Bridge zu flanieren oder auf dem Hollywood Boulevard den in die Gehsteige eingelegten Ehrensternen der Film- und Showbusiness-Prominenz zu folgen, hat mit Reise und Urlaub nichts mehr zu tun, sondern gehört längst in eine andere Kategorie: Kult.

Aber ganz ohne Schattenseiten kommt auch der Golden State nicht aus. Kalifornien litt jahrelang unter einer zumindest den gesamten Süden betreffenden Jahrhundertdürre. Die Folgen waren zum Teil dramatisch. Die Wasserstände in Stauseen, die seit einem Jahrhundert die Wasserversorgung der Bevölkerung sichern und für profitable Ernten in den Agrargebieten sorgen, sanken, sodass sich die Regierung gezwungen sah, verpflichtende Wassersparmaßnahmen durchzusetzen. Mit dem Winter 2016/2017 veränderte sich die Situation drastisch: Keine durch ausgetrocknete Wälder rasende Feuerwalzen, sondern zum Bersten gefüllte Stauseen, überschwemmte Ortschaften und über die Ufer tretende Flüsse durch wochenlange Rekordniederschläge von biblischen Ausmaßen bereiteten Sorgen. Wetterexperten kennen die Ursache: El Niño, ein Klimaphänomen, das sich unregelmäßig über dem Pazifik und der amerikanischen Westküste zusammenbraut. Der regenreiche Winter wird Kaliforniens Dürreproblem kurz-, vielleicht auch mittelfristig lindern. Ob die Trockenheit damit auf Dauer ein Ende gefunden hat, bezweifeln viele professionelle Wetterfrösche.

Dem vorliegenden Reisehandbuch liegen die Erkenntnisse und Erfahrungen zugrunde, die der Autor auf vielen Reisen durch den Golden State und bei vielen Begegnungen mit den dort lebenden Menschen gesammelt hat. Mit praktischen Informationen, Tipps und Vorschlägen soll Leserinnen und Lesern das Abenteuer Kalifornien nicht nur schmackhaft, sondern auch leichter gemacht werden, damit ein Aufenthalt zu dem wird, was er sein soll: einer bleibenden Erinnerung.

Der Autor

Manfred Braunger
www.manfred-braunger.de
www.catch-the-day.de
www.dumontreise.de/magazin/autoren

Manfred Braunger lernte sein journalistisches Handwerk bei einer süddeutschen Tageszeitung. In den Semesterferien reiste er durch die ganze Welt. Mit einem metallicblauen Buick '59 kurvte er drei Monate lang durch die USA – Infizierung mit einem unheilbaren ›Amerika-Virus‹ inklusive, den er bis heute nicht mehr losgeworden ist. Nach einem Intermezzo als USA-Experte eines deutschen Reiseunternehmens veröffentlichte er beim DuMont Reiseverlag einen ersten Reiseführer über den amerikanischen Südwesten, dem weitere Bücher über den Osten der USA, Kalifornien sowie Los Angeles und Südkalifornien folgten.

Kalifornien als Reiseziel

Sie wünschen sich ein facettenreiches Urlaubsziel? Mit Kalifornien könnten Sie kaum besser liegen. Hippe Weltstädte wie Los Angeles und San Francisco sorgen für das abgefahrenste City Life Amerikas, während sich in den staubtrockenen Wüstenregionen Kaliforniens in den letzten hundert Jahren höchstens der Straßenbelag verbessert hat. Vom Mount Whitney, dem höchsten Berg Kontinentalamerikas, ist das Tal des Todes – Death Valley –, die tiefste Stelle der westlichen Hemisphäre, gerade einmal 130 km entfernt. Fazit: Der Golden State, der seinen Namen mit dem Goldrausch Mitte des 19. Jh. verdiente, präsentiert sich heute im internationalen Tourismusgeschäft als eine Schatztruhe mit überwältigenden Preziosen, die keine Vergleiche zu scheuen braucht.

Ein unschlagbares Naturtheater

Für die kalifornische Natur gibt es nur ein Prädikat: spektakulär. Einen Beweis für die unglaubliche landschaftliche Vielfalt lieferte eine in den 1930er-Jahren für Hollywood angefertigte Landkarte mit potenziellen Filmdrehorten, die andere Regionen der Erde ›simulieren‹ können wie etwa Frankreich, Holland, die Südsee, das Tote Meer, die Arabische Wüste, Tirol und die malaiische Küste – um nur einige zu nennen.

Drei sehr unterschiedliche Klimazonen machen eine solche landschaftliche Palette möglich. Ozeanisch-feuchtes Klima stattet die mehr als 1200 km lange **Pazifikküste** mit endlosen Sandstränden im Süden und schroffen Klippen im Norden aus, ein ideales Revier zum Surfen, Sonnenbaden, Kajakfahren und Wandern. Im Osten markiert die Grenze zum benachbarten Bundesstaat Nevada der langgezogene Granitrücken der mächtigen **Sierra Nevada,** ein großartiges Outdoor-Paradies mit alpinem Gebirgsklima im Sommer wie im Winter. Den überwiegenden Teil des kalifornischen Südostens teilen sich die im extremen Trockenklima liegende **Mojave** und **Sonora Desert,** zwei exotische Abenteuerspielplätze für Zivilisationsflüchtlinge und Wüstenenthusiasten.

Kalifornien für Pflastertreter

So sehr sich Kalifornien für Naturliebhaber empfiehlt: Der bevölkerungsreichste Bundesstaat der USA gilt auch als das ideale Ziel für erlebnisreiche Städtereisen. Dafür sorgt in erster Linie das pazifische Küstentrio San Francisco, Los Angeles und San Diego. Die Anziehungskraft dieser drei Millionenmetropolen ist umso verführerischer, als sie sich ›charakterlich‹ stark unterscheiden.

The City, wie sich **San Francisco** selbst nennt, renommiert nicht nur mit einer geradezu betörend reizvollen Lage am Goldenen Tor zwischen Bucht und Pazifik, sondern auch mit einem fast unamerikanischen Charakter und einer liberalen Einstellung. In **Los Angeles** wacht das weltweit bekannte Hollywood-Zeichen über ein bunt zusammengewürfeltes Konglomerat aus 100 Städten, Küstenabschnitten, Stränden und Canyons. Dass sich in dieser verwirrenden, von Freeways und Schnellstraßen zusammengehaltenen Stadtlandschaft sämtliche amerikanischen Tugenden und Untugenden zu vereinen scheinen, macht die Megacity für echte Weltstadtflaneure besonders attraktiv. Grandios an der Küste gelegen, bündelt **San Diego** die besten Eigenschaften des Golden State in seinem historischen Kern und an seinen kilometerlangen Stränden, die der Stadt schon lange die Reputation einer kalifornischen Freizeit- und Sportmetropole verschaffen. Hinzu kommt ein hervorragendes Urlaubsklima, das sogar schon im Januar und Februar Besucher mit stark frühlingsverdächtigen Temperaturen lockt.

Los Angeles, die zweitgrößte Metropole der USA, ist ein urbaner Kosmos von unglaublicher Vielfalt und Dynamik, der sich auf keinen einfachen Nenner bringen lässt

Kulturelle Schatztruhen

Kaliforniens faszinierendes Weltstadttrio verdankt seinen Ruf nicht nur unterschiedlichen Einwandererkulturen und Lebensstilen, sondern ebenfalls einer Fülle an Sehenswürdigkeiten, einer unschlagbaren Multikulti-Gastronomie und einem coolen Nachtleben. In wachsendem Maße setzen diese Metropolen aber auch auf breit gefächerte kulturelle Angebote. So arbeitet Los Angeles seit rund zwei Jahrzehnten daran, sein Glamourimage Marke Hollywood durch neue Kulturtempel wie das Getty-Museum, die Walt Disney Concert Hall und das Kunstmuseum The Broad aufzubessern. Manche behaupten, die Stadt der Engel sei auf dem besten Wege, San Francisco den Rang der Kulturhauptstadt Kaliforniens streitig zu machen. Dagegen wehrt sich die multikulturelle Bevölkerung der Stadt am Goldenen Tor mit einem schillernden Angebot an Konzerten, Opern, Musicals, Theatern, Ausstellungen und Museen. Selbst Straßenkünstler tragen mit großflächigen Wandmalereien hauptsächlich im Mission District zum kulturellen Potpourri bei.

Individuell auf Kalifornientour

Weil der öffentliche Nah- und Fernverkehr in den USA weitaus unpopulärer ist als in Europa, sind große Teile Kaliforniens wie Gebirgsregionen und Wüsten mit Bus und Zug entweder nur umständlich oder gar nicht zu erreichen. Auf Überlandreisen ist man deshalb mit einem Mietwagen wesentlich flexibler. Mietstationen gibt es in jeder größeren Stadt und Autos stehen in jeder Preisklasse zur Verfügung. Am besten reserviert man sich ein Fahrzeug bereits zu Hause.

In den dichter besiedelten Regionen entlang der Küste kann man das Eisenbahn- und Busnetz in Anspruch nehmen. San Francisco, Los Angeles und San Diego verfügen über zum Teil noch im Ausbau begriffene U-Bahn- bzw. Straßenbahn- und Bussysteme.

Organisiert reisen

Bequem reisen kann man mit einem Pauschalarrangement inklusive professioneller Reiseleitung, weil man sich organisatorisch um nichts kümmern muss und Sprachbarrieren kein Hindernis bilden. Der Nachteil: Der fixe Reiseplan bietet nur wenige Möglichkeiten zur individuellen Gestaltung. Es gibt eine Fülle von Anbietern sowohl im Heimatland als auch in Kalifornien, die Gruppenreisen im Programm haben. Im deutschsprachigen Europa gebuchte Touren werden in der Regel von deutschsprachigem Personal betreut.

Das Wetter führt Regie

Aktivurlauber bekamen insbesondere in Südkalifornien in den letzten Jahren die Auswirkungen der großen Trockenheit zu spüren. Zum Glück wendete sich das Blatt in jüngster Vergangenheit: Die Schneemengen in der Sierra Nevada lagen im Frühjahr 2017 um ca. 180 % über normal. Das lässt darauf schließen, dass Seen wie Lake Shasta, Lake Trinity, Lake Oroville und andere derzeit nach Wassertiefständen in den Vorjahren wieder ihre alten Qualitäten als Wassersportparadiese für Hausbooturlauber, Jetskipiloten und Kanuten zeigen. Auch Anbieter von Wildwasser-Raftingtouren etwa auf dem South Fork American und Middle Fork American River, dem North Fork Yuba River und dem Truckee River (https://whitewatertours.com) sind wieder für spannende Flussabenteuer präpariert.

Die Wetterextreme haben auch negative Spuren hinterlassen: Die Küstenregion nördlich von San Luis Obispo wurde erst durch Waldbrände, dann durch Regen und Erdrutsche, die die Küstenstraße blockierten, in Mitleidenschaft gezogen. Südlich von Big Sur drohte die Pfeiffer Canyon Bridge einzustürzen, sodass die von vielen Kalifornienreisenden benutzte Traumroute Highway No. 1 von Big Sur bis ca. 10 Meilen südlich von Carmel gesperrt werden musste. Der Neubau einer beschädigten Brücke wird Reisende an der Big-Sur-Küste bis mindestens Ende 2017 zu Umwegen zwingen. In den trockenen Wüstenregionen im Südosten des Landes hat sich durch den Wetterwandel dagegen nicht viel verändert.

WICHTIGE FRAGEN VOR DER REISE

Wie bekomme ich vor Reiseantritt die obligatorische **Einreiseerlaubnis**? s. S. 72

Welche **Dokumente** braucht man für die Einreise und beim Reisen? s. S. 72

Welches **Budget** muss ich für einen Kalifornienurlaub einplanen? s. S. 111

Sollte man schon zu Hause **Geld** tauschen oder erst im Land? s. S. 102

Welche **Kleidung** muss in den Koffer? s. S. 99, 104

Welche **Rundreisen** bieten sich für unterschiedlich lange Urlaube an? s. S. 20

Wie reist man mit Bahn und Bus bzw. mit öffentlichen Verkehrsmitteln und für welche Exkursionen ist ein **Mietwagen** zu empfehlen? s. S. 13, 73

Wie informiert man sich über das **Wetter**? s. S. 105

Wie steht es um die **Sicherheit** im Land? Welche Vorkehrungen sollte man treffen? s. S. 112

Planungshilfe für Ihre Reise

Angaben zur Zeitplanung
Bei den folgenden Zeitangaben für die Reise handelt es sich um Empfehlungswerte für Reisende, die ihr Zeitbudget eher knapp kalkulieren.

 Kulturerlebnis Naturerlebnis

Die Kapitel in diesem Buch
1. **Los Angeles und Umgebung:** S. 119
2. **San Diego und Umgebung:** S. 193
3. **Kalifornische Wüsten und Las Vegas:** S. 233
4. **Zwischen Los Angeles und San Francisco:** S. 285
5. **Central Valley und Sierra Nevada:** S. 325
6. **San Francisco und die Bay Area:** S. 357
7. **Nordkalifornien:** S. 411

1. Los Angeles und Umgebung

Amerikas zweitgrößte Stadt trägt den Titel Megacity nicht zu Unrecht. Zum Ballungsraum gehören magische Namen wie Hollywood, Beverly Hills und Santa Monica. Mit Fug und Recht gilt das Mekka der Filmindustrie als Wiege des amerikanischen Traums. Mehr als 160 unterschiedliche Bevölkerungsgruppen, die sich diesen Traum verwirklichen wollen, haben L. A., wie die Stadt landläufig genannt wird, in ein ethnisches und multinationales Puzzle verwandelt. In einen Hotspot mit renommierten Kultureinrichtungen auch.

Los Angeles

Gut zu wissen: Los Angeles ist zu groß, um sich innerhalb weniger Tage einen Überblick über die gesamte Stadt zu verschaffen. Am besten wählt man bestimmte Gegenden wie Hollywood, Downtown und Beverly Hills aus. Unsichere Gebiete wie South Central und East Los Angeles sollte man tunlichst meiden.

Zeitplanung
Los Angeles: ca. 3 Tage
Disneyland und Universal Studios: 2–3 Tage

Empfehlung: Will man L. A. eher von seiner beschaulichen Seite kennenlernen, bietet sich die Pazifikküste zwischen Santa Monica und Long Beach an, wo im Hochsommer angenehmere Temperaturen herrschen. Ein Hingucker ist vor allem Venice Beach mit seiner ausgeflippten Strandpromenade.

2. San Diego und Umgebung

Grandiose Küstenlage, historisches Stadtzentrum, endlose Sandstrände und ganzjährig mediterranes Klima zählen zu den Markenzeichen der 1,3 Mio. Einwohner großen Metropole fast an der mexikanischen Grenze. Hinzu kommen berühmte Attraktionen wie der San Diego Zoo, der Freizeitpark SeaWorld und die grüne Stadtoase Balboa Park mit ihren Museen. Trotz ihrer Größe herrscht in der Stadt eine angenehm lockere Atmosphäre.

 Das Stadtzentrum von San Diego

Gut zu wissen: Ein lohnender Ausflug führt auf die Point Loma Peninsula, die den Hafen von San Diego nahezu vollständig vom offenen Meer trennt. Von dem Felsrücken hat man einen wunderbaren Blick und kann in den ersten Monaten des Jahres sogar Wale beobachten. Zum Baden sind am ehesten die Strände auf der Coronado-Halbinsel geeignet.

Zeitplanung
San Diego: ca. 2–3 Tage

Nicht verpassen: Die Nachbargemeinde La Jolla renommiert nicht nur mit hochkarätigen Geschäften und exklusiven Villen, sondern auch mit einer zerklüfteten Steilküste, der man auf dem windgebürsteten Coast Walk folgen kann – stets mit Blick auf den Pazifik. Am sogenannten Childrens' Pool sonnen sich Hunderte Robben und Seelöwen am Sandstrand einer kleinen Bucht.

3. Kalifornische Wüsten und Las Vegas

Große Teile des Südostens liegen in der heißen Mojave- und Sonora-Wüste, die über die Landesgrenze nach Arizona und Nevada reicht. Populäre Ziele sind der Death Valley National Park mit der tiefsten Stelle der westlichen Hemisphäre, der Joshua Tree National Park und der Anza-Borrego Desert State Park. Selbst in der Stadtoase Palm Springs im Coachella Valley spürt man den heißen Atem der Wüste. Las Vegas (Nevada) hingegen macht mit klimatisierten Glücksspieltempeln, Hotels und Entertainment vergessen, dass Fun City mitten im staubtrockenen Niemandsland liegt.

- *Anza-Borrego Desert State Park*
- *Joshua Tree National Park*
- *Death Valley National Park*

Gut zu wissen: Die sehenswerten Wüstenregionen Kaliforniens sind durch Straßen größtenteils gut erschlossen und per Mietwagen relativ einfach zu besuchen. Beste Reisezeit sind Frühjahr (Blütezeit vieler Kakteen und Wildblumen) und Herbst wegen der erträglicheren Temperaturen.

Zeitplanung
Wüstenrundreise: ca. 10 Tage

Lohnende Ausflüge: Am Stadtrand von Palm Springs liegen mit den Indian Canyons drei attraktive Ziele, die sich für eintägige Wanderungen eignen. Wer sich in Las Vegas vom Amüsierrummel und jaulenden Spielautomaten erholen will, kann einen Tagesausflug in das ca. 60 Meilen entfernte Valley of Fire unternehmen – eine berückende Open-Air-Galerie mit fantastischen Felsformationen und vielen Hikingtrails.

---

4. Zwischen Los Angeles und San Francisco

»Das schönste Zusammentreffen von Land und Meer« nannte der Autor des berühmten Romans »Die Schatzinsel«, Robert Louis Stevenson, die Landschaft von Big Sur, dem bekanntesten Küstenabschnitt zwischen Los Angeles und San Francisco. Der Pazifiksaum glänzt auch auf anderen Abschnitten mit schroffen Klippen, sandigen Abschnitten und traumhaften Buchten. Pulsierendes Stadtleben findet man entlang der kalifornischen Zentralküste höchstens in Monterey, Santa Barbara und Ventura.

- *Hearst Castle*
- *Monterey*

Gut zu wissen: Für Selbstfahrer bietet sich der größtenteils direkt an der dramatischen Küste verlaufende Panorama-Highway 1/101 an (450 Meilen). An der Big-Sur-Küste ist er vermutlich das ganze Jahr 2017 wegen eines Brückenneubaus gesperrt.

Zeitplanung
Küstenroute: min. 3 Tage
Inlandsroute Interstate 5: 1 Tag

Das lohnt sich: Im Schutzgebiet Año Nuevo State Park lohnen sich Führungen in das Refugium von Tausenden Seeelefanten. Empfindliche Nasen verzichten allerdings besser auf die Tour. Ein zweiter Beobachtungspunkt ist Piedras Blancas nördlich von San Simeon, wo die Tiere direkt neben dem Parkplatz eine temporäre Auszeit vom Leben im Meer nehmen.

---

5. Central Valley und Sierra Nevada

Auf 600 km Länge zieht sich das Central Valley zwischen Küstengebirge und Sierra Nevada durch den Golden State, eines der produktivsten Agrargebiete der USA. Die Plantagen sind zum Teil so groß, dass sie per Hubschrauber bewirtschaftet werden müssen. Vom Talboden steigt das Terrain zur über 4000 m hohen Sierra Nevada mit den Nationalparks Yosemite und Sequoia & Kings Canyon an.

- *Sacramento*
- *Bodie*

- *Yosemite National Park*
- *Mono Lake*

Gut zu wissen: Der Jahrhundertregen im Winter 2016/2017 hat dem Wassersport im Central Valley wieder auf die Sprünge geholfen. In den größten Städten, Fresno, Stockton und Bakersfield, bieten sich auch Museen, Festivals und Veranstaltungen an. Im Hochsommer zählen die Nationalparks der Sierra Nevada zu den am stärksten frequentierten touristischen Hotspots.

Zeitplanung

Central Valley:	ca. 3 Tage
Sierra Nevada:	1 Woche

Auf keinen Fall auslassen: Die Schätze der Sierra Nevada zeigen sich vor allem in den stark besuchten Nationalparks Yosemite und Sequoia & Kings Canyon. Reizvolle Wanderwege führen zu Aussichtspunkten und in Gebiete, in denen die letzten Exemplare von gigantischen Mammutbäumen seit über 2000 Jahren ihre Wipfel in den Himmel recken.

6. San Francisco und die Bay Area

San Francisco – Amerikas Traumstadt schlechthin. Aber was macht eigentlich ihren unnachahmlichen Reiz aus? Die fantastische Lage am Goldenen Tor? Oder ihr liberales, aufgeschlossenes Flair? Jedenfalls punktet die Schöne damit, dass sie wie ein Zauberwürfel ganz unterschiedliche Eindrücke bietet, je nachdem, welchen der zahlreichen Stadtteile man in Augenschein nimmt. Auch außerhalb der Stadt bietet das Einzugsgebiet um die San Francisco Bay Sehenswürdigkeiten und Freizeitmöglichkeiten wie Sand am Meer – von der Weinprobe im Napa Valley oder der Stippvisite im Hausbootquartier in Sausalito bis zur Autotour durch das berühmte Silicon Valley.

 Downtown San Francisco

Gut zu wissen: Wer sich einen Überblick über die Stadt verschaffen will, begibt sich am besten auf den sogenannten 49 Mile Drive. Diese gut ausgeschilderte Route wurde geschaffen, um Besuchern die Hauptsehenswürdigkeiten der Stadt, fabelhafte Aussichtspunkte und ihre Historie zu präsentieren. Fährt man die Tour mit dem Mietwagen ab, sollte man mindestens vier Stunden veranschlagen.

Zeitplanung

San Francisco:	3–4 Tage
Bay Area:	3 Tage

Exkursionen: Naturliebhaber sind im Marin County nördlich der Golden Gate Bridge in den Muir Woods mit Riesenbäumen, am einsamen Stinson Beach oder auf dem Mount Tamalpais gut aufgehoben. Wer sich eher fürs Stadtleben interessiert, kann einen Kurztrip in die Universitätsstadt Berkeley, nach Oakland oder nach San José unternehmen.

7. Nordkalifornien

Von der Sonne-, Sand- und Surfkultur des Südens ist in Nordkalifornien nichts mehr zu spüren. Das Klima ist kühler und regnerischer, die Landschaften sind rauer, die Menschen gelten als bodenständiger und lassen sich mit ihren Landsleuten im Süden ungern in einen Topf werfen. Schaustück des Nordens ist vor

allem die dramatisch zerklüftete Steilküste. Auf der gesamten Länge von fast 400 Meilen gibt es keine einzige Großstadt. Weiter östlich prägen riesige Wälder und das Kaskadengebirge mit malerischen Seen, reißenden Flüssen und den schneebedeckten Vulkanen Mount Shasta und Lassen Peak die Region.

- Redwood National Park
- Lassen Volcanic National Park
- Lake Tahoe

Gut zu wissen: Die landschaftlichen Reize der nordkalifornischen Küste sind auch den Filmemachern von Hollywood nicht verborgen geblieben. In und um Bodega Bay drehte Alfred Hitchcock den legendären Thriller »Die Vögel« – einige im Film verwendete Gebäude sind noch präsent. Der Kinoklassiker »Jenseits von Eden« mit James Dean entstand nach dem gleichnamigen Roman von John Steinbeck u. a. an Drehorten im idyllischen Mendocino County, das nach wie vor auf Künstler und Aussteiger magische Anziehungskraft ausübt.

Zeitplanung
Küstenroute von San Francisco
nach Crescent City: 3–4 Tage
Nordkalifornien-Rundreise: 12–14 Tage

Reizvoller Abstecher: Zwischen Garberville und Pepperwood lohnt es sich, von der Hauptroute Highway 101 auf die parallel verlaufende Avenue of the Giants abzubiegen. Die 31 Meilen lange Strecke windet sich durch den märchenhaften Humboldt Redwoods State Park mit großen Beständen an gewaltigen Mammutbäumen, die dort bis über 100 m hoch werden.

Aus der Vision von Ingenieuren wurde San Franciscos Wahrzeichen: die Golden Gate Bridge

Vorschläge für Rundreisen

▬ Große Kalifornien-Rundreise mit Las Vegas (21 Tage)

1.–3. Tag: Ankunft in San Francisco und Stadtbesichtigung.
4. Tag: Fahrt durch das Central Valley in den Yosemite National Park.
5. Tag: Besichtigungen im Yosemite National Park.
6. Tag: Fahrt auf der Tioga-Passstraße über die Sierra Nevada, zum Mono Lake und durch das Owens Valley in den Death Valley National Park.
7. Tag: Besichtigungen im Death Valley National Park.
8. Tag: Über Shoshone und Pahrump geht es weiter in die Glücksspielmetropole Las Vegas.
9.–10. Tag: Unternehmungen in Las Vegas.
11. Tag: Wüstenfahrt über Searchlight nach Needles an der historischen Route 66.
12. Tag: Auf der Route 66 bis nach Amboy, Weiterfahrt durch den nördlichen Joshua Tree National Park bis nach Palm Springs.
13. Tag: Palm Springs und Umgebung.
14. Tag: Von Palm Springs nach Los Angeles.
15.–16. Tag: Stadtbesichtigung von Los Angeles mit Downtown, Hollywood und Beverly Hills.
17. Tag: Weiterfahrt über Santa Monica nach Santa Barbara mit Stadtbesichtigung.
18. Tag: Über San Luis Obispo erreicht man das berühmte Hearst Castle bei San Simeon.
19. Tag: Autobummel entlang der Traumküste von Big Sur bis nach Monterey.
20. Tag: Rückfahrt nach San Francisco über Santa Cruz und Half Moon Bay.
21. Tag: Abschied von San Francisco und Rückreise.

Küstenroute von San Francisco nach San Diego (14 Tage)

1.–3. Tag: Ankunft in San Francisco und Stadtbesichtigung.
4. Tag: Fahrt über San José und Santa Cruz nach Monterey.
5. Tag: Besichtigung der Stadt Monterey und der Monterey Peninsula.
6. Tag: An der Küste entlang geht es durch die paradiesische Landschaft Big Sur und über das luxuriöse Hearst Castle nach San Luis Obispo.
7. Tag: Weiterfahrt nach Santa Barbara; Besichtigung der Stadt und der historischen Mission.
8.–10. Tag: Das weitläufige Los Angeles mit seinen unterschiedlichen Stadtteilen und den Badeorten entlang der Küste steht auf dem Programm.
11. Tag: Von Santa Monica verläuft die Route durch die Bade- und Surforte an der Küste bis nach Carlsbad.
12.–14. Tag: Besichtigung von San Diego, der südlichsten Großstadt von Kalifornien – eventuell mit einem Abstecher nach Tijuana (Mexiko).

Nordkalifornien-Rundreise (16 Tage)

1.–3. Tag: Ankunft in San Francisco und Stadtbesichtigung.
4. Tag: Stippvisite im Weinparadies Napa Valley und Sonoma Valley, wo Weingüter zu Besichtigung und Verkostung einladen.
5. Tag: Fahrt von Santa Rosa entlang der dramatischen Pazifikküste über Mendocino nach Fort Bragg.
6. Tag: Durch die Avenue of the Giants geht es ins viktorianische Ferndale und weiter nach Eureka.
7. Tag: Von Eureka bietet sich ein Tagesausflug zu den Mammutbäumen im Redwood National Park bei Orick an.
8.–9. Tag: Im Lassen Volcanic National Park lohnen sich Wanderungen zum Thermalgebiet Bumppass Hell mit seinen blubbernden Schlammlöchern und am Lassen Peak.
10.–12. Tag: Durch die Sierra Nevada führt die Route bis zum idyllischen Lake Tahoe. Auf einer Tagestour kann man das ›blaue Wunder der Sierra‹ umrunden.
13. Tag: In der Nähe des bizarren Mono Lake liegt die malerische Geisterstadt Bodie.
14.–15. Tag: Fahrt über den 3000 m hohen Tioga-Pass ins Zentrum des Yosemite National Park.
16. Tag: Über den südlichen Eingang verlässt man den Nationalpark und fährt durch das Central Valley zurück nach San Francisco.

Wissenswertes über Kalifornien

»Doch es gibt einen Baum, der für die Wanderer auf den Pfaden durch die Berge stumm bleibt; er spricht, zweifellos, doch er spricht nur zu den schroffen Häuptern der Berge, zum achtsamen Wind und zu den Sternen, die von oben herabblicken: Es ist der Big Tree, der Sequoia.«
Mary Hunter Austin, California: The Land of the Sun (1914)

Zwischen den riesigen Bäumen im Sequoia National Park kommt man sich ziemlich klein vor

Steckbrief Kalifornien

Daten und Fakten

Name: Kalifornien (Beiname: Golden State)

Fläche: 411 012 km². Der Staat erstreckt sich in Nord-Süd-Richtung über eine Länge von ca. 1260 km, in Ost-West-Richtung über 560 km. Nach Alaska und Texas ist Kalifornien der drittgrößte Bundesstaat.

Hauptstadt: Sacramento, 492 000 Einw.
Größte Städte: Großraum Los Angeles ungefähr 18 Mio., San Diego 1,4 Mio., San José 946 000, San Francisco 870 000 Einw.
Amtssprache: Amerikanisches Englisch

Einwohner: 40 Mio.; 72,9 % Weiße, darunter 38,8 % hispanischer Herkunft, 6,5 % Afroamerikaner (Schwarze), 14,7 % Asiaten, 1,7 % *Native Americans* (Indianer), 0,5 % aus dem pazifischen Raum stammend
Bevölkerungswachstum: Zunahme der Gesamtbevölkerung zwischen 2010 und 2015 5,1 % (US-Durchschnitt 1,7 %)
Lebenserwartung: Männer: Weiße 75,9, Schwarze 70,9 Jahre; Frauen: Weiße 80,9, Schwarze 77,4 Jahre

Währung: US-Dollar ($). 1 $ entspricht 100 Cents. Banknoten sind als 1-, 2-, 5, 10-, 20-, 50- und 100-US-$-Scheine im Umlauf. Die früher ausschließlich grünen Banknoten hat man mittlerweile farbiger gestaltet.

Zeitzone: Kalifornien und Nevada liegen in der Pacific Time Zone (MEZ –9 Std.). Vom 2. So im März bis zum 1. So im Nov. gilt die Sommerzeit (Uhren werden um 1 Std. zurückgestellt).

Landesvorwahl: 001 (USA)
Internetkennung: us

Landesflagge: Die kalifornische Flagge ist der historischen Flagge nachempfunden, die am 14. Juni 1846 von US-Siedlern als Zeichen der Revolte gegen die mexikanische Herrschaft in Kalifornien gehisst wurde. Sie zeigt auf weißem Grund über einem roten Streifen einen roten Stern, einen Grizzlybären und den Schriftzug »California Republic«.

Geografie

Extreme Höhenunterschiede von Landesteilen unter Meeresniveau bis auf 4418 m in der Sierra Nevada verdeutlichen die uneinheitliche Topografie. Die Pazifikküste steigt, von einigen Ausnahmen abgesehen, unmittelbar zum Gebirge an. Weiter östlich schließt sich das 640 km lange und etwa 80 km breite Central Valley mit riesigen, künstlich bewässerten Kulturen an, die zu den produktivsten Agrarregionen der USA zählen. Während nach Nordkalifornien das Kaskadengebirge hineinragt, bildet auf dem restlichen Staatsgebiet die in Nord-Süd-Richtung verlaufende Sierra Nevada das steinerne Rückgrat. Die Gebirgskette endet auf der Höhe von Bakersfield und macht weiter südlich der bis an die mexikanische Grenze und den Colorado River reichenden Mojave- bzw. Sonora-Wüste Platz.

Geschichte

Wann die ersten Menschen an der amerikanischen Westküste auftauchten, lässt sich nicht exakt datieren. Wahrscheinlich lebten prähistorische Chumash-Indianer schon vor mehr als 11 000 Jahren auf den vor der Küste liegenden Channel Islands. Die dokumentierte Geschichte beginnt erst mit den Erkundungen der Küstengewässer durch Seefahrer in spanischen Diensten. Im 19. Jh. noch von Mexiko verwaltetes Territorium, weckte Kalifornien im Zuge der großen Westwärtsbewegung und der Entdeckung von Gold 1848 das Interesse der Politik und wurde 1850 zum 31. US-Bundesstaat.

Während des Zweiten Weltkrieges ließen sich zahlreiche Rüstungskonzerne in Kalifornien nieder, und das Pentagon pumpte während des Kalten Krieges riesige Summen in diesen Wirtschaftssektor. Standen die 1960er-Jahre ganz im Zeichen des Jugend- und Studentenprotestes an den Universitäten und der Flower-Power-Bewegung in San Francisco, so setzte in den folgenden Jahrzehnten die Hightech-Revolution im Silicon Valley neue Maßstäbe in der elektronischen Datenverarbeitung.

Staat und Politik

Kein anderer Bundesstaat hat traditionell so eigenwillige Wähler wie Kalifornien – kein Wunder in Anbetracht der multikulturellen Bevölkerung, der legalen und illegalen Einwanderer und der äußerst bunten ethnischen und sprachlichen Mischung.

An der Spitze der kalifornischen Exekutive steht der Gouverneur, der auf vier Jahre direkt vom Volk gewählt wird und sich nur einmal in Folge zur Wiederwahl stellen kann. Seit Anfang 2011 hat der 1938 geborene und im Jahr 2014 wiedergewählte Jerry Brown das Amt inne, der von 1975 bis 1983 schon einmal Gouverneur von Kalifornien gewesen war. Mittlerweile ist es fast schon Tradition, dass sich das Parlament alljährlich nicht über den Haushalt einigen kann, was den Staat regelmäßig an den Rand des Bankrotts bringt.

Wirtschaft und Tourismus

Kalifornien ist ein wichtiger Rohstoffproduzent. Neben Erdöl und Erdgas verfügt das Land über Quecksilber, Wolfram, Kies, Kupfer- und Eisenerze. Von Bedeutung sind außerdem die Land- und Forstwirtschaft. Der Golden State deckt ca. 25 % des Obst- und Gemüsekonsums und etwa ein Zehntel des Nutzholzbedarfs in den gesamten USA ab. Im produzierenden Gewerbe sind außerdem die Luft- und Raumfahrtindustrie sowie die Computer- und Elektronikindustrie mit Schwerpunkt im Silicon Valley ausschlaggebend. Jährlich besuchen Kalifornien etwa 330 Mio. Menschen, die mit durchschnittlichen Ausgaben von 125 $ pro Person und Tag ebenfalls ihren Teil zur Volkswirtschaft beitragen.

Unter den jährlich ca. 17 Mio. ausländischen Touristen, die nach Kalifornien reisen, bilden Mexikaner mit 7,8 Mio. die größte Gruppe, gefolgt von Kanadiern mit 1,5 Mio. Die meisten nicht aus Nord- oder Südamerika stammenden Reisenden kommen aus China (1,16 Mio.), aus Großbritannien (700 000) und aus Australien 610 000. Die Zahl deutscher Touristen beläuft sich durchschnittlich auf ca. 436 000 pro Jahr.

Bevölkerung und Religion

Bemerkenswert in der Bevölkerungsstruktur ist die Tatsache, dass etwa ein Drittel der kalifornischen Einwohner zu Hause eine andere Sprache als Englisch spricht. Mit über 30 % ist die Zahl der Single-Haushalte überdurchschnittlich hoch. Mehr Menschen als in jedem anderen US-Bundesstaat gehören der römisch-katholischen Kirche an. Außerdem besitzt Kalifornien eine schnell wachsende muslimische Bevölkerung und eine große jüdische Gemeinde; ca. 40 % aller Buddhisten in den USA leben in Südkalifornien.

Natur und Umwelt

An seinen natürlichen Voraussetzungen gemessen ist Kalifornien ein echter Allrounder. 2000 km Pazifikküste, majestätische Hochgebirge, Wüsten mit trockenen Salzflächen, traumhafte Täler, geheimnisvolle Seen, Wasserfälle, Wälder mit gigantischen Mammutbäumen, blühende Kakteen und Wildblumenwiesen statten den Golden State mit allem aus, was ein unvergleichliches Naturparadies ausmacht.

Superlativ Kalifornien

Den USA wird nicht zu Unrecht ein ungebrochenes Verhältnis zu Übertreibungen nachgesagt. Wenn Kalifornien sich unter Hinweis auf seine Natur als ›Land der Superlative‹ brüstet, hat das mit Vorspiegelung falscher Tatsachen allerdings nichts zu tun, sondern entspricht der Realität. Innerhalb seiner Landesgrenzen liegt mit dem 4418 m hohen Mount Whitney der höchste Gipfel auf dem zusammenhängenden US-Staatsgebiet. Luftlinie ist er nur etwa 120 Meilen vom Death Valley entfernt, der mit − 86 m tiefsten Stelle der westlichen Hemisphäre. Aber nicht nur topografisch, sondern auch klimatisch ist die Gegend eine Ausnahmeerscheinung. 1913 stellte das Todestal mit 56,7 °C einen Hitzeweltrekord auf, der mittlerweile von der World Meteorological Organization, der Klimaorganisation der UN, bestätigt wurde.

Damit erschöpft sich die rekordverdächtige Naturausstattung Kaliforniens keineswegs. An seiner Nordküste stehen in den Überresten alter Redwoodwälder die höchsten Bäume der Erde (s. Thema S. 426). Sie werden nachweislich über 2000 Jahre alt, bleiben damit aber noch weit hinter den bis zu 4500 Jahre alten Grannenkiefern *(Pinus aristata)* zurück, die auf amerikanischem Boden u. a. in den White Mountains an der Ostflanke des Owens Valley nach heutigem Wissensstand ein einsames Dasein als älteste Lebewesen überhaupt fristen.

Klima

So wenig einheitlich und so abwechslungsreich wie die Landschaft ist auch das kalifornische Klima. Generell sind die Winter in der nördlichen Landeshälfte und im Bergland strenger als im Süden und an der Küste, wo die Nähe des Meeres eine ausgleichende Wirkung entfaltet und mediterrane Verhältnisse schafft. Das ist deutlich zu spüren, wenn man im Sommer von San Francisco über das Küstengebirge ins Central Valley fährt, wo die Temperaturen regelmäßig um einige Grad höher liegen. In der kalten Jahreszeit fällt in der Bay-Metropole so gut wie nie Schnee, während in der Cascade Range und in der Sierra Nevada die weiße Pracht trotz Klimawandel noch relativ üppig ausfällt und die Gegend etwa um den Lake Tahoe und um Mammoth Lakes zu populären Skigebieten macht.

In San Francisco beginnt die Regensaison im November und dauert bis März. Niederschlagsarm sind die Monate April bis Oktober mit September und Oktober als der wärmsten Zeit des Jahres. Die durchschnittliche Jahrestemperatur beträgt ca. 17 °C, doch ist die Bay Area dafür bekannt, dass es viele unterschiedliche Klimanischen gibt.

Im Hinterland der südkalifornischen Küste dehnen sich große Wüstenlandschaften aus, in denen man im Winter, Frühjahr und Herbst viel angenehmere Temperaturen antrifft als im brütend heißen Hochsommer. Selbst an

Sonne satt – kein Wunder, dass Kalifornien in Sachen erneuerbare Energie ganz weit vorn liegt. Ein Gesetzentwurf sieht vor, dass künftig alle Neubauten über Solaranlagen verfügen sollen

Weihnachten kann man im Coachella Valley in Straßenlokalen im Freien sitzen, wo um ihre Gäste besorgte Wirte abends zwecks heimelig-kuscheliger Atmosphäre allerdings Heizstrahler in Betrieb nehmen.

Wald- und Buschbrände

In seinem Kultsong »It Never Rains In Southern California« räumte Albert Hammond mit dem Trugschluss auf, dass es im südlichen Kalifornien nie regnet: »Es gießt, Mann, es gießt« – das war 1972. Nach der schlimmsten Dürreperiode seit Beginn der Wetteraufzeichnung vor 120 Jahren, die große Teile Kaliforniens über fünf Jahre lang in Mitleidenschaft zog, hat im Winter 2016/2017 ein durch El Niño verursachter Jahrhundertregen mit heftigen Stürmen, Überschwemmungen und Erdrutschen das Land in ein neues Wetterextrem gestürzt. Mindestens fünf Menschen kamen in dem Wetterchaos ums Leben. Ein maroder Überlaufkanal des Oroville-Staudamms nördlich von Sacramento drohte sogar zu brechen. Fast 200 000 Menschen mussten mehrere Tage lang evakuiert werden. Ob bzw. inwieweit die Rekordregen ein Ende der großen Trockenheit ankündigen, ist unter Experten umstritten. Zumindest für das Jahr 2017 scheint sich in den hauptsächlich betroffenen Regionen eine erhebliche Verbesserung der Lage abzuzeichnen. Dazu trägt auch bei, dass den ganzen Winter hindurch in der Sierra Nevada Schnee im Übermaß gefallen ist und für ein gutes ›Wasserpolster‹ gesorgt hat. Manche Fachleute sprechen sogar von annähernd 200 % mehr ›weißer Pracht‹ als in dieser Jahreszeit üblich.

Naturparks

Amerikas landschaftliche Kronjuwelen liegen über den Kontinent verstreut wie achtlos hingeworfene Edelsteine. Neben 59 Nationalparks verwaltet der dem Innenministerium unterstehende National Park Service (NPS) über 300 weitere Naturschutzgebiete. Während in manchen anderen US-Bundesstaaten Nationalparks dünn gesät sind, liegen außer in Alaska in keinem Staat mehr Flächenparks als in Kalifornien.

Wassernotstand im Sonnenland

Der Klimawandel bedroht nicht nur Küstenstädte durch steigende Meeresspegel. Wissenschaftler glauben, dass er auch Ursache für die Austrocknung des amerikanischen Westens ist. In der zweiten Hälfte dieses Jahrhunderts, so die Prognosen, werden die Gebirge bis zu 70 % ihrer weißen Pracht einbüßen. Schon jetzt fällt in der Sierra Nevada deutlich weniger Schnee. Die Folge: Wassermangel in der gesamten Region.

Das Problem ist nicht neu. Schon zu Beginn des 20. Jh. wusste man in Los Angeles, dass der Ballungsraum in einem Trockengebiet liegt, dessen Niederschläge für die Wasserversorgung nur zu einem Bruchteil aufkommen können. Das Wasserwirtschaftsamt ließ am Rand der Sierra Nevada liegende Seen anzapfen und das dringend erforderliche Nass über lange Aquädukte an die Pazifikküste transportieren. Im Owens Valley kaufte die Behörde über Strohmänner Land auf, um sich in den Besitz der damit verbundenen Wasserrechte zu bringen, was einen blutigen Krieg auslöste. Der Owens Lake am Ostrand der Sierra Nevada wurde auf diese Weise schon in den 1930er-Jahren in einen Salzsumpf verwandelt. Dem Mono Lake wäre dasselbe Schicksal beschieden gewesen, hätten nicht Umweltschützer gegen die allzu kurzsichtigen Wasserpraktiken erfolgreich prozessiert.

Die heutige Wasserkrise hat sich im Unterschied zu damals um weitere Probleme verschärft. Wissenschaftler gehen davon aus, dass die Auswirkungen der globalen Erwärmung heute mit einer periodischen Trockenphase zusammentreffen. Solche Dürrezeiten wurden durch Baumringanalysen schon in vergangenen Jahrhunderten nachgewiesen. Schätzungen zufolge wird die kalifornische Bevölkerung von heute 40 Mio. bis zum Jahr 2050 auf etwa 60 Mio. zunehmen, wodurch sich das Wasserangebot für die Gesamtbevölkerung fast halbieren wird. Vom Grundwasser lebende Städte wissen heute schon, dass es bis Mitte des Jahrhunderts nichts mehr an die Erdoberfläche zu pumpen geben wird. Zu den weiteren Krisenszenarien gehören wachsende Versorgungsengpässe, Konflikte zwischen regionalen Bundesstaaten über Wasseranteile, Niedergang der Landwirtschaft und im schlimmsten Fall Massenabwanderungen aus den trockenen Gebieten in andere Landesteile.

Seit rund zwei Jahrzehnten zeigen einige der regenärmsten Staaten im Westen der USA, allen voran Kalifornien und Nevada, die höchsten demografischen und wirtschaftlichen Wachstumsraten. Daraus leitete gerade der Golden State ökonomisch und politisch einen Macht- und Einflussgewinn ab, weil es gelang, durch technische Maßnahmen wie Dammbauten und Aquädukte eine permanente, ausreichende Wasserversorgung zu garantieren. Ob sich diese Situation in Zukunft halten lässt, ist höchst ungewiss. Eine langfristige, nachhaltige Ideallösung für das Wasserproblem ist jedenfalls nicht in Sicht.

Unter den acht Naturschutzreservaten ist der Yosemite National Park das berühmteste und am stärksten frequentierte – eine berückende Berglandschaft im Herzen der Sierra Nevada. Touristisches Zentrum ist das vom Merced River durchflossene Yosemite Valley, das seinem Beinamen ›das unvergleichliche Tal‹ mit Wasserfällen, Klettergebieten und dem Wahrzeichen Half Dome alle Ehre macht. Seine Popularität hat allerdings eine Schattenseite. Die durch Menschenmassen verursachten Schäden wie zertrampelte Wiesen, geknickte Äste, weggeworfener Müll und überstrapazierte Wege sind unübersehbar. An Sommerwochenenden geht es auf den Parkplätzen manchmal zu wie in Disneyland.

Im nördlichen Kalifornien liegen zwei Nationalparks. Im Zentrum des Lassen Volcanic National Park in der Cascade Range im Landesinnern erhebt sich mit dem 3187 m hohen Lassen Peak ein Vulkan, an dessen Flanken hie und da Schlammlöcher brodeln und an die letzten Ausbrüche in den 1920er-Jahren erinnern. Der Redwood National Park an der Küste schützt einen Flickenteppich aus Waldgebieten, in denen die mächtigsten Bäume der Erde von Holzfällertrupps verschont geblieben sind.

Auch die Mammutbaumbestände in der Sierra Nevada fielen im 19. Jh. teilweise dem Holzhunger der wachsenden Städte zum Opfer. Im Sequoia und Kings Canyon National Park versammeln manche Gebiete einige der größten Exemplare wie den berühmten Sherman Tree mit einem Stammvolumen von 1486 m^3 und einem Gewicht von 1256 t. Dass die Industrie an den Giganten großes Interesse hatte und immer noch hat, ist verständlich. Das Holz ist nicht nur stabil und elastisch, sondern besitzt auch einen hohen Anteil von Gerbsäure, der es gegen Insektenfraß und Pilzbefall quasi immun macht. Außerdem reichte häufig ein einziger Stamm, um ein ganzes Haus zu bauen.

Zwei Nationalparks hatten bis in die 1990er-Jahre den Status von *National Monuments*, wurden dann aber zu Nationalparks erklärt. Im Death Valley National Park liegt von fantastischen Mondlandschaften, Dünen und verkrusteten Salzflächen umgeben die tiefste Stelle der westlichen Hemisphäre mit 86 m unter dem Meeresspiegel. Der Joshua Tree National Park ist ebenfalls ein Wüstenpark. Er bekam seinen Namen von den hübschen Joshua Trees, die im höher gelegenen Parkteil ganze Wälder bilden.

Der einzige ›exterritoriale‹ Nationalpark Kaliforniens auf den Channel Islands begnügt sich mit etwa sechs Dutzend Pflanzenarten, von denen einige nur auf bestimmten Eilanden vorkommen. Das 1980 geschaffene Reservat erstreckt sich über fünf der Channel Islands, die hauptsächlich Seelöwen, Seehunden sowie Seevögeln als Refugium dienen. Da die Inseln nur per Schiff erreichbar sind, hält sich der Besucherstrom in Grenzen.

Flora und Fauna

Auf kalifornischem Territorium sind rund 5200 Pflanzenarten heimisch, von denen ungefähr ein Drittel nur im Golden State vorkommt. Damit ist Kalifornien auf dem zusammenhängenden Staatsgebiet der USA der Bundesstaat mit der größten Biodiversität. Unter den endemischen Pflanzen spielen die Redwoods und Sequoias mit ihren gewaltigen Höhen und Stammumfängen eine wahrhaft herausragende Rolle (s. Thema S. 426).

Die Torrey Pine *(Pinus torreyana)* kommt nur noch in winzigen Nischen in La Jolla nördlich von San Diego und auf der zu den Channel Islands gehörenden Insel Santa Rosa vor. Wunderschöne Exemplare der Kalifornischen Fächerpalme *(Washingtonia filifera)* stehen in den sogenannten Indianercanyons bei Palm Springs.

Leben in der Wüste

In manchen Teilen des amerikanischen Südwestens, vor allem im Joshua Tree National Park und in anderen Teilen der Mojave-Wüste, sorgt der Joshua Tree *(Yucca brevifolia)*, ein naher Verwandter der Lilienfamilie, für fotogene Landschaften. Die Art kommt nur in Wüstengebieten zwischen 750 und 1500 m Höhe vor. Joshua Trees sind frosttolerant und

Natur und Umwelt

benötigen Kälteperioden für ein gesundes Wachstum. Für das Überleben in der heißen Wüste sind sie bestens ausgestattet. Die relativ kleinen, spitzen Blätter verhindern großen Wasserverlust, und selbst längere Trockenperioden überstehen die Bäume ohne nennenswerten Schaden.

Ein Überlebenskünstler in der Wüste ist auch der weit verbreitete Kreosote-Busch *(Larrea tridentata)*. Um seinen Wasserhaushalt zu kontrollieren sowie das Eindringen von Hitze und ultraviolettem Licht zu verhindern, sind seine Blätter von einer Wachsschicht überzogen. Die grünen Teile des Busches enthalten zudem so übel schmeckende Stoffe, dass sich kein Tier an sie heranwagt. Nach Regenfällen liegt meist ein eigenartiger Desinfektionsmittelgeruch über Wüstenstrichen, in denen der Kreosote-Busch heimisch ist. In Mexiko trägt er deshalb den Namen *hediondilla* (kleiner Stinker).

Zur dekorativen Wüstenszenerie tragen mehrere unterschiedliche Yucca-Arten bei. Manche Tiere machen sich zwar im Frühjahr über die Blüten der Pflanzen her, die Blätter aber werden tunlichst vermieden, weil sie einerseits mit nadelfeinen Spitzen ausgestattet und zum anderen mit einer wachsähnlichen Substanz überzogen sind, die selbst einem tierischen Maul nicht mundet. Wildschweine leisten an Yuccas ganze Arbeit. Mit scharfen Hufen graben sie die Pflanzen aus, um ungefährdet an die unteren Blätterstängel heranzukommen. Eine besondere Yucca-Art ist unter dem Namen Seifenbaum-Yucca *(Yucca elata)* bekannt. Sie verdankt ihren Namen dem Wurzelwerk, das schon von den indianischen Ureinwohnern als eine Art Shampoo für die Haarwäsche verwendet wurde. Aus den zerquetschten Blättern gewannen die Indianer Fasern zur Herstellung von Seilen.

Pflanzen-›Schutz‹

Die Blätter des Brittlebush *(Encelia farinosa)* schützen sich durch haarigen Bewuchs gegen die Austrocknung; andere Pflanzen wiederum rollen ihre Blätter ein, um der Hitze

keine Angriffsfläche zu geben. Nicht weniger schlau haben sich die häufig nachtaktiven Tiere auf die Umgebung eingestellt. Was die Kängururatte an Wasser benötigt, ringt sie selbst dem trockensten Samenkern ab. Der Wüstenfuchs hingegen, ihr natürlicher Feind, deckt seinen Bedarf an Flüssigkeit hauptsächlich durch seine Beutetiere. Die selten gewordenen Dickhornschafe halten sich nur in den höher gelegenen Bergregionen auf, wo in der Regel genügend Wasser vorhanden ist.

Flora und Fauna

Nach ihnen wurde ein ganzer Nationalpark benannt: Joshua Trees, Vertreter einer Palmlilienart

Ein hübscher ›Bewohner‹ der südkalifornischen Wüsten ist der Teddybear Cholla *(Opuntia bigelowii)*. Aus der Ferne sieht er mit seinem dichten, gelblich-grünen Stachelfell aus wie ein Teddybär. Aus der Nähe betrachtet entpuppt sich das ›Fell‹ als äußerst wirksamer Stachelpanzer. Die einzelnen ›Gliedmaßen‹ scheinen nur sehr lose miteinander verbunden zu sein. Aus abgefallenen ›Ärmchen‹ wachsen neue Exemplare, welche die Elternpflanzen mit einer fast unüberwindbaren Barriere umgeben. Stacheln durchdringen Sohlen von Sportschuhen so leicht wie ein Messer einen weichen Käse.

Könige der Lüfte

Eine gute Nachricht ist, dass mit dem Weißkopfadler das Wappentier der USA von der Liste der bedrohten Tierarten genommen werden konnte. Mit Entsetzen hatten Naturschutzbehörden 1963 festgestellt, dass es im ganzen Land nur noch 400 nistende Paare dieser imposanten Greifvögel gab. Nach über 40-jährigen

Natur und Umwelt

Schutzmaßnahmen fällt die Statistik positiver aus, nun ziehen wieder über 10 000 Adlerpaare ihre Jungen auf.

Noch stärker gefährdet war in den letzten Jahrzehnten der Kalifornische Kondor *(Gymnogyps californicus)*. Der urzeitliche Aasfresser mit orangerot gefärbtem, nacktem Kopf wird bis zu 13,5 kg schwer und imponiert durch eine gewaltige Flügelspannweite von über 3 m. Bereits in den 1950er-Jahren wurden Naturschützer darauf aufmerksam, dass die Kondorbestände in Kalifornien rückläufig waren. Bis in die 1980er-Jahre setzte sich dieser Prozess fort, bis private Gruppen spezielle Zuchtprogramme mit gefangenen Kondor-Pärchen in Angriff nahmen. Weltweit soll es heute sowohl in Zoos als auch in Freiheit ca. 300 der Riesenvögel geben, 160 davon in Kalifornien, hauptsächlich im Los Padres National Forest und im Pinnacles National Park im Salinas Valley.

In der Vergangenheit wurde vielen dieser Vögel zum Verhängnis, dass sie sich von den Überresten durch Jäger erlegter Tiere ernährten, auf diese Weise Schrotkugeln fraßen und schließlich an Bleivergiftung eingingen. Trotz des Widerstands der Waffenlobby gilt in Kalifornien heute ein Gesetz, das den Gebrauch von bleihaltiger Jagdmunition im Kondorgebiet unter Strafe stellt.

Meeresbewohner

An vielen Stellen wie etwa im Año Nuevo State Reserve nördlich von Santa Cruz, an der Küste südlich von Big Sur oder in La Jolla kann man zwischen Dezember und März Robben und Seeelefanten beobachten, die sich zur Gründung neuer Familien an geschützten Sandstränden treffen. Seit Jahren suchen sich Seelöwen aber auch stadtnahe Refugien aus, weil sie sich offenbar durch die Nähe von Schaulustigen und Ausflugsverkehr nicht gestört fühlen. Kaliforniens berühmteste Seelöwenkolonie ist seit Ende der 1980er-Jahre am Pier 39 in San Francisco zu Hause, wo sich zu Jahresbeginn manchmal bis zu 600 Tiere um die besten Plätze auf den schwimmenden Bootsstegen balgen. Auf den Holzstützen der zahlreichen Piers entlang der Küste kann man die pelzigen Riesen häufig beobachten. Neben dem Pier in Fisherman's Wharf in Monterey belagern sie lautstark ein eigens für sie reserviertes Holzfloß.

Zwischen Crescent City im Norden und San Diego im Süden liegen an der Pazifikküste zahlreiche Aussichtspunkte, von denen man zwischen Dezember und März ein Naturschauspiel der besonderen Art verfolgen kann. Um diese Jahreszeit wandern bis zu 26 000 Grauwale von der kalten Bering-See in die warmen Gewässer der Baja California, bekommen dort ihre Jungen und kehren dann mit ihrem Nachwuchs in den hohen Norden zurück. Meist erscheinen die Meeressäuger einzeln oder in kleinen Gruppen und lassen sich nach zwei- bis fünfminütigen Tauchgängen in Tiefen bis zu 40 m wieder an der Wasseroberfläche sehen. Wer sie aus nächster Nähe studieren bzw. fotografieren und Wissenswertes über sie erfahren will, hat dazu bei kommentierten Walbeobachtungstouren die beste Gelegenheit.

Erdbebengefahr

Der kalifornische Küstenstreifen ist nicht nur ein landschaftliches Glanzlicht, sondern auch ein Katastrophengebiet. Entlang dem sogenannten San-Andreas-Graben verschieben sich Erdkrustenplatten von kontinentaler Größe. Die Pazifische Platte mit dem Stillen Ozean und einem Küstenabschnitt Kaliforniens inklusive Los Angeles driftet jedes Jahr etwa 2,5 cm nach Nordwesten. Die Amerikanische Platte mit dem restlichen Nordamerika samt San Francisco bewegt sich in etwas langsamerem Tempo nach Südosten. Dass es sich bei den Plattenkontakten eher um Begegnungen einer unheimlichen Art handelt, bestätigt die Wissenschaft. Erdbebenschreiber zeichnen im Jahresdurchschnitt in Kalifornien ca. 10 000 Klein- und Kleinstbeben auf, wenn sich die Platten auf ihrer Reise in unterschiedliche Richtungen im Bereich der oberen 10 km des Erdmantels verkeilen und dadurch Spannungen und Druckverhältnis-

Umweltpolitik

se aufbauen, die eine tektonische Zeitbombe zum Ticken bringen. 1906 entluden sich urgewaltige Energien in San Francisco bei einem Beben der Stärke 7,8 auf der Richterskala, dem mindestens 3000 Menschen zum Opfer fielen und in dessen Folge mehr als 200 000 Einwohner obdachlos wurden. Auch in jüngerer Vergangenheit gab es mehrere Erdbeben, das letzte große 1989 mit einer Stärke von 6,9 auf der Richterskala, bei dem 63 Menschen umkamen und Schäden in Höhe von ca. 6 Mrd. $ entstanden.

Umweltpolitik

Amerika sieht sich häufig der Kritik ausgesetzt, dem Umweltschutz keinen besonders hohen Stellenwert beizumessen. Diesbezüglich ist aber eine Unterscheidung zwischen Großindustrie und Verbraucher angebracht. Unter dem Namen Big Ten firmieren zehn einflussreiche Umweltschutzorganisationen, von denen manche mehrere Millionen Mitglieder haben und in Washington D. C. Lobbyarbeit leisten. Als eine der ersten gründete der aus Schottland stammenden Naturkundler John Muir (1838–1914) im Jahr 1892 den renommierten Sierra Club. Ihm folgten die National Audubon Society, das Nature Conservancy International Headquarter, der World Wildlife Fund und die Wilderness Society, Organisationen, die in den USA jedem Schulkind durch Magazine, Naturführer, Guide Books und Bildbände bekannt sind.

Umfragen zufolge ist einer Mehrheit der US-Bürger das Problem der Umweltverschmutzung durchaus bewusst. Doch nicht immer folgen aus der Problemwahrnehmung praktische Konsequenzen. Als Teil des Programms *Adopt a Highway* übernehmen im ganzen Land Firmen, Organisationen, Klubs und sogar Familien Partnerschaften über bestimmte Straßenabschnitte und halten sie regelmäßig sauber. Wer Zigarettenstummel oder Getränkebüchsen aus dem Auto wirft, outet sich nicht nur als Umweltsünder, sondern wird auch rigoros bestraft. Dagegen scheiterte der Versuch, in Kalifornien flächendeckend ein Verbot von Gratis-Einmaltüten aus Plastik in Supermärkten durchzusetzen, bislang am entschiedenen Widerstand der Tütenindustrie.

Vorreiterrolle in Sachen Klimaschutz

Unter dem anfangs belächelten Gouverneur Schwarzenegger schlüpfte Kalifornien in die Rolle eines ökologischen Zugpferdes. Der Governator, wie er scherzhaft wegen seiner früheren filmischen Tätigkeit als Terminator genannt wurde, forcierte während seiner Amtszeit von 2003 bis 2011 eine innovative Klima- und Umweltschutzpolitik, die zumindest in den ersten Jahren die Zustimmung einer breiten Öffentlichkeit fand. Schwarzeneggers Vorhaben waren sogar so populär, dass sich die Regierung in Washington D. C. genötigt sah, auf die eine oder andere Weise darauf zu reagieren. Innovative Konzepte und neue Technologien sollten einerseits dem Klimaschutz dienen, andererseits durch Neuentwicklungen für steigende Investitionen und mehr Arbeitsplätze sorgen.

Schwarzeneggers Umweltpolitik wurde von Präsident Obama als nachahmenswert für die gesamten USA betrachtet. Der schwarze Hoffnungsträger im Weißen Haus wollte nach dem ›Modell Kalifornien‹ Autohersteller dazu bewegen, effizientere und sauberere Fahrzeuge zu bauen. Neuen Standards zum Spritverbrauch verschrieb sich Kalifornien auch unter Schwarzeneggers Nachfolger, dem gegenwärtigen Gouverneur Jerry Brown. Die California State Assembly, wie sich das kalifornische Unterhaus nennt, einigte sich auf ein neues Klimagesetz, das eine Reduzierung der Emissionen innerhalb der Grenzen des Golden State bis zum Jahr 2030 um 40 % gegenüber 1990 vorschreibt. Damit peilte Kalifornien ein wie in der Europäischen Union angestrebtes Klimaziel an, das deutlich über dem liegt, was die Vereinigten Staaten insgesamt ins Auge gefasst haben. Der Golden State geht damit auf Gegenkurs zum derzeitigen Präsidenten Donald Trump, der eine Kehrtwende von der Klimapolitik Obamas vornehmen will.

Wirtschaft, Soziales und aktuelle Politik

Kaliforniens wirtschaftliche Führungsrolle in den USA drückt sich darin aus, dass es 13 % des nationalen Bruttoinlandsproduktes erwirtschaftet. Als souveräner Staat würde der Golden State auf Rang sechs der größten Volkswirtschaften der Welt liegen. Aber mit den Folgen der Immobilien- und Finanzkrise büßte das Land viel von seinem wirtschaftlichen Glanz und seiner Lebensqualität ein.

Superstaat oder Pleitenkönig?

Viele Amerikaner sind davon überzeugt, dass sich die Geschicke ihrer Nation vor allem am Pazifikufer entscheiden, wo mit Kalifornien der bevölkerungsreichste und wirtschaftlich stärkste Bundesstaat seinen Einfluss geltend macht. So wie in den 1970er-Jahren der Mikroprozessorenboom aus dem Silicon Valley der kalifornischen Wirtschaft Wind in die Segel blies, sollte die Ökotechnologie zum Schrittmacher werden. Nicht zu vergessen die kalifornischen Trendsetterqualitäten in Sachen Lifestyle, Denkungsart, Mode und Sport. Der coole, scheinbar von allen Alltagsproblemen losgelöste südkalifornische Lebensstil eignet sich bestens als Exportschlager und stattete den Superstaat mit dem Nimbus eines unbezwingbaren, sozusagen auf einem Surfbrett am sonnigen Sandstrand sitzenden Wirtschaftsgiganten aus, dem Wohlstand, Glück und Zufriedenheit wie von selbst in den Schoß fallen.

Wenn der Sonnenstaat am Pazifik auch den Ruf des wirtschaftlichen Krösus genießt, zu den drei wichtigsten Erdöllieferanten der USA gehört, bedeutendster Forschungsstandort auf US-Boden ist und Eigenheim, Swimmingpool und Chevrolet gemeinhin zur familiären Grundausstattung seiner Einwohner zählen, weist das glänzende Image doch dunkle Stellen auf. Jahrzehntelang wurde die wirtschaftliche Vitalität und Dynamik des Landes dem kaum zu bremsenden Pioniergeist seiner Bevölkerung zugeschrieben. Spätestens nach Ende des Kalten Krieges, als das Pentagon Rüstungsprogramme kürzte, stellte sich jedoch heraus, dass der Boom in erster Linie durch gigantische Staatssubventionen während des Zweiten Weltkriegs, des Korea- und Vietnamkriegs und während des Wettrüstens im Raketenzeitalter am Leben erhalten worden war. Das Ende der Konfrontation mit der Sowjetunion reduzierte den Subventionsstrom aus dem Verteidigungsministerium zu einem spärlichen Rinnsal, wodurch Hunderttausende Arbeitsplätze verloren gingen.

Als der republikanische Gouverneur Arnold Schwarzenegger 2003 seinen demokratischen Vorgänger Gray Davis nach Jahren der Misswirtschaft aus dem Amt schasste, offenbarte der Kassensturz düstere Einsichten: Der reichste US-Bundesstaat litt mit einem Rekorddefizit von 38,2 Mrd. $ unter einem gewaltigen Haushaltsloch. Als mit Jerry Brown zu Beginn des Jahres 2011 der neue Gouverneur ins Amt kam, hatte sich die Haushaltspolitik strukturell nicht wesentlich verändert. Kalifornien guckte der Pleitegeier über die Schulter.

Superstaat oder Pleitenkönig?

»For Sale« hieß es während der Immobilienkrise vielerorts in Kalifornien – selbst viktorianische Schmuckstücke wechselten die Besitzer

Die Immobilienkrise

Die 2007 ausgebrochene Immobilienkrise rückte hauptsächlich Südkalifornien ins Zentrum, wo die Hälfte der zehn größten Hypothekeninstitute angesiedelt ist und in jüngerer Vergangenheit die Nachfrage nach Häusern stets größer war als das Angebot, obwohl die Region zu den teuersten Wohngegenden des Landes zählt. Viele Käufer konnten sich neue Heime, deren Preis bei durchschnittlich 620 000 $ liegt, nur durch eine breite Palette von Hypothekarinstrumenten leisten. Auf den ersten Blick wirkten die Bedingungen sehr günstig, lockten Hausbesitzer in Wahrheit aber mit Hypotheken zu variablen Zinssätzen in eine tiefe Schuldenfalle, während die Kreditinstitute Milliardengewinne einstrichen. Als schließlich immer mehr Immobilieneigner unter der Last der Hypotheken zusammenbrachen und ihre Häuser zum Teil zwangsversteigert wurden, platzte die Immobilienblase. Mittlerweile hat sich der Häusermarkt erholt.

Billige Arbeitskraft

Insbesondere der für die gigantische Agrarindustrie wetterbegünstigte Süden trägt zum kalifornischen Wohlstand bei – billige Arbeitskraft allerdings auch. Auf riesigen Feldern und Plantagen, aber auch in spezialisierten Kleinbetrieben mit Sonderkulturen sind Heerscharen mexikanischer Landarbeiter beschäftigt, ohne die der Agrarsektor gar nicht mehr funktionieren könnte. Viele von ihnen halten sich illegal im Land auf, werden schlecht bezahlt und haben keinerlei Anspruch auf Sozialleistungen.

Größtes Tor für illegale Einwanderer nach Kalifornien war immer die mexikanische Grenze. Nach Zahlen der US-Einwanderungsbehörde gelangten in den letzten Jahren etwa 1 Mio. Menschen jährlich ohne gültige Papiere in die USA. Ungefähr 70 % von ihnen stammten aus Mexiko, das durch eine von Patrouillen, Zäunen, Überwachungskameras, Nachtsichtgeräten, Bewegungsmeldern, Lasersystemen und Helikoptern scheinbar her-

Wirtschaft, Soziales und aktuelle Politik

metisch gesicherte Grenze vom großen Nachbarn abgeschirmt ist. Trotzdem schafften es in der Vergangenheit viele, etwa mit einem befristeten Besuchervisum, in die USA zu kommen und nach Ablauf ihrer Besuchsfristen illegal zu bleiben. Andere überwanden die Hightech-Grenzbarrieren durch versteckte Tunnelsysteme oder in nur schwer zugänglichen Grenzabschnitten. Wieder andere entflohen Arbeitslosigkeit und sozialer Not in ihrer Heimat mit Hilfe von kriminellen Schlepperbanden, die sie gegen Geld ins ›gelobte Land‹ schleusten.

Preisgünstiges Personal finden Firmen aber auch im Golden State selbst, und zwar hinter Schloss und Riegel. Joint-Venture-Programme mit den Strafvollzugsbehörden bieten Unternehmen die Möglichkeit, hinter Gefängnismauern billige Arbeitskräfte anzuheuern und dabei von Steuervergünstigungen und geringen Lohnkosten zu profitieren. Bei solchen Beschäftigungsverhältnissen reiben sich manche Arbeitgeber die Hände, weil auch Krankengeld und Abgaben für Rente, Urlaub und Gesundheitsvorsorge entfallen.

Dynamische Bevölkerung

Der seit Jahren festzustellende massive Zustrom legaler wie illegaler Einwanderer aus Lateinamerika hat die USA mit ca. 40 Mio. Hispanics nach Brasilien, Mexiko und Kolumbien zum viertgrößten ›lateinamerikanischen‹ Land der Erde gemacht. Latinos sind vor Afroamerikanern zur größten Minderheit in den USA geworden, und ihre Zahl steigt weiter. Im Südwesten der USA wurde die lange idealisierte Vorstellung vom amerikanischen Immigranten als WASP (White, Anglosaxon, Protestant – weiße Hautfarbe, angelsächsische Abstammung, protestantische Religion) längst von der Realität überholt.

In Kalifornien beträgt der hispanische Anteil an der Gesamtbevölkerung annähernd 39 % – Tendenz wachsend, nicht nur wegen der hohen Migration, sondern auch wegen der weit über dem US-Durchschnitt liegenden Geburtenraten. Schätzungen zufolge werden im Jahr 2040 Latinos die Mehrheit der Bevölkerung stellen. Weiße werden dann nur noch 26 % gegenüber 52 % Latinos ausmachen.

In Los Angeles, das vom italienisch-mexikanischen Bürgermeister Eric Garcetti regiert wird, stammen sogar 58 % der Einwohner aus Lateinamerika. Es gibt Stadtteile, in denen kaum ein englisches Wort zu hören ist. Am Kiosk liegen spanischsprachige Zeitungen aus, in Restaurants und Imbissen sind Tacos und Tortillas probate Mittel gegen den Hunger, und hier und da hat ein Wohnungsbesitzer die mexikanischen Nationalfarben auf seine Fensterläden gepinselt. Ein weiteres Kennzeichen dieser Gegenden sind durchschnittliche Pro-Kopf-Jahreseinkommen von weniger als 10 000 $, d. h. gerade einmal einem Drittel des nationalen Durchschnitts. Fast die Hälfte der Einwohner in diesen Vierteln lebt unter der Armutsgrenze. Das Elend grassiert aber nicht nur im gefährlichen Southeast oder South Central der Stadt mit einer Bevölkerung überwiegend aus Schwarzen oder Hispanics, wo die Gesetze der Gangs gelten. Selbst in der Innenstadt gibt es Straßenzüge mit Behelfsunterkünften aus Kartonage und Plastikplanen.

Demografische Prozesse spiegeln sich keinesfalls nur im Erscheinungsbild und Selbstverständnis der US-Gesellschaft wider, sondern führen auch zu politischen Veränderungen. Für viele in Lateinamerika lebende Familien sind Geldüberweisungen von in den USA arbeitenden Familienmitgliedern unverzichtbare ›Einkommen‹. In manchen Ländern sind solche Transfers noch vor Warenexporten zur wichtigsten Devisenquelle geworden. Aber auch auf nationaler und regionaler Ebene zeichnet sich ein Wandel ab. Latinos stellen im Südwesten der USA mittlerweile ein umworbenes Wählerpotenzial dar. Von Exilkubanern abgesehen waren sie früher eine sichere Klientel der Demokraten. Mittlerweile buhlt aber auch die republikanische Partei um ihre Wählerstimmen.

Afroamerikaner

Obwohl in Kalifornien mit 6,5 % nur etwa halb so viele Schwarze leben wie im US-Durchschnitt, gibt es in manchen Großstädten Neighborhoods mit hohen Konzentrationen afroamerikanischer Einwohner, nicht selten von Armut und Hoffnungslosigkeit geprägte Stadtteile, im schlimmsten Fall gefährliche No-Go-Areas, aus denen sich Fremde aus gutem Grund besser fernhalten. Ursachen für diesen Zustand erkannte der Stadtsoziologe Mike Davis in seinem Buch »Casino Zombies« in der sozialen Ausgrenzung u. a. durch gekürzte Wohnungsbauprogramme, Budgetstreichungen bei Schulen und Universitäten und fehlende oder misslungene Integrations- und Fördermaßnahmen, mit denen manche Gruppen bzw. ganze Stadtteile an den Rand der Gesellschaft abgedrängt werden.

Einen anderen Zugang zu diesem Problem haben Kritiker, die Lösungen vorschlagen, wie sich Schwarze aus ihrem Gefängnis aus Gewalt und Elend befreien können. Sie klagen die selbstzerstörerischen Tendenzen und die Opfermentalität in Teilen der afroamerikanischen Gesellschaft an und vertreten die Meinung, Weiße dafür verantwortlich zu machen, könne für manche Schwarze ein Weg sein, sich besser zu fühlen, aber die Stromrechnungen würden dadurch nicht bezahlt. Um sich aus dem Teufelskreis von Verelendung, Gewalt und Perspektivlosigkeit zu befreien, seien neben Bildung und Erziehung vor allem intakte Familien, harte Arbeit und soziales Engagement wichtig.

Schwarze Ghettosprache

Als Ende der 1990er-Jahre Lehrern in Oakland die schlechten Leistungen schwarzer Schüler im Fach Englisch auffielen, plädierten sie dafür, in den Schulen das von Afroamerikanern gesprochene Ebonics statt Standardenglisch als Unterrichtssprache zu akzeptieren. Der aus einer Verbindung der Wörter *ebony* (Ebenholz) und *phonics* (Klang) zusammengesetzte Begriff bezeichnet die aus Schwarzen-Ghettos stammende Sprache, die früher *street talk*, *ghettoese* oder *jive* genannt wurde und mehrere Charakteristika besitzt: eigene Wortschöpfungen sowie eine vom Standardenglischen teilweise stark abweichende Grammatik und Syntax. Selbst nichtschwarzen Amerikanern gibt Ebonics in Unterhaltungen nicht selten Rätsel auf.

Neue Nahrung erhielt die *Ebonics*-Diskussion vor Jahren, als ein Schuldistrikt in San Bernardino ein Pilotprojekt startete und *Ebonics* den Schülern nicht als afroamerikanischen Dialekt, sondern als Fremdsprache anbot. Mit dieser Maßnahme sollten schwarze Studenten und Schüler zu mehr Begeisterung für schulische Bildungsangebote motiviert werden. Das Vorhaben rief Gegner auf den Plan, die stattdessen für eine Reform des bestehenden Schulwesens eintreten, weil ihrer Meinung nach viele junge Menschen ihre zwölfjährige schulische Laufbahn mit einem High-School-Abschluss beenden, ohne in Fächern wie Lesen, Schreiben und Englisch überhaupt die nötigen Grundkenntnisse erworben zu haben. Zu den Gegnern von *Ebonics* als Lehrsprache gehörten neben großen Teilen der Bevölkerung auch Fachleute aus dem Bereich Pädagogik. Ihrer Meinung nach sollte man nicht die Straße ins Klassenzimmer bringen, sondern das Klassenzimmer auf die Straße, weil Bildung und Erziehung die Zugangscodes zum Erfolg in der Gesellschaft sind.

Native Americans

Von allen Bevölkerungsteilen bilden die Indianer in den USA die kleinste Gruppe und machen nur ca. 1,2 % der Gesamtbevölkerung (330 Mio.) aus. In Kalifornien liegt ihr Anteil zwar mit 1,7 % knapp über dem nationalen Durchschnitt. In absoluten Zahlen besitzt der Golden State unter allen US-Bundesstaaten mit ca. 640 000 Indianern aber die größte Urbevölkerung. Als der Spanier Gaspar de Portola 1769 mit der Eroberung von Kalifornien begann, lebten neben den auf den Channel Islands beheimateten Chumash-Indianern viele andere Gruppierungen im Land. Historiker beziffern die damalige Gesamtzahl indianischer Ureinwohner auf 500 000 bis 700 000, andere gehen von lediglich 130 000 aus. Am wahrscheinlichsten ist eine Zahl von ca. 275 000. Mit Verblüffung stellten die Wissenschaftler fest, dass sich die in Anbetracht des riesigen Territoriums doch recht bescheidene Bevölkerung in ca. 135 Sprachgruppen und zwei Dutzend Sprachfamilien aufteilte (www.native-languages.org/california.htm).

Im Zuge der spanischen und mexikanischen Herrschaft über Kalifornien und während der territorialen Expansion der USA bis an den Pazifik wären die Ureinwohner fast ausgerottet worden. Hunderttausende fielen von Weißen eingeschleppten Seuchen und der Zwangsarbeit auf den Missionsstationen zum Opfer (s. Thema S. 322). Die bis Ende des 19. Jh. Überlebenden werden auf etwa 30 000 geschätzt. Erst im Jahr 1917 erklärte sie der Oberste Gerichtshof zu Bürgern ihres eigenen Landes und stattete sie mit den amerikanischen Bürgerrechten aus. Das entsprechende Gesetz, der Indian Citizenship Act, wurde allerdings erst 1924 verabschiedet. Schon Jahrzehnte zuvor waren viele Indianer aus ihren Stammesgebieten in Reservationen und sogenannte Rancherias vertrieben und abgeschoben worden – auf der Rechtsgrundlage höchst zweifel- und fehlerhafter Verträge, die im 20. Jh. zu jahrzehntelangen Rechtsstreitigkeiten führten. Erst 1951 erklärte sich die Regierung zu einer Entschädigungszahlung für enteignetes Indianerland bereit. Etwas mehr als 5 Mio. $ wurden an 36 095 kalifornische Indianer verteilt, was einer Pro-Kopf-Kompensation von 139 $ entsprach.

Neue Indianerpolitik

Eine neue Ära dämmerte für die indianische Bevölkerung im Jahr 1969 in einer Zeit herauf, in der Black Power, die Anti-Vietnam-Bewegung und die Studentenrevolte das Selbstbewusstsein der indigenen Bevölkerung stärkten. Im November dieses Jahres besetzten etwa 100 Native Americans in einer spektakulären Aktion die in der San-Francisco-Bucht liegende Insel Alcatraz und okkupierten sie bis Juni 1971, um auf die Missstände in der Indianerpolitik aufmerksam zu machen (www.nps.gov/alca/historyculture/internet-links.htm). Damals bildete sich eine junge, gebildete und energische Generation von indianischen Aktivisten heraus, die ihre Ziele der indianischen Selbstbestimmung und gleichzeitig ihre Wertschätzung für traditionelle indianische Werte deutlich artikulierten.

Das führte u. a. dazu, dass 1972 der Indian Education Act verabschiedet wurde, der die Förderung des Bildungsangebotes für Indianer vorschrieb. Noch wichtiger war der Indian Self Determination Act von 1975. Das Gesetz übertrug den indianischen Territorien die Selbstverwaltung, stockte die finanzielle Hilfe auf, brachte die Förderung indianischer Studenten auf den Weg und übertrug die Entscheidungshoheit des für indianische Angelegenheiten zuständigen Bureau of Indian Affairs (BIA) nach und nach auf Native Americans selbst. Ein Jahr später folgte der Indian Health Improvement Act, der eine bessere medizinische Versorgung der Reservationsbewohner einleitete und die Ausbildung von Indianern auf dem Gebiet des Gesundheitswesens möglich machte.

Entwicklungshilfe aus dem Kasino

Thomas J. Morgan, Indianerbeauftragter der US-Regierung unter Präsident Benjamin Harrison, fasste das Credo der Indianerpolitik im Jahr 1889 so zusammen: »Die Indianer müssen sich in die Lebensweise der Weißen einfügen – friedlich, wenn sie es wollen, gewaltsam, wenn es sein muss. Sie müssen ihre Lebensweise unserer Zivilisation anpassen.« Seit damals hat sich zwar vieles geändert, aber trotz positiver Ansätze sind die Zukunftsaussichten nicht allzu rosig.

Darüber mag auf den ersten Blick die Tatsache hinwegtäuschen, dass einzelne Stammesgruppen ihren Sonderstatus schon vor Jahren dazu nutzten, ins hochprofitable Kasinogeschäft einzusteigen und enorme

Gewinne abzuschöpfen. Schätzungen zufolge werfen ca. 420 indianische Gamblingbetriebe in den USA pro Jahr ca. 27 Mio. $ ab, wovon durch Steuern auch die jeweiligen Staaten profitieren. Mit dem Indian Self Determination Act war den Stammesregierungen grundsätzlich nun das Recht eingeräumt worden, mit den jeweiligen Staatsregierungen Verträge über Bau und Betrieb von Spielkasinos abzuschließen. Der Indian Gaming Regulatory Act machte seit dem Jahr 1988 die Eröffnung von Reservatskasinos in 33 Bundesstaaten möglich.

In Kalifornien liegen heute rund 50 Spielkasinos (www.casinosca.com), allesamt auf indianisch verwaltetem Territorium, weil der Spielbetrieb nur dort erlaubt ist. Darunter befinden sich kleine Gamblingbetriebe wie etwa im abgelegenen Susanville (www.dmcah.com), aber auch große Kasinos wie das Chumash Casinohotel in Santa Ynez mit Restaurant, Unterkünften und Spa (www.chumashcasino.com) oder das Morongo Casino Resort in Cabazon (www.morongocasinoresort.com).

Manche Stammesregierungen haben die große Chance der Gamblingindustrie darin erkannt, mit erwirtschafteten Gewinnen eine breitere wirtschaftliche Entwicklung in den Reservationen in Gang setzen zu können, um auf diese Weise der Armutsfalle zu entkommen. Zu diesen Beispielen gehört das Viejas Casino in Alpine östlich von San Diego (www.viejas.com). Direkt neben dem Spieltempel ließ die Verwaltung der nicht einmal 400-köpfigen Viejas Band of Kumeyaay Indians im Adobestil ein attraktives Outlet Center bauen, das Kundschaft selbst aus San Diego anzieht (http://viejas.com/san-diegos-premier-outlet-mall). Außerdem ist der Stamm zusammen mit anderen indianischen Gruppen an zwei großen Hotels in Washington D. C. und Sacramento beteiligt.

Aber nicht alle indianischen Kasinos arbeiten profitabel. Die Unterschiede zwischen den einzelnen Reservationen sind zum Teil frappierend, was in der Vergangenheit u. a. auch dazu geführt hat, dass manche mit entsprechender Lobbyarbeit den Bau neuer Kasinos verhindern wollen, um sich unliebsame Konkurrenz vom Hals zu halten. Es gibt auch Stammesregierungen, die mit Kleinbetrieben um ihre ökonomische Zukunft kämpfen und bislang nicht ins Kasinogeschäft eingestiegen sind, weil sie glauben, dass dadurch der Niedergang der indianischen Kultur beschleunigt wird.

Aktuelle Politik

Arnold Schwarzenegger übergab 2011 sein Amt als Gouverneur dem Demokraten Jerry Brown mit einer Haushaltslücke von 28 Mio. $. Zwei Jahre später präsentierte Brown erstmals seit Jahren einen Etat ohne gravierende Finanzierungslöcher. Grund für die positive Entwicklung war ein zarter Wirtschaftsaufschwung mit einer Erholung der Baubranche, einem leichten Anziehen der Immobilienpreise und einer Situation, in welcher der niedrige Dollar dem Agrar- und Technologiesektor zur Seite sprang. Zuversichtlich stimmte auch die Entwicklung auf dem Arbeitsmarkt, der erstmals seit vier Jahren wieder eine Arbeitslosenrate unter 10 % aufwies. Diese konnte bis 2017 sogar halbiert werden. Hauptsächlich durch höhere Einkommens- und Verbrauchs- sowie Gewerbesteuern erwirtschaftete der kalifornische Staat im Jahr 2016 einen Haushaltsüberschuss in Höhe von 785 Mio. $. Für 2017/18 wird ein Minus von ca. 2 Mrd. $ prognostiziert.

Ein anderer Bereich der Politik stand in den letzten Jahren stark im Fokus der Öffentlichkeit: Volksbegehren für ein Eheverbot von lesbischen und schwulen Paaren, Erlaubnis gleichgeschlechtlicher Ehen durch Gerichtsentscheid, Abweisung der Klage von Gegnern der Homo-Ehe – in Kalifornien hat die Diskussion um homosexuelle Liebesbeziehungen über Jahre hinweg eine wahre Achterbahnfahrt hingelegt. Daran änderte auch die Entscheidung des Obersten Gerichtshofs in Washington D. C. nichts, gleichgeschlechtliche Ehen in allen 50 Bundesstaaten zu legalisieren. In kalifornischen Lehrplänen soll auch die Rolle von sogenannten Regenbogenfamilien berücksichtigt werden.

Geschichte

Kein US-Bundesstaat hat in so kurzer Zeit eine so dynamische Entwicklung erfahren wie der Golden State. Bis zum Goldrausch Ende der 1840er-Jahre ein unkultiviertes Territorium jenseits der Zivilisationsgrenze, übernahm das Land innerhalb weniger Jahrzehnte die nationale Führungsrolle. Daran hat sich bis heute nichts geändert.

Der Beginn der Geschichte Kaliforniens wird gerne auf das Jahr 1769 datiert. Damals stieß von Neuspanien (Mexiko) ein spanisches Expeditionskorps auf das Territorium des heutigen Kalifornien vor. Missionsgründungen und die Grundsteinlegung von San Francisco folgten. Diese Sichtweise blendet aber die Tatsache aus, dass in Kalifornien schon lange vor Ankunft der ersten Europäer Indianer lebten, die bereits einige Jahrtausende zuvor vermutlich aus dem hohen Norden eingewandert waren.

Das Schicksal der Ureinwohner

Cheyenne, Sioux, Apachen, Navajos ... Die Namen dieser großen Stämme sind sowohl in Amerika als auch jenseits der Grenzen geläufig. Bezeichnungen wie Cahuilla, Hupa, Maidu, Miwok, Pomo oder Yurok für kalifornische Indianer sind hingegen weniger bekannt, weil es sich bei ihnen um kleine bzw. kleinste, über fast das ganze Land verstreute Gruppen handelte, die in der Geschichte eine weniger bedeutende Rolle spielten.

Zu den größten kalifornischen Stämmen zählten die Chumash-Indianer, die schon in prähistorischer Zeit auf den Channel Islands lebten. Archäologen stießen auf Santa Rosa Island auf einen Fund, der diese Hypothese zu belegen schien: Skelettreste eines Zwergmammuts. Das Spektakuläre an der Entdeckung waren nicht die Knochenreste, sondern die Tatsache, dass dieses Tier offenbar regelrecht bestattet worden war – ein untrüglicher Hinweis auf die Existenz von Menschen. Nach Analysen mit der Radio-Karbon-Methode datierten die Forscher den Fund auf ein Alter zwischen 30 000 und 40 000 Jahren.

Die Chumash werden der Hokan-Sprachgruppe innerhalb der großen Sioux-Sprachfamilie zugeordnet. Als talentierte Seefahrer gingen sie in pechversiegelten Kanus auf Fisch-, Delfin- und sogar Walfang. An Land stellten sie ihr Geschick als Kleinwildjäger unter Beweis. Einen Hauptbestandteil ihrer Nahrung bildeten neben den Früchten des Meeres Eicheln, denen durch Abbrühen die bittere Gerbsäure entzogen werden musste, um sie überhaupt genießbar zu machen. Ab ca. 1500 vor der Zeitenwende sind die Chumash an der Küste von Santa Barbara nachweisbar, wo ihre Dörfer bis zu 1000 Einwohner groß und in ein überregionales Handelsnetz eingebunden waren. Der Stamm gilt seit 1910 als ausgestorben.

An der nördlichen San Francisco Bay führten die Pomo ein ähnliches Leben wie die Chumash, von der Bedeutung des Fischfangs einmal abgesehen. Wenngleich die Töpferei unter den kalifornischen Stämmen keine große Bedeutung erlangte, spielten die Pomo in dieser Beziehung eine Sonderrolle. Sie fertigten neben einfachen Alltagsgegenständen wie Matten und Fischreusen auch innen glatte Körbe in den unterschiedlichsten Größen, die außen mit bunten Federn und Perlen dekoriert wurden.

Erfolgloser Widerstand

Viele Stämme Kaliforniens starben schon vor langer Zeit aus bzw. wurden durch Kreuz und Schwert und durch den wachsenden Zivilisationsdruck ausgelöscht. Schon früh setzten sich indianische Gruppen gegen Versklavung, Umerziehung, Umsiedlung und schikanöse Behandlung durch Weiße zur Wehr. Beim sogenannten Yuma-Massaker 1775 brachten die am Colorado River lebenden Indianer sämtliche Männer eines von Soldaten geschützten Pioniertrupps um und entführten Frauen und Kinder, nachdem die Fremden mitten durch die indianischen Felder marschiert waren. 1824/25 kam es zu einem Aufruhr der Missionsindianer in Santa Barbara. 1846 erhoben sich die Luiseno-Indianer im San Diego County. Vier Jahre später versuchte Antonio Garra, der katholisch getaufte Häuptling der Cupeño-Indianer, eine Stammesunion mit dem Ziel zustande zu bringen, alle Amerikaner aus dem südlichen Kalifornien zu vertreiben.

Die letzte größere bewaffnete Auseinandersetzung zwischen Indianern und Weißen auf kalifornischem Gebiet war der Modoc-Krieg 1872/73 im äußersten Nordosten des Landes. Der Modoc-Stamm war gezwungen worden, sich in Oregon eine Reservation mit den Erzfeinden, den Klamath, zu teilen. Etwa 100 Mitglieder verließen das Gebiet und zogen zurück nach Nordkalifornien, wo sie von über 1000 US-Soldaten beim Lava Beds National Monument in eine sechsmonatige bewaffnete Auseinandersetzung verwickelt wurden. Am Ende gaben die Indianer auf.

Letzter Überlebender des von Weißen ausgelöschten Yahi-Stammes war ein Indianer namens Ishi. Er fiel 1911 auf, als er sich in einem Schlachthaus bei Oroville im nördlichen Central Valley etwas zu essen besorgen wollte. Zwei Wissenschaftler nahmen sich des in der Steinzeitkultur lebenden Mannes an, der damals zwischen 40 und 50 Jahre alt zu sein schien, und verschafften ihm eine Bleibe im Anthropologie-Museum der University of California in San Francisco. Ishi passte sich an die neuen Lebensumstände gut an, lernte sich mit etwa 500 englischen Wörtern verständlich zu machen und vermittelte den Anthropologen der Universität detaillierte Kenntnisse über die Kultur seines Volkes. Er starb 1916 an Tuberkulose.

Über Jahrzehnte hinweg hat sich die indianische Bevölkerung Kaliforniens seit ihrer Beinahe-Auslöschung zu Beginn des 20. Jh. sehr langsam wieder vergrößert. Heute gibt es ca. 640 000 Native Americans im Golden State. Viele leben zwar noch in Reservationen, haben sich aber trotz aller Traditionspflege an moderne Zeiten angepasst. Offenkundig wird das an ihrem Engagement in zeitgemäßen Erwerbszweigen, vor allem in der Kasinoindustrie (s. S. 38).

Spanische Kolonisierung

Nachdem der in spanischen Diensten stehende portugiesische Seefahrer Juan Rodriguez Cabrillo in der Bucht von San Diego vermutlich als erster Europäer kalifornischen Boden betreten und 60 Jahre später Sebastian Vizcaino die Bucht von Monterey entdeckt hatte, segelten spanische Handelsschiffe auf dem Weg von den Philippinen nach Mexiko zwar gelegentlich die kalifornische Küste entlang. Aber erst 1769 wagte eine spanische Expedition unter Gaspar de Portola im Auftrag von König Karl III. den Vorstoß zu Land in das unbekannte Gebiet im Norden der Grenze von Neu-Spanien. Ziel des Unternehmens war, die Kolonisation nach neu-spanischem Muster mittels Gründung von Missionen und Militärstützpunkten, um einem drohenden Eindringen des zaristischen Russland von Norden her einen Riegel vorzuschieben. Mit einer 64 Mann starken Truppe marschierte Portola von San Diego, wo er den Missionsgründer Junípero Serra zurückgelassen hatte (s. S. 322), Richtung Norden und bekam als erster Europäer die Bucht von San Francisco zu sehen.

Sieben Jahre später führte Juan Bautista de Anza eine 240-köpfige Siedlergruppe in den heutigen Mission District von San Francisco, wo die Spanier ihre neue, nach

Geschichte

der überall wachsenden Bergminze benannte Heimat Yerba Buena (Gutes Kraut) aufbauten. Im selben Jahr entstand vor Ort die Mission San Francisco de Asis (Mission Dolores) und in der Nähe des Goldenen Tores der Presidio, eine von einem Palisadenzaun umgebene, ursprünglich primitive Befestigung, die, mehrfach baulich verändert, bis zum Ende des 20. Jh. ihre militärische Rolle behalten sollte. 1781 ließen sich spanische Kolonisten unter der Führung von Felipe de Neve auch im südlichen Landesteil nieder und gründeten einen Pueblo, aus dem sich mit Los Angeles die zweitgrößte Stadt Amerikas entwickelte.

Mit San Francisco de Solano entstand die letzte Franziskanermission in Kalifornien 1823/24 in Sonoma nördlich von San Francisco zu einer Zeit, da sich Mexiko bereits von der spanischen Krone unabhängig erklärt und Alta California zumindest de jure seinem Herrschaftsbereich eingegliedert hatte. Damit stellten die Padres nicht zuletzt auch unter Beweis, dass sich ihr Missionssystem bis zu diesem Zeitpunkt von den weltlichen Gewalten losgesagt und so weit verselbständigt hatte, dass sich die Franziskaner sogar weigerten, die mexikanische Revolutionsregierung anzuerkennen.

Unter mexikanischer Verwaltung

Mit der mexikanischen Unabhängigkeit von Spanien im Jahr 1821 gelangte allerdings keinesfalls nur Neu-Spanien unter mexikanische Herrschaft, sondern auch die Alta California genannte, mit dem heutigen Kalifornien etwa identische Region. Bereits zur Zeit der Spanier war Monterey Verwaltungszentrum dieses Landesteiles gewesen und behielt diesen Status auch während der mexikanischen Administration, verlor seine Bedeutung aber unter amerikanischer Ägide rasch.

1833 initiierte Mexico City ein Säkularisierungsprogramm, mit dem die Missionsländereien in ganz Kalifornien parzelliert und teilweise in Privatbesitz überführt wurden. Nach dem Abzug der Franziskaner standen viele Gebäude und Kirchen Plünderern offen, die alles wegschleppten, was die Patres übrig gelassen hatten.

Entscheidend für die weitere Zukunft von Kalifornien waren die immer aggressiver werdenden Expansionsbestrebungen der USA. Das sogenannte Manifest Destiny definierte die westliche Ausdehnung der Vereinigten Staaten bis an den Pazifik als einen von Gott gegebenen Auftrag. In diesem Geist erklärte US-Präsident James Knox Polk 1846 nach einigen bewaffneten Geplänkeln an der texanisch-mexikanischen Grenze Mexico City den Krieg, wohl wissend, dass sich das Land gegen eine Abtrennung seiner nördlichen Provinzen nicht zur Wehr setzen konnte. Mit dem bis 1848 dauernden amerikanisch-mexikanischen Krieg schuf Washington D. C. auch im Westen neue Realitäten.

Nach der Kriegserklärung dauerte es Wochen, ehe die Nachricht den amerikanischen Konsul und die kleine mexikanische Garnison in Monterey erreichte. Bereits einen Monat später attackierte eine Gruppe bewaffneter Siedler in Sonoma einen mexikanischen Militärposten, überrumpelte die Soldaten und hisste eine Flagge mit einem Grizzlybären als Emblem der damit proklamierten unabhängigen Republik Kalifornien. Nach der sogenannten Bärenflaggen-Revolte dauerte es nur noch drei Wochen, ehe über dem Custom House in Monterey erstmals die amerikanische Flagge im Wind flatterte und anzeigte, dass in Kalifornien ein neuer Zeitabschnitt begonnen hatte. Im Vertrag von Guadalupe Hidalgo 1848 musste Mexiko nach Kriegsende neben Kalifornien auch den gesamten Südwesten sowie Colorado und Wyoming an die USA abtreten.

Kalifornischer Goldrausch

Wenige Tage vor der Unterzeichnung des Vertrags von Guadalupe Hidalgo stieß ein gewisser James Marshall am American River beim

Westwärtsbewegung

In der heutigen Geisterstadt Bodie lebten in der Zeit des Goldrauschs rund 10 000 Menschen

Bau einer Sägemühle auf funkelnde Körner: Kaliforniens erster Goldfund. Nachdem die Sensation eine Zeit lang geheim gehalten werden konnte, verbreitete sich die Nachricht schließlich doch in Windeseile – nicht nur in Kalifornien.

Der Regierung in Washington D. C. hätte die Entdeckung gelegener nicht kommen können. Nach dem Krieg gegen Mexiko mehrten sich kritische Stimmen, die Zweifel am Sinn des Waffenganges und an der Annexion Kaliforniens äußerten. Polk brachte die Gegner seiner Expansionspolitik schnell zum Verstummen, indem er die Goldfunde, von denen er zur Zeit der Vertragsunterzeichnung von Guadalupe Hidalgo noch nichts wissen konnte, zur Legitimation seiner Kalifornienpolitik heranzog.

Das scheinbar im Übermaß vorhandene Edelmetall wirkte auch auf den Prozess der Staatswerdung als beschleunigender Katalysator. Während manche anderen Territorien im Westen jahrzehntelang auf die Aufnahme in die Amerikanische Union warten mussten, durfte sich Kalifornien bereits im Jahr 1850 als 31. US-Bundesstaat bezeichnen.

Das Land erlebte während des Goldrauschs tiefschürfende Veränderungen. Zehntausende stürmten in die Sierra Nevada, um ihr Glück zu machen. Die Bevölkerung nahm innerhalb von vier Jahren um über 100 000 zu. In San Francisco, 1848 noch ein unbedeutendes Küstenkaff, explodierte die Bevölkerung von 400 auf 25 000 im Jahr 1850. Am Pazifik und an der westlichen Sierra-Flanke schossen Camps und Ansiedlungen wie Pilze aus dem Boden. Die Zeit der individuellen Goldsuche endete schon drei Jahre später. Große Gesellschaften hatten bis dahin lohnende Claims in ihren Besitz gebracht und benutzten bei der Goldsuche modernstes technisches Gerät, von dem Einzelne nicht einmal zu träumen wagten.

Westwärtsbewegung

Der Goldrausch fiel zeitlich mit einer anderen historischen Entwicklung zusammen, die sich auf Kalifornien ebenfalls nachhaltig auswirken sollte. In den 1840er-Jahren setzte mit der durch das Manifest Destiny ideo-

Der Kaiser von Kalifornien

Was war er wirklich? Gründungsvater des modernen Kalifornien oder nur ein gewissenloser Abenteurer, der ohne Rücksicht auf Verluste seinem Traum von Macht und Reichtum nachjagte? Eines war Johann August Sutter auf jeden Fall: ein schillernder Charakter, der in der Geschichte des Golden State eine tragische Rolle spielte.

Am Stadtrand der kalifornischen Hauptstadt Sacramento liegt mit Sutter's Fort eine Befestigungsanlage, die im 19. Jh. den Kern einer landwirtschaftlichen Kolonie namens Neu-Helvetien bildete. Gründer war der aus dem südbadischen Kandern stammende Johann August Sutter (1803–1880), der später in der Schweiz lebte und nach geschäftlichen Misserfolgen dem Schuldturm nur dadurch entfliehen konnte, dass er im Jahre 1834 nach Amerika auswanderte.

Nach einigen Zwischenetappen ließ sich Sutter im damals unter mexikanischer Verwaltung stehenden Kalifornien nieder, wo ihm Gouverneur Alvarado ein 20 000 ha großes Siedlungsgebiet nach eigener Wahl anbot. Auf dem Sacramento River drang er mit einigen Gefolgsleuten ins Landesinnere vor, um in der Nähe des heutigen Sacramento die Kolonie Neu-Helvetien aufzubauen. Fünf Jahre und drei Monate nach seiner Flucht aus der Schweiz fand der 36-jährige Sutter dort seine zweite Heimat.

Sutter erkannte, dass sein Erfolg vom guten Einvernehmen mit den vor Ort lebenden Indianerstämmen abhing. Geschickt bediente er sich der Autorität der Häuptlinge, um gegen geringes Entgelt zeitweise bis zu 400 Indianer für sich arbeiten zu lassen. Zentrum seines sich ständig vergrößernden Imperiums war Fort Sutter. Wie ein König herrschte er über seine Untertanen, erweiterte seine Viehherden bis auf über 20 000 Stück, machte Boden urbar und legte Felder und Plantagen an. Sein Farmerwissen bezog er angeblich aus einem zerfledderten Lehrbuch. Nach eigenen Plänen bauten ihm Schmiede eine neue Generation von Pflügen, mit denen er den kalifornischen Ackerbau von der Steinzeit ins Zeitalter der Mechanisierung katapultierte.

Fort Sutter bildete im unerschlossenen Westen eine Zivilisationsinsel. An Sutters Tafel begegnete sich, was in diesem Teil der Welt Rang und Namen hatte – Entdecker und Künstler, Politiker und Geschäftsleute, Gelehrte und Edelleute. Eine Woche lang war Prinz Paul von Württemberg mit seinem Gefolge zu Gast. Bei solchen Gelegenheiten zeigte sich Sutter mit Champagner, Likören und Zigarren spendabel.

Neu-Helvetien blühte und gedieh, als James Marshall im Januar 1848 bei Bauarbeiten auf Sutters Territorium beim heutigen Coloma Gold fand. Obwohl Sutter seine Leute zu Stillschweigen verpflichtete, verbreitete sich die Kunde wie ein Lauffeuer. Innerhalb weniger Wochen überschwemmte eine Welle von Glücksrittern Neu-Helvetien. Sutters Besitz verkam in dieser vom Goldrausch geschüttelten Zeit immer mehr, weil seine Arbeiter in die Goldfelder stürmten und sich niemand mehr um Haus und Hof kümmerte. Auf den Feldern vermoderte tonnenweise abgeerntetes Getreide. Zäune wurden niedergetrampelt, die Herden entliefen. Was in Fort Sutter nicht niet- und nagelfest war, wurde von Goldgräbern und Desperados gestohlen, die sich in Speichern und Werkstätten selbst einquartiert hatten. Mexiko kapitulierte damals vor der US-Präsenz und zog sich kampflos aus Kalifornien zurück. Der Kongress in Washington D. C. erließ ein

Johann August Sutter, schillernde Persönlichkeit mit tragischer Biografie

Gesetz über private Landrechte, was Sutter zu jahrelangen, kostspieligen Prozessen zwang, an deren Ende das US-Bundesgericht sein Besitzrecht an Neu-Helvetien nur zu einem sehr geringen Teil anerkannte.

Im Herbst 1849 zwangen die Zustände Sutter zum Verkauf seines ruinierten Forts für 7000 $. Mit seiner Familie zog er auf die Hock-Farm am Feather River, die ihm ebenfalls gehörte. Der Verlust von Neu-Helvetien machte aus dem lebenshungrigen und unternehmenslustigen Großgrundbesitzer einen verbitterten, alkoholkranken Mann, den das ihm widerfahrene Unrecht nicht zur Ruhe kommen ließ. Als ein Brandstifter die Hock-Farm in Schutt und Asche legte, ging Sutters kalifornischer Lebenstraum in Flammen auf. Ende des Jahres 1865 kehrte er dem Westen für immer den Rücken, um sich in Pennsylvania für den Rest seines Lebens dem aussichtslosen Kampf um eine Entschädigung für seinen verlorenen Besitz zu widmen. Er starb 1880 in einem Hotel in Washington D. C., nachdem der Kongress zwei Tage zuvor wieder einmal eine Petition unter Aktenbergen vergraben hatte.

Sutters Leben hat Historiker aus mehreren Generationen beschäftigt und einer Reihe von Autoren prickelnden Romanstoff geliefert. Unter ihnen war auch der aus Tirol stammende Bergsteiger, Schauspieler, Regisseur und Schriftsteller Luis Trenker, der Sutters Lebensgeschichte in dem in den 1930er-Jahren produzierten Film »Der Kaiser von Kalifornien« zum Thema machte. Später tauchte der legendäre Deutschschweizer in einer deutschen TV-Serie über den amerikanischen Westen auf den Mattscheiben auf. Der amerikanische Geschichtsforscher Richard Dillon vertrat die Ansicht, dass über Sutter zu viel geschrieben und viel zu wenig ausgesagt worden sei. In der Tat ranken sich die meisten literarischen Abhandlungen um das abenteuerliche Leben des ›Pioniers der Pioniere‹. Tiefer gehende Fragen, z. B. nach seiner Rolle bei der Kolonisierung der Westküste oder nach seinem Verhältnis den Indianern gegenüber, blieben häufig ausgeblendet.

Geschichte

logisch untermauerten Westwärtsbewegung die Besiedlung und Urbarmachung jener Gebiete im Westen ein, die in den Jahrzehnten zuvor von Trappern und Forschungsreisenden erkundet worden waren. Planwagentrecks zogen auf ausgesuchten Routen wie etwa dem Oregon Trail oder dem California Trail von Independence am Missouri quer durch Kansas nach Wyoming und Idaho. Dort verzweigten sich die Trails. Ein Weg führte am Snake River entlang nach Oregon, der andere folgte dem Tal des Humboldt River durch Nevada bis zum Lake Tahoe, von wo es auf unterschiedlichen Strecken über die Sierra Nevada ging. Für die ca. 3200 km lange Route brauchten die Pioniere im Durchschnitt fünf Monate, wobei sie darauf achten mussten, nach dem Aufbruch im Frühjahr nicht zu viel Zeit zu verlieren, um die kalifornischen Gebirge noch vor dem ersten Schnee überqueren zu können.

Nachdem in Kalifornien der Goldrausch ausgebrochen war, nahm der Planwagenverkehr auf den Überlandrouten an den Pazifik schnell zu. Über 21 000 Menschen in 6200 Wagen machten sich allein 1849 auf den Weg in die unsichere Zukunft. Hätte man alle damals nach Westen ziehenden Gespanne zu einer einzigen Kolonne vereint, wäre ein Riesentreck von schätzungsweise 100 km Länge dabei herausgekommen. Im Jahr 1850 verdoppelte sich das Einwandereraufkommen sogar, als Kalifornien zum eigenständigen Bundesstaat erklärt wurde.

Die Binnenwanderung der damaligen Zeit vom Atlantik zum Pazifik wurde längst zum Mythos. Der Expansion nach Westen, dem tiefen Erlebnis der Frontier, wird nicht zu Unrecht Rückwirkung auf die amerikanische Gesellschaft zugeschrieben, was etwa soziale Gleichrangigkeit, Selbstverwaltung und Individualismus anbelangt. Wer sich im Neuland jenseits der Zivilisationsgrenze niederließ, konnte alte Fesseln abstreifen, denn ausnahmslos jeder Ankömmling war zunächst einmal Fremder, musste sich in kein starres Klassensystem einordnen und hatte im Prinzip die gleichen Chancen wie alle anderen auch. Die Eroberung des Westens zog aber noch eine Konsequenz nach sich: die Unterdrückung und Beinahe-Ausrottung der indianischen Urbevölkerung.

Das Eisenbahnzeitalter

Viele Neukalifornier führten in den Anfangsjahren ein beschwerliches Leben und hatten unter Dürreperioden, Überschwemmungen, Versorgungsproblemen und Krankheiten zu leiden. Ein Aufwärtstrend im Land war erst nach 1870 zu spüren, als der ferne Westen über die transkontinentale Eisenbahn mit der ›Außenwelt‹ verbunden war. Bis dahin war Kaliforniens Einwohnerzahl innerhalb von 20 Jahren auf über 500 000 ›explodiert‹.

Vielleicht war es eine Fügung des Schicksals, dass die USA um die Mitte des 19. Jh. noch über keine brauchbaren transkontinentalen Verkehrsmittel verfügten. Wahrscheinlich wäre Kalifornien sonst unter dem Ansturm der Goldsucher untergegangen. Erst 1869 konnte im nördlichen Utah nach der Fertigstellung des Schienenwegs zwischen Atlantik und Pazifik das Eisenbahnzeitalter beginnen. Um die reichen Bergwerke im Westen in Anbetracht des Bürgerkriegs so schnell wie möglich mit der Ostküste verbinden zu können, wurde der Vertrag über den transkontinentalen Eisenbahnbau 1862 mit zwei Unternehmen gleichzeitig abgeschlossen.

Die Union Pacific verlegte die Gleise von Osten her, die Central Pacific Railway trieb die Linie von Westen vorwärts. Von der Finanzierung einmal abgesehen, sah der Vertrag eine Reihe von lukrativen Sonderbestimmungen wie etwa Landschenkungen vor, mit welchen die Gesellschaften zur höchsten Eile angetrieben wurden. Wie profitabel der Eisenbahnbau für manche war, zeigte das Beispiel der Big Four, der vier Central-Pacific-Direktoren Charles Crocker, Mark Hopkins, Collin P. Huntington und Leland Stanford, die der Bau zu Multimillionären machte.

Außer diesem Quartett kam der quer durch den Kontinent führende Schienenstrang auch der im Aufbau befindlichen kalifornischen Landwirtschaft zugute. Nach der Erfindung des Kühlwaggons 1880 konnten Farmer ihre Agrarprodukte in Chicago ebenso absetzen wie in New York und Philadelphia. So betrachtet dämmerte mit der Eisenbahn der Beginn der Goldenen 1880er-Jahre herauf – auch für Bahnpassagiere, die für die Reise von Chicago nach San Francisco anfangs noch 125 $, später nur noch 1 $ bezahlen mussten.

Das 20. Jahrhundert

Im ausgehenden 19. Jh. schien es, als müsse Kalifornien nach hektischen Jahrzehnten erst einmal tief Luft holen. Nach dem Gold- und Eisenbahnboom ließ der nächste Entwicklungsschub jedoch nicht lange auf sich warten: 1892 stießen Explorationsunternehmen auf ergiebige Erdölquellen. Schon bald war mancherorts vor lauter Bohrtürmen der Himmel kaum mehr zu sehen. Auch im südlichen Central Valley wurden Ölvorkommen angezapft, sodass die Wirtschaft quasi gezwungen war, Verwendungsmöglichkeiten für Ölderivate zu suchen. Eisenbahnen stellten ihre Loks von Kohle- auf Ölbefeuerung um. Den wahren Durchbruch für die Erdölindustrie brachte aber erst die Automobilindustrie, nachdem Henry Ford 1908 die Fließbandproduktion seines legendären Modells T aufgenommen hatte. Mitte der 1920er-Jahre galt Los Angeles bereits als die am stärksten motorisierte Stadt der Welt, in der jeder dritte Einwohner ein Auto besaß.

Boom in der Rüstungsindustrie

Obwohl Kalifornien von den Fronten weit entfernt lag, veränderte der Zweite Weltkrieg das Land. Als die USA nach dem japanischen Überfall auf die Pazifikflotte in Pearl Harbor 1941 in den Krieg eintraten, bedeutete dies für den Golden State wirtschaftlich goldene Zeiten. Hauptsächlich in den südlichen Landesteilen initiierte die Regierung mit Milliardeninvestitionen Rüstungsprogramme. Luftfahrt und Schiffbau stattete das Pentagon mit gewaltigen Summen aus. Oakland wurde zur größten Werft des Landes mit Hunderttausenden Arbeitern. 1943 lief alle zehn Stunden ein fertiges Schiff vom Stapel. Ganze Stadtgebiete von Los Angeles und San Diego verwandelten sich in Produktionsstätten für Flugzeuge. Allein 1944 nieteten Tausende von Arbeitskolonnen mehr als 100 000 Militärflugzeuge zusammen.

Die im Zweiten Weltkrieg begonnene Aufrüstung setzte sich auch nach 1945 unter dem Eindruck des Korea-, später des Vietnamkrieges und des Kalten Krieges fort. Die Forschung nach neuen Techniken und Materialien war eine unabdingbare Voraussetzung für die Hochrüstung. Schon damals schickte sich Kalifornien an, weltweit die Führung im Hightech-Sektor zu übernehmen, eine Position, die von den Computertüftlern im Silicon Valley seit den 1960er-Jahren noch weiter ausgebaut wurde.

Gesinnungsschnüffelei

Innenpolitisch standen die 1950er-Jahre im Zeichen der antikommunistischen Feldzüge von Senator Joseph McCarthy aus Wisconsin. Als Mittel zum Zweck diente ihm ein Ausschuss zur Untersuchung angeblicher kommunistischer Subversion in den USA (HUAC – *House Committee on Un-American Activities*). Die Gesinnungsschnüffeleien hatten schon 1938 vor dem sogenannten Dies-Komitee begonnen, vor dem sich prominente Künstler und Intellektuelle wie John Steinbeck, Dashiell Hammett, Gary Cooper und Emigranten wie Bertolt Brecht gegen den Vorwurf »unamerikanischer Umtriebe« verteidigen mussten. Der seit 1939 im Exil in Los Angeles lebende Thomas Mann beispielsweise wurde jahrelang vom FBI bespitzelt. Das Fernsehen übertrug Hearings nicht selten mit der Folge, dass unschuldige Personen beruflich und gesellschaftlich geächtet, zum Teil sogar ruiniert waren.

Die Gegenbewegung

In diesem Klima begann sich in Kalifornien in der Ära Eisenhower (1953–1961) eine Bewegung gegen Wohlstandsmief und Intoleranz zu formieren. Deutlichen Ausdruck fand sie in Studentenprotesten an der Universität Berke-

Geschichte

ley zu Beginn der 1960er-Jahre, die sich zunächst gegen die Einschränkung des Rechts auf freie Meinungsäußerung *(Free Speech Movement)* richteten. Später stand im Mittelpunkt des Konflikts zwischen Studenten und Polizei hauptsächlich der Vietnamkrieg. Auch Justizminister Robert Kennedy setzte sich gegen eine Fortsetzung des militärischen Engagements in Fernost ein und wurde zur Integrationsfigur des Jugendprotestes, ehe er 1968 in Los Angeles erschossen wurde.

Im selben Jahr fiel auch der Führer der schwarzen Bürgerrechtsbewegung, Martin Luther King, in Memphis (Tennessee) einem Attentat zum Opfer. Das verschaffte der 1966 in Oakland gegründeten Black-Panther-Bewegung Auftrieb, die ihr Recht zum bewaffneten Kampf gegen die weiße Unterdrückung propagierte. In San Francisco erlebte indessen die Flower-Power-Bewegung der Hippies zu den Rhythmen von The Grateful Dead und Jefferson Airplane ihren Höhepunkt. Die Blumenkinder hatten sich die Abkehr vom Besitzdenken der Etablierten und die Veränderung der Welt durch freie Liebe, Drogenkonsum und asiatische Philosophien zum Ziel gesetzt. Doch schon mit dem Summer of Love 1967 ging die Bewegung ihrem Ende entgegen, nicht ohne Einfluss auf alternative Musik und Lebensformen genommen zu haben.

Dass die Toleranz gegenüber Andersdenkenden und nicht-konformistischen Minderheiten in der damaligen Zeit an Boden gewann, bewies nicht nur der Boom von New-Age-Propheten, Sterndeutern, Meditationszirkeln und kosmischen Kulten, sondern auch die Schwulenbewegung in San Francisco. Staatliche Gesetze stoppten zu Beginn der 1970er-Jahre die fortwährende Diskriminierung von Homosexuellen und brachten deren gesellschaftliche Gleichstellung voran. Der progressiven Aufbruchstimmung war das sich verändernde politisch-gesellschaftliche Klima während der Präsidentschaft von Ronald Reagan abträglich. Die restriktiven sozialen Auswirkungen der ›Reaganomics‹ ließen das Gefälle zwischen Arm und Reich immer deutlicher zutage treten. Nach dem Fall des Eisernen Vorhangs, als viele von Regierungsaufträgen abhängige Unternehmen in Kalifornien massenweise Arbeitskräfte entließen, verschärften sich diese Probleme zusätzlich, was letzten Endes auch als Ursache für gewalttätige Unruhen in überwiegend schwarzen Stadtteilen in Los Angeles und anderen Großstädten zu sehen ist.

Das 21. Jahrhundert

Nach 9/11, dem Terroranschlag auf das World Trade Center in New York 2001, diente der Bush-Administration das Argument der Terrorismusbekämpfung als Mittel zur Stärkung und Subventionierung der Rüstungsindustrie und damit zur fortschreitenden Militarisierung der amerikanischen Gesellschaft, weil nach dem Ende des Kalten Krieges die Herausforderung durch Moskau als Grund für die Aufrüstung nicht mehr tauglich war. Zusätzlich förderte der Irakkrieg die Entwicklung neuer futuristischer Waffensysteme im Auftrag des Pentagon, was für die im südlichen Kalifornien ansässigen Rüstungskonzerne mit Milliardenaufträgen verbunden war. Aber auch das Silicon Valley war Nutznießer dieses Booms, weil viele der etwa auf Wetterradar, Lasertechnik und kohlefaserverstärkte Materialien spezialisierten Hightech-Unternehmen ihre heute zivil genutzten Produkte ursprünglich für die Rüstungsindustrie entwickelten.

Als Ex-Terminator Arnold Schwarzenegger als Gouverneur von Kalifornien Ende 2003 in den politischen Ring stieg, war das für viele Beobachter im Ausland nach Ronald Reagan nur ein weiterer Beweis dafür, dass der Golden State seine Spitzenpolitiker vorzugsweise aus dem Reich der Unterhaltung rekrutiert. Dass sich solche Einschätzungen mittlerweile relativiert haben, hat nicht nur mit dem Eingeständnis zu tun, dass der Showanteil an der Politik auch in anderen US-Bundesstaaten beträchtlich zugenommen hat. Nach einem Katastrophenjahr 2005 mit Tiefstwerten bei Umfrageergebnissen nahm Schwarzenegger einen Kurswechsel vor und entschloss sich als aufrechter Republikaner zu einer Liaison mit den Demokraten, um gemeinsam

Das 21. Jahrhundert

Demonstration gegen den Irak-Krieg am Strand von Santa Monica

den Mindestlohn zu erhöhen, die Infrastruktur im Land zu verbessern und das in den USA härteste Gesetz zur Reduzierung von Treibhausgasen durchzusetzen.

Als sich der Republikaner Schwarzenegger Ende 2010 nach zwei Amtsperioden aus der Spitzenposition der kalifornischen Politik zurückziehen musste, hinterließ er seinem Nachfolger, dem damals 72-jährigen Demokraten Jerry Brown, ein schweres Erbe. Aber der ehemalige Hollywoodstar war nicht in erster Linie an der Durchsetzung seiner Programme gescheitert, sondern an einer Besonderheit der Verfassung: Der kalifornische Staatshaushalt lässt sich im Unterschied zu den Haushalten der meisten anderen US-Bundesstaaten im Parlament nur mit einer Zweidrittelmehrheit verabschieden. Außerdem fördert das Wahlsystem des Golden State Interessenwirtschaft; obendrein ist der Staat in hohem Maße von Einkommens- und Unternehmenssteuern abhängig. Deshalb vertreten politische Analysten die Meinung, dass Kaliforniens Gouverneure in den vergangenen Jahrzehnten weniger persönlich versagten, sondern vielmehr Opfer des politischen Systems wurden.

Zeittafel

ca. 10 000 v. Chr.	Archäologische Funde auf den Channel Islands lassen auf die Anwesenheit von Indianern des Chumash-Stammes schließen.
1542	Der in spanischen Diensten stehende portugiesische Seefahrer Juan Rodriguez Cabrillo landet in der Bucht von San Diego.
1602	Sebastian Vizcaino erkundet die kalifornische Küste und entdeckt dabei die Bucht von Monterey.
1769	Spanische Franziskanerpatres gründen in San Diego die erste von am Ende 21 Missionsstationen in Kalifornien.
1776	Mit der Gründung der Siedlung Yerba Buena, der Mission Dolores sowie dem Presidio legen Spanier den Grundstein für San Francisco.
1781	Der Spanier Felipe de Neve gründet zusammen mit einer Gruppe von Pionieren eine Siedlung, aus der Los Angeles entsteht.
1812	Russen bauen 50 Meilen nördlich von San Francisco Fort Ross als Versorgungs- und Handelsbasis für die in Alaska tätigen Pelztierjäger des Zaren.
1823	Nach der Unabhängigkeit Mexikos kommt Kalifornien unter mexikanische Verwaltung.
1846	Die sogenannte Bärenflaggen-Revolte richtete sich erfolgreich gegen die mexikanische Verwaltung Kaliforniens. Wenig später weht über Monterey die amerikanische Flagge.
1848	James Marshall entdeckt in Coloma am American River Gold und löst den kalifornischen Goldrausch aus.
1850	Am 9. September wird Kalifornien als Bundesstaat in die Amerikanische Union aufgenommen.
12. Januar 1876	Der Schriftsteller Jack London wird in San Francisco geboren.
1902	Am 27. Februar kommt in Salinas der Schriftsteller und spätere Literaturnobelpreisträger John Steinbeck zur Welt, der Monterey literarisch ein Denkmal gesetzt hat.
1906	Ein schweres Erdbeben und nachfolgende Brände zerstören große Teile von San Francisco.
1932	In Los Angeles finden die Olympische Sommerspiele statt.

In San Francisco wird die Golden Gate Bridge eröffnet.	**1937**
Mit Disneyland in Anaheim bei Los Angeles öffnet in den USA der erste große Vergnügungspark seine Pforten.	**1955**
In Squaw Valley westlich des Lake Tahoe finden die Olympischen Winterspiele statt.	**1960**
Nach 52 Jahren heißt der Veranstaltungsort für die Olympischen Sommerspiele erneut Los Angeles, erstmals in ihrer Geschichte von einem kommerziellen privaten Unternehmen ausgerichtet.	**1984**
Das Loma-Prieta-Erdbeben der Stärke 7,1 auf der Richterskala erschüttert weite Teile Kaliforniens und fordert mehr als 60 Menschenleben.	**1989**
Polizeiwillkür gegen den Afroamerikaner Rodney King löst in Los Angeles Rassenunruhen aus, bei denen viele Menschen umkommen und Schäden in Milliardenhöhe entstehen.	**1992**
Ein schweres Erdbeben mit dem Epizentrum im San Fernando Valley verwüstet Teile des Großraumes von Los Angeles und fordert 61 Tote.	**1994**
Nach Neuwahlen in Kalifornien kommt für den abgewählten Gouverneur Gray Davis der Ex-Schauspieler Arnold Schwarzenegger ins Amt.	**2003**
Zu Beginn seiner zweiten Amtszeit kündigt Schwarzenegger verstärkten Einsatz für Umweltschutz, Stammzellenforschung und infrastrukturelle Reformen an.	**2007**
Mit dem 72 Jahre alten Demokraten Jerry Brown tritt der bislang älteste Gouverneur Kaliforniens in Sacramento sein Amt an, das er schon einmal zwischen 1975 und 1983 innehatte.	**2011**
Yosemite begeht das 150. Gründungsjubiläum des ersten kalifornischen State Parks, aus dem 1890 der Yosemite National Park wurde.	**2014**
Auf der Spitze des U.S. Bank Tower in Los Angeles wird ein offenes Observation Deck eröffnet, das eine 360-Grad-Panoramaaussicht auf die Riesenstadt und ihre Umgebung erlaubt.	**2016**
Sintflutartige Regenfälle führen zu Überschwemmungen in vielen Teilen des Bundesstaates und kosten mehrere Menschen das Leben.	**2017**

Gesellschaft und Alltagskultur

Der häufig zitierte American Way of Life hat natürlich auch Kalifornien fest im Griff. Trotzdem, oder vielleicht auch gerade deswegen, hat sich Amerikas bevölkerungsreichster Bundesstaat schon lange einen Namen als Hort von Freiheit und Individualismus gemacht und ist zu einem Versuchsfeld für unkonventionelle Lebensformen und soziale Experimente geworden.

California Dreaming

Kalifornien übte auf Einwanderer aus der ganzen Welt schon immer eine magische Anziehungskraft aus. Mag sein, dass viele von ihnen aus ganz unterschiedlichen Gründen in das verheißene Land am Pazifiksaum kamen. Aber allen dürfte eine Gemeinsamkeit eigen gewesen sein: Sie hatten die Vision vom American Dream vor Augen, dass man es zu etwas bringen kann, wenn man es nur hartnäckig genug versucht. »California Dreaming« – so hieß in den 1960er-Jahren auch ein Song der US-amerikanischen Gruppe The Mamas & the Papas – ist längst ein geflügeltes Wort für all das, wovon Menschen in Kalifornien träumen können, das Wunschbild von der Karriere vom Immigranten zum Millionär, vom Tellerwäscher zum Krösus, eingebettet in einen Seelenzustand von Glück und Zufriedenheit. Wer sich in Kalifornien niederlässt, kann sich entfalten, weil das Leben am Pazifik weder mit Geschichtslasten befrachtet ist, noch völlige Anpassung einfordert. Neukalifornier haben Mut zum Risiko bewiesen, indem sie ihren Willen unter Beweis stellten, ihr Schicksal selbst in die Hand zu nehmen – ganz im Sinn amerikanischer Ideale.

Der Erfolgsmythos ist im Bewusstsein der US-Gesellschaft schon lange verankert und Teil des amerikanischen Selbstverständnisses geworden. Nirgends in den USA schlug die materialistisch geprägte Grundhaltung so tiefe Wurzeln wie in Kalifornien, wo der Goldrausch Mitte des 19. Jh. die erste Chance bot, den Traum vom Glück Wirklichkeit werden zu lassen. Auch als für die meisten Goldsucher damals alle Hoffnung verflogen war, verblassten die Verlockungen und Versprechungen des Golden State nicht. Im Gegenteil: Vom goldenen Eisenbahnzeitalter über den Erdöl- und Agrarboom bis ins Zeitalter von High-tech-Industrie und Massentourismus wurde Kalifornien nicht müde, mit tatsächlichen Reizen und Möglichkeiten, aber auch mit vagen Zukunftsaussichten und nicht haltbaren Versprechungen die Menschen in seinen Bann zu ziehen.

Freiheit und Mobilität

Für viele Kalifornienbesucher scheint die ultimative Erfahrung von Freiheit und Ungebundenheit darin zu bestehen, mit dem Motorrad auf dem legendären Highway No. 1 die Pazifikküste entlangzubrausen, den Wind zu spüren und die salzige Luft zu kosten. Offenbar besteht gerade in den USA und speziell im Golden State ein enger Zusammenhang zwischen Freiheit und Mobilität, was jedes Road Movie bestätigt. Schon der 1946 erfundene Comic-Cowboy Lucky Luke, der schneller zog als sein Schatten, ritt auf seinem mageren Klepper Jolly Jumper dem Sonnenuntergang entgegen und nahm den Mythos des *Lonesome Rider* vorweg, dem heute alljährlich Zehntausende Auto- und Motorradtouristen auf Kaliforniens schönsten Highways erliegen.

Dass Mobilität mit Freiheit und Individualismus assoziiert wird, führte besonders in den Millionenmetropolen im Laufe der Zeit zu untragbaren Verkehrsverhältnissen, an denen vor allem der Ballungsraum Los Angeles zu ersticken drohte. Das machte neue Konzepte der Stadtplanung notwendig. In manchen Großstädten wurden Autobahnen in Boulevards umgewandelt und Radwege angelegt, um der fortschreitenden Automobilisierung Einhalt zu gebieten.

Jahrelang konnten Gemeinden und Städte Bundeszuschüsse für Maßnahmen der Verkehrsinfrastruktur nur für Autobahnen verwenden. Jahrzehntelang gab die Autoindustrie gerade in den amerikanischen Großräumen den Herzschlag des Individualverkehrs vor. Erst eine Gesetzesänderung zugunsten der Umleitung von Bundesgeldern in Bus- und Bahnprojekte kam in vielen Städten dem Aufbau eines öffentlichen Nahverkehrssystems zugute. In Los Angeles entstand in der Folge ein U-Bahn-Netz, das nach jahrelangen Baumaßnahmen im Großraum immer weiter ausgebaut wird. Auch in San Diego und San Francisco ließen die veränderten Finanzierungsmöglichkeiten den Nahverkehr durch den U-Bahn- bzw. Straßenbahnbau expandieren.

Mobilität spielte in Kalifornien schon seit jeher nicht nur eine Rolle, wenn es sich um die Bewältigung von räumlichen Distanzen handelte. Im übertragenen Sinn lässt sich der Begriff auch auf das Vorankommen auf der sozialen Leiter von unten nach oben anwenden. Schon die alten Goldgräber träumten davon, sich durch einen einzigen lohnenden Fund von den Niederungen des Arbeitslebens verabschieden zu können. Ähnliche Visionen treiben heute Elektroniktüftler voran, die, dem Dotcom-Rausch verfallen, Karrieren wie die Hightech-Könige des Silicon Valley vor Augen haben.

Multiethnisches Kalifornien

Im Rahmen unterschiedlicher Regierungsprogramme zum Abbau von Ungleichbehandlungen von Ethnien wurden in den zurückliegenden Jahrzehnten Fortschritte erzielt. Trotzdem existiert nach wie vor eine evidente Kluft etwa zwischen Schwarz und Weiß. Ein Beweis dafür ist die nach wie vor bestehende Diskriminierung von Afroamerikanern, die etwa in Bildungseinrichtungen und wichtigen Positionen des öffentlichen Lebens seit jeher unterrepräsentiert sind. Während ihr unter der Armutsgrenze lebender Anteil in den vergangenen Jahrzehnten ständig gewachsen ist, hat im selben Zeitraum ihr Gewicht – insbesondere in Sport und Musik – kontinuierlich zugenommen.

Dass sich die hispano-amerikanische Bevölkerung zur zahlenmäßig stärksten Minorität entwickelte, hat mehrere Gründe. Während der amerikanischen Expansionspolitik des 19. Jh. wurden große Teile Mexikos samt der dort lebenden Bevölkerungsgruppen annektiert, die sich auch nach ihrer Einbürgerung kulturell eher als Latinos fühlten. Im 20. Jh. veranlasste der eklatante Unterschied in der wirtschaftlichen Entwicklung zwischen Mexiko und Kalifornien viele Latinos, im blühenden Nachbarland nach einer Beschäftigung zu suchen und auf diese Weise die Grenze zwischen Dritter und Erster Welt zu überwinden. Die Aussichten dafür sind in jüngerer Vergangenheit nicht besser geworden – vor allem nicht, seit US-Präsident Donald Trump im Weißen Haus das Sagen hat. Zu seinen ersten Verlautbarungen nach Amtsantritt gehörte die Drohung, eine Monstermauer zur Abschottung entlang der mexikanischen Grenze zu errichten und illegale Einwanderer zu deportieren. Gerade in Kalifornien, das vital auf landwirtschaftliche Arbeitskräfte angewiesen ist, löste das Proteste aus, nicht nur unter den 2,4 Mio. Illegalen.

California Way of Life

Nirgends in den USA sind Ruhelosigkeit und Aufbruchstimmung, Spontaneität und Einfallsreichtum so unmittelbar spürbar wie am Pazifiksaum. Wie eine nie versiegende Quelle produziert Kalifornien Ideen und Modeerscheinungen, Trends und Träume. Nirgendwo haben Freizeitaktivitäten und Körperkult solche Blüten getrieben wie zwischen San Francisco und Los Angeles, wo die Menschen

Gesellschaft und Alltagskultur

Venice Beach: die perfekte Kulisse für Selbstdarsteller

Begriffe wie Langeweile und Nichtstun schon vor langer Zeit aus dem Lexikon tilgten.

Die kalifornische Idealvorstellung von totaler Mobilität prägt längst auch das Freizeitverhalten der Einwohner, die sich zu Weltmeistern unterschiedlicher Bewegungsarten machten – vom Surfen über das Inlineskaten und Mountainbiken bis zum Snowboarden. Was Kalifornier unter solchen Aktivitäten nicht selbst erfanden, stilisierten sie zumindest zum ultimativen Freizeitvergnügen hoch und wurden damit ihren sprichwörtlichen Trendsetting-Qualitäten gerecht.

Luxus hinter Gittern

Vom Wunsch beseelt, einen sicheren und ruhigen Wohnsitz zu finden, ziehen sich viele Amerikaner in selbstgewählte Gated Communities zurück, wo sie, durch Mauern, Zäune und Kontrollmechanismen geschützt, abgeschirmt von ihrer Umgebung leben können. Vor allem seit den 1980er-Jahren sind solche gesicherten Wohnviertel aus dem Boden geschossen, in denen wohlhabende Menschen wohnen, die kein Problem damit haben, sich bestimmten Gemeinschaftsregeln zu unterwerfen. Üblicherweise legen die Betreiber solcher Siedlungen hohen Wert auf einheitliche Architekturstandards und das gepflegte Äußere von Häusern und Gärten. Wer sich mit den entsprechenden Vorgaben nicht anfreunden kann, muss mit Sanktionen bis zum Ausschluss aus einer Community rechnen. Kritiker werfen solchen Wohnkonzepten vor, sie förderten die zunehmende Fragmentierung der Gesellschaft. Es sei vernünftiger, entsprechende finanzielle Mittel in Maßnahmen zu investieren, um etwa Städte und Gemeinden sicherer zu machen und ihre Lebensqualität zu steigern.

Religionen und Kulte

In den USA leben ca. 100 Mio. Protestanten, 67 Mio. Katholiken, 6 Mio. Juden und etwa gleich viele Muslime. Vor allem in Kalifornien fanden von diesen etablierten Religionen abgesehen viele Sekten, Kulte und religiöse Bewegungen einen günstigen Nährboden. Der Grund dafür mag in der Toleranz ge-

Religionen und Kulte

genüber Andersdenkenden und nichtkonformistischen Minderheiten liegen. Jedenfalls erlebten Sterndeuter, Meditationszirkel, pantheistische Glaubensbekenntnisse und kosmische Kulte in keinem anderen US-Bundesstaat seit den 1960er-Jahren einen solchen Boom wie in Kalifornien. Ein Gradmesser dafür ist der gewaltige Run auf New-Age-Literatur in den letzten Jahrzehnten. Pendel-Seancen, Zukunftsvorhersagen und Kräuterbehandlungen erlebten einen wahren Höhenflug, was u. a. prominenten Zugpferden einzelner Bewegungen zuzuschreiben war. Die Schauspielerin Shirley MacLaine brachte ihren Glauben an Karma und Wiedergeburt mit Büchern und auf Vortragstourneen unter die Leute. Die Hollywoodstars Tom Cruise und John Travolta sind überzeugte Mitglieder der Scientology-Sekte und machen daraus keinen Hehl.

Obwohl die amerikanische Verfassung eine strikte Trennung von Staat und Kirche vorsieht, wird die Politik von christlichen Werten stark beeinflusst. Im Staatsemblem taucht ebenso wie auf Münzen und Banknoten das Motto »In God We Trust« auf, und bei wichtigen Anlässen ist US-Präsidenten längst zur Gewohnheit geworden, ihre Reden mit den Worten »May God bless you« (Möge Gott Euch segnen) zu beenden. Einige Beobachter glauben, dass Präsident Trump mit seinem kurzsichtigen Dekret zu einem Einreiseverbot für Muslime unter Umständen sogar einen Religionskrieg riskiert.

Mega- und Gigakirchen

Manche Kritiker vertreten die Meinung, die USA seien nur deshalb kein Kirchenstaat geworden, weil es zu viele Religionen und Sekten gibt, die ihren eigenen Religionsstaat gründen wollten. Sogenannte elektronische Kirchen entstanden seit der zweiten Hälfte der 1960er-Jahre, als religiöse Fundamentalisten die Zeit für den Kampf um Amerika gekommen sahen und sich moderner Medien wie etwa des Fernsehens bedienten. Die sich als moralische Mehrheit verstehenden Evangelikalen lokalisierten ihre Feindbilder vor allem in Bereichen wie Abtreibung, Emanzipation der Frau, Bürgerrechts-, Schwulen- und Lesbenbewegung, Umweltschutz und Abrüstung. Bis heute bilden diese Themen zwischen Liberalen und Konservativen gewissermaßen die Demarkationslinie, die über alles tagespolitische Geschehen hinweg sowohl im Hinterwie auch im Vordergrund stets sichtbar bleibt.

Ein noch relativ neuer Stern am US-Glaubenshimmel sind Mega- und Gigakirchen, die in ihren Gottesdiensten mehr als 2000 Besucher zählen bzw. ein in die Millionen gehendes Publikum haben. Davon gibt es auf US-Boden mehr als 1000. Diese stark auf wirtschaftlichen Erfolg hin orientierten Kirchen sind konfessionell ungebunden und brauchen sich an keinerlei Vorschriften zu halten. Die meisten lehnen in ihren erzkonservativen Grundsätzen die Evolutionslehre ab, erachten die Bibel als unfehlbar und Homosexualität als eine Sünde. Sie offerieren ihren Mitgliedern diverse Freizeitangebote, haben eigene Geschäfte und Kinos und werden zu einem immer größer werdenden Machtfaktor, was sich vor allem die republikanische Partei zunutze macht.

Der Hang zum Spirituellen

Wenn sich Gäste in den USA in einem Bed & Breakfast oder einem Hotel einquartieren, brauchen sie sich nicht zu wundern, wenn sie die Unterkunft mit einem Hausgeist teilen müssen. Vielerorts verweisen Wirte und Hotelmanager mit Stolz darauf, dass sich manchmal Möbel bewegen oder längst Verblichene ins Diesseits zurückkehren. Dieser Geisterglaube verträgt sich in Kalifornien wie anderswo offenbar bestens mit modernem Denken. Schon der französische Aristokrat Alexis de Tocqueville (1805–59), der in den Jahren 1831 und 1832 den USA einen Besuch abstattete, stellte in der Bevölkerung einen »überspannten und fast wilden Drang zum Übersinnlichen« fest, der sich auch heute noch in einer nicht geringen Zahl von Spiritisten, Wunderheilern, Handlesern, Kartenlegern und Erweckungspredigern dokumentiert. In weit über 3000 sektiererischen Gruppen, Kultgemeinden und Mini-Kirchen können sich Ameri-

Gesellschaft und Alltagskultur

kaner spiritualistisch oder spiritistisch betätigen. Vertreter von Heilslehren füllen Zelte und Säle. Die Frage danach, woher der ausgeprägte Hang zum Spirituellen rührt, wird unterschiedlich beantwortet. Manche meinen, er sei eine Reaktion auf Defizite des vorherrschenden Bewusstseins. Tocqueville wurde konkreter. Seiner Meinung nach kommt auf der Jagd nach materiellen Gütern die Seele zu kurz.

Kriminalität und Sicherheit

Präsident Trump will die USA von Mexiko durch eine Mauer abschotten. Schon jetzt versuchen Tausende mit modernstem Hightech-Gerät ausgerüstete Sicherheitskräfte, die Welle illegaler Einwanderer so weit wie möglich abzuwehren. Der ständige Kampf gilt mittlerweile nicht mehr nur Latinos, die auf der Flucht vor der Wirtschaftsmisere in ihren Heimatländern Arbeit in den USA suchen. In jüngster Vergangenheit sollen auch vermehrt Menschen aus asiatischen und arabischen Ländern aufgegriffen worden sein, denen Amerika seit 9/11 mit großen Sicherheitsvorbehalten begegnet.

Ein anderer Grund für die US-Grenzpolitik ist die Tatsache, dass ein hoher Prozentsatz von Verbrechen in direktem Zusammenhang mit Drogenhandel und -konsum steht. Die Regierung richtete spezielle Behörden ein, die nicht nur die Grenze gegen Drogenimport sichern sollen, sondern mit anderen Regierungen zusammenarbeiten, um Drogenanbau und -schmuggel einzudämmen. Mit der Drug Enforcement Administration (DEA) ist dem US-Justizministerium eine sowohl in den USA wie international operierende Anti-Drogen-Behörde unterstellt, die in vielen Ländern der Welt vertreten ist. In Schulen und gemeinnützigen Organisationen laufen Projekte, um über die Gefahren von Drogenkonsum aufzuklären und Drogenabhängigen zu helfen. Untersuchungen über sozial schwache Viertel von Großstädten weisen aber auch darauf hin,

dass Zusammenhänge zwischen Kriminalität und Armut klar auf der Hand liegen.

Trotz des großen Personalaufwands und Hightech-Einsatzes gelingt es jedes Jahr zwischen 500 000 und 1 Mio. Menschen, den Schutzwall zwischen Mexiko und den USA illegal zu überwinden. Sogar während der riesigen, regelmäßig wiederkehrenden Buschbrände versuchen manche, das im südlichen Kalifornien herrschende Chaos für eine illegale Einwanderung zu nutzen – ein lebensgefährliches Unterfangen in nur schwer zugänglichen Gegenden.

Sport

Der Profisport ist in den USA ein Megageschäft. Viele Klubs sind im Besitz von Unternehmern, die nicht nur über die Verpflichtung neuer Spieler befinden, sondern auch über die Heimbasis der jeweiligen Mannschaft. Dass ganze Teams in eine andere Stadt umziehen, ist keine Seltenheit. Nährboden der Profiligen sind Universitäten und Colleges, an denen sportliche Ausnahmebegabungen mit Stipendien gefördert werden, bis sie den Sprung in den Profibereich schaffen.

Seit Beginn der Gesundheits- und Fitnesswelle hat auch der Breitensport immer größere Bedeutung erlangt. Eine Rolle spielt dabei, dass sportliche Fitness mit beruflicher Fähigkeit assoziiert wird. In Fitnessklubs quälen sich Amateursportler bei schweißtreibenden Workouts, während Heerscharen von Freizeitsportlern aller Altersklassen auf großstädtischen Jogging- und Bikingpfaden Körper und Geist stählen.

Dass unter den Zuschauersportarten American Football an der Spitze rangiert, hat mit seiner kampfbetonten Natur zu tun. Unter den 32 Mannschaften der National Football League (NFL) sind drei aus Kalifornien: die Oakland Raiders, die San Diego Chargers und die San Francisco 49ers, die mit bislang fünf Super-Bowl-Siegen zu den erfolgreichsten Mannschaften zählen. In der National Basketball Association (NBA) sind die 30 spielstärksten Basketballteams ver-

Sport

Beachvolleyball wurde schon in den 1920er-Jahren an den Stränden von Kalifornien gespielt

sammelt, darunter aus Kalifornien die Los Angeles Clippers, die Los Angeles Lakers, die Golden State Warriors aus Oakland und die Sacramento Kings.

Soccer

Was man in Europa unter Fußball versteht, firmiert in Kalifornien unter der Bezeichnung Soccer. Diesen Sport betreiben in den USA nicht einmal 20 Mio. Aktive. Als Freizeitaktivität ist Soccer sowohl im Golden State wie auch in den restlichen USA beliebt, als Profisport aber lange nicht so populär wie etwa in Europa oder Lateinamerika.

Autorennen

Die Formel 1 leistet sich in der alljährlichen Rennsaison nur einen Ausflug in die Vereinigten Staaten, wo das einzige Grand-Prix-Rennen in Austin (Texas) stattfindet – ohne amerikanische Piloten. Das ist auch der Grund dafür, warum der Formel-1-Zirkus an Popularität gemessen in den USA hinter der NASCAR (National Association of Stock Car Racing) weit zurücksteht.

In den später 1940er-Jahren ins Leben gerufen, bestand die Grundidee der NASCAR darin, Rennen mit normalen Seriensportwagen auszurichten. Im Laufe der Zeit kamen aber immer mehr speziell konstruierte Boliden zum Einsatz, sodass heutige Spitzenwettbewerbe überhaupt nicht mehr mit diesen Autos gefahren werden.

In Kalifornien finden Rennen auf zwei Kursen statt, und zwar in Fontana östlich von Los Angeles und in Sonoma im Sonoma Valley. Die in den USA ohnehin populären rennsportlichen Veranstaltungen der NASCAR profitieren u. a. davon, dass heutzutage auch ehemalige Formel 1-Größen wie etwa der Weltmeister von 1997, der Kanadier Jacques Villeneuve, an den Start gehen.

Architektur und Kunst

Ähnlich bunt und vielfältig wie die Menschen unterschiedlichster Herkunft und Ethnien, die den Golden State ihre Heimat nennen, ist das dynamische kulturelle Leben in Kalifornien. In den Sparten Architektur, Literatur, Malerei und Musik kommen aber auch die wechselvolle Geschichte des Landes und der in vielen Lebensbereichen spürbare kreative Geist zum Ausdruck.

Zwischen Historie und Vision

Wer mit offenen Augen durch die Städte Kaliforniens reist, stellt fest, dass die Architektur nicht nur von monotoner Zweckbauweise gekennzeichnet ist, sondern aus einer spannungsreichen Mischung von Alt und Neu besteht. Vom spanischen Missionsstil des 18. Jh. schlägt sie einen Bogen über die unterschiedlichen Stile der viktorianischen Zeit und das Art-déco der 1930er-Jahre bis zu den futuristischen Kreationen des Dekonstruktivismus, die offenbar nur zwei Kritikermeinungen erlauben – totale Ablehnung oder völlige Begeisterung.

Auffällig ist, dass in der ersten Hälfte des 20. Jh. vor allem die kalifornischen Küstenstädte ein rasantes Wachstum an den Tag legten, architektonisch aber keine besonderen Zeichen setzten. Der Hauptgrund dafür war das Erdbebenrisiko. Die Naturkatastrophe 1906 hatte San Francisco zu einem großen Teil zerstört und danach anhaltende Diskussionen über die Art und Weise des Wiederaufbaus und über zukünftige Bauvorschriften in Gang gesetzt. Eine sonst vielerorts zu beobachtende ›Manhattanisierung‹ der Stadtzentren fand deshalb bis in die 1950er-Jahre nicht statt. Erst als neue Sicherheitstechniken wie gepufferte Fundamente zum Auffangen von Bodenschwingungen erdbebensichere Gebäude möglich machten, wuchsen die Stadtkerne in atemberaubendem Tempo über die bis dahin eingehaltenen Höhengrenzen von 13 Stockwerken hinaus.

Bauplätze der Stararchitekten

Kalifornien ist schon lange ein Architekturlaboratorium berühmter Baumeister. Speziell in Los Angeles hinterließen Visionäre wie Richard Neutra, Rudolph Schindler, Pierre Koenig und John Lautner ihre Spuren, denen in neuerer Zeit die ›jüngeren‹ Stars der Szene wie Frank Gehry, Rem Koolhaas, Richard Meier und Renzo Piano folgten.

Richard Meier entwarf den spektakulären Kunsttempel Getty Center, der in Brentwood wie ein weißer Palast auf einem Hügel thront und manche Betrachter an ein gigantisches steinernes Raumschiff erinnert. Passender war der Begriff Kunstklinik, weil die Museumsanlage mit strengen geometrischen Formen und in einheitlichem Weiß einen kühlen Eindruck hinterlässt. Die Umgestaltung und Erweiterung des Los Angeles County Museum of Art trägt die Handschrift von Renzo Piano, der Ende der 1970er-Jahre mit dem Centre Pompidou in Paris für Aufsehen gesorgt hatte. In San Francisco zeichnete der italienische Baumeister für den im Golden Gate Park entstandenen Neubau der California Academy of Sciences verantwortlich.

Für das Mailänder Modeunternehmen Prada entwarf der Niederländer Rem Kool-

Zwischen Historie und Vision

haas, Pritzker-Preisträger (›Nobelpreis der Architektur‹) und einer der am kontroversesten diskutierten Baumeister der Gegenwart, futuristische Niederlassungen in San Francisco und Beverly Hills. Zu seinen neuesten Schöpfungen gehört der 55 Stockwerke hohen Transbay Block 8 in der Bay-Metropole, ein Hingucker unter den Wolkenkratzern, der im Jahr 2019 fertig sein soll.

Vierter im Bund der kalifornischen Stararchitekten ist Frank Gehry. Wie kein anderer hauchte Gehry dem von Parkplatzcharme geprägten Viertel Bunker Hill in Downtown Los Angeles mit dem Bau der Walt Disney Concert Hall Aufbruchstimmung und Zukunftsperspektive ein. Das in mattem Alu-Glanz strahlende Symbol der Stadterneuerung ist als Heimbühne des Los Angeles Symphonic Orchestra zum meistbeachteten Gebäude im gesamten Ballungsraum geworden, das Architekturkritiker mit einer Rose für das kalte Herz der Metropole und einem Stahlplattenwirbelwind verglichen.

Neue Akzente

Einen neuen Akzent setzten 2015 in Downtown Los Angeles Diller Scofidio + Renfro mit der Wabenkonstruktion des Kunstmuseums The Broad. Seit seinem Umbau schmückt sich auch das früher äußerlich ziemlich unauffällige Petersen Automotive Museum am Wilshire Boulevard in L. A. mit einer wahrhaft spektakulären Fassade. Der eigentlich rote Komplex sieht aus wie ungleichmäßig eingewickelt in breite Bänder aus Edelstahl. Das außergewöhnliche Design sieht ›Schaulustige‹ ebenso wie Architekturkritiker offenbar nur auf zwei entgegengesetzten Seiten: Pro und Contra.

In Culver City hat der Architekt Eric Owen Moss zusammen mit einigen Mitstreitern einer heruntergekommenen Industriezone mit

Das von Richard Meier entworfene Getty Center bei Los Angeles ist nicht nur für Architekturliebhaber ein lohnendes Ziel

Architektur und Kunst

einem gigantischen Architekturpark neues Leben eingehaucht. Moss, ebenso wie Frank Gehry ein Verfechter des Dekonstruktivismus, der von einem Kritiker einmal als ›Poet des Prekären‹ bezeichnet wurde, schuf in seiner Experimentierfreudigkeit geradezu riskante Gebäude, die an Schiffswracks und Karambolagen erinnern und mit ihrem teils bizarren Design Werbeagenturen, digitale Medien, Grafik- und Designfirmen sowie Film- und TV-Studios anlocken sollten. Herzstück des Open-Air-Architekturlabors Hayden Park ist der Samitaur Tower, ein aus schief übereinanderliegenden Etagen bestehender Aussichtsturm, von dessen oberster Plattform Besucher auf das faszinierende Architekturchaos blicken können.

Nicht nur in den großen kalifornischen Metropolen heißt die architektonische Devise des 21. Jh. ›auf zu neuen Ufern‹. Ein Beweis dafür ist ein von Sagan Piechota Architecture aus San Francisco entworfenes Haus in Big Sur am Highway No. 1, das außer aus Steinböden, tragenden Elementen aus Beton und einem geschwungenen Kupferdach fast ausschließlich aus Glas besteht, wodurch die Grenze zwischen dem Innen und Außen fast völlig aufgehoben ist. Kein Wunder, dass das Gebäude nach seiner Fertigstellung schnell auf den Beinamen ›Kalifornischer Traum‹ getauft wurde.

Historische Reminiszenzen

Als in der zweiten Hälfte des 18. Jh. die ersten spanischen Eroberer und Missionare auf das Gebiet des heutigen Kaliforniens vorstießen, brachten sie außer Eroberungseifer und Bekehrungsdrang auch Vorstellungen darüber mit, wie im neuen Land am Pazifik gebaut werden sollte. Die in den folgenden Jahrzehnten errichteten Missionsstationen zeigen eine Stilmischung von typisch spanischen Elementen mit indianischen Bauformen, die den Spaniern aus den Pueblos in New Mexico bekannt waren. Von dort stammt auch das Herstellungsprinzip der Adobeziegel. Sie wurden aus einem Gemisch von Lehm, Stroh und Wasser hergestellt und in der Sonne getrocknet.

Historisierende Architektur

Als in der weiteren Umgebung von San Francisco in den 1820er-Jahren die letzten Missionsstationen entstanden, dämmerte in den östlichen USA architektonisch bereits das bis zur Jahrhundertwende dauernde viktorianische Zeitalter herauf. Um die Mitte des 19. Jh. ließ der Goldrausch die Bevölkerung von San Francisco in rasantem Tempo wachsen, was mit einem schnell steigenden Wohnraumbedarf verbunden war. Ganze Straßenzüge entstanden im damals modernen Baustil, der sich in den folgenden 50 Jahren in Variationen wie neoklassizistisch, Gothic Revival, Italianate, Second Empire und Queen Anne zeigte.

Obwohl das Erdbeben 1906 viele Gebäude zerstörte, gibt es in der Bay-Metropole immer noch schätzungsweise 15 000 Painted Ladies, wie die Häuser wegen ihres traditionell pastellfarbenen Anstrichs auch genannt werden. Hauptsächlich um den Alamo Square, im Mission District, in Pacific Heights und im Stadtteil Marina sind die reizvollen, nicht selten Millionen teuren Oldtimer gut erhalten. Putzige Türmchen und Dachgauben, überdachte Veranden mit verzierten Brüstungen, geschnitzte Stützpfeiler und wunderschöne Gärten schaffen in den betreffenden Stadtteilen ein sehenswertes Ambiente.

Nach 1895 löste die Spanish-Revival-Architektur hauptsächlich im südlichen Kalifornien den viktorianischen Stil ab. Sie prägte die zum Teil heute noch stehenden Gebäude im Balboa Park in San Diego, die anlässlich der Panama-California-Ausstellung 1915 errichtet worden waren. Der Baustil kam auch in Santa Barbara zum Tragen, wo sich das örtliche Stadtbauamt im Zuge des Wiederaufbaus der von einem Erdbeben sehr schwer beschädigten Stadt für diese Variante entschied. Zu den damals entstandenen Schmuckstücken zählt das Santa Barbara Country Courthouse mitten in der Stadt.

Art déco

Von 1920 bis zum Beginn des Zweiten Weltkriegs war auch in Kalifornien mit Art déco,

Malerei und bildende Künste

Wahrhaft herausragender Art-déco-Bau: das nach einem Entwurf von Claud Beelman errichtete Eastern Columbia Building am Broadway in Los Angeles (Ecke 9th Street)

der Abkürzung für *arts décoratifs,* eine Designrichtung en vogue, die Kunsthandwerk, Fotografie, Plakatkunst, Bildhauerei und vor allem die Architektur beeinflusste. Wichtige Anregungen gingen von der Wiener Werkstätte, dem Deutschen Werkbund, der niederländischen Stijl-Bewegung und dem Bauhaus aus. Art déco verband Elemente des vorangegangenen Jugendstils mit dem Funktionalismus der 1920er-Jahre und der Futurismus-Bewegung.

Im Golden State errichtete man im neuen Stil nicht nur zahlreiche heute noch existierende Kinofassaden, den Hoover Tower auf dem Campus der Stanford University in Palo Alto und das Mary Bowles Building in Oakland. Auch einige Hochbauten am Wilshire Boulevard in Los Angeles sollten mit stuckverzierten Fassaden und vielfältigen Ornamenten zur gestalterischen Überwindung der Weltwirtschaftskrise beitragen. Prominentes-

te Beispiele in der südkalifornischen Metropole sind das Griffith Observatory im Griffith Park und die City Hall, während in San Francisco der Coit Tower in diesem Design erscheint und die markante Form der Pfeiler die Golden Gate Bridge zum größten Art-déco-Objekt aller Zeiten gemacht hat.

Malerei und bildende Künste

Kalifornien inspiriert schon seit Langem die Vorstellungskraft der dort lebenden Menschen. Die Chumash-Indianer malten Höhlen mit Alltagsszenen aus, lange bevor spanische Franziskaner damit begannen, die Innenräume ihrer Missionskirchen mit Fresken zu dekorieren. Während des amerikanisch-mexikanischen Krieges hielten einige wenige Maler

Menschen und Schauplätze auf Leinwand fest, ehe sich nach 1850 zugewanderte Künstler hauptsächlich der Landschaftsmalerei widmeten. Naturszenerien wie das Yosemite Valley ließen neben dem deutschstämmigen Albert Bierstadt (1830–1902) auch Thomas Hill (1829–1908) und William Keith (1838–1911) zu Pinsel und Farbe greifen. Im späten 19. Jh. stand die Malerei in Kalifornien ganz im Zeichen europäischer Einflüsse, weil sich zahlreiche Künstler in Frankreich und Deutschland ausbilden ließen.

Von diesen Vorbildern begann sich der Kunstbetrieb im 20. Jh. nur langsam zu lösen, um schließlich eigene Wege einzuschlagen. Der längere Zeit in Berkeley lebende Richard C. Diebenkorn (1922–1993) entwickelte sich zum führenden abstrakten Expressionisten an der Westküste, ehe er seit Ende der 1960er-Jahre bis zu seinem Lebensende seine bedeutendsten, durch einen ausgeprägten geometrischen Stil gekennzeichneten Werke schuf. Seine Arbeiten ebenso wie diejenigen von Sam Francis, Edward Ruscha und Wayne Thiebaud, der zu den Lehrern des Pop-Art-Künstlers und Surrealisten Mel Ramos gehörte, werden auf Auktionen heutzutage zu Preisen bis 3 Mio. $ versteigert. Neben ihnen zählen Billy Al Bengston, Elmer Bischoff, James Weeks, James Kelly, Deborah Remington, Justin Bower und Clyfford Still zu den bekanntesten zeitgenössischen Malern Kaliforniens.

Für Furore in der kalifornischen und internationalen Kunstszene sorgten in jüngerer Vergangenheit drei Multimedia- bzw. Performancekünstler. Der 1960 in San Francisco geborene Tim Hawkinson tritt hauptsächlich als Bildhauer in Erscheinung und verwendet für seine Skulpturen häufig alltägliche Materialien, von Eierschalen und PC-Schrott bis zu Vogelfedern. Was er auf Flohmärkten an Plüschtieren, Kinderspielzeug, Tand und Kitsch sammelte, komponierte Mike Kelly (1954–2012) zum Teil zu irritierenden Rauminstallationen und wurde damit einer breiteren Öffentlichkeit bekannt. Paul McCarthy (geb. 1945) aus Salt Lake City verlagerte seinen Wirkungskreis als Performancekünstler nach Los Angeles, wo es ihm gelang, seine Zeichnungen, Skulpturen, Performance-Videos, Filme und Installationen zu auf dem Kunstmarkt begehrten Objekten zu machen. Mittlerweile zählt er zu den einflussreichsten zeitgenössischen Kunstschaffenden in den USA.

Kunst im öffentlichen Raum

Haftete Los Angeles lange Zeit der Ruf an, eine Zitadelle des oberflächlichen und seichten Geschmacks zu sein, wird die Metropole heute von vielen als Hort der Kreativität gepriesen. Diese neue Einschätzung verdankt sie ihrer lebendiger gewordenen, auch von ethnischer Vielfalt profitierenden Kunst- und Kulturszene mit mehr als 2000 Museen, Galerien, Theater- und Musikstätten, von denen manche Weltruhm erlangten. Schon in den 1960er-Jahren forderte Los Angeles als eine der ersten US-Städte von Immobilieninvestoren, 1 % der jeweiligen Bausumme für Kunst aufzuwenden. Downtown entwickelte sich dadurch zur Open-Air-Kunstgalerie mit vielen Werken zum Teil renommierter Künstler (www.publicartinla.com).

Um eine andere Art von öffentlicher Kunst handelt es sich in der Bay-Metropole. San Francisco ist seit Langem ein Eldorado der Wandmalerei. Besondere Beachtung verdient hinsichtlich der ›Murals‹ der Mission District. Das hat historische Gründe. Bereits zu Anfang des 20. Jh. erlangten in dem aus der Revolution hervorgegangenen Mexiko Wandgemälde als politische Kunst eine besondere Bedeutung. Über mexikanische Maler wie Diego Rivera, der in die USA übersiedelte, verbreitete sich die Monumentalmalerei auch in Nordamerika, wo Präsident Roosevelt während der Weltwirtschaftskrise über die damals gegründete Bundesbehörde Works Progress Administration ein Programm zur Förderung wirtschaftlich gefährdeter Künstler initiierte, die öffentliche Aufträge für Wandgemälde erhielten. Nach Kriegsende 1945 erlebte diese Kunstrichtung außer in San Francisco vor allem auch in Los Angeles eine wahre Renaissance. Und wiederum waren es hauptsächlich Maler mexikanischer Herkunft, die sich darin besonders hervortaten.

# Kalifornische Literatur

Berühmte Schriftsteller

Stärker als in der bildenden Kunst waren die Signale in der Literatur, die von Kalifornien aus auf die nationale und internationale Literaturszene ausstrahlten. In erster Linie war dies einer Reihe von Schriftstellern zuzuschreiben, die weit über die Grenzen Amerikas hinaus bekannt wurden.

Ein waschechter Kalifornier war Jack London (1876–1916), der in San Francisco geboren wurde, in Oakland seine Jugend verbrachte und später mit Romanen wie »Ruf der Wildnis« und »Der Seewolf« Weltruhm erlangte. Sein Hauptthema, das sich durch sein ganzes Lebenswerk zieht, ist der Konflikt zwischen Natur und Kultur, den er zur Goldrauschzeit etwa im Yukon Territory und in Alaska kennenlernte. Die letzten Jahre seines abenteuerlichen, lange durch Alkoholismus geprägten Lebens verbrachte er mit seiner Frau Charmian in der Nähe von Sonoma. Nach jüngeren wissenschaftlichen Erkenntnissen nahm er sich wahrscheinlich nicht selbst das Leben, sondern starb an einer Harnvergiftung.

Erster aus dem Golden State stammender Träger des begehrten Pulitzerpreises war Sidney Howard (1891–1939), der für sein 1924 uraufgeführtes und im Napa Valley angesiedeltes Stück »They Knew What They Wanted« die begehrte Auszeichnung erhielt. Danach vergingen 15 Jahre, ehe wieder ein kalifornischer Literat zu diesen Ehren kam: John Steinbeck (1902–1968). In »Die Früchte des Zorns« schildert der aus Salinas stammende Schriftsteller die Geschichte der verarmten Landarbeiterfamilie Joad, die während der Weltwirtschaftskrise ihre Heimat in Oklahoma verlässt, um sich in Kalifornien eine neue Existenz aufzubauen. Die in dem Roman enthaltene Sozialkritik stieß in den USA auf Ablehnung und Proteste und wurde gelegentlich sogar als Aufruf zum Klassenkampf missverstanden. Versöhnlicher nahmen Steinbecks Landleute den Roman »Straße der Ölsardinen« auf, für den er 1962, vier Jahre vor seinem Tod, den Literaturnobelpreis bekam.

Im Gegensatz zu Steinbeck lehnte William Saroyan (1908–1981) den ihm zugedachten Pulitzerpreis Ende der 1930er-Jahre als Zeichen der Kommerzialisierung ab. Mit seinem Roman »Menschliche Komödie«, der vom Leben einer kalifornischen Familie in einer Kleinstadt handelt, schrieb sich Saroyan in die Herzen vieler Zeitgenossen, wenn ihm auch manche eine etwas zu idyllische und schönfärberische Darstellung vorhielten.

Legendäre Krimi-Autoren

Geschichten über Mord und Totschlag sind vermutlich so alt wie die Menschheit. Die literarische Gattung der Detektiv- und Kriminalgeschichte wurde aber erst in den 1840er-Jahren von Edgar Allan Poe begründet. In der ersten Hälfte des 20. Jh. erlebte das populäre Genre vor allem in Kalifornien eine Blütezeit, nachdem der Journalist und Literat H. L. Mencken zusammen mit dem Theaterkritiker George Jean Nathan eine Groschenromanserie namens »Black Mask« aufgelegt hatte, um die finanziellen Verluste ihres Literaturmagazins »Smart Set« auszugleichen. »Black Mask« veröffentlichte sogenannte *Hard-boiled*-Krimis, deren Schauplätze in einer verrohten Gesellschaft ohne Moral liegen und in der es Privatdetektive mit Habgier, Betrug und Gewalt zu tun bekommen.

Dashiell Hammett

Zu den berühmtesten Autoren von »Black Mask« gehörte Dashiell Hammett (1894–1961), der Ende 1922 unter dem Pseudonym Peter Collinson mit »The Road Home« seine erste knallharte Geschichte veröffentlichte. In seinem berühmtesten Roman »Der Malteserfalke«, der mit Humphrey Bogart in der Hauptrolle erfolgreich verfilmt wurde, setzt er den abgerissenen und ständig von Geldsorgen geplagten Privatdetektiv Sam Spade in San Francisco auf einen komplizierten Mordfall an. Bei dieser Geschichte kam Hammett zugute, dass er in der Bay-Metropole in den 1920er-Jahren im Auftrag der berühmten Detektivagentur Pinkerton einen mysteriösen

Mord- und Vergewaltigungsfall untersuchte. Bahnbrechende Neuerungen in diesem Roman waren u. a. die Schauplätze. Denn im Unterschied zu den Detektivgeschichten des viktorianischen Zeitalters schnüffelt Sam Spade nicht auf Landsitzen von Großgrundbesitzern, sondern im trüben Hinterhofmilieu der Großstadt. Hammetts lakonischer und doch präziser Schreibstil inspirierte zahlreiche Autoren und wurde etwa von Ernest Hemingway aufgenommen.

Raymond Chandler

Raymond Chandler (1888–1959) feierte sein Debüt bei »Black Mask« 1933 mit der Geschichte »Blackmailers Don't Shoot«. Im Jahr 1943 machte der aus Chicago stammende Schriftsteller als Drehbuchautor Bekanntschaft mit Los Angeles, wo ihn die Paramount Studios für sich gewonnen hatten. ›Big Ray‹, wie ihn Freunde und Kollegen nannten, schrieb zwar hervorragende Filmstoffe. Doch änderte das nichts an der Tatsache, dass er seine Arbeit für die großen Filmriesen verabscheute und Los Angeles nicht ausstehen konnte. Hinzu kam, dass er zum Teil unter hohem Zeitdruck produzieren musste und seinen Frust darüber in Alkohol zu ertränken versuchte. 1946 kehrte Chandler der ungeliebten Traumfabrik den Rücken, zog mit seiner kranken Frau Sissy nach La Jolla und kaufte das Haus Nr. 6005 an der Camina de la Costa mit Blick auf den Pazifik.

Mit »Der lange Abschied« begann er dort sein letztes Werk, dessen Fertigstellung ein Wettlauf mit dem Tod werden sollte. Der Titel bezog sich nicht allein auf sein eigenes bevorstehendes Ende, sondern auch auf den langen Abschied von seiner Frau. Kein Wunder, dass sich dieses Buch im Ton deutlich von Chandlers früheren Werken unterscheidet. Erstmals pflegt in diesem Roman sein Held, der Privatdetektiv Philipp Marlow, ein Verhältnis mit einer Frau. Die Verleger warfen dem ehemaligen *hard-boiled*-Autor einen Hang zum Romantischen vor und waren über das Manuskript entsetzt. Marlow, der aus seiner Abscheu vor Heuchelei und seiner Verachtung für Engstirnigkeit nie einen Hehl machte, hatte in diesem Werk seine ausgekochte Härte plötzlich verloren. Am 26. März 1959 trat Chandler zusammen mit Philipp Marlow, seinem schnoddrigen, abgebrühten und doch romantischen Alter Ego von der Bühne ab. »Chandler schrieb wie ein Engel, der sich unter das gemeine Volk gemischt hat«, sagte der Schriftsteller Ross MacDonald einmal über seinen Lehrmeister.

Ross Macdonald

Häufig wird er in einem Atemzug mit Raymond Chandler genannt. 1915 im kalifornischen Los Gatos geboren, lebte Macdonald die letzten 20 Jahre seines Lebens zusammen mit der Schriftstellerin Margaret Millar in Santa Barbara, wo er 1983 starb. Im Mittelpunkt seiner spannenden Geschichten steht seit dem 1949 veröffentlichten Krimi »Reiche sterben auch nicht anders« mit dem ehemaligen Polizisten Lew Archer ein Privatdetektiv, der nicht nur Mörder zur Strecke bringt, sondern auch nach Motiven für ihre Taten sucht. Einige seiner Bücher wurden verfilmt, darunter 1975 »Unter Wasser stirbt man nicht« mit Paul Newman und Joanne Woodward in den Hauptrollen.

Wenn ein jüngerer Autor in die Fußstapfen von Macdonald und Chandler trat, dann der 1937 in Pittsburgh geborene, aber seit Langem in Kalifornien lebende Joseh Wambaugh. Mit Witz und unkonventioneller Erzählweise bewegt er sich in Romanen wie »Nur ein Tropfen Blut«, »Der Hollywood Mord« oder »Der Susan-Reinert-Fall« durch eine aus den Fugen geratene urbane Zivilisation.

Die Beat Generation

Mitte der 1950er-Jahre ließ sich mit Jack Kerouac, Allen Ginsberg und William Burroughs das dominierende Trio der sogenannten Beat Generation im Stadtteil North Beach in San Francisco nieder. Mit ihrer unverblümten Kritik an den Wertvorstellungen der US-Nachkriegsgesellschaft verstanden sie sich als Exponenten einer literarischen Alternativbewegung,

Kalifornische Literatur

deren Schauplätze von Marihuanarauch und Bierdunst geschwängerte Musikkneipen und Studentenkommunen waren, in denen diskutiert und eine neue Weltordnung entworfen wurde. Sie thematisierten und praktizierten Drogenexzesse, sexuelle Abenteuer und verrückte Reisen, die in Prosatexten und Gedichten ihren Niederschlag fanden, so etwa in Kerouacs 1957 erschienenem Hauptwerk »On the Road«. Ginsberg hatte schon zwei Jahre zuvor mit seinem Gedicht »Howl« für Aufsehen gesorgt, während Burroughs mit »Naked Lunch« das prüde Nachkriegsamerika zur Weißglut brachte, aber vor Gericht in mehreren Verfahren mit Freisprüchen der künstlerischen Freiheit Raum verschaffte.

Kerouac schrieb den Roman »On the road« 1951 innerhalb von nur drei Wochen, doch dauerte es danach sechs Jahre, ehe sich ein Verlag zur Veröffentlichung entschloss. Bis heute wurden weltweit ca. 3,5 Mio. Exemplare des Buchs verkauft. Kerouac tippte es auf eine 36 m lange, aus zusammengeklebten Seiten bestehende Manuskriptrolle, die im Jahr 2007 beim Auktionshaus Christie's unter den Hammer kam und für 5,5 Mio. $ versteigert wurde – 2 Mio. $ über dem Schätzpreis.

Subkultur-Autoren

Die Beat Generation hatte nachhaltigen Einfluss auf gesellschaftskritische Kulturentwicklungen und alternative Lebensformen in den USA und gilt in gewisser Weise als Vorbereiter der Hippiekultur. Dieser gegenkulturellen Jugendbewegung gehörte auch Ken Kesey (1935–2001) an, der bei San Francisco eine Kommune gründete, die sich durch Happenings mit der damals noch legalen Droge LSD hervortat. 1962 landete Kesey mit seinem Roman »Einer flog über das Kuckucksnest« einen Welterfolg, der mit Jack Nicholson in der Hauptrolle ebenfalls ein internationaler Kinohit wurde.

Für Liebhaber der Underdog-Literatur gibt es seit 1994 ein Pilgerziel etwa eine Autostunde von Downtown Los Angeles entfernt. Auf dem Green Hills Memorial Park in Rancho Palos Verdes liegt der 1920 in Andernach geborene und 1994 verstorbene Charles Bukowski begraben, der mit seinen vulgären, zum Teil autobiografischen Geschichten über Sex, Alkoholexzesse, Spielleidenschaft und miese Jobs Furore machte. Während manche Kritiker seine Literatur als Aufputschmittel für pubertierende Teenager verstanden, sahen andere in Bukowskis Geschichten den schonungslosen, ungeschminkten Realismus eines Literaten, der beim Schreiben keine große Fantasie bemühen musste, sondern voll aus seinem chaotischen Alltagsleben schöpfen konnte. Die einfache Grabplatte, die seine letzte Ruhestätte deckt, trägt als sein letztes Vermächtnis den Ratschlag an all jene, die sich mit dem Gedanken befassen, selbst Schreibzeug in die Hand zu nehmen: »Don't try« (»Versuch es erst gar nicht«).

Autoren der Gegenwart

Mit einer erstmals 1976 im San Francisco Chronicle veröffentlichten Kolumne über das Alltagsleben in der Bay-Metropole begann der homosexuelle Armistead Maupin (geb. 1944) seine Schriftstellerkarriere. Die originellen Schilderungen des Großstadtlebens, in dessen Mittelpunkt die Bewohner eines Hauses in der Barbary Lane stehen, erschienen seit Ende der 1970er-Jahre in seinen »Stadtgeschichten« (»Tales of the City«), aus denen im Laufe der Zeit ein sechsbändiger Romanzyklus wurde – von manchen Lesern als Kult gepriesen, von anderen als »Lindenstraße« auf Amerikanisch abgetan.

Unter den kalifornischen Gegenwartsautoren gehört T. C. Boyle seit den 1980er-Jahren zu den international bekanntesten. Die meisten Werke des 1949 in New York State geborenen, heute bei Santa Barbara lebenden Schriftstellers erschienen auch in deutscher Sprache. In Romanen wie »World's End« und »Dr. Sex« lebt er seine Fabulierkunst sowie seine Vorliebe für aus der Norm fallende Typen, irrwitzige Situationen und das Thema Umweltschutz aus. Zu seinen jüngeren Romanen zählt »Wenn das Schlachten vorbei ist«. Darin geht es um die schonungslose Ausbeutung der natürlichen Ressourcen des Planeten

Architektur und Kunst

Erde und die daraus resultierenden katastrophalen Folgen.

Bereits in den 1990er-Jahren avancierte der 1964 in Los Angeles zur Welt gekommene Bret Easton Ellis mit seinem Roman »American Psycho« zum Kultautor. Auf schonungslose Weise thematisierte er in diesem wie auch in anderen Romanen Gewalt- und Sexexzesse und stieg so in den Rang eines viel beachteten Skandalautors auf, der ständig mit Drogenkonsum zu tun hatte und auf seinen Lesereisen sogar von einem Aufpasser seines Verlags begleitet wurde, der dafür sorgen sollte, dass sein Schützling nicht über die Stränge schlug. Mehrere seiner Werke wurden verfilmt.

Dave Eggers, geboren 1970 in Boston im Bundesstaat Massachusetts, lebt und arbeitet heute in der Bay Area bei San Francisco. Einer seiner jüngeren Romane erschien auf Deutsch unter dem Titel »Der Circle« und eroberte schon wenige Wochen nach Erscheinen die vorderen Ränge der Bestsellerlisten. Im Mittelpunkt des Buchs, in dem es um Dotcom-Konzerne wie die Internetriesen im Silicon Valley geht, stehen die Gefahren, die von einer völlig transparenten Gesellschaft ausgehen.

Auf die düsteren Seiten der amerikanischen Gesellschaft konzentriert sich James Ellroy (geb. 1948) mit seinen Bestsellerkrimis, die häufig in seiner Heimatstadt Los Angeles spielen und in den 1940er- und 1950er-Jahren angesiedelt sind. Dazu zählt auch sein Werk »Perfidia«, dessen Hintergrund die japanische Bombardierung von Pearl Harbor im Dezember 1941 und der Kriegseintritt der USA ist. Ellroy, dessen Bücher wie »Die schwarze Dahlie« und »L. A. Confidential« erfolgreich auf die Kinoleinwand kamen, wurde schon mehrfach mit dem Deutschen Krimipreis ausgezeichnet.

Film

Wie eh und je dominiert die Filmindustrie die urbane Kultur in Los Angeles. Seit in der damals noch eigenständigen Stadt Hollywood zu Beginn des 20. Jh. die ersten Studios aufgebaut und die ersten Stummfilme gedreht wurden, entwickelten sich die ›laufenden Bilder‹ zu einem riesigen Geschäft und zu einem weltweit verbreiteten Exportartikel. Nicht zu Unrecht gilt Los Angeles als größte und einflussreichste Fabrik für Träume aus Zelluloid. Wie andere Branchen kannte auch die Filmproduktion ein Auf und Ab. Erstaunlicherweise gelang es ihr aber, etwa durch die Einführung des Fernsehens verursachte Talsohlen zu überstehen und die Gunst des breiten Publikums zurückzugewinnen.

Film

Frankenstein lässt grüßen: Entdeckungstour auf dem Gelände der legendären Universal Studios

Arbeit für Exilschriftsteller

Als die Filmproduktionen in Hollywood mit jährlich bis zu 600 Filmen auf Hochtouren liefen, waren nicht nur gute Regisseure, Schauspieler und Kameraleute gesucht, sondern auch Drehbuchautoren. Finanzkräftige Filmgesellschaften rekrutierten sie nicht nur aus dem eigenen Lager, sondern auch aus dem Kreis der zum Teil berühmten Emigranten, die in den 1930er- und 1940er-Jahren vor den Nazis nach Übersee geflüchtet waren. Unter ihnen befanden sich einige der bedeutendsten Vertreter der deutschsprachigen Literatur des 20. Jh.: u. a. Thomas und Heinrich Mann, Lion Feuchtwanger, Alfred Döblin sowie Bertolt Brecht.

Problemlos war die Arbeit der unverhofft zu Drehbuchschreibern avancierten deutschen Literatenelite in der Neuen Welt nicht. Ihre Skripte stießen in den Vorstandsetagen der Filmgesellschaften auf wenig Gegenliebe, weil keine literarischen Vorlagen, sondern spannende Unterhaltungsstoffe gefragt

Architektur und Kunst

waren. Alfred Döblin sah sich für ein Honorar von 100 $ pro Woche als in Sitzhaft befindlich, weil sein Job lediglich Alibifunktion hatte. Vielen machte neben der unvertrauten Lebensweise schwer zu schaffen, dass sie und ihr Werk nur einem kleinen Kreis von Literaturfreunden bekannt waren. Fehlende oder mangelhafte Englischkenntnisse erschwerten eine gesellschaftliche Integration, sodass sich Bertolt Brecht nach eigenen Worten vorkam »wie eine Wurst im Treibhaus«.

Heute produzieren die im Großraum Los Angeles angesiedelten Gesellschaften mit gigantischem finanziellem Aufwand auf technisch hohem Niveau. Ein altes Genre hat zur Wiederbelebung der Kinoszene beigetragen: der Zeichentrickfilm, der ohne modernste Computertechnik nicht mehr auskommt. Kritiker beklagen grundsätzlich, dass bei vielen Produktionen künstlerische Ambitionen hinter kommerziellen Aspekten auf der Strecke bleiben. Das bekamen auch jüngere deutsche Regisseure zu spüren. Wolfgang Petersen, Roland Emmerich, Katja von Garnier, Uli Edel, Florian Henckel von Donnersmarck und Oliver Hirschbiegel waren zwar erfolgreich, aber von den Kreativbedingungen im südlichen Kalifornien meist nicht sehr angetan. Von den finanziellen Möglichkeiten allerdings schon eher.

Musik

Klassische Musik

Der Bevölkerung der großen Küstenmetropolen ist die Begeisterung für Musik und Theater schon lange eigen. Unter den großen Orchestern nimmt neben der 1911 gegründeten San Francisco Symphony das ebenfalls renommierte Los Angeles Philharmonic Orchestra eine besondere Stellung ein. Heimatbühne des Los Angeles Philharmonic Orchestra ist die berühmte Walt Disney Concert Hall. Im Sommer treten die Musiker auch in der offenen Hollywood Bowl auf. Weitere Sinfonieorchester gibt es in Kalifornien in der Küstenstadt Santa Monica, in Long Beach, Bakersfield im südlichen Central Valley, in der Universitätsstadt Berkeley, in Fremont, Fresno, San Rafael, Modesto, Monterey, Nevada City, Oakland, San José, Riverside, der Hauptstadt Sacramento sowie San Diego und Santa Rosa.

Jazz am Pazifik

Zwar nahm Kid Ory (1886–1973) zusammen mit Mutt Carey (1891–1948) 1919 in Kalifornien die erste Platte einer schwarzen Jazzband auf. Doch gilt als Wiege dieser ersten in den USA entstandenen Musikform New Orleans. 1946 traten Miles Davis, Charlie Parker und Dizzy Gillespie eine Zeit lang in Los Angeles mit Bebop-Kompositionen auf, um den amerikanischen Westen mit dieser Richtung bekannt zu machen. Bis zu seinem letzten Konzert 1991 in Hollywood gehörte Miles Davis zu den großen Stars des Jazz. Mit einem Stern auf dem Hollywood Walk of Fame ehrt die Filmmetropole den aus dem kalifornischen Concord stammenden Jazzpianisten Dave Brubeck, der zu den besten Interpreten des Cool Jazz gehörte.

Die goldenen Sixties

Kaum ein anderer Musiker hat die Rock- und Popmusik seit Anfang der 1960er-Jahre so stark beeinflusst wie der aus Minnesota stammende, in Malibu bei Los Angeles lebende Bob Dylan. Über Folk, Country, Gospel und Blues kam das musikalische Genie zum Rock 'n' Roll und wandte sich dabei mit zum Teil sehr komplexen, poetischen Texten sozialkritischen Themen zu, die ihn weltberühmt machten und der populären Rockmusik in den Rang einer ernst zu nehmenden Kunstform verhalfen. Dylans Leben und Schaffen ist von vielen Höhen und Tiefen durchzogen. Erstaunlich dabei ist, dass er selbst nach einem halben Jahrhundert in der Szene nach wie vor präsent ist und als einer der bedeutendsten lebenden Popmusiker hohes Ansehen genießt. 2016 wurde ihm als erstem Musiker der Literaturnobelpreis verliehen.

Gleich zu Beginn ihrer steilen Karriere stürmten die im Jahr 1961 im kalifornischen Hawthorne von fünf Teenagern gegründete

Musik

te Pop-Gruppe The Beach Boys mit »Surfin' USA« die Hitparaden und transportierte das idyllische Bild vom sonnigen Golden State, Strandleben, hübschen Mädchen und vom allgegenwärtigen Autokult in die ganze Welt. Vier Jahre später entstand in Los Angeles mit The Doors ein Quartett um den Sänger Jim Morrison. Auf dem Höhepunkt ihrer Laufbahn machte die Gruppe Millionenumsätze und wurde an Popularität höchstens von den Beatles übertroffen. Wegen ihrer zum Teil gewagten Shows hatte sie in manchen US-Bundesstaaten Auftrittsverbot bzw. forderte Massendemonstrationen heraus. 1971 trennte sich der meist in schwarzer Lederkleidung auftretende und als Sexidol der Hippie-Generation verehrte Morrison von seiner Gruppe. Im gleichen Jahr starb er in Paris an einem Herzschlag.

Als Morrison noch Mitglied der Doors war, begann 1966 in San Francisco die Gruppe Jefferson Airplane eine legendäre Karriere. Sie begründete den psychedelischen San Francisco Sound, der während der Flower-Power-Bewegung auch unter dem Namen Acid Rock die lokale Musikszene beherrschte. 1971 veröffentlichte das einflussreiche Magazin »Rolling Stone« einen Artikel, in dem die Gruppe als ein Schiff bezeichnet wurde, das seine Passagiere zu den revolutionären Fantasien ihrer eigenen Gehirne bringe. Wenig später begann sich die Gruppe aufzulösen, um sich danach, personell verändert, unter dem Namen Jefferson Starship neu zu formieren. Mit dem Musikerwechsel ging ein stilistischer Wechsel von der Rockmusik zur kommerziellen Schlagermusik einher. Als Bandleader Jerry Garcia 1995 in San Francisco zu Grabe getragen wurde, versammelten sich Zehntausende Alt-Hippies zu seinem Abschied im Golden Gate Park.

Musikmekka Los Angeles

Mitte der 1960er-Jahre stiegen der Sunset Strip in Hollywood und der Laurel Canyon, die Verbindung zwischen West Hollywood und dem San Fernando Valley, am kalifornischen Musikhimmel auf wie ein strahlender Komet der Gegenkultur. Neben Bands wie The Byrds und The Doors machten The Seeds, The Standells, The Turtles, The Mamas & The Papas, Guns & Roses, Frank Zappa, Velvet Underground und viele andere die betreffenden Viertel zu Kolonien der Kreativen. Mit Folk-Rock und der hauptsächlich bei Hippies beliebten psychedelischen Musik entstanden dort zwei Richtungen, die ihren festen Platz in der Musikgeschichte Kaliforniens einnehmen. Neben berühmten Musikern sammelten sich im damaligen Hollywood auch Pop-Art-Künstler und Literaten, deren Ideenreichtum sogar die Reputation des Stadtteils als Zentrum der Filmschaffenden für kurze Zeit verblassen ließ. Bereits 1967 läuteten Zusammenstöße zwischen Polizei und Hippies den Niedergang der Musikära auf dem Sunset Strip ein. Diese Riots inspirierten Buffalo Springfield zum Song »For What It's Worth«.

Musik der Gegenwart

Nach dem Musikboom der 1960er-Jahre stand Los Angeles auch im neuen Jahrtausend wieder in vorderster Linie. In jüngerer Vergangenheit stürmte die aus Los Angeles stammende Rockgruppe Maroon 5 um Frontmann Adam Levine die internationalen Charts, nachdem sie 2004 mit dem Song »This Love« auf sich aufmerksam gemacht hatte. Auch die Singleauskopplung »Makes Me Wonder« stellte sich als Verkaufsschlager heraus. Ein Kassenknüller war dem, für seinen ausschweifenden Lebensstil bekannten ehemaligen Black-Sabbath-Rocker Ozzy Osbourne mit dem Album »Black Rain« beschert. Noch mehr Publicity garantierte ihm eine von MTV ausgestrahlte Reality-TV-Serie, bei der er der Öffentlichkeit Einblicke in das chaotisch-verrückte Privatleben seiner Familie gab.

Die aus Kalifornien stammende populäre Funk- und Alternative-Rockband Red Hot Chili Peppers zählt zu den kommerziell erfolgreichsten Vertretern des Crossover. Ihr Album »Blood Sugar Sex Magik« gilt als eines der bedeutendsten dieses Genres, der Hit »Californication« ist eine Hommage an ihre Heimat.

Wissenswertes für die Reise

Anreise und Verkehr
Übernachten
Essen und Trinken
Outdoor
Feste und Veranstaltungen
Reiseinfos von A bis Z

Mobile Kalorienstation: Die Imbissbude hat in Kalifornien ein Revival erlebt und ist jetzt als Food Truck sehr populär

Für die Sicherheit beim Schwimmen ist gesorgt: Allein im Los Angeles County gibt es ca. 160 Lifeguard Towers

Hochbetrieb herrscht bei Filmaufnahmen auf dem Parkplatz eines Schnellrestaurants. Das Thema Film begegnet Reisenden in Kalifornien auf Schritt und Tritt

Anreise und Verkehr

Einreisedokumente und Einreisebestimmungen

Deutsche, Österreicher und Schweizer, auch Kinder jeden Alters, benötigen für einen Aufenthalt bis zu 90 Tagen einen eigenen maschinenlesbaren, noch für die Dauer des Aufenthalts gültigen **Reisepass**. Der vorläufige maschinenlesbare deutsche Reisepass (grün) wird nicht mehr für die visumsfreie Einreise anerkannt. Aufgrund geänderter Vorschriften zum Visa-Waiver-Programm können nur noch Inhaber elektronischer Reisepässe (sogenannter ePass mit integriertem elektronischem Chip, ausgestellt seit November 2005) als Touristen oder Geschäftsreisende ohne Visum in die USA einreisen. Jeder Reisende ist bei der Einreise zu digitalen Fingerabdrücken und einem digitalen Porträtfoto verpflichtet.

Reisende ohne Visum müssen mindestens 72 Stunden vor Reiseantritt eine 14 $ teure **elektronische Einreiseerlaubnis** (Electronic System for Travel Authorization – ESTA) einholen. Die Erlaubnis sollte man ausgedruckt bei sich haben. Die Beantragung über Dritte (z. B. Reisebüro) ist möglich. Die einmal erteilte Einreiseerlaubnis gilt für beliebig viele Einreisen innerhalb von zwei Jahren. Die Website mit Antragsformular unter https://esta.cbp.dhs.gov/esta ist in vielen Sprachen verfügbar. Eine Antwort erhält man meist sofort. Reisebuchungen müssen bis spätestens 72 Stunden vor Abflug neben dem vollständigen Namen auch Geburtsdatum und Geschlecht des Reisenden enthalten.

Erste Aufenthaltsadresse

Aktuelle Bestimmungen für die Einreise in die USA schreiben vor, dass neben den persönlichen Daten auch die erste Aufenthaltsadresse in den USA (z. B. Hoteladresse oder im Falle der Anmietung eines Autos die Adresse der Mietwagenstation) angegeben werden muss.

Die entsprechenden Daten werden von den Fluggesellschaften erhoben und noch während des Flugs an die US-Behörden übermittelt. Unter der Webadresse www.dertour.de/static/PDF/apis-formblatt.pdf kann man ein entsprechendes Formular herunterladen.

Bestimmungen für das Handgepäck

Die erlaubte Freigepäckmenge richtet sich nach der jeweils gebuchten Fluglinie, der Reiseklasse, dem gebuchten Tarif sowie dem Passagierstatus und ist in der Regel auf dem Flugschein/Passenger Receipt angegeben. Man muss davon ausgehen, dass sich Gepäckbestimmungen für Flüge in die USA häufig ändern. Empfehlenswert ist daher, sich vor Antritt einer Reise auf den aktuellen Stand zu bringen. Einzelne Airlines haben außerdem zuweilen abweichende Bestimmungen, was das Handgepäck anbelangt. Deshalb sollte man sich vor der Abreise unbedingt direkt bei der Fluggesellschaft oder auf deren Internetseiten über die neuesten Bestimmungen kundig machen. Übrigens: Lithium-Batterien gehören ins Handgepäck, nicht in den Koffer. Aufgegebenes Gepäck sollte man nicht verschließen, da häufig kontrolliert wird.

Haustiere

Für Haustiere benötigt man ein amtsärztliches Zeugnis (www.einreiseusa.net/haustiere).

Ein- und Ausfuhr von Waren

Die Einfuhr von 200 Zigaretten, 1 l Alkohol sowie Geschenken, deren Wert 100 $ nicht übersteigt, ist für Erwachsene von mindestens 21 Jahren zollfrei. Geldsummen über 10 000 $ müssen deklariert werden. Die Einfuhr von frischem, getrocknetem, in Dosen eingemachtem Fleisch und Fleischprodukten ist nicht gestattet. Dasselbe gilt für Pflanzensamen. Bäckereiprodukte und haltbar gemachter Käse sind erlaubt.

Anreise

Mit dem Flugzeug

Reisende aus Europa kommen in Kalifornien mit dem Flugzeug meist in Los Angeles, San Francisco oder Las Vegas (Nevada) an, u. a. weil es in diese Zielorte von Frankfurt aus Nonstopflüge gibt. Da das Flugzeug in den USA wegen der großen Entfernungen ein gängiges Transportmittel ist, existiert innerhalb des Landes bzw. im Westen der USA ein dichtes Netz von Flugverbindungen. In der Hauptsaison von Ende Mai bis Mitte September sind Flüge in der Regel teurer. Ein Schnäppchen kann man mit einem Air Pass machen. Große US-Fluggesellschaften bieten die Möglichkeit, in Verbindung mit einem Transatlantikflug mindestens drei inneramerikanische Flüge zu reduzierten Preisen zu buchen, deren Abflugorte und Ziele vorab festgelegt werden müssen. Fluglinien wie etwa die Lufthansa und manche Chartergesellschaften bieten Fly & Drive-Programme inkl. Flug und Mietwagen an. Über Reisebüros oder Internet (in Suchmaschine Fly & Drive eingeben) kann man solche Angebote buchen.

Niedlich anzusehen, aber kommen Sie Bären besser nicht in die Quere

Verkehrsmittel im Land

Mietwagen/Campmobil

Mietwagen reserviert man am besten im Heimatland rechtzeitig vor der Abreise. Bei Holiday Autos (Tel. 0800 180 25 71, www.holidayautos.de) kostet ein Kleinwagen inklusive Vollkasko- und Kfz-Diebstahlversicherung ohne Selbstbeteiligung, erhöhte Haftpflichtdeckungssumme, unbegrenzte Kilometer und lokale Steuern und Gebühren z. B. ab Los Angeles Airport ca. 215 €/Woche. Zur Übernahme des Fahrzeugs reicht der **nationale Führerschein**, am besten in Kreditkartenformat, und eine gängige **Kreditkarte.** Ältere Führerscheine mit Uraltfotos können zu Problemen führen. DDR-Führerscheine werden nicht anerkannt. Wer noch nicht 25 Jahre alt ist, sollte abklären, ob die jeweilige Firma ein **Mindestalter** verlangt. An allen Flughäfen und in größeren Städten gibt es Mietwagenfilialen von Alamo (www.alamo.com), Avis (www.avis.com), Budget (www.budget.com), Dollar (www.dollar.com), Hertz (www.hertz.com) und National (www.nationalcar.com). Rent-a-Wreck-Filialen (www.rentawreck.com) findet man nur in größeren Städten. Sie vermieten keine Autowracks, wie der Name vermuten lassen könnte, sondern ältere Modelle zu günstigeren Preisen. Allerdings lässt der Service hin und wieder zu wünschen übrig. Auch im Falle von Pannen ist der Service einer etablierten Mietwagenfirma oft besser.

Wer sich per Campmobil (RV = *Recreation Vehicle*) auf den Weg durch Kalifornien begeben möchte, belegt ein Fahrzeug besser nicht mit der maximal möglichen Personenzahl. Vor allem auf Reisen mit Kindern ist ausreichend Platz im Innenraum wichtig, weil sonst Konflikte vorprogrammiert sind. Auch bei der Planung der zu fahrenden Meilen geht man eher großzügig vor. Die Weite des Landes verführt erfahrungsgemäß zu spontanen Abstechern und Ausflügen.

Bahn

Für Fernverbindungen zwischen Großstädten ist die Bahn ideal. Folgende Amtrakzüge (www.amtrak.com) verkehren in Kalifornien: **California Zephyr:** San Francisco – Sacramento – Reno (NV) – Winnemucca – Salt

Lake City – Grand Junction – Denver (CO) – Chicago
Capitol Corridor: San José – Oakland – Berkeley – Sacramento – Auburn (CA)
Coast Starlight: Los Angeles – Santa Barbara – San José – Oakland – Sacramento – Seattle (WA)
Pacific Surfliner: San Diego – Oceanside – Anaheim – Los Angeles – Santa Barbara – San Luis Obispo – Paso Robles (CA)
San Joaquin: Sacramento bzw. San Francisco – Stockton – Fresno – Bakersfield (CA).
Southwest Chief: Los Angeles – Needles – Kingman (AZ) – Flagstaff – Gallup – Albuquerque – Chicago
Sunset Limited: Los Angeles – North Palm Springs – Yuma – Tucson – Benson (AZ) – Lordsburg (NM) – El Paso (TX) – Orlando (FL)

Spartipps: Beim **Ticketkauf** kann man auf mehrfache Weise sparen. Die US-Bahngesellschaft Amtrak bietet auf ihrer Website preisreduzierte Tickets (SmartFares) an, die aber nur an bestimmten Tagen verfügbar sind (http://tickets.amtrak.com/itd/amtrak/smart-fares). Auch für normale Bahnreisen ist das Online-Reservierungssystem nützlich. Wer die USA mit dem Zug bereisen will, ist mit dem **USA Rail Pass** gut beraten. Pässe werden für drei unterschiedliche Reisezeiträume und Reiseabschnitte verkauft: 15 Tage/8 Abschnitte/459 $; 30 Tage/12 Abschnitte/689 $; 45 Tage/18 Abschnitte/899 $; Reservierungen sind empfehlenswert. Der **California Rail Pass** ist an 7 Reisetagen innerhalb eines Zeitraums von 21 Tagen gültig: Erw. 159 $, Kin. 2–15 J. 79,50 $. Der Pass kann nur über ein Reisebüro gekauft werden. Infos bei CRD International, Stadthausbrücke 1–3, 20355 Hamburg, Tel. 040 300 61 60, www.crd.de/amtrak.

Bus

Die Busgesellschaft **Greyhound Lines** betreibt das nationale Linienbussystem in den USA, verkehrt aber hauptsächlich zwischen größeren Städten (www.greyhound.com). Den früher bei ausländischen Reisenden populären Greyhound Discovery Pass sowohl für die USA wie für Kanada gibt es nicht mehr. Ob Greyhound an alternativen Angeboten arbeitet, ist unklar. **Green Tortoise** bietet Touren für junge Leute entlang der Küste, ins Death Valley, in den Grand Canyon National Park und durch einige Wüstengebiete inklusive Übernachtungen an (494 Broadway, San Francisco, CA 94133, Tel. 1-415-834-1000, www.greentortoise.com).

Lokale und regionale Bustouren werden in vielen Städten von Hunderten Gesellschaften angeboten. Auskünfte erteilen die *Visitor Informations* vor Ort. Die kalifornische Busgesellschaft **California Shuttle Bus** setzt preisgünstige Busse auf der Strecke von Los Angeles nach San Francisco ein. Der Service lässt aber gelegentlich zu wünschen übrig (45 $, nur eine Pause, www.cashuttlebus.com).

Inlandflüge

Ähnlich wie in Europa ist auch der Himmel über Amerika durch Billigflieger bunter geworden, die den herkömmlichen Fluglinien Konkurrenz machen. In den vergangenen Jahren hat sich allerdings gezeigt, dass nicht alle sog. No-Frills-Airlines im Konkurrenzkampf bestehen konnten, weswegen viele bereits wieder vom Markt verschwunden sind. Der Discounter JetBlue Airways fliegt im inneramerikanischen Netz zahlreiche Städte in Kalifornien an, darunter San Francisco, Oakland, Sacramento, Long Beach, San José und Burbank (www.jetblue.com). Auch Southwest Airlines mit Basis in Burbank bei Los Angeles ist in der Region stark vertreten (www.southwest.com). Frontier Airlines fliegt von Denver aus mehrere Städte im Golden State an (www.flyfrontier.com). Den einfachsten Überblick über Flugziele verschafft man sich auf den jeweiligen Internetseiten über die Route Maps, in denen nicht nur der Heimatflughafen jeder Linie, sondern auch das gesamte Verbindungsnetz anschaulich dargestellt ist.

Motorrad

Motorradreisen sind im gesamten Westen der USA populär, seit das Kultmovie »Easy Rider« 1969 Zweiradtouren zum hippen Kult hochstilisierte. Das gilt in erster Linie für den Küstenhighway No. 1 in Kalifornien, aber auch für viele andere Strecken durch reizvolle Landschaften. Viele Biker betrachten den Ritt auf einer Harley-Davidson als das ultimative Urlaubserlebnis. Bei der Organisation solcher Touren auf eigene Faust ist der Veranstalter **US Bike Travel** behilflich, der auch geführte Touren anbietet (Hauptstr. 28, 91341 Röttenbach, Tel. 09195 93 92 62 00, www.usbiketravel.com). Auch **Edelweiss Bike Travel** steht Zweiradtouristen mit Rat und Tat zur Seite (Sportplatzweg 14, A-6414 Mieming, Tel. 043 52 64 56 90, www.edelweissbike.com).

Verkehrsregeln

Manche Verkehrsregeln unterscheiden sich von den europäischen. So darf an roten Ampeln grundsätzlich rechts abgebogen werden, falls das nicht durch ein entsprechendes Zeichen ausdrücklich verboten ist. An ampelfreien Kreuzungen fährt als Erster, wer auch als Erster zum Halten kam. Gelbe Schulbusse dürfen, sobald sie anhalten und blinken, weder überholt noch aus der Gegenrichtung passiert werden. Höchstgeschwindigkeiten auf den Interstates variieren zwischen 65 und 70 Stundenmeilen. Sicherheitsgurte sind für alle Insassen Pflicht. Kinder unter 12 Jahren müssen auf Rücksitzen Platz nehmen. Wer sich ans Steuer setzt, sollte unbedingt auf Alkoholkonsum verzichten. Wird man als Chauffeur mit einer ›Fahne‹ erwischt, muss man mit drastischen Konsequenzen rechnen. Auf manchen Interstates ist der linke Fahrstreifen für sogenannte *Carpool*-Fahrzeuge reserviert, d. h. nur Autos mit mindestens zwei Insassen dürfen die Spur während der Rush Hour benutzen.

Sprit und Spritkosten

Auch im Autofahrerparadies USA sind die Spritkosten beträchtlich gestiegen. Die Preise beziehen sich immer auf eine Gallone (3,785 l) und bewegen sich momentan um 2,80–3 $. Preisvergleiche zwischen Tankstellenketten lohnen sich. Vor allem in abgelegenen Gebieten wie dem Death Valley oder der Sierra Nevada muss man mit extremen Preisaufschlägen rechnen. Mit Mietwagen tankt man ausnahmslos *unleaded* (bleifrei). Man kann häufig direkt an Zapfsäulen per Kreditkarte bezahlen (www.californiagasprices.com).

Stylisch vorfahren – das Publikum ist schon da: Wandbild »You Are The Star« in Hollywood

Übernachten

Die bestens ausgebaute touristische Infrastruktur macht das Reisen in den meisten Regionen Kaliforniens leicht. Bei Unterkünften unterscheidet man zwischen Hotels (meist in der Stadt), Motels (praktisch, weil man direkt vor der Tür parkt), Inns (Häuser mit dem Charakter von Landgasthöfen) und Bed & Breakfast (Privatunterkünfte, meist in sehr gepflegten Häusern). Ist man gegen Abend auf der Suche nach einem Zimmer, stellt sich eine typisch amerikanische Praxis als hilfreich heraus: Viele Hotels und Motels schalten nach 18 Uhr Leuchtreklamen mit der Aufschrift ›vacancy‹ oder ›no vacancy‹ an, sodass man schon vom Auto aus sehen kann, ob Zimmer verfügbar sind. Schlafkomfort wird in besseren Hotels und Motels großgeschrieben: Gäste haben die Wahl zwischen Queen-Size-Betten (ca. 1,40 m breit) und King-Size-Betten (2 x 2 m). Unter *twin beds* versteht man zwei Betten in Queen-Size-Größe.

Reservierungen

Reserviert man ein Zimmer telefonisch, wird es nur bis 18 Uhr freigehalten. Fest buchen kann man über eine Kreditkartennummer. Dann muss allerdings bezahlt werden, auch wenn man die Reservierung verfallen lässt. Doppelzimmer können gegen einen geringen Preisaufschlag von mehr als zwei Personen bewohnt werden. Die Preise gelten immer für ein Zimmer und werden nicht nach Personen berechnet. Nicht nur von daheim, sondern auch von unterwegs aus lohnt es sich, via Internet zu reservieren, weil die Online-Preise in der Regel am günstigsten sind.

Für die Zimmerreservierung gilt: in Großstädten besser vorab buchen. Findet zum Zeitpunkt des Besuchs zufällig ein Kongress oder ein wichtiges Sportereignis statt, kann man mit spontanen Hotelsuchen Pech haben. In ländlichen Gegenden ist diese Gefahr gering, sodass man sich auf eigene Faust auf die Suche begeben und dabei noch versuchen kann, über Coupons oder Sonderangebote ein paar Dollar herauszuschlagen. Quasi zwingend ist, falls man nicht privat unterkommt, für die erste Nacht der Reise vorab ein Zimmer zu buchen, weil nach den US-Einreisebestimmungen die erste Aufenthaltsadresse (*zip code* der Stadt, genaue Postadresse) bereits beim Einchecken im Heimatflughafen angegeben werden muss.

Wer Übernachtungen nicht vorgebucht hat, wird von Couponheften profitieren, die es gratis u. a. in Touristenbüros, diversen Imbissfilialen und zum Ausdrucken im Internet gibt. Der *Traveler Discount Guide* deckt 48 US-Staaten ab und enthält Coupons für über 6000 Unterkünfte, in denen man bis zu 20 % sparen kann (www.hotelcoupons.com). Ähnliche Rabattbroschüren sind *Motel Coupons* (www.motel-coupons.com) und *Destination Coupons* (www.destinationcoupons.com). Im Kleingedruckten der Coupons steht, für welche Zeiträume und für wie viele Personen die Ermäßigungen gelten. In der Hauptsaison sind viele Hotels und Motels an Wochenenden und Feiertagen ausgenommen. Praktisch sind die Hefte auch wegen der detaillierten Stadt-

---

ÜBERNACHTUNGSPREISE

Auf Zimmerpreise schlagen manche Hotels automatisch eine *Resort fee* für Internetzugang, Fitnessstudio oder Parkplatz auf, ob man die Leistungen in Anspruch nimmt oder nicht. Diese Abzocke liefert seit Jahren Diskussionsstoff, weil die Hotels auf diese Weise unfairerweise mit niedrigeren Preisen werben. Zu den regulären Übernachtungspreisen kommen in allen Unterkünften ohnehin noch städtische oder andere Steuern hinzu, die erst beim Bezahlen erkennbar werden und zu Aufschlägen von bis zu 20 % führen können.

 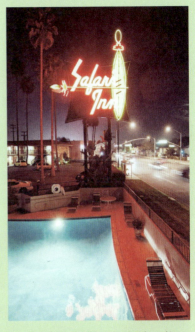

Gebrauchsdesign mit Leuchtkraft …   *… die Reklameschilder von Motels und Inns*

und Regionalpläne, mit denen die Suche nach entsprechenden Unterkünften zum Kinderspiel wird. Bei einigen der oben genannten Anbieter bekommt man neben Unterkünften auch Mietwagen und Campingplätze zu ermäßigten Preisen.

Motels

Wer sich auf einer Kalifornienreise mit Bett, Dusche, TV und Tisch zufriedengeben kann, ist mit einem Motel in der Regel gut bedient. Man kann kostenlos direkt vor der Zimmertür parken oder muss sein Gepäck allenfalls in die erste oder zweite Etage hochtragen. Häufig liegen Motels an den Ein- bzw. Ausfahrten von Interstates, was die Übernachtung auf Durchreisen einfach macht. Allerdings muss man hin und wieder mit relativ lauten Zimmern rechnen.

Ausstattung

Praktisch sind die in vielen Motels aufgestellten Waschmaschinen und Trockner, die man mit Münzen in Betrieb nehmen kann. Waschpulver zieht man aus Automaten oder bekommt ein Päckchen an der Rezeption. Notfalls muss man sich in den nächsten Supermarkt begeben. Öffentliche Münzwäschereien inklusive Trockner *(coin laundries)* findet man ebenfalls in jedem Ort. In besseren Unterkünften gehören Bügeleisen, Bügelbrett und Kaffeemaschine häufig zur Grundausstattung. Manche Motels vermieten Zimmer inklusive mehr oder weniger gut ausgerüsteter Küche. Je nach Kategorie sind die zur Verfügung gestellten Utensilien sauber bzw. verwendbar. Aber die Küchenbenutzung rentiert sich in der Regel nur bei mehrtägigen Aufenthalten, da sich der Einkauf von Putzmitteln (die oft nicht vorhanden sind) für einen einmaligen Gebrauch nicht auszahlt.

Die kleine ›Einbauküche‹ für unterwegs ist aufgebaut, Zeit fürs Frühstück im Joshua Tree National Park. Begrenzter Komfort, doch nachts gibt's für die Unterkunft jede Menge Sterne

Motelketten
Discount-Motels: Am preisgünstigsten sind große Motelketten wie Motel 6 (www.motel6.com), Super 8 (www.super8.com), Red Roof Inns (www.redroof.com), Econo Lodge, Comfort Inn, Quality Inn, Sleep Inn, Rodeway Inn (alle unter www.choicehotels.com) und Days Inn (www.daysinn.com), die ordentliche Standardzimmer ohne großen Komfort anbieten.
Mittelklassemotels: Etwas teurer, dafür auch besser ausgestattet, sind Unterkünfte von Ketten wie Travelodge (www.travelodge.com), Howard Johnson (www.hojo.com) und Best Western (www.bestwestern.de).

Hotels

Hotelübernachtungen bieten sich in erster Linie für Gäste an, die auf größeren Komfort und eventuell Innenstadtlage Wert legen. Immer mehr Häuser bieten neben zum Teil beheizten Innen- bzw. Außenpools auch Fitnessstudios mit mehr oder weniger großem ›Maschinenpark‹ an. Bei städtischen Hotels sind Parkplätze meist kostenpflichtig oder man muss auf in der Nähe liegende öffentliche Parkmöglichkeiten ausweichen, was das Reisebudget stark belasten kann. Wertgegenstände bringt man im eigenen Safe im Zimmer unter oder kann sie an der Rezeption in Verwahrung geben.
Preisgünstigere Hotels: Embassy Suites (www.embassysuites.com), Hampton Inns (http://hamptoninn3.hilton.com), Holiday Inn Express (www.ihg.com), La Quinta (www.lq.com) und Ramada (www.ramada.com) zählen zu den verlässlichen Hotelketten mit ordentlichen Standards.

Bed & Breakfast

Bed & Breakfast-Unterkünfte sind in Kalifornien weit verbreitet. Häufig handelt es sich um Privathäuser der gehobenen Kategorie mit antik oder plüschig eingerichteten Zimmern, in denen man TV oder andere Errungenschaften der modernen Technik zuweilen vergeblich sucht. Dafür kann man in Himmelbetten schlummern, für traditionsfixierte Amerikaner Sinnbilder der guten alten Zeit. Nicht selten sind diese Unterkünfte luxuriös ausgestattet und kosten ein halbes Vermögen. In ländlichen Gegenden kann man aber auch preisgünstige Häuser finden. Manche B & Bs beherbergen lediglich Nichtraucher. Wer sich auf Englisch verständigen kann, wird seinen Spaß dabei haben, mit anderen Hausgästen beim Frühstück über Gott und die Welt zu plaudern.

Ranches

Der Aufenthalt auf einer Ranch macht jeden Amerikaurlaub zu einem ganz besonderen Westernerlebnis. In die Rolle von Cowboys und Cowgirls zu schlüpfen ist zwar ziemlich teuer, doch sollte man einkalkulieren, dass neben den Mahlzeiten normalerweise auch eine Reihe von Freizeitaktivitäten im Preis enthalten sind.

Unter **Working Ranches** versteht man Rinder- oder Pferdezuchtbetriebe, die meist nur wenigen Gästen Platz bieten, aber auch Gelegenheit zum Anpacken bei der täglichen Arbeit geben. **Dude** oder **Guest Ranches** richten sich stärker auf Fremde ein und bieten eher den Komfort von Hotels, sorgen aber auch für die Unterhaltung der Gäste etwa bei abendlichen Lagerfeuern mit Musik und BBQ. **Ranch Resorts** haben mit der Alltagsarbeit von Cowboys entweder nichts oder nur wenig zu tun, sondern demonstrieren die Verwandtschaft mit echten Ranches meist nur durch ein rustikales Ambiente (www.guestranches.com; www.totalescape.com/lodge/dude.html).

Ferienhäuser & Ferienwohnungen

Urlaubern steht in den USA ein gewaltiges Angebot an Ferienhäusern und -wohnungen zur Verfügung – von rustikalen Cottages für romantische Zweisamkeit bis zu luxuriösen Villen für mehrere Familien. Auch an Anbietern herrscht keine Not. Am besten gibt man in Internet-Suchmaschinen seine bevorzugten Ziele (Bundesstaat, Ort, Zeit) ein und sucht sich unter den massenhaften Angeboten das adäquate heraus. Viele Adressen in Kalifornien listen z. B. die Websites www.reisetasche.de und www.fewo-direkt.de.

Jugendherbergen

Wer mit kleinem Budget reist, kann durch Übernachtungen in Jugendherbergen (hostels) viel Geld sparen. In Großstädten sind die Unterkünfte häufig rund um die Uhr geöffnet (ca. 30–40 $/Bett), während sie auf dem Land tagsüber geschlossen sind und erst spätnachmittags wieder öffnen (ca. 15–20 $/Bett).

In der Regel werden Betten in Schlafsälen angeboten, manchmal auch etwas teurere Privatzimmer. In Hostels kommen nicht nur junge Rucksackreisende, sondern auch ganze Familien unter. In den meisten Häusern ist ein eigener dünner Stoffschlafsack obligatorisch.
Hostelling International USA
8401 Colesville Rd., Suite 600
Silver Spring, MD 20910 USA
Tel. 1-240-650-2100
www.hiusa.org

Camping

Private, staatliche oder kommunale Campingplätze bzw. Stellplätze für Recreation Vehicles (Campmobile) gibt es wie Sand am Meer. Vor allem die Anlagen des **National Park Service** (www.nps.gov/subjects/camping) und **Forest Service** (www.forestcamping.com) sind preisgünstig (ca. 5–15 $), wenn auch längst nicht so gut ausgestattet wie etwa die in ganz Kalifornien verteilten privaten **KOA-Campgrounds** (30–50 $/Nacht, www.koa.com), auf denen man häufig auch Cabins anmieten kann. Bei diesen **Cabins** handelt es sich um Holzhäuschen mit einem oder zwei Zimmern für bis zu sechs Personen.

Noch komfortabler sind **Camping Lodges** und **Camping Cottages** inklusive Küche, Klimaanlage und Bad. Schlafsack und Küchenutensilien muss man selbst mitbringen. Ein Cottage für zwei Personen kostet pro Nacht inkl. Autostellplatz ca. 50–70 $ (http://koa.com/states-provinces/california).

Wer mit dem **Campmobil** unterwegs ist, darf nicht an der Straße übernachten, sondern muss auf einen Campingplatz fahren. Die *Chambers of Commerce* sowie die *Visitors Bureaus* stellen kostenlose Verzeichnisse über sämtliche Campinganlagen zur Verfügung.

Hausbootferien

Mehrere Stauseen haben sich zu Destinationen für Hausbootkapitäne entwickelt, die ein paar Tage auf schwankendem Boden verbringen wollen. Möglichkeiten zur Miete solcher Boote in unterschiedlichen Größen und Ausstattungen gibt es am 17 Meilen langen Trinity Lake in der Whiskeytown-Shasta Trinity National Recreation Area nordwestlich von Redding, am Whiskeytown Lake und am ebenfalls in dieser Gegend liegenden 120 km² großen Shasta Lake. Einen Bootsführerschein benötigt man nicht, ein gültiger Führerschein genügt. Nach einem Crashkurs kann man das Abenteuer beginnen, denn das Manövrieren stellt sich am Ende als einfacher heraus als Autofahren.

Die normalerweise für 6 bis 10 Personen gebauten Boote sind zum Teil mit mehreren Kabinen, Dusche, Küche mit Backofen, Mikrowelle und Kühlschrank ausgestattet. Zum Draußensitzen ist je nach Bootstyp ausreichend Platz, zum Sonnen auf dem Sonnendeck auch. Vorgeschriebene Routen gibt es nicht. Man kann fahren, wohin man will. Hausbootferien sind allerdings kein preiswertes Vergnügen. Am teuersten sind sie in der Hochsaison von Juni bis August. Eine rechtzeitige Reservierung ist unabdingbar (www.houseboating.org).

Essen und Trinken

Kreative Köche in Kalifornien nutzten schon vor Jahren ihren Heimvorteil und erfanden mit der *California Cuisine* die innovativste Regionalküche der USA. Ihr gesundheitsorientiertes Credo: frische Zutaten aus dem riesigen Angebot im Land, Einfallsreichtum und reduzierte Kalorien. Seither hat sich Amerikas kulinarische Landschaft verändert, nicht allein durch die *California Cuisine*, sondern auch durch die Gesundheitswelle und eine Hinwendung zu einer ökologisch bewussteren Ernährung, der selbst der Fast-Food-Sektor Tribut leisten musste.

Gaumenkitzel auf Kalifornisch

So ethnisch bunt wie die Bevölkerung ist in Kalifornien auch das kulinarische Angebot – von chinesischen Suppenküchen, thailändischen Lokalen und japanischen Sushi-Bars bis zu mexikanischen Cantinas, typisch amerikanischen Steakhäusern und Edelrestaurants mit mediterran angehauchten Speisen. In den großen Küstenmetropolen lassen sich Prominente von nicht weniger prominenten Starköchen verwöhnen, die mit Gourmettempeln manchmal nicht nur in den Städten Amerikas, sondern auch international vertreten sind.

Als der italienische Gastronom César Cardini im mexikanischen Tijuana südlich von San Diego im Jahr 1924 aus Romana-Salat, in Knoblauch gerösteten Croûtons, frisch geriebenem Parmesankäse und einem Dressing aus Olivenöl, Zitronensaft, Worcestershire-Sauce und Eigelb einen Salat kreierte, konnte er nicht ahnen, dass er damit eine Vorform des Caesar's Salad und zugleich einen Vorläufer der *California Cuisine* schuf – frisch und kalorienarm. Jahrzehnte später besannen sich bahnbrechende Küchenchefs wie Alice Waters in ihrem Lokal

Was schnell auf den Teller kommt, muss noch lange kein Fast Food sein. Diese beiden Köche in einem Restaurant in Hollywood haben sich dem ›Neo Southern Cooking‹ verschrieben

Chez Panisse in Berkeley (www.chezpanisse.com) und der mittlerweile verstorbene Jean Bertranou im legendären Restaurant L'Ermitage in Los Angeles auf diese beiden Eigenschaften und halfen der neuen kalifornischen Küche in die Steigbügel für einen Parforce-Ritt durch die bis dahin nicht gerade aufregende amerikanische Gastronomieszene. Sie verabschiedeten sich von der herkömmlichen Zubereitung von Speisen mit überall im Lande üblichen ›Dickmachersaucen‹, um im Zuge der über das Land schwappenden Gesundheitswelle leicht verdauliche Gerichte zu kreieren.

Alice Waters und Jean Bertranou waren nicht die Einzigen, die dem amerikanischen Fast-Food-Imperialismus mit neuen Konzepten entgegentraten. Als Reaktion auf die Eröffnung einer Hamburger-Filiale an der Spanischen Treppe in Rom gründete der italienische Gastrokritiker Carlo Petrini 1986 die heute in rund 150 Ländern vertretene Bewegung Slow Food. Sie propagiert eine gehaltvolle Ernährung auf der Basis regionaler, frischer Produkte und möchte die Bevölkerung dafür sensibilisieren, genau wie die *California Cuisine*.

Meeresfrüchte sind ›in‹

Die lange Pazifikküste lässt in Kalifornien nicht nur Touristen, sondern auch Küchenchefs und ihre hungrige Kundschaft aufs Meer blicken, weil Fisch und Meeresfrüchte leicht verdaulich sind und einen hohen Eiweißanteil haben. Im neuesten Ernährungstrend heißt die Zauberformel ohnehin *low carb* – wenig Kohlenhydrate. Neben Spezialitäten aus dem Pazifik wie Mahi-Mahi (Goldmakrele), Snapper, Riesengarnelen sowie Schwert- und Thunfisch steht in der Krabbensaison (Mitte Nov.–März) speziell in San Francisco die Dungeness Crab in der Gunst des Publikums an oberster Stelle. Die bis zu 2 kg schweren Schalentiere leben in einem 800 km² großen Gebiet vor der zentralkalifornischen Küste und lösen Jahr für Jahr unter Gourmets einen Ansturm auf Fischlokale aus. Auf dem Höhepunkt der Saison im Februar bieten Restaurants zusammen mit Weinproben Kochdemonstrationen an, bei denen die Meeresbewohner eine Hauptrolle spielen. Feinschmecker genießen das süßliche, saftige Krabbenfleisch direkt aus der Schale mit frischem Baguette und gut gekühltem Chardonnay. Es lässt sich aber auch auf vielfältige Art und Weise verarbeiten. Ein Klassiker ist etwa *Cioppino*, ein Meeresfrüchte-Eintopf in Wein-Tomaten-Soße mit frischem Fisch, Muscheln, Garnelen und Krebsfleisch. Restaurants in San Franciscos Chinatown servieren das Krabbenfleisch mit einer Beilage aus fermentierten schwarzen Bohnen und reichlich Knoblauch. Allerdings hat der Krabbenfang in den letzten Jahren schwer durch eine giftige Algenblüte im Pazifik gelitten, die Krabbenfleisch ungenießbar macht.

Scharfmacher in der Küche

Die lange mexikanische Grenze färbt in Anbetracht der geografischen Nähe und der dort lebenden großen Latino-Bevölkerung kulinarisch natürlich besonders auf das südliche Kalifornien ab. Zwar behauptet niemand, dass es sich bei Chimichanga, Bohnenmus, Guacamole und Sour Cream um kalorienarme Gaumenfreuden handelt. Weil diese und andere Sattmacher aber traditionell zu den unverrückbaren Pfeilern der mexikanischen Küche gehören, sind sie populär geblieben – auch im Zeitalter von *low carb*. Ohne Chilis kommt dieser Küchenzauber allerdings nicht aus. Schon im frühen 19. Jh. waren die teuflischen Schoten unverzichtbare Bestandteile der regionalen Küche. Wenn nicht roh, geröstet oder gebraten gegessen, schlichen sie sich zumindest in getrockneter und gemahlener Form in die täglichen Mahlzeiten, Frühstück inklusive. Bereits von einem damaligen Händler sind Klagen darüber bekannt, dass die Chilischärfe viele Gerichte bis zur Unkenntlichkeit entstellte. Einheimische mit langjähriger Chili-Erfahrung halten solchen Einwänden eine Art Naturgesetz entgegen: Je mehr Chili man isst, desto größer wird das Verlangen danach.

Chili heißt nicht nur die Pflanze, sondern auch das daraus geriebene Gewürzpulver. Für die Nationalspeise *Chili con carne* (Chili mit Fleisch) hat fast jede Familie ihr eigenes Rezept. Es gibt Chili-Kochwettbewerbe und sogar eine eigene Zeitung für Chili-Liebhaber. Häufig sind die Spezialrezepte so scharf, dass Nichteingeweihten die Nase läuft, noch ehe das Probieren begonnen hat. Kenner wissen, dass man sich von den Tantalusqualen nicht durch eiskaltes Bier, sondern höchstens durch Milchprodukte oder *sopaipillas* (frittiertes Gebäck), die mit Butter und Honig gegessen werden, befreien kann. Auch Sauerrahm oder eine frische Avocadocrème mit Limonensaft *(guacamole)* besänftigen den brennenden Gaumen.

Vorsichtige Gemüter werden in Kalifornien erst mal mit den harmloseren Schätzen der Regionalküche vorliebnehmen, z. B. den aus Mais- oder Weizenmehl hergestellten *tortillas*. Je nach Weiterverarbeitung bzw. Füllung mit verschiedenen Fleischsorten, Tomaten, Chilis, Salat oder Käse kommen sie als *enchiladas, burritos, tacos* oder *tostadas* auf den Tisch, begleitet von einer Soße aus roten oder grünen Schoten. Man sollte nachfragen, welche von ihnen schärfer ist. Denn entgegen landläufiger Meinung muss es nicht immer die rote sein.

Schnelle Küche

Food Courts

Als in den 1980er-Jahren über Verpflegungskonzepte auf Flughäfen und in Einkaufszentren nachgedacht wurde, erlebte der Food Court seine Geburtsstunde – eine Ansammlung unterschiedlicher Küchen, an deren Tresen man sich fertige Gerichte und Getränke holen kann, um sie vor Ort an Tischen zu verzehren. In den meisten dieser Einrichtungen mit einem halben Dutzend Imbissen tauchen immer dieselben Filialen auf, die Pizzen, chinesische oder griechische Gerichte, Sandwiches, Hamburger und Kaffee mit süßen Teilchen anbieten. Wer beim Einkaufen von Hunger geplagt wird, ist in einem Food Court gut aufgehoben.

Take Away

Was man in den USA als Take Away bezeichnet, ist ähnlich wie Drive-Ins und Fast Food gewissermaßen die kulinarische Begleiterscheinung einer durch hohe Mobilität gekennzeich-

Die Flexibilisierung des Lebens hat auch die Esskultur erfasst: Street Food Truck im Silicon Valley

neten amerikanischen Arbeitswelt. Imbisse und Restaurants sind in viel höherem Maße als hierzulande auf Gäste eingestellt, die ihr Essen nicht vor Ort genießen, sondern speziell verpackt mitnehmen. Das trifft auf viele ethnische Lokale zu, aber auch auf die in den USA populären Pizza-Bäckereien, deren Produkte sich von italienischen Pizzen durch einen mächtigeren Belag *(topping)* unterscheiden. Als Hotel- oder Motelgast kann man sich eine Pizza telefonisch aufs Zimmer bestellen.

Gesunde Küche ist der neue Imperativ in einem Land, das unter 60 % Fettleibigen in der Bevölkerung ächzt. Manche Fast-Food-Ketten haben sich in den letzten Jahren unter dem öffentlichen Druck entschlossen, kalorien-, fett- und zuckerreduzierte Gerichte anzubieten.

Food Trucks

Wieder einmal hat sich Kalifornien als Trendsetter erwiesen. Food Trucks, also ambulante Imbisse, gibt es in den USA schon lange. Aber im Golden State haben sie in der jüngeren Vergangenheit einen richtigen Hype ausgelöst, vor allem seit sie nicht mehr nur als Fast-Food-Bomber, sondern als mobile Feinschmeckertempel unterwegs sind. Bei vielen Liebhabern der schnellen Küche populär, sind die teils bunt bemalten Küchen-Lkw manchem Restaurantbesitzer ein Dorn im Auge, richten sich die unliebsamen Konkurrenten doch temporär auf Plätzen und Straßen in ihrer Nachbarschaft ein. Zur Szene zählen mittlerweile auch Street-Food-Festivals, die vor allem in San Francisco viele Anhänger haben.

Kulinarische Besonderheiten

Ungefähr 90 % des weltweit konsumierten Kaviars stammt aus dem Kaspischen Meer. Da dieser **Kaviar** aber mit dem Konservierungsmittel Borsäure behandelt wird, u. a. um das Salz zu reduzieren und die Eier fester zu machen, darf er nicht in die USA importiert werden. Zwei in Sacramento liegende Fischfarmen besannen sich auf ihre eigenen Ressourcen und liefern seit einigen Jahren amerikanischen Kaviar vom Weißen Stör, der im Sacramento und American River geradezu ideale Lebensbedingungen vorfindet. Andere einheimische Kaviarsorten stammen von Lachs und Forelle. Der Störkaviar aus Sacramento soll aber in Geschmack und Konsistenz den anderen überlegen sein.

Zu den populärsten Frühstücksrennern in amerikanischen Haushalten gehört neben Eiern und Orangensaft die **Erdnussbutter.** Diese Spezialität kommt in zwei Varianten auf den Tisch, und zwar entweder leicht cremig oder mit grob gemahlenen Erdnuss-Stückchen. Um ein *Peanut Butter & Jelly Sandwich* (PBJ) überhaupt essbar zu machen, bedarf es Erdnussbutter, Marmelade und zweier Scheiben Toastbrots, das außer für diese Spezialverwendung nicht zu den Spitzenprodukten der US-Küche gehört. Doch auf dunklem Brot schmeckt der Belag nicht.

Bei vielen Restaurantangeboten oder auf Menükarten taucht der außerhalb von Kalifornien weitgehend unbekannte Ausdruck **Tri-Tip** auf. Dabei handelt es sich um ein grob dreieckiges Stück Rind aus dem Rückenteil, das ähnlich wie ein Steak gebraten und in dünne Scheiben geschnitten serviert wird. Richtig zubereitet zergeht das Fleisch auf der Zunge.

> ## DÜRFTIG ODER ÜPPIG
>
> War es früher eher unüblich, Motel- und Hotelgästen Zimmer einschließlich Frühstück anzubieten, so änderte sich dies in den letzten Jahren. Häufig wird dem Übernachtungsgast die Unterkunft inklusive Continental Breakfast offeriert. Allzu viel erwarten sollte man davon nicht. In der Regel handelt es sich um ein in der Lobby aufgebautes ›Alibifrühstück‹ für Selbstbediener mit Kaffee aus dem Pappbecher und süßen Teilchen. In B & B-Unterkünften hingegen fällt die erste Mahlzeit des Tages meist üppig und abwechslungsreich aus.

Für die arbeitsintensive Weinernte sind mexikanische Erntehelfer unverzichtbar

Steigender Weinkonsum

In den 1980er-Jahren gab es Restaurants mit einer ernst zu nehmenden Weinkarte höchstens in einer Handvoll Großstädte, und meistens handelte es sich dabei um französische Lokale. Heute existiert in den USA eine Weinkultur mit guten einheimischen Tropfen und von Weinbergen aus aller Welt sowie einer erklecklichen Auswahl an Fachliteratur und Kursangeboten für Weinkenner oder solche, die es werden wollen. Ein akzeptables Weinangebot ist mittlerweile für viele US-Restaurants nicht nur eine Imagefrage, sondern ein unabdingbares Kriterium für wirtschaftlichen Erfolg, weil Gastronomen ca. 30 % ihrer Einkünfte mit Rot-, Rosé- und Weißwein bestreiten. Inzwischen hat sich der Weinkonsum sogar schon so weit etabliert, dass viele Lokale etwa in San Francisco und Los Angeles händeringend nach qualifizierten Sommeliers Ausschau halten, die eine immer kenntnisreichere und anspruchsvollere Weintrinkerklientel umsorgen können. Geradezu abenteuerlich mutet die Prognose an, dass die USA in absehbarer Zeit zum größten Weinkonsumenten der Welt werden.

Gegenwärtig wird in Kalifornien pro Jahr Wein im Wert von knapp 3,2 Mrd. $ verkauft. Größtenteils handelt es sich dabei um Chardonnay, gefolgt von Merlot und Cabernet Sauvignon. Weißer Zinfandel ist zwar populär, doch sind die Umsätze rückläufig. Zu den Aufsteigern gehören Roséweine, die bislang erst gut 1 % der Produktion ausmachen, aber stark nachgefragt werden. Grund ist Fachleuten zufolge die weitere Verbreitung der mediterran inspirierten Küche, zu deren mit Olivenöl, Knoblauch und Kräutern zubereiteten Speisen Rosé hervorragend passt.

Boom der Craft-Biere

Zwar hat der Weinkonsum im Land gewaltig zugenommen. Dennoch sind die USA traditionell ein Land der Biertrinker. Vor allem Dosenbier steht hoch im Kurs, seit 1935 in Richmond (Virginia) der Gerstensaft erstmals in einer speziell beschichteten Metalldose auf den Markt kam. Seit damals hat der *sixpack*

(Sechserpack) seinen weltweiten Siegeszug angetreten. Dosen- und Flaschenbier gibt es in vielen Sorten und Größen. Neben amerikanischen Marken haben sich auch Importbiere aus aller Welt etabliert. Sehr beliebt, wenn auch etwas teurer als amerikanische Markenware ist mexikanisches Importbier. In Bierkneipen, Bars und Restaurants wird das helle oder dunkle Kühle auch vom Fass gezapft, ohne Schaumkrone. Amerikaner bevorzugen eiskaltes Bier. Häufig wird es sogar in gefrorenen Gläsern serviert. Der Alkoholgehalt liegt in der Regel unter 4,5 %, weil höherprozentiges Bier nur noch als *malt liquor* verkauft werden darf. Bei den weit verbreiteten Leichtbieren liegt der Alkoholgehalt unter 0,5 %. In den vergangenen Jahren schossen überall Mini- und Mikrobrauereien wie Pilze aus dem Boden und machen den Riesenkonzernen mit eigenen Produkten hauptsächlich lokal und regional Konkurrenz. Traditionell ist die Gegend um Santa Barbara zwar als Weinland bekannt, in den letzten Jahren nahmen im Landkreis aber auch einige Bierbrauereien den Betrieb auf. Einen Widerspruch sehen viele Weinhersteller darin nicht, weil Gerstensaft für sie ein Alltagsgetränk ist, getreu der Winzerdevise: »Man braucht eine Menge Bier, um Wein herzustellen«.

Nicht die Bohne langweilig: die Kaffeerösterei-Szene Kaliforniens (Jones Coffee in Pasadena)

Kaffeekult

Wer mit Hollywoodfilmen vertraut ist, kennt die Szene. Egal, ob im Western der Cowboy nach dem blechernen Kaffeetopf am Lagerfeuer greift, der überarbeitete Cop im Revier seine Tasse zwischen Aktenbergen sucht oder der Autofahrer mit einem Pappbecher aus der Tankstelle zurückkehrt: Seit den Pioniertagen begleitet der schwarzbraune Sud Amerikas Bevölkerung offenbar Tag und Nacht und ist für viele zur Obsession geworden. Anders lässt sich nicht erklären, warum etwa die Kette Starbucks in jeder amerikanischen Stadt Cappuccino und Macchiato braut und sich mit über 25 000 Kaffeehäusern in Nordamerika, Lateinamerika, Europa, im Mittleren Osten sowie im asiatisch-pazifischen Raum seit 1971 zum weltweit führenden Anbieter, Röster und Vermarkter aufgeschwungen hat. Kaffeeduft schwingt nicht nur durch Tankstellen, wo der Bohnensud meist vor sich hin köchelt, bis man am Nachmittag mit den eingedickten Resten Boote wasserdicht verfugen könnte. Cafés findet man mittlerweile auch in Buchläden, Food Courts, Supermärkten und Shopping Malls.

Europäer sagten den Zeitgenossen in der Neuen Welt früher gerne und nicht ganz zu Unrecht nach, dass dieses legendäre ›Gesöff‹ den Namen Kaffee nicht verdiene. Seit die neue Welle den amerikanischen Kontinent überschwemmt, hat sich in Sachen Kaffee allerdings Bahnbrechendes verändert. In den letzten Jahren stieg der Verkauf von Kaffeebohnen höherer Qualität um mehr als das Doppelte. Für viele Hotels der gehobenen Preisklasse sind Kaffeemaschinen auf den Zimmern mit Premium-Kaffee mittlerweile oberstes Gebot. Die frühere ›Blümchenplörre‹ musste einem höher konzentrierten, viel schmackhafteren Aufguss den Platz räumen. Gewöhnungsbedürftig sind zumindest für Traditionalisten Kaffees mit beigemischter Vanille, Orangengeschmack oder ein Mix aus Espresso und Coca-Cola.

Der Kaffeekult brachte nicht nur abenteuerliche Varianten des Heißgetränks auf den Markt, sondern schuf eine neue Subkultur. Ohne Dichterlesungen, Kunstausstellungen, Happenings, Livemusik und Öffnungszeiten bis vier Uhr morgens kommen im Trend liegende Cafés nicht aus. Wer als Caféwirt etwas auf sich hält, hat ein Kaffeemagazin mit Rezepten, Veranstaltungshinweisen und amüsanten Geschichten auliegen. Auch Infos über Kaffeeröstereien, Kaffeesorten und neue Kaffeehäuser sind die ideale Lektüre bei einem Mocca oder einem koffeinfreien Kaffee mit Magermilch, der im neuen Jargon *unleaded and skinn*y (bleifrei und dünn) heißt.

Neue Teekultur

Wenn man von Besuchern und Bewohnern amerikanischer Chinatowns einmal absieht, wussten US-Bürger bis in die 1990er-Jahre kaum mehr über Tee, als dass ihre Landesgeschichte mit der sogenannten Boston Tea Party eine Wende genommen hatte. In dieses Bild einer wenig ausgeprägten Teekultur passt auch die Tatsache, dass der bei echten Teeliebhabern verpönte Teebeutel 1908 in den USA seine Geburtsstunde erlebte. Aber ähnlich wie mit Kaffee begann sich vor wenigen Jahren auch in Sachen Tee eine neue Szene zu bilden, die bis heute hauptsächlich in Großstädten gepflegte Teestuben entstehen ließ, in denen Amerika die Historie der seit 5000 Jahren aufgebrühten Blätter fortzuschreiben beginnt. Grüner Tee, duftender Darjeeling, samtweicher Java, Jasmin und Oolong sind neuerdings in vogue.

Eine andere Art von Tee füllt in Supermärkten jedoch schon jahrzehntelang die Regale: *Iced Tea*. Der kalt getrunkene Durstlöscher soll 1904 auf der Weltausstellung in St. Louis durch Zufall erfunden worden sein. Ein Teehändler wollte Besuchern heiße Teeproben anbieten. Weil die Stadt aber zu dieser Zeit von einer Hitzewelle geplagt wurde, hatte niemand Interesse. Der gewitzte Händler kippte Eis in seinen Sud und erfand damit Eistee, der in St. Louis damals zum Verkaufsschlager wurde.

Restaurantetikette

Wie es bei einem Abendessen in einem Restaurant zugeht, lässt sich am besten an einem konstruierten Beispiel zeigen. An diesem Abend verzichtet man auf Badesandalen und Strandkleidung und kleidet sich dezenter – mit Schlips und Jackett wäre ein Herr nicht *overdressed* (zu gut angezogen). Eine Krawatte ist nicht unbedingt erforderlich. Bei der Ankunft

---

KOCHEN ALS ENTERTAINMENT

Schon seit Jahren gibt es weltweit Restaurants, in denen eingeschworene Gästegemeinden unter geradezu konspirativen Bedingungen an Küchentischen Platz nehmen dürfen, um in intimer Nähe zu Öfen und Kochtöpfen zu speisen. Manche Lokale haben die Idee in jüngster Zeit weiterentwickelt und ihre Küchen mitten in die Galerieasträume gestellt, um ihrem kulinarischen Angebot auch Unterhaltungswert zu verleihen. Mittlerweile zollen immer mehr Lokale der kulinarischen Spaßgesellschaft Tribut, indem Küchen zu Theaterbühnen, Köche zu Schauspielern und hungrige Gäste zu zahlendem Publikum werden, das sich von bislang geheimen Tricks und Kniffs etwas abzugucken erhofft. Allzu oft vergeblich, denn die Profis der Töpfe und Pfannen arbeiten so schnell wie Formel-1-Mechaniker bei einem Boxenstopp. In der Mehrzahl findet man offene Showküchen in Restaurants der höheren Preisklasse.

Ein Hauch von nichts – jedenfalls kalorisch betrachtet: Meeresfrüchtesalat

mit dem Leihwagen wartet ein Angestellter vor dem Restaurant neben einem Schild mit der Aufschrift »*Valet Parking*«. Das bedeutet, dass der Angestellte den Wagen auf den Parkplatz fährt und dem Gast im Gegenzug einen nummerierten Parkschein aushändigt. Das obligatorische Trinkgeld von einem oder zwei Dollar bezahlt man aber erst, wenn man den Angestellten nach dem Restaurantbesuch um den Wagen bittet.

In der Lobby fordert das Schild *Wait to be seated* auf zu warten, bis man an seinen Tisch gebracht wird. Sobald man Platz genommen hat, wird sich der *waiter* bzw. die *waitress* (Bedienung) namentlich vorstellen und die Menükarte bringen. Bei der Bestellung des Hauptganges hat man mehrere Optionen. Die erste Frage lautet meist: *Soup or salad?* (»Suppe oder Salat?«). Falls man Salat wählt, folgt als nächste Frage: *What kind of dressing do you prefer?* (»Was für eine Salatsauce möchten Sie gerne?«). Gängige Geschmacksalternativen sind *French, Italian, Thousand Islands, Blue Cheese, Ranch* oder *Oil & Vinegar* (Essig & Öl). Wer Fleisch bestellt, kann wählen, wie er das Steak gebraten haben möchte (*How would you like your steak cooked? Medium, well done or rare?* – »Wie möchten Sie Ihr Steak? Medium, ganz durch oder blutig?«). Danach geht es um die Beilagen, die wiederum nach dem Multiple-Choice-System abgefragt werden: *baked potatoe* (eine Ofenkartoffel im Alufolienmäntelchen), *rice* (Reis), *french fries* (Pommes frites), *vegetables* (Gemüse) …

Die Nachspeise *(dessert)* besteht in den USA meist aus etwas Süßem, einem Eis oder vielleicht einem Stückchen Kuchen. Kaum hat man den letzten Bissen geschluckt, tritt die Bedienung oder der Kellner mit der letzten Frage des Abends an den Tisch: *Anything else you want tonight?* (»Haben Sie noch einen Wunsch?«). Bis man die Rechnung *(check)* auf dem Tisch hat, vergehen nur noch Sekunden. Nach dem Essen am Tisch bei einem Glas Wein sitzen zu bleiben, entspricht nicht amerikanischen Sitten. Wer noch etwas trinken möchte, zieht an die Bar um oder sucht sich in der Nachbarschaft das, was Amerikaner in Erinnerung an vergangene Pionierzeiten gemeinhin als *watering hole* (Wasserloch) bezeichnen: eine Kneipe.

Essen aus dem Supermarkt

Supermärkte sind gut sortiert und lange geöffnet. Wer von der betreffenden Kette eine kostenlose Kundenkarte besitzt, kauft Sonderangebote zu Schnäppchenpreisen ein. Man muss eine Adresse und Telefonnummer in den USA angeben, was allerdings nicht überprüft wird. Größere Märkte besitzen häufig eine Salatbar. An warmen Theken bekommt man Gerichte wie Schälrippchen, Kartoffelbrei, Gemüse und Brathähnchen zum Mitnehmen.

Das Angebot an Süßgetränken ist gigantisch. Wer eher auf Mineralwasser mit Kohlensäure steht, sollte sich nach Soda Water umsehen. Supermärkte bieten ein großes Angebot an Obst und Gemüse an. Weniger variantenreich ist, was man an Brot und Brötchen bekommt, da in den USA weiches Toastbrot der Kundenrenner ist. Ein Shopping-Highlight sind die Whole-Foods-Märkte, die qualitativ einwandfreie Ware verkaufen, auch solche, die man in anderen Märkten nicht unbedingt findet (www.wholefoodsmarket.com).

Outdoor

Baden

Der erste Eindruck täuscht. Die Pazifikküste ist landschaftlich zwar einer der imposantesten Teile Südkaliforniens, ein ideales Baderevier ist sie nicht. Aufquellendes kaltes Tiefwasser sorgt dafür, dass etwa an den Stränden in San Francisco selbst im Hochsommer die Wassertemperaturen kaum über 13 °C steigen und die Golden Gate Bridge häufig bis um die Mittagszeit in dichten Nebel gehüllt ist. Weiter südlich erwärmt sich der Pazifik zwar etwas, was zum echten Badevergnügen aber kaum ausreicht. Etwas anders sieht es an den Binnengewässern wie dem **Lake Tahoe** aus. Sowohl am kalifornischen wie am Nevada-Ufer gibt es zahlreiche Badestrände, an denen die Wassertemperaturen aber meist auch nicht über 21 °C steigen.

Der **Colorado River** auf der Grenze zwischen Kalifornien und Arizona hat sich über die Jahre in ein Bade- und Wassersportparadies verwandelt. Allerdings muss man im Hochsommer mit sengender Hitze rechnen.

Mountainbiken

Kalifornien dürfte sich nicht Outdoor-Paradies nennen, gäbe es nicht Dutzende über das ganze Land verteilte Touren für Mountainbiker, die für jeden Geschmack und Trainingszustand das Richtige bieten – gemütliche, auch für Anfänger geeignete

Muskelspieler in Aktion: Der ganze Venice Beach ist ein Outdoor-Fitnessstudio

Die Bretter, die die kalifornische Welt bedeuten: Ob ruhiges Stand-Up Paddling oder dynamisches Surfen – mit dem Wasser auf Tuchfühlung zu gehen, ist in Kalifornien nicht nur Sport, sondern Lifestyle

Flachstrecken und adrenalinfördernde Profitouren. Mit http://trails.mtbr.com gibt es im Internet eine Website für Mountainbiker, die nahezu sämtliche Trails in Kalifornien auflistet, Länge und Schwierigkeitsgrad nennt und Radabenteurern Beschreibungen an die Hand gibt, aufgrund derer sie sich eine Vorstellung davon machen können, was sie auf den einzelnen Trails erwartet.

Mammoth Lakes an der Ostflanke der Sierra Nevada hat eigens einen Pendelbusservice für Mountainbiker eingerichtet, die sich im Mountain Bike Park auf den zahlreichen Trails am **Mammoth Mountain** in Form halten wollen. Wer plant, in den Vereinigten Staaten im Sattel aktiv zu werden, sollte eigene Schuhe samt Klickpedalen von zu Hause mitnehmen, da *clipless-pedals* kaum irgendwo vermietet werden.

Reiten

Man muss sich nicht auf einer Ranch einquartieren, um Kalifornien aus der Sattelperspektive kennenzulernen. In der gesamten Region gibt es Reitställe in Hülle und Fülle, die Reitausflüge auf Stundenbasis anbieten. Lohnend sind solche Touren in erster Linie in attraktiven Landschaften wie etwa dem **Yosemite National Park,** wo der **Big Tree Lodge Stable** Reittouren anbietet (8308 Wawona Rd., Wawona, Tel. 1-209-375-6502, www.yosemite.com/what-to-do/big-trees-lodge-stable, Juni–Sept. tgl. 7–17 Uhr).

Seit dem 1998 in die Kinos gekommenen Film »Der Pferdeflüsterer« von und mit Robert Redford wurde **Solvang** zum Wallfahrtsort für Pferdeliebhaber und Pferdezüchter. Auf den Flag Is Up Farms baute der richtige Pferdeflüsterer Monty Roberts schon vor Jahren ein Trainings- und Zuchtzentrum für Rennpferde auf. Der ehemalige Rodeoreiter wurde durch seinen besonderen Umgang mit traumatisierten Pferden und seine Methode des gewaltfreien Pferdetrainings weltbekannt. Im **Monty Roberts International Learning Center** können Pferdeliebhaber bei unterschiedlichen Kursen den richtigen Umgang mit Reittieren lernen (901 East Hwy 246, Tel. 1-805-688-4382, www.montyroberts.com, tgl. 9–17 Uhr, Gratisbesichtigung).

Surfen

Die Pazifikküste zwischen San Francisco und San Diego hat den Surfsport zum populären Freizeitvergnügen gemacht und in alle Welt exportiert. Kein Wunder, dass es dort fabelhafte Reviere gibt. **Surfrider Beach** liegt nördlich von Santa Monica in der Nachbarschaft des Malibu Pier und zählt unter Kennern zu den besten Surfstränden im südlichen Kalifornien. Nicht weniger berühmt ist **Mavericks** in Pillar Point Harbor nördlich der Stadt Half Moon Bay, wo Unterwasserfelsen hauptsächlich in der kalten Jahreszeit für gewaltige Wellen sorgen. Auch in **Santa Cruz, Santa Barbara** und zahlreichen Stränden bei Los Angeles bzw. zwischen Los Angeles und San Diego herrschen ausgezeichnete Bedingungen für Wellenreiter. An vielen Stränden gibt es Shops, die Equipment verleihen.

Wandern

Kalifornien wartet mit einer Vielfalt von Wandermöglichkeiten auf. Vor allem auf Fernwanderungen sollte man sich gut vorbereiten, da das Wetter (Hitze, Stürme, Höhenlagen) eine große Herausforderung sein kann.

Vom **Bay Area Ridge Trail** um die Bucht von San Francisco, der nach seiner Fertigstellung 890 km lang sein soll, können bislang ca. 590 km von Wanderern, Reitern und Mountainbikern benutzt werden (www.ridgetrail.org).

Auch wer sich den insgesamt 1910 km langen **California Coastal Trail** von der mexikanischen Grenze bis nach Oregon nicht zutraut, kann die Pazifikküste auf beliebig ausgewählten Tagesetappen kennenlernen (www.californiacoastaltrail.info).

Zu den berühmtesten Wanderrouten im Westen der USA gehört der 340 km lange

KALIFORNIEN AUS DER LUFT

Die grandiosen Naturlandschaften des Golden State sind nicht nur auf ›erdgebundenen‹ Ausflügen ein Highlight für Kalifornienbesucher. Aus der Luft zeigen sich Städte, Pazifikküsten, Bergszenerien und auch Wüsten aus einem unbekannten und spektakulären Blickwinkel. Zahlreiche Unternehmen bieten **Heißluftballonfahrten** beispielsweise über die Weinkulturen bei Santa Barbara (www.santabarbaraballoonrides.com) oder die Wüstenregionen bei Palm Springs und im Coachella Valley (www.balloonabovethedesert.com; www.flyhotairballoons.com) an. Atemberaubende **Rundflüge mit dem Hubschrauber** gibt es etwa im Großraum Los Angeles (www.elitehelicoptertours.com) und in San Diego (http://sdhelicoptertours.com).

John Muir Trail vom Yosemite Valley zum Mount Whitney, dem mit 4418 m höchsten Punkt auf dem zusammenhängenden Staatsgebiet der USA. Die Route durch die hohe Sierra ist sehr anspruchsvoll und nimmt 2 bis 3 Wochen in Anspruch.

Der John Muir Trail ist Teil des **Pacific Crest Trail,** der sich von der kanadischen bis zur mexikanischen Grenze durch die Bergwelt des Westens zieht (www.pcta.org). Zum Mount Whitney kann man auch von Whitney Portal im Owens Valley auf einer kürzeren Route aufsteigen (Permit obligatorisch). Eine Wandererlaubnis muss man sich im Internet ersteigern (s. S. 354).

Lohnende Wandergebiete sind natürlich die vom National Park Service verwalteten **Nationalparks** und **National Monuments,** allen voran der Yosemite National Park. Allerdings muss man speziell in Yosemite im Hochsommer mit viel Wanderverkehr rechnen. Einen ausgezeichneten Überblick über die vielfältigen Hikingmöglichkeiten in allen kalifornischen Landesteilen gibt die ausführliche Website www.alltrails.com/us/california.

Wildwasser-Rafting

Zwei von Kaliforniens bekanntesten Wildwasserrevieren sind von der Hauptstadt Sacramento gut zu erreichen: **South Fork** und **Middle Fork** des American River, an dessen Ufer 1848 der Goldrausch begann. Wer schon Rafting-Erfahrung besitzt und ein ganz besonderes Abenteuer erleben will, findet mit dem **Cherry Creek,** einem Abschnitt des Tuolomne River, westlich vom Yosemite National Park in der Saison zwischen Juni und September das anspruchsvollste Wildwasser in Kalifornien. Der enge Cherry Creek fällt auf jeder Meile ca. 30 m und besitzt 15 Stromschnellen der Kategorie V (All-Outdoors California Whitewater Rafting, 1250 Pine St., Walnut Creek CA 94596, Tel. 1-925-932-8993, www.aorafting.com).

Wintersport

Gleichgültig ob man einsame Pistenabenteuer, zünftigen Après-Ski-Spaß, Familienurlaub im Schnee, durch zauberhafte Landschaften führende Langlaufloipen oder nervenkitzelnde Abfahrten sucht: Mit der Sierra Nevada liegt in Kalifornien ein Hochgebirge mit einigen der reizvollsten Skiregionen auf amerikanischem Boden. Den besten Ruf hat in Skifahrer- und Snowboarderkreisen seit Jahrzehnten **Heavenly Valley** bei South Lake Tahoe (www.skiheavenly.com). Ebenfalls in der Lake-Tahoe-Region liegt **Squaw Valley,** wo 1960 die Olympischen Winterspiele ausgetragen wurden (http://squawalpine.com). Ein drittes renommiertes Wintersportgebiet befindet sich in **Mammoth Lakes** an der östlichen Flanke der Sierra Nevada (www.mammothmountain.com).

Feste und Veranstaltungen

Amerikaner feiern mit Begeisterung, gleichgültig ob im trauten Heim beim Erntedank-Truthahn oder am 4. Juli, dem Nationalfeiertag. Kein Städtchen und keine Stadt verzichtet das Jahr hindurch auf Gelegenheiten wie Festivals, Ausstellungen, Messen, sportliche Wettbewerbe, musikalische Events sowie kulinarische und bacchantische Feste.

Film- und andere Kulturfeste

Angesichts der Dominanz von Hollywood im amerikanischen Filmgeschäft ist es kein Wunder, dass hauptsächlich im südlichen Kalifornien das Jahr über zahlreiche Feste stattfinden, in deren Mittelpunkt Kinohighlights, aber auch deren Produzenten, Regisseure und Schauspieler stehen. Musikalische Veranstaltungen von Klassik bis Rock und Jazz stehen bei der Bevölkerung ebenfalls hoch im Kurs.

Kulinarische Feste

Es muss nicht unbedingt die regionale *California Cuisine* sein – die Bevölkerung nimmt quasi jede Gelegenheit wahr, sich bei Bier, Wein, typischen Leckerbissen und musikalischen Beiprogrammen unter freiem Himmel zu vergnügen. Häufig sind solche Feste auch eine Hommage an Erzeugnisse, die lokal oder regional produziert werden.

Sportfeste

Sportliche Aktivitäten nehmen in der amerikanischen Gesellschaft eine bedeutende Rolle ein. Das gilt nicht nur für typische Wettkampfsportarten wie Baseball, Basketball, American Football und Eishockey, die u. a. von Ligamannschaften betrieben werden. Aus der US-Gesellschaft ist auch der Freizeitsport nicht wegzudenken, der durch das Schulsystem vorprogrammiert

›Das‹ Event aller kalifornischen Events wird von Millionen von Menschen weltweit an den TV- und Computerbildschirmen verfolgt: die Oscar-Verleihung – offiziell Academy Awards

wird. Dass der Surfsport eine herausragende Rolle spielt, versteht sich in Anbetracht der langen Pazifikküste von selbst. Es gibt ein überaus breites Angebot an Wettbewerben und Sportfesten, die auch für Reisende interessant sind.

Indianerfeste

In Anbetracht des relativ kleinen indianischen Bevölkerungsanteils in Kalifornien handelt es sich bei den indianischen Powwows, wie man Feste der Native Americans nennt, um kleinere Veranstaltungen, die von unterschiedlichen Gruppierungen organisiert werden und in der Regel auch nichtindianischen Besuchern offenstehen.

Festkalender und Feiertage

In Kalifornien wird so ausgiebig gefeiert, dass im Folgenden nur eine kleine Auswahl der lohnendsten Events genannt werden kann (weitere Feste s. Reiseteil dieses Bandes ab S. 116).

Januar

Tournament of Roses: In Pasadena (CA) findet am Neujahrstag die berühmte, seit über 100 Jahren veranstaltete Rosenparade mit Musikkapellen und fantastisch dekorierten Festwagen statt (www.tournamentofroses.com).
Golden Dragon Parade: Ende Januar steht Chinatown in Los Angeles ganz im Zeichen dieser Veranstaltung. Die chinesische Gemeinde feiert das Neujahrsfest mit Umzügen und Feuerwerken (www.lagoldendragonparade.com).
Golden Globe Awards: Die Verleihung der Golden Globe Awards bringt Regisseure, Schauspieler, TV-Produzenten, Stars des Entertainment-Business und viele Schaulustige in Los Angeles zusammen (www.goldenglobes.com).
Palm Springs International Film Festival: Fast 200 Filme locken jedes Jahr nicht nur alles, was im Filmgeschäft Rang und Namen hat, nach Palm Springs, sondern auch viele Kinoenthusiasten, die die neuesten Produktionen sehen wollen (www.psfilmfest.org).
Titans of Mavericks: Vor der Küste von Half Moon Bay türmen sich bis über 10 m hohe Wellen auf, für professionelle Surfer ideale Herausforderungen, für Zuschauer ein ganz besonderer Nervenkitzel (http://titansofmavericks.com/event).

Februar

Riverside County Fair & National Date Festival: In Indio dreht sich bei diesem Event alles um im Coachella Valley angebaute Datteln. Zum Beiprogramm gehören u. a. Kamel- und Straußenrennen sowie Klassik- und Rockkonzerte (www.datefest.org).

März

Academy Awards: Die Verleihung der Oscars in Hollywood wird Jahr für Jahr zum auf allen TV-Kanälen übertragenen Mega-Event der Filmindustrie (http://oscar.go.com).
BNP Paris Bas Open: Bei dem Top-Tennisturnier in Indian Wells treffen sich Jahr für Jahr die Asse des weißen Sports (www.bnpparibasopen.com).
California's Artisan Cheese Festival: Käsehersteller präsentieren bei diesem Festival in Petaluma an der nördlichen San Francisco Bay ihre besten Kreationen (http://artisancheesefestival.com).
Santa Barbara International Film Festival: Über 200 Filme flimmern bei diesem Event in Santa Barbara über die Kinoleinwände. Die roten Teppiche werden für die Crème de la Crème der Filmwelt ausgerollt (http://sbiff.org).

April

Renaissance Pleasure Faire: Das historischer Fest lässt in Irwindale bei Los Angeles das elisabethanische Zeitalter mit vielen Kulturveranstaltungen auferstehen (www.renfair.com/socal).
Fashion Week El Paseo: In Palm Desert zeigen Modedesigner in zahlreichen Shows die neuesten Trends der Modeindustrie (www.fashionweekelpaseo.com).
Northern California Cherry Blossom Festival: Der Stadtteil Japantown in San Francisco feiert bei diesem Fest jedes Jahr die Kirschblüte mit Paraden, Workshops, Ausstel-

lungen und Musik (http://sfcherryblossom.org).

Pebble Beach Food & Wine: Feinschmecker holen sich in Pebble Beach bei Monterey die heißesten Tipps bezüglich Küchenkunst (www.pbfw.com).

Mai

Amgen Tour of California: Mit acht Etappen ist dieser Wettbewerb das größte radsportliche Event der USA mit prominenten Teilnehmern aus der ganzen Welt (www.amgentourofcalifornia.com).

Kinetic Grand Championship: Teilnehmer müssen ihre ausgeflippten, selbst gebauten und nur mit Körperkraft bewegten Vehikel in drei Tagen von Arcata knapp 50 km bis nach Ferndale bewegen (http://kineticgrandchampionship.com).

Calaveras County Fair & Jumping Frog Jubilee: Die Landwirtschaftsmesse in Angels Camp wird von einem viel besuchten Weitsprungwettbewerb für Frösche begleitet (www.frogtown.org).

Bay to Breakers: Bei dem Rennen zwischen der Bucht und der Pazifikküste in San Francisco treten zahlreiche Teilnehmer und Gruppen in witzigen Kostümen an (www.zappos baytobreakers.com).

Juni

San Francisco Pride: Wochenende der Schwulen- und Lesbengemeinde mit Paraden in schrillen Kostümen (http://sfpride.org).

Los Angeles Film Festival: Im Komplex L.A. Live im südlichen Los Angeles dreht sich alles um die cineastische Kunst, die die Metropole so bedeutend gemacht hat (www.filmindependent.org/la-film-festival).

San Francisco Jazz Festival: Elf Tage dauert diese Veranstaltung, zu der Interpreten und Zuhörer aus ganz Amerika nach San Francisco kommen (www.sfjazz.org).

Juli

California State Fair: Seit über 160 Jahren findet die Messe in der Hauptstadt Sacramento statt – nicht nur mit Ausstellungen landwirt-

Bunte Werbeveranstaltung für Toleranz: die alljährliche San Francisco Pride

schaftlicher Produkte, sondern auch mit Jahrmarktvergnügen und Kulturprogramm (www.castatefair.org).

Comic-Con International: Von einem bescheidenen Treff von Comic-Fans hat sich die Veranstaltung in San Diego zu einem Riesenfest der Pop-Kultur entwickelt (www.comic-con.org).

Vans US Open of Surfing: In Huntington Beach, auch Surf City USA genannt, findet neun Tage lang der wahrscheinlich größte Surfwettbewerb der Welt statt (www.vansusopenofsurfing.com).

August

Eat Drink SF: Mit dem viertägigen Fest unterstreicht San Francisco seine Bedeutung als kulinarische Hochburg (http://eatdrink-sf.com).

Laguna Beach's Pageant of the Masters: Eines der ungewöhnlichsten Kunstevents der USA findet in Laguna Beach statt. Kostümierte Teilnehmer(innen) stellen berühmte Gemälde als lebende Kunstwerke nach (www.foapom.com).

Outside Lands Music & Arts Fest: Drei Tage lang wird der Golden Gate Park in San Francisco zur Bühne für Rockmusiker und Flower-Power-Apostel (www.sfoutsidelands.com).

September

Monterey Jazz Festival: In Monterey präsentieren sich seit 1958 alljährlich die bekanntesten Jazzinterpreten der Welt (www.montereyjazzfestival.org).

Morongo Thunder and Lightning Pow Wow: Die Powwow-Saison wird jedes Jahr vom Indianertreffen beim Morongo Casino Resort in Cabazon mit Tänzen und Gesängen eröffnet (www.morongopowwow.com).

Oktober

Newport Beach Wine & Food Festival: Küchenchefs von über drei Dutzend Restaurants zeigen in Newport Beach ihr Können und kredenzen die besten Tropfen des Landes (www.newportwineandfood.com).

Halloween: Am 31. Oktober ziehen Kinder verkleidet von Tür zu Tür und sammeln Süßigkeiten. Die Erwachsenen feiern Kostümpartys – besonders verrückt in Hollywood (www.visitwesthollywood.com/halloween-carnaval).

San Diego Bay Wine & Food Festival: Tausende besuchen jedes Jahr dieses größte kulinarische Fest in San Diego, bei dem auch Bierproben und Weinkostungen angeboten werden (www.sandiegowineclassic.com).

Mendocino County Mushroom, Wine & Beer Festival: Im Landkreis um Mendocino wachsen über 3000 häufig essbare Pilzarten, denen dieses Fest gewidmet ist (www.visitmendocino.com/event/mushroom-wine-and-beer-fest).

Dezember

Newport Beach Christmas Boat Parade: Bei dieser Gelegenheit putzen Skipper millionenteurer Jachten, Besitzer von Exkursionsschiffen, Kajakfahrer und Fischer in Newport Beach ihre ›Flotten‹ mit Lämpchen, Lichtergirlanden und beleuchteten Fabelfiguren weihnachtlich heraus (www.newportbeachboatparade.com).

Snowglobe Music Festival: Dreitägige Outdoor-Kulturveranstaltung in South Lake Tahoe mit Konzerten unterschiedlicher Musikrichtungen (http://snowglobemusicfestival.com/home).

Monterey ruft und alle Jazzgrößen kommen – und das seit 1958. Auch Vertreter anderer Stilrichtungen wie des Funk (hier Maceo Parker) bereichern das Festival

Reiseinfos von A bis Z

Alkohol

Kauf und Konsum von Alkohol sind in den USA streng reglementiert. In der Öffentlichkeit Bier oder Wein zu trinken, steht unter Strafe. Es ist daher gängige Praxis, entsprechende Behältnisse in einer Verpackung (braune Papiertüte) zu verbergen. Eine Ausnahme bildet der Strip in Las Vegas, wo an Drinks nippende Besucher zum Straßenbild gehören. Grundsätzlich darf man erst ab 21 Jahren Alkohol trinken. Selbst wer im fortgeschrittenen Alter ist, darf sich nicht wundern, wenn an der Ladenkasse, in der Kneipe oder im Restaurant ein Personalausweis oder Führerschein zwecks Altersnachweis verlangt wird.

Besonders rigoros sind die Vorschriften im Straßenverkehr. Alkohol am Steuer (DUI – Driving under Influence) wird als kriminelles Delikt behandelt und entsprechend bestraft. Da es strikt verboten ist, unter Alkoholeinfluss ein Fahrzeug zu führen, liegt die Promillegrenze streng genommen bei 0. In der Praxis gilt jedoch ein Grenzwert von 0,8 Promille, worauf man sich allerdings nicht verlassen sollte. Der Transport alkoholischer Getränke im Auto ist nur im Kofferraum gestattet.

Kaufen kann man Hochprozentiges, Bier und Wein im Supermarkt. Zwischen 2 und 6 Uhr gibt es keinen Alkohol zu kaufen.

Auskunft

... in Deutschland

Die USA unterhalten keine nationale Fremdenverkehrsvertretung in Deutschland, Österreich oder der Schweiz. In Freiburg, Hamburg, Heidelberg, Kiel, München, Nürnberg, Saarbrücken, Stuttgart und Tübingen haben Deutsch-Amerikanische Kulturinstitute ihren Sitz. In Berlin, Düsseldorf, Frankfurt, Hamburg, Leipzig und München gibt es *Information Resource Centers* (IRC) der US-Botschaft und US-Konsulate, die Anfragen per Mail, Telefon, Fax oder Brief beantworten (U. S. Embassy Berlin, Information Resource Center, Clayallee 170, 14191 Berlin, Tel. 030 83 05 22 13, https://de.usembassy.gov/information-resource-center-irc-berlin).

California Tourism: Touristikdienst Truber, Schwarzwaldstr. 13, 63811 Stockstadt, Tel. 06027 40 28 20, ausschließlich Prospektversand, kostenlos.

Las Vegas: c/o Aviareps Tourism GmbH, Josephspitalstr. 15, 80331 München, Tel. 089 55 25 33 823, Fax 089 55 25 33 489, www.lasvegas.com/de.

Palm Springs Bureau of Tourism: c/o BZ.COMM GmbH, Gutleutstr. 16 a, 60329 Frankfurt am Main, Tel. 069 25 62 88 80, www.bz-comm.de/de/kunden/palm_springs_kalifornien.

... in den USA

Jeder größere Ort hat ein *Visitor Center* (Informationsbüro) oder eine *Chamber of Commerce* (Handelskammer), wo man Näheres über den Ort, Sehenswürdigkeiten, Hotels und Restaurants erfährt. Diese Informationsstellen vermitteln manchmal auch günstige Hotelzimmer.

Kalifornien: California Travel & Tourism Commission, P. O. Box 1499, Sacramento, CA 95812-1499, Tel. 1-916-444-4429, www.visitcalifornia.com.

Barrierefrei reisen

Viele Hotels und Motelketten verfügen über behindertengerechte Räume mit größeren Badezimmern und breiteren Türen. In großen Museen und Vergnügungsparks sind Rollstühle und Rampen eine Selbstverständlichkeit. Informationen finden Behinderte auf der englischsprachigen Internetseite der *Society for Accessible Travel & Hospitality* (SATH), einer gemeinnützigen Organisation für Behinderte auf Reisen (www.sath.org). Wer an die Verwaltung von Großstädten schreibt und ein medizinisches Attest beilegt, erhält eine Genehmigung zum Parken auf Behindertenplätzen. Mietwagenfirmen stellen bei längerfristiger Reservierung speziell ausgerüstete Fahrzeuge zur Verfügung.

Botschaften und Konsulate

... in Deutschland
Botschaft der USA
Pariser Platz 2
10117 Berlin
Tel. 030 830 50
Konsularabteilung:
Clayallee 170
14191 Berlin
Tel. 030 830 50
https://de.usembassy.gov/de

... in der Schweiz
Botschaft der USA
Sulgeneckstr. 19
CH-3007 Bern
Tel. 031 357 70 11
http://bern.usembassy.gov

... in Österreich
Botschaft der USA
Boltzmanngasse 16
A-1090 Wien
Tel. 01 313 390, Fax 01 310 06 82
Konsularabteilung:
Parkring 12a
A-1010 Wien
nur Fax 01 512 58 35
https://at.usembassy.gov/de

... in den USA
Botschaft der Bundesrepublik Deutschland
4645 Reservoir Road NW
Washington, D. C. 20007
Tel. 1-202-298-4000
www.germany.info

Deutsche Generalkonsulate
6222 Wilshire Blvd., Suite No. 500
Los Angeles, CA 90048-5193
Tel. 1-323-930-2703, Fax 1-323-930-2805
www.germany.info > Consulates General
1960 Jackson St.
San Francisco, CA 94109
Tel. 1-415-775-1061, Fax 1-415-775-0187
www.germany.info > Consulates General

Schweizer Botschaft
2900 Cathedral Ave. NW
Washington, D. C. 20008-3499
Tel. 1-202-745-7900, Fax 1-202-387-2564
www.eda.admin.ch/washington

Schweizer Generalkonsulate
11859 Wilshire Blvd., Suite 501
Los Angeles, CA 90025
Tel. 1-310-575-1145
www.eda.admin.ch/la
San Francisco, CA 94111
Pier 17, Suite 600
Tel. 1-415-788-2272
www.eda.admin.ch/sf

Österreichische Botschaft
3524 International Court NW
Washington, D. C. 20008
Tel. 1-202-895-6700, Fax 1-202-895-6773
www.austria.org

Dos and Don'ts

Besucher aus Europa nehmen den umgänglichen Charakter und die Unkompliziertheit der Amerikaner positiv zur Kenntnis, ebenso wie die fast allenthalben vorhandene große Hilfsbereitschaft. Aus dem zwang- und formlosen Umgang im zwischenmenschlichen Bereich auf einen Mangel an Umgangsformen zu schließen, wäre ein Fehler. Diesbezüglich korrektes Verhalten ist in den USA das A und O. Nachdem man sich kennengelernt hat, nennt man sich zwar häufig beim Vornamen, doch hat diese Anrede nicht unbedingt den Charakter des deutschen ›Du‹, sondern ist deutlich distanzierter.

Bei der Ankunft

Man sollte das nervige Einreiseprozedere ruhig und höflich über sich ergehen lassen. Scherze oder Kommentare gegenüber den Beamten sind absolut fehl am Platz.

Begrüßung

Die übliche Begrüßung »How are you?« ist keine wirkliche Frage nach dem Befinden, sondern eine Floskel. Am besten antwortet man mit der Gegenfrage »Fine, how are you?«.

Kleidung

Was den Dresscode anbelangt, heißt das Zauberwort ›casual‹, was so viel wie locker und ungezwungen bedeutet. Man kann auf High Heels und Krawatte verzichten und trägt eher bequeme Freizeitkleidung. Wichtig ist aber, statt Sportschuhen bessere Fußbekleidung zu wählen. In sehr teuren Restaurants wird häufig elegante Kleidung, also Kleid, Bluse oder Kostüm bzw. Sakko und Krawatte verlangt. Bei geschäftlichen Meetings gilt meist ›Business Standard‹, worunter Männer einen dunklen Anzug, helles Hemd und Krawatte, Frauen ein Kostüm mit Feinstrumpfhose oder einen Hosenanzug verstehen sollten. Zu viel Haut zu zeigen oder sehr körperbetonte Kleider zu tragen, sollte man vermeiden. Generell wird im amerikanischen Osten größerer Wert auf höherwertige Kleidung gelegt als im Westen. Auf positive wie negative Kommentare über das Aussehen von Personen sollte man unbedingt verzichten. Schnell wird eine Bemerkung als sexuelle Belästigung verstanden.

Zu Besuch

Einladungen werden recht häufig ausgesprochen. Wird kein konkreter Zeitpunkt vereinbart, sollte man das Angebot nicht ernst nehmen. Entschließt man sich doch zu einem privaten Treffen, ist eine kleine Aufmerksamkeit für die Gastgeber und am Tag danach ein schriftliches Dankeschön angebracht. Länger als drei Stunden zu bleiben, wirkt aufdringlich. Auf Pünktlichkeit legen Amerikaner übrigens Wert. Zu einer Einladung sollte man aber auf keinen Fall zu früh erscheinen.

Die High Heels können Sie getrost zu Hause lassen (Haight Street in San Francisco)

Das stille Örtchen

Im Restaurant nach der Toilette zu fragen, gilt als unschicklich. Ist der Weg nicht so zu finden, erkundigt man sich beim Personal nach dem Men's oder Ladies' Room bzw. dem Bathroom.

Drogen

In den USA ist der Konsum, Besitz, Verkauf und Anbau von **Cannabis** durch Bundesgesetz verboten. Allerdings können Bundesstaaten dieses Verbot umgehen, z. B. wenn Marihuana zu medizinischen Zwecken verwendet werden soll. In fast der Hälfte aller US-Bundesstaaten ist Cannabis in der einen oder anderen Form bereits legal bzw. in bestimmten Mengen und unter speziellen Bedingungen erlaubt. In Washington D. C. etwa existiert zwar kein legaler Handel, aber bis zu sechs Pflanzen dürfen angebaut und bis zu einer Unze (ca. 28 g) Cannabis besessen bzw. verschenkt werden. Die fortschreitende Aufweichung der Anti-Cannabis-Front kommt der Wirtschaft entgegen, die ein neues Mega-Geschäft mit hohen Wachstumsraten und saftigen Umsätzen wittert.

LSD, Kokain, Heroin und **synthetische Designerdrogen** sind in den USA nach wie vor illegal. Mit der Drug Enforcement Administration (DEA) existiert eine Drogenvollzugsbehörde, deren Aufgabe es ist, die illegale Herstellung von Drogen und den Drogenhandel zu unterbinden – ein Ziel, das mit zum Teil aggressiven Methoden verfolgt wird.

Einkaufen

Zweierlei macht das Einkaufen im Konsumparadies Kalifornien so attraktiv: das riesige Angebot und die erschwinglichen Preise – auch wenn das Euro-Dollar-Verhältnis nicht mehr so günstig ausfällt wie vor Jahren. Hinzu kommt, dass es in fast jeder größeren Stadt mindestens eine Shopping Mall und mehrere Supermärkte für den täglichen Bedarf mit Öffnungszeiten zum Teil rund um die Uhr gibt. Ein weiteres Argument zum Shoppen bis zum Umfallen: Auf Sommer- oder Winterschlussverkauf braucht man in den USA nicht zu warten. Sonderverkäufe *(sales)* und spezielle Feiertagsaktionen gibt es das ganze Jahr über. Schaufenster und Waren sind für die permanente Rabattschlacht unübersehbar ausgezeichnet. Bevor man sich dem Konsum völlig hingibt, sollte man sich in Erinnerung rufen, dass auf allen Waren eine Verkaufssteuer in Höhe von 7,25 % liegt, die in den ausgeschilderten Preisen nicht enthalten ist. Ein prominenter Einkaufstag ist der Black Friday im November am Tag nach Thanksgiving, wenn das Weihnachtsgeschäft eingeläutet wird.

Factory Outlets

Mancherorts bilden Fabrikverkaufsstellen einzelner Firmen bzw. Marken ganze Stadtteile mit fußballfeldgroßen Parkplätzen. In der Knoblauchhauptstadt Gilroy südlich von San José haben sich in den **Gilroy Premium Outlets** fast 200 einzelne Geschäfte für Mode, Sportartikel, Kindermode, Schuhe, Haushaltswaren, Schmuck, Lederartikel und Gepäck angesiedelt, die ihre Waren zum Teil mit Preisnachlässen bis zu 70 % verkaufen. Weitere Outlets der Premium-Kette gibt es in vielen kalifornischen

Ja, es gibt einen Zusammenhang zwischen Essen und Kleidung. Da erscheint es nur logisch, dass die Restaurantkette Joe's Crab Shack in ihren Filialen, z. B. in San Diego, auch T-Shirts verkauft

Städten und in Nevada in Las Vegas (www.simon.com/mall). Als Hersteller von Freizeitmode war in den USA ein gewisser L. L. Bean (http://global.llbean.com) Pionier in Sachen Fabrikverkauf, der 1912 an der Ostküste die erste Filiale eröffnete. Mittlerweile folgte dem Verkaufsmuster so ziemlich alles, was auf dem US-Bekleidungsmarkt und international Rang und Namen hat, von Levis bis Calvin Klein und von Anne Taylor bis Timberland. Die in den Outlets angebotene Mode ist nicht immer der ›letzte Schrei‹. Oft werden Modelle aus älteren Kollektionen bzw. Waren angeboten, die nur für die Fabrikverkaufsstellen produziert wurden.

Souvenirs

Auf dem Hollywood Boulevard kommen Filmfans auf ihre Kosten, die sich als Erinnerung Filmposter, Post- und Autogrammkarten, Schlüsselanhänger oder T-Shirts mit entsprechenden Aufdrucken mit nach Hause nehmen möchten. Exotische Souvenirs wie bestickte Seidenkimonos, Slipper, Fächer, lackierte Schatullen und hübsche Taschen bekommt man in Chinatown in San Francisco, während sich die Händler an der Olvera Street im Pueblo in Los Angeles auf mexikanische Souvenirs, Silber und Lederwaren spezialisiert haben.

Elektrizität

Da die Stromspannung in den USA 110 Volt beträgt, sind manche von zu Hause mitgebrachte Geräte nur zu betreiben, wenn sie von 220 Volt umgestellt werden können oder sich automatisch umstellen (wie Laptops). Ein Adapter aus dem Fachhandel ist auf jeden Fall notwendig, da deutsche Stecker nicht in US-Steckdosen passen.

Feiertage

Fällt ein Feiertag (Ausnahme: Independence Day) auf einen Sonntag, ist der darauffolgende Montag arbeitsfrei. In Wahljahren kommt zu den nachfolgend genannten Feiertagen der Election Day hinzu, und zwar ist dies der Dienstag nach dem ersten Montag im November.

Staatliche Feiertage

New Year's Day: 1. Januar (Neujahr)
Martin Luther King jr. Day: 3. Mo im Januar (Geburtstag von Martin Luther King)
Presidents' Day: 3. Mo im Februar (Geburtstag von George Washington)
Memorial Day: letzter Mo im Mai (Totengedenktag; Beginn der Urlaubssaison)
Independence Day: 4. Juli (Unabhängigkeitstag)
Labor Day: 1. Mo im September (Tag der Arbeit; Ende der Urlaubssaison)
Columbus Day: 2. Mo im Oktober (Erinnerung an die Landung von Christoph Kolumbus in Amerika)
Veterans Day: 11. November (Gedenktag an Kriegsveteranen)
Thanksgiving Day: 4. Do im November (Erntedankfest)
Christmas Day: 25. Dezember (Weihnachten)

FKK

FKK (›Clothing optional‹) wird an manchen Stränden geduldet, solange keine Beschwerden aufkommen. Viele Plätze werden allerdings nicht legal genutzt. Toleriert wird FKK etwa an folgenden Stränden: San Onofre State Beach bei San Diego; Black's Beach in La Jolla; Red, White und Blue Beach bei Santa Cruz; More Mesa bei Santa Barbara und Pirate's Cove bei San Luis Obispo.

Fotografieren

Bei der Einreise bleibt die Kamera im Immigration-Bereich auf jeden Fall im Gepäck. In Spielcasinos herrscht in der Regel Film- und Fotografierverbot. Fotoaufnahmen an Stränden und insbesondere von Kindern können großen Unmut hervorrufen.

Frauen

Amerikareisen stellen alleine reisende Frauen im Allgemeinen vor keine besonderen Probleme. Selbstverständlich sollten sie wie in jedem anderen Land allgemein übliche Sicherheitsmaßnahmen beherzigen. Alleine zu trampen ist ebenso wenig ratsam wie nachts ohne Begleitung unterwegs zu sein. Bei Busreisen sollte man besser darauf achten, nicht mitten in der Nacht am Zielort anzukommen, weil Busstationen häufig in eher unsicheren Gegenden liegen.

Geld

Dollarbanknoten, bislang wegen der grünlichen Farbe auch *greenback* genannt, gibt es in neuen Designs und im Fall von 10-, 20- und 50-$-Scheinen in roten, gelben und blauen Schattierungen. 1-, 2-, 5-, 100-, 500- und 1000-$-Noten sind bislang gleich geblieben. 2-$-Noten sind selten und deshalb beliebte Sammlerobjekte. 100-$-Noten werden wegen der Falschgeldgefahr in vielen Geschäften argwöhnisch betrachtet bzw. gelegentlich gar nicht akzeptiert. Bringt man bereits von zu Hause Dollars mit, sollte man gleich beim Kaufen auf der Bank Wert auf kleinere Stückelungen legen. Als Münzen gibt es 1 Cent *(penny)*, 5 Cents *(nickel)*, 10 Cents *(dime)*, 25 Cents *(quarter)*, 50 Cents *(half)* und die goldfarbene 1-$-Münze, die bei jeder Neuprägung mit einem anderen Präsidentenporträt versehen wird.

Wechselkurs (Frühjahr 2017; tagesaktuelle Kurse unter www.oanda.com):
1 US-$ = 0,93 €, 1 € = 1,08 US-$
1 US-$ = 0,99 CHF, 1 CHF = 1 US-$

Schecks und Kreditkarten

Dollar-Reiseschecks existieren noch, kommen aber im Zeitalter von Kredit- und Bankkarten zunehmend außer Mode und werden von manchen heimischen Banken gar nicht mehr ausgegeben. Kreditkarten machen das Bezahlen in vielen Geschäften, Hotels, Restaurants und sogar beim Tanken einfach, da man fast überall direkt an der Zapfsäule die Kreditkarte einstecken kann. Ohne ›Plastikgeld‹ ist etwa das Anmieten eines Fahrzeugs unmöglich, zumindest umständlich, weil man eine größere Summe als Garantie hinterlegen muss.

Mit einer PIN-Nummer *(personal identification number)* kann man an Geldautomaten (ATM – Automatic Teller Machines) Bargeld abheben. Wer in den USA seine Bankkarte einsetzen will, sollte sich bei seinem Geldinstitut nach eventuellen Einschränkungen durch die mittlerweile verbreiteten EMV-Chips auf den Karten erkundigen.

Bargeld

Auf eine USA-Reise Euro-Währung mitzunehmen und unterwegs in Dollar umzuwechseln, bringt keine Vorteile, sondern birgt nur das Risiko, dass man ständig viel Bargeld mit sich herumträgt. Außerdem kann man mit der Situation konfrontiert werden, dass etwa kleinere Banken auf dem Land die ausländischen Devisen gar nicht akzeptieren. Wer etwa von früheren USA-Reisen noch amerikanisches Münzgeld besitzt, tut gut daran, eine Handvoll Quarters (25-Cent-Münzen) bzw. ein paar kleine Dollarscheine einzustecken. Sie können

---

SPERRUNG VON BANK- UND KREDITKARTEN

bei Verlust oder Diebstahl*:

01149 116 116
oder 01149 30 4050 4050
(* Gilt nur, wenn das ausstellende Geldinstitut angeschlossen ist, Übersicht: www.sperr-notruf.de)
Weitere Sperrnummern:
- MasterCard: 01149 69 79 33 19 10
- VISA: 1 800 847 2911 (nur Festnetz)
- American Express: 01149 69 97 97 20 00
- Diners Club: 01149 69 66 16 61 23

Bitte halten Sie Ihre Kreditkartennummer, Kontonummer und Bankleitzahl bereit!

das Ankommen erleichtern, wenn man Geld etwa zum Telefonieren oder für Kofferträger benötigt.

Gesundheit

Apotheken

Rezepte amerikanischer Ärzte werden in *pharmacies* oder *drugstores* angenommen, die sich oft in großen Supermärkten befinden. Dort bekommt man auch zahlreiche Medikamente von Grippetabletten über Schmerzstiller bis zu Reparatursets für Zähne, die es hierzulande nicht gibt oder die nicht frei verkäuflich sind. Ständig benötigte Medikamente gehören auf der Flugreise ins Handgepäck, falls der Koffer verloren geht. Muss man besondere Medikamente einnehmen, die in den USA unter Umständen als drogenbedenklich gelten, kann ein ärztliches Attest oder ein Rezept eventuell auftauchende Missverständnisse ausräumen.

Ärztliche Versorgung

Das amerikanische Gesundheitswesen befindet sich auf hohem Standard, die Kosten stehen dem in nichts nach. Bei medizinischer Versorgung ist Vorauskasse üblich, was schnell sehr teuer werden kann. Gesetzliche Krankenkassen übernehmen keine in den USA anfallenden Arztkosten, sodass der Abschluss einer **Auslandskrankenversicherung** sinnvoll ist. Dabei sollte man auf die Konditionen achten und dafür Sorge tragen, dass auch eventuelle Rücktransporte im Versicherungskatalog enthalten sind.

In den Gelben Seiten der Telefonbücher stehen die **Adressen von Ärzten** *(physicians)*, Zahnärzten *(dentists)* und Krankenhäusern *(hospitals)*. Auch große Hotels oder die Telefonvermittlung (Tel. 0) helfen bei der Adressensuche.

Gesundheitsrisiken

Mückenschutz ist wichtig, seit in Kalifornien erste Fälle von Zika-Virus-Infektionen verzeichnet wurden, die sonst vor allem in Südamerika auftreten. Gefährdet sind vor allem Schwangere. Impfungen bzw. Therapiemaßnahmen gibt es noch nicht. Einzige Prophylaxe ist bislang ein wirkungsvoller Schutz vor Stichen. In den Wüstengegenden ist wichtig, dass man sich bei Wanderungen mit ausreichend Trinkbarem versorgt und auch im Auto für den Fall einer Panne Wasser bei sich hat.

Internetzugang

Auch im Urlaub per E-Mail erreichbar zu sein, ist heute für viele Reisende unverzichtbar. In den meisten Städten gibt es Cybercafés und Internetcafés, in denen man gegen eine Gebühr online gehen kann. Unter der Bezeichnung Internetcafé firmieren zum Teil auch normale Cafés, die lediglich einen Internetzugang besitzen, den man mit dem eigenen Laptop nutzen kann. Kostenlos ist der Internetzugang in vielen öffentlichen Bibliotheken und in den Filialen der Hamburgerkette McDonalds. Auch große Computerzentren bieten ihren Kunden die Möglichkeit, gratis E-Mails abzurufen oder zu schicken. Viele Hotels, Motels und Flughäfen verfügen mittlerweile über einen WLAN-Hotspot. Die Website www.wififreespot.com/ca.phplistet kostenlose WLAN-Spots von Flughäfen, Hotels und Campingplätzen etc. in Kalifornien auf. Auf der Website www.worldofinternetcafes.de/North_America/USA/ sind Internetcafés in allen US-Bundesstaaten genannt. Die Cafékette Starbucks betreibt ein digitales Mediennetzwerk und bietet kostenloses Internet. Gegenwärtig werden in sämtlichen State Parks WLAN-Verbindungen eingerichtet.

Mit dem Laptop unterwegs

Viele USA-Reisende haben einen Laptop oder ein Notebook bei sich. Für Rucksackreisende, die technische Ausrüstungen wie Laptops, Smartphones, Adapter, Digitalkameras, Batterieladegeräte, MP3-Player und Kabel mit sich herumschleppen, wurde in den USA sogar ein neuer Begriff erfunden: *flashpacker*. Zahlreiche Hotels und Motels haben sich auf die modernen Kommunikationsbedürfnisse ihrer Gäste eingestellt (s. o.).

Karten

In den USA bekommt man bei allen Touristeninformationen Gratiskarten zu Kalifornien. ADAC-Mitglieder erhalten bei Vorlage der ADAC-Karte in den Filialen der AAA *(American Automobile Association)* kostenlos Straßenkarten und Info-Material.

Mit Kindern unterwegs

Sind Kinder alt genug, um längere Flüge und Autofahrten nicht als quälend zu empfinden, ist Kalifornien mit seiner ausgezeichneten Infrastruktur ein ideales Reiseland für Familien. Kinder bis zu 18 Jahren können in der Regel kostenlos im Zimmer der Eltern untergebracht werden. Selbst kleinere Motels haben Swimmingpools. Viele Museen haben für kleine Besucher spezielle Ausstellungsprogramme entwickelt. Zoos und Aquarien verfügen über eigens für Kinder eingerichtete *touch tanks,* offene Becken, in denen man Meerestiere gefahrlos berühren kann. Der Golden State ist mit attraktiven Landschaften und Freizeitmöglichkeiten hauptsächlich für einen Urlaub unter freiem Himmel wie geschaffen. Die meisten Restaurants bieten Kinderteller für kleine Gäste an. Zu einem gelungenen Urlaub kann die sinnvolle Beschäftigung von Kindern viel beitragen. In zahlreichen Nationalparks wie Yosemite und Redwood gibt es spezielle Rangerprogramme für Kinder, bei denen sie spielerisch den pfleglichen Umgang mit der Natur lernen.

Im Hochsommer brennt die Sonne häufig gnadenlos vom Himmel. Kleine Wasserratten sollte man unbedingt mit entsprechender Badekleidung und Cremes gegen Sonnenbrand schützen. Kleine Kinder nackt baden zu lassen verstößt in den USA gegen die guten Sitten.

Um einen Familienurlaub nicht in den Sand zu setzen, bevor er richtig begonnen hat, ist zu bedenken, dass Kinder jeglichen Alters, auch Babys, zur visafreien Einreise einen **eigenen maschinenlesbaren Pass** haben müssen.

Kleidung und Ausrüstung

Wer seine Urlaubsreise in San Francisco beginnt, tut gut daran, warme Kleidungsstücke mitzunehmen. Die kann man auch auf den Hochlagen der Gebirge und sogar in vielen Lokalen und Einkaufsmärkten gebrauchen, wo Klimaanlagen manchmal für arktische Temperaturen sorgen. Wichtige Reiseausrüstungen besorgt man zu Hause, um im Urlaub keine wertvolle Zeit zu vertrödeln, obwohl man in amerikanischen Geschäften notfalls alles an Ausrüstung nachkaufen kann.

Im heißen Südkalifornien und in den Höhenlagen der Sierra Nevada ist Sonnenschutz wegen der starken Sonneneinstrahlung unverzichtbar. Auch an den Stränden sollte man seiner nackten Haut nicht allzu viel Sonne zumuten.

Sunglasses – für den ›sonnigen‹ Blick auf Kalifornien und zum Schutz der Augen

Klima und Reisezeit

In Amerika liegt die Hauptreisezeit zwischen Memorial Day (letztes Maiwochenende) und Labor Day (erstes Septemberwochenende). In diesen Zeitraum fallen die Sommerferien der meisten Schulen, und viele Familien nutzen diese Monate zum Ausspannen. Sehenswürdigkeiten und landschaftlich interessante Gegenden wie Nationalparks und State Parks sind dann ebenso wie Badeorte dem Ansturm einheimischer Touristen ausgesetzt, was bei vielen Unterkünften zum Teil zu erheblich höheren Preisen und generell zu einem knapperen Zimmerangebot führt.

An der kalifornischen Küste ist der Sommer die beste Reisezeit, während der Aufenthalt in den weiter östlich gelegenen Wüsten im späteren Frühjahr und im Herbst wegen der niedrigeren Temperaturen angenehmer ist. Wer nicht zum Wintersport in die hohe Sierra Nevada fährt, ist dort im Hochsommer und Frühherbst am besten aufgehoben. Das lang gestreckte Gebirgsmassiv erweist sich im Winter als gewaltiges Verkehrshindernis, weil die I-80 zwischen Sacramento und Reno (Nevada) in der Regel als einzige Ost-West-Verbindung über die Sierra offen gehalten wird. Alle anderen Passstraßen sind meist von Anfang November bis Mai/Juni gesperrt. Im südlichen Kalifornien besteht im Winter die einzige Möglichkeit, vom Central Valley ins Owens Valley oder nach Las Vegas zu kommen, darin, das Gebirge auf der Höhe von Bakersfield zu umfahren. Auch in der Cascade Range im nördlichen Kalifornien sorgen Schnee und Eis in der kalten Jahreszeit für Verkehrsbehinderungen.

Klima

Der Bundesstaat Kalifornien weist angesichts seiner sehr unterschiedlichen geografischen Gegebenheiten von Küstenabschnitten bis zu Wüstenlandschaften und in Anbetracht der stark variierenden Lagen zwischen Meereshöhe und über 4000 m ein sehr uneinheitliches Klima auf. Während San Francisco und die Golden Gate Bridge im Hochsommer morgens häufig in dichten Nebel gehüllt sind und höchstens frühlingshafte Temperaturen aufweisen, wird es nach Überquerung des Küstengebirges im Central Valley schlagartig wärmer. Auch Richtung Süden werden die Temperaturen höher, hauptsächlich ab Los Angeles. San Diego renommiert selbst im Januar und Februar mit Tagestemperaturen um 15 °C.

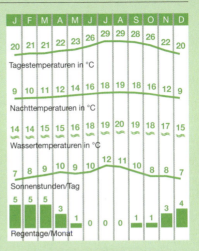

Klimadaten Los Angeles

In den großen Wüstengebiete herrscht im Sommer zum Teil eine gnadenlose Hitze. In erster Linie gilt das für das Death Valley, wo 45 °C im Schatten eher die Regel als die Ausnahme sind. Auch das Colorado-Tal auf der Staatsgrenze zwischen Südkalifornien und Arizona glüht unter intensiver Sonneneinstrahlung. Am schönsten sind die heißen Gegenden im kühleren Frühjahr, wenn Wildblumen und Sträucher blühen. Die Cascade Range und die Sierra Nevada liegen um diese Jahreszeit noch in Schnee und Eis und werden erst ab Mai zugänglicher.

Wettervorhersagen

Rund um die Uhr sendet der Weather Channel im Fernsehen Wetternachrichten, was auf einer nicht festgelegten Reiseroute die Möglichkeit bietet, Schlechtwetterfronten, Stürmen oder Dauerregen auszuweichen bzw. sich darauf einzustellen. Wetterwarnungen sollte man unbedingt ernst nehmen. Bereits zu Hause kann man sich über das Wetter am Zielort informieren (www.wetteronline.de/wetter/kalifornien). Die überregionale Tageszeitung USA Today veröffentlicht Mo–Fr eine gute Wetterkarte (im Internet: www.usatoday.com/weather/default.htm).

Links und Apps

www.visitcalifornia.com: Offizielles Webportal der California Travel & Tourism Commission mit Informationen über 12 Reiseregionen im Land und Tipps zu Urlaubsaktivitäten bzw. Hotelbuchungsmaschine.
www.nps.gov: Offizielles Internetportal des National Park Service (NPS), der für die Pflege und Verwaltung der kalifornischen Nationalparks und National Monuments zuständig ist.
www.discover-america.de: Sehr informative offizielle Reise- und Tourismus-Website der USA speziell für deutsche Besucher in deutscher Sprache.
www.enchantedlearning.com/usa/states/california: Fakten über Kalifornien: Geschichte, Bevölkerung, Geografie usw.
www.census.gov/quickfacts/table/PST 045215/06,00: Umfassende Statistik über die Bevölkerung im Bundesstaat Kalifornien (Größe, Alter, Veränderungen, Beschäftigung und ethnische Zusammensetzung).
http://californiahistoricalsociety.org: Geschichtsportal der California Historical Society mit einer detaillierten Darstellung der Geschichte Kaliforniens von den Ureinwohnern bis in die jüngste Vergangenheit.
www.usatourist.com/deutsch: Deutschsprachiges Reiseportal über die USA mit allen relevanten Themen und Reservierungsmöglichkeiten.
www.magazinusa.com/us/states: Eines der umfangreichsten USA-Internetportale seiner Art im deutschsprachigen Raum mit detaillierten Infos zu Kultur, Lifestyle, Geschichte, Politik, Biografien, Städten und Naturattraktionen.
www.sfjourney.com: Informationen über die 10 wichtigsten Sehenswürdigkeiten in San Francisco und Ausflugsziele der Umgebung.
www.latimes.com: Internetseite einer der größten Tageszeitungen in Kalifornien, bei der man einen Newsletter abonnieren kann.

Nützliche Travelapps

Wi-Fi Finder: Sucht alle WLAN-Hotspots in der Umgebung (für Android, iPad, iPhone; kostenlos).
Maps.Me: Tolle Karten für jede Reise und für alle gängigen Geräte (kostenlos).
XE Currency Converter: Für Smartphones und Tablets. Rechnet in kürzester Zeit alle Währungen um (kostenlos).
Travellerspoint: Man kann eine Reiseroute mit Etappen und Stopps anlegen, Tipps und Bemerkungen einfügen und vieles mehr (kostenlos).

Literatur und Filme

Romane

Allende, Isabel: Fortunas Tochter, Frankfurt am Main 2002. Die Schriftstellerin erzählt die Geschichte eines Mädchens, das im 19. Jh. in Chile als Findelkind von einer reichen englischen Familie großgezogen wird. Eliza verliebt sich später in einen Mann aus armer Familie, der in den Sog des kalifornischen Goldrausches gerät und in den Golden State auswandert, wo ihn die junge Frau wiederzufinden hofft.
Boyle, T. C.: América, München 2006. Der Roman des viel gelesenen Autors dreht sich um Ausländerfeindlichkeit, Armut, Umweltzerstörung und illegale Einwanderung im südlichen Kalifornien, ein brennendes, in den Vereinigten Staaten seit Langem heiß diskutiertes Problem der Gegenwart.
Boyle, T. C.: San Miguel, München 2013. Roman über das Schicksal dreier Frauen auf den kalifornischen Channel Islands Ende des 19. bis Mitte des 20. Jh.
Eggers, Dave: Der Circle, Köln 2015. Im Mittelpunkt des Buches, in dem es um einen Internetriesen in Kalifornien geht, stehen die Gefahren, die von einer völlig transparenten Gesellschaft ausgehen.

Sachbücher

Schulenburg, Silke: Pacific Palisades, zzt. nur antiquarisch erhältlich. In Veröffentlichungen von Historikern und Germanisten, aber auch in Zitaten von nach Kalifornien ausgewanderten Exilschriftstellern und Wissenschaftlern wie Bertolt Brecht, Alfred Döblin, Lion Feuchtwanger, Heinrich und Thomas

Höhenflug für Bücher – »Language of the Birds« heißt die Skulptur von Brian Goggin und Dorka Keehn an der Kreuzung Broadway und Columbus Avenue in San Francisco

Mann, Walter Mehring, Franz Werfel und Ludwig Marcuse wird das Problem Auswanderung in all seinen Schattierungen lebendig.

Priore, Domenic: Riot on Sunset Strip: Rock 'n' Roll's Last Stand In Hollywood, Berkeley 2007. Über den Musikboom im Stadtteil Hollywood in den 1960er-Jahren und damals wichtige Ereignisse und Stätten (englischsprachig).

Lyotard, Jean-François: Die Mauer des Pazifik, Wien 2006. Philosophische Erzählung des Autors, der eine Zeit lang in Kalifornien als Gastprofessor dozierte. Im Mittelpunkt stehen Reflexionen über Rassismus, Antisemitismus und Kapitalismus.

Janitschek, Hans: Arnold von Kalifornien, München 2004. Illustrierte Biografie des früheren Gouverneurs von Kalifornien, der als mittelloser österreichischer Einwanderer nach Kalifornien kam und eine Traumkarriere als Bodybuilder, Schauspieler und schließlich Politiker absolvierte. Der Autor des Buches kennt Schwarzenegger aus seiner Arbeit als Zeitungskorrespondent.

Schröder, Rainer M.: Goldrausch in Kalifornien, Gütersloh 2002. Lebensgeschichte des Schweizer Einwanderers Johann August Sutter, der im 19. Jh. bei der heutigen kalifornischen Hauptstadt Sacramento seine einst blühende Kolonie Neu-Helvetien aufbaute. Im Zuge des Goldrausches wurde sein Lebenswerk zerstört.

Starr, Kevin: California. A History, New York 2005. Der Historiker hat einen siebenteiligen Zyklus über die Geschichte Kaliforniens verfasst (englischsprachig).

Kriminalromane

Braunger, Manfred: Wölfe kümmert nicht, was Schafe denken, 2016. In diesem Krimi, der zu großen Teilen in San Diego und San Francisco spielt, geht es um Identitätsklau, Cybermobbing und Internetbetrug – und um heimtückische Morde, Drogenhandel und das mysteriöse Verschwinden eines über Leichen gehenden Firmenbosses.

Follet, Ken: Die Kinder von Eden, Bergisch Gladbach 2001. Der Krimi beschreibt eine Hippie-Gemeinde in Kalifornien, die droht,

mit einem künstlich ausgelösten Erdbeben einen Staudammbau zu verhindern.
Koontz, Dean: Mitternacht, München 2007. Trivialliteratur, aber spannend inszeniert vom Meister dunkler Träume. Im Mittelpunkt steht die Aufklärung eines Selbstmordes in einer kalifornischen Kleinstadt.

Filme

The Nice Guys: 2016. Ryan Gosling und Russell Crowe ermitteln im Los Angeles der 1970er-Jahre gemeinsam in einem Mordfall.
Der große Trip – Wild: 2014. Abenteuerliche Geschichte über den 1000-Meilen-Gewaltmarsch einer Frau auf dem Pacific Crest Trail.
Nächster Halt: Fruitvale Station: 2013. In der Bay Area spielende authentische Geschichte eines jungen Mannes, der rassistischen Polizisten zum Opfer fällt.
Bullitt: 1968. Der Polizist Frank Bullitt (Steve McQueen) absolviert in diesem Krimi in den Straßen von San Francisco eine der spannendsten Autojagden der Filmgeschichte.
Die Vögel: 1963. Berühmter Hitchcock-Streifen, in dem es die Bevölkerung von Bodega Bay mit einer tödlichen Bedrohung aus der Luft zu tun bekommt.
Vertigo – Aus dem Reich der Toten: 1958. In San Francisco spielender, legendärer Hitchcock-Thriller mit James Stewart und Kim Novak in den Hauptrollen.

Maße, Gewichte und Temperaturen

Schon vor Jahren wurde in den USA damit begonnen, auf metrische Maße umzustellen. Allerdings scheint die Bereitschaft sowohl seitens der Industrie als auch seitens der Bevölkerung gering zu sein, sich mit dem neuen System anzufreunden.

Die Stadt San Francisco hat schon in vielen berühmten Filmen eine Hauptrolle gespielt, z. B. in Alfred Hitchcocks Klassiker »Vertigo« mit James Stewart und Kim Novak

Flächenmaße

1 sq mile – 2,5899 km2
1 acre – 0,4047 ha
1 sq foot – 0,092903 m2
1 sq inch – 6,452 cm2

Gewichte

1 ounce (oz.) – 28,35 g
1 pound (lb.) – 453,592 g (16 ounces)
1 short ton – 1,102 t

Hohlmaße

1 pint (pt.) – 0,473 l
1 quart (qt.) – 0,946 l
1 gallon (gal.) – 3,785 l
1 fluid ounce – 29,5735 ml

Längenmaße

1 inch (in.) – 2,54 cm
1 foot (ft.) – 30,48 cm
1 yard (yd.) – 0,9144 m
1 mile (mi.) – 1,609 km

Raummaße

1 cubic yard – 0,765 m3
1 cubic foot – 28,32 dm3
1 cubic inch – 16,387 cm3

Temperaturen

Temperaturen werden in Amerika in Grad Fahrenheit gemessen (°F). Für die Umrechnung gilt die Formel: Fahrenheit minus 32 dividiert durch 1,8 = Grad Celsius. Umgekehrt: Celsius multipliziert mit 1,8 plus 32 = Grad Fahrenheit.

° Fahrenheit	° Celsius
0	–18
10	–12
20	–7
30	–1
40	4
50	10
60	16
70	21
80	27
90	32
100	38

Medien

Radio und Fernsehen

In den USA gibt es große Networks, die bei der TV-Versorgung der Bevölkerung eine tragende Rolle spielen. Die fünf größten sind NBC, CBS, ABC, FOX und The CW. Sie produzieren Programminhalte, die auch an kleinere ›Kundensender‹ verkauft werden. Eine Sonderrolle spielt das nichtkommerzielle Bildungsnetwork Public Broadcasting Service mit Programmen ohne nervige Werbung für anspruchsvollere Zuschauer (läuft selten auf Hotelgeräten). Über Kabel sind auch Bezahlsender wie das populäre HBO zu empfangen. Sämtliche Kabelsender können auch über Satellit gesehen werden, allerdings häufig verschlüsselt und Decoder-gebunden. Ein Problem bei Livesendungen sind die unterschiedlichen Zeitzonen, zu denen auch noch die Sommerzeit hinzukommt.

Wer im Auto das Radio einschaltet, bekommt es in der Regel mit Tausenden meist in privater Hand befindlichen Radiostationen zu tun, die von Werbeeinblendungen leben. Redaktionelle Beiträge jenseits von Verkehrsnachrichten und Wettervorhersagen sind eher die Seltenheit. Dafür gibt es Non-Stop-Musikberieselung von Country über Oldies bis New Wave.

Zeitungen und Zeitschriften

Am weitesten verbreitet ist die von Montag bis Freitag erscheinende überregionale Tageszeitung »USA Today«, die man entweder am Zeitungskiosk oder an Münzautomaten kaufen kann. Neben anderen überregionalen Zeitungen wie etwa der »New York Times« oder der »Washington Post« gibt es viele lokale und regionale Blätter, in denen man meist vergeblich nach Weltnachrichten sucht. In großen Städten und auf internationalen Flugplätzen werden ausländische Tageszeitungen und Magazine in meist nur bescheidener Auswahl angeboten. Die auflagenstärksten Tageszeitungen in Kalifornien sind die »Los Angeles Times«, der »San Francisco Chronicle«, der »San Francisco Examiner«, die »San Diego Union Tribune« und die »San Jose Mercury News«.

Rooftop Bar des Standard Hotels in Downtown mit Blick auf die nächtlich erleuchtete Skyline von Los Angeles

Nachtleben

Hauptsächlich die kalifornischen Küstenmetropolen, aber auch andere Großstädte der Region halten ein kaum zu überbietendes Angebot an abendlichen Unterhaltungsmöglichkeiten bereit, das von Theatern, Musicalbühnen, Musikklubs und Kinos bis zu Museen und Kunstgalerien reicht, die an manchen Tagen bis 20 oder 21 Uhr geöffnet bleiben. Hinzu kommt ein selbst in Kleinstädten oft breites gastronomisches Angebot vom Schnellimbiss bis zum etablierten Restaurant oder zum Nobellokal. In ländlichen Gegenden nehmen die Chancen auf ausgedehnte Nachtschwärmerei dramatisch ab. Im Besonderen gilt das für ganz Nordkalifornien mit der Ausnahme von Lake Tahoe, für die Bergregionen und verständlicherweise vor allem für die Wüstenregionen, in denen einfache, aber häufig stimmungsvolle Saloons (Bierkneipen) das Maß aller Dinge sind.

Eine Ausnahme bilden Spielkasinos, die auch außerhalb von Nevada in jüngerer Vergangenheit wie Pilze aus dem Boden vieler Indianerreservate schossen. Sie sorgen zum Teil rund um die Uhr für Unterhaltung (manche schließen zwischen 2 und 6 Uhr), wobei es nicht nur um Einsätze an Spieltischen und Automaten geht. Viele Glücksspieltempel bieten Shows, Auftritte von bekannten Bands bzw. Interpreten und ein beachtliches gastronomisches Angebot an Long-Drink-Bars und All-you-can-eat-Buffets, an denen man für günstige Preise opulent speisen kann. Die abwechslungsreichste Unterhaltung bietet natürlich Las Vegas mit vielen großen Kasinos, die noch nie geschlossen waren, seit der letzte Maurer die Kelle aus der Hand legte. Doch auch außerhalb der Spielkasinos ist das Amüsementangebot in den letzten Jahrzehnten stark angewachsen und spricht in steigendem Maße ganze Familien an.

Notfälle

Landesweite Notrufnummer: Tel. 911
Bei Pannen zeigt die hochgeklappte Kühlerhaube, dass Hilfe benötigt wird. Notrufsäulen sind in den USA dünn gesät. Dafür sind auf den Straßen mehr Streifenwagen unterwegs.

Öffnungszeiten

Geschäfte: Die Öffnungszeiten von Geschäften variieren stark, da es in den USA kein Ladenschlussgesetz gibt. Kleinere Läden sind Mo–Sa 9.30–17, Supermärkte oft bis 21 Uhr geöffnet. Vor allem in Großstädten gibt es zahlreiche Geschäfte, die rund um die Uhr geöffnet sind. Malls öffnen in der Regel um 10 Uhr und schließen um 20 oder 21 Uhr, So 12–18 Uhr.
Postämter: Die meisten Niederlassungen von USPS sind von 8.30 bis 17.30 Uhr geöffnet, in großen Städten manchmal rund um die Uhr.
Behörden: Öffentliche Dienststellen sind in der Regel Mo–Fr 8.30–16 Uhr geöffnet.
Museen: Die Öffnungszeiten variieren, meist Mo–So 9.30/10–17, häufig Do oder Fr bis 21 Uhr. Ruhetage sind meist Mo, Di oder Mi.

Post

United States Postal Service (USPS) ist in den USA der Hauptanbieter neben zahlreichen privaten Firmen wie UPS, Fedex, Airborne und DHL. Eine Ansichtskarte nach Europa kostet 1,15 $, ein Airmailbrief 1,15 $ (Gewicht bis 1 ounce = 28,3 g) bzw. 2,05 $ (über 28,3 g). Sowohl für Inlandssendungen *(Domestic Mail)* als auch für den internationalen Postversand gibt es unterschiedliche Optionen mit variierenden Preisen und unterschiedlicher Zustelldauer. Briefmarken bekommt man in Postämtern, an Hotelrezeptionen und in Souvenirshops.

Rauchen

Rauchen ist in den USA ein heikles Thema. In allen öffentlichen Gebäuden darf grundsätzlich nicht geraucht werden. In Kalifornien (u. a. San Francisco) besteht zusätzlich ein Rauchverbot in Restaurants und Bars. Auch an Stränden und in Parks, besonders in der Nähe von Kinderspielplätzen oder vor Schulen, in Fußgängerzonen oder in Warteschlangen herrscht Rauchverbot. Auf allen Inlands- und internationalen Flügen ist Rauchen ebenfalls verboten. Erklärtes Ziel ist es, Raucher ins soziale Abseits zu drängen. Viele Amerikaner pflegen ihr Laster mittlerweile heimlich, weil sie sich nicht der öffentlichen Missbilligung aussetzen wollen. Die Preise für Zigaretten sind zuweilen deftig.

Reisekasse

In den USA sind manche Waren bzw. Dienstleistungen preisgünstiger als in Deutschland, andere teurer. Niedrigere Preise bezahlt man etwa für Benzin, obwohl die Spritpreise zugelegt haben, Textilien (Jeans!), Schuhe und Obst. Besuche guter Restaurants, Eintrittsgebühren für manche Museen und Vergnügungsparks, Alkoholika und manche Lebensmittel wie etwa Frischmilch sind kostspielig. Im Supermarkt kommt ein Pack mit 6 Dosen Bier auf 7 bis 10 $. Für ein Frühstück in einem Coffee Shop muss man zwischen 5 und 8 $ veranschlagen. Fällt die Wahl auf ein Café in einem großen Hotel, kann sich die Rechnung auf das Dreifache belaufen. Ein Mittag- oder Abendessen in einem Food Court ist inklusive einem nichtalkoholischen Getränk für ca. 6 bis 7 $ zu haben. Eine Flasche Bier kostet in einer normalen Bar etwa 4 bis 5 $. Ein Abendessen in einem ordentlichen amerikanischen Restaurant schlägt inklusive eines Getränks mit ca. 15 bis 25 $ zu Buche. Wesentlich günstiger sind chinesische Restaurants oder Buffets, wo man für die Hälfte speisen kann.

Wer seinen Urlaub auf die Zeit außerhalb der Hauptsaison (Ende Mai bis Anfang Sep-

Das sind ja schöne Aussichten – vom Glacier Point auf den Half Dome und die High Sierra im Yosemite National Park

tember) legt, spart bei Übernachtungen und macht sich die Hotelsuche einfacher.

Nationalparkpass und Citypässe

Nirgends in den USA liegen Nationalparks so dicht gedrängt wie in Kalifornien. Die Eintrittsgebühren von 5 bis 20 $ pro Privat-Pkw schlagen schnell zu Buche. Wer mehrere Parks besuchen will, kauft daher am besten am ersten Parkeingang den vom Tag der ersten Benutzung an ein Jahr gültigen **America the Beautiful-Pass** für 80 $ (http://store.usgs.gov/pass). Die Anschaffung lohnt sich schon allein für die sieben festländischen Nationalparks in Kalifornien. Wer zusätzliche Parks in benachbarten Staaten besucht, spart. Außerdem gilt der Pass auch für die zahlreichen National Monuments. Für Höhlen gilt er dagegen nicht. Wer mehrere State Parks an einem Tag besucht, bezahlt nur einmal Eintritt, wenn die Gebühr für zusätzliche Parks gleich hoch oder geringer ist als für den ersten.

Vergünstigungen bieten auch Citypässe. Mit dem 14 Tage gültigen **Southern California CityPass** z. B. kann man die Starattraktionen SeaWorld in San Diego, Disneyland in Anaheim bei Los Angeles und Legoland California bei Carlsbad innerhalb von 14 Tagen besuchen (http://de.citypass.com/southern-california, Erw. 346 $, Kin. 314 $).

Schwule und Lesben

Was die Rechte von Homosexuellen anbelangt, gehört Kalifornien zu den liberalsten Bundesstaaten der USA. In öffentlichen Schulen gehört die Geschichte der LGBT-Bewegung (Lesbian, Gay, Bisexual und Transgender) mittlerweile zum Lehrstoff. Dennoch wird das Thema auch im Golden State kontrovers diskutiert. Der US-amerikanische Supreme Court erklärte die gleichgeschlechtliche Ehe mittlerweile in allen Bundesstaaten für zulässig und gleichberechtigt. Es scheint aber so, als hätten die kalifornischen Gegner dieser Regelung ihren juristischen Widerstand noch nicht vollends ausgereizt.

Die höchste Konzentration an Schwulen weisen in San Francisco die Stadtteile Castro und South of Market auf. In San José gilt das für den Stadtteil The Alameda. Einen kulturellen Schwerpunkt von Lesben bilden in der Bay-Metropole Mission District und Noe Valley.

Sicherheit

Wie in den meisten Großstädten der Welt gibt es auch in US-Metropolen Viertel, die man besser meidet *(No-Go-Areas)*. Während der Fahrt sollte das Auto hauptsächlich in Städten, in denen man an Ampeln und Fußgängerüberwegen häufig anhalten muss, von innen verschlossen sein. Genügend Abstand zum Vordermann an Ampeln erhöht die Möglichkeit, im Notfall das Weite suchen zu können. Bei Unfällen, die suspekt erscheinen, nicht aussteigen, sondern zur nächsten Polizeistation oder zu einem großen Hotel weiterfahren. Der gesunde Menschenverstand sagt einem, dass man bei Dunkelheit Parks und einsame Gegenden besser meidet.

Die meisten Hotels besitzen in Zimmern oder an der Rezeption *safety deposits* (Schließfächer), in denen wichtige Dokumente, Flugscheine, Bargeld und Schmuck am besten aufgehoben sind. In das Handschuhfach oder den Kofferraum des Autos gehören keine Wertsachen.

Wer von der Polizei etwa wegen überhöhter Geschwindigkeit angehalten wird, bleibt im Auto sitzen und legt die Hände auf das Lenkrad, bis sich ein *officer* dem Wagen nähert und den Fahrer/die Fahrerin anspricht. Bloß kein unbedachter Griff in die Jackentasche oder ins Handschuhfach – das könnte zu tragischen Missverständnissen führen.

Telefonieren

Festnetz

Das Telekommunikationsgeschäft liegt wie in Deutschland in den Händen von kommerziellen Unternehmen. Um vom Hotelzimmer oder vom öffentlichen Telefon zu telefonieren, gibt es mehrere Möglichkeiten. Am preiswertesten sind *Prepaid phone cards*. Diese Plastikkarten im Kreditkartenformat werden von Supermärkten, Souvenirshops, Tankstellen und Läden verkauft, wobei sich der Preis nach den Einheiten richtet. Wie viele Einheiten vertelefoniert werden können, steht auf der Rückseite, allerdings jeweils auf nationale Gespräche bezogen. Man wählt den aufgedruckten Code und wird dann aufgefordert, die ebenfalls auf der Karte frei gerubbelte Geheimzahl einzugeben. Danach folgt wie bei einem normalen Telefongespräch die Nummer des gewünschten Teilnehmers.

Vor dem Kauf einer Telefonkarte sollte man das Kleingedruckte des Kartenherstellers genau lesen. Der günstigste Anbieter für Anrufe innerhalb der USA muss nicht unbedingt auch die billigsten internationalen Verbindungen zur Verfügung stellen. Denn bei Anrufen von einem normalen öffentlichen Telefon werden unterschiedlich hohe Anschlussgebühren und zusätzlich Verwaltungsgebühren berechnet.

Will man sich vom Telefondienst *(operator)* vermitteln lassen, wählt man die 0. Für Auslandsgespräche gilt folgende Nummernfolge: 011 + Ländercode + Vorwahl (ohne 0) + Rufnummer (Ländercodes: Deutschland 49, Schweiz 41, Österreich 43). 800- bzw. 888-Nummern sind kostenlose Nummern etwa von Hotels und Restaurants. Man kann sie nur innerhalb der USA anwählen und muss grundsätzlich zuerst eine »1« wählen. Manche Hotels verlangen mittlerweile auch für das Anwählen dieser Nummern Gebühren.

Mobil telefonieren

Prepaid phone cards lassen sich in den USA auch mit dem Mobiltelefon nutzen. Grundsätzlich benötigt man ein Triband- oder Quadband-Handy bzw. -Smartphone, für das im Ausland eine erhöhte Minutengebühr fällig wird. Wichtig ist, ob in den USA 1-800er-Nummern kostenlos mobil angewählt werden können. Falls das zutrifft, ist dies eine bequeme und preisgünstige Möglichkeit zum Telefonieren (s. o.). Die Bezeichnung ›Handy‹ ist übrigens eine deutsche Erfindung. In den USA spricht man von *cell phone* oder *mobile phone*.

Eine zweite Variante ist der Kauf eines Prepaid-Mobiltelefons inklusive Gesprächsguthaben ab 30 Minuten, aber ohne Vertrag und ohne Aktivierungsgebühr. Über eine Codenummer kann man die Geräte nachladen. Das funktioniert auch, indem man in Fachgeschäften eine neue Karte mit einer Codenummer nachkauft, wenn das integrierte Guthaben aufgebraucht ist. Solche Karten und passende Handys bekommt man in Filialen großer Computergeschäfte bzw. Radio- und TV-Fachgeschäfte wie Target, Best Buy, Office Depot, Office Max, Walmart und AT&T Wireless Stores.

Toiletten

Öffentliche stille Örtchen findet man in der Regel an Tankstellen, auf *Rest Areas* an Schnellstraßen und Interstates sowie *Picnic Areas* bzw. *Roadside Tables*. In *Welcome Centers*, die häufig an Interstates in der Nähe von Staatsgrenzen liegen, gibt es saubere kostenlose Toiletten. Auch dort, wo man essen und trinken kann, finden sich entsprechende Einrichtungen, auch in großen Supermärkten. Die weit verbreitete Prüderie treibt in den USA erstaunliche Blüten. Im Restaurant oder im Café nach der *toilet* zu fragen, gilt als äußerst unschicklich. Angemessener ist es, sich nach den *restrooms* bzw. dem *Men's room* oder dem *Ladies' room* zu erkundigen.

Trinkgeld

Unter *tip* bzw. *gratuity* versteht man in den USA Trinkgeld. Gepäckträger erhalten pro Gepäckstück 1 $. Taxifahrer erwarten rund 15 % des Fahrpreises. In Restaurants ist ebenfalls ein *tip* von mindestens 15 % auf die Rechnungssumme obligatorisch, falls das Bedienungsgeld nicht im Preis enthalten ist. Ein Blick auf die Rechnung genügt. Auch der Zimmerservice erwartet einen Obolus von ca. 1 $ pro Nacht. Die ausgeprägte Trinkgeld-Mentalität in besseren Hotels vom *valet boy* über den *bell boy* (Kofferträger) bis zum Zimmermädchen kann das Budget ziemlich strapazieren. Viele Restaurants und Hotels missbrauchen Trinkgeld aber auch dazu, um den kargen Lohn ihres Servicepersonals aufbessern zu lassen.

Wasser

Allen Anzeichen zufolge hatte der Wettergott ein Einsehen mit dem seit Jahren von einer Dürreperiode geplagten Golden State. Nach wiederholt starken und ergiebigen Regenfällen in den Wochen Ende 2016 und Anfang 2017 ist eine Zeit großer Trockenheit in Kalifornien zu Ende gegangen. Die großen Stauseen, die für die Wasserversorgung der Bevölkerung und die Landwirtschaft von zentraler Bedeutung sind, wurden so gut gefüllt wie seit vielen Jahren nicht mehr. Trotzdem sollte man sich als Besucher des Landes das Wassersparen so weit wie möglich zu eigen machen. Denn dass die feuchte Ära lange anhalten wird, ist eher unwahrscheinlich.

NACHHALTIG REISEN

Die Umwelt schützen, die lokale Wirtschaft fördern, intensive Begegnungen ermöglichen – nachhaltiger Tourismus übernimmt Verantwortung für Umwelt und Gesellschaft. Folgende Websites geben Tipps, wie man seine Reise nachhaltig gestalten kann.
www.fairunterwegs.org: »Fair Reisen« anstatt nur verreisen – dafür wirbt der schweizerische Arbeitskreis für Tourismus und Entwicklung. Außerdem gibt er ausführliche Infos zu Reiseländern in der ganzen Welt.
www.sympathiemagazin.de: Länderhefte mit Infos zu Alltagsleben, Politik, Kultur und Wirtschaft; Themenhefte zu den Weltregionen, Umwelt, Kinderrechten, Globalisierung.
www.volunteer.gov: In zahlreichen amerikanischen Nationalparks oder National Monuments können sich Freiwillige zu Arbeitseinsätzen an der Seite von Parkrangern melden.
www.greenhotels.com: Handtücher nach einmaligem Gebrauch auf den Boden werfen? Umweltschädliche Waschmittel für Hotelbettwäsche verwenden? Wasserverschwendung? In den Green Hotels in Kalifornien ist das Geschichte. Seit mehr als zwei Jahrzehnten setzt sich diese Organisation für ein verändertes ökologisches Bewusstsein in der Hotelindustrie ein und hat bereits merkliche Fortschritte erreicht – etwa durch reduzierten Wasserverbrauch und Recycling. Aber nicht nur das Hotelmanagement kann sich für den Umweltschutz einsetzen. Auch Hotelgäste sind angehalten, ihr Verhalten anzupassen.

Wellness

Viele Hotels bieten Fitnessstudios zum Teil in Verbindung mit Wellnessbereichen an, um der steigenden Nachfrage nach Angeboten für ein gesundes Leben zu begegnen. Spas gibt es in Hülle und Fülle. Die jeweiligen Angebote umfassen unterschiedliche therapeutische Massagen und Behandlungen von Maniküre bzw. Pediküre bis Aromatherapien, Ayurveda und Haarentfernung. Zu den Top-Einrichtungen in Kalifornien zählt Golden Door in Escondido. Zu diesem luxuriösen Spa im japanischen Stil haben nur Frauen Zutritt – für Männer gibt es aber spezielle Wochen (777 Deer Springs Rd., Escondido, CA 92046-3077, Tel. 1-760-744-5777, www.goldendoor.com). Weitere empfehlenswerte Adressen: Spa Montage im Montage Resort (30801 South Coast Hwy, Laguna Beach, CA 92651, Tel. 1-866-551-8244, www.spamontage.com); Ojai Valley Inn & Spa (905 Country Club Rd., Ojai, CA 93023, Tel. 1-855-697-8780, www.ojairesort.com/spa-ojai).

Zeit

Kalifornien und das benachbarte Nevada mit Las Vegas gehören zur Pacific Standard Time Zone (MEZ –9 Std.). Ähnlich wie in Deutschland gilt in der warmen Jahreszeit auch in den USA die Sommerzeit (*Daylight Saving Time* – DST), d. h. am 2. So im März werden die Uhren um 2 Uhr um eine Stunde zurückgestellt. Die Sommerzeit endet am 1. So im November um 2 Uhr morgens.

Im Unterschied zu Europa ist der Tag in den USA nicht in 24 Stunden, sondern in zweimal 12 Stunden eingeteilt. Zwischen Mitternacht und 12 Uhr mittags wird der Uhrzeit ein *a. m.* (vor Mittag) hinzugefügt, in der übrigen Zeit ein *p. m.* (nach Mittag). Auch was die Schreibweise des Datums anbelangt, gibt es Unterschiede. In den USA wird zuerst der Monat, dann der Tag und schließlich das Jahr genannt. Für den 1. Juli 2014 würde das also bedeuten: 07/01/2014. Etwa bei englischsprachigen Reservierungssystemen von Hotels muss dies unbedingt beachtet werden!

Zuschauersport

Bei keiner Sportart schauen Amerikaner lieber zu als beim kampfbetonten **American Football**, wo es auf dem Rasen meist deftig zur Sache geht. In der National Football League (www.nfl.com) spielen unter den 32 professionellen Mannschaften kalifornische Teams aus Los Angeles, Oakland, San Diego und San Francisco. Die beiden besten Teams stehen sich jeweils Ende Januar beim Superbowl gegenüber, einem sportlichen Mega-Event. Beim **Baseball** sind in der Major League (www.mlb.com) 30 Teams aus den USA und Kanada organisiert, die in zwei Ligen spielen, der National League und der American League. Die Besten aus beiden Ligen werden jeweils Ende Herbst im Rahmen der World Series ermittelt. Kalifornische Mannschaften stammen aus Los Angeles, Oakland, San Diego und San Francisco.

Nicht nur an Hunderten Hochschulen und Universitäten wird **Basketball** auf teils hohem Niveau gespielt. Die 29 Top-Profimannschaften aus den USA und Kanada treten in der National Basketball Association (www.nba.com) gegeneinander an, darunter die Los Angeles Lakers, die Los Angeles Clippers, die Golden State Warriors und die Sacramento Kings. Nicht ganz so populär wie andere Sportarten ist **Eishockey**, das in der National Hockey League (www.nhl.com) die 30 besten Profimannschaften der USA und Kanadas versammelt. Beim Stanley Cup entscheidet sich die Meisterschaft zwischen den beiden besten Mannschaften. Kalifornien schickt jeweils drei Teams ins Rennen: die Anaheim Ducks, die Los Angeles Kings und die San Jose Sharks. Was den **Fußball** betrifft, sind in der Major League Soccer, der Fußballliga, LA Galaxy und San Jose Earthquakes vertreten.

Für Fans des **Motorsports** sind die mehr als 30 Autorennen der National Association for Stock Car Auto Racing (www.nascar.com; Feb.–Aug.) das Nonplusultra. Rennkurse befinden sich in Fontana und Sonoma.

Unterwegs in Kalifornien

»Kalifornien ist die jugendliche Königin des Pazifiks …
Die Welt kennt keinen glanzvolleren Thron
eines Imperiums als diesen …«
William Seward (US-Außenminister 1861–1869)

Unterwegs am Venice Beach in Los Angeles

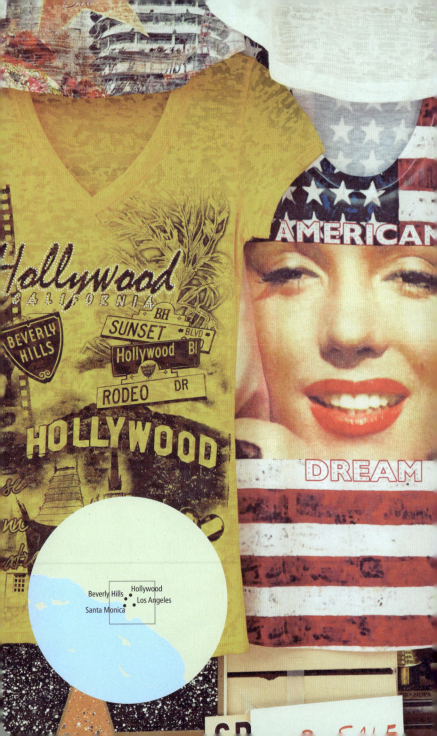

Kapitel 1

Los Angeles und Umgebung

Weltberühmte Filmstudios wie Paramount, Metro-Goldwyn-Mayer, Universal und Warner Brothers, die beiden Disney-Vergnügungsparks in Anaheim, traumhafte Surfstrände an der Pazifikküste, ein unverkrampfter Lifestyle, Gourmettempel vom Feinsten und statistisch 292 Sonnentage im Jahr haben Los Angeles den Ruf einer Spaßmetropole eingebracht. Stadtteile mit klingenden Namen wie Hollywood, Beverly Hills, Santa Monica, Malibu und Venice tragen zum Glitter- und Glamourrenommee der südkalifornischen Entertainment-Metropole bei. Zudem bemüht sich die Stadt seit einigen Jahren erfolgreich, ihren im Kulturbereich einstmals wenig reputierlichen Ruf durch öffentliche Kunst, spektakuläre Architekturzeugnisse und ein attraktives Kulturangebot mit über 200 Museen, Theatern und Galerien aufzubessern.

Diese Prädikate gehören zu einem urbanen Moloch, der als zweitgrößter Ballungsraum der USA mit etwa 14 Mio. Einwohnern hinter New York City rangiert. Hochhausschluchten und verstopfte Freeways prägen seine Züge ebenso wie Stadtteile mit hoher Kriminalität und gewalttätigen Gangs.

Selbst Mutter Natur dokumentiert den janusköpfigen Charakter der Mega-City. Allen Bilderbuchansichten mit Palmenalleen und Strandidyllen zum Trotz zieht sich mit dem erdbebengefährdeten San-Andreas-Graben Kaliforniens akuteste Gefahrenzone mitten durch den nicht enden wollenden Häuserteppich von fast der vierfachen Ausdehnung des Saarlandes. Jedes Jahr werden in Los Angeles 15 000 Erdstöße registriert. Das überfällige Großbeben war bislang nicht darunter.

Selbst wer noch nie in Los Angeles war, hat Bilder von der kalifornischen Riesenmetropole im Kopf

Auf einen Blick: Los Angeles und Umgebung

Sehenswert

⭐ **Los Angeles:** Zwischen Pazifik und Küstengebirge gelegen, hat sich die Stadt in nur 150 Jahren vom bedeutungslosen Siedlerkaff zu einer der bekanntesten Städte der Welt entwickelt (s. S. 122).

Venice: Verrückter geht es nicht. Der Ocean Front Walk ist eine ausgeflippte Bühne für Open-Air-Künstler und solche, die es noch werden wollen (s. S. 172).

Laguna Beach: Sanfte Strände und steile Klippen machen den Küstenort zusammen mit einer subtropischen Vegetation zu einem von Mutter Natur ganz besonders verwöhnten Flecken (s. S. 182).

Schöne Routen

Hollywood Boulevard: Neben dem berühmten Walk of Fame lohnt auch ein Spaziergang auf dem restlichen Boulevard sowie die Erkundung der Wolkenkratzerinsel Downtown mit ihren architektonischen und kulturellen Glanzpunkten (s. S. 144).

Rodeo Drive: Wer auf dem legendären Rodeo Drive in Beverly Hills flaniert, befindet sich auf der wohl exklusivsten Shoppingmeile der amerikanischen Westküste (s. S. 161).

Meine Tipps

Große Kunst gratis für alle: Wer mit offenen Augen durch Downtown schlendert, findet auf vielen Plätzen, in Parks und Eingangshallen von Geschäften und Banken öffentliche Kunstwerke berühmter Künstler (s. S. 132).

Auf den Spuren der Hollywoodstars: In und um Hollywood gibt es mehrere Gelegenheiten, Filmstudios zu besuchen und die Arbeitsplätze von berühmten Leinwandstars kennenzulernen (s. S. 153).

Santa Monica Pier und Boardwalk: In Santa Monica ist der große Pier (s. S. 169) und in Venice der Boardwalk samt Muscle Beach (s. S. 172, 173) als Showmeile aller Extrovertierten und Ausgeflippten ein Muss.

Fitnesstraining im Morning Crunch Boot Camp: Mit Power in den Tag starten – mitten in Downtown L. A. kann man unter freiem Himmel an einem professionellen Training teilnehmen (s. S. 139).

Auf dem Promifriedhof von L. A.: Auf dem Hollywood Forever Cemetery können Kinofans ihren Idolen ganz nahe sein (s. S. 149).

Der South Bay Bicycle Trail: Der Klassiker unter den Radwegen führt von Pacific Palisades nach Torrance (s. S. 168).

Treppenlaufen in Santa Monica: Insgesamt 320 Stufen bilden eine Trainingsstrecke für anspruchsvolle Jogger (s. S. 172).

Stand-Up Paddling in Huntington Beach: Stehpaddeln ist in Kalifornien Kult (s. S. 181).

✪ Downtown Los Angeles
▶ 2, B/C 1/2

Eine Stadt im herkömmlichen Sinn ist Los Angeles nicht. Der riesige Ballungsraum besteht aus einer Ansammlung von über 100 in fünf Landkreisen liegenden Kommunen, unter denen Los Angeles die größte und wichtigste ist. Wie eine Wolkenkratzerinsel erhebt sich Downtown aus der endlosen Stadtlandschaft und gilt gemeinhin als historisches, wirtschaftliches, finanzielles und kulturelles Zentrum der Megacity.

Die Metropole von Südkalifornien wurde bei ihrer Gründung im Jahr 1781 von einer kleinen Siedlergruppe auf den fast unaussprechlichen Namen *El Pueblo de Nuestra Señora la Reina de los Ángeles del Río de Porciúncula* (Das Dorf Unserer Lieben Frau, Königin der Engel des Flusses Portiuncula) getauft. Später geriet der ellenlange Zungenbrecher in Vergessenheit, weil sich nach dem Fluss, an dessen Ufer sich die Stadt auszubreiten begann, die Bezeichnung Los Angeles einbürgerte. Doch auch sie fiel dem amerikanischen Faible für Abkürzungen zum Opfer. Alle Welt kennt die Stadt der Engel heute unter ihrem Kürzel L. A. Downtown gibt sich auf den ersten Blick als Geschäfts- und Finanzzentrum der Stadt zu erkennen. Die Infrastruktur scheint in erster Linie auf Banker und Wirtschaftsbosse sowie deren Personal ausgerichtet zu sein. Das zeigt der Betrieb in Bars, Cafés und Restaurants um die Mittagszeit.

Zwischen Chinatown und Pershing Square

Cityplan: S. 127
Der nördliche Teil von Downtown Los Angeles dehnt sich zwischen Chinatown und Pershing Square aus. Dort befinden sich die bekanntesten Sehenswürdigkeiten und Musentempel, aber auch der historische Kern der Stadt und ihr Verwaltungszentrum mit dem Rathaus.

Nordöstlich des Santa Ana Freeway

Union Station [1]
Ein architektonischer Mix aus spanischem Missionsstil und Art déco mit maurischem Bauschmuck machte die im Jahr 1939 eröffnete **Union Station** zur letzten großen Eisenbahnkathedrale der USA am Übergang vom Eisenbahn- zum Automobilzeitalter. Spiegelnde Marmorböden, runde Torbögen, Innenhöfe mit prächtigen Gärten, Terrakottafliesen im Wartesaal zum Teil mit aztekischen Motiven und unterschiedliche Wandmalereien mit Darstellungen aus der Geschichte der Stadt erinnern an jene glamourösen Zeiten, als Züge aus allen Landesteilen berühmte Stars zu Filmdrehs nach Hollywood brachten.

Nach dem Zweiten Weltkrieg büßten Schienenverkehr und Terminal gleichermaßen ihre Bedeutung ein. Erst in den 1990er-Jahren erlebte die Union Station mit dem Bau der Metro Rail einen zweiten Frühling, weil sie seit damals in das neue Nahverkehrssystem eingebunden ist. Mit dem Bau des geplanten Hochgeschwindigkeitsbahnnetzes für schnelle Intercityverbindungen könnte der historische Eisenbahntempel in einigen Jahren einer glanzvollen Zukunft entgegensehen.

El Pueblo de Los Angeles [2]
10 E. Olvera St., Tel. 1-213-485-6855, http://elpueblo.lacity.org, tgl. 9–16 Uhr

Zwischen Chinatown und Pershing Square

Im **Pueblo de Los Angeles,** dem ›Geburtsort‹ von Los Angeles, geht es recht unamerikanisch zu. Um eine Plaza mit Denkmälern des ehemaligen kalifornischen Gouverneurs Felipe de Neve und des spanischen Königs Carlos III. dehnt sich ein lebhaftes Touristenviertel aus, in dem allabendlich Mariachi-Kapellen und Stehgeiger, Bauchladenverkäufer und Folkloretänzerinnen zwischen Verkaufsständen und stimmungsvollen mexikanischen Lokalen für die Touristenscharen ein quirliges, buntes Straßenfest veranstalten. 1769 schlug an dieser Stelle der spanische ›Entdecker‹ Gaspar de Portola sein Wegelager auf. Felipe de Neve übertrug die Flusssenke zwölf Jahre später einer 44-köpfigen Gruppe von zum Teil schwarzen Siedlern, die mit ihren einfachen Hütten 1781 den Grundstein für Los Angeles legten. Im Umkreis der zentralen **Olvera Street** (www.olvera-street.com, tgl. 10–19 Uhr) stehen 27 der ältesten Häuser der Stadt, darunter auch das aus ungebrannten Lehmziegeln 1818 errichtete **Avila Adobe** im rustikalen Stil eines Ranchhauses der damaligen Zeit.

Schräg gegenüber beherbergt das Sepulveda House von 1887 das **Besucherzentrum Las Angelitas,** in dem ein 18-minütiger Film über Geschichte und Entwicklung von Los Angeles gezeigt wird (Di–Sa 10–13 Uhr). **La Placita Church** wurde Anfang der 1820er-Jahre eingeweiht und soll, glaubt man der Legende, mit sieben Fässern Brandy bezahlt worden sein (424 N. Main St.). Eine dreigeschossige Fassade im italienisch inspirierten Stil zeichnet das **Pico House** aus dem Jahr 1870 aus, damals eines der besten Hotels im südlichen Kalifornien (430 N. Main St.).

Chinatown 3
www.chinatownla.com

Mit dem exotischen Pendant in San Francisco ist die eher nüchtern wirkende **Chinatown** in Los Angeles nicht zu vergleichen. Viele alte Häuserzeilen, in denen in der zweiten Hälfte des 19. Jh. hauptsächlich chinesische Eisenbahnarbeiter gelebt hatten, mussten in den 1930er-Jahren dem Bau der Union Station weichen. Deshalb stöbern heutige Besucher

Zwei Drachen heißen Besucher in Chinatown willkommen, wo heute ca. 10 000 Menschen leben

des Viertels weniger nach stimmungsvollen Fernostansichten, sondern sind eher auf der Suche nach einschlägigen Restaurants und exotischen Läden, hinter deren Eingangstüren sich dem Besucher ein faszinierendes Warenangebot bietet: von runzeligen Ginsengwurzeln über Kimonos in leuchtenden Farben und getrocknete Haifischflossen bis zu dickbauchigen Buddhafiguren.

Von der City Hall zur Grand Avenue

City Hall [4]
200 N. Spring St., Tel. 1-213-485-2121, http://lacity.org, Mo–Fr 8–17 Uhr, Eintritt frei
Als in der ersten Hälfte der 1950er-Jahre die TV-Serie »Superman« produziert wurde, suchten die Regisseure nach einer geeigneten Kulisse für die Redaktion des »Daily Planet«, in welcher der Leinwandheld als Journalist arbeiten sollte. Die Wahl fiel am Ende auf das Gebäude der **City Hall** von Los Angeles. Der 27 Stockwerke hohe Art-déco-Turm mit einer Fassade aus kalifornischem Granit und einem pyramidenförmigen Dach war nach seiner Fertigstellung Ende der 1920er-Jahre bis 1959 das einzige Gebäude der erdbebengefährdeten Stadt, das mit einer Sondergenehmigung über 13 Etagen hinaus gebaut wurde. Vom **Observation Deck** auf der Spitze reicht der Blick über die ganze Stadt.

Grand Park [5]
Von der City Hall erstreckt sich in westlicher Richtung bis zur Grand Avenue der **Grand Park** mit Brunnen, Bäumen, Rasenflächen, Treppen und Wegen. Mitten im Stadtkern bildet die Parkanlage einen populären ›grünen‹ Treffpunkt.

Cathedral of Our Lady of the Angels [6]
555 W. Temple St., Tel. 1-213-680-5200, www.olacathedral.org, Mi 12.45 Uhr oft Orgelproben
Die **Cathedral of Our Lady of the Angels** ist nicht nur eine Kirche, sondern mit Konferenzzentrum, Souvenirladen und Café auch ein Ort der Begegnung. Die von Robert Graham geschaffenen monumentalen Eingangsportale aus Bronze sind mit Reliefs geschmückt, die an die zahlreichen in Los Angeles vertretenen Kulturen erinnern.

Bunker Hill

Zwischen Temple Street im Norden und Third Street im Süden, Harbor Freeway im Westen und Olive Street im Osten dehnt sich mit Bunker Hill ein Viertel aus, das erst im letzten Drittel des 19. Jh. erschlossen wurde. Auf der später teilweise abgetragenen Anhöhe standen viktorianische Häuser, deren Bewohner dieser Gegend in den 1920er- und 1930er-Jahren den Rücken kehrten, weil sich der Kern von Downtown nach Süden verlagerte.

Music Center [7]
135 N. Grand Ave., Tel. 1-213-972-7211, www.musiccenter.org
Eine neue Ära dämmerte in diesem Teil von Downtown in der Nachkriegszeit herauf, als neue Bürogebäude und Kultureinrichtungen entstanden wie das aus drei älteren und einem neuen Auditorium bestehende **Music Center.** Im **Dorothy Chandler Pavilion** residierte bis 2003 die Los Angeles Philharmonic, ehe sie in die Walt Disney Concert Hall umzog. Heute finden dort die Aufführungen eines Tanzensembles und der unter der Leitung von Plácido Domingo stehenden Los Angeles Opera statt (Tel. 1-213-972-8001, www.laopera.org).

Im **Ahmanson Theatre** gehen Dramen, Musicals und Komödien über die Bühne. Mit einem medienwirksamen Skandal eröffnete 1967 das auf eher experimentelle Theaterstücke und Shows ausgerichtete **Mark Taper Forum,** als mit dem damaligen Gouverneur Ronald Reagan der prominenteste Besucher frustriert die Aufführung »The Devils« verließ.

Walt Disney Concert Hall [8]
111 S. Grand Ave., Tel. 1-213-972-7211, www.laphil.com; Infos zu Führungen unter www.laphil.com/visit/tours

Musikmetropole Los Angeles: ›Straßenmusik‹ vor der Walt Disney Concert Hall

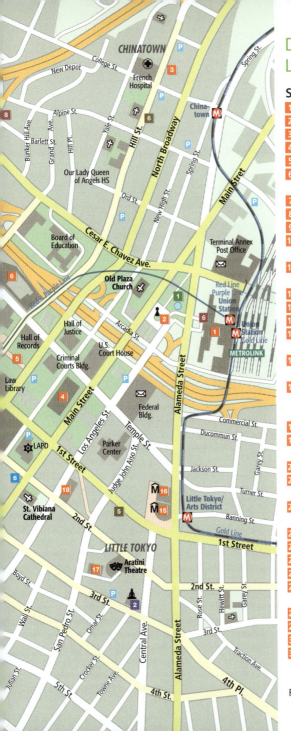

Downtown Los Angeles

Sehenswert

1. Union Station
2. El Pueblo de Los Angeles
3. Chinatown
4. City Hall
5. Grand Park
6. Cathedral of Our Lady of the Angels
7. Music Center
8. Walt Disney Concert Hall
9. The Broad
10. Museum of Contemporary Art (MOCA)
11. Wells Fargo History Museum
12. Angel's Flight
13. Bradbury Building
14. Grand Central Market
15. Japanese American National Museum
16. The Geffen Contemporary at MOCA
17. Japanese American Cultural & Community Center (JACC)
18. DoubleTree by Hilton
19. Westin Bonaventure Hotel
20. U. S. Bank Tower
21. Los Angeles Central Library
22. Millennium Biltmore Hotel
23. Pershing Square
24. Jewelry District
25. Wilshire Grand Center
26. L. A. Live
27. University of Southern California
28. Exposition Park
29. Natural History Museum
30. California Science Center
31. California African American Museum

Fortsetzung s. S. 128

Downtown Los Angeles

Übernachten
1. Omni
2. Sheraton Los Angeles Downtown
3. Standard Downtown
4. Luxe City Center
5. Miyako Hotel
6. Best Western Dragon Gate Inn
7. Ritz Milner Hotel
8. The Inn at 657
9. Mayfair Hotel
10. Stillwell Hotel

Essen & Trinken
1. Nick & Stef's
2. Wokcano
3. Bottega Louie
4. Border Grill Downtown
5. Ledlow
6. Traxx
7. Market Restaurant
8. Mexicali Taco & Co.

Einkaufen
1. Olvera Street
2. Caravan Book Store
3. Macy's
4. Downtown Farmers' Market

Abends & Nachts
1. Perch
2. Standard Hotel
3. Bona Vista Lounge
4. Broadway Bar
5. Club Mayan
6. The Edison
7. Redwood Bar & Grill
8. Orpheum Theatre

Aktiv
1. Los Angeles Conservancy Tours
2. Higashi Honganji Buddhist Temple
3. El Maestro Bicycle Shop
4. Staples Center
5. Los Angeles Dodgers Stadium
6. Courtyard Wellness
7. Hilton Checkers Hotel
8. Morning Boot Camp

Als neuester und spektakulärster Teil des Music Center hat die **Walt Disney Concert Hall** (2003) weniger aus musikalischen als vielmehr aus architektonischen Gründen weltweit Schlagzeilen gemacht. Das dem Dekonstruktivismus verpflichtete Zuhause der Los Angeles Philharmonic wurde von Kritikern schon mit vielem verglichen – einem Schiff mit Großsegeln, einer Eruption aus Edelstahl, einer Magnolie aus funkelndem Stahl. Architekt Frank Gehry selbst sprach von einer sich öffnenden Rose. Die schimmernde Blüte, ursprünglich zum Sprießen gebracht durch einen 50-Mio.-$-Scheck von Walt Disneys Witwe Lilian, sollte die stereotype Bürohausarchitektur von Downtown auffrischen. Neben Gehrys futuristischem Entwurf beeindruckt der Konzerttempel durch eine fantastische Akustik, der die Berliner Philharmonie als Vorbild diente.

The Broad 9
221 S. Grand Ave., Tel. 1-213-232-6200, www.thebroad.org, Di, Mi 11–17, Do–Fr 11–20, Sa 10–20, So 10–18 Uhr, Eintritt frei, Sonderausstellungen sind kostenpflichtig

Als Beitrag zur innerstädtischen Wiederbelebung versteht sich das 2015 eröffnete Museum **The Broad.** Es präsentiert hinter seiner außergewöhnlichen wabenartigen Fassade Kunst des 20. und 21. Jh., darunter Arbeiten von Joseph Beuys, Roy Lichtenstein, Robert Rauschenberg und Jeff Koons.

Museum of Contemporary Art (MOCA) 10
250 S. Grand Ave., Tel. 1-213-621-1710, www.moca.org, Mo, Mi, Fr 11–18, Do 11–20, Sa, So 11–17 Uhr, Di geschl., 15 $, Do 17–20 Uhr frei

Künstler wie Robert Rauschenberg, Mark Rothko, Jasper Johns, Claes Oldenburg und Jackson Pollock verhalfen dem **Museum of Contemporary Art (MOCA)** zu seinem weit über die Stadtgrenzen hinausreichenden Renommee. Das nach Plänen des japanischen Architekten Arata Isozaki erbaute Museum hat sich auf zeitgenössische amerikanische und europäische Kunst seit 1940 spezialisiert und veranstaltet das ganze Jahr hindurch zahlreiche Sonderausstellungen zu den unterschiedlichsten Themen.

Zwischen Chinatown und Pershing Square

Wells Fargo History Museum [11]
333 S. Grand Ave., Tel. 1-213-253-7166, www.wellsfargohistory.com, Mo–Fr 9–17 Uhr, Eintritt frei

Westernfilme sind ohne Überfälle auf Postkutschen kaum denkbar. Häufig tragen die von Vierspännern gezogenen Transportmittel mit Wells Fargo den Namenszug einer Bankgesellschaft, die zum Wilden Westen gehörte wie der sechsschüssige Peacemaker der Firma Colt. Heute zählt das 1852 gegründete Geldinstitut zu den alteingesessenen amerikanischen Finanzdienstleistern und erinnert in Los Angeles mit dem **Wells Fargo History Museum** an alte Zeiten. Die Ausstellung mit einer originalen Postkutsche, einem für die damalige Zeit typischen Büro, Fotografien, Goldnuggets und Schürferausrüstung wirkt inmitten von Wolkenkratzern wie ein nostalgisches Relikt aus einer rastlosen Vergangenheit.

Angel's Flight [12]
351 Hill St., http://angels flight.com; wegen technischer Probleme ist die Bahn auf nicht absehbare Zeit außer Betrieb

Um den Einwohnern von Bunker Hill den steilen Weg hinunter zum Broadway einfacher zu machen, ließ die Stadt im Jahr 1901 mit **Angel's Flight** eine auf Gleisen gezogene, auf der gesamten Länge nur knapp 91 m messende Standseilbahn zwischen der Talstation an der Hill Street und der Bergstation bei der California Plaza mit zwei gegenläufig verkehrenden Waggons errichten.

Broadway

Dass Los Angeles eine mexikanische Metropole mit ca. 56 % Latinobevölkerung ist, demonstriert in Downtown keine Straße eindrucksvoller als der **Broadway.** 1931 säumte ein Dutzend Kinos für Uraufführungen das westliche Gegenstück des New Yorker Broadway. Die ehemalige Flanier-, Ausgeh- und Einkaufsmeile ist heute allerdings nur noch ein Schatten ihrer selbst. Alte Fassaden und Neonreklamen von Lichtspielpalästen lassen Glitzer und Glamour früherer Zeiten nur noch erahnen.

Das **Million Dollar Theatre** (307 Broadway) gehört zu den wenigen im denkmalgeschützten Broadway Theater District, die renoviert wurden (www.milliondollar.la). Der Niedergang des Broadway zog auch die parallel verlaufende **Spring Street** in Mitleidenschaft. In den 1920er-Jahren beherbergte das dort befindliche größte Ensemble von Beaux-Arts-Gebäuden in den USA Banken und Börsenunternehmen, die dem Straßenzug den Beinamen Wall Street des Westens verliehen.

Längst hat mit dem Broadway die ehemals pulsierende Schlagader von Downtown ihre Strahlkraft und ihr Entertainment-Image verloren. Zwischen Third Street und Olympic Boulevard reihen sich Discounter und Billigkaufhäuser, Schnellküchen und Modeschmuckauslagen aneinander. Auffällig ist auf diesem Abschnitt, dass dort das oft bemühte Klischee eines Schmelztiegels von Kulturen und Ethnien zutrifft. Während das restliche Los Angeles eher Ghettos kennzeichnen, macht Downtown im Umkreis des Broadway den Eindruck einer mexikanischen Großstadt, in der die verschiedensten ethnischen Gruppen Seite an Seite leben.

Bradbury Building [13]
304 S. Broadway, Tel. 1-213-626-1893, tgl. 9–17 Uhr

Nur ein paar Schritte trennen das Amerika der 1920er-Jahre von der Belle Époque. Filigrane hydraulische Aufzugschächte aus schwarzem Metall, Marmortreppen, Wände aus glasierten Ziegeln, gusseiserne Geländer mit hölzernen Handläufen und Rundbogenfenster prägen die über 40 m bzw. fünf Stockwerke hohe Lobby des **Bradbury Building,** über der sich eine Glasdachkonstruktion wölbt. Das architektonische Kleinod entstand im Jahre 1893 vermutlich nach Plänen eines Designers, der zuvor noch nie ein Gebäude entworfen hatte, sich stattdessen aber durch einen utopischen Roman hatte inspirieren lassen. Filmen wie »Citizen Kane«, »Chinatown«, »Lethal Weapon 4« und »Blade Runner« diente der Bürobau als Kulisse.

Downtown Los Angeles

Grand Central Market 14
317 S. Broadway, www.grandcentralmarket. com, tgl. 8–22 Uhr

Seit Generationen sorgt der im Jahre 1917 eröffnete **Grand Central Market** für die Versorgung der Bevölkerung in Downtown mit frischem Obst und Gemüse, Fleisch, Fisch und Geflügel. Tag für Tag beladen über drei Dutzend Händler ihre Markttische und Vitrinen in der Halle mit einheimischen bzw. aus dem Ausland importierten Waren, die den ›Bauch‹ von Downtown füllen. Dass sich das Angebot hauptsächlich am Geschmack der Latinokundschaft orientiert, wird schon an frischen Burritos, kubanischen Sandwiches und duftenden Tortillas in den zahlreichen Imbissen deutlich.

Little Tokyo

www.littletokyola.org

Der Stadtteil **Little Tokyo** erlebte seine Geburtsstunde nach dem großen Erdbeben in San Francisco 1906, als viele Söhne und Töchter Nippons der zerstörten Bay-Metropole den Rücken kehrten, um sich in Los Angeles niederzulassen. Als dann im Zweiten Weltkrieg die in Kalifornien lebenden Japaner unter Generalverdacht gerieten und interniert wurden (s. S. 354), erlebte dieser heute etwas eintönig wirkende Stadtteil einen rapiden Niedergang, von dem er sich erst in den folgenden Jahrzehnten erholte.

Japanese American National Museum 15
100 N. Central Ave., Tel. 1-213-625-0414, www.janm.org, Di, Mi, Fr–So 11–17 Uhr, Do 12–20, ab 17 Uhr und jeden 3. Do im Monat Eintritt frei, 10 $

Unter anderem mit der Internierung japanischstämmiger Amerikaner nach dem Angriff auf Pearl Harbour beschäftigt sich das **Japanese American National Museum.** Gezeigt werden wechselnde Ausstellungen z. B. mit Fotografien des berühmten Landschaftsfotografen Anselm Adams, der die Bilder 1943/44 im Konzentrationslager Manzanar im Owens Valley (s. S. 354) aufnahm.

The Geffen Contemporary at MOCA 16
152 N. Central Ave., Tel. 1-213-625-4390, Do 18–21, Fr 11–18, Sa, So 11–17, Erw. 15 $, Do 17–20 Uhr frei

Zum größten Besuchermagnet in Little Tokyo hat sich neben dem im Frühling veranstalteten Kirschblütenfest eine Dependance des Museum of Contemporary Art entwickelt. Während einer Umbauphase im Hauptgebäude wurde vor Jahren eine leer stehende Polizeigarage von Stararchitekt Frank Gehry als Ausweichquartier für Sonderausstellungen und überdimensionale Kunstwerke so erfolgreich umgebaut, dass sich das dort eingerichtete **Geffen Contemporary at MOCA** im Kunstbetrieb der Stadt längst etabliert hat. In den großen Räumen haben selbst gewaltige Skulpturen von Richard Serra und Werke des Autodesigners J. Mays Platz.

Japanese American Cultural & Community Center (JACC) 17
244 S. San Pedro St., Tel. 1-213-628-2725, www.jaccc.org, Ausstellung Mi–So 12–16 Uhr, James Irvine Japanese Garden Di–Fr 12–17 Uhr

Kultureller Mittelpunkt der mit mehr als 200 000 Einwohnern größten japanischen Gemeinde außerhalb des Landes der aufgehenden Sonne ist das 1971 gegründete **Japanese American Cultural & Community Center (JACC),** Amerikas größtes ethnisches Kunst- und Kulturzentrum.

DoubleTree by Hilton 18
120 S. Los Angeles St., Tel. 1-213-629-1200, http://doubletree3.hilton.com

In der weiteren Nachbarschaft fühlen sich im **DoubleTree by Hilton** nicht nur müde Gäste gut aufgehoben. Der sogenannte Himmelsgarten auf der dritten Etage ist eine Mini-Version eines über 400 Jahre alten japanischen Gartens in Tokio. Nach den traditionellen sieben Zen-Prinzipien angelegt, lädt die gepflegte Anlage mit einem in ein Becken mündenden Bach, Wasserfall, Azaleenbeeten, Magnolien und einer Terrasse zum Meditieren ein.

Zwischen Chinatown und Pershing Square

Financial District

An der Südflanke des Bunker Hill schraubten sich seit den 1960er-Jahren immer mehr Wolkenkratzer in den Himmel und verwandelten den Kern von Downtown mit Banken, Versicherungen, Anwaltskanzleien und Parkplätzen in eine für Fußgänger wenig attraktive Betonwüste. Erst im Laufe der Zeit begannen die Stadtplaner hier und dort kleine Grünflächen, Plätze mit öffentlicher Kunst und verschönernde Elemente einzufügen.

Westin Bonaventure Hotel 19
404 S. Figueroa St., Tel. 1-213-624-1000, www.thebonaventure.com

Unter den zahlreichen großen Stadthotels ist das 1976 aus fünf Glaszylindern errichtete, 35 Stockwerke hohe **Westin Bonaventure Hotel** mit an der Außenfassade aufsteigenden Aufzügen das berühmteste, weil es wegen seiner außergewöhnlichen Architektur schon mehrfach als Filmkulisse diente. In den Kinofilmen »Rain Man« mit Dustin Hoffman und Tom Cruise, »Die zweite Chance« mit Clint Eastwood und John Malkovich, im Thriller »Gegen die Zeit« mit Johnny Depp und in der romantischen Komödie »Vergiss Paris« mit Billy Crystal und Debra Winger spielte der Bau eine Hauptrolle.

U. S. Bank Tower 20
633 W. 5th St., www.skyspace-la.com, So–Do 10–21, Fr, Sa 10–22 Uhr, 19–25 $

Die typisch amerikanische Skyline von Downtown wird u. a. dominiert vom 1990 erbauten **U. S. Bank Tower,** mit 310 m und 73 Stockwerken das zweithöchste Gebäude westlich des Mississippi. Auf seiner nachts beleuchteten gläsernen Rundkrone befindet sich der höchstgelegene Hubschrauberlandeplatz der Welt. Zu den Nervenkitzeln der Stadt gehört mit dem **OUE Skyspace LA** eine ganz besondere Attraktion: Neben einer Aussichtsplattform auf der Spitze ›klebt‹ zwischen der 69. und 70. Etage an der Außenwand der 14 m lange Glastunnel SkySlide, den man hinunterrutschen kann.

Neben dem Tower wirken die mediterran inspirierten **Bunker Hill Steps** im fassadengrauen Einerlei wie ein städtebauliches Versöhnungsangebot. Die Anfang der 1990er-Jahre gebaute Treppe verbindet die Hope Street mit der Fifth Street und wird von einem plätschernden Bach begleitet, der in einem von Bildhauer Robert Graham gestalteten Brunnen entspringt und zwischen den 103 Stufenläufen talwärts strömt.

Los Angeles Central Library 21
630 W. 5th St., Tel. 1-213-228-7000, www.lapl.org/central, Mo–Do 10–20, Fr, Sa 10–17.30, So 13–17 Uhr, Führungen Mo–Fr 12.30, Sa 11 und 14, So 14 Uhr

In Downtown zählt die **Los Angeles Central Library** zu den auffälligsten Bauten. 1930 erbaut, verbindet die Bibliothek byzantinische, spanische, romanische, ägyptische und selbst Art-déco-Stilelemente mit geometrischen Formen wie Würfeln und Prismen zu einem reizvollen Ganzen unter einem Turm mit Pyramidendach. Neben den Architekten brachten in den Entwurf auch Bildhauer, Wandmaler, Graveure und Landschaftsgestalter ihre Ideen ein und schufen gemeinsam einen Komplex, der im Schatten der benachbarten Betonriesen wie eine hübsche Murmel in einem Steinbruch wirkt. Nicht nur äußerlich verströmt die drittgrößte öffentliche Bibliothek der USA mit umliegenden Gartenanlagen und Wasserläufen stimmungsvolles Flair. Im Innern werden Besucher von einer Rotunde mit Wandgemälden empfangen, die Szenen aus der Stadtgeschichte darstellen. Der neuere Thomas-Bradley-Flügel des Gebäudes besteht aus einem achtgeschossigen Atrium, wovon vier Etagen unter und vier Ebenen über der Erde liegen.

Neben dem Gebäude wurde ein früherer Parkplatz in die **Maguire Gardens** verwandelt. In dieser Naturoase kann man sich auf Grünflächen zwischen Olivenbäumen, Zypressen, Brunnen und Wasserbecken ausruhen, die zahlreichen öffentlichen Kunstwerke bewundern oder sich im Gartencafé stärken.

GROSSE KUNST GRATIS FÜR ALLE

Wer mit offenen Augen durch Downtown schlendert, findet auf vielen Plätzen, in Parks und Eingangshallen von Geschäften und Banken öffentliche Kunstwerke berühmter Künstler wie Joán Miró, Alexander Calder, Robert Rauschenberg und Jonathan Borofsky. Seit den 1960er-Jahren sind Bauträger in Los Angeles verpflichtet, 1 % der Bausumme in Kunst zu investieren. Die Vorschrift hat die Betonwüste im Stadtzentrum zum Open-Air-Museum gemacht.

Am oberen Ende der Bunker-Hill-Treppen ist eine von Robert Graham geschaffene, auf einer Säule stehende Nackte aus Bronze aufgestellt, die den Namen **Source Figure** trägt und einen Brunnen ziert. Auf der Bank of America Plaza zieht seit 1974 die aus orangefarbigem Stahl errichtete Skulptur **Four Arches** die Blicke an. Das 20 m hohe Kunstwerk stammt vom berühmten amerikanischen Bildhauer Alexander Calder (1898–1976), der zu den Hauptvertretern der kinetischen Plastik gehört und sich mit Mobiles international einen Namen machte (333 S. Hope St.). Auf der gegenüberliegenden Straßenseite begrüßte **Le Dandy** von Jean Dubuffet Besucher des Wells Fargo Center (333 South Grand Ave.). Im Atrium

Den Kopf in den Sand stecken – oder in die Fassade eines Gebäudes. Die Skulptur »Corporate Head« wirkt, als sei sie anlässlich der Finanzkrise entstanden, sie stammt aber aus dem Jahr 1991

des Gebäudes sind weitere Werke von Robert Graham zu sehen.
Um die Straßenkreuzung Figueroa und 7th Street wurden am sogenannten **Poet's Walk** mehrere Kunstwerke aufgestellt, die durch in Stein gemeißelte oder in Bronzeplaketten gegossene literarische Texte ergänzt worden sind. Berühmtestes Werk in dieser Sammlung ist **Corporate Head** von Terry Allan (geb. 1943) mit einem Text des Dichters Philip Levine. Die im Jahr 1991 aufgestellte Bronzeskulptur stellt einen Geschäftsmann mit Aktenkoffer dar, der den Kopf in die Fassade eines Gebäudes steckt. Zu Beginn erfreute sich die Plastik keiner großen Beliebtheit, mittlerweile hat sie sich aber zum Glücksbringer gewandelt (725 S. Figueroa St., Ernst & Young-Gebäude).

Rund um den Pershing Square

Millennium Biltmore Hotel 22
506–515 S. Olive St., Tel. 1-213-624-1011, www.millenniumhotels.com
Manchen Kinogängern wird das **Millennium Biltmore Hotel** ein Déjà-vu-Erlebnis bescheren. Die große alte Dame der Hotels in L. A. spielte schon in vielen Kinofilmen mit, darunter Leinwanderfolge wie Roman Polanskis »Chinatown«, »Die fabelhaften Baker Boys« mit Michelle Pfeiffer und Jeff Bridges, »Beverly Hills Cop« mit Eddie Murphy und »A Star Is Born« mit Barbra Streisand. Während die Gästezimmer heute mit anderen Luxushotels kaum mithalten können, übertrifft das Biltmore mit der opulenten Ausstattung seiner Lobby die meisten seiner Konkurrenten um Längen. Im Rendezvous Court herrscht nicht nur zur nachmittäglichen Teestunde eine Atmosphäre wie in einer spanischen Kathedrale.

Pershing Square 23
www.laparks.org/pershingsquare
Der **Pershing Square** in der Nachbarschaft des Biltmore Hotel erlebte in seiner über 150-jährigen Geschichte schon eine ganze Reihe von Veränderungen. Zuletzt wurde der rechteckige Platz 1994 in den größten öffentlichen Park in Downtown umgestaltet und mit einem 40 m hohen Campanile ausgestattet. Im Sommer finden dort häufig Konzerte statt, im Winter gibt es eine Eislaufbahn. Ein Beethovendenkmal des Bildhauers Arnold Foerster wurde 1932 William Andrews Clark Jr. zu Ehren aufgestellt, dem Gründer des Los Angeles Philharmonic Orchestra, der den deutschen Komponisten zu seinen Lieblingsmusikern zählte.

Jewelry District 24
Zwischen 6th und 8th St., Olive St. und Broadway, the-jewelry-district.com
An den Pershing Square schließt sich südlich der **Jewelry District** an, eines der größten Verkaufsviertel für Diamanten, Gold- und Silberschmuck und Uhren in den USA. Heute haben dort über 3000 Händler ihre Niederlassungen.

Wilshire Grand Center 25
900 Wilshire Blvd.
Auf der 73. Etage des jüngst fertiggestellten 335 m hohen Wolkenkratzers **Wilshire Grand Center** wurde mit dem Sky Deck eine offene Aussichtsplattform eingerichtet, die einen spektakulären Blick auf den gesamten Ballungsraum Los Angeles erlaubt.

Südlich von Downtown

Cityplan: S. 127

L. A. Live 26

Unter www.lalive.com/app kann man mehrere Apps über kommende Veranstaltungen in L. A. Live downloaden
Südlich der Kreuzung Olympic Boulevard und Figueroa Street ist seit 2007 ein neuer Hotspot entstanden. **L. A. Live** markiert an dieser Stelle den Kern eines neuen Stadtteils, in

dem Apartments, Kinos, Restaurants, Klubs und neue Hotels entstanden und der sich nach dem Willen der Investoren in Zukunft zum lebhaften Herzen von Downtown entwickeln soll. Ein 2008 eröffnetes Museum ist dem Grammy Award gewidmet (**Grammy Museum,** www.grammymuseum.org). Der seit 1957 verliehene Musikpreis ist die höchste internationale Auszeichnung für Künstler und Aufnahmeteams und gilt als Oscar der Musikbranche. Die Lage des Neubaugebiets ist in der Tat günstig. Das **Los Angeles Convention Center** liegt gleich nebenan, und mit dem Harbor Freeway befindet sich eine wichtige Verkehrsverbindung nur einen Katzensprung entfernt.

Teil von L. A. Live ist auch das 7200 Sitzplätze große **Microsoft Theater,** in dem jährlich ca. 150 Konzerte und andere Veranstaltungen stattfinden sollen. Das mit einer futuristischen Architektur ausgestattete **Staples Center** wurde mit einem Bruce-Springsteen-Konzert bereits 1999 eingeweiht. Mittlerweile traten dort Stars wie Justin Timberlake und Katy Perry auf. Das 20 000 Zuschauer fassende Stadion ist auch Heimat mehrerer Sportteams, darunter die Basketballstars der LA Lakers, die dort ebenso wie das städtische Damenteam ihre Heimspiele in der nationalen Basketballliga austragen (865 S. Figueroa St., Tel. 1-213-742-7100, www.staplescenter.com).

Weitere Ziele

University of Southern California 27

Admission Center, 615 Childs Way, Tel. 1-213-740-6605, www.usc.edu, Mo–Fr 10–15 Uhr, 50-minütige Besichtigungstouren

Über 30 000 Studenten sind heute an der **University of Southern California** eingeschrieben, die 1880 den Lehrbetrieb aufnahm und heute als älteste Privatuniversität in Südkalifornien gilt. Die hauptsächlich für die Fakultäten Literatur, Kunst und Naturwissenschaften bekannte Einrichtung zählt Berühmtheiten wie Clint Eastwood, George Lucas, John Wayne, Steven Spielberg und Frank Gehry sowie mehrere US-Astronauten, darunter Neil Armstrong, zu ihren Absolventen.

Während des Zweiten Weltkriegs gehörten u. a. der deutsche Literatur- und Philosophieprofessor Ludwig Marcuse zu den Dozenten.

Exposition Park 28

Mit dem Bau des **Los Angeles Memorial Coliseum** und der Ausrichtung der Olympischen Sommerspiele 1932 erlebte der **Exposition Park** seine erste große Stunde. 1984 fand das globale Sportereignis zum zweiten Mal vor Ort statt, wofür der Bildhauer Robert Graham zwei kopflose nackte Skulpturen für den im Art-déco-Stil gebauten Osteingang schuf. Das Management des Stadions liegt bei der University of California, die die Sportstätte in den kommenden Jahren renovieren und für zukünftige Großveranstaltungen fit machen will. In der traditionsreichen Anlage finden bis zu 90 000 Zuschauer Platz, was das Coliseum zu einem der größten Stadien Amerikas macht.

Natural History Museum 29

900 Exposition Blvd., Tel. 1-213-763-DINO, www.nhm.org, tgl. 9.30–17 Uhr, 12 $

Außer Sportfans kommen im Exposition Park auch Kulturinteressierte auf ihre Kosten. Das **Natural History Museum** wartet mit über 30 Mio. Exponaten auf, vom gigantischen Skelett eines Tyrannosaurus über den seltensten Hai der Weltmeere und die prachtvollsten Mineralien zum größten Insektenzoo der Westküste.

California Science Center 30

700 Exposition Park Dr., Tel. 1-323-724-3623, www.californiasciencecenter.org, tgl. 10–17 Uhr, freier Eintritt zu permanenten Ausstellungen, IMAX Theater 8,50 $

Interaktive Versuchseinrichtungen und Ausstellungen für kreative Köpfe machen das **California Science Center** zu einem Paradies für Besucher, die sich für Naturwissenschaften interessieren. Angehende Astronauten können sich in der Air and Space Gallery einen Überblick über den Kosmos verschaffen. Nach Ende der Space-Shuttle-Ära erreichte dort auch das Space Shuttle Endeavour seinen letzten Parkplatz. Im **IMAX Theater** nebenan finden die Abenteuer auf einer Riesenleinwand statt.

California African American Museum 31

600 State Dr., Tel. 1-213-744-7432, www.caamuseum.org, Di–Sa 10–17, So 11–17 Uhr, Eintritt frei

Mit Kunst, Kultur und Geschichte der Afroamerikaner beschäftigt sich das renovierte **California African American Museum.** Unter den vielen Ausstellungen ist vor allem die Ausstellung »African American Journey West« von Interesse, eine interessante Dokumentation über den Beitrag von aus Westafrika stammenden Menschen zur Erschließung und Entwicklung des amerikanischen Westens. Einmal im Monat finden an den sogenannten Target Sundays Kulturveranstaltungen mit afroamerikanischen Künstlern statt.

Infos

LA Visitors Bureau: 333 S. Hope St., Los Angeles, CA 90017, Tel.1-323-467-6412, discoverlosangeles.com und www.downtownla.com. Eine weitere Info-Adresse ist das Convention Center in L. A. Live (s. S. 134).
Southern California CityPass: s. S. 112.

Übernachten

Super Hotel – **Omni** 1 : 251 S. Olive St., Tel. 1-213-617-3300, www.omnihotels.com. Gediegenes Nobelhotel auf dem Bunker Hill mit allem, was auch Geschäftsleute brauchen. Von manchen Zimmern blickt man auf die grandiose Disney Concert Hall. Am Pool auf dem Dach kann man die städtische Hektik tief unter sich lassen. DZ ab ca. 340 $.

Beste Lage – **Sheraton Los Angeles Downtown** 2 : 711 S. Hope St., Tel. 1-213-488-3500, www.sheratonlosangelesdowntown.com. Im Herzen des Bankenviertels gelegenes Geschäftshotel mit knapp 500 bestens ausgestatteten Zimmern und einem Full-Service-Businesscenter. DZ ab ca. 300 $.

Voll im Trend – **Standard Downtown** 3 : 550 S. Flower St., Tel. 1-213-892-8080, www.standardhotel.com. Das Trendhotel mit seinem coolen Flair gehört zu den gefragten Unterkünften in Downtown. Abends trifft man sich auf dem Dach an der Rooftop Bar oder fläzt sich neben dem Pool auf ein Wasserbett, um den berückenden Blick auf Downtown zu genießen. DZ ab 250 $.

Sehr ordentlich – **Luxe City Center** 4 : 1020 S. Figueroa St., Tel. 1-213-748-1291, www.luxecitycenter.com. Alle 195 Zimmer des beim Staples Center liegenden Hotels sind renoviert und bieten viel Platz. Neben einem Restaurant mit großen Fenstern und Fitnessgeräten gibt es einen Swimmingpool mit Blick auf die Skyline. DZ ab 250 $.

Das Geld wert – **Miyako Hotel** 5 : 328 E. 1st St., Little Tokyo, Tel. 1-213-617-2000, www.miyakoinn.com. Komfortable Zimmer mit Kaffeemaschine, Bügeleisen, Schreibtisch und Safe. Businesscenter, Restaurant, Café, Sauna und Fitnessstudio befinden sich im Haus. DZ ab 190 $.

Preiswerte Bleibe – **Best Western Dragon Gate Inn** 6 : 818 N. Hill St., Tel. 1-213-617-3077, www.dragongateinn.com. In Chinatown liegendes, 50 Zimmer großes Hotel, in dem sich einige Geschäfte befinden. Zur Ausstattung gehören Klimaanlage, kostenloses WLAN, Kaffeemaschine und Kühlschrank. DZ online ab 180 $.

Günstig und in guter Lage – **Ritz Milner Hotel** 7 : 813 S. Flower St., Tel. 1-213-627-6981, http://milnerhoteldtla.com. Nur mit dem Nötigsten ausgestattete, kleine Zimmer in einem alten Gebäude, Frühstück inkl. DZ ab 160 $.

Ein richtiges Schmuckstück – **The Inn at 657** 8 : 663 W. 23rd St., Tel. 1-213-741-2200, theinnat657la.com. Hübsches B & B in einem reizenden Garten. Klimatisierte Gästezimmer mit komfortablen Betten und eigenem Bad. Üppiges Frühstück und kostenloser Parkplatz. Nette Gastgeber. DZ ab 160 $.

Kleine, saubere Zimmer – **Mayfair Hotel** 9 : 1256 W. 7th St., Tel. 1-213-632-1200, www.mayfairla.com. In die Jahre gekommene Unterkunft mit knapp 300 klimatisierten, kleinen Zimmern in günstiger Lage für Downtown-Erkundungen. Allerdings ist die Umgebung nicht sehr attraktiv. Zum Haus gehören ein Restaurant und ein abgeschlossener Parkplatz. DZ ab ca. 130 $.

Downtown Los Angeles

Alt, aber o.k. – **Stillwell Hotel** 10 : 838 S. Grand Ave., Tel. 1-213-627-1151. Die 230 Zimmer bieten keinen großen Komfort, sind aber klimatisiert und mit Kühlschrank und Telefon ausgestattet. Zum Haus gehören zwei Restaurants. Man kann günstig parken. Eines der günstigsten Hotels in Downtown. DZ ab ca. 110 $.

Essen & Trinken

Für Gourmets – **Nick & Stef's** 1 : 330 S. Hope St., Tel. 1-213-680-0330, www.patinagroup.com, Mo–Fr 11.30–21.30, Sa 17–21.30, So 16.30–20.30 Uhr. Durchgestyltes Steakhouse mit ausgezeichneten, gut abgehangenen Ribeye-Steaks. Weniger schön: Die Wirte sind der Meinung, ihr Lokal sei so exklusiv, dass man den Gästen eine Speisekarte ohne Preise anbieten könne. Hauptgerichte 40–60 $.

Für Sushifreunde – **Wokcano** 2 : 800 7th St., Tel. 1-213-623-2288, www.wokcanorestaurant.com, tgl. 11–2 Uhr. Todschickes, im Trend liegendes Lokal mit schmackhaften fernöstlichen Spezialitäten, Sushi & Sashimi Bar und Cocktail Lounge, in der Gäste aus einem umfangreichen Angebot an teils exotischen Drinks wählen können. 30–50 $.

Typisch Italien – **Bottega Louie** 3 : 700 S. Grand Ave., Tel. 1-213-802-1470, www.bottegalouie.com, Mo–Fr 6.30–11, Sa 9–12, So Brunch 9–15 Uhr. Alles, was die italienische Küche beliebt und berühmt macht – von Lasagne über Pizzen bis zu Fleisch-, Geflügel- und Fischgerichten. Die Weinauswahl kann sich sehen lassen. 15–30 $.

Pikante Speisen – **Border Grill Downtown** 4 : 445 S. Figueroa St., Tel. 1-213-486-5171, www.bordergrill.com, Mo–Do 11.30–21, Fr, Sa 11.30–22, So 11–21 Uhr. Das Lokal hält die lateinamerikanische Küche hoch. Jeden Dienstagabend gibt es Paella, jeden Sonntagabend Tapas vom Feinsten. Auf dem Patio werden die Gäste am Mi und Fr Abend mit Livemusik unterhalten. Gute Margaritas. Ca. 15–26 $.

Gut und beliebt – **Ledlow** 5 : 400 S. Main St., Tel. 1-213-687-7015, www.ledlowla.com, Mo–Fr 11–2, Sa, So 10–2 Uhr, Happy Hour an der hauseigenen Bar 17–19 Uhr. Burgers, Steaks, Geflügel, Fisch, Suppen, Salate. Hauptgerichte 12–30 $.

Stilvoll – **Traxx** 6 : 800 N. Alameda St., Tel. 1-213-625-1999, keine eigene Website, Lunch Mo–Fr 11.30–14.30, Dinner Mo–Sa 17–21.30 Uhr, So Ruhetag, Bar So 13.30–20 Uhr. Bahnhofsrestaurants sind gewöhnlich weder für gute Qualität noch für reizvolles Ambiente bekannt. Traxx in der historischen Union Station ist eine erfreuliche Ausnahme. Es werden gegrillte Lammkoteletts, Wildlachs aus Alaska oder Shrimps in Chilikruste in eleganter Atmosphäre serviert. Hauptgerichte 12–30 $.

Lohnender Stopp – **Market Restaurant** 7 : 862 S. Los Angeles St., Tel. 1-213-488-9119, http://marketrestaurants.com, Mo–Fr 8–16 Uhr. Für kleinere, zum Teil auch mexikanische Gerichte sowie Sandwiches, Salate, Suppen und Snacks die richtige Adresse. Man kann auch draußen essen. Ab 5 $.

Adressen

Am Pershing Square unweit des Staples Center pulsiert die Metropole

Preisgünstige Klassiker – **Mexicali Taco & Co.** 8 : 702 N. Figueroa St., Tel. 1-213-613-0416, http://mexicalitaco.com, Mo–Do 11–22, Fr, Sa 11–24 Uhr. Mexikanische Leibspeisen nach Originalrezepten, darunter der Verkaufsrenner Vampiro, eine knusprige Tortilla mit Fleischfüllung nach eigener Wahl und Knoblauchsauce. 2,50–6 $.

Einkaufen

Mexikanischer Basar – **Olvera Street** 1 : s. S. 123. Ein riesiges Angebot an mexikanischem Kunsthandwerk und an Souvenirs findet man in den vielen Geschäften entlang der Olvera Street im Pueblo de Los Angeles.

Bücher – **Caravan Book Store** 2 : 550 S. Grand Ave., Tel. 1-213-626-9944, Mo–Sa 11–18 Uhr. Einer der ältesten Buchläden der Stadt ist eine Fundgrube für Bücher über die Geschichte von Los Angeles und das südliche Kalifornien.

Kaufhaus – **Macy's** 3 : 750 W. 7th St., www.macys.com, Mo–Sa 10–21, So 11–20 Uhr. Riesenklotz aus rotbraunen Ziegeln mit drei Dutzend Geschäften, Boutiquen und Restaurants

Bauernmarkt – **Downtown Farmers' Market** 4 : 735 S Figueroa St., Ernst & Young Plaza. Jeden Donnerstag findet von 10 bis 16 Uhr ein Markt statt, auf dem Bauern aus dem Umland frisches Obst, Gemüse, Blumen und selbstgemachten Käse verkaufen.

Abends & Nachts

Rooftop Bar – **Perch** 1 : 448 S. Hill St., Tel. 1-213-802-1770, www.perchla.com, Mo–Sa 16–24, So Brunch 11–21 Uhr. Bistro auf dem Dach.

Dachbar mit Aussicht – **Standard Hotel Downtown** 2 : 550 S. Flower St., Tel. 1-213-892-8080, www.standardhotel.com, s. S. 135. Hipper Treff für das abendliche Ausgehen.

Downtown Los Angeles

Im Himmel über L. A. – **Bona Vista Lounge** 3 : im Westin Bonaventure Hotel, 404 S. Figueroa St., Tel. 1-213-624-1000, www.thebonaventure.com/bona-vista-lounge. Die Bar auf der 34. Etage dreht sich einmal pro Stunde um 360 Grad.

Coole Drinks – **Broadway Bar** 4 : 830 S. Broadway, Tel. 1-213-614-9909, http://213hospitality.com/broadwaybar, Di–Fr 17–2, Sa, So 20–2 Uhr. Ein blaues Neonzeichen weist Gästen nachts den Weg. Die neben dem historischen Orpheum Theatre liegende Bar soll durch das Lokal der Boxerlegende Jack Dempsey in New York inspiriert sein.

Heiße Rhythmen – **Club Mayan** 5 : 1038 S. Hill St., Tel. 1-213-746-4287, www.clubmayan.com, Fr–Sa bis 2 Uhr. Schicker Nachtklub zum Tanzen in einem 1927 erbauten Kino in der Nähe des Convention Center. Hervorragendes Soundsystem, Salsa-Nights und Go-go-Girls. Gute Kleidung ist obligatorisch. Die Cover Charge beträgt 10–12 $.

Nobelklub – **The Edison** 6 : Second/Main St., Tel. 1-213-613-0000, www.edisondowntown.com, Mi–Sa 19–2 Uhr. Teurer Edelklub für eine gut betuchte Klientel mit Tanzmusik, guter Küche und Vorführungen besonderer Filme.

Seeräuberambiente – **Redwood Bar & Grill** 7 : 316 W. Second St., Tel. 1-213-680-2600, www.theredwoodbar.com, Mo–Fr 11–2, Sa, So 17–2 Uhr. Hippe Lounge im Piratenstil mit Strickleitern, alten Schnapsfässern und zu Kronleuchtern umfunktionierten Steuerrädern.

Musicals und Klassik – **Music Center** 7 : (s. S. 124). Zu diesem Zentrum gehören die unter Leitung von Plácido Domingo stehende Los Angeles Opera, das Ahmanson Theatre mit Produktionen wie Andrew Lloyd Webbers »Phantom of the Opera« und das aufwendig renovierte Mark Taper Forum.

Musikgenuss vom Feinsten – **Los Angeles Philharmonic Orchestra**: Das Orchester spielt unter der Leitung von Gustavo Dudamel in der spektakulären Walt Disney Concert Hall 8 (s. S. 124).

Nostalgiepalast – **Orpheum Theatre** 8 : 842 S. Broadway, Tel. 1-877-677-4386, www.laorpheum.com. Heute werden in diesem Theater aus dem Jahr 1926 Konzerte, Filmfestivals und unterschiedliche Theaterproduktionen veranstaltet. Hier standen schon Judy Garland, Ella Fitzgerald, Duke Ellington, Little Richard, Aretha Franklin und Little Stevie Wonder auf der Bühne.

Aktiv

Fußgängertouren – **Los Angeles Conservancy Tours** 1 : 523 W. 6th St., Tel. 1-213-623-2489, www.laconservancy.org, Sa oder So ab 10 Uhr, 15 $, Reservierung obligatorisch. Professionell geführte Fußgängertouren mit diversen Zielen und Schwerpunkten.

Yoga – **Higashi Honganji Buddhist Temple** 2 : 505 E. 3rd St., Tel. 1-213-626-4200, http://hhbt-la.org, tgl. 10–17 Uhr. Besucher können nicht nur den hübschen Garten bewundern, sondern auch an Yogakursen teilnehmen (jeden Mi 18.15–19.15 Uhr).

Radverleih – **El Maestro Bicycle Shop** 3 : 806 S. Main St., Tel. 1-213-627-0580, www.elmaestrobicycles.com, Mo–Fr 10–18, Sa 10–17 Uhr. Sehr große Auswahl an Mieträdern und eine verlässliche Werkstatt für den Notfall.

Sport- und Kulturveranstaltungen – **Staples Center** 4 : 865 S. Figueroa St., Tel. 1-213-742-7340, www.staplescenter.com. In diesem Stadion tragen u. a. die Basketballstars der L. A. Lakers ihre Heimspiele aus. **Los Angeles Dodgers Stadium** 5 : 1000 Elysian Park Ave., Tel. 1-323-224-1507, http://losangeles.dodgers.mlb.com. Das nördlich von Downtown gelegene, 56 000 Zuschauer fassende Stadion der bekanntesten lokalen Baseballmannschaft.

Wellness – **Courtyard Wellness** 6 : 505 S. Flower St., Tel. 1-213-689-1500, www.courtyard-wellness.com. Fitness, Akupunktur und Massagetherapien; **Hilton Checkers Hotel** 7 : Tel. 1-213-624-0000, www3.hilton.com > Los Angeles. Im ›Maschinenraum‹ des Fitnesscenters stehen körperbewussten Gästen zahlreiche Trainingsgeräte zur Verfügung; **Miyako Hotel Spa** 5 : s. S. 135; im Wellnessbereich des Hotels können sich Gäste nach einer anstrengenden Stadttour

FITNESSTRAINING IM MORNING CRUNCH BOOT CAMP

Tour-Infos
Karte: s. Cityplan S. 127
Ort: Grand Hope Park (Park des FIDM/ Fashion Institute of Design & Merchandising), 919 South Grand Ave.

Zeit/Dauer: Mo, Mi, Fr 6.50–7.50 Uhr; 1 Std.
Anbieter: Morning Crunch Boot Camp, Tel. 1-310-408-0949, www.morningcrunch.com, breites Kursangebot, 1–5 x pro Woche (95–225 $)

Was tut der moderne Mensch nicht alles, um fit zu bleiben, zu werden oder die überflüssigen Pfunde zu bekämpfen! In Downtown Los Angeles treffen sich regelmäßig Leute im **Morning Crunch Boot Camp** 8 , die alle von der Idee beseelt sind, gesund und aktiv zu bleiben. Der Begriff Boot Camp stammt eigentlich aus dem militärischen Sprachgebrauch und bezeichnet ein Ausbildungslager für Rekruten. Aber ganz so streng geht es beim frühmorgendlichen Fitnessprogramm in einem Park mitten im Herzen von Los Angeles nicht zu. Statt brüllender Ausbilder leiten passionierte Trainer den *workout*. Und statt Kasernenhofton setzen die Übungsleiter bei Bauchmuskel- und Intervalltraining, kurzen Sprints, Gymnastik und Dehnübungen eher auf motivierende Argumente. Wer teilnehmen will, muss keine sportlichen Voraussetzungen mitbringen. Sportkleidung, ein Handtuch, eine Matte für Bodenübungen und eine Flasche Wasser reichen aus. Alle Trainingseinheiten finden im Freien statt. Duschen sind nicht vorhanden, aber es gibt Toiletten auf dem Gelände. Die jeweiligen Gruppen sind bis zu 12 Personen stark und bieten neben den sportlichen Zielen gute Gelegenheiten, nette Leute kennenzulernen.

Downtown Los Angeles

durch asiatische Massagen oder Saunagänge wieder fit machen lassen.
Fitnesstraining – **Morning Crunch Boot Camp 8** : s. S. 139.

Termine

Chinese New Year (Anfang Feb.): Von viel Krach und Getöse begleitetes Neujahrsfest in Chinatown mit Drachenparade (www.chineseparade.com).
Mardi Gras (Feb.): Karneval in El Pueblo de Los Angeles mit Sambatänzern, Stelzengehern und einer überbordenden Stimmung (www.olvera-street.com).
Los Angeles Marathon (März): Das Langstreckenrennen beginnt in Hollywood und endet im Wolkenkratzerkern in Downtown (www.lamarathon.com).
St. Patrick's Day (März): Irischer Feiertag mit farbenfrohen Paraden, bei denen Dudelsackpfeifer und Musikzüge überwiegend die Symbolfarbe Grün tragen (www.stpattysfest.com).
Cinco de Mayo (Anfang Mai): Die Mexikaner feiern an diesem Tag in El Pueblo den Sieg ihrer Truppen über die Franzosen 1862 in Puebla mit einem schwungvollen, bunten Straßenfest.
Nisei Week (Aug.): Japanisches Kulturfestival mit Autoshow, Taikovorführungen sowie Kunstaktivitäten und einer großen Parade (www.niseiweek.org).
Las Posadas (Dez.): Neuntägiges religiöses Fest rund um die Olvera Street im historischen Stadtkern mit Prozessionen, die Maria und Josephs Reise nach Bethlehem nachvollziehen (www.olvera-street.com).
Downtown Art Walk (jeden 2. Do im Monat): In Downtown sind zahlreiche Museen und Galerien von 12–19 Uhr kostenlos geöffnet, darunter auch das Geffen Contemporary. Im Internet gibt es einen Wegeplan mit allen teilnehmenden Einrichtungen (http://downtownartwalk.org).

Verkehr

Flüge: Internationale Flüge kommen auf dem Los Angeles International Airport (LAX) zwischen Marina del Rey und Manhattan Beach an (Tel. 1-855-463-5252, www.lawa.org, Flugzeit von Frankfurt ca. 12 Std.). Man erreicht Los Angeles von Frankfurt aus per Nonstopflug oder über Zwischenlandungen auf US-Flughäfen. Zwischen den Terminals pendeln Busse.
Flughafentransfer: Der kostenlose Shuttlebus G fährt zur Metro Rail Green Line Aviation Station. Um nach Downtown zur Union Station zu kommen, muss man auf die Metro Blue Line umsteigen (Dauer 45 Min., 1,85 $). Der Super Shuttle in die Stadt kostet je nach Ziel ab 15 $ (www.supershuttle.com). Zwischen LAX und Union Station verkehren im 30-Min.-Takt Fly-Away-Busse (www.LAWA.org, ca. 45 Min., Erw. einfache Fahrt 9 $, Kin. bis 5 J. frei). Taxi nach Downtown: Flatrate 46,50 $.
Bahn: Zentraler Bahnhof für Fernverbindungen ist Union Station (800 N. Alameda Ave., Tel. 1-213-624-0171, 1-800-872-7245, www.amtrak.com). Preisbeispiele: Los Angeles–Tucson 46–89 $; Los Angeles–Seattle ab 150 $. Die Regionalzüge von Metrolink bedienen den gesamten Großraum Los Angeles (www.metrolinktrains.com). Zwischen Los Angeles und Chicago verkehrt der Fernzug Southwest Chief mit Halt in Albuquerque und Kansas City. Für die Fahrt muss man etwa zwei Tage veranschlagen (Ticket einfach ab 172 $).
Busse: Greyhound Terminal, 1716 E. 7th St., Tel. 1-213-629-8401 oder 1-800-229-9424, www.greyhound.com. In alle Richtungen.

Fortbewegung in der Stadt

Das Metro Rail System besteht aus 5 Linien. Blaue Linie: Downtown Los Angeles–Long Beach; Grüne Linie: Norwalk–Redondo Beach; Rote Linie: Downtown–Hollywood–San Fernando Valley; Lila Linie: Mittlerer Wilshire Blvd.; Goldene Linie: Union Station–Pasadena. Der Metro Day Pass ist 24 Std. auf allen Bus- und Metrolinien gültig, 7 $; Einzelfahrt 2,50 $ (www.metro.net). DASH-Busse verkehren in Downtown, Hollywood und der West Side (Tel. 1-213-808-2273, www.ladottransit.com, pro Fahrt 0,50 $).
Taxi: Für die Fahrt mit dem Taxi vom Flughafen nach Downtown bezahlt man eine Flatrate von 46,50 $. Ansonsten kosten die ersten 230 m (gezählt wird das erste Siebtel der 1. Meile) 2,65 $, jede weitere Meile 2,45 $.

Hollywood und Umgebung

▶ 2, B/C 1

Hollywood – der Name hatte schon immer einen magischen Klang! Keine andere amerikanische Stadt hat sich als Synonym für auf Leinwand projizierte Träume eine ähnliche Legende selbst geschaffen. Wo vor über einem Jahrhundert der Mythos Hollywood begann, als Bilder plötzlich laufen lernten, begegnet man auf Schritt und Tritt Erinnerungen an Stars und Sternchen.

Hollywood darf sich mit Fug und Recht einflussreichste und berühmteste Filmmetropole der Welt nennen. Geografisch ist dies nicht ganz korrekt, da in Hollywood selbst mit Paramount nur noch eine einzige große Gesellschaft ansässig ist. Die meisten anderen zogen aus Kostengründen schon vor Jahrzehnten ins Umland, vor allem nach Burbank und Culver City. Dennoch zehrt die Stadt nach wie vor von ihrem Ruf als Wiege des amerikanischen Films und schmückt sich mit dem Abglanz ihrer glamourösen Vergangenheit.

Überall begegnet man den Erinnerungen an Filmstars, deren Extravaganzen und Skandale Hollywood mit dem Stoff ausstatten, aus dem Zelluloidträume gemacht sind.

Seit einigen Jahren feiert der Hollywood Boulevard seine Wiedergeburt, nachdem er in den 1980er- und 1990er-Jahren nicht nur den wirtschaftlichen Niedergang vollzog, sondern im Dunstkreis von Drogendealern, Junkies, Straßenkindern, Prostituierten und Obdachlosen in die Verwahrlosung abgestiegen war. Nach einem ersten Facelifting

Everybody is a star – auf dem Walk of Fame in Hollywood

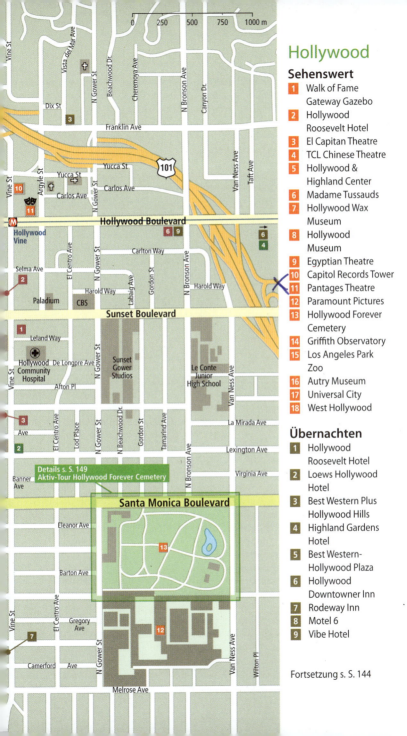

Hollywood und Umgebung

Essen & Trinken
1. Magnolia
2. Hungry Cat
3. El Floridita
4. Osteria Mozza
5. Miceli Restaurant
6. Palm's Thai
7. Pink's

Einkaufen
1. Amoeba Music
2. Goodwill
3. La Brea Avenue
4. Wacko/Soap Plant
5. B. Boheme
6. Candle Delirium

Abends & Nachts
1. Roxy Theatre
2. Whisky A Go-Go
3. Viper Room
4. Hollywood Bowl
5. Gibson Amphitheatre

Aktiv
1. Red Line Tours
2. Starline Tours
3. Lite Flight Helicopter Tours
4. Mount Hollywood
5. Kinara Spa

---

kann sich die in die Jahre gekommene Diva Hollywood wieder der Öffentlichkeit zeigen. Stadtplaner, Bauunternehmer, Lokalpolitiker und Investoren haben für sie nur eine einzige Zukunftsperspektive vor Augen: die Wiedererweckung von Glanz und Glamour durch eine typisch amerikanische Erfolgsgeschichte, an deren Ende nur ein Happy End stehen kann.

Hollywood Boulevard

Westlich der Highland Avenue

Cityplan: S. 143
Mitten durch das historische Herz der kalifornischen Filmindustrie führt mit dem **Hollywood Boulevard** die langsam wieder pulsierende Hauptschlagader des einst heruntergekommenen Stadtteils, der seit der Jahrtausendwende an alte, glanzvolle Zeiten anzuknüpfen versucht. Die berühmteste Erinnerung an diese Ära schufen Ende der 1950er-Jahre Tourismusplaner der lokalen Handelskammer mit einer cleveren Idee, dem Walk of Fame.

Walk of Fame
www.seeing-stars.com/Immortalized/WalkOfFame.shtml
Mit dem Walk of Fame legte man zu beiden Seiten des Hollywood Boulevard zu Ehren lebender bzw. verblichener Ikonen der Filmindustrie eine aus fast 2600 in die Gehsteige eingelassenen Granitsternen bestehende Promi-Galerie an. Dieser Pfad der Berühmtheiten beginnt an der Straßenkreuzung von Hollywood Boulevard und La Brea Avenue mit dem **Walk of Fame Gateway Gazebo** 1 auf gebührende Weise. Der kleine, offene Pavillon ruht nicht auf Säulen, sondern auf vier stützenden Skulpturen, die den Schauspielerinnen Dorothy Dandridge, Dolores del Rio, Mae West und Anna May Wong nachgebildet wurden. Auf dem Dach des Gazebo posiert Filmgöttin Marilyn Monroe, der Hollywood eigentlich mehr verdankt als ein Pavillonschmuck ausdrücken kann.

Der Celebrity-Faktor zieht noch immer. Millionen Schaulustige pilgern Jahr für Jahr am Walk of Fame entlang, um ihren im Straßenpflaster verewigten Leinwandlieblingen einen Besuch abzustatten. Und Jahr für Jahr werden in die Reihe gewürdigter Promis nach einem festgelegten Auswahlverfahren neue Stars und Berühmtheiten aufgenommen, die sich über einen eigenen Stern freuen können.

Hollywood Roosevelt Hotel 2
7000 Hollywood Blvd., Tel. 1-323-466-7000, www.thehollywoodroosevelt.com, s. S. 155
Seit seiner Eröffnung im Jahr 1927 war das **Hollywood Roosevelt Hotel** in Hollywood zentraler Treffpunkt für Reiche und Einflussreiche, für Berühmtheiten und solche, die sich erst auf den steinigen Weg zum Erfolg machten. Zwei Jahre später ließ die erste Oscar-Ver-

Hollywood Boulevard

leihung die Promi-Herberge mit ihrer im spanischen Stil gehaltenen Lobby endgültig zum Dreh- und Angelpunkt der Filmschaffenden werden. Der Hotelpool avancierte in den vergangenen Jahren zum Hotspot der snobistischen Partyszene aus Modedesignern, Paparazzi und blondierten Trophäen der plastischen Chirurgie.

Wer einen Platz an der Tropicana Bar ergattert hat, betrachtet diesen Erfolg in der Regel als Tauglichkeitsbeweis für höhere Aufgaben. Den Beweis trat schon Marilyn Monroe an, als sie auf dem Sprungbrett des Roosevelt-Pools für ein Sonnenschutzmittel posierte und damit ihre Weltkarriere begann. Es versteht sich von selbst, dass später auch das Hotelmanagement seinerseits vom Leinwandstar profitieren wollte. Heute können Kinofans in der Marilyn-Monroe-Suite unterkommen oder im Gable-Lombard Penthouse übernachten und Clark Gable die Ehre erweisen, der in der Edelschnulze »Vom Winde verweht« die Hauptrolle spielte und im Roosevelt Hotel des Öfteren mit seiner Frau Carol Lombard zu Gast war. Auch Montgomery Clift trug sich in die Annalen der Filmgeschichte ein, als er 1953 in Zimmer 923 seine Texte für »Verdammt in alle Ewigkeit« auswendig lernte.

El Capitan Theatre 3

6838 Hollywood Blvd., Tel. 1-800-DISNEY6, Tickets unter http://elcapitantheatre.com
Außer dem berühmten TCL Chinese Theatre (s. rechts) entstanden am Hollywood Boulevard in den 1920er-Jahren zwei weitere grandios ausgestattete Kinopaläste, die dem neuen Medium Film Aufmerksamkeit verschaffen sollten. Als 1926 mit großem Pomp das **El Capitan Theatre** eröffnet wurde, war dies nur der Anfang einer erfolgreichen Karriere als Bühne, auf der Stars wie Buster Keaton, Henry Fonda, Will Rogers und Clark Gable spielten und »Citizen Kane« von Orson Welles die Uraufführung erlebte. 1989 kaufte der Disneykonzern das Theater auf, ließ es in altem Glanz restaurieren und für Premieren und andere Filmvorführungen wieder herrichten, die auf der geradezu barock ausgestatteten Bühne manchmal von lebhaften Disney-Live-Shows begleitet werden.

TCL Chinese Theatre 4

6925 Hollywood Blvd., Tel. 1-323-461-3331, www.tclchinesetheatres.com, 22,75 $ pro Vorführung
Auch das im Jahr 1927 eröffnete **TCL Chinese Theatre** lebt von Reminiszenzen an Filmgöttinnen und Leinwandheroen. Vor dem zwar nicht schönen, dafür aber außergewöhnlichen Theater im asiatischen Fantasiestil lieferte die Schauspiellegende Mary Pickford am 30. April 1927 als Erste einen deutlich sichtbaren Schuhabdruck im weichen Zement des Vorplatzes ab. Viele Stars folgten seit damals dem Beispiel und hinterließen auf den Bodenplatten neben Hand- sogar Nasenabdrücke als persönliche Signaturen – für Besucher eine gute Gelegenheit, die Größe der eigenen Hände oder Füße mit denen von John Travolta, Bruce Willis, Johnny Depp, George Clooney, Matt Damon oder Brad Pitt zu vergleichen. Natürlich ist auch der kalifornische Gouverneur und Ex-Hollywoodstar Arnold Schwarzenegger vertreten, und zwar in der zementierten Nachbarschaft von Tom Cruise, Mel Gibson und Meryl Streep.

In Anbetracht der Starpräsenz gerät fast in Vergessenheit, dass der exotische Tempel nach wie vor als Premierentheater dient, auf dessen Bühne regelmäßig neue Filme ihren Kinostart feiern. Seit dem umfassenden Umbau werden 3-D-Filme nicht nur bei Premieren auf eine gewaltige IMAX-Leinwand projiziert, die das Chinese Theatre zu einem der größten IMAX-Theater der Welt macht.

Hollywood & Highland Center 5

6801 Hollywood Blvd., Tel. 1-323-817-0200, www.hollywoodandhighland.com, Mo–Sa 10–22, So 10–19 Uhr; Dolby Theatre: Tel. 1-323-308-6300, www.dolbytheatre.com, Führungen tgl. alle halbe Stunde von 10.30 bis 16 Uhr, Erw. 22 $, Kin. unter 17 J. 18 $
Seit der Fertigstellung des gewaltigen Komplexes hat sich der Platz vor dem **Hollywood & Highland Center** in eine Open-Air-Bühne für spontane Laiendarsteller verwandelt. Als

Als die Bilder laufen lernten

Die Filmgeschichte von Hollywood begann um 1906, als die Pioniere George Van Guysling und Otis M. Gove ein erstes Studio gründeten und auf einer Pferderanch den ersten Film produzierten. In rascher Folge zogen andere Gesellschaften und unabhängige Filmemacher nach, die sich dem Einfluss eines an der amerikanischen Ostküste herrschenden Filmmonopols entziehen wollten.

Vor allem jüdische Einwanderer erwiesen sich damals als Triebkräfte der aufstrebenden Filmindustrie. Der aus Ungarn stammende Adolph Zukor baute 1912 mit einer Verleihfirma den Vorläufer von Paramount Pictures auf. Aus dem schwäbischen Laupheim stammte Carl Laemmle, der die Universal Film Manufacturing Company gründete und im San-Fernando-Tal mit Universal City eine ganze Studiostadt aus dem Boden stampfen ließ.

William Fox hob die Fox Film Corporation aus der Taufe, Benjamin Warner die Warner Brothers und Louis B. Mayer das Unternehmen Metro-Goldwyn-Mayer (MGM). Als ehemals arme Immigranten kannten die sogenannten Hollywood Jews den Geschmack des Publikums und hatten den gleichen amerikanischen Traum von Glück und Geld vor Augen. Um 1915 beliefen sich die Gewinne aus dem lokalen Filmgeschäft bereits auf ca. 20 Mio. $. Die für damalige Zeiten stolzen Profite der Companies bzw. Produzenten lockten viele Branchenneulinge an. Von den 1920er-Jahren bis in die Zeit nach dem Zweiten Weltkrieg ließen sich 250 Filmgesellschaften in Hollywood nieder, die mit berühmten Regisseuren und Leinwandstars zusammenarbeiteten, darunter europäische Kunstschaffende wie die Regisseure Ernst Lubitsch und Fritz Lang, Peter Lorre, Marlene Dietrich und Greta Garbo. Nachdem 1927 mit »The Jazz Singer« der erste Tonfilm über die Leinwand flimmerte und die 1930er-Jahre im Zeichen der Erfindung des Farbfilms standen, brach für Hollywood das Goldene Zeitalter an. Nur noch große Gesellschaften waren in der Lage, den erhöhten technischen Aufwand zu finanzieren. Einer der Pioniere des Farbfilms war Walt Disney, der das Technicolorverfahren bei seinen Zeichentrickfilmen nutzte. Den Durchbruch schaffte 1939 das melodramatische Bürgerkriegsepos »Vom Winde verweht«.

Mit der Verbreitung des Fernsehens seit den 1950er-Jahren entstand der Filmindustrie eine ernsthafte Konkurrenz, der Hollywood mit einer Reihe technischer Neuerungen wie Breitwandformat und Stereoton Paroli zu bieten versuchte. Hinzu kam, dass damals große Regisseure wie Alfred Hitchcock und John Ford am Ende ihres Lebenswerks angekommen waren, ebenso wie Leinwandstars des Goldenen Zeitalters, etwa Gary Cooper, Cary Grant, Humphrey Bogart und John Wayne. Erst als sich auch die Filmemacher im südlichen Kalifornien thematisch mit den neuen gesellschaftlichen Verhältnissen auseinanderzusetzen begannen, gelang es ihnen, verlorenes Terrain zurückzuerobern. In jüngster Zeit half dabei die Wiederentdeckung des computeranimierten Trickfilms mit erfolgreichen Produktionen wie »Ich – einfach unverbesserlich«. Weiteres Potenzial sieht Hollywood heute in der Entwicklung neuer 3D-Technologien.

Hollywood Boulevard

Marilyn Monroe oder Shrek, Charly Chaplin oder Frankenstein lassen sie sich für ein paar Dollars zusammen mit Touristen fotografieren, die ein persönliches Souvenir mit nach Hause nehmen wollen. Kinos, Renaissance Hollywood Hotel, Restaurants, Straßencafés, zwei Nachtklubs, Bowlingbahnen, Boutiquen, TV- und Radiostudios machten Hollywood & Highland zum neuen Zentrum am Hollywood Boulevard. Die Gebäude mit umlaufenden offenen Gängen gruppieren sich um einen von Palmen bestandenen Platz, in dem Elefanten aus Zement auf hohen Säulen sitzen. In Richtung Hinterland und Berge schließt das Zentrum ein gewaltiges Tor ab, durch dessen Öffnung man einen freien Blick auf das berühmte Hollywoodzeichen hat, das mit seinem 137 m langen Schriftzug HOLLYWOOD zum unverwechselbaren Erkennungszeichen dieses Teils von Los Angeles wurde.

Zugkraft verleiht dem Hollywood & Highland Center das **Dolby Theatre,** in dem seit 2001 mit dem Oscar der begehrteste Filmpreis verliehen wird. Die von der Academy of Motion Picture Arts and Sciences (AMPAS) ausgelobte Auszeichnung wird seit 1929 alljährlich in unterschiedlichen Kategorien vergeben. Die mit 24-karätigem Gold überzogene Statue mit einem Materialwert von ca. 300 $ ist 4 kg schwer und 34 cm hoch. Sie stellt einen stilisierten Ritter dar, der auf einer Filmrolle steht und sich auf ein Schwert stützt. Aus dem riesigen Medienereignis zog Hollywood in den letzten Jahren einen beträchtlichen Imagegewinn. Besucher können das berühmte Star-Auditorium abgesehen von den meist im Monat März stattfindenden Tagen der Oscar-Verleihungen auf geführten Touren besichtigen.

Madame Tussauds [6]

6933 Hollywood Blvd., Tel. 1-323-467-8277, www.madametussauds.com/Hollywood, Mo 10–21, Di–Fr 10–19, Sa 10–20, So 10–22 Uhr, ab 13 J. 31 $, online preiswerter

Ein ständiger Promi-Treff findet tagtäglich bei **Madame Tussauds** statt. Im jüngsten Wachsfigurenkabinett der Stadt, das in ein Dutzend Themen wie Spirit of Hollywood, Western, Krimis, Moderne Klassiker, Filmemacher, Sport und Action-Helden aufgeteilt ist, haben Berühmtheiten wie Brad Pitt, Samuel L. Jackson, Nicole Kidman, Jennifer Lopez, Denzel Washington, Johnny Depp, James Dean und Clark Gable, Justin Timberlake und Shakira sowie Britney Spears eine dauerhafte Unterkunft gefunden. Die verblüffend ähnlichen Wachskopien der Stars waren in einzelnen Fällen bis zu 150 000 $ teuer.

Östlich der Highland Avenue

Hollywood Wax Museum [7]

6767 Hollywood Blvd., Tel. 1-323-462-5991, www.hollywoodwaxmuseum.com, tgl. 10–24 Uhr, Erw. 20 $, Kin. 4–11 J. 10 $

Wer leibhaftigen, wenn auch leblosen Stars begegnen will, begibt sich am besten ins **Hollywood Wax Museum.** Dort haben sich Robert Redford, Julia Roberts, Harrison Ford, Tom Hanks, Catherine Zeta-Jones und über 220 andere Prominente aus Film, Showbusiness, Sport und Politik zu einem VIP-Treffen versammelt. Einige stehen seit über 30 Jahren dort und sind keine Spur älter geworden, was den Fähigkeiten der Wachskünstler zuzuschreiben ist. Etwa 2 kg Wachs, wofür 56 000 Bienen schuften müssen, brauchten sie, um das Gesicht eines Unsterblichen naturgetreu zu modellieren. Danach legen noch Haardesigner, Augen- und Zahnspezialisten sowie Modefachleute Hand an. Am Ende kostet ein Alter Ego von Angelina Jolie oder Brad Pitt gut und gerne 25 000 $.

Hollywood Museum [8]

1660 N. Highland Ave., Tel. 1-323-464-7776, http://thehollywoodmuseum.com, Mi–So 10–17 Uhr, Erw. 15 $, Kin. unter 12 J. 12 $

Wer sich für verblichene Stars wie Marilyn Monroe, Mae West, Elvis und Barbara Stanwyck oder für Requisiten aus berühmten Hollywoodfilmen wie den Zellenblock des Serienkillers Hannibal Lecter aus dem Thriller »Das Schweigen der Lämmer« interessiert, wird im **Hollywood Museum** reich bedient. Kulissen und Kostüme,

Hollywood und Umgebung

Drehbücher und Filmposter verteilen sich auf vier Etagen des ehemaligen Max Factor Building, das nach einem russischen Einwanderer benannt wurde, der es im Goldenen Zeitalter von Hollywood als Maskenbildner zu Ruhm und Ansehen brachte. Als Hommage an den Kosmetikkünstler stellt das Museum im ersten Obergeschoss Factors ehemaligen Schminkraum mit historischen Fotos aus.

Egyptian Theatre 9

6712 Hollywood Blvd., Tel. 1-323-466-3456, www.egyptiantheatre.com, Führungen auf Anfrage

Die 1920er-Jahre brachten nicht nur den Aufschwung des Films mit sich, sondern waren auch durch ein plötzlich gewachsenes Interesse der Öffentlichkeit an der Archäologie gekennzeichnet. Grund dafür war die abenteuerliche Suche des Engländers Howard Carter nach dem Grab von Pharao Tutanchamun in Ägypten. Auch die Architekten Meyer & Holler konnten sich offenbar der Faszination der Ausgrabungen nicht entziehen und ließen in ihren Entwurf für das **Egyptian Theatre** orientalische Elemente einfließen. Als dort 1922 »Robin Hood« mit Douglas Fairbanks als erster Premierenfilm uraufgeführt wurde, staunte das Publikum nicht nur über das Leinwandepos, sondern auch über die märchenhafte Innenarchitektur des Theaters. Nach dem Zweiten Weltkrieg rollte man vor dem Haus jahrzehntelang keine roten Teppiche mehr aus. Erst Ende des 20. Jh. war der exotische Palast wieder hergestellt und dient heute als Sitz der American Cinematheque. Außer dem von Kevin Spacey, John Travolta und Salma Hayek kommentierten Streifen »Forever Hollywood« über die 100-jährige Geschichte von Hollywood werden unterschiedliche Filme gezeigt.

Rund um Hollywood & Vine

Unter **Hollywood & Vine** verstehen die Einheimischen die historische Straßenkreuzung von Hollywood Boulevard und Vine Street, um die sich der nach dem amerikanischen Entertainer benannte Bob Hope Square ausdehnt. An dieser Stelle stand die Wiege von Hollywood, als ein kalifornischer Pionier 1887 seine dort liegende Ranch durch den Bau von zwei Straßen aufteilte. Später siedelten sich um den Schnittpunkt hauptsächlich Unternehmen der Radio- und TV-Branche an.

Die unterirdische Metro-Station **Hollywood & Vine** ist an der Decke mit cinematografischen Elementen, z. B. alten Filmspulen, geschmückt.

Capitol Records Tower 10

1750 Vine St., www.capitolrecords.com

Zu den bekanntesten Gebäuden von Hollywood zählt der runde, 13 Stockwerke hohe **Capitol Records Tower,** dessen Architekturdesign an einen Stapel Schallplatten auf einem Plattenteller erinnern soll. Die dort sitzende Firma Capitol Records wurde 1942 gegründet und entwickelte sich schnell zu einem der größten Unternehmen der Musikindustrie. Früher hatte die Firma Frank Sinatra, die Beach Boys, die Beatles und Jimi Hendrix unter Vertrag, heute arbeitet sie mit Kylie Minogue, Red Hot Chili Peppers, Robbie Williams und R.E.M.

Über der Erde hat das Musiktheater **Pantages Theatre** 11 seinen Platz (6233 Hollywood Blvd., Tel. 1-323-468-1770, www.hollywoodpantages.com).

Weitere Ziele in Hollywood

Paramount Pictures 12

5555 Melrose Ave., s. auch Tipp S. 153

Südlich grenzt an den Hollywood Forever Cemetery (s. S. 149) das Gelände der letzten großen Filmgesellschaft in Hollywood an. Altstars wie Maurice Chevalier, Marlene Dietrich, Audrey Hepburn, Bing Crosby, Gary Cooper, James Stewart und Dean Martin verhalfen **Paramount Pictures** zu internationalem Renommee, das in jüngerer Vergangenheit auf den Schultern von Berühmtheiten wie Leonardo di Caprio, Tom Hanks, Harrison Ford, Demi Moore, Madonna, Sean Connery, Russell Crowe und Morgan Freeman ruhte. Hinter

Weitere Ziele in Hollywood

AUF DEM PROMIFRIEDHOF VON L. A.

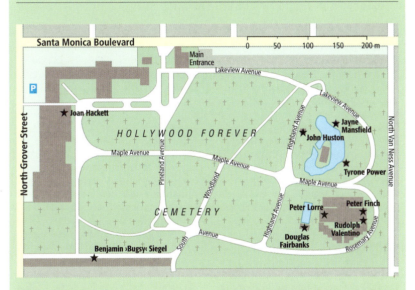

Tour-Infos
Lage: s. Cityplan S. 143
Start: Haupteingang Hollywood Forever Cemetery, 6000 Santa Monica Blvd.
Länge: ca. 2–3 km
Dauer: 1–2 Std.

Interaktiver Gräberplan: www.hollywood forever.com/interactive-site-map
Freiluftkino auf dem Friedhof: 6000 Santa Monica Blvd., Tel. 1-323-469-1181, www.hollywoodforever.com, Kinoprogramm unter www.cinespia.org, 12–16 $

Nicht allein durch berühmte ›Bewohner‹ hat der Promifriedhof **Hollywood Forever Cemetery** 13 Kultstatus erlangt, sondern auch durch seine parkähnliche Anlage mit Wasserflächen, Monumenten, außergewöhnlichen Grabsteinen, Statuen und zwei neoklassizistischen Mausoleen. Zu Lebzeiten brachte es die Schauspielerin **Joan Hackett** zwar zu keinem großen Ruhm. Dieses Handicap machte sie aber durch die prägnante Grabinschrift »Lasst mich in Frieden, ich schlafe« wett. Die Gangsterkarriere von **Benjamin ›Bugsy‹ Siegel,** der sich durch krumme Geschäfte mit der Mafia überworfen hatte, endete 1947 stilecht im Kugelhagel.
Zu den Stars der Stummfilmzeit gehörte der Schauspieler, Regisseur, Drehbuchautor und Produzent **Douglas Fairbanks.** Mit Mary Pickford bildete er bis zu seinem Tod 1939 Hollywoods

Hollywood und Umgebung

Glamourpaar schlechthin. 1929 moderierte er die erste Oscar-Verleihung. Nur wenige Schritte entfernt sind im Cathedral Mausoleum drei bekannte Leinwandgrößen zur letzten Ruhe gebettet: **Peter Lorre,** der 1931 durch seine Rolle als Kindesmörder in »M – Eine Stadt sucht einen Mörder« in die Filmgeschichte einging, der Frauenschwarm **Rudolph Valentino** und der Film- und Theaterschauspieler **Peter Finch,** der für »Network« 1977 posthum einen Oscar erhielt.

Am Ufer des kleinen Friedhofsees befindet sich die letzte Ruhestätte von **Tyrone Power,** der es hauptsächlich in Western- und Abenteuerrollen zu Berühmtheit brachte. Filme wie »Die Spur des Falken« mit Humphrey Bogart, »Der Schatz der Sierra Madre« und »Nicht gesellschaftsfähig« mit Marilyn Monroe und Clark Gable zählten zu den bedeutendsten Regiearbeiten von **John Huston.** Ganz andere Qualitäten waren das Markenzeichen des Busenstars **Jayne Mansfield,** deren Grab ein herzförmiger Stein schmückt.

Tipp: An Wochenenden finden auf dem Friedhof **Filmvorführungen** statt, die längst zu Kultveranstaltungen avanciert sind. Nicht nur der Schauplatz des Geschehens ist ungewöhnlich, sondern auch die Atmosphäre dieser Events. Zuschauer rücken wie zu einem Riesencamping mit Getränken, Verpflegung und Picknickausrüstung an und lassen sich auf Decken, Luftmatratzen und Liegestühlen nieder, um die Freilichtvorführungen zu genießen. Vor und nach den Filmen sorgt ein DJ für fetzige musikalische Unterhaltung.

dem schmiedeeisernen **Bronson Gate,** von dem der Schauspieler Charles Bronson seinen Filmnamen geliehen haben soll, öffnet sich im Schatten eines altmodischen Wasserturms ein 1926 bezogenes Gelände, fast so groß wie Disneyland, auf dem in der Regel über 5000 Menschen beschäftigt sind.

Griffith Park ▶ 2, B/C 1

Mit einer Gesamtfläche von ca. 17 km² gilt der 1882 als Straußenfarm am Rand von Hollywood gegründete **Griffith Park** als einer der größten und bekanntesten Stadtparks in ganz Nordamerika. Am Fuß der Santa Monica Mountains gelegen, veränderten sich die Landschaften auf diesem Gelände in den vergangenen 100 Jahren häufig durch Feuer, Überschwemmungen und Dürreperioden, was der Beliebtheit der grünen Oase bei den Einwohnern von Los Angeles jedoch keinen Abbruch tat.

Griffith Observatory 14
2800 E. Observatory Rd., Tel. 1-213-473-0800, www.griffithobservatory.org, Di–Fr 12–22, Sa, So 10–22 Uhr, Mo geschl., öffentlicher Bus Sa, So, Observatorium Eintritt frei, Planetariumsshow 7 $

Außer Naturerlebnissen auf Wander- und Radwegen bzw. Freizeitaktivitäten auf Tenniscourts, Fußballplätzen und Golfanlagen bietet der Griffith Park eine Reihe lohnender Attraktionen. Wer den James-Dean-Klassiker »Denn sie wissen nicht, was sie tun« gesehen hat, kennt das im Art-déco-Stil auf einer Felsnase errichtete **Griffith Observatory,** das im Film zur Kulisse wurde. Der Besuch ist nicht nur für Sternengucker ein Muss, sondern auch für alle, die aus 300 m Höhe den Blick auf die Stadtlandschaft genießen wollen – sofern nicht häufiger Dunst die Fernsicht verhindert. Vor allem Sonnenuntergänge tauchen den Ballungsraum in eine Licht- und Farbenorgie.

Außer Gesteinsbrocken vom Mars und Mond, Bruchstücken von Meteoriten, einem Modell des Hubble-Weltraumteleskops und einem Foucault'schen Pendel sind die Shows im Planetarium die Publikumsattraktionen.

Los Angeles Park Zoo 15
5333 Zoo Dr., Tel. 1-323-644-4200, www.lazoo.org, tgl. 10–17 Uhr, Erw. 20 $, Kin. 2–12 J. 15 $

Der **Los Angeles Park Zoo** ist berühmt für die Aufzuchtprogramme des Kalifornischen Kondors, beherbergt aber auch ca. 2000 andere Tiere wie Kapuzineräffchen, Schildkröten, Schneeleoparden, Löwen, Sumatra-Tiger,

Weitere Ziele in Hollywood

Orang-Utans, Reptilien wie Anacondas und Alligatoren sowie Papageien, Afrikanische Fischadler und Flamingos. Für ein gutes Dutzend Schimpansen wurde eigens ein Camp eingerichtet. Kinder haben ihren Spaß bei Kamel- und Elefantenritten. Wer müde Beine bekommt, kann mit dem Safari Shuttle fahren.

Autry Museum 16
4700 Western Heritage Way, Tel. 1-323-667-2000, http://theautry.org, Di–Fr 10–16, Sa, So 10–17 Uhr, Erw. 14 $, Kin. 3–12 J. 6 $

Jedem amerikanischen Schulkind ist Gene Autry (1907–1998) als Schauspieler und singender Cowboy ein Begriff. Auf dem Walk of Fame in Hollywood ist er der einzige Prominente, dem fünf Sterne für seine Aktivitäten in fünf Branchen (Radio, Schallplatten, Film, Fernsehen und Live Performance) gewidmet wurden. Als Leinwandstar, Songdichter, TV-Serienheld, Besitzer von Radiostationen und Hoteleigner zu Ruhm und Reichtum gekommen, gründete der Volksheld 1988 mit dem Vorgänger des **Autry Museum of the American West** eine Einrichtung, die heute mit zwei hervorragenden Museen die Geschichte des amerikanischen Westens erklärt und zeigt, wie dieser Teil Amerikas die restliche Welt beeinflusste.

Die Ausstellungen in The Autry decken den gesamten Zeitraum vom Zeitalter der nomadisierenden Urbevölkerung über die Ära der spanischen Missionare, der russischen Pelztierjäger, der französischen Voyageurs und der frühen amerikanischen Siedler bis hin ins 20. Jh. ab, als sich moderne Medien wie Radio und Film sowie Fernsehen mit dem westlichen Landesteil zu beschäftigen begannen.

Die Exponate reichen von einer mehr als 200 Einzelstücke umfassenden Colt-Sammlung über Reitsättel bis zu Memorabilien vieler Berühmtheiten des Westens einschließlich Buffalo Bill und Wyatt Earp.

Teil des Autry wurde vor Jahren das **Southwest Museum of the American Indian** mit einer exzellenten Sammlung über Amerikas Indianer. Die Wiederöffnung scheiterte bis heute, sodass gegenwärtig nur ein kleiner Teil des Museums der Öffentlichkeit zugänglich ist (nur Sa 10–16 Uhr).

Universal City 17

Weil die Produktionskosten ins Uferlose zu steigen drohten, verlegten die meisten Filmgesellschaften ihre Studios vor Jahrzehnten an den Stadtrand. Dazu gehörten die Universal Studios, die unter den Illusionsfabriken zu den attraktivsten zählen, weil sie die Filmlegende Hollywood mit den Attraktionen eines Vergnügungsparks verbinden. Um die Filmhallen entstand ein riesiges Gelände, die **Universal City,** wo sich neben den Universal Studios auch der Universal City Walk mit Läden, Klubs und Restaurants befindet (s. u.).

Universal City Walk
www.citywalkhollywood.com, So–Do 11–21, Fr, Sa 11–23 Uhr, kein Eintritt

Wer die Universals besucht, macht vor dem eigentlichen Park zunächst mit dem **Universal City Walk** Bekanntschaft. Die Shopping- und Entertainmentmeile bildet fast eine eigene kleine Stadt, an deren zentraler Promenade knapp zwei Dutzend Restaurants, Imbisse, Klubs, ein sechsstöckiges IMAX-3D-Kino und viele Fachgeschäfte mit einem Riesenangebot an Souvenirs, Harley-Davidson-Accessoires, Kosmetika, Schmuck und Mode liegen. Bei typischen Louisiana-Spezialitäten, mexikanischer Küche oder amerikanischen Steaks kommen nicht nur hungrige Gäste auf ihre Kosten. Die schicke **Infusion Lounge,** der coole Pianoklub **Howl at the Moon** und das **Hard Rock Café** sorgen auch für musikalische Unterhaltung. Wem das nicht genügt: Im 6000 Plätze großen **Gibson Amphitheatre** 5 finden regelmäßig Konzerte bekannter Gruppen und Interpreten statt. Der City Walk bietet auch abwechslungsreiche Unterhaltung – vom Bowling bis zum NASCAR-Rennsimulator.

Universal Studios Hollywood
100 Universal City Plaza, Universal City, Tel. 1-818-777-1300, www.universalstudios hollywood.com, im Sommer Mo–Do 9–20, Fr–So 9–21, sonst tgl. 10–18 Uhr, Ticketpreise unter https://store.universalstudioshollywood.com/ PurchaseTickets.aspx

Hollywood und Umgebung

Tour durch die Universal Studios: Hier werden Träume (fast) Wirklichkeit

Die eigentlichen **Universal Studios Hollywood** eröffneten 1964 ihre Tore und zogen seit damals über 100 Mio. Gäste mit ihren Filmthemen in Bann. »Jurassic Park«, »Zurück in die Zukunft«, »King Kong«, »Terminator 2« und »Revenge of the Mummy« sind nur einige Kinoschlager, deren Kulissen in zum Teil nervenzerfetzende Indoor-Coasters verwandelt wurden. In den meisten Fällen sind die abenteuerlichen Achterbahnfahrten mit jenen Spezialeffekten angereichert, mit denen auch das Publikum im Kino beeindruckt werden soll. Aufwendige Computertechnik spielt bei der »Waterworld«-Stuntshow und bei »Der weiße Hai« im Hintergrund eine Hauptrolle, wenn das riesige Meeresmonster plötzlich nach dem Boot schnappt, mit dem Besucher über ein vermeintlich harmloses Gewässer schippern. Zu den Highlights zählt der Parkteil **The Wizarding World of Harry Potter.** Fans können im Süßwarengeschäft Honeydukes naschen, Butterbier probieren und durch die Gassen von Hogsmeade flanieren.

Höhepunkt eines Besuchs der Universal Studios ist die im Eintrittspreis enthaltene **Studio Tour.** Mit offenen Trams fahren die Gäste durch das Filmgelände, auf dem an mehreren Stellen die Kulissen von Fernsehserien wie »CSI – Crime Scene Investigation« und »Ghost Whisperer« aufgebaut sind. Hier und da wird man von *special effects* überrascht, so beispielsweise auf der Fahrt durch ein Attrappendorf aus dem Film »Flash Flood«, in dem ein computergesteuerter Regenguss einen Platz in wenigen Sekunden in einen reißenden Strom verwandelt. Ständig verändern bzw. ergänzen die Studioarchitekten das Ambiente für die von einer virtuellen Whoopi Goldberg kommentierte Tour, weil die Drehorte aktualisiert werden müssen, um Werbung für die neuesten Filmproduktionen zu machen.

Hollywood Bowl 4

2301 N. Highland Ave., Tel. 1-323-850-2000, www.hollywoodbowl.com, Tickets auf den hintersten Sitzen 1 $, in der ersten Reihe bis zu 100 $ je nach Konzert

Die Liste der Performer in der **Hollywood Bowl** liest sich wie ein Who is Who der Musikgeschichte. Seit die Los Angeles Philharmonic das Open-Air-Auditorium am 11. Juli 1922 mit einem Konzert einweihte, standen

AUF DEN SPUREN DER HOLLYWOODSTARS

Für viele Amerikabesucher gehört in der weltberühmten Traumfabrik Hollywood der Besuch eines Filmstudios zu den unverzichtbaren Erlebnissen einer Kalifornienreise. Doch so zahlreich, wie man vielleicht annehmen möchte, sind die Gelegenheiten dazu nicht. Zwar haben sich im Laufe der Zeit im Großraum Los Angeles mehrere Hundert große und kleine Filmgesellschaften niedergelassen. Besuchertouren bieten aber nur einige wenige an. Bei tatsächlichen Drehs herrscht an den Sets in der Regel strikte Disziplin und hohe Professionalität, denen Zuschauerverkehr natürlich abträglich wäre.

Die letzte große Filmgesellschaft in Hollywood selbst ist **Paramount Pictures** mit einem ca. 30 ha großen Gelände, auf dem sich zahlreiche Studios und Verwaltungsbauten befinden. Gäste der 2-stündigen Touren werden mit kleinen Trolleys durch die Traumfabrik gefahren, die sich in der Regel aber weit nüchterner präsentiert, als sich die Teilnehmer gemeinhin vorstellen. Paramount wirbt wie andere Unternehmen zwar zwischen den Zeilen mit der Möglichkeit, hier und da einem Star über den Weg zu laufen. Die Chancen dafür sind jedoch äußerst gering (5555 Melrose Ave., Touren tgl. 9.30–14 Uhr alle halbe Stunde, Reservierung empfohlen, Tel. 1-323-956-1777, www.paramountstudiotour.com/studio-tour.html, Mindestalter 10 J., Fotografierverbot, 55 $).

Bei den **Warner Bros. Studios** handelt es sich nicht wie im Fall der **Universal Studios** (s. S. 151) um einen dem Film gewidmeten Vergnügungspark, sondern um ein echtes Filmgelände, auf dem TV- und Filmshows produziert werden und Besucher einen Blick hinter die Kulissen werfen. Nach einem 10-minütigen Einführungsfilm über Geschichte und Produktionen von Warner Bros. fährt man mit kleinen Wagen durch die Kulissen von »Ocean's 13« mit George Clooney und Brad Pitt, durch ein Klein-New York und ein Kulissenviertel von Chicago. Die normale Tour endet in einem Museum mit Exponaten aus bekannten Filmen und Memorabilien berühmter Stars (135-minütige VIP Tour, VIP Tour Center, 3400 Riverside Dr., Burbank, Tel. 1-877-492-8687, http://vipstudiotour.warnerbros.com, Mo–Sa 8.30–16 Uhr, im Hochsommer länger, 62 $; 5-stündige Deluxe Tour inkl. Lunch Mo–Fr 10 Uhr, 295 $).

Aus den **NBC Television Studios** in Burbank wurde lange die berühmte »Tonight Show« mit Jay Leno übertragen. Der Moderator überließ die Sendung 2014 seinem Nachfolger Jimmy Falcon, der allerdings nicht mehr in Kalifornien, sondern in New York City vor den Kameras steht. Gleichzeitig mit dem Abgang von Leno stellte NBC seine Aktivitäten in Burbank ein und verlagerte sie unter dem Namen KNBC-TV Channel 4 in einen neuen Nachrichtenkomplex nach Universal City im San Fernando Valley nordwestlich von Downtown Los Angeles. Shows werden nicht mehr übertragen.

In jüngerer Vergangenheit machten die **Sony Pictures Studios** in Culver City, zu denen seit einigen Jahren auch Metro-Goldwyn-Mayer (MGM) und United Artists gehören, mit Kinofilmen wie »Money Monster«, »Der Dunkle Turm«, »Passengers« und dem Thriller »Baby Driver« Schlagzeilen und zugleich Kasse. Im Fernsehen wurden mehrere Soap Operas,

Quiz- und Spielshows und die Comedy-Serie »Seinfeld« bekannt. Auf den Fußtouren flanieren Gäste durch die Kulissen, in denen die »Men in Black« Will Smith und Tommy Lee Jones Außerirdische dezimierten und berühmte Filme wie »Air Force One« und »Unheimliche Begegnung der dritten Art« entstanden. Sony bietet auf seinem Studiogelände auch sogenannte Twilight Tours ein, die um 18 Uhr beginnen, zwei Stunden dauern und den Teilnehmern viel Wissenswertes über das Filmgeschäft vermitteln (10202 W. Washington Blvd., Culver City, Buchung Tel. 1-310-244-8687, www.sonypicturesstudiostours.com, Mo–Fr 9.30–14.30 Uhr, 40 $, ab 12 J., eine Reservierung ist empfehlenswert).

dort Igor Strawinsky, Herbert von Karajan, Arthur Rubinstein, Plácido Domingo, Nat ›King‹ Cole, Ella Fitzgerald, Billie Holiday, Frank Sinatra, The Beatles, Luciano Pavarotti, Barbra Streisand, Elton John und Garth Brooks auf der Bühne – um nur einige zu nennen. Seit 1991 besitzt das 18 000 Besucher fassende Amphitheater mit dem Hollywood Bowl Orchestra sogar ein hauseigenes Ensemble. Amerikas größtes natürliches Freilufttheater ist kein Kulturtempel wie jeder andere, was allein schon die Publikumsetikette beweist. Längst hat sich eingebürgert, dass Zuschauer zu den Konzerten eigene Verpflegung in der Kühlbox mitbringen, während andere sich in ihren Boxen von einem Caterer vor Konzertbeginn mit vorbestellten Mahlzeiten und Getränken versorgen lassen.

West Hollywood

Von Hollywood führt mit dem **Sunset Boulevard** die wohl bekannteste Straße in Los Angeles nach Südwesten. Der bis nach Santa Monica verlaufende ›Boulevard der Träume‹ heißt auf dem Abschnitt bis nach Beverly Hills auch **Sunset Strip.** Im Jahr 1950 gab Billy Wilder seiner schonungslosen filmischen Abrechnung mit der Traumfabrik Hollywood den Titel »Sunset Boulevard«. Einige Jahre später lieh die Straße der auch im deutschen Fernsehen ausgestrahlten Detektivserie »77 Sunset Strip« und schließlich einem Musical von Andrew Lloyd Webber den Namen.

Von Hollywood gelangt man in westlicher Richtung auf dem Sunset Boulevard nach **West Hollywood** 18 **,** heute Treffpunkt der Reichen, Schönen und Gays. Restaurants, Cafés, Boutiquen und Klubs wechseln sich ab mit Modelagenturen, Produktionsfirmen für Filme, Designer-Showrooms, Kunstgalerien und Nachtlokalen. Die größten Plakatwände von Los Angeles säumen den Sunset Strip, den Filmregisseure längst als ideale Stadtkulisse entdeckt haben und deshalb vor Ort bevorzugt Los-Angeles-Szenen drehen.

Seit über zwei Jahrzehnten ist das rund 40 000 Einwohner zählende West Hollywood eine eigenständige Stadt, die vor allem gegen Abend ihr quirliges Leben beweist. Für modebewusste Konsumenten ist sie ein wahres Paradies, weil es etwa auf der Melrose Avenue und dem Robertson Boulevard von Geschäften und Boutiquen nur so wimmelt.

Chateau Marmont
8221 Sunset Strip, Tel. 1-323-656-1010,
www.chateaumarmont.com, DZ ab 435 $
Das schlossähnliche **Chateau Marmont** war früher ein beliebter Treff von Filmgrößen. Schlagzeilen machte die Nobelherberge 1982, als dort der Schauspieler John Belushi nach einer Überdosis Heroin starb.

Sunset Tower Hotel
8358 Sunset Blvd., Tel. 1-323-654-7100,
www.sunsettowerhotel.com, DZ ca. 325 $
Eine ähnlich illustre Geschichte wie das Chateau Marmont besitzt das **Sunset Tower Hotel,** das sich wie ein 16-stöckiger Art-déco-Wehrturm am Sunset Strip in den Himmel reckt. Unter dem Namen Argyle Hotel gehörte die 1929 erbaute Nobelherberge früher mit Stammgästen wie Clark Gable, Marilyn Monroe, Frank Sinatra, Elizabeth Tay-

West Hollywood

lor und John Wayne zu den Hotspots von West Hollywood.

Pacific Design Center

8687 Melrose Ave., Tel. 1-310-657-0800, www.pacificdesigncenter.com, Mo–Fr 9–17 Uhr; MOCA: Tel. 1- 213-626-6222, www.moca.org, Öffnungszeiten variieren, Eintritt frei

Mit dem **Pacific Design Center** des Architekten Cesar Pelli entstand in den 1970er-Jahren in West Hollywood ein mit blauem Glas überzogener Bau, der im Volksmund auch der ›Blaue Wal‹ heißt. Firmen der Dekorations- und Möbelbranche richteten dort Ausstellungs- und Verkaufsräume ein. 15 Jahre später um ein grünes, würfelförmiges Gebäude erweitert, beherbergt der von einem kleinen Park mit Brunnen umgebene Komplex heute neben einem Restaurant und einem Café des Starkochs Wolfgang Puck ein Theater, ein Konferenzzentrum und eine Filiale des **Museum of Contemporary Art (MOCA)** mit neuen Werken etablierter ebenso wie noch eher unbekannter Künstler sowie Design- und Architekturentwürfen und Fotografien. 2009 wurde dem Pacific Design Center noch ein neuer, roter Gebäudekomplex hinzugefügt.

Infos

Visitors Information Center: 6801 Hollywood Blvd., Tel. 1-323-467-6412, http://discoverlosangeles.com. **West Hollywood Convention & Visitors Bureau:** 8687 Melrose Ave., Suite M-38, West Hollywood, CA 90069, Tel. 1-310-289-2525, 1-800-368-6020, www.visitwesthollywood.com.

Übernachten

Der Klassiker – **Hollywood Roosevelt Hotel** **1** : 7000 Hollywood Blvd., Tel. 1-323-466-7000, www.thehollywoodroosevelt.com. Traditionshotel, in dem früher die großen Stars abstiegen. Von manchen der 300 modern eingerichteten Zimmer hat man einen wunderschönen Blick auf den Hollywood Boulevard. Die Nächte können recht laut werden. DZ durchschnittlich 330 $.

Sehr komfortabel – **Loews Hollywood Hotel** **2** : 1775 N. Highland Ave., Tel. 1-323-856-1200, www.thehollywoodroosevelt.com. Neueres Riesenhotel als Teil des Hollywood & Highland Center. In dieser eher nüchternen Nobelherberge steigen während der Oscar-Verleihung viele Stars ab. Zum Hotel gehören Pool, Restaurant, Bars und Ladengeschäfte. DZ ab ca. 330 $.

Schöne Zimmer – **Best Western Plus Hollywood Hills:** **3** : 6141 Franklin Ave., Tel. 1-323-464-5181, www.bestwestern.com/hollywoodhillshotel. Alle Zimmer sind mit Klimaanlage, WLAN und Kühlschrank ausgestattet, es gibt einen Außenpool. DZ ab ca. 170 $.

Alt, aber ordentlich – **Highland Gardens Hotel** **4** : 7047 Franklin Ave., Tel. 1-323-850-0536, www.highlandgardenshotel.com. Das Hotel, in dem schon Janis Joplin, Jefferson Airplane sowie Siegfried & Roy nächtigten, bietet Unterkünfte vom Standardzimmer bis zu Suiten für 6 Personen. DZ ab 170 $.

Tolle Lage – **Best Western-Hollywood Plaza** **5** : 2011 N. Highland Ave., Tel. 1-323-851-1800, www.bestwestern.com. Das am Fuß der Hollywood Hills gelegene Hotel besitzt einen großen Außenpool und ein Fitnesscenter; die Zimmer sind mit Kaffeemaschine, Mikrowelle und Highspeed-Internetzugang ausgestattet. DZ ab 140 $.

Gut und günstig – **Hollywood Downtowner Inn** **6** : 5601 Hollywood Blvd., Tel. 1-323-464-7191, www.hollywooddowntowner.com. Älteres Motel mit sauberen Zimmern inklusive Bad, Kühlschrank, Kaffeemaschine, Mikrowelle und kostenlosem Parkplatz. Das Inn liegt günstig, um Attraktionen in Hollywood zu besichtigen. DZ ab 120 $.

Durchschnittlich – **Rodeway Inn** **7** : 777 Vine St., Tel. 1-323-463-5671, www.rodewayinnhollywoodca.com. In der Nähe der Paramount Studios liegendes Kettenmotel für Reisende ohne große Ansprüche. Zimmer mit WLAN-Anschluss. DZ ca. 110 $.

Im Epizentrum – **Motel 6** **8** : 1738 Whitley Ave., Tel. 1-323-464-6006, www.motel6hollywood.com. Preisgünstiges, zentrales Kettenmotel mit einfachen, nur mit dem Nötigsten ausgestatteten Zimmern. DZ ab 100 $.

Für Anspruchslose – **Vibe Hotel** **9** : 5922 Hollywood Blvd., Tel. 1-323-469-8600, http://

Hollywood und Umgebung

vibehotel.com. Eine Unterkunft im Stil einer Herberge mit kleinen und größeren Privatzimmern. Gelegentlich lässt die Sauberkeit ein wenig zu wünschen übrig, aber die Lage ist günstig zum Sightseeing in Hollywood. DZ ab 90 $.

Essen & Trinken

Cooles Ambiente – **Magnolia 1 :** 6266 1/2 Sunset Blvd., Tel. 1-323-467-0660, www.magnoliala.com, Mo–Fr 11–2, Sa 12–2, So 10–1 Uhr. Durchgestyltes, etwas dunkles Lokal mit langem Tresen. Hauptgerichte aus Fleisch, Geflügel und Fisch, daneben auch kleinere Gerichte. Ca. 10–30 $.

Für Seafood-Liebhaber – **Hungry Cat 2 :** 1535 N. Vine St., Tel. 1-323-462-2155, www.thehungrycat.com, Mo–Do 12–23, Fr, Sa 11–24, So 11–23 Uhr, Brunch Sa, So 11–15 Uhr. Cooles Interieur mit dunkelgrauen Wänden und elfenbeinfarbiger Bar, serviert werden hervorragende Fisch- und Meeresfrüchtegerichte. Dinner ca. 12–30 $.

Pikantes aus Kuba – **El Floridita 3 :** 1253 N. Vine St., Tel. 1-323-871-8612, http://elfloridita.com, tgl. ab 11.30 Uhr. Hier feierten Gary Cooper und Ernest Hemingway 1952 zusammen Silvester. In stimmungsvoller Umgebung mit Livemusik gibt es kubanische Spezialitäten. Manche Gäste kommen nur wegen der süffigen Mojitos. Dinner 12–30 $.

Fabelhaft – **Osteria Mozza 4 :** 6602 Melrose Ave., Tel. 1-323-297-0100, http://la.osteriamozza.com, tgl. 17.30–23 Uhr. Das Lokal serviert die gesamte Palette italienischer Spezialitäten. Pizza-Liebhaber würden hier am liebsten den Rest ihres Lebens verbringen. Pizzen 9–17 $, Fleischgerichte 10–24 $.

Original italienisch – **Miceli Restaurant 5 :** 1646 N. Las Palmas Ave., Tel. 1-323-466-3438, www.micelis.restaurant, tgl. Lunch und Dinner. Traditioneller Familienbetrieb mit typisch italienischen Gerichten und großer Pizza- und Pasta-Auswahl. Hier speisten schon J. F. Kennedy, Richard Nixon und die Beatles. 10–22 $.

Exotische Thai-Küche – **Palm's Thai 6 :** 5900 Hollywood Blvd., Tel. 1-323-462-5073, www.palmsthai.com, tgl. 11–24, Fr, Sa bis 1.30 Uhr. Ausgezeichnete fernöstliche Küche. Fleisch, Fisch und Suppen ab ca. 8 $.

Imbiss-König – **Pink's 7 :** 709 N. La Brea Ave., Tel. 1-323-931-4223, www.pinksholly wood.com, tgl. 9.30–2, Fr, Sa bis 3 Uhr. Seit 1939 bestehender legendärer Imbiss, in dem fast jede Berühmtheit schon einmal ihren Hunger gestillt hat. Viele von ihnen sind an den Wänden per Foto verewigt. Auf der Speisekarte findet man so ziemlich jede Variation von Hot Dog und Burger. Keine Mahlzeit kostet mehr als 10 $.

Einkaufen

Musikimperium – **Amoeba Music 1 :** 6400 Sunset Blvd., Tel. 1-323-245-6400, www.amoeba.com, Mo–Sa 10.30–23, So 11–22 Uhr. Seit Langem *die* Institution in Sachen Musik mit riesiger Auswahl an CDs, DVDs und Schallplatten.

Aus zweiter Hand – **Goodwill 2 :** 1200 Vine St., Tel. 1-323-469-2357, www.goodwillsocal.org, Mo–Sa 9–21, So 10–20 Uhr. Tonnen von Secondhandwaren, von Küchengeräten über Unterhaltungselektronik bis zu Mode und Schuhen, warten in diesem Gebrauchtwarenimperium auf Wiederverwender.

Mode-Mekka – **La Brea Avenue 3 :** Viele Geschäfte liegen an dieser Straße auf dem Abschnitt zwischen Fairfax Avenue und Wilshire Boulevard.

Neben der Spur – **Wacko/Soap Plant 4 :** 4633 Hollywood Blvd., http://soapplant.com, tgl. ab 11 Uhr. Ziemlich ausgeflippter Laden, Bücher, Tonträger, Kunsthandwerk u. v. m.

Verführerischer Schmuck – **B. Boheme 5 :** 9013 1/2 Melrose Ave., West Hollywood, Tel. 1-310-275-4149, keine Website. Von Hand gefertigter Schmuck und einzigartige Accessoires.

Kerzenvielfalt – **Candle Delirium 6 :** 7980 Santa Monica Blvd., West Hollywood, Tel. 1-888-656-5903, www.candledelirium.com. Wer ein Faible für Kerzen in allen Formen und Farben hat, wird hier garantiert fündig.

Abends & Nachts

Nachtleben findet in West Hollywood seit Jahrzehnten hauptsächlich auf dem legendä-

ren Sunset Strip in Rock-, Pop-, Jazz-, Rhythm & Blues- und Comedy-Klubs statt. Dort reihen sich einige berühmte Klubs:
Promi-Klub – **Rocky Theatre** 1 **:** 9009 W. Sunset Blvd., Tel. 1-310-278-9457, www.theroxy.com. Der Klub machte Größen wie Rod Stewart, David Bowie, Bruce Springsteen, Neil Young und Prince bekannt.
Bühne der Stars – **Whisky A Go-Go** 2 **:** 8901 Sunset Blvd., Tel. 1-310-652-4202, www.whiskyagogo.com. Auf der Bühne standen schon Jim Morrison, The Doors, The Who, The Byrds, Led Zeppelin, AC/DC, Jimi Hendrix und Guns N' Roses.
High-Society-Klub – **Viper Room** 3 **:** 8852 W. Sunset Blvd., Tel. 1-310-358-1881, www.viperroom.com. Vor dem Klub, der früher Johnny Depp gehörte, starb River Phoenix 1993 an einer Überdosis Kokain.
Musik unter freiem Himmel – **Hollywood Bowl** 4 **:** 2301 N. Highland Ave., s. auch S. 152. Im Sommer finden hier häufig Open-Air-Konzerte statt (Klassik, Rock und Pop).
Zeitgenössischer Sound – **Gibson Amphitheatre** 5 **:** 100 Universal City Plaza, Universal City, Tel. 1-818-622-4440, www.citywalkhollywood.com. Das 6000 Gäste fassende Theater bei den Universal Studios hat sich auf Pop- und Rockevents spezialisiert.

Aktiv

Stadtführungen/Thementouren – **Red Line Tours** 1 **:** Hollywood Tour Center, 6708 Hollywood Blvd., Tel. 1-323-402-1074, http://redlinetours.com/la. Das Unternehmen bietet Besichtigungstouren mit diversen Schwerpunkten an. Auf der zu Fuß unternommenen Hollywood Behind-the-Scenes Tour etwa besuchen die Gäste berühmte Gebäude und Schauplätze der Filmgeschichte. **Starline Tours** 2 **:** 6925 Hollywood Blvd., Tel. 1-323-463-3333, www.starlinetours.com. Ein Ticketschalter befindet sich vor dem TCL Chinese Theatre. Dauerbrenner unter den Stadttouren sind sog. Movie Stars' Homes Tours, bei denen die Fahrgäste vom Minibus aus die Wohnsitze von Berühmtheiten zu sehen bekommen.
Rundflüge – **Lite Flight Helicopter Tours** 3 **:** 16700 Roscoe Blvd., Van Nuys, CA 91406, Tel. 1-877-335-7038, http://liteflighthelicopters.com/contact-us.
Joggen – **Mount Hollywood** 4 **:** Der Griffith Park ist einer der größten Stadtparks der USA und bietet viele sportliche Möglichkeiten. Auf dem Parkplatz vor dem Griffith Observatory beginnt ein Joggingpfad zum Mount Hollywood, der höchsten Erhebung im Park mit spektakulärem Blick auf das gesamte Stadtgebiet (www.laparks.org/griffithpark).
Massagen, Wellness und Kosmetik – **Kinara Spa** 5 **:** 656 N. Robertson Blvd., West Hollywood, Tel. 1-310-657-9188, www.kinaraspa.com. Neben Massagetherapien, Nagelpflege und Facials werden die verschiedensten Spezialbehandlungen angeboten. Außerdem gibt es einen Frisör.

Termine

Gay Pride Parade and Celebration (1. Junihälfte): Großes Schwulenfest in West Hollywood (www.lapride.org).
Los Angeles Film Festival (Juni/Juli): Über die Stadt verteilte Filmvorführungen und kulturelles Beiprogramm (www.lafilmfest.com).
Halloween (31. Okt./1. Nov.): Nächtliches Halloweenfest auf dem Santa Monica Boulevard in West Hollywood, wo skurrile Verkleidung ein Muss ist.

Verkehr

Metro Rail: Mit den Zügen der Metro Red Line kann man von der Union Station in Downtown nach Hollywood und von dort weiter über die Universal Studios ins San Fernando Valley fahren (www.metro.net). Der Grundpreis für jede Fahrt beträgt 1,75 $. Der Tagespass kostet 7 $, ab 62 J. 2,50 $.
DASH: Durch Hollywood bzw. West Hollywood führen Routen der DASH-Busse, die pro Fahrt nur 50 Cent kosten (für einen Überblick über die Routen s. www.ladottransit.com > Dash > Hollywood).
Parken: Die Parkplatzsituation ist problematisch. Unter der Internetadresse http://losangeles.bestparking.com kann man einen Stadtplan mit eingezeichneten Parkplätzen aufrufen und sich für die jeweils geplante Zeit die Parkgebühren berechnen lassen.

Zwischen Downtown und Santa Monica

Zwischen Downtown Los Angeles und Santa Monica dehnt sich ein Stadtgebiet aus, das seinen Reiz aus bedeutenden Sehenswürdigkeiten und dem sehr unterschiedlichen Charakter der Neighborhoods bezieht. Im östlichen Teil ist der lang gezogene Wilshire Boulevard die zentrale Lebenslinie. Weiter westlich sonnen sich Beverly Hills, Bel Air und Brentwood im Glanz von Schickeria und High Society.

Wilshire Boulevard und Umgebung ▶ 2, A/B 1/2

Neben dem Hollywood Boulevard und dem Sunset Strip ist der 26 km lange **Wilshire Boulevard** eine der zentralen Straßen im Großraum. Er bildet gewissermaßen einen repräsentativen Querschnitt durch das moderne Los Angeles mit allen Facetten und Ungereimtheiten. Wie unterschiedlich die an ihm liegenden Städte und Stadtviertel sind, zeigen zwei Beispiele: **Koreatown** (200 000 Einw.) zwischen Vermont und Western Avenue ist geprägt durch Teestuben, exotische Supermärkte, Bars, Klubs und über 600 Restaurants, die ganz unamerikanisch schon zum Frühstück Samgyetang servieren, d. h. mit Reis, Ginseng, Knoblauch und Pinienkernen gefülltes Huhn. Die größtenteils aus Asien stammende Bevölkerung ist alles andere als homogen. Neben Koreanern konzentrieren sich in manchen Straßenzügen Indonesier, Japaner, Taiwanesen, Thailänder und Vietnamesen. Am ehesten geben Geschäftsreklamen Auskunft über die Herkunft der jeweiligen Ladenbesitzer bzw. -pächter. Im Kontrast dazu präsentiert sich das exklusive **Beverly Hills** (35 000 Einw.) wie eine von allen gesellschaftlichen Unebenheiten gesäuberte Oase, die mit ihren Designershops, Boutiquen, Edelrestaurants und Nobelhotels eine seltsame Distanz zum Normalleben ausstrahlt.

Ende des 19. Jh. nahm der Boulevard beim heutigen MacArthur Park seinen Anfang. Grundstücksmakler und Spekulant H. Gaylord Wilshire bekam 1895 von der Stadt die Erlaubnis, eine 35 m breite Straße Richtung Westen ans Meer zu bauen. Ziel der Investition war es, im südlichen Kalifornien ein Winterurlauberparadies für gut betuchte Banker und Industriebosse aus dem kalten Mittleren Westen aufzubauen. In den 1920er-Jahren trat ein kapitalkräftiger Investor an, auf einem bis dahin unbebauten Areal zwischen La Brea Avenue und Fairfax Avenue ein später Miracle Mile (Wundermeile) genanntes Geschäfts- und Einkaufszentrum zu errichten. Damals war in der Architektur der Art-déco-Stil en vogue, der heute noch denkmalgeschützte Gebäude wie das **Bullock's Wilshire Building** mit einem 73 m hohen Turm (3050 Wilshire Blvd.) und das zwölfgeschossige **Wiltern Theatre** (3790 Wilshire Blvd.) prägt. Traurige Berühmtheit erlangte das mittlerweile abgerissene **Ambassador Hotel,** in dem am 6. Juni 1968 Robert Kennedy erschossen wurde.

Miracle Mile District

Seit das Herzstück des Wilshire Boulevard unter dem Namen Miracle Mile District in den 1930er-Jahren zu einem Geschäftszentrum entwickelt wurde, hat die Stadtgegend Höhen und Tiefen erlebt. Als die geschäftliche Bedeu-

… tung in den 1960er-Jahren zurückging, setzten neben alten Attraktionen wie dem Farmers Market und neuen Shoppingtempeln wie The Grove vor allem über die Stadtgrenzen hinaus bekannte Museen neue, kulturelle Akzente.

Farmers Market
6333 West Third St., Tel. 1-323-933-9211, www.farmersmarketla.com, Mo–Fr 9–21, Sa 9–20, So 10–19 Uhr

Der **Farmers Market** wirkt in der Stadtlandschaft wie eine nostalgische Enklave. Wo während der Weltwirtschaftskrise Bauern ihre Verkaufsstände aufbauten, blieben um einen Uhrturm über 100 einfache Holzhütten für Fleisch und Geflügel, Fisch und Meeresfrüchte, Süßigkeiten und Blumen stehen. Auf kleinen, schattigen Plätzen und in Gängen probiert man an einfachen Tischen gastronomische Angebote vom französischen Milchkaffee bis zur koreanischen Suppe, vom Teriyaki-Chicken bis zu Barbecue-Rippchen und von Sushi bis zum Gumbo nach Louisiana-Rezepten – alles zu erschwinglichen Preisen.

The Grove
189 The Grove Dr., Tel. 1-323-900-8080, www.thegrovela.com, Mo–Do 10–21, Fr–Sa 10–22, So 10–20 Uhr

Nebenan gruppieren sich in **The Grove** um einen hübschen Platz mit Brunnen, Blumenrabatten, Straßencafé, Restaurants und Kino Modeinstitutionen wie Abercrombie & Fitch, Nike, Nordstrom und Victoria's Secret. Lässt man sein Parkticket in einem der Geschäfte abstempeln, stellt man das Auto gratis ab und kann ohne Eile durch das Shopping Center bummeln, dessen gepflasterte Gassen, Geschäftsfassaden und eine Oldtimerstraßenbahn eine angenehme Szenerie schaffen.

Die Museumsmeile

La Brea Tar Pits & Museum
Museum: 5801 Wilshire Blvd., Tel. 1-213-763-3499, www.tarpits.org, tgl. 9.30–17 Uhr, 12 $, jeden 1. Di im Monat Eintritt frei außer Juli/Aug.

Direkt am Wilshire Boulevard liegt ein kleiner, seltsamer Teich, in dem Gärgase durch schwarzen, zähflüssigen Teer blubbern: **La Brea Tar Pits**. Vor Tausenden von Jahren dichteten die in der Region lebenden Chumash-Indianer mit diesem Naturmaterial ihre Kanus ab. Über die Zeiten hinweg müssen viele längst ausgestorbene Tiere in dem sumpfigen Gelände versunken sein, an dessen Ufern heute die Nachbildungen von Mastodons eine prähistorische Szenerie schaffen. Wissenschaftler entdeckten im Teerteich über 1 Mio. tierische und pflanzliche, teils bis zu 40 000 Jahre alte Überbleibsel der letzten großen Eiszeit. 2009 machten Paläontologen eine spektakuläre Entdeckung. Bei Aushubarbeiten für eine benachbarte Tiefgarage stießen sie auf ein fast komplett erhaltenes eiszeitliches Mammut, dem nur ein Hinterbein, ein Rückenwirbel und die Schädeldecke fehlt. Analysen zufolge soll das auf den Namen Zed getaufte Fossil zwischen 10 000 und 40 000 Jahre alt sein.

Präparierte Skelette von Urtieren, Schädel und Knochen sind im benachbarten **Museum** ausgestellt, wo die Überreste von Säbelzahntigern und Mammuts eine letzte Heimat gefunden haben. Der Sumpf ist so gesehen zwar ein historischer Friedhof, gibt aber durchaus noch Lebenszeichen von sich, denn Tag für Tag steigen aus der Tiefe bis zu 50 l Teer auf.

Los Angeles County Museum of Art (LACMA)
5905 Wilshire Blvd., Tel. 1-323-857-6000, www.lacma.org, Mo, Di, Do 11–17, Fr 11–20, Sa, So 10–19 Uhr, Erw. 15 $, Kin. unter 17 J. frei

Längst darf sich das **Los Angeles County Museum of Art (LACMA)** zu den größten und bedeutendsten Museen in den USA zählen. Der gesamte Komplex besteht aus mehreren Gebäuden, die unterschiedlichen Regionen der Welt, Genres oder Epochen gewidmet sind. Der Haupteingang befindet sich im **Modern & Contemporary Art Building** mit Kunst seit 1960. Das **Bing Center** beschäftigt sich mit Film und Musik. Der **Pavilion for Japanese Art** zeigt Gemälde, Drucke, Skulpturen, Textilien und dekorative Kunst aus dem Land der aufgehenden Sonne, während sich das zentrale **Ahmanson Building** mit Kunst aus Asien, Afrika, Amerika und Europa beschäftigt und das **Hammer Building** Fotografien und eine bedeutende Sammlung von Post-Impressionisten darbietet.

In der Nachbarschaft des Flügels **LACMA West** mit speziellen Programmen für Kinder entstand nach Plänen von Renzo Piano mit dem **Broad Contemporary Art Museum** eine Museumserweiterung für amerikanische und präkolumbische Kunst bzw. für ca. 2000 Werke zeitgenössischer Künstler.

Craft and Folk Art Museum
5814 Wilshire Blvd., Tel. 1-323-937-4230, www.cafam.org, Di–Fr 11–17, Sa, So 11–18 Uhr, Erw. 7 $, Kin. unter 10 J., So nach eigenem Ermessen

Mit seinen ständigen und wechselnden Ausstellungen wirbt das **Craft and Folk Art Museum** um Verständnis für die unterschiedlichen Kulturen der Welt. Besucher bekommen Keramikkunst aus Amerika und Südafrika, lateinamerikanisches Textildesign, Karnevalskostüme und Perücken, Voodoo-Exponate aus Haiti und Papierdrachenkunst zu sehen.

Petersen Automotive Museum
6060 Wilshire Blvd., Tel. 1-323-930-2277, www.petersen.org, tgl. 10–18 Uhr, Erw. 15 $, Sen. 12 $, Kin. 7 $

Auf drei Stockwerken zeigt das **Petersen Automotive Museum** seit Jahren interessante

Strahlt Dynamik aus: die 2015 neu geschaffene Hülle des Petersen Automotive Museum

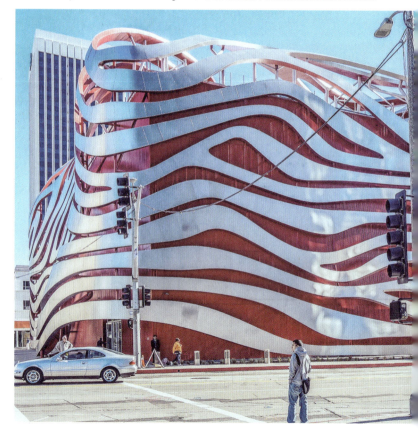

Wilshire Boulevard und Umgebung

Ausstellungen, z. B. zu Autos der Rock-'n'-Roll-Ära, rollenden Schönheiten aus bekannten Filmproduktionen oder Staatskarossen von Präsidenten und gekrönten Häuptern. Nicht nur mit Lack und Blech lockt das Museum nach seinem Umbau Besucher an. Die neue Fassade kommt mit einem raffinierten Design daher, das an ein von Stahlbändern umhülltes, feuerwehrrotes, futuristisches Fahrzeug erinnert.

Museum of Tolerance
9786 W. Pico Blvd., Tel. 1-310-553-8403, www.museumoftolerance.com, Mo–Fr 10–17, im Winter bis 15, So 11–17 Uhr, Sa und Fei geschl., Fotografierverbot, Erw. 15,50 $, Sen. 12,50 $, Kin. 5–18 J. 11,50 $

Auf beklemmende Weise wird im **Museum of Tolerance** mit Hilfe modernster Computertechnik nicht nur die Judenvernichtung während des Dritten Reichs zum Thema erhoben, sondern generell auf Probleme der Intoleranz, des Rassismus und der Unterdrückung von Menschen eingegangen. Das 1993 von Simon Wiesenthal, dem berühmten Verfolger von Naziverbrechern, gegründete Museum beschäftigt sich in einer vom Schauspieler Billy Crystal kommentierten Multimedia-Ausstellung auch mit der multikulturellen Gesellschaft der USA. Im hauseigenen **Wosk-Theatre** werden Filme etwa über den Genozid in Armenien, über die Staatsgründung von Israel und über den Museumsgründer Wiesenthal gezeigt.

Beverly Hills ▶ 2, B 1

Die 35 000-Einwohner-Stadt am Wilshire Boulevard hat etwas Künstliches, Unwirkliches an sich. Offenbar ist dies auch den Stadtplanern aufgefallen, die einem Teilstück des berühmten **Rodeo Drive** durch eine Fußgängerzone mit Cafés und Sitzbänken mehr Charme verleihen wollen. Bislang ist die Straße als eine der exklusivsten Shoppingmeilen im westlichen Amerika bekannt. In den Schaufenstern von Designerboutiquen wie Gucci, Prada, Yves Saint Laurent, Tiffany, Chanel, Armani, Hugo Boss und Ferragamo können sündhaft teure Auslagen bestaunt werden, und nicht selten parken davor livrierte Chauffeure in Edelkarossen, die auf ihre entsprechend spektakulär gekleideten Arbeitgeberinnen warten. Angeblich flanieren hier 14 Mio. Besucher pro Jahr.

Beverly Hills ist eine bevorzugte Adresse der High Society von Los Angeles. Wo sich der Starkult früher um vor Ort lebende Berühmtheiten wie Elvis Presley, Marilyn Monroe, Frank Sinatra und Humphrey Bogart drehte, wohnen heute Promis wie Madonna, Halle Berry, Jackie Chan, Britney Spears, Winona Ryder und Nicolas Cage. Um sich vor neugierigen Blicken und lauernden Paparazzi zu schützen, liegen ihre Villen verborgen hinter Zäunen und Mauern.

Filmschauplätze

In Anbetracht der Prominentendichte in Beverly Hills versteht es sich von selbst, dass die Nobelkommune von der Traumfabrik Hollywood konsequent vermarktet wurde. Das gilt nicht nur für mehrere Folgen von »Beverly Hills Cop« mit Eddie Murphy. Das legendäre **Beverly Hills Hotel** spielte in zahlreichen Filmen eine Rolle wie 1980 in »Ein Mann für gewisse Stunden« mit Richard Gere und Lauren Hutton. Hinter den pinkfarbenen Fassaden lassen sich wie eh und je gekrönte Häupter, Pop- und Rockstars, Berühmtheiten aus Film- und Showbusiness und schwerreiche Geschäftsleute vom romantischen Ambiente bezirzen. Greta Garbo, John F. Kennedy, Charlie Chaplin, John Wayne, Henry Fonda, Cindy Crawford, John Travolta, John Lennon, Yoko Ono, Jon Bon Jovi und Robert De Niro sind nur einige Namen aus dem Gästebuch des Hotels. Elizabeth Taylor verbrachte ihre ersten Flitterwochen im Bungalow Nr. 5. Jean Harlow trainierte auf der hoteleigenen Tennisanlage ihren Aufschlag. Yves Montand ließ es beim geschätzten Dänischen Apfelkuchen im Fountain Coffee Shop gemütlicher angehen. Als Pop-König Elton John vor einigen Jahren in Beverly Hills Geburtstag feierte, strömten VIPs wie Sharon Stone, Dennis Hopper und Ben Kingsley in die Polo Lounge (9641 Sunset Blvd., Tel. 1-310-276-2251, www.beverlyhillshotel.com, DZ ab ca. 400 $).

Ebenso berühmt ist das glamouröse Nobelhotel **Beverly Wilshire**, das als Schauplatz u. a. von Filmen wie »Pretty Woman« mit Julia Roberts und Richard Gere einem weltweiten Kinopublikum bekannt wurde (9500 Wilshire Blvd., Tel. 1-310-275-5200, www.fourseasons.com/beverlywilshire).

»Ein unmoralisches Angebot« mit Robert Redford und Demi Moore und »Der Bodyguard« mit Kevin Costner und Whitney Houston wurden zum Teil im sogenannten **Greystone Mansion** gedreht. Ein Ölmilliardär hatte den Palast im Stil eines Schlosses mit schweren Holzportalen und gepflasterten Höfen 1928 für 4 Mio. $ bauen lassen. Heute finden dort Veranstaltungen statt. Park und Innenhof der Villa kann man kostenlos besichtigen (905 Loma Vista Dr., www.greystonemansion.org, tgl. 10–17 Uhr).

Paley Center for Media

465 N. Beverly Dr., Tel. 1-310-786-1091, www.paleycenter.org, Mi–So 12– 17 Uhr, Erw. 10 $, Kin. unter 14 J. 5 $

Das 1996 gegründete Haus ist kein Museum wie jedes andere, sondern ein riesiges Archiv mit ca. 140 000 Radio- bzw. TV-Programmen und Werbespots seit 1918, die sich Besucher anhören bzw. anschauen können. Dabei geht es um schon vor langer Zeit ausgestrahlte Sendungen zum Zeitgeschehen, zu Sport und Kultur oder Dokumentationen über spektakuläre Ereignisse wie die Ermordung von John F. Kennedy 1963 in Dallas oder die Berichterstattung des ABC-Nachrichtenstars Peter Jennings vom Anschlag auf das World Trade Center am 11. September 2001. Das Museum verfügt über mehrere Kinos, in denen Filme über David Bowie, Johnny Cash oder den »Muppet«-Erfinder Jim Henson gezeigt werden.

Infos

Beverly Hills Visitors Center: 9400 S. Santa Monica Blvd., Beverly Hills, CA 90210, Suite 102, Tel. 1-310-248-1015, http://lovebeverlyhills.com. Einen interaktiven Stadtplan mit Hotels, Restaurants und Geschäften findet man unter www.mapquest.com > Maps & Directions > Search Beverly Hills CA.

Übernachten

Perfekte Bleibe – **Luxe Hotel Rodeo Drive:** 360 N. Rodeo Dr., Tel. 1-310-273-0300, www.luxehotels.com/rodeodrive. Boutiquehotel im Herzen von Beverly Hills. Die exquisite Ausstattung lässt keine Wünsche offen. DZ ab 300 $.

Gepflegtes Kleinod – **Best Western Plus Carlyle Inn:** 1119 S. Robertson Blvd., Tel. 1-310-275-4445, www.carlyle-inn.com. Tadelloses Boutiquehotel im schicken Stadtteil Beverly Hills mit 32 Zimmern bzw. Suiten inkl. Kabel-TV, Kühlschrank, Highspeed-Internet, Kaffeemaschine und Bügeleisen. DZ ab 280 $.

Komfort pur – **Avalon Hotel:** 9400 W. Olympic Blvd., Tel. 1-310-277-5221, www.avalonhotel.com/beverly-hills. Wo früher einmal Ma-

Wilshire Boulevard und Umgebung

rilyn Monroe logierte und Dean Martin mit Frank Sinatra die Nacht zum Tag machte, kommen heute Gäste aus aller Welt unter. Im Oliverio Restaurant speist man vorzüglich. DZ ab ca. 260 $.

Essen & Trinken

Szenelokal – **Spago:** 176 N. Canon Dr., Tel. 1-310-385-0880, www.wolfgangpuck.com, Lunch Di–Sa 12–14.30, Dinner Mo–Fr 19–22, Sa, So 17.30–22.30, Happy Hour 21–23 Uhr. Mit diesem Lokal begründete Küchenpapst Wolfgang Puck sein Gourmetimperium. Berühmte Gäste geben sich hier die Klinke in die Hand, weshalb Reservierungen empfehlenswert sind. Die vielfach prämierte Küche lässt traditionell die leichte, mit lokalen Zutaten arbeitende Kochkunst hochleben. Ab 50 $.

Feine Küche – **Le Petit Four:** 8654 W. Sunset Blvd., West Hollywood, Tel. 1-310-652-3863, http://lepetitfour.com, tgl. 10.30–22 Uhr. Einladendes Lokal mit Tischen auf dem Gehsteig, französisch und italienisch inspirierte Gerichte. Dinner ab 17 $.

Spitzenpizza – **Mulberry Street Pizzeria:** 240 S. Beverly Dr., Tel. 1-310-247-8100, www.mulberrypizzeria.com, tgl. 11–23 Uhr. Lokal der Leinwandgrößen Cathy Moriarty und James Caan. Außer guten Pizzen gibt es verführerische Nachspeisen. Ca. 8–15 $.

Exotische Küche – **Natalee Thai Cuisine:** 998 S. Robertson Blvd., Tel. 1-310-855-9380, http://nataleethai.com, tgl. 11.30–22 Uhr. Authentische Thai-Küche in einem familiären, unspektakulären Ambiente. Nudelgerichte, deftige Currys, Seafood und vegetarische Spezialitäten kommen auf den Tisch. Ca. 8–12 $.

Ofenfrisch – **Chaumont Café & Bakery:** 143 S. Beverly Dr., Tel. 1-310-550-5510, http://chaumontbakery.com, Mo–Fr 6.30–18.30, Sa bis 17, So 7.30–14 Uhr. Super Konditoreierzeugnisse, Backwaren und schmackhafte kleinere Gerichte. Ab 6 $.

Einkaufen

Souvenirs – **Gift Shop:** im Beverly Hills Hotel (s. S. 162). Wer daheim mit pinkfarbenen Tennisbällen, Bademänteln oder Schlüssel-

Zwei, die sich aufs Verkaufen verstehen. Ein Mangel an Shoppingmöglichkeiten ist in Los Angeles nicht zu beklagen. Ganzjährig finden immer wieder Schlussverkäufe (sales) statt

anhängern mit dem Hotellogo renommieren will oder eine Reiseerinnerung in Form einer Schneekugel mit integriertem Pink Palace braucht, ist in dem Hotelshop richtig.

Shopping Mall – **Beverly Center:** 8500 Beverly Blvd., Tel. 1-310-854-0070, www.beverlycenter.com, Mo–Fr 10–21, Sa 10–20, So 11–18 Uhr. Mit 160 Geschäften, Restaurants, einem Kinokomplex mit 13 Leinwänden und einer Dachterrasse mit Blick auf die Stadt beschert diese Mall ein besonderes Shoppingerlebnis. In den 1990er-Jahren wurden dort Szenen von »Ein ganz normaler Hochzeitstag« mit Bette Midler und Woody Allen und dem Katastrophenfilm »Volcano« mit Tommy Lee Jones und Anne Heche gedreht.

Abends & Nachts

Bar mit Geschichte – **Polo Lounge im Beverly Hills Hotel:** 9641 Sunset Blvd., Tel. 1-310-887-2777, www.thebeverlyhillshotel.com. In dieser Bar feierten schon die meisten Stars aus Film und Showbusiness (s. S. 162). Wer seinen Besuch stilecht gestalten will, bestellt sich einen Pink Palace Cocktail aus Gin, Grand Marnier, Grenadine und Limonensaft.

Nobelbar – **Trader Vic's:** 9876 Wilshire Blvd., im Beverly Hilton Hotel, Tel. 1-310-274-7777, www.tradervics.com, tgl. 17–24 Uhr. Zum populären Restaurant mit einem chinesischen Herd mit offenem Feuer gehört die im polynesischen Stil gehaltene Mai Tai Bar am Pool, eine exotische Oase zum Ausspannen.

Aktiv

Informative Touren – **Beverly Hills Trolley:** www.beverlyhills.org/exploring/trolleytours. Kommentierte Touren durch Beverly Hills (40 Min., Abfahrt Ecke Rodeo Drive & Dayton Way, im Sommer Di–So 11–16 Uhr, Erw. 5 $, Kin. unter 12 J. 1 $, bei Regen fallen die Touren aus).

Westside ▶ 2, A/B 1
Bel Air

Im Westen von Beverly Hills schließt sich mit **Bel Air** eine 8000-Seelen-Gemeinde an, die nur aus einem einzigen Grund bekannt geworden ist. In der Hügellandschaft versteckt sich eine sogenannte *gated community,* ein von Sicherheitspersonal wie in Fort Knox streng abgeschirmtes Wohnareal mit zahlreichen palastartigen Wohnsitzen von Prominenten wie Nicholas Cage, Clint Eastwood, Steve Martin, Lionel Richie und Helen Hunt – um nur einige wenige zu nennen.

Eine wunderschöne Oase bildet das **Hotel Bel Air,** das mit seinen knapp 100 fürstlich ausgestatteten Zimmern und Suiten in einem überbordenden Garten mit Schwanensee versinkt (701 Stone Canyon Rd., Tel. 1-310-472-1211, www.hotelbelair.com, DZ ab 325 $).

Westwood

Mit knapp 50 000 Einwohnern ist **Westwood** ein Winzling in der Stadtlandschaft von Los Angeles. Die Gemeinde entstand und entwickelte sich im Zuge der Gründung des Los-Angeles-Campus der University of California 1929. Zur Universität gehören auch zwei sehenswerte Museen.

Hammer Museum

10899 Wilshire Blvd., Tel. 1-310-443-7000, www.hammer.ucla.edu, Di–Fr 11–20, Sa, So 11–17 Uhr, Eintritt frei, unter dem Museum Parkmöglichkeiten für 6 $

Das Museum stellt Werke bedeutender europäischer und amerikanischer Maler aus, darunter Claude Monet, Camille Pissarro, John Singer Sargent, Vincent van Gogh, Rembrandt, Goya, Rubens, Tintoretto und Tizian. Im 300 Sitze großen **Billy Wilder Theater** werden anspruchsvolle Filme gezeigt.

Fowler Museum

308 Charles E. Young Dr. N., auf dem Campus, Tel. 1-310-825-4361, www.fowler.ucla.edu, Do–So 12–17, Mi 12–20 Uhr, Eintritt frei

Mit einem Fundus von 150 000 Exponaten aus Kunst und Völkerkunde sowie 600 000 archäologischen Stücken widmet sich das **Fowler Museum** vergangenen und gegenwärtigen Kulturen in Afrika, Lateinamerika, Asien und dem Pazifischen Raum.

Westwood Village Memorial Park Cemetery
1218 Glendon Ave., Tel. 1-310-474-1579, tgl. 8–18 Uhr

Der interessanteste Teil der Gemeinde Westwood ist **Westwood Village,** weil die Straßen dort nicht für den Autoverkehr, sondern zum Flanieren angelegt wurden. Wer den Spuren berühmter Künstler und Künstlerinnen folgen will, wird garantiert auf dem **Westwood Village Memorial Park Cemetery** fündig, der mit den dort bestatteten Stars sogar den Hollywood Forever Cemetery weit in den Schatten stellt.

Außer dem Schriftsteller Truman Capote (1924–84), den Schauspielern John Cassavetes (1929–89), Burt Lancaster (1913–94), James Coburn (1928–2002), Jack Lemmon (1925–2001), Dean Martin (1917–95), Walter Matthau (1920–2000), George C. Scott (1927–99), dem Musiker Ray Conniff (1916–2002) und dem Rock-'n'-Roll-Pionier Roy Orbison (1936–88) hat dort die berühmte Leinwandikone Marilyn Monroe (1926–62) ihre letzte Ruhestätte gefunden.

Brentwood

Im Westen von Los Angeles führt der Wilshire Boulevard durch den Stadtteil **Brentwood,** der schon vor Jahrzehnten durch berühmte Einwohner wie Gary Cooper, Henry Fonda und Judy Garland als Nobelgemeinde von sich reden machte. Die Reputation ist bis heute geblieben, weil außer dem kalifornischen Gouverneur Arnold Schwarzenegger nach wie vor Prominente wie Alanis Morissette, Steven Spielberg und Heidi Klum dort einen Wohnsitz haben. Ein ungeheurer Medienwirbel brach in Brentwood 1994 um die Tudor-Villa des ehemaligen Sportlers und Leinwandstars O. J. Simpson aus, dem vorgeworfen wurde, seine Frau und deren Freund ermordet zu haben. In einer wilden Verfolgungsjagd, die im Fernsehen live übertragen und von fast 100 Mio. Zuschauern gesehen wurde, stellte die Polizei den Verdächtigen, der im Herbst 1995 in einem spektakulären Prozess von der Anklage freigesprochen wurde.

The Getty Center
1200 Getty Center Dr., Exit von I-405, Tel. 1-310-440-7300, www.getty.edu, Di–Fr, So 10–17.30, Sa 10–21 Uhr, Eintritt frei, Parkplatz 15 $; vom Parkhaus fahren Besucher mit einer automatisierten Schienenbahn bis vor das Museum

Wie eine Festung aus weißem Travertin ragen die fünf Gebäude des **Getty Center** schon aus weiter Ferne sichtbar aus der grünen Hügellandschaft nördlich von Brentwood heraus. Das wohl berühmteste Kunstmuseum in Los Angeles wurde nach Plänen des Architekten Richard Meier gebaut, der seinem Entwurf die Idee eines lichten, transparenten Komplexes zugrunde legte. Außer dem Museum gehören zwei weitere Einrichtungen zum Zentrum. Das Getty Conservation Institute befasst sich vor allem mit der Restaurierung von Kunstwerken, während das Getty Leadership Institute Führungspersonal für Museen ausbildet.

Die Getty-Stiftung ist durch den Nachlass von Jean Paul Getty (1892–1976) finanziell hervorragend ausgestattet. Der aus Minnesota stammende Ölmilliardär und Kunstmäzen verbrachte seine letzten Lebensjahre im englischen Sutton Place in der Nähe von London in einem königlichen Schloss und bewies seine altruistische Einstellung dadurch, dass er einen Teil seines gigantischen Vermögens in Kunst- und Forschungseinrichtungen einfließen ließ. In seinem Vermächtnis schrieb er fest, dass seine zu Lebzeiten gesammelten und nach seinem Tod erworbenen Kunstgegenstände in Museen ausgestellt werden, die der Öffentlichkeit kostenlos zugänglich sind. Das gilt auch für das Getty Center.

Die Ausstellungen reichen von Mobiliar des 17. und 18. Jh. über seltenen Schmuck, kunstvolle Keramik, mit religiösen Motiven illustrierte Bücher aus dem Mittelalter, zeitgenössische und historische Fotografie und Skulpturen bis zu weltberühmten Gemälden u. a. von van Gogh, Rubens, Monet und Rembrandt.

Neben dem Gebäudekomplex dehnt sich ein wunderschön angelegter **Park** mit Liegewiese und zum Teil exotischen Pflanzen um einen Teich aus. Der Blick reicht über ganz Los Angeles bis zu den Wolkenkratzern in Downtown und zur Pazifikküste.

Die Küste und Orange County

Auf 120 km säumt die Pazifikküste zwischen Malibu im Nordwesten und dem Orange County im Südosten den Großraum Los Angeles. Mit reizvollen Städten und Gemeinden, Stränden zum Schwimmen und Surfen, in den buntesten Farben schillerndem Lifestyle, exklusiven Millionärswinkeln hier und verschlafenen Flecken dort zeigt die südkalifornische Metropole entlang dem Meeressaum ein facettenreiches Gesicht.

Malibu und Pacific Palisades ▶ 2, A 2

Das berühmte Prominentenrefugium Malibu (13 000 Einw.) liegt an einem 21 Meilen langen Küstenabschnitt, der entgegen einer weitverbreiteten Annahme nicht in Nord-Süd-, sondern in Ost-West-Richtung verläuft. Zahlreiche schöne Sandstrände haben der Gemeinde den Ruf eines reizvollen Küstenfleckens eingetragen. Für den restlichen Imagegewinn sorgten zum einen die zum Teil vor Ort gedrehten populäre Fernsehserie »Baywatch«, zum anderen die Tatsache, dass Malibu als Wohnsitz vieler Leinwandstars quasi eine Hollywood-Dependance bildet.

Adamson House

23200 Pacific Coast Hwy, Tel. 1-310-456-8432, www.adamsonhouse.org, Führungen Fr–Sa 11–15 Uhr, keine Touren bei Regen, Erw. 7 $, Kin. bis 16 J. 2 $

Hoch über dem Pazifiksaum, von wo der Blick auf die Küste und den Malibu Pier reicht, liegt mit dem **Adamson House** ein Anwesen aus dem Jahr 1930, das den damaligen Lebensstil einer reichen Familie widerspiegelt. Ein unverwechselbares Kennzeichen der Villa sind die von einer örtlichen Firma hergestellten und heute als Sammlerstücke geschätzten dekorativen Kacheln, die in vielen Gebäudeteilen verbaut wurden, und der idyllische Garten, welcher der Öffentlichkeit im Unterschied zum Anwesen selbst frei zugänglich ist.

Getty Villa

17985 Pacific Coast Hwy, Tel. 1-310-440-7300, www.getty.edu, Mi–Mo 10–17 Uhr, Tickets sind vorab für einen festen Termin zu reservieren, online für den jeweiligen Tag ohne Reservierung, Eintritt frei, Parkplatz 15 $

Als der Vesuv bei Neapel im Jahr 79 n. Chr. ausbrach, zerstörten Aschewolken und Lavaströme u. a. eine Villa in Herculaneum, die im 18. Jh. von Wissenschaftlern teilweise ausgegraben wurde. Wegen der zahlreichen dort gefundenen Papyrusrollen lag der Name für das Anwesen quasi auf der Hand: Villa dei Papiri. Für den Kunstmäzen Jean Paul Getty war der herrschaftliche Palast eine willkommene architektonische Vorlage für einen Kunsttempel, den er 1974 in der Küstenortschaft **Pacific Palisades** in einem schmalen Canyon errichten ließ. Ende des 20. Jh. genügten die Räumlichkeiten den Anforderungen eines zeitgemäßen Museums nicht mehr und wurden umgebaut bzw. erdbebensicher gemacht. 2006 eröffnet, präsentiert die Getty Villa heute einen Teil der antiken Kunstwerke der Getty Foundation, die im Getty Center in Brentwood ihr zweites Standbein besitzt (s. S. 165).

Um den Haupteingang wurde ein Amphitheater angelegt, dessen ›Bühne‹ aus dem zweigeschossigen Hauptgebäude besteht. Schattige Säulenhallen umschließen einen Garten im florentinischen Stil mit Pflanzen aus dem Mittelmeerraum, einem von offenen Kanälen gespeisten Wasserbecken und zahlreichen antiken Skulpturen. Unschätzbar wert-

Malibu und Pacific Palisades

Ganz entspannt: der griechische Gott Dionysos auf einem Stein im Pool der Getty Villa

volle Artefakte griechischer, römischer und etruskischer Künstler, antike Münzen, religiöse Gegenstände, Silberschmiedearbeiten und Glas werden auf zwei Etagen zur Schau gestellt. Im Museumscafé kann man sich auch im Freien bei typischen Gerichten der mediterranen Küche eine Pause gönnen.

Deutsche Emigrantenkolonie

Zwischen 1936 und 1943 brach über Los Angeles eine große Einwanderungswelle herein, darunter 130 000 deutschsprachige Emigranten auf der Flucht vor dem Nationalsozialismus. Unter ihnen befanden sich zahlreiche Schriftsteller, Schauspieler und Regisseure, Juden wie Nichtjuden, von denen sich einige in Pacific Palisades niederließen. Das kleine ›Weimar am Pazifik‹ wurde damals mit Bertolt Brecht, Thomas und Heinrich Mann, Franz Werfel, Alfred Döblin und Walter Mehring zur neuen Heimat der deutschen Exilliteratur. Die Villa Aurora, wo Lion Feuchtwanger mit seiner Frau Martha lebte, wurde zum Treffpunkt deutschsprachiger Exilanten und amerikanischer Kulturschaffender, die sich trotz Palmenstränden, blauem Meer und Sonnenschein in ihrer neuen Heimat nicht sonderlich wohl fühlten.

Dies hatte mehrere Gründe. Viele der Flüchtlinge sprachen so wenig Englisch, dass die Sprachbarriere die Kommunikation erheblich einschränkte, weswegen den Einwanderern die südkalifornische Lebensart weitgehend fremd blieb. Auch die Arbeitsbedingungen waren ein Stein des Anstoßes. Große Filmgesellschaften beschäftigten die deutsche Literatenelite als Drehbuchschreiber, suchten allerdings keine literarisch anspruchsvollen Vorlagen, sondern eher unterhaltsame, seichte Stoffe. Waren die Exilanten zu Hause als Berühmtheiten hofiert worden, so waren ihre Namen in Kalifornien einer breiteren Öffentlichkeit weitgehend unbekannt,

Die Küste und Orange County

DER SOUTH BAY BICYCLE TRAIL

Tour-Infos
Lage: ▶ 2, A 2–B 3
Start: Will Rogers State Beach in Pacific Palisades
Infos: http://bestofthesouthbay.com/south-bay-bicycle-trail
Radverleih: Blazing Saddles, 320 Santa Monica Pier, Tel. 1-310-393-9778, www.blazingsaddles.com, ab 15 $ pro Tag; Daniel's Bicycle Rentals, 13737 Fiji Way, Marina del Rey, Tel. 1-310-980-4045, http://danielsbikerentals.com, 17–38 $ pro Tag
Alternative Radrouten: Auf http://bike.lacity.org/plan-your-trip/bicycle-maps gibt es eine interaktive Karte mit unterschiedlichen Routen im Großraum Los Angeles.

Ein deutlicher Beweis dafür, dass man in Los Angeles die Notwendigkeit alternativer Verkehrskonzepte erkannt hat, ist der seit geraumer Zeit herrschende Radlerboom. Während in der Innenstadt der Umstieg vom Auto auf das Rad wegen der Verkehrsdichte nicht unbedingt empfehlenswert ist, gilt die Pazifikküste zwischen Santa Monica und Long Beach geradezu als Paradies für Pedaltreter. Ein Klassiker unter den gut ausgebauten Radwegen im Großraum Los Angeles ist der asphaltierte **South Bay Bicycle Trail,** der auch unter dem Namen **The Strand** firmiert und vom **Will Rogers State Beach** in Pacific Palisades südlich durch zahlreiche Beach Communities bis in das 22 Meilen entfernte **Torrance** führt. Der nicht sehr anstrengende, flache Pfad folgt der Küstenlinie mit wunderbaren Ausblicken auf die Sandstrände und das Meer. In der Nähe mancher Piers weisen Schilder darauf hin, dass man wegen der Fußgänger für eine kurze Strecke vom Rad absteigen muss (Vorsicht vor Polizeikontrollen!). Manche Streckenabschnitte muss man sich mit Rollerbladers und Gruppen von Joggern teilen. Da der Trail durch mehrere Gemeinden führt, bestehen beste Möglichkeiten, sich zu stärken oder im Fall des Falles das Rad reparieren zu lassen.

was natürlich an ihrem Ego nagte. Schließlich vergällten ihnen auch amerikanische Behörden ihren unfreiwilligen Aufenthalt. Manche von ihnen, etwa Alfred Döblin, Erich Maria Remarque, Vicki Baum und Ludwig Marcuse, wurden unamerikanischer, d. h. kommunistischer Umtriebe verdächtigt und gerieten ins Fadenkreuz des FBI.

Villa Aurora

520 Paseo Miramar, Tel. 1-310-454-4231, www. villa-aurora.org, Führungen nach Vorabreservierung, 10 $ p. P.

Zumindest aufgrund der häuslichen Verhältnisse hätten die Feuchtwangers mit ihren Lebensverhältnissen in Pacific Palisades mehr als zufrieden sein müssen. In der für 9000 $ gekauften **Villa Aurora**, benannt nach der römischen Göttin der Morgenröte, standen ihnen 14 Zimmer mit einer Fläche von 600 m² zur Verfügung. Der 1927 nach dem Vorbild eines Schlosses in Sevilla errichtete Palast war nicht nur mit geschnitzten und bemalten Holztüren samt Decken mit dekorativen maurischen Motiven versehen, sondern besaß eine für die damalige Zeit geradezu revolutionäre technische Ausstattung mit Gasherd, Kühlschrank und Geschirrspülmaschine in der Küche und einer automatischen Garagentür. Schon vor Jahren wurde die noble Residenz renoviert und dient heute als Stätte des Kulturaustausches zwischen Deutschland und den USA.

Santa Monica ▶ 2, A 2

Die knapp 92 000 Einwohner große Stadt galt schon im ausgehenden 19. Jh. als attraktiver Flecken. Damals war die Bucht erst durch eine holprige Piste mit dem im Wachsen begriffenen Los Angeles verbunden. Erst in den 1930er-Jahren band eine richtige Autostraße den Küstenstreifen in den Ballungsraum ein und machte Santa Monica zu einem beliebten Wochenendziel für Ausflügler, die im Pazifik baden oder auf Kasinoschiffen ihr hart verdientes Geld verjubeln wollten.

An der Popularität der Küstenstadt hat sich bis heute nichts geändert. Die meisten landeinwärts lebenden Angelenos würden ihre Wohnorte gerne gegen den allerdings teuer gewordenen Küstenflecken eintauschen, in dem die Pazifikbrise die Luft sauber hält und die Stadtverwaltung für fußgängerfreundliche Straßen sorgt – und für hervorragende Einkaufsmöglichkeiten. Ebendiese haben die **Third Street Promenade** zu einer bekannten Shoppingadresse gemacht. Entlang der Fußgängerzone reihen sich Fachgeschäfte, Modeboutiquen, Buchläden, Imbisse und Restaurants aneinander. An einem altertümlichen Schuhputzerstand kann man sich seine Fußbekleidung auf Hochglanz bringen lassen. Abends verwandelt sich die Einkaufsmeile mit Musikanten, Zauberern, Clowns und Pantomimen in eine Freilichtbühne für Kleinkunstdarsteller (Third St.).

Santa Monica Pier

Fast 300 m ragt der hölzerne, 1916 eröffnete Pier ins Meer hinaus. Die älteste Meerespromenade an der amerikanischen Westküste wurde 1983 durch einen Sturm so schwer beschädigt, dass große Teile neu errichtet werden mussten. Längst hat der Steg wieder seine alte Bedeutung als Treffpunkt von Jung und Alt zurückgewonnen. Souvenir- und Geschenkartikelläden, Cafés, Restaurants, Geschäfte für Anglerbedarf, ein historisches Karussell mit 44 lackierten Holzpferden aus dem Film »Der Clou« und ein Vergnügungspark mit Achterbahn und Riesenrad sorgen für Abwechslung.

Wer sich für das Meeresleben vor der Küste interessiert, kann sich im **Santa Monica Pier Aquarium** informieren (1600 Ocean Front Walk, Tel. 1-310-393-6149, www.healthebay. org, Di–Fr 14–17, Sa, So 12.30–17 Uhr, Erw. 5 $, Kin. unter 12 J. Eintritt frei).

Strände und Palisades Park

Seine Attraktivität verdankt Santa Monica nicht zuletzt seinen schönen Sandstränden wie etwa **Santa Monica State Beach** und **Will Rogers State Beach.**

Einen wunderbaren Blick aufs Meer und die Küste erlaubt der **Palisades Park,** der bei Sonnenuntergang zum Wallfahrtsort vieler

Einheimischer wird. Der Park ist von der Third Street Promenade und vom Santa Monica Pier sehr gut zu Fuß zu erreichen (Ocean Ave., www.friendsofpalisadespark.net).

California Heritage Museum

2612 Main St., Tel. 1-310-392-8537, www.cali forniaheritagemuseum.org, Mi–So 11–16 Uhr, letzte Führung 15.30 Uhr, Erw. 8 $, Sen. 5 $

Das kleine **California Heritage Museum** befindet sich in einem grasgrünen Gebäude vom Ende des 19. Jh. und zeigt wechselnde Ausstellungen, in denen gelegentlich die Grenze zwischen Kitsch und Kunst nicht deutlich zu erkennen ist. Die Ausstellungen drehen sich um Themen wie historischer Surfsport, Kunsthandwerk der Navajo-Indianer, lokale Kunst, Alltagsleben im Golden State oder kalifornische Geschichte. Im Museumsladen werden hübsche Souvenirs verkauft.

Angels Attic

516 Colorado Ave., Tel. 1-310-394-8331, www. angelsattic.com, Do–Sa 12–16 Uhr, an Feiertagen geschl., Erw. 8 $, Sen. 7 $, Kin. unter 12 J. 5 $

In diesem viktorianischen Queen-Anne-Gebäude kommen Liebhaber von Puppenstuben und Miniaturen auf ihre Kosten. In sieben Galerien und zahlreichen Dioramen veranschaulichen Puppenhäuser mit voll ausgestatteten Miniaturwohnungen und sich bewegenden Aufzügen die Architektur- und Inneneinrichtungsstile in verschiedenen Epochen. Kunstvoll dekorierte Miniaturen lassen die sich über Jahrhunderte hinweg verändernden Lebensweisen deutlich werden.

Museum of Flying

3100 Airport Ave., Tel. 1-310-398-2500, http://museumofflying.com, Fr–So 10–17 Uhr, Erw. 10 $, Sen. 8 $, Kin. 3–12 J. 6 $

Schild mit nostalgischem Touch: Die Route 66 – Mutter aller amerikanischen Straßen – verband einst durchgängig Chicago und Santa Monica

Santa Monica

Der wechselvollen Geschichte der zivilen und militärischen Luftfahrt widmet sich das sehenswerte **Museum of Flying**. Die rund zwei Dutzend Exponate reichen von Oldtimern wie einem Nachbau des Fluggerätes der Gebrüder Wright bis zu modernen Jets des Flugzeugherstellers Douglas Aircraft Company, der bis 1967 vor Ort produzierte. Teil des Museums ist ein interaktives Lernzentrum.

Infos

Santa Monica Information Center: 2427 Main St., Suite B, Santa Monica, CA 90405, Tel. 1-310-393-7593 oder 1-800-544-5319, www.santamonica.com.

Übernachten

Tolle Erfahrung – **Viceroy:** 1819 Ocean Ave., Tel. 1-310-260-7500, www.viceroyhotelsandresorts.com/santamonica. Nobelhotel, nur einen Straßenblock vom Strand entfernt. Alle 162 Zimmer bzw. Suiten sind stilvoll und erstklassig ausgestattet. Von manchen blickt man aufs Meer oder auf den Pool. DZ ab ca. 370 $.

Für niedrigere Ansprüche – **Travelodge:** 3102 Pico Blvd., Tel. 1-310-450-5766, www.travelodge.com. Ca. 3 Meilen vom Pier entfernt gelegenes Nichtrauchermotel mit einfachen, aber sauberen Zimmern, der Internetzugang ist kostenlos, ebenso der Parkplatz. Ausgesprochen freundlicher Service. DZ ab 170 $.

Preisgünstig – **Ocean Park Hotel:** 2680 32nd St., Tel. 1-310-429-5554, www.santamonicaoceanparkhotel.com. Drei Meilen vom Santa Monica Pier entfernte Unterkunft mit ordentlichen, aber kleinen, spartanisch ausgestatteten Zimmern ohne eigenes Bad und Klimaanlage. Ab 110 $.

Fürs kleine Budget – **Hostel International:** 1436 2nd St., Santa Monica, Tel. 1-310-393-9913, http://hilosangeles.org. Budget-Unterkunft in Schlafsälen mit 4 bis 10 Betten oder in kargen Doppelzimmern mit Etagendusche. Gemeinschaftsküche und Fernsehzimmer, Fahrradverleih. Betten ab 31 $.

Essen & Trinken

Respektable Gourmetküche – **Michael's Restaurant:** 1147 3rd St., Tel. 1-310-451-0843, www.michaelssantamonica.com, Mo–Sa 17.30–22.30 Uhr. Elegantes Restaurant mit entspannter Atmosphäre und kreativ zubereiteten Gerichten auf hohem Niveau. Am schönsten sitzt man auf der lauschigen Terrasse unter Bäumen. Dinner 30–50 $.

Einfach, aber lecker – **Bay Cities Italian Deli & Bakery:** 1517 Lincoln Blvd., Tel. 1-310-395-8279, www.baycitiesitaliandeli.com, Di–Sa 9–19, So 9–18 Uhr. Italienisches Delikatessengeschäft inklusive Imbiss mit Salaten, Suppen, köstlichen Sandwiches und warmen Gerichten. Ca. 8 $.

Einkaufen

Ein wahres Konsumparadies – **Santa Monica Place:** 395 Santa Monica Pl., Tel. 1-310-260-8333, www.santamonicaplace.com, tgl. 10–21 Uhr. Großes Einkaufszentrum mit Dutzenden Fachgeschäften. Auf der obersten Etage gibt es einen Food Court unter freiem Himmel.

Bauernmärkte – **Santa Monica Farmers Market:** In Santa Monica finden vier Bauernmärkte statt: Mi (Arizona Ave. & 2nd St.), Sa (Arizona Ave. & 3rd St. sowie 2200 Virginia Ave.) und So (2640 Main St. beim Museum), Infos s. Facebook.

Abends & Nachts

Quelle für Biertrinker – **Sonny McLeans:** 2615 Wilshire Blvd., Tel. 1-310-449-1811, www.sonnymcleans.com, tgl. 11.30–2 Uhr. Nicht allein 20 unterschiedliche Biersorten, auch die gemütliche Atmosphäre haben den irischen Pub zu einem populären abendlichen Treffpunkt gemacht.

Aktiv

Führungen – **Santa Monica Conservancy:** Tel. 1-310-496-3146, www.smconservancy.org. Zweistündige Fußtouren durch das Zentrum von Santa Monica geben einen interessanten Einblick in die Geschichte und Gegenwart der Stadt, jeden Sa um 10 Uhr ab 1436 Second St., Online-Reservierungen empfehlenswert, Erw. 10 $.

Surfboardverleih – **ZJ Boarding House:** 2619 Main St., Tel. 1-310-392-5646, www.zjboar

Die Küste und Orange County

TREPPENLAUFEN IN SANTA MONICA

Tour-Infos
Start: Ende der 4th Street, wo diese auf den Adelaide Drive trifft

Länge/Dauer: ca. 900 m; ca. 10 Min. pro *loop*
Hinweis: Sa und So herrscht vormittags häufig Hochbetrieb.

Manche bereiten sich auf einen Marathonlauf vor. Andere suchen Abwechslung von der Routine der Fitnessstudios. Wieder andere haben gehört, dass dort schon der Schauspieler Matthew McConaughey, der deutsche ›Gladiator‹ Ralf Möller und Boxweltmeister Vitali Klitschko trainierten. Gleichgültig, welche Motivation hinter den Treppenläufen über die berühmten Santa Monica Stairs stecken: Die Trainingsstrecken sind schweißtreibend.

Bei den **Santa Monica Stairs** handelt es sich um zwei lange, steile Treppen in einem Wohngebiet, die längst zum sportlichen Trainingsklassiker herangereift sind. Die erste, mit einigen Windungen ausgestattete Treppe besteht aus ca. 150 schmalen Betonstufen, auf denen Ortskundige, um ›Gegenverkehr‹ zu vermeiden, bergauf laufen. Hat man am oberen Ende den Adelaide Drive erreicht, wendet man sich ungefähr 100 m nach Osten. Dort führt die breitere, gerade und nicht ganz so steile zweite Treppe über 170 Holzstufen abwärts. Unter Eingeweihten ist die Gesamtstrecke als *loop* (Schleife) bekannt. Wer sich ganz besonders schinden will, nimmt aufwärts immer zwei Stufen auf einmal. Um sich vor dem Treppenlauf zu dehnen und aufzuwärmen, bietet sich eine Rasenfläche an der 4th Street an.

dinghouse.com. Große Auswahl an Boards. Surfboards 30 $/Tag, Wetsuits 15 $/Tag.

Verkehr

Big-Blue-Busse: Diese Busse verkehren auf Linien in und um die Stadt (pro Fahrt 1,25 $, Express 2,50 $). Die Metro Expo Line verbindet Santa Monica mit Downtown Los Angeles (7th St./Metro Center, 660 S Figueroa St.).

Venice ▶ 2, A 2

Der **Boardwalk** in Venice, auch **Ocean Front Walk** genannt, ist eine verrückte Bühne für Selbstdarsteller und Publikum zugleich. Manche sehen in der ausgeflippten Strandmeile, die man einfach mit eigenen Augen gesehen haben muss, auch ein Mittelding zwischen Laufsteg der Eitelkeiten und offener Psychiatrie. Eines ist jedenfalls sicher: Die von T-Shirt-Läden, Auslagen von Designersonnenbrillen und Imbissständen gesäumte Promenade bietet das amüsanteste Straßentheater, das man sich vorstellen kann.

Schrullige Wahrsagerinnen lesen die Zukunft aus den Händen ihrer gläubigen Kundschaft. Mitglieder christlicher Vereine bieten Selbstgehäkeltes und Gebasteltes zum Verkauf an, während ein gealtertes Ehepaar eine verpasste Bühnenkarriere trotz brüchig gewordener Stimmen nachzuholen versucht. Schwarze Teenager verdienen sich mit Asphaltakrobatik ein paar Münzen. Spiderman segelt im Originalkostüm auf Rollerskates durch die staunende Menschenmenge, in der knapp gewandete potenzielle Leinwandsternchen ihre korrigierten Nasen höher tragen als andere.

Stadtgeschichte

Venice trägt seinen Namen nicht ohne Grund. Nach venezianischem Vorbild ließ ein reicher Zigarettenfabrikant um die Wende vom 19. zum 20. Jh. ein aus 26 km langen Wasserwegen bestehendes Kanalsystem errichten, um die Pazifikküste mit einer Lagunenstadt italienischen Zuschnitts attraktiver zu machen. Die Idee von Arien schmetternden Gondolieri blieb ein schönes (Traum-)Bild, Gräben und Kanäle versandeten bzw. wurden zugeschüttet, und das kalifornische Venice strebte seinem Untergang noch viel schneller entgegen als das oberitalienische Original.

In den 1950er-Jahren sahen Hippies, Zivilisationsverweigerer und Bohemiens in der verschlafenen Küstengemeinde einen idealen Ort zur Selbstfindung. Das nachfolgende kreative Völkchen, unter ihnen Jim Morrison von The Doors, verwandelte Venice in eine weltentrückte Künstlerkolonie, deren Markenzeichen großflächige Trompe-l'oeil-Motive und psychedelische Wandmalereien wurden. Seither ist der Stadt ihr Image als alternative Dolce-Vita-Metropole am Rand des Molochs Los Angeles geblieben, wenngleich viele Lebenskünstler und Aussteiger dem allerorts grassierenden Mietwucher längst den Rücken kehren.

Venedig auf Amerikanisch

In den 1990er-Jahren erinnerte sich die Stadt an ihre Wurzeln und stellte sechs der ursprünglichen Kanäle wieder her – heute eine romantische Postkartenszenerie. Ein reizvoller Spaziergang führt an den von Enten bevölkerten Wasserwegen entlang, die von 14 Brücken überspannt und zum Teil von prächtigen, in Rosen- und Jasmingärten stehenden Villen und Bungalows gesäumt werden. Hier und da zeugen tibetanische Gebetsfahnen davon, dass die alternative Vergangenheit von Venice doch noch nicht ganz in Vergessenheit geraten ist. Das Alt-Venedig liegt zwischen Washington Avenue und Venice Boulevard einige Blocks östlich der Pacific Avenue (einen Parkplatz findet man am ehesten an der parallel zum Strand verlaufenden Ocean Street oder Dell Ave.). Auch der Abbot Kinney Boulevard mit seinen schicken Cafés und Restaurants, Boutiquen und Kunstgalerien lohnt einen Besuch.

Beachleben

Hauptsächlich an Wochenenden im Sommer pulsiert das Leben am Ocean Front Walk von Venice – und am sogenannten **Muscle Beach.** Früher handelte es sich bloß um eine gesichtslose, umzäunte Open-Air-Fitnessplattform. Mit steigender Popularität erhielt die Anlage dann das Äußere eines echten Sportzentrums. Unter freiem Himmel stöhnen Muskelmänner und Bizepskönige im Schweiße ihrer Angesichter unter Eisengewichten. Außerhalb auf den Zuschauertribünen hockt die Gemeinde der Schmalbrüstigen und Hänflinge und verfolgt die Demonstrationen menschlicher Leidensfähigkeit neidisch, staunend, amüsiert oder kopfschüttelnd. Kaum irgendwo sonst treibt Südkaliforniens Körperkult so fantastische Blüten wie hier am Muscle Beach.

Übernachten

Hübsches Strandhaus – **Venice on the Beach Hotel:** 2819 Ocean Front Walk, Tel. 1-310-429-0234, www.veniceonthebeachhotel.com. Die tolle Lage am Strand entschädigt für die kleinen Zimmer. Frühstücken kann man auf der Dachterrasse. DZ ca. 200 $.

Ein Juwel – **Venice Beach House:** 15 30th Ave., Tel. 1-310-823-1966, www.venicebeachhouse.com. Einen Block vom Boardwalk entferntes charmantes B & B mit begrünten Fassaden; trotz der Lage sehr ruhig. DZ ab 190 $.

Sehr einfach – **Samesun Venice Beach:** 25 Windward Ave., Tel. 1-310-399-7649, 1-888-718-8287, http://samesun.com/backpackers-hostels/venice-beach. Am Strand gelegene Herberge für bescheidene Gäste. Mehrbettzimmer ab 62 $/Bett, DZ ab 150 $.

Essen & Trinken

Treffpunkt der Welt – **Sidewalk Café:** 1401 Ocean Front Walk, Tel. 1-310-399-5547, www.

Die Küste und Orange County

thesidewalkcafe.com, tgl. 8–23 Uhr. Direkt am Boardwalk gelegene lokale ›Institution‹, vor der man unter schattigen Arkaden sitzen und dem *people watching* frönen kann. Salate, Pasta, Sandwiches und Pizzen sowie nach Schriftstellern benannte Burger – von Charles Dickens bis Dylan Thomas. 6–15 $.

Aktiv

Fitness- und Sportaktivitäten – **Venice Beach Recreation Center:** 1800 Ocean Front Walk, Tel. 1-310-399-2775, Okt.–April 8–18, sonst bis 19 Uhr. Städtische Sportanlagen zwischen Boardwalk und Meer mit Tenniscourts, Basketball- und Volleyballanlagen sowie Kinderspielplätzen. Am bekanntesten ist der Muscle Beach, wo vor allem auch Gewichtheber trainieren.

Marina del Rey ▶ 2, B 2

Zwischen Venice und dem Internationalen Flughafen von Los Angeles entstand 1962 der größte von Menschenhand geschaffene Jachthafen der USA mit 5300 Anlegestellen. Jahr für Jahr gehen dort 100 000 Freizeitkapitäne vor Anker, um das quirlige Leben etwa in **Fisherman's Village** zu genießen.

Die gelebte Leichtigkeit des Seins – am Venice Beach

Marina del Rey

Im Stil eines neuenglischen Fischerdorfes mit Pflastergassen gruppieren sich hier Restaurants, Schnellküchen und Geschäfte um einen hübschen Leuchtturm. Auf der Lighthouse Plaza finden an Sommerwochenenden nachmittags regelmäßig kostenlose Rock-, Pop- und Jazzkonzerte statt.

Zu den populären Freizeitvergnügungen zwischen Januar und März gehört das von mehreren Unternehmen angebotene **Whale Watching,** weil um diese Zeit alljährlich große Herden von Walen auf der Reise von der Baja California ins Eismeer vor der kalifornischen Pazifikküste vorbeiziehen.

Infos

Marina del Rey Convention and Visitors Bureau: 4701 Admiralty Way, Marina del Rey, CA 90292, Tel. 1-310-305-9545, www.visitmarinadelrey.com. Einen praktischen interaktiven Stadtplan findet man unter www.mapquest.com > Maps & Directions > Marina del Rey CA.

Übernachten

Klein, aber gepflegt – **Foghorn Harbor Inn:** 4140 Via Marina, Tel. 1-310-823-4626, www.foghornhotel.com. Kleineres Hotel am Mother's Beach mit Airport-Shuttle. Alle 23 Zimmer haben Highspeed-Internetzugang, Kühlschrank und Mikrowelle. DZ ab 210 $.

Top-Hotel – **Hilton Garden Inn:** 4200 Admiralty Way, Tel. 1-310-301-2000, http://hiltongardeninn3.hilton.com. Hotel der gehobenen Kategorie in günstiger Lage mit geräumigen Zimmern, modernen Bädern, kostenlosem WLAN in allen Zimmern und Gemeinschaftsräumen, 24 Stunden geöffnetes Businesscenter, Fitnesseinrichtungen und Swimmingpool. Die Parkgarage ist für große SUVs ungeeignet, alternative Möglichkeit auf der Straße. DZ ab 200 $.

Abends & Nachts

Gratisunterhaltung – **Burton Chace Park:** 13650 Mindanao Way, Tel. 1-310-305-9595, www.chacepark.com. Alljährlich im Juli und August finden in dem auf drei Seiten von Wasser umgebenen Park kostenlose Konzerte statt, Do klassisch, Sa Pop.

Aktiv

Whale Watching – **Marina del Rey Sportfishing:** Dock 52, 13501 Fiji Way, Tel. 1-310-822-3625, 1-800-822-3625, www.mdrsf.com.

Für Romantiker – **Gondolas D'Amore:** 14045 Panay Way, Tel. 1-310-736-7301, www.gondolasdamore.com. Typisch venezianische Gondelausflüge, zu denen es neben Musik auch Appetizers und Drinks gibt.

Baden und Abenteuerspielplatz – **Mother's Beach:** 4101 Admiralty Way. Am überwachten Strand können Familien mit Kindern gefahrlos baden, weil der Sandstrand vor Wellen

Die Küste und Orange County

> **Hinein ins kühle Nass?**
> Trotz schöner, bewachter Strände ist die Los-Angeles-Küste zum Baden im Meer nur mit Einschränkungen geeignet. Äußerst selten klettern die Wassertemperaturen über 22 °C. Selbst im Hochsommer weht fast ständig ein kühler Wind, sodass nicht nur bei Surfern der Neoprenanzug als adäquate Badebekleidung anzusehen ist.

geschützt ist. Außerdem gibt es einen kleinen Abenteuerspielplatz mit Piratenschiff und einen Picknickplatz.
Radverleih – **Spokes & Stuff Bike Rentals:** 327 Washington Blvd., Venice, Tel. 1-310-439-7276, http://spokes-n-stuff.com. Hier kann man Fahrräder und Rollerskates ausleihen, um den Hafen von Marina del Rey zu umrunden bzw. auf den markierten Radwegen Richtung Norden oder Süden zu fahren.

Die Küste der South Bay ▶ 2, B 3/4

Manhattan Beach

Südlich des internationalen Flughafens schließen sich drei renommierte Küstengemeinden an. Die etwa sechs Meilen langen Sandstrände der rund 35 000 Einwohner großen Stadt **Manhattan Beach** zählen für manche zu den schönsten im südlichen Kalifornien. Hier soll Beachvolleyball erfunden worden sein, vor Ort finden zahlreiche große Wettbewerbe in dieser Disziplin statt. Wer dem recht anstrengenden Sport nichts abgewinnen kann, vergnügt sich vielleicht besser bei den im August ausgetragenen Meisterschaften der Sandburgenbauer oder lässt sich auf dem Pier die salzige Meeresluft um die Nase wehen.

Der am Ende stehende achteckige Pavillon beherbergt das kleine **Roundhouse Aquarium** mit Haifischbecken und flachen Pools, in denen man harmlose Meeresbewohner anfassen kann (Manhattan Beach Pier, Tel. 1-310-379-8117, Mo–Fr 14–17, Sa, So 10–17 Uhr, http://roundhouseaquarium.org).

Hermosa Beach

Dass Beachvolleyball 1996 olympische Disziplin wurde, ist weitgehend den Strandsportlern in **Hermosa Beach** zu verdanken, die diese Sportart populär machten. Ähnlich wie im benachbarten Manhattan Beach finden auch hier jedes Jahr große Profiturniere statt. Auf einigen Courts sind Webcams aufgestellt, über die man die Aktivitäten vor Ort verfolgen kann (www.hermosawave.net). Auch in Surferkreisen gilt das Küstenstädtchen als Insidertipp. Wer Wellenreiten lernen will, hat vor Ort gute Gelegenheiten. Um die historische Rolle der lokalen Pioniere zu würdigen, erfand ein Geschäftsmann den **Surfers Walk of Fame.** Ähnlich wie auf dem Hollywood Walk of Fame wurde die Surfprominenz auf dem örtlichen Pier mit Bronzesternen verewigt.

Nicht nur tagsüber herrscht in Hermosa Beach buntes Strandleben. Auch nach Sonnenuntergang kommt hier keine Langeweile auf. Bester Beweis dafür ist das seit über 50 Jahren bestehende **Lighthouse Café,** das schon die Auftritte von Miles Davis zu einer bekannten Jazzadresse machten (30 Pier Ave., Tel. 1-310-376-9833, www.thelighthousecafe.net, Mo–Fr 17–2, Sa, So ab 11 Uhr mit Livemusik).

Für Musikliebhaber und Tresenfreunde ist der **Hermosa Saloon** die richtige Adresse (211 Pacific Coast Hwy, Tel. 1-310-374-9060, http://thehermosasaloon.com, tgl. 10–2 Uhr, Musik jeden Fr und Sa Abend).

Redondo Beach

In Südkalifornien nehmen mehrere Küstenstädte für sich in Anspruch, Pioniere im Surfsport gewesen zu sein. In **Redondo Beach** stand offenbar schon 1907 ein gewisser George Freeth auf einem 90 kg schweren Surfbrett aus Redwoodholz. In Bronze gegossen erinnert sein Denkmal beim Pier ›n‹ an seine Pioniertat. Danach dauerte es aber noch

Die Küste der South Bay

bis in die 1950er-Jahre, ehe die Erfindung des leichtgewichtigen Fiberglasbretts dem Surfen den Weg als Breitensport ebnete und Musikgruppen wie die Beach Boys den Rest der Welt durch Sonne-, Strand- und Surfhymnen mit dem südkalifornischen Lifestylevirus infizierten. Im Winter fallen gelegentlich Stürme mit riesigen Wellen über diesen Pazifikabschnitt her, die den **Pier** seit der ersten Fertigstellung 1889 mehrfach schwer beschädigten oder zerstörten. Dennoch ist diese Promenade mit ihren zahlreichen Restaurants, Schnellimbissen und Geschäften für viele Einwohner von Los Angeles ein beliebtes Wochenendziel, zumal Redondo Beach durch die Metro Rail Green Line an das Zentrum von Los Angeles angebunden ist (www.redondopier.com).

Essen & Trinken
Speisen über dem Wasser – **Old Tony's:** 210 Fisherman's Wharf, Tel. 1-310-374-1442, www.oldtonys.com, Mo–Do, So 11.30–22, Fr–Sa bis 23 Uhr, tgl. Livemusik. Das italienische Fischrestaurant zählt zu den alteingesessenen Institutionen auf dem Pier. Von der oberen Etage des Lokals kann man während des Essens den Blick über die gesamte Küste bis nach Malibu genießen. Dinner 18–30 $.

Aktiv
Surfen – **Campsurf:** 2120 Circle Dr., Tel. 1-424-237-2994, www.campsurf.com, Tages- und Wochenkurse Mitte Juni–Anf. Sept., Surfbrett und Neoprenanzug werden gestellt.

Palos Verdes Peninsula

www.palosverdes.com
Südlich von Redondo Beach enden die Sand- und Surfstrände der South Bay an der felsigen Palos Verdes Peninsula, die wie ein Felsvorsprung mit Wäldern, tiefen Canyons, schroffen Klippen und rollenden Hügeln in den Pazifik ragt. Ein aus New York stammender Banker kaufte 1913 einen Teil der Halbinsel, um eine vom Stadtzentrum abgeschottete Millionärskolonie zu errichten. Die Pläne scheiterten damals allerdings. Aber später im 20. Jh. begann dann doch die Erschließung des eine Autostunde vom Zentrum von Los Angeles entfernt gelegenen grünen Winkels, der heute mit noblen Villen als Wohngegend für gehobene Ansprüche gilt.

Bester Beweis dafür ist der **Trump National Golf Club.** Der US-Baulöwe und jetzige Präsident Donald Trump investierte über 250 Mio. $ in die atemberaubende Anlage, die zu den exklusivsten Golfklubs der Welt zählt (1 Ocean Trails Dr., Tel. 1-310-265-5000, www.trumpnationallosangeles.com).

Wayfarer's Chapel
5755 Palos Verdes Dr. S., Tel. 1-310-377-1650, www.wayfarerschapel.org
Östlich des Point Vicente Lighthouse, wo der Palos Verdes Drive den Blick auf die Abalone Cove freigibt, ist die 1951 aus Glas und Holz erbaute **Wayfarer's Chapel** dem schwedischen Mathematiker, Naturforscher und Theologen Emanuel von Swedenborg (1688–1772) gewidmet, der die Swedenborgian Church gründete. Diese christliche Glaubensgemeinschaft ist heute auch unter dem Namen Neue Kirche bekannt und in zahlreichen Ländern vertreten. Der Entwurf der Kapelle stammte von Frank Lloyd Wright, dem Sohn des berühmten Baumeisters Frank Lloyd Wright. Beeindruckend sind die gewaltigen Redwoodbäume, die das Gotteshaus wie eine grüne Schutzmauer umgeben.

South Coast Botanic Garden
26300 Crenshaw Blvd., Tel. 1-310-544-1948, www.southcoastbotanicgarden.org, tgl. 9–17 Uhr, Erw. 9 $, Kin. bis 12 J. 4 $
Von 1929 bis 1956 war auf der Halbinsel eine Tagebaumine für Kieselgur in Betrieb. Seit Beginn der 1960er-Jahre wurde auf dem renaturierten Gelände der **South Coast Botanic Garden** mit über 2000 unterschiedlichen Baumarten angelegt, darunter Küstenredwoods, Ginkgos und Spezies aus Australien und dem südlichen Afrika. Ein Kräutergarten, ein englischer Rosengarten, ein japanischer und ein Kaktusgarten sowie kleine Weiher und Bäche machen das ehemalige Industrierevier heute zu einer Naturoase und einem Vogelschutzgebiet.

Die Küste und Orange County

San Pedro ▶ 2, C 4

Seit dem Bau von Angel's Gate Lighthouse am Eingang zum Hafen im Jahr 1913 hat **San Pedro** sein Gesicht vollständig verändert. Heute ist der in San Pedro liegende **Port of Los Angeles** der größte maritime Warenumschlagplatz und der größte Passagierhafen an der amerikanischen Westküste. Highway 47 schwingt sich auf der **Vincent Thomas Bridge** über die Hauptfahrrinne des Hafens. Vor allem am Abend gibt das filigrane Bauwerk mit seiner blauen Illumination ein prächtiges Bild ab.

Ports O'Call Village
www.sanpedrolobsterfest.com
Auf gepflasterten Wegen können Besucher das **Ports O'Call Village** mit Geschäften, Restaurants und Grünflächen kennenlernen und das maritime Flair dieses Fleckens mit im Wasser tanzenden Jollen und Jachten genießen. Im Dorf legen Ausflugsschiffe zu **Walbeobachtungstouren** ab. Jeden Juni zieht das **Lobster Festival** Hunderttausende Besucher an, wenn zum Kulturprogramm Hummer serviert werden.

Meeresaquarium
3720 Stephen M. White Dr., Tel. 1-310-548-7562, www.cabrillomarineaquarium.org, Di–Fr 12–17, Sa, So 10–17 Uhr, Erw. 5 $, Kin.1 $
Am Cabrillo Beach widmet sich das von Stararchitekt Frank Gehry entworfene, im Jahre 1981 fertiggestellte **Cabrillo Marine Aquarium** dem südkalifornischen Meeresleben. In drei Dutzend Salzwasserbecken sind Haie, Aale, Tintenfische, Krabben, Anemonen und Schwämme die Hauptdarsteller.

Los Angeles Maritime Museum
Berth 84, Ende der 6th St., Tel. 1-310-548-7618, www.lamaritimemuseum.org, Di–So 10–17 Uhr, Erw. 5 $, Kin. gratis
Mit der maritimen Geschichte der kalifornischen Pazifikküste beschäftigt sich das in einem ehemaligen Fährbahnhof untergebrachte **Los Angeles Maritime Museum.** Die Besucher können sich in mehreren Ausstellungen über die Fisch- und Fischkonservenindustrie, die Arbeit professioneller Taucher, von Seeleuten hergestelltes Kunsthandwerk und historische Schiffe informieren.

Battleship Iowa Museum
250 S. Harbor Blvd., Tel. 1-877-446-9261, www.pacificbattleship.com, tgl. 10–17 Uhr, Erw. 18 $
Das Schlachtschiff USS Iowa war während des Zweiten Weltkrieges im Atlantik und Pazifik zur Luftverteidigung für Flugzeugträger eingesetzt. Seit 2012 liegt es in San Pedro als Museumsschiff vor Anker.

Long Beach ▶ 2, C 4

San Pedro ist zusammen mit dem benachbarten, 465 000 Einwohner zählenden **Long Beach** längst zu einer Stadtlandschaft zusammengewachsen. Die fünftgrößte Stadt in Kaliforniens besitzt zwar einen durch moderne Hochhäuser geprägten Kern, lädt aber auch mit von Palmen bestandenen Promenaden und grünen Parkanlagen an der Wasserkante zum Flanieren ein.

Shoreline Village
Shoreline Village Dr., www.shorelinevillage.com, tgl. 10–21 Uhr
Zum Sonnenuntergang mit anschließendem Abendessen treffen sich Einheimische gerne im **Shoreline Village,** das sich wie die moderne Version eines traditionellen Walfängerdorfes um die Südflanke des Rainbow Harbor biegt. Restaurants, Eisdielen, Andenkenläden, Modeboutiquen, Verleihstellen für Wassersportgeräte und Ausflugsboote machen das Dorf in der Stadt zum beliebten Flanierziel.

Pazifikaquarium
100 Aquarium Way, Tel. 1-562-590-3100, www.aquariumofpacific.org, tgl. 9–18 Uhr, Erw. 30 $, Sen. ab 62 J. 27 $, Kin. 3–11 J. 18 $
Mit über 12 500 Meeresbewohnern hat sich das **Aquarium of the Pacific** zu einem echten Publikumsmagneten entwickelt. In regionalen Ausstellungen über die Meeresabschnitte im südlichen Kalifornien, den Nordpazifik und

Long Beach

die tropischen Riffe im südlichen Pazifik bringt das Aquarium Besucher in Kontakt mit vielen fast unbekannten Spezies und klärt zugleich auf über die Ursache von Wellen, die an den Meeresküsten eine Brandung verursachen, in der viele Lebewesen mit ganz speziellen Survival-Fähigkeiten überleben. In zahlreichen Becken zum Teil mit über 1 Mio. Liter Salzwasser lassen sich Seelöwen, Meeresschildkröten, Robben, Zebrahaie und Stachelrochen bewundern. Ein 4D-Kino bringt den Zuschauern das abenteuerliche Meeresleben mit neuester Technik nahe.

›Queen Mary‹ und ›Scorpion‹

1126 Queens Hwy, Tel. 1-877-342-0738, www.queenmary.com, tgl. 9–17 Uhr, Erw. 27 $, Kin. 5–11 J. 17,50 $

Vom Kunstmuseum ist es nicht weit bis zur ›**Queen Mary**‹. Der 1934 vom Stapel gelaufene Ozeanriese war damals das schnellste und größte Luxusschiff auf der Nordatlantikroute. Nach 1001 Fahrten zwischen Amerika und Europa außer Dienst gestellt, liegt die schwimmende Legende seit 1967 in Long Beach Harbor als Hotel und Museum vor Anker. Auch wer nicht in einer der Kabinen nächtigt, kann ein Dutzend Decks mit Brücke, Salons, Mannschaftskabinen und Maschinenraum in Augenschein nehmen.

Nebenan ist mit der ›**Scorpion**‹ ein 1972 gebautes russisches U-Boot der Foxtrottklasse auf Dauer vor Anker gegangen. Dieses derzeit geschlossene Relikt aus den Zeiten des Kalten Krieges soll renoviert und in Zukunft der Öffentlichkeit wieder zugänglich gemacht werden.

Long Beach Museum of Art

2300 E. Ocean Blvd., Tel. 1-562-439-2119, www.lbma.org, Do 11–20, Fr–So 11–15 Uhr, Erw. 7 $, Kin. unter 11 J. u. jeden Fr Eintritt frei

Liebhabern dekorativer Kunst aus Amerika, europäischer Kunst aus dem frühen 20. Jh. und zeitgenössischer kalifornischer Kunst (vor allem Videokunst) wird das **Long Beach Museum of Art** gefallen. Die Ausstellungen werden in einem die Küste überblickenden Anwesen aus dem Jahr 1912 gezeigt.

Museum of Latin American Art

628 Alamitos Ave., Tel. 1-562-437-1689, www.molaa.org, Mi–So 11–17, Fr bis 21 Uhr, Erw. 10 $, Sen. 8 $, Kin. unter 12 J. Eintritt frei

Das **Museum of Latin American Art** beschäftigt sich mit Themen wie lateinamerikanische Kunst, Literatur, Musik, Mode und sogar mit mittel- und südamerikanischen Küchenerzeugnissen. In den Ausstellungen wird Wert auf die Tatsache gelegt, dass lateinamerikanische Kultur aus einem Amalgam unterschiedlicher ethnischer und rassischer Einflüsse und Faktoren besteht.

Infos

Convention and Visitors Bureau: 301 E. Ocean Blvd, Suite 1900, Tel. 1-800-452-7829, www.visitlongbeach.com.

Long Beach Area Chamber of Commerce: 1 World Trade Center, Suite 206, Long Beach CA 90831-0206, Tel. 1-562-436-1251, www.lbchamber.com. Plan: www.mapquest.com > Maps & Directions > LongBeach CA.

Übernachten

Auf schwankendem Boden – **Dockside Boat and Bed:** 316 E. Shoreline Dr., Tel. 1-562-436-3111, www.boatandbed.com. Übernachtung auf Motorjachten unterschiedlicher Größe, die im Rainbow Harbor in unmittelbarer Nähe von Geschäften und Restaurants vor Anker liegen. Die Ausstattung lässt in keiner Hinsicht etwas zu wünschen übrig. DZ ab 275 $.

Mit allem Komfort – **The Westin Long Beach:** 333 E. Ocean Blvd., Tel. 1-562-436-3000, www.westinlongbeachhotel.com. Das sechsstöckige Hotel besitzt 460 luxuriös ausgestattete Zimmer und Suiten. Gäste können den Pool, das Fitnessstudio und das professionelle Businesscenter in Anspruch nehmen. DZ ab 200 $.

Nostalgie pur – **Queen Mary Hotel:** 1126 Queens Hwy, Tel. 1-562-435-3511, www.queenmary.com. Gästen stehen an Bord des fest vertäuten Ozeanriesen (s. links) 314 Kabinen in unterschiedlichen Kategorien zur Verfügung. Klimaanlage, WLAN, Kühlschrank und Fernseher, Telefon und Kaffeemaschine gehören zur Standardausstattung. DZ ab 110 $.

Die Küste und Orange County

Preiswert und komfortabel – **Super 8 Long Beach:** 4201 E. Pacific Coast Hwy, Tel. 1-562-597-7701, www.wyndhamhotels.com > Long Beach > Super 8 Long Beach. Ruhige, geräumige Zimmer, kostenloses WLAN, schöner Swimmingpool und reichhaltiges Frühstück. DZ ab 72 $.

Essen & Trinken

Über das Stadtzentrum von Long Beach verteilen sich über 100 Restaurants. Gäste haben die Qual der Wahl: von einfachen Schnellküchen bis zur französisch inspirierten Haute Cuisine.

Guter Italiener – **L'Opera:** 101 Pine Ave., Tel. 1-562-491-0066, http://lopera.com, Lunch Mo–Fr, Dinner tgl. Gepflegtes italienisches Restaurant; empfehlenswert sind die Ravioli mit Shrimps (19 $) und das Filet Mignon mit Gorgonzola (43 $).

Gerichte mit Pfiff – **The Reef:** 880 Harbor Scenic Dr., Tel. 1-562-435-8013, www.reefrestaurant.com, Lunch Mo–Sa 11–16, Dinner So–Do 16–22, Fr, Sa 16–23, Brunch So 9–15 Uhr. Am Hafen gelegenes Lokal mit Blick auf Long Beach. Zu Fisch- und Fleischgerichten werden kalifornische und internationale Weine serviert. Ca. 12–40 $.

Einkaufen

Souvenirs – **Shoreline Village:** (s. S. 178). Wer ein Souvenir aus Long Beach mitbringen möchte, wird dort sicher fündig.

Wein – **The Wine Crush:** 3131 E. Broadway, Tel. 1-562-438-wine, www.thewinecrush.com. In diesem Geschäft bekommt man Weine aus vielen Teilen der Welt.

Einkaufsoase – **The Pike at Rainbow Harbor:** 95 S. Pine Ave., www.thepikeatlongbeach.com. Einkaufen und Amüsement lassen sich gut miteinander verbinden in diesem aus Geschäften, Restaurants, Kneipen, Kinos und Rummelplatz mit Riesenrad bestehenden Komplex mitten im Herzen der Stadt.

Abends & Nachts

Populär – **Sevilla Night Club:** 140 Pine Ave., Tel. 1-562-243-3015, http://longbeach.sevillanightclub.com. Das Restaurant mit spanischer Küche und guten Tapas verwandelt sich Do–So in einen Nachtklub mit überwiegend lateinamerikanischer Musik.

Auch für späte Gäste – **The Yard House:** 401 Shoreline Village Dr., Tel. 1-562-628-0455, www.yardhouse.com, So–Do 11–24, Fr–Sa 11–2 Uhr. Restaurant mit Musik und langen Öffnungszeiten für Nachteulen.

Lebhaftes Lokal – **Tequila Jack's:** 407 Shoreline Village Dr., Tel. 1-562-628-0454, www.tequilajacks.com. So–Do 11–24, Fr, Sa 11–1.30 Uhr. Das Lokal im Shoreline Village gehört mit 20 Monitoren für Sportübertragungen zu den populären Tresentreffpunkten mit einem Riesenangebot an Bier- und Tequilasorten.

Aktiv

Radverleih – **Bikestation:** 223 East First St., Tel. 1-562-436-2453, http://home.bikestation.com/bikestation-long-beach. Großes Angebot an Fahrrädern für Outdoor-Fans.

Inselausflug – **Catalina Express:** Berth 95, Tel. 1-800-613-1212, www.catalinaexpress.com, im Sommer tgl. mehrere Abfahrten. Überfahrten auf die 22 Meilen vor der Küste liegenden Catalina Islands mit Katamaranen.

Termine

Long Beach Grand Prix (April): Alljährlich kommen Hunderttausende nach Long Beach zum großen Rennen (www.gplb.com).

Long Beach Sea Festival (Juni–Sept.): Großes Fest im Hochsommer mit vielen, auch familienorientierten Events (www.longbeachseafestival.com).

Orange County

Südöstlich von Long Beach dehnt sich mit Orange County ein Landkreis aus, der seinen Namen von der noch in der ersten Hälfte des 20. Jh. existierenden Zitrusindustrie ableitete. Mittlerweile spielt der Agrarsektor nur noch eine untergeordnete Rolle, weil die Gegend seit den 1950er-Jahren ein phänomenales Bevölkerungswachstum erlebte und sich die Wirtschaftsstrukturen hin zur Dienstleis-

Orange County

STAND-UP PADDLING IN HUNTINGTON BEACH

Tour-Infos
Karte: ▶ 2, D 4
Standort: Huntington Beach
Boardmiete: Huntington Harbor Stand Up Paddle Boarders, 3700 Sagamore Dr., Tel. 1-657-215-0521 oder Kursanbieter (s. rechts)

SUP-Kurse: McKinnon Shapes & Designs, Tel. 1-714-377-6101, www.mckinnonsurfboards.com > SurfLessons, Privatstunde 150 $/2 Pers. inkl. Ausrüstung; OEX Sunset Beach, 16910 Pacific Coast Hwy, Tel. 1-562-592-0800, www.oexsunsetbeach.com

Nicht nur zuschauen, sondern selbst probieren! Die Surfmetropole **Huntington Beach** hat das **Stand-Up Paddling (SUP)** zum Kult gemacht. Bei der Wassersportart, die mittlerweile in vielen Ländern Anhänger gefunden hat, steht die Sportlerin bzw. der Sportler aufrecht auf einem Surfbrett und treibt sich mit einem Paddel voran, wenn keine Welle den Schub erzeugt. Wer schon Erfahrung gesammelt hat, weiß, dass die Disziplin schwieriger aussieht, als sie ist. Steht man auf dem Brett, das breiter und länger als ein Surfbrett ist, spürt man schnell, dass SUP im Prinzip mehrere Sportarten wie Wellenreiten, Kanusport und Fitnesstraining miteinander verbindet und den Vorteil hat, dass man im Grunde genommen auf jedem Gewässer surfpaddeln kann.

In Huntington Beach bieten professionelle Surfer SUP-Kurse an. Anfänger beginnen auf dem Trockenen mit den Grundprinzipien des Sports. Im Gegensatz zum Wellenreiten steht man nicht quer, sondern längs auf dem Brett, weil man auf diese Weise zum Paddeln einen besseren Hebel besitzt. Das Paddel wird in erster Linie eingesetzt, um das Board vorwärts zu bewegen, zu steuern und dem Surfer Stabilität zu geben. Erste Versuche auf dem Wasser finden im ruhigen, geschützten Hafenbecken statt. Kinder machen sich am besten zunächst im Sitzen mit den Boards vertraut. Erfahrene Paddler können ihre Künste an mehreren Stellen im Ozean vervollkommnen. Entweder sie benutzen dabei kürzere und leichtere Boards, um die Wellen so wie mit einem normalen Surfbrett zu nehmen, oder klassische, große Paddel Boards, mit denen man weit vor die Wellen paddeln kann. Der Spaß dabei ist garantiert.

tungsgesellschaft veränderten. Ein ausschlaggebender Faktor für den Strukturwandel war die Gründung von **Disneyland** in Anaheim (s. S. 184) im Jahr 1955, das jährlich Millionen von Besuchern anzieht. An der Küste entwickelten sich einige Städte zu populären Ferienzielen mit familienorientierten Angeboten einerseits und Einrichtungen für die High Society andererseits.

Huntington Beach ▶ 2, D 4

Die 194 000-Einwohner-Stadt mit ihrem 14 km langen Sandstrand konkurriert mit Hermosa Beach um die Reputation als Ursprungsort der kalifornischen ›Surfwelle‹, die längst über Kalifornien und Amerika hinausgeschwappt ist. Mit jährlich ausgetragenen Wettbewerben und Meisterschaften wie z. B.den **U. S. Open** of Surfing im August (www.usopenofsurfing.com) versuchen die Stadtväter und -mütter, ihre Vorherrschaft in Sachen Surfsport zu untermauern. Dazu dient auch das **International Surfing Museum** mit Surfbrettausstellungen, spektakulären Sportfotografien, Memorabilien aus der Vergangenheit, Surfmusik und spannenden Filmen (411 Olive Ave., Tel. 1-714-300-8836, www.surfingmuseum.org, Di–So 12–17 Uhr, 2 $).

Außerdem feiert die Stadt ihre berühmtesten Wellenreiter mit der **Surfers' Hall of Fame,** einer Außenanlage samt Denkmal des Pioniers Duke Kahanamoku, der Huntington Beach zu seiner Reputation verhalf. Berühmte Sportler verewigten sich mit Hand- und Fußabdrücken bzw. Autogrammen in Steinplatten, die den **Surfing Walk of Fame** Richtung Municipal Pier säumen, dem mit 560 m längsten Betonpier der USA (tgl. 5–24 Uhr, Eintritt frei).

Newport Beach ▶ 2, D 4

Einer der ersten Investoren im 80 000 Einwohner großen **Newport Beach** war in der Nachkriegszeit John Wayne. 1966 zog die Westernlegende in die per Helikopter nur Flugminuten von Hollywood entfernte Küstengemeinde und trug mit Finanzspritzen zum Ausbau der örtlichen Infrastruktur bei. Bis dahin hatten die Einwohner hauptsächlich von der Vermarktung der landwirtschaftlichen Schätze des Orange County gelebt. Heute verbindet der Ort gepflegte Kleinstadtatmosphäre mit quirligem Geschäftsleben und einer unauffälligen Millionärsszene. Einer der größten Jachthäfen Amerikas mit sündhaft teuren schwimmenden Eigenheimen, exklusiven Klubs und Nobelrestaurants lässt erkennen, dass diese Küste seit den 1980er-Jahren zu beträchtlichem Wohlstand gelangt ist. Am Pro-Kopf-Einkommen von über 60 000 $ gemessen, zählt Newport Beach zu den reichsten Gemeinden der gesamten USA.

Balboa Peninsula
Wie ein vom Festland abgerissener Splitter zieht sich die **Balboa Peninsula** die Küste entlang. Sowohl auf der dem offenen Meer zugewandten Seite als auch auf der Landseite säumen wunderbare Badestrände den Landzipfel, von dem der Newport Pier und der Balboa Pier ins Meer hinausragen. Zwischen den beiden Piers entwickelte sich der Boardwalk über die Jahre zu einem lang gezogenen Rummelplatz.

Laguna Beach ▶ 1, K 15

Zu Füßen der San Joaquin Hills dehnt sich entlang von Palmen gesäumter Boulevards das 24 000 Einwohner große **Laguna Beach** aus. Tief eingeschnittene Buchten, zerklüf-

tete Felsen im Wasser, von Klippen gesäumte Landvorsprünge ebenso wie sanfte Strände machen diesen Pazifikabschnitt zu einem paradiesischen Flecken. Aber nicht Preziosen aus dem Schatzkästlein von Mutter Natur haben das Städtchen bekannt gemacht, sondern ein kluger Schachzug der lokalen Fremdenverkehrsplaner, der alljährlich viele Besucher anlockt. Als 1932 in Los Angeles die Olympischen Sommerspiele stattfanden, erfanden die Stadtväter das **Festival of the Arts & Pageant of the Masters,** um Besucher an die Orange-County-Küste zu locken. Heute noch stellen von Juli bis August geschminkte und kostümierte Freiwillige berühmte Gemälde möglichst originalgetreu als lebende Kunstwerke nach (www.foapom.com).

Laguna Art Museum
307 Cliff Dr., Tel. 1-949-494-8971, www.laguna artmuseum.org, Do–Di 11–17, Do bis 21 Uhr, Erw. 7 $, am 1. Do im Monat 17–21 Uhr Eintritt frei

Um das Riesenfest Festival of the Arts & Pageant of the Masters mit jährlich 200 000 Zuschauern entwickelte sich eine Kunstszene mit über 70 Galerien und dem **Laguna Art Museum,** in dem kalifornischen Künstlern Ausstellungsplatz für ihre besten Arbeiten zur Verfügung gestellt wird.

Als Lebensretter geeignet? Das Lifeguard-Casting am Laguna Beach soll es zeigen

Die Küste und Orange County

Anaheim ▶ 2, E 3

Nicht einmal in seinen kühnsten Träumen hätte sich Walt Disney bei der Gründung von Disneyland im Jahr 1955 den Riesenerfolg seiner Vergnügungsparkidee vorstellen können. Filialen eröffneten seit damals nicht nur in Orlando (Florida), sondern auch in Paris, Tokyo und Hongkong. Weitere Neugründungen sind Schanghai (China) und Melbourne (Australien, in Planung). Außerdem erwies sich Disneys erster Park als geradezu bahnbrechendes Unterhaltungskonzept, das mittlerweile weltweit von vielen Konkurrenzunternehmen auf ähnliche Weise umgesetzt und zum Erfolg geführt wurde.

Disneyland

1313 Harbor Blvd., Tel. 1-714-781-4565, http://disneyland.disney.go.com/disneyland, tgl. 9–21, Sa bis 24 Uhr, in der Hauptsaison länger, aktuelle Preise s. http://disneyland.disney.go.com/tickets

Disneyland Park

Disneyland besteht seit Anfang dieses Jahrtausends aus zwei getrennten Teilen: Disneyland Park und California Adventure Park. Den älteren Disneyland-Vergnügungspark betreten Gäste auf der **Main Street USA.** Der Straßenzug ist von auf alt getrimmten Straßenlaternen und Geschäften im Stil des viktorianischen Zeitalters gesäumt, vor denen berühmte Disneyfiguren wie Mickey Mouse, Goofy, Donald Duck, Miss Daisy und Roger Rabbit in Lebensgröße für Erinnerungsfotos parat stehen. Hinter einem Rondell mit dem Denkmal des Parkgründers erhebt sich im Zentrum von **Fantasyland** das berühmte **Sleeping Beauty Castle,** dem das bayerische Schloss Neuschwanstein als architektonische Vorlage gedient haben soll. Attraktionen mit bekannten Märchenthemen und -figuren wie Peter Pan, Dumbo dem Elefanten, Pinocchio, Alice im Wunderland oder Schneewittchen sind sich vor allem der Gunst junger Besucher sicher. Natürlich gibt es auch in Fantasyland wie in allen anderen Parkteilen abenteuerliche Fahrbetriebe wie **Matterhorn** mit einer rasanten Schlittenfahrt durch Tunnel und über Gebirgsbäche bis in einen kleinen Weiher.

Setzt man dann die Parktour im Uhrzeigersinn fort, kommt man nach **Adventureland** mit Piratenhöhlen, Tarzans Baumhaus, einer nervenzerfetzenden Indiana-Jones-Achterbahn und geheimnisvollen Bootsfahrten durch einen Dschungel voller computergesteuerter Tierattrappen. Rund um den benachbarten **New Orleans Square** mit dekorativen Hausfassaden herrscht Südstaatenatmosphäre wie in Louisiana vor 150 Jahren.

Frontierland mit seinem Wildwestambiente weckt bei abenteuerlustigen Besuchern Entdeckergelüste. Per Floß ist die in einem See gelegene Tom-Sawyer-Insel erreichbar. Mit der außer Kontrolle geratenen Big Thunder Mountain Railroad rasen Achterbahnfreaks mit aberwitzigem Tempo durch ein Bergwerk. **Critter County** garantiert mit Splash Mountain ein feuchtes Vergnügen, bei dem Fahrgäste über einen mehrere Stockwerke hohen Wasserfall stürzen – im heißen südkalifornischen Sommer ein ganz besonderes Publikumsvergnügen. Letzter Parkteil ist das futuristische **Tomorrowland** mit Star-Wars-Themen, Raumfahrtabenteuern und einem Abstecher in die Tiefsee zu Riesenkraken und Tintenfischen. Ein Highlight ist eine nach dem bekannten Trickfilm benannte Unterwasserexpedition per U-Boot mit dem Titel ›Finding Nemo‹.

Disney California Adventure Park

Dieser Freizeitpark gliedert sich in unterschiedliche Themenbereiche. In Hollywood Pictures Backlot geht es vorrangig um das Thema Film. Der Tower of Terror muss im Sommer 2017 einem neuen Nervenkitzel unter dem Namen ›Guardians of the Galaxy‹ weichen, der wie der Vorgänger mit einem spektakulären freien Fall punkten will.

Aber es gibt auch harmlosere Kirmesattraktionen, die eher für Kinder geeignet sind. Achterbahnfreaks können sich in Paradise Pier von den höllischen Fahrbetrieben den Magen umkrempeln lassen. Um einen See liegen mehrere Fahrbetriebe wie der Hochgeschwindigkeits-Rollercoaster California Scream mit einem Spitzentempo von 90 km/h und Mickey's Fun Wheel, ein gewaltiges Riesenrad, das nicht nur Fahrspaß, sondern auch Ausblicke auf den ganzen Park beschert. Ein anderer Bereich hat u. a. die Naturschönheiten Kaliforniens zum Thema.

In Buena Park

Knott's Berry Farm

8039 Beach Blvd., Buena Park, Tel. 1-714-220-5200, www.knotts.com, Mo–Fr 10–18, Sa 10–22, So 10–19 Uhr, in der Hauptsaison länger, aktuelle Preise s. www.knotts.com/tickets

In den 1930er-Jahren, lange bevor Walt Disney seinen ersten Vergnügungspark eröffnete, verwirklichte eine Farmerfamilie in der Stadt Buena Park bei Anaheim eine ähnliche Idee. Die Bäuerin baute damals einen Straßenstand auf, an dem sie Autofahrer mit preisgünstigem Essen versorgte. Um der wartenden Kundschaft die Zeit zu verkürzen, zimmerte ihr Ehemann mit primitiven Mitteln eine Westernkulisse zusammen, die sich, nach und nach vergrößert, schließlich zu einem populären Rummelplatz auswuchs. **Knott's Berry Farm** existiert heute noch, hat sich aber von diesem Provisorium längst zu einem respektablen Freizeitpark entwickelt. Der Park setzt sich aus sechs Teilen zusammen, in denen es vorrangig um Fahrbetriebe geht, vom Oldtimer-Karussell für kleine Kinder bis zur Highspeed-Achterbahn für Adrenalinsüchtige.

In der Nachbarschaft sorgt **Knott's Soak City Water Park** im Sommer für willkommene Abkühlung. Der Wasserpark besteht aus einem Wellenschwimmbad sowie Kanälen, kleineren Becken und Rutschen, die noch Ungeübten die Haare zu Berge stehen lassen (www.soakcityoc.com/tickets).

Infos

Anaheim Convention Center: 800 W. Katella Avenue, Anaheim, CA 92802, Tel. 1-714-765-8950, www.anaheim.net/1117/Anaheim-Convention-Center-Arena. Auf der Website steht Interessenten eine Reihe von praktischen Stadtplänen zur Verfügung.

Übernachten

Bestens untergebracht – **Disney's Grand Californian Hotel & Spa:** 1600 S. Disneyland Dr., Tel. 1-714-635-2300, https://disneyland.disney.go.com/grand-californian-hotel. In der Nachbarschaft der beiden Disneyparks gelegenes Vier-Sterne-Hotel für Nichtraucher mit ca. 750 Zimmern und Suiten; eigener Eingang zum California Adventure Park. DZ ab 380 $.

Unterhaltsame Bleibe – **Disneyland Hotel:** 1150 Magic Way, Tel. 1-714-778-6600, http://disneyland.disney.go.com/disneyland-hotel. Fast 1000 Nichtraucherzimmer bzw. -suiten verteilen sich auf drei Hoteltürme der Drei-Sterne-Kategorie. Das familienfreundliche Hotel verfügt über eine Poollandschaft mit sandigen Lagunen, Piratenschiff und 35 m langer Wasserrutsche. DZ ca. 330 $.

Ausgezeichnete Wahl – **Candy Cane Inn:** 1747 S. Harbor Blvd., Tel. 1-714-774-5284, www.candycaneinn.net. Reizendes Boutiquehotel für Nichtraucher. Jedes Zimmer ist mit Kaffeemaschine und Bügelbrett ausgestattet. Das Gratisfrühstück wird am Pool serviert. Nach Disneyland gibt es einen Shuttle-Service. DZ ab ca. 120 $.

Lage und Service gut – **Travelodge:** 1057 W. Ball Rd., Tel. 1-714-774-7600, www.travelodgedisneyland.com. Zu Fuß 15 Min. von Disney entferntes Kettenmotel mit beheiztem Pool, WLAN und Frühstück. DZ ab 79 $.

Essen & Trinken

Für jeden Geschmack – **Katella Family Grill:** 1325 W. Katella Ave., Tel. 1-714-997-9191, www.katellagrill.com, tgl. 6–22 Uhr. Hoch gelobtes Familienrestaurant mit verlässlicher Qualität. Steaks 11–16 $, marinierte Schweinerippchen 17 $, BBQ Combination 17 $.

Prima Küche – **La Casa Garcia:** 531 W. Chapman Ave., Tel. 1-714-740-1108, www.lacasagarcia.com, So–Do 8–22, Fr–Sa 8–23, tgl. Brunch 8–14 Uhr. Original mexikanische Küche mit schmackhaften Klassikern wie Texas Enchiladas (10 $), Shrimp Fajitas (14 $) und gegrillten Schweinekoteletts (11 $).

San Fernando und San Gabriel Valley

Seit Jahrzehnten wuchert Los Angeles abgesehen von der natürlichen Küstenbarriere in alle Himmelsrichtungen. Die bekanntesten Außenbezirke sind das San Fernando Valley nordwestlich von Hollywood und das San Gabriel Valley nördlich von Downtown. Das dort gelegene Pasadena hat in seinem Kern mehr als andere Städte trotz Modernisierung kleinstädtischen Charme und nostalgisches Flair erhalten.

San Fernando Valley

▶ 1, H/J 14

Wenn Angelinos vom ›Valley‹ sprechen, ist in der Regel das **San Fernando Valley** gemeint. Das Tal erstreckt sich zwischen den Gebirgsrücken der Santa Monica und der San Gabriel Mountains im Nordwesten von Los Angeles. Mit großen Sehenswürdigkeiten kann es nicht aufwarten. Es verschafft Besuchern eher einen lebhaften Eindruck vom Lebensstil der typischen amerikanischen Mittelklasse. Jeder dritte Bewohner dieser bis zu 400 m über Meeresniveau gelegenen Gegend mit ca. 1,8 Mio. Einwohnern bewohnt ein Einfamilienhaus. Mini-Malls, Fast-Food-Filialen, von Flaggenwäldern umgebene Autohäuser, Supermärkte mit riesigen Parkflächen und teils gigantische Reklametafeln reihen sich wie Meilensteine moderner Zivilisation aneinander. Gerade sein Dutzendgesicht hat dem Valley in der Vergangenheit viele Rollen als Kinokulisse verschafft, weil die Straßenzüge dort anscheinend genau die Art von Wohlergehen widerspiegeln, mit der die Amerikaner gerne ihren Optimismus und ihr Selbstbewusstsein begründen.

Mulholland Drive

Wer genügend Zeit hat, kann sich dem Valley über den kurvigen **Mulholland Drive** nähern, den man mit dem eigenen Auto entweder über den Cahuenga Exit vom Hollywood Freeway (U. S. 101) oder über den Laurel Canyon am westlichen Ende des Hollywood Boulevard erreicht. Von vielen Stellen aus bietet sich ein prächtiger Blick auf Los Angeles, die reizvolle Bergwelt oder die zahlreichen stolzen Villen und Herrenhäuser an der Strecke, darunter auch manch fürstliche Residenz von Berühmtheiten aus Film- und Showbusiness. Die zweispurige Panoramastraße ist nach dem Wasserbauingenieur William Mulholland benannt. Er verband 1913 den Großraum Los Angeles über den 371 km langen Los Angeles Aquädukt mit dem Owens Valley, wobei der Kampf um die begehrten Wasserrechte zu einem regelrechten Krieg ausartete. Regisseur Roman Polanski thematisierte diese Auseinandersetzung 1974 in seinem Kriminalfilm »Chinatown« mit Jack Nicholson, Faye Dunaway und John Huston in den Hauptrollen.

Mission San Fernando Rey de España

15151 San Fernando Mission Blvd., Mission Hills, Tel. 1-818-361-0186, www.missiontour.org/sanfernando, tgl. 9–16.30 Uhr

An Kaliforniens Pionierzeit erinnert die **Mission San Fernando Rey de España,** die nach dem heilig gesprochenen König Ferdinand III. von Kastilien (1217–52) benannt wurde. Als 17. Station am kalifornischen Camino Real entstand sie im September 1797, doch war

San Gabriel Valley

Lippenpflege: Einmal im Jahr wird die Great Wall of Los Angeles gründlich gereinigt

ihr in den Folgejahren kein Glück beschieden. 1812 zog ein Erdbeben schwere Zerstörungen nach sich. Und als in der Nähe Gold gefunden wurde, gruben manche Glücksritter sogar den Kirchenboden auf der Suche nach Edelmetall um, was die Mission noch zusätzlich dem Verfall entgegentrieb. Heute wird das Gotteshaus als normale Pfarrkirche genutzt.

The Great Wall of Los Angeles
http://sparcinla.org
Mit einer Länge von ca. 840 m gilt **The Great Wall of Los Angeles** als eines der weltweit längsten Wandgemälde. Die Arbeit an dem Riesenkunstwerk, das an die Geschichte der in Los Angeles lebenden Ethnien erinnert, begann 1974 unter der Regie der Künstlerin Judy Baca. Das *mural* zieht sich parallel zur Coldwater Canyon Avenue zwischen Oxnard Street und Burbank Boulevard am Tujunga Wash entlang, einem in einer Betonrinne verlaufenden Nebenfluss des Los Angeles River.

Übernachten
Nah zu den Universal Studios – **Canoga Hotel:** 7126 De Soto Ave., Canoga Park, Tel. 1-818-346-9499, http://canogahotel.com. Zimmer mit Kabel- bzw. Sat-TV, Safe, Mikrowelle und Kühlschrank. DZ ab ca. 120 $.

Essen & Trinken
Gaumenschmaus aus Fernost – **Bistro Ka:** 6600 Topanga Canyon Blvd., Canoga Park, Tel. 1-818-340-1300, www.bistroka.com. Das japanische Restaurant bietet Sushi und Sashimi, aber auch Nudel-, Fleisch- und Fischgerichte, Suppen bzw. Salate. 8–20 $.

San Gabriel Valley
▶ 2, C/D 1

Wie im San Fernando Valley ging auch im San Gabriel Valley eine Missionsgründung der Er-

San Fernando und San Gabriel Valley

schließung und Entwicklung des Tales voraus. **San Gabriel Arcángel** war 1771 die vierte Missionsgründung auf kalifornischem Boden. Allerdings lag sie ursprünglich an anderer Stelle und wurde erst 1775 an den heutigen Standort verlegt. Die vor einigen Jahren um ein neues Gotteshaus ergänzte Missionskirche war aber erst 30 Jahre später fertiggestellt. Sie besitzt nach wie vor ihre ursprüngliche Kanzel mit einem eigenen Treppenaufgang sowie einen in Mexico City gefertigten Altar, der 1790 eingebaut wurde. San Gabriel sollte zur reichsten Missionsstation in Kalifornien und zum damals größten Winzerbetrieb werden. Ein 1826 gepflanzter Rebstock hat bis heute überlebt. Außer Weingärten sorgten hauptsächlich Getreidefelder und Viehzucht für den Wohlstand der Franziskanermönche. Deren ehemalige Schlafgemächer wurden in ein Missionsmuseum mit zahlreichen historischen Exponaten umgewandelt (428 S. Mission Dr., San Gabriel, Tel. 1-626-457-3035, www.sangabrielmissionchurch.org, Museum 9–16.30 Uhr, Erw. 6 $, Kin. 6–17 J. 3 $).

Pasadena ▶ 2, D 1

Ihre Gründung verdankt die 139 000 Einwohner große Stadt am Fuß der San Gabriel Mountains wohlhabenden Sommerfrischlern von der amerikanischen Ostküste, die im letzten Viertel des 19. Jh. vom damals schon legendären südkalifornischen Lifestyle an die Pazifikküste gelockt wurden. Obwohl sich der Ballungsraum Los Angeles im 20. Jh. immer weiter landeinwärts ausbreitete, opferten die Stadtväter und -mütter von **Pasadena** ihren historischen Stadtkern in weit geringerem Maße als anderswo dem Fortschritt und sorgten für den Erhalt vieler älterer Gebäude.

Old Town

Heute kommt die Maßnahme vor allem **Old Town** zugute, wo über 200 Häuser aus den 1880er- und 1890er-Jahren unter Denkmalschutz stehen. Hausten vor einigen Jahrzehnten hinter heruntergekommenen Fassaden noch Pfandleiher und Kleingewerbetreibende, so erstrahlt das historische Zentrum um die Straßenkreuzung von Colorado Boulevard und Fair Oaks Avenue nach einer Sanierung heute in altem Glanz mit modernen Geschäften und einer verführerischen Gastronomieszene. Kenner behaupten, in Pasadena gebe es mehr Restaurants und Cafés als in jeder anderen amerikanischen Stadt. Zum Flair tragen auch zwei Dutzend Parks und 60 000 Bäume bei, welche die Straßen säumen.

Tournament House

391 S. Orange Grove Blvd., Tel. 1-626-449-4100, www.visitpasadena.com/events/free-tours-tournament-house, Führungen Feb.–Aug. jeden Do 14 und 15 Uhr, Eintritt frei

Seit fast 120 Jahren wird alljährlich am 1. Januar mit dem Tournament of Roses eine in den ganzen USA bekannte Parade mit blumengeschmückten Festwagen veranstaltet, für die einzelne Gruppen und Organisationen über 1 Mio. Rosen verwenden (s. auch S. 191). Wer Rosen lieber in natürlicher Umgebung betrachtet, sollte die Gärten des **Tournament House** nicht verpassen. In der weißen, im italienischen Renaissancestil zwischen 1906 und 1914 erbauten Villa des ehemaligen Kaugummikönigs William Wrigley Jr. hat heute die Organisation ihren Sitz, die das Tournament of Roses ausrichtet und viele mit dem Fest in Zusammenhang stehende Objekte ausstellt. Man kann die Residenz besichtigen und die mit Edelhölzern verkleideten Wände, Marmortreppen, offenen Kamine, wertvollen Lüster und Stuckarbeiten bewundern.

The Huntington

1151 Oxford Rd., Tel. 1-626-405-2100, www.huntington.org, Mi–Mo 10–17 Uhr, kostenlose Parkmöglichkeit, Erw. 23, Sa, So 25 $, Kin. 5–11 J. 19/21 $, jeden 1. Do im Monat Eintritt frei nach Reservierung

Als Flaggschiff der lokalen Kulturszene ziehen **The Huntington Library, Art Collections, and Botanical Gardens** Jahr für Jahr eine halbe Million Besucher an. Die ehemalige Villa des Eisenbahnmillionärs Henry E. Huntington (1850–1927), der 1901 die Pacific Electric Railway Company gründete, steht in einem über

Pasadena

80 ha großen **Park** mit wunderschönen botanischen Gärten, Rosenbeeten, Kakteen, einem australischen Garten und einem renovierten und erweiterten japanischen Meditationsgarten samt großem Koi-Weiher. Bei einer Tasse Tee im Rose Garden Tea Room oder einem Cappuccino im Café des Museums können Besucher die himmlische Ruhe ausstrahlende Atmosphäre in dieser grünen Oase auf sich wirken lassen.

Zu Beginn des 20. Jh. entdeckte Huntington seine Sammelleidenschaft für seltene Bücher und Schriftstücke, woraus sich die **Huntington Library** mit über 1 Mio. Buchraritäten und 6,5 Mio. historischen Manuskripten entwickelte. Zu den wertvollsten Ausstellungsstücken gehören eine Gutenbergbibel, viele Dokumente über den früheren US-Präsidenten Abraham Lincoln, das Manuskript von Benjamin Franklins Autobiografie, die ersten Entwürfe von Henry David Thoreaus »Walden oder Leben in den Wäldern« und das Hauptwerk »Die Vögel Amerikas« des amerikanischen Ornithologen und Zeichners John James Audubon. Die Sammlung von Erstausgaben von Shakespeares Werken gehört zu den exklusivsten der Welt. Die Bibliothek hat einen hervorragenden Ruf als wissenschaftliche Einrichtung, der sich hauptsächlich Forscher bedienen, die sich mit der Geschichte des amerikanischen Westens beschäftigen.

Die im Kunstmuseum zur Schau gestellten Werke verteilen sich auf vier separate Galerien. Auf überwiegend britische und französische Künstler des 18. und 19. Jh. konzentriert sich die **Huntington Gallery,** die in der ehemaligen Privatresidenz des Museumsgründers eingerichtet wurde. Die **Virginia Steele Scott Gallery of American Art** widmet sich amerikanischer Malerei zwischen 1730 und 1930, u. a. mit Werken von John Singer Sargent und Mary Cassatt. Im Mittelpunkt einer weiteren permanenten Ausstellung stehen die Entwürfe zweier lokaler Architekten aus dem frühen 20. Jh.

Liebhaber europäischer Kunst kommen in der **Lois and Robert F. Erburu Gallery** auf ihre Kosten, in der Werke von Reynolds, Gains-

Verdichtete Wüstenimpressionen: Kakteenansammlung in den Huntington Botanical Gardens

San Fernando und San Gabriel Valley

borough und Lawrence ausgestellt sind. Skulpturen, wertvolles Porzellan und Mobiliar aus dem Frankreich des 18. Jh. sowie Gemälde aus der Renaissancezeit sind in der **Arabella Huntington Memorial Collection** zu sehen.

Norton Simon Museum
411 W. Colorado Blvd., Tel. 1-626-449-6840, www.nortonsimon.org, Mo, Mi–Do 12–17, Fr, Sa 11–20, So 11–17 Uhr, Erw. 12 $, Sen. ab 62 J. 9 $, jeden 1. Fr im Monat 18–21 Uhr Eintritt frei
Raffael, Rubens, Rembrandt, Monet, Degas, Renoir, van Gogh, Cezanne, Dürer, Dix, Klee, Kandinsky, Feininger, Picasso sind nur einige Namen berühmter Künstler, deren Werke das **Norton Simon Museum** präsentiert. Der Schwerpunkt liegt auf europäischer und amerikanischer Kunst (Skulpturen, Malerei, Lithografien, Grafik und Fotografien), aber auch Arbeiten aus Indien und dem südostasiatischen Raum sind zu sehen.

Gamble House
4 Westmoreland Pl., Tel. 1-626-793-33 34, www.gamblehouse.org, Führungen (1 Std.) Di 11.30–13.30, Do–So 12–16 Uhr, Besucher dürfen keine Schuhe mit hohen Absätzen tragen, 15 $
1908 für das Ehepaar David und Mary Gamble vom US-Konsumgüterkonzern Procter & Gamble im Bungalowstil errichtet, demonstriert das aus 17 unterschiedlichen Holzarten wie Teak, Mahagoni, Zeder, Eiche, Ahorn und Redwood bestehende **Gamble House** die große handwerkliche Kunstfertigkeit seiner Erbauer. Das bis 1966 im Besitz der Familie befindliche Anwesen gilt auch heute noch als Muster für die beispielhafte Verarbeitung von Holz.

Pacific Asia Museum
46 N. Los Robles Ave., Tel. 1-626-449-2742, www.pacificasiamuseum.org, Mi–So 10–18 Uhr, Erw. 10 $, Kin. unter 11 J. und jeden 2. So im Monat Eintritt frei
Gilt die Architektur und Innenausstattung des Gamble House als japanisch inspiriert, so trifft das noch in stärkerem Maß auf das **Pacific Asia Museum** zu, dem ein nordchinesischer Palast als bauliche Vorlage gedient haben soll. Die dort untergebrachten Ausstellungen umfassen Kunst und dekorative Gegenstände, u. a. chinesisches Porzellan, buddhistische Kunst aus Thailand und Malereien bzw. Drucke aus Japan.

City Hall
100 N. Garfield Ave., Tel. 1-626-744-4000, www.ci.pasadena.ca.us/City_Hall.aspx
Die Stadtverwaltung von Pasadena residiert in einem der schönsten Rathäuser im Großraum Los Angeles. 1927 im Stil des spanischen Barock und der italienischen Renaissance errichtet, könnte man hinter den reizvollen Fassaden und dem 63 m hohen filigranen Kuppelturm einen luxuriösen Fürstenpalast eher erwarten als eine in Aktenbergen versinkende Administration. Zum Reiz tragen auch Arkadengänge und eine kleine Parkanlage mit Brunnen, Azaleen, Rhododendren und Eichen bei. Im Innern glänzt der Bau mit Treppen aus Alaskamarmor und schmiedeeisernen Geländern. Vor einigen Jahren wurde die City Hall einer umfassenden Renovierung unterzogen, bei der das Gebäude auch erdbebensicherer gemacht wurde.

Infos
Pasadena Convention & Visitors Bureau: 300 E. Green St., Pasadena, CA 91101, Tel. 1-626-795-9311, www.visitpasadena.com.

Übernachten
Viktorianische Oase – **Bissell House B & B:** 201 Orange Grove Ave., South Pasadena, Tel. 1-626-441-3535, www.bissellhouse.com. Viktorianisches B & B von 1887 mit verspieltem Interieur. Die komfortablen Zimmer sind mit einem Mix aus modernem Mobiliar und Antiquitäten ausgestattet. DZ ab 175 $.

Wundervoll – **Arroyo Vista Inn:** 335 Monterey Rd., South Pasadena, Tel. 1-323-478-7300, www.arroyovistainn.com. Gemütliches B & B in Hügellage aus dem Jahr 1910, in dem die Betreiber Wert auf ökologisches Wirtschaften legen. Die Zimmer, von denen einige einen Balkon besitzen, sind mit elegantem, antikem Mobiliar eingerichtet und auch das opulente Frühstück kann sich sehen lassen. DZ 175 $.

Pasadena

Rundum empfehlenswert – **Ramada Inn:** 2156 E. Colorado Blvd., Tel. 1-626-793-9339, www.ramada.com. Motel mit eigenem Restaurant und Bar. Die Zimmer sind mit Highspeed-Internet, Kühlschrank und Mikrowelle ausgestattet. Zur Unterkunft gehören Pool und Fitnesscenter. Ein kleines Frühstück ist im Preis inbegriffen. DZ ab 90 $.

Essen & Trinken

Leckere Hähnchen – **Roscoe's House of Chicken & Waffles:** 830 N. Lake Ave., Tel. 1-626-791-4890, www.roscoeschickenandwaffles.com, tgl. Frühstück, Lunch und Dinner. Für Liebhaber von gebratenem Geflügel der Anlaufpunkt. Das jeweils ausgewählte Gericht wird mit vielerlei Zutaten serviert. Hauptmahlzeit ab 12 $.

Fleischlos – **Souplantation:** 201 S. Lake Ave., Tel. 1-626-577-4798, www.sweettomatoes.com, Mo– Do 11–21, Fr–Sa 11–22, So 9–21 Uhr. Vegetarisches Buffet, an dem auch Nichtvegetarier Fleisch nicht vermissen werden. Gäste können sich Salate nach eigenen Vorstellungen zusammenstellen. Suppen, Nudelgerichte und gute Desserts vervollständigen das Angebot. Dinner 10–13 $.

Asiatisch vom Feinsten – **Saladang Song:** 383 S. Fair Oaks Ave., Tel. 1-626-793-5200, www.saladang-thai.com, tgl. ab 11 Uhr. Hauptsächlich an Wochenenden bilden sich vor dem hervorragenden thailändischen Restaurant lange Warteschlangen. Die Auswahl an Gerichten ist groß. Zu den anerkannten Klassikern gehören die zum Teil höllisch scharfen Suppen. Gerichte 8–12 $.

Klasse Sandwiches – **Old Sasoon Bakery:** 1132 N. Allen Ave., Tel. 1-626-791-3280, www.oldsasoon.com, Mo–Fr 7–19, Sa 7–17 Uhr. In dieser Gegend in North Pasadena gibt es mehrere armenische Bäckereien. Zu den besten gehört die kleine, aber feine Old Sasoon Bakery mit Köstlichkeiten frisch aus dem Ofen, wunderbaren süßen Teilchen und tollen Sandwiches. 5–8 $.

Abends & Nachts

Konzerte und Shows – **Ice House:** 24 N. Mentor Ave., Tel. 1-626-577-1894, www.icehousecomedy.com, tgl. außer Mo, variierende Showzeiten, meist ab 20.30 Uhr. In dem 1960 eröffneten Comedy-Theater standen schon Größen wie Steve Martin, Billy Crystal, Jerry Seinfeld und David Letterman auf der Bühne.

Einkaufen

Hübsche Erinnerungen – **City Hall Souvenirs:** Pasadena City Hall, 117 E. Colorado Blvd., 2. Etage, Tel. 1-626-744-4755. Im Rathaus gibt es einen Souvenirladen, in dem u. a. T-Shirts, Kaffeetassen, Poster, Schlüsselanhänger, Schneekugeln und Postkarten verkauft werden. Die meisten Mitbringsel zieren Rosensymbole, die an die jährliche Tournament of Roses Parade erinnern.

Flohmarkt – **Rose Bowl Flea Market:** 1001 Rose Bowl Dr., 9–16.30 Uhr, Erw. 9 $. Jeden 2. So im Monat findet der Flohmarkt mit über 2000 Händlern beim Stadion Rose Bowl statt.

Aktiv

Freibad – **AAF Rose Bowl Aquatics:** 360 N. Arroyo Blvd., Tel. 1-626-564-0330, www.rosebowlaquatics.com, tgl. ab 6, So ab 8 Uhr. Offenes Schwimmbad im Brookside Park mit zwei voneinander getrennten Becken.

Termine

Tournament of Roses Parade (1. Jan.): Die große Rosenparade ist das wichtigste Fest der Stadt (www.tournamentofroses.com). Am selben Tag wie die große Parade findet im Rose Bowl Stadium traditionell ein Wettkampf zwischen College-Footballmannschaften statt, zu dem alle Sportbegeisterten in die Arena strömen.

Pasadena Summerfest (Mai): Kunst- und Kulturfest mit Musik und vielseitiger Kulinarik.

Verkehr

Nahverkehr: Die 31 Meilen lange Metro Gold Line verbindet die Union Station in Downtown Los Angeles mit Pasadena (Einzelfahrt 1,75 $). In der Stadt verkehren die Busse des Pasadena Area Rapid Transit System (ARTS) auf sieben Routen (Tel. 1-626-398-8973, ww5.cityofpasadena.net/pasadena-transit, Einzelfahrt 50 Cents).

Kapitel 2

San Diego und Umgebung

Die spektakuläre Lage an der Pazifikküste mit einem geschützten Hafen, frühlingshaftes Wetter selbst im tiefsten Winter, endlose naturbelassene Strände, ein großes Angebot an Outdoor-Aktivitäten, ein beeindruckendes Kulturangebot und Attraktionen wie Sand am Meer machen die Millionenstadt San Diego zum Traumziel.

Mit 1,3 Mio. Einwohnern ist der Ballungsraum im äußersten Süden Kaliforniens nach Los Angeles die zweitgrößte Stadt im Staat und die siebtgrößte Metropole der USA. Wer die Schöne kennengelernt hat, kann verstehen, dass selbst die meisten Einheimischen das Gefühl haben, sich ständig im Urlaub zu befinden. Die Gründe dafür liegen auf der Hand. Selbst im Januar und Februar wartet die südkalifornische Sonnenbank mit durchschnittlich 14 °C auf. Während Los Angeles fast ständig von einer graugelben Smogschicht bedeckt ist, sonnt sich San Diego in Provence-verdächtigem klaren Licht und frischer Pazifikbrise. Im Winter ziehen dicht vor der Küste Herden von Grauwalen vorbei. Neben den Walen verdankt die Stadt ihre Reputation zwei weltbekannten Einrichtungen: dem Meereszoo Sea World und dem San Diego Zoo, dem besten Tierpark Amerikas.

Der Einzugsbereich der Metropole reicht weit nach Norden, wo einige reizvolle Städtchen mit sandigen Surfstränden direkt an der Küste liegen. Im Süden grenzt Kalifornien an Mexiko, und die Nachbarstadt Tijuana bietet eine gute Gelegenheit für Reisende, auf einem Tagesausflug mittelamerikanisches Flair zu schnuppern.

Langweiliger Shopping-Mall-Einheitslook muss nicht sein – mit einfallsreicher Architektur und durchdachter Farbkomposition beeindruckt das Westfield Horton Plaza in San Diego

Auf einen Blick: San Diego und Umgebung

Sehenswert

⭐ **Das Stadtzentrum von San Diego:** Die südlichste Großstadt Kaliforniens hat in den vergangenen Jahrzehnten eine atemberaubende Karriere absolviert. Einst mit einem heruntergekommenen Stadtzentrum ausgestattet, präsentiert sich Kaliforniens urbaner Aufsteiger heute als blitzsaubere, im Trend liegende Millionenmetropole (s. S. 196).

Coronado Peninsula: Mitten in der San Diego Bay liegt mit dieser Halbinsel ein vornehmer Teil der Stadt mit hübschen Häusern und fabelhaften Sandstränden (s. S. 217).

La Jolla: Die Küstengemeinde zeigt sich von ihrer Bilderbuchseite, wenn man auf dem Coast Walk an der berückenden Steilküste entlangflaniert (s. S. 222).

Schöne Routen

Vom Gaslamp Quarter zum Embarcadero: Nördlich von der Horton Plaza markiert der Broadway die Nordgrenze des historischen Gaslamp Quarter, das man zwischen 4th und 6th Avenue erkunden kann. Geht man auf der Market Street nach Westen, kommt man zum abwechslungsreichen Seaport Village mit Geschäften, Restaurants und häufigen Open-Air-Konzerten. Weiter nördlich spaziert man auf dem Harbor Drive vorbei am Flugzeugträger USS Midway zum Maritime Museum und kehrt über das Santa Fe Train Depot bzw. den Broadway zur Horton Plaza zurück (s. S. 196).

El Prado im Balboa Park: Im Balboa Park führen reizvolle Wege nicht nur durch ein Naturparadies. An der in Ost-West-Richtung verlaufenden Schaumeile El Prado sind die interessantesten Museen und die prächtigsten Gebäudefassaden zu sehen (s. S. 201).

Meine Tipps

Flower Fields in Carlsbad: Jedes Jahr im Frühjahr ›inszenieren‹ die riesigen Anbaugebiete für Ranunkeln in der Gegend um die Ortschaft eine beeindruckende Farben- und Blütenshow (s. S. 227).

Idyllischer Küstenflecken in Oceanside: Romantiker haben auf dem fast 600 m langen Pier eine gute Möglichkeit, perfekte Sonnenuntergänge zu erleben (s. S. 228).

Logieren im San Diego Zoo Safari Park: Ein ›Afrika‹-Abenteuer der besonderen Art ist eine Campübernachtung in dieser Dependance des San Diego Zoo (s. S. 229).

Rundgang durch Old Town San Diego State Historic Park: Wie San Diego in den 1820er-Jahren aussah, zeigt ein Spaziergang durch den Historic Park (s. S. 204).

Ausflug ins mexikanische Tijuana: So richtig in Schwung kommt das Partyleben auf der Avenida de la Revolución nach Sonnenuntergang (s. S. 208).

Baden, biken, joggen im Mission Bay Park: Und zudem Wassersport, Tennis- und Basketballspielen – der Park in San Diego macht es möglich (s. S. 214).

Outdoor-Paradies: Die Südspitze von Point Loma: Auf der Halbinsel kann man wandern, Wale beobachten und das Meeresleben studieren (s. S. 218).

⭐ Das Stadtzentrum von San Diego

▶ 1, K/L 16

Abgeschirmt durch die Felsbarriere der Point-Loma-Halbinsel und die Sandbank der Coronado Peninsula verfügt San Diego über einen der schönsten natürlichen Häfen Amerikas. Die unvergleichliche Lage, ein vortreffliches Klima, außerordentliche Lebensqualität und hoher Freizeitwert machen die Millionenmetropole zu einem der attraktivsten Reiseziele an der amerikanischen Westküste.

Downtown San Diego

Cityplan: S. 199

Blickt man bei Sonnenuntergang von der Anlegestelle der Fähre auf der Coronado Peninsula über die San Diego Bay auf die im letzten Licht des Tages liegende Innenstadt, dann präsentiert sich die moderne Skyline wie ein typisch amerikanisches Großstadtposter. Genau genommen sind es aber nicht Wolkenkratzer aus Glas und Stahl, die den Charakter von Downtown prägen, sondern eher romantische Hafenansichten am Embarcadero und reizvolle Ziegelfassaden viktorianischer Häuser aus dem 19. Jh. im Gaslamp Quarter.

Gaslamp Quarter

Edle Boutiquen und Kunstgalerien, elegante Restaurants, gemütliche Straßencafés – selbst Schnellküchen und Eissalons scheinen im historischen **Gaslamp Quarter** mehr Charakter zu haben als sonst wo. Bis in den späten Abend pulsiert das Leben auf der 5th Avenue und in den umliegenden Straßenzügen. Leuchtstrahler zaubern Licht- und Schattenspiele auf verspielt wirkende Fassaden aus dem viktorianischen Zeitalter. In Bäumen hängende Girlanden mit bunten Lämpchen ließen eine Spur weihnachtlicher Heimeligkeit aufkommen, wären da nicht chromblitzende Straßenkreuzer mit neonblauer Unterbodenbeleuchtung, die in subtropischen Nächten wie von Geisterhand gesteuert über den dampfenden Asphalt schweben. Neben Musikklubs und Bars sorgen mehrere Theater und die Oper für Amüsement und abwechslungsreiche Kulturprogramme.

Beinahe wäre das altehrwürdige Gaslamp Quarter den bissigen Plänen von Stadtsanierern zum Opfer gefallen. Heruntergekommene Bordelle, zwielichtige Spielhallen, aufgegebene Geschäfte und schäbige Straßenzüge ließen manche Verantwortliche über eine Lösung im Zeichen der Abrissbirne nachdenken. Erst als eine entschlossene Bürgerinitiative den Profis der Stadtverwaltung Planungsalternativen vorschlug, rangen sich die Verantwortlichen zur Rettung bzw. Sanierung von Alt-San Diego durch. Trotz Traditionsverbundenheit herrscht im Viertel kein Stillstand, wie etwa die moderne Central Library (330 Park Blvd.) und der neu gestaltete Horton Plaza Park beweisen (www.hortonplazapark.com).

William Heath Davis House

410 Island Ave., Tel. 1-619-233-4692, www.gaslampquarter.org, Di–Sa 10–17, So 9–16 Uhr, 10 $

Kopien der einst gasbetriebenen Straßenlaternen gaben dem Gaslamp Quarter seinen Namen

San Diego, Stadtzentrum

Sehenswert
1. William Heath Davis House
2. Westfield Horton Plaza
3. Museum of Contemporary Art San Diego (MCASD)
4. USS Midway Museum
5. Maritime Museum
6. Seaport Village
7. San Diego Convention Center
8. Balboa Park Visitors Center
9. San Diego Museum of Man
10. Alcazar Garden
11. Mingei International Museum
12. San Diego Museum of Art
13. Timken Museum of Art
14. Botanical Building
15. Casa del Prado
16. San Diego History Center
17. Reuben H. Fleet Science Center
18. San Diego Air & Space Museum
19. Spanish Village Art Center
20. San Diego Zoo
21. Old Town San Diego State Historic Park
22. Junípero Serra Museum
23. Mission San Diego de Alcalá

Übernachten
1. US Grant Hotel
2. Omni
3. Comfort Inn
4. Gaslamp Plaza Suites
5. Bristol
6. Keating House
7. La Pensione Hotel
8. Days Inn Downtown
9. Hotel Circle Drive
10. Hosteling International

Essen & Trinken
1. Hooters
2. Blue Point
3. Pacific Fish Co.
4. Albert's
5. Anthony's Fish Grotto
6. Karl Strauss Brewery & Grill

Einkaufen
1. Wine Bank
2. 3rd Avenue Farmers Market and Asian Bazaar
3. Seaport Village

Abends & Nachts
1. Omnia
2. House of Blues
3. The Casbah
4. Altitude Sky Lounge
5. Globe Theatres
6. San Diego Symphony

Aktiv
1. Five Star Tours
2. Gaslamp Guided Walking Tour
3. Another Side of San Diego Tours
4. Flagship Cruises
5. San Diego Padres

Heute kümmert sich hauptsächlich die Gaslamp Quarter Historical Foundation um das historische Gesicht des Viertels und unterhält im **William Heath Davis House** ein kleines, interessantes Museum. Es beschäftigt sich u. a. mit Menschen, die in der Vergangenheit des Gaslamp Quarter eine Rolle spielten. Das in seine hölzernen Einzelteile zerlegte, weiß getünchte Haus wurde 1850 nach einer langen Seereise um Kap Horn in San Diego aufgestellt. Heute ist es das älteste Bauwerk im Zentrum.

Westfield Horton Plaza 2
www.westfield.com/hortonplaza; in angrenzenden Parkhäusern kann man sein Auto drei Stunden lang gratis abstellen, wenn man etwas kauft und den Parkschein abstempeln lässt.

Als in den 1980er-Jahren das neue alte San Diego Gestalt anzunehmen begann, spielte ein zukunftsweisendes Projekt eine Hauptrolle: das **Westfield Horton Plaza.** Bei diesem gewaltigen Einkaufs- und Vergnügungskomplex handelt es sich um keine amerikanische Mall im üblichen Stil. Boutiquen und Geschäfte, Restaurants und Imbisse sind auf sechs offenen Etagen um einen lichten Innenhof so angeordnet, dass man sich in einem überdimensionalen Straßencafé wähnt. Das attraktive Labyrinth wurde quasi zum Symbol einer neuen innerstädtischen Ära und brachte das Gaslamp Quarter als kommerzielles und gastronomisches Herz der Stadt ins Bewusstsein der Einheimischen zurück.

Das Stadtzentrum von San Diego

Museum of Contemporary Art San Diego (MCASD) 3

1100 Kettner Blvd., Tel. 1-858-454-3541, www.mcasd.org, Do–Di 11–17 Uhr, Mi geschl., Erw. 10 $, bis 25 J. u. 3. Do im Monat Eintritt frei

Nach seiner Erweiterung zog das **Museum of Contemporary Art San Diego (MCASD)** in neue Räumlichkeiten und dehnte damit seinen Platz für zeitgenössische Kunst um mehr als das Doppelte aus. So wurde das ursprünglich für die Panama-California-Exposition 1915 errichtete Gepäckdepot des Santa-Fe-Bahnhofs komplett umgebaut, sodass in den hohen Hallen auf über 1000 m² auch sehr große Skulpturen und Installationen präsentiert werden können. Im benachbarten dreistöckigen David C. Copley-Neubau steht ein weiterer Ausstellungsraum zur Verfügung. Die Museumsleitung beauftragte u. a. den Bildhauer Richard Serra und die Installationskünstlerin Jenny Holzer, dafür angemessene Werke zu schaffen.

Embarcadero

Vom **Visitor Information Center** aus (W. Broadway/Ecke Harbor Dr.) kann man die Wasserkante kennenlernen, die mit Gartenanlagen und Dattelpalmen in eine grüne Promenade verwandelt wurde. Richtung Norden spaziert man an Kais entlang, wo Ausflugsschiffe und die Fähren nach Coronado ablegen und sich Seehunde im Hafenbecken tummeln.

USS Midway Museum 4

910 N. Harbor Dr., Tel. 1-619- 544-9600, www.midway.org, tgl. 10–17 Uhr, Erw. 20 $, Kin. 6–17 J. 15 $

Auf dem am längsten dienenden Flugzeugträger der US Navy wurde das **USS Midway Museum** eingerichtet. Die riesige ›USS Midway‹ war zuletzt 1991 im Golfkrieg eingesetzt worden. Nach 47 Jahren wurde sie außer Dienst gestellt und 2004 nach San Diego gebracht. Besucher können die schwimmende Stadt auf eigene Faust erkunden und dabei u. a. 24 restaurierte Flugzeuge, das Hangardeck, den Maschinenraum, ein Postamt und die Kabine des Kapitäns besichtigen.

Maritime Museum 5

1492 N. Harbor Dr., Tel. 1-619-234-9153, www.sdmaritime.org, im Sommer 9–21, sonst bis 20 Uhr, Erw. 18 $, Kin. 13–17 J. 14 $

Im Unterschied zur ›USS Midway‹ geht es im **Maritime Museum** gar nicht martialisch, sondern eher romantisch zu. Mehrere Oldtimer-Schiffe sind zu besichtigen, darunter der 1863 in England gebaute Dreimaster ›Star of India‹, der die Erde als Frachtschiff mehrmals umsegelte, und der Nachbau der 1847 vom Stapel gelaufenen ›California‹. Über 60 Jahre lang pendelte die über 100-jährige Fähre ›Berkley‹ in der Bucht von San Francisco und brachte nach dem Erdbeben 1906 Tausende Menschen in Sicherheit. 1904 lief die luxuriöse Motoryacht ›Medea‹ vom Stapel, die einem schwerreichen schottischen Landbesitzer für Ausflüge diente. Auf dem 1914 gebauten Harbor Pilot Boat kann man Rundfahrten in der Bucht buchen.

An der Marina

Seaport Village 6

849 West Harbor Dr., Tel. 1-619-235-4014, www.seaportvillage.com, tgl.10–22 Uhr, wer etwas konsumiert oder einkauft, parkt 2 Std. lang gratis, danach 3 $ pro Std.

Im Süden des Embarcadero stößt der Harbor Drive auf das **Seaport Village,** das sich seit seiner Eröffnung im Jahre 1980 zu einer populären Attraktion entwickelt hat. Direkt am Wasser gelegen, besteht das Dorf größtenteils aus Holzgebäuden, die an eine neuenglische Fischersiedlung erinnern sollen und mit Dutzenden Boutiquen, Souvenirläden, Galerien, Restaurants, Cafés und Imbissbuden ausgestattet sind. Hauptsächlich an Wochenenden platzt das Village mit seinen Wasserbecken, Grünanlagen und gepflasterten Fußwegen aus allen Nähten, weil häufig Rock- und Pop-Gruppen, Sängerinnen und Sänger, Zauberer und Gaukler das Publikum unterhalten.

Am B Street Pier können Besucher an Bord von Ausflugsschiffen **Hafenrundfahrten** unternehmen (ca. 13 $) und zu **Walbeobachtungstouren** ablegen.

San Diego Convention Center 7

111 W. Harbor Dr., Tel. 1-619-525-5000, www.sdccc.org

Der gewaltige Komplex des im Jahr 1989 eröffneten **San Diego Convention Center** besteht u. a. aus über sechs Dutzend Kongress- und Banketträumen inklusive zweier Ballsäle. In den Parkgaragen haben mehr als 5000 Pkw Platz.

Balboa Park

Cityplan: S. 199
Balboa Park Visitors Center (Besucherzentrum), 1549 El Prado, Tel. 1-619-239-0512, www.balboapark.com

Als in den Jahren 1915–16 im südlichen Kalifornien anlässlich der Eröffnung des Panamakanals die Panama-California Exposition veranstaltet wurde, ließ die Stadt im **Balboa Park** eine Reihe von Ausstellungsgebäuden errichten, die heute zu den architektonischen Glanzpunkten zählen. Der in England zwischen 1840 und 1890 auflebende Historismus hatte um diese Zeit zwar bereits sein Ende gefunden, färbte aber mit seiner Gothic-Revival-Architektur auf das ferne Kalifornien ab und ließ dort diesem Stil verpflichtete Bauwerke entstehen, die im überbordenden Grün der reizvollen, exotischen Parklandschaft wie Denkmäler stehen blieben. Heute verbergen sich hinter den zum Teil aufwendig gestalteten Fassaden die meisten der insgesamt 17 Museen bzw. Ausstellungen des Parks.

Eine Besichtigung beginnt am besten im **Balboa Park Visitors Center** 8 im House of Hospitality, wo man einen Parkplan und alle nötigen Informationen bekommt. Das Besucherzentrum befindet sich ebenso wie einige der größten und sehenswertesten Museen am **El Prado,** einer in Ost-West-Richtung verlaufenden Fußgängerzone, der die schönsten Gebäudefassaden zugewandt sind.

San Diego Museum of Man 9

1350 El Prado, Tel. 1-619-239-2001, www.museumofman.org, tgl. 10–16.30 Uhr, Erw. 13 $, Kin. 13–17 J. 8 $

Am leichtesten ist das **San Diego Museum of Man** zu finden, über dem der 60 m hohe, zugängliche **California Tower** mit einem sich jede Viertelstunde wiederholenden Spiel aus 100 Glocken in den Himmel ragt. Die zum Teil wechselnden Ausstellungen beschäftigen sich mit der Kunst vergangener Kulturen aus unterschiedlichen Regionen der Erde und zeigen neben peruanischen Mumien beispielsweise altägyptische Grabbeigaben und Artefakte der Maya-Kultur Mittelamerikas.

Der **Alcazar Garden** 10 schräg gegenüber ist seinem Vorbild im spanischen Sevilla nachempfunden und bildet mit reich verzierten Brunnen und mehreren Tausend blühenden Pflanzen eine Augenweide.

Mingei International Museum 11

1439 El Prado, Tel. 1-619-239-0003, www.mingei.org, Di–So 10–17, im Hochsommer Do bis 19 Uhr, Erw. 10 $, Kin. 6–17 J. 7 $

Um Volkskunst aus vielen Teilen der Welt geht es im **Mingei International Museum,** das mit seinen Exponaten das Verständnis für fremde Kulturen fördern will. Häufig wechselnde Ausstellungen beschäftigen sich mit interessantem Kunsthandwerk wie afrikanischen Münzen, rituellen Gegenständen aus Indien oder Silberarbeiten aus China.

San Diego Museum of Art 12

1450 El Prado, Tel. 1-619-232-7931, www.sdmart.org, Mo–Sa 10–17, So 12–17 Uhr, Mi geschl., Erw. 10 $, Sen. ab 65 J. 5 $, Kin. 7–17 J. Eintritt frei

Das **San Diego Museum of Art** hat seinen Standort dort, wo sich El Prado zur Plaza de Panama weitet. Die Fassade des Kunstmuseums zeigt sich auf den ersten Blick als neogotisches Schmuckstück, hinter dem sich außergewöhnliche Schätze der italienischen Renaissance und der niederländischen wie spanischen Barockkunst verbergen. Außerdem sind dort Werke von Henri de Toulouse-Lautrec, Paul Gauguin, Edward Hopper, Käthe Kollwitz, Emil Nolde, Maurice Pendergast, Marc Chagall, Salvador Dalí, Raoul Dufy, Alexander Calder und Paul Klee zu sehen.

Das Stadtzentrum von San Diego

Timken Museum of Art 13
1500 El Prado, Tel. 1-619-239-5548, www.timkenmuseum.org, Di–Sa 10–16.30, So 12–16.30 Uhr, Eintritt frei

Das **Timken Museum of Art** stellt Werke europäischer Meister von Fragonard bis Veronese, amerikanischer Künstler wie John Singleton Copley und Eastman Johnson sowie russische Ikonen aus. Timken ist das einzige Museum in San Diego, das ein Gemälde von Rembrandt besitzt.

Botanical Building 14
1549 El Prado, Tel. 1-619-239-0512, www.sdbgf.org, Fr–Mi 10–16 Uhr, Do geschl., Eintritt frei

Das Timken Museum grenzt an einen reizvollen Seerosenteich, der im Zweiten Weltkrieg als Schwimmbad für Matrosen eines Ausbildungszentrums zweckentfremdet wurde und heute mit dem an der Nordflanke stehenden 80 m langen **Botanical Building** zu den Bilderbuchansichten im Park zählt. Ursprünglich als Bahnhofshalle gebaut, ist das lang gestreckte Gebäude mit seinem gewölbten Holzlattendach eine der weltweit größten Konstruktionen dieser Art. Blumenfreunde finden im Inneren Hunderte subtropischer und tropischer Pflanzen, Orchideen und eine Farnsammlung.

Casa del Prado 15
Schönstes Architekturbeispiel im Park ist die **Casa del Prado.** Der Haupteingang besteht aus drei Bogenportalen, deren mittleres von kunstvoll gearbeiteten Doppelsäulen flankiert wird. In der Fassade verschwinden drei Fenster geradezu im üppigen Dekor des Spanish-Colonial-Revival-Stils, bei dem Steinmetze und Bildhauer das Baumaterial mit vielfältigen Formen zum Leben erweckten. Bei diesem Gebäude handelt es sich allerdings nicht mehr um das Original, sondern um eine im Jahr 1971 vorgenommene, als Theater dienende Rekonstruktion.

San Diego History Center 16
1649 El Prado, www.sandiegohistory.org, tgl. 10–17 Uhr, Eintritt frei

Smartphone-Freaks können im **San Diego History Center** ungestört ihrer Sucht frönen: Mit einer Telefonliste ausgestattet können sie während eines Rundgangs verschiedene Nummern anwählen und erhalten Informationen zu bestimmten Ausstellungsobjekten und zur Stadtgeschichte. Im selben Gebäude sind das **San Diego Model Railroad Museum** (Museum für Modelleisenbahnen, 1649 El Prado, Tel. 1-619-696-0199, www.sdmrm.org, Di–Fr 10–16, Sa, So 11–17 Uhr, Mo geschl., Erw. 10,75 $, Kin. unter 5 J. frei) und das **Museum of Photographic Arts** untergebracht (1649 El Prado, Tel. 1-619-238-7559, www.mopa.org, Di–So 10–17, Do bis 20 Uhr, Mo geschl., Erw. 8 $, Kin. unter 12 J. Eintritt frei).

Reuben H. Fleet Science Center 17
1875 El Prado, Tel. 1-619-238-1233, www.rhfleet.org, Mo–Do, So 10–18, Fr bis 20 Uhr, Erw. 17 $, Kin. 14 $, inkl. Filmvorführung

Neben Kunst, Kultur und Geschichte widmen sich im Balboa Park einige Museen auch naturwissenschaftlichen und technischen Themen. An interaktiven Einrichtungen können Gäste im **Reuben H. Fleet Science Center** Naturgesetze nachvollziehen, Versuche mit Tönen und Geräuschen anstellen oder einen Tornado entstehen lassen. Hauptanziehungspunkt des Zentrums ist das IMAX Dome Theater, auf dessen Kuppel abenteuerliche Filme und Planetariumshows projiziert werden.

San Diego Air & Space Museum 18
2001 Pan American Plaza, Tel. 1-619-234-8291, www.sandiegoairandspace.org, tgl. 10–16.30 Uhr, Erw. 19,50 $, Kin. 10,50 $

Den größten Publikumsandrang unter den Balboa-Park-Museen verzeichnet das **San Diego Air & Space Museum,** wo über 60 Flugzeuge und in der Raumfahrt eingesetzte Module die Geschichte der Fliegerei von Anbeginn dokumentieren. Rekonstruktionen der Flugapparate der berühmten Gebrüder Wright sind ebenso zu sehen wie Modelle von Leonardo Da Vinci, Militärmaschinen aus dem Zweiten Weltkrieg, dem Korea- und dem Vietnamkrieg, eine Apollo-

Mit ihrem opulenten Dekor ist die 1915 errichtete Casa del Prado ein Hingucker – na ja, vielleicht nicht für alle und zu jeder Zeit

Kapsel und Raketen sowie Raumschiffe der Mercury- und der Geminiprogramme der 1950er- und 1960er-Jahre.

Spanish Village Art Center [19]

1770 Village Pl., Tel. 1-619-233-9050, www.spanishvillageart.com, tgl. 11–16 Uhr, jeden 4. Do bis 21 Uhr, Eintritt frei

Im nördlichen Teil des Balboa Park setzt sich das **Spanish Village Art Center** aus drei Dutzend Künstlerstudios, Ateliers und Werkstätten zusammen, in denen über 200 Maler, Bildhauer, Töpfer, Holzschnitzer, Schmuckdesigner, Glasbläser und Fotografen arbeiten. Die putzigen Häuschen in individuellen Baustilen gruppieren sich um eine mit farbigen Bodenplatten ausgelegte Plaza. Winzige Vorgärten mit exotischen Pflanzen und versteckte Hinterhöfe verleihen dem Dorf ein idyllisches Flair. Ab und an finden Feste statt, bei denen professionelle Künstler und Kunsthandwerker den Zuschauern ihr Können demonstrieren.

San Diego Zoo [20]

2920 Zoo Dr., Tel. 1-619-231-1515, http://zoo.sandiegozoo.org (mit interaktivem Plan), tgl. 9–18 Uhr, im Sommer länger, Erw. 50 $, Kin. 3–11 J. 40 $

Alligatoren, Geparden, Gorillas, Giraffen, Koalas, Panda-Bären, Tiger, Galapagos-Schildkröten, Pythons – Amerikas bekanntester und schönster Tierpark zeigt über 800 Arten in einer Umgebung, die im Großen und Ganzen den natürlichen Lebensbedingungen der jeweiligen Spezies entspricht. Nicht nur mit der artgerechten Unterbringung hat sich der **San Diego Zoo** seine Meriten verdient. Weltweit bekannt geworden ist er durch sein Engagement für bedrohte Arten und seine Zuchtprogramme für Tiere, die in freier Wildbahn in immer geringerer Zahl vorkommen. Dass die Anstrengungen in San Diego von Erfolg gekrönt waren, bewies u. a. der Nachwuchs der Großen Pandabären. 1987 schickte die Volksrepublik China ein Pandapärchen im Rahmen eines 200-Tage-Leihvertrags nach San Diego,

Das Stadtzentrum von San Diego

RUNDGANG DURCH OLD TOWN SAN DIEGO STATE HISTORIC PARK

Tour-Infos
Start: Eingang San Diego Ave., Ecke Twiggs St., Tel. 1-619-220-5422, tgl. 10–17 Uhr, Eintritt frei

Länge/Dauer: ca. 800 m, 1–2 Std.
Infos im Internet: www.parks.ca.gov > Visit a Park

Wie sah der Kern von San Diego in den 1820er-Jahren aus, als die heutige Millionenstadt noch ein mexikanisches Dorf war? Im **Old Town San Diego State Historic Park** 21 spaziert man durch Straßenzüge und denkmalgeschützte Gebäude, die ein Bild von den damaligen Zeiten abgeben. Bei den meisten Anwesen handelt es sich um Nachbauten der ursprünglichen Häuser, die 1872 einem Großbrand zum Opfer fielen.

Am **Haupteingang** des Parks empfängt die Besucher mit dem **Old Town Market** ein offener Markt mit einem Riesenangebot an mexikanischem Kunsthandwerk, das sich als Reiseerinnerung bestens eignet. Vorbei am Mineralien- und Schmuckgeschäft **Casa de Pedrorena,** dem ehemaligen Wohnsitz einer um 1850 nach San Diego gekommenen spanischen Familie, gelangt man zur 1825 aus Adobe für einen spanischen Aristokraten erbauten **Casa de Estudillo,** deren Gebäudeteile mit im Originalstil ausgestatteten Räumen und einer Küche einen hübschen Garten umschließen. Wie die Menschen zur damaligen Zeit im südlichen Kalifornien reisten, zeigt eine Sammlung von Karren und Pferdekutschen im **Seeley Stables Museum.** An mehreren Stellen im State Park demonstrieren kostümierte Freiwillige altes Handwerk, wie etwa die Schmiede im **Blackhawk Livery Stable.** Heute ein mexikanisches Restaurant, war die **Casa de Bandini** nach ihrer Fertigstellung im Jahr 1829 zunächst die Wohnung eines

peruanischen Einwanderers. 40 Jahre später bekam sie ein Obergeschoss und diente danach als Hotel.
Wo heute der Restaurant- und Einkaufskomplex **Fiesta de Reyes** zu einer Verschnaufpause einlädt, wurde 1821 die mexikanische Siedlung gegründet, aus der sich später San Diego entwickelte. Gut 30 Jahre später ließ sich ein aus Texas stammender Anwalt das heutige **Robinson-Rose House Visitor Information Center** bauen, um darin die Zeitungsdruckerei des San Diego Herald, Eisenbahnbüros und private Unterkünfte unterzubringen. Besucher finden dort ein Modell von San Diego um 1872 und detaillierte Broschüren über die Old Town.
Das weiß getünchte **McCoy House Museum** ist die Rekonstruktion eines Privathauses, das sich der Sheriff und Senator James McCoy 1869 errichten ließ und das zeigt, wie die ›bessere‹ Gesellschaft damals lebte. Mit was sich die einfachen Leute beschäftigten, demonstrieren die Ausstellungsstücke in der **Casa de Machado y Wrightington**. Ursprünglich war das **Colorado House** ein Hotel, später eine Niederlassung des Transport- und Finanzdienstleisters Wells Fargo. Hinter der Westernfassade verbirgt sich heute das **Wells Fargo Museum** u. a. mit einem Büro im Stil der 1850er-Jahre und einer originalen Pferdekutsche aus dem 19. Jh. Mary Chase Walker war die erste Lehrerin, die in der 1865 erbauten **Mason Street School,** der ersten öffentlichen Schule Kaliforniens, unterrichtete. In der Nachbarschaft behandelte der Zahnarzt **Dr. George McKinstry** seine Patienten noch nach Methoden, die heute Zähneklappern verursachen.

womit die Basis einer seit damals andauernden Kooperation gelegt wurde. 1999 brachte Bai Yun das erste in Nordamerika geborene Pandababy zur Welt.

Wer sich einen Überblick über die 1916 eröffnete Gesamtanlage verschaffen will, schwebt mit der Skyfaria Aerial Tram in Baumwipfelhöhe über den Park oder schließt sich einer halbstündigen kommentierten Bustour an. Aus luftiger Höhe entdeckt man einen afrikanischen Regenwald als Heimat der Gorillas, eine arktische Taiga und Tundra als Lebensraum von Eisbären, eine afrikanische Savannenregion für Elefanten, Löwen und Giraffen und Aviarien für Vogelarten aus aller Welt. Das Reizvolle an diesen Habitats ist, dass sie ohne sichtbare Gitter, Zäune und Mauern so angelegt sind, als würde man die Tiere in freier Wildbahn beobachten. Dieses Zookonzept wurde in San Diego mitentwickelt.

nerpater Junípero Serra zusammen mit dem damaligen kalifornischen Gouverneur Gaspar de Portolá die Mission San Diego de Alcalá als erste von am Ende 21 kalifornischen Missionsstationen aus der Taufe. 1774 wurde die Niederlassung an den heutigen Standort im Mission Valley verlegt und der Presidio Hill in eine bis 1837 besetzte spanische Festung verwandelt.

Junípero Serra Museum [22]

2727 Presidio Dr., Presidio Park, Tel. 1-619-232-6203, www.sandiegohistory.org/serra_museum, Sa, So 10–17 Uhr, Erw. 6 $, Kin. 6–17 J. 3 $
An der Stelle der ersten Missionsgründung erhebt sich heute als Hommage an Junípero Serra das schneeweiß getünchte **Serra Museum,** ein mit Mobiliar, Haushaltsgeräten und Alltagsgegenständen gefülltes ›Fenster‹ in die 20er-Jahre des letzten Jahrhunderts.

Presidio Hill

Cityplan: S. 199
Die exakte Stätte der Stadtgründung liegt nördlich von Old Town auf einem Hügel. Auf dem **Presidio Hill** hoben 1769 der Franziska-

Mission Valley ▶ 1, L 16

Cityplan: S. 199
Nördlich des Stadtzentrums erstreckt sich entlang der nach Osten führenden Interstate 8 das **Mission Valley** mit den größten

Auf Sparkurs

Mit der **Go San Diego Card** kann man die Attraktionen der Stadt preiswerter genießen. Die Karte schließt Rundfahrten, Museumseintritte bzw. preisermäßigte Museumstickets, eine Telefonkarte und Rabatte im Restaurant ein (1 Tag 79 $, 2 Tage 110 $; online erhältlich über http://de.smartdestinations.com > San Diego).

Shopping Malls der Umgebung und vielen preisgünstigen Motels.

Mission San Diego de Alcalá [23]

10818 San Diego Mission Rd., Tel. 1-619-281-8449, www.missionsandiego.com, tgl. 9–16.30 Uhr, 3 $

Ein Blick in die Geschichte der Stadt erlaubt die 1769 von Junípero Serra gegründete und fünf Jahre später an den jetzigen Standort verlegte **Mission San Diego de Alcalá**. Die heute noch als Pfarrkirche genutzte Basilika stammt aus dem Jahr 1813. Nach der Unabhängigkeit Mexikos säkularisiert, gab der US-Kongress 1862 einen kleinen Teil des ehemaligen Missionsbesitzes an die Kirche zurück. Bis dahin waren die meisten Gebäude verfallen, und vom Gotteshaus war nur noch die Fassade übrig. Es dauerte 70 Jahre, bis die Missionsstation von zurückgekehrten Patres renoviert und in ihren heutigen Zustand versetzt wurde.

Infos

International Visitor Information Center: 996 N. Harbor Dr., Downtown San Diego, CA 92101, Tel. 1-619-236-1242, www.sandiegovisit.org, www.sandiegovisitorcenter.com. Interaktiver Stadtplan: www.mapquest.com/us/ca/san-diego-282038949.

Übernachten

Elegantes Grandhotel – **US Grant Hotel** [1] : 326 Broadway, Tel. 1-619-232-3121, www.usgrant.net. Die große alte Dame der städtischen Hotellerie bietet 270 elegante Zimmer und 47 luxuriös ausgestattete Suiten, Fitnesscenter, Dachterrasse und eine fürstliche Lobby. Das hauseigene Restaurant Grant Grill ist für seine Spitzenküche bekannt, wirkt aber etwas steif in seiner Eleganz. DZ durchschnittlich ca. 300 $.

Komfortable Oase – **Omni** [2] : 675 L St., Tel. 1-619-231-6664, www.omnihotels.com. Zwischen Petco Park und Convention Center gelegenes Stadthotel mit über 500 Zimmern für anspruchsvolle Gäste mit Seafood-Restaurant, Kaffeebar, Fitnesscenter mit Spa, Außenpool und Sonnenterrasse. DZ im Durchschnitt 250 $.

Preis und Leistung stimmen – **Comfort Inn** [3] : 660 G St., Tel. 1-619-238-41 00, www.comfortinngaslamp.com. Praktisch gelegenes Kettenmotel im Zentrum mit ordentlichen Zimmern für Gäste ohne besondere Ansprüche. DZ ab 180 $.

Zentral und ideal gelegen – **Gaslamp Plaza Suites** [4] : 520 E St., Tel. 1-619-232-9500, www.gaslampplaza.com. Das elf Stockwerke hohe viktorianische Gebäude war 1913 das erste Hochhaus in San Diego; geräumige Zimmer, klimatisiert, mit WLAN, Mikrowelle und Kühlschrank ausgestattet und nach Literaten wie Emerson, Zola und Fitzgerald benannt. Von der Dachterrasse blickt man über die Stadt. DZ ab 150 $.

Schönes Boutiquehotel – **Bristol** [5] : 1055 1st Ave., Tel. 1-619-232-6141, www.thebristolsandiego.com. Modern und farbenfroh empfängt bereits die Lobby Hotelgäste. Dieses Ambiente setzt sich auch in den mit sehr bequemen Betten, Kaffeemaschine und Highspeed-Internet ausgestatteten Zimmern fort. DZ ca. 145 $.

Immer ein Vergnügen – **Keating House** [6] : 2331 2nd Ave., Tel. 1-619-239-8585, www.keatinghouse.com. Hochgelobtes B & B in einem verspielten viktorianischen Anwesen. Die neun nach den jeweils dominierenden Farben benannten Gästezimmer befinden sich im Haupthaus und im angrenzenden Cottage. DZ ab 130 $.

Zentral und ordentlich – **La Pensione Hotel** [7] : 606 West Date St., Tel. 1-619-236-8000, www.lapensionehotel.com. Moderner Bau im Stadtteil Little Italy mit 75 Zimmern, die mit eigenem Bad, Telefon, Farb-TV und

Mission Valley

Kühlschrank ausgestattet sind, zwei Restaurants. DZ ca. 100 $.

Ohne Schnickschnack, aber gut – **Days Inn Downtown 8**: 833 Ash St., Tel. 1-619-239-2285, www.wyndhamhotelgroup.com. Wohnliches Kettenmotel mit recht hellhörigen, aber ordentlichen Zimmern. Sofern keine Kongresse stattfinden, kann man die Bleibe zum Schnäppchenpreis buchen. DZ ca. 80 $.

Motels Tür an Tür – **Hotel Circle Drive 9**: parallel zur I-8 verläuft im Mission Valley der Hotel Circle Drive mit preisgünstigen Motels (Holiday Inn, Days Inn, Travelodge, Comfort Inn, Super 8, Vagabond Inn, DZ ab ca. 80 $).

Sauber und preiswert – **Hosteling International 10**: 521 Market St., Tel. 1-619-525-1531, www.sandiegohostels.org. Unterkunft im Stil einer Jugendherberge. Schlafsäle für 4–10 Personen mit Etagenbädern, Bettbezüge und Handtücher inklusive. Schlafsaalbett ab 30 $, private Doppelzimmer ab 90 $.

Essen & Trinken

Locker-flockig – **Hooters 1**: 410 Market St., Tel. 1- 619-235-4668, www.hooters.com, Mo-Sa 11–23, So bis 22 Uhr. Das zwanglose Lokal zieht vor allem junge Gäste an – nicht nur wegen der Seafoodgerichte, Burger & Co. Die mit Tanktops und orangefarbenen Shorts ausstaffierten Bedienungen, die ein wenig an Cheerleader erinnern, gehören zur unverwechselbaren Corporate Identity der Restaurantkette. Hauptgerichte ab 25 $.

Respektable Küche – **Blue Point 2**: 565 5th Ave., Tel. 1-619-233-6623, www.cohnrestaurants.com. Dinner tgl. ab 17 Uhr. Von Kennern geschätztes, nautisches Themenlokal mit lebhafter Atmosphäre. Auf der Karte tauchen Fisch- und Meeresfrüchtegerichte wie in Zitrone marinierter Schwertfisch und Linguini mit Muscheln auf. Außerdem gibt es gute Steaks sowie Lamm und Hähnchen. Das Lokal ist mit einer Austernbar ausgestattet. Dinner ab 25 $.

Exzellent – **Pacific Fish Co. 3**: 601 Pacific Hwy, Tel. 1-619-232-0274, www.pafco.net, tgl. 11–23 Uhr. Das Lokal serviert zwar auch Steaks, Geflügel und Salate, aber am bekanntesten ist die Küche für ihre guten Seafood- und Fischgerichte. Mit dem jeweiligen *today's catch*, dem Fang des Tages, ist man auf der sicheren Seite. Ab ca. 20 $.

Primaten als Tischnachbarn – **Albert's 4**: San Diego Zoo, Tel. 1-619-685-32 00, www.sandiegozoo.com, tgl. 9–16 Uhr, im Sommer länger. In der Nähe des Gorilla-Habitats gelegenes Restaurant in exotischer Umgebung; man kann sich mit kleinen Snacks begnügen oder sich mit Hauptmahlzeiten wie etwa Wildpilz-Spinat-Risotto (13 $) oder kreolisches Jambalaya nach Louisiana-Rezept (19 $) stärken.

Gute Aussicht, tolles Essen – **Anthony's Fish Grotto 5**: 1360 N. Harbor Dr., Tel. 1-619-232-5103, www.anthonysfishgrotto.com, tgl. 11–22 Uhr. Seit 1946 bestehendes Traditionslokal, das sich auf Fisch und Meeresfrüchte spezialisiert hat. Es liegt nur wenige Schritte vom Maritime Museum entfernt direkt an der Wasserkante. Hauptgerichte 10–26 $.

Ungezwungen – **Karl Strauss Brewery & Grill 6**: 1157 Columbia St., Tel. 1-619-234-2739, www.karlstrauss.com, tgl. 11–23 Uhr. Pasta, Pizza und Meeresfrüchte sind die kulinarischen Publikumsrenner in diesem populären Brauereilokal, in dem es sehr ungezwungen zugeht. Es wird auch Wein serviert. 12–25 $.

Einkaufen

Wein und Bier – **Wine Bank 1**: 363 5th Ave., Ecke J St., Tel. 1-619-234-7487, http://sdwinebank.com, Mo–Sa 10–22, So 12–22 Uhr. Edle Weinboutique mit exquisiten Tropfen aus aller Welt, die man auch probieren kann. Das Bierangebot kann sich ebenfalls sehen lassen.

Frisch aus dem städtischen Umland – **3rd Avenue Certified Farmers Market and Asian Bazaar 2**: Bauernmarkt im 400er-Block der Third Ave. zwischen Island Ave. und J St., Gaslamp Quarter, So 9–13 Uhr.

Konsumparadies – **Seaport Village 3**: 849 W. Harbor Dr., Tel. 1-619-235-4014, www.seaportvillage.com/shopping, tgl. 10–21 Uhr. Über 50 Geschäfte für Souvenirs, Mode, Schmuck, dekorative Tassen, Bücher, Windspiele, Hüte u. v. m.

Das Stadtzentrum von San Diego

AUSFLUG INS MEXIKANISCHE TIJUANA

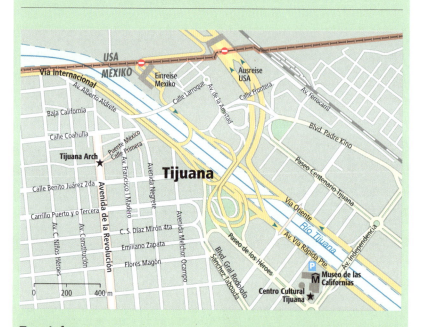

Tour-Infos
Lage: ▶ L 17
Anreise: Mietwagen kann man gegen Gebühr (ab ca. 8–10 $/Tag) auf der US-Seite abstellen. Noch einfacher ist die Fahrt mit der Blue Line des San Diego Trolley vom Santa Fe Depot bis direkt an die Grenze in San Ysidro (mehrmals tgl., Tel. 1-619-595-4949, 45 Min. Fahrtzeit, Day Pass 5 $).
Start: Trolley-Endhaltestelle der Blue Line und Grenzübergang San Isidro
Länge: zur Avenida de la Revolución hin und zurück ca. 2,5 km
Infos: Visitors Information Center, Ave. Revolución 3ra–4ta, Tel. 1-664-685-3117, www.descubretijuana.com/en/content/about-cvb, tgl. 9–18 Uhr. An der Grenze bekommt man Informationen und Stadtpläne.

Die mexikanische Grenze liegt nur eine halbe Autostunde südlich von Downtown San Diego und ist rund um die Uhr geöffnet. Ein Tagesausflug in die mexikanische Grenzstadt **Tijuana** ist unproblematisch. Bei der Einreise nach Mexiko werden keine Papiere kontrolliert. Bei der Rückkehr in die USA muss man den Pass vorlegen und eventuell Gepäckkontrollen bzw. Wartezeiten über sich ergehen lassen. Gegen einen Obolus bringen ›Schlepper‹ eilige Rückkehrer an Warteschlangen vorbei mit Fahrrädern über einen wenig frequentierten Übergang. ›Drüben‹ händigt man das Rad dann einfach dem Schlepper aus. Den Weg von der Grenze über die Brücke am Tijuana River bis zur Avenida de la Revolución kann man nicht verfehlen. Schon hier wechseln sich Restaurants ab mit Geldwechselstuben, Klamottenständen und Heerscharen fliegender Händler, die Souvenirs aus der Fabrik oder aus heimischer Produktion wie Sombreros, Spielzeug, religiösen Kitsch und bunte Decken verkaufen.

Dass es sich bei Tijuana um eine Millionenstadt handelt, ist in Grenznähe nicht so ohne Weiteres zu erkennen. Die **Avenida de la Revolución** stellt ihre Reputation als touristischer Rummelplatz mit einem überbordenden Angebot an Andenkenläden, Kneipen und Restaurants, Imbissketten und Apotheken für preisgünstige Medikamente unter Beweis. Als dekorative Fotoobjekte müssen am Straßenrand sogenannte Tijuana Zebras herhalten, mit schwarz-weißen Streifenmustern versehene Esel, die von Kunstgewerbehändlern als Blickfang in der Stadt postiert werden.

So richtig in Schwung kommt das Leben auf der Avenida de la Revolución (›Revo‹) erst nach Sonnenuntergang. An Wochenenden strömen junge Leute aus San Diego in Massen in die Kneipen, weil in Bierbars, Diskos und Nachtklubs kein Wirt auf die Idee käme, einen alkoholische Getränke bestellenden Gast nach dem Ausweis zu fragen. Außerdem machen niedrigere Preise als in den USA Tijuana zum Partyziel. Aber Vorsicht ist angesagt. Das machen die in den Straßen präsente Polizei und die auf Motorrädern patrouillierenden Fuerzas Especiales deutlich. Denn Tijuana hat nicht nur einen Ruf als grenznahes Vergnügungsrevier, sondern auch als Drogenumschlagplatz, dessen Kontrolle den lokalen Behörden längst entglitten zu sein scheint.

Bedeutendste kulturelle Sehenswürdigkeit der Stadt ist das ca. 1 km östlich der ›Revo‹ liegende **Centro Cultural Tijuana,** das einem aufgeblasenen, erdbraunen Ballon aus Beton ähnelt. Im Innern wandeln Gäste im **Museo de las Californias** durch Ausstellungen über das nördliche Mexiko, können in einem akustisch hervorragenden Auditorium Konzerte verfolgen, durch einen Skulpturengarten flanieren oder im IMAX-Theater auch englischsprachige Filme sehen (Paseo de los Héroes & Mina, Zona Río, Tel. 1-664-687-9600, www.cecut.gob.mx, Mo–Fr 9–19, Sa, So 10–19 Uhr).

Abends & Nachts

Hipper Klub – **Omnia** [1] : 454 6th Ave., Tel. 1-619-544-9500, http://omnianightclub.com, Mo und Do–Sa ab 21 Uhr. Schickes Nachtlokal auf drei Ebenen mit einem coolen Barbereich auf dem Dach, wo zwei überlebensgroße Buddhaskulpturen die Gäste begrüßen.

Eine Institution – **House of Blues** [2] : 1055 5th Ave., Tel. 1-619-299-2583, www.houseofblues.com, tgl. 11–24 Uhr. Musikhalle mit regelmäßigen Live-Konzerten, Tanzfläche und Bar, im gemütlichen Restaurant wird leckere Südstaatenküche serviert.

Gute Musik – **The Casbah** [3] : 2501 Kettner Blvd., Tel. 1-619-232-4355, www.casbahmusic.com. Fast täglich gibt es in diesem Klub Live-Bands. Hier spielten schon Nirvana und Smashing Pumpkins.

Bar mit Aussicht – **Altitude Sky Lounge** [4] : 660 K St., Tel. 1-619-696-0234, www.sandiegogaslamphotel.com/nightlife/altitude. Im 22. Stockwerk gelegene Open-Air-Hotelbar mit Blick aufs Stadtzentrum, DJ-Musik.

Vielfältiges Programm – **Globe Theatres** [5] : 1363 Old Globe Way, Tel. 1-619-234-5623, www.oldglobe.org. In dem im Balboa Park liegenden Komplex mit Old Globe Theatre, Cassius Carter Center Stage und Lowell Davis Festival Theatre geht ein Veranstaltungsprogramm über die Bühne, dessen Spektrum von Schauspielen bis zu Broadway-Musicals reicht.

Für Klassikliebhaber – **San Diego Symphony** [6] : Copley Symphony Hall, 750 B St., Tel. 1-619-235-0804, www.sandiegosymphony.org. Die Konzertsaison des Orches-

Mission Valley

ters dauert von Oktober bis Mai und besteht aus Konzertabenden und nur einstündigen Rush-Hour-Konzerten. Im Sommer tritt das Ensemble im Freien mit beliebten Pop-Konzerten an die Öffentlichkeit.

Aktiv

Stadtrundfahrten – **Five Star Tours 1** : 1050 Kettner Blvd., Tel. 1-619-232-5040, www.sdsuntours.com. Touren mit unterschiedlich großen Bussen zu den bekanntesten Sehenswürdigkeiten der Stadt.

Stadtführungen – **Gaslamp Guided Walking Tour 2** : Tel. 1-619-233-4692, http://gaslampfoundation.org/book-a-tour. Stadtführungen ab William Heath Davis House durch das Gaslamp Quarter jeden Sa um 11 Uhr mit Schwerpunkt auf der Geschichte des Stadtzentrums. Erw. 20 $.

Segway-Touren – **Another Side of San Diego Tours 3** : 308 G St., Tel. 1-619-239-2111, http://anothersideofsandiegotours.com. Touren mit dem Segway in unterschiedlichen Stadtteilen.

Bootstouren – **Flagship Cruises 4** : 990 N. Harbor Dr., Tel. 1-619-234-4111, www.flagshipsd.com. Unterschiedliche Rundfahrten, Dinner und Brunch Cruises im Hafen von San Diego und entlang der Pazifikküste.

Baseball – **San Diego Padres 5** : Petco Park, 100 Park Blvd., Tel. 1-619-795-5000, http://sandiego.padres.mlb.com. Heimatstadion der in der Major League spielenden Baseballmannschaft San Diego Padres ist der Petco Park (Spielzeit April–Sept.).

Termine

Big Bay Whale Festival (Jan.): Buntes Fest am Embarcadero mit verbilligten Walbeobachtungstouren (www.sandiego.org/events).
Mardi Gras (Feb.): Karneval im Gaslamp Quarter mit Paraden und Musikkapellen (www.sdmardigras.com).

›Der‹ Hotspot am Valentinstag ist die Statue »Unconditional Surrender« (2007) am Hafen von San Diego. Geschaffen wurde sie nach dem berühmten Foto »V-J Day in Times Square« von Alfred Eisenstaedt

Fiesta Cinco de Mayo (Mai): Mexikanisches Fest in Old Town mit riesigem Rahmenprogramm, kostümierten Akteuren und Mariachi-Bands (www.cincodemayooldtown.com).
U.S. Sand Sculpting Challenge (Sept.): Wettbewerb im Sandburgenbauen am B St. Cruise Ship Terminal (http://ussandsculpting.com).
Festival of Sail (Sept.): Große Schiffsparade im Hafen von San Diego, bei der man viele der schwimmenden Schönheiten gegen Eintrittsgebühr auch besichtigen kann (www.sdmaritime.org/festival-of-sail).
San Diego Bay Wine and Food Festival (Nov.): Großes fünftägiges Gourmet- und Weinfest im Embarcadero Marina Park North; viele Spitzenköche stellen ihr Können unter Beweis (www.sandiegowineclassic.com).

Verkehr

Flüge: San Diego International Airport, 3665 N. Harbor Dr., Tel. 1-619-400-2404, www.san.org. In 15 Minuten fährt der Bus 992 in die Innenstadt (2,25 $), Taxis und der Cloud-9-Shuttle-Bus kosten etwa 10 $, (Tel. 1-800-974-8885, www.supershuttle.com).
Bahn: Santa Fe Station, 1050 Kettner Blvd., Tel. 1-800-USA-RAIL, www.amtrak.com. Bahnhof für Amtrak-Fernverbindungen, die alle über Los Angeles führen.
Busse: Greyhound Terminal, 1313 National Ave., Tel. 1-619-515-1100.
Kreuzfahrtschiffe: San Diego B Street Cruise Ship Terminal, www.portofsandiego.org/maritime/get-cruise-terminal-and-broadway-pier-info.html. Der Hafen wird von neun großen Kreuzfahrtlinien bedient, die Fahrten nach Mexiko, Hawaii, durch den Panamakanal und entlang der Pazifikküste anbieten.

Fortbewegung in der Stadt

MTS-Trolleys: Die Blue, Orange und Green Line des lokalen MTS-Trolleysystem verbinden Downtown mit Stadtteilen wie Old Town, Mission Valley, Santee, El Cajon, La Mesa und Lemon Grove sowie National City. Manche Ticketmaschinen geben kein Wechselgeld und verlangen exakte Beträge. In Downtown kann man für 2,50 $ zwei Std. alle Linien nutzen (www.sdmts.com).

Die Küste von San Diego

Die Metropole San Diego ist nah ans Wasser gebaut. Der von der Point Loma Peninsula geschützte Hafen reicht vom offenen Meer bis an den Rand der Innenstadt. Auch die Coronado-Halbinsel schirmt die San Diego Bay gegen den offenen Pazifik ab und sorgt für traumhafte Sandstrände. Weiter nördlich gehört die künstlich erschaffene Mission Bay zu den attraktivsten Abenteuerspielplätzen der Stadt.

Mission Bay ▶ 1, K 16

Cityplan: S. 217

Mission Bay Park 1

s. auch Aktiv S. 214

San Diego hält sich nicht mit Kleinigkeiten auf, was Freizeitspaß anbelangt. Mit dem **Mission Bay Park** schufen die Stadtväter in den 1950er-Jahren den größten von Menschenhand angelegten Aquatikpark der Welt, der jeweils zur Hälfte aus Wasser und Land besteht (s. Aktiv S. 214). Nördlich der Mündung des San Diego River in den Pazifik gelegen, gehört die aus den beiden Inseln Vacation Isle und Fiesta Island, vielen Halbinseln, Stränden und Marinas bestehende Landschaft zu den beliebtesten Outdoor-Revieren der Einheimischen.

Mission Beach

Zum offenen Meer hin wird die Mission Bay durch den populären und attraktiven **Mission Beach** abgeschirmt, einen ca. zwei Meilen langen schmalen Streifen Land mit dem wohl populärsten Meeresstrand der Stadt. An Sommerwochenenden wird der sandige Pazifiksaum zum Rummelplatz für Jung und Alt, weil man dort die Nähe des Meeres genießen und auf dem nur für Fußgänger und Fahrräder zugelassenen zementierten Boardwalk schaulaufen kann. Mehrere Restaurants, Straßencafés und Imbisse liegen an dieser Promenade, die sich zum *people watching* bestens eignet. Ab 9 Uhr sind die Hauptstrandabschnitte im Sommer beaufsichtigt. Schwimm- und Surfbereiche sind getrennt (kostenloser Zugang).

Am südlichen Abschnitt des Mission Beach kommen Gäste auf ihre Kosten, die dem Strandspaß eine Prise Adrenalin hinzufügen möchten. Der **Belmont Park** ist ein Vergnügungspark mit zahlreichen Fahrbetrieben wie Crazy Submarine, Chaos und der knapp 800 m langen Achterbahn Giant Dipper. The Plunge galt nach seiner Fertigstellung 1925 als größtes Hallenschwimmbad im südlichen Kalifornien (3146 Mission Blvd, Tel. 1-858-488-1549, www.belmontpark.com, Frühjahr bis Herbst tgl. 11–23 Uhr, Erw. 49 $, Kin. 38 $ für unbegrenzten Fahrspaß).

Sea World

500 Sea World Dr., Tel. 1-619-226-3901, www.seaworld.com, Ende Mai–Anf. Sept. tgl. 9–23, sonst 10–17 Uhr, 1-Tages-Ticket Erw. 90 $, Kin. unter 10 J. 80 $

Ca. 16 km nordwestlich vom Stadtzentrum von San Diego liegt mit **Sea World** die bekannteste Familienattraktion und eine der großen Sehenswürdigkeiten Südkaliforniens an der Mission Bay. Ohne Langeweile können Besucher gut und gerne einen ganzen Tag in diesem zum Brauereikonzern Anheuser-Busch gehörenden Meereszoo verbringen, der seinen Reiz einer Doppelstrategie verdankt. Einerseits präsentieren die Ausstellungen in großen Bassins Meeresleben

Belmont Park: Hinter den Arkadenbögen öffnet sich ein Familien-Spieleparadies der modernen Art mit Playstations, Laser-Games, Indoor-Mini-Golf und jeder Menge Bling-Bling

aus den großen Ozeanen des Planeten Erde und widmen sich in Zusammenarbeit mit internationalen Tier- und Umweltschutzorganisationen dem Erhalt und der Zucht zahlreicher Arten. Andererseits stellt Sea World seinen Ruf als spannender Vergnügungspark mit unterhaltsamen Tiershows und nervenzerfetzenden Fahrbetrieben unter Beweis.

Wer sich aus der Vogelschau zunächst einen Überblick über das Parkgelände verschaffen will, hat zwei Möglichkeiten. In den Gondeln der **Skyride-Seilbahn** schwebt man sechs Minuten lang über das Gelände und genießt die Aussicht auf die Mission Bay. Noch spektakulärer ist der bis zu 150 km weit reichende Blick aus 80 m Höhe von der Aussichtsplattform des **Skytower.**

Größter Publikumsmagnet waren lange Zeit die regelmäßig veranstalteten Orca-Shows in einer offenen Wasserarena. In Sea World leben mehrere gewaltige Schwertwale, die schon immer zu den Besucherlieblingen gehörten und sich bei den im Freien veranstalteten Shows mit ihren Trainerinnen und Trainern als gelehrige Artisten zeigten. Nach wachsenden Protesten von Tieraktivisten und Naturschutzorganisationen in den vergangenen Jahren entschloss sich die Parkverwaltung, die populären Orca-Shows 2017 zu beenden, den noch in Sea World lebenden Schwertwalen aber weiterhin eine Heimstätte zu bieten. Neben den schwarz-weißen Riesen gehören auch Delfine, Robben und Seelöwen zu den Stars von Sea World.

Pacific Beach

Cityplan: S. 217

Nördlich der Mission Bay liegt mit **Pacific Beach** ein ca. 40 000 Einwohner großer Stadtteil von San Diego. Früher ein verschlafener

BADEN, BIKEN, JOGGEN IM MISSION BAY PARK

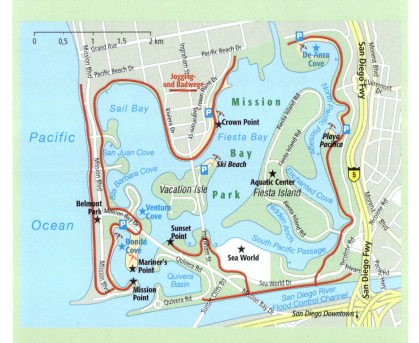

Tour-Infos

Start: Mission Bay Park, 2688 E. Mission Bay Dr., www.sandiego.gov/park-and-recreation/parks/regional/missionbay
Infos: San Diego Visitor Information Center, Clairemont Dr. an der Mission Bay
Einrichtungen: 32 km asphaltierte Rad- und Joggingpfade (in der Karte rot markiert)

Ausrüstung: Aquatic Center, Fiesta Island, 1001 Santa Clara Pl., Tel. 1-858-488-1000, www.mbaquaticcenter.com, Verleih von Kajaks, Windsurfausrüstung, Segel- und Ruderbooten u. v. m.; Cheap Rentals, 3689 Mission Blvd., Tel. 1-858-488-9070, https://cheap-rentals.com, Fahrräder, Surfboards u. v. m.
Camping: http://missionbayrvresort.com

Jahr für Jahr pilgern 15 Mio. Besucher in den **Mission Bay Park** 1 von San Diego. Größtenteils handelt es sich um Outdoor-Fans, die vor allem die fabelhaften Sport- und Freizeitmöglichkeiten an dem 43 km langen Küstenstreifen (30 km Strände) nutzen wollen. Der künstlich

angelegte Park mit einer Fläche von 1800 ha, davon 46 % Land und 54 % Wasser, verfügt über eine hervorragende Infrastruktur, die es an nichts fehlen lässt. Auch Hotels und Motels sind dort zu finden.
In zahlreichen Buchten des Mission Bay Park gehört Schwimmen zum populärsten Vergnügen. Allerdings fallen die Strände an einigen Stellen abrupt in tieferes Wasser ab. Am besten eignet sich die von Rasenflächen umgebene **Bonita Cove,** wo es im Sommer eine Strandwache gibt. Auch zum Grillen und Picknicken ist die Stelle ideal, weil es dort – wie übrigens an vielen anderen Stellen auch – spezielle Feuerstellen und fest installierte Tische gibt. Alkoholische Getränke sind nicht erlaubt. Ähnlich ausgestattet ist **Ventura Cove**. Falls man beim Picknicken wider Erwarten von schlechtem Wetter überrascht wird, kann man sich auf die sandige Halbinsel **Mariner's Point** flüchten, wo es einen großen, überdachten Pavillon mit Tischen und Sitzplätzen gibt. Schwimmen ist dort nicht gestattet, im Gegensatz zum in der südlichen Nachbarschaft gelegenen **Mission Point.** Der dortige, nicht beaufsichtigte Strand liegt am Mission Bay Channel, über den der Wasseraustausch zwischen Pazifik und Bucht stattfindet.
Sunset Point ist eine der Stellen, wo man sich auf einen Jogging- bzw. Radweg durch den Bay Park begeben kann. Über die nach Norden führende Ingraham Street erreicht man **Vacation Isle** mit viel Platz und Einrichtungen für einen entspannten Tag im Freien. Auf dieser Insel lassen Modellbauer gerne ihre Segelschiffe und Motorboote im Model Yacht Pond fahren. Polynesische Atmosphäre kommt zwischen Palmenhainen und Hibiskusbüschen im luxuriösen Paradise Point Resort auf, wo man sich im Restaurant Baleen verwöhnen lassen kann. An der Nordspitze der Insel liegen am **Ski Beach** eine Startbasis für Wasserskisportler, ein Picknickpavillon und ein Kinderspielplatz.
Mit einem überwachten Badestrand samt Freizeiteinrichtungen ist **Crown Point** ausgestattet. Im großen Bogen um die nördliche Bucht gelangt man von dort zur **De Anza Cove** mit Badestrand, Volleyballfeld, Rad- und Joggingpfad, Duschen, Bänken, Tischen und einer Startrampe für Jetski-Sportler. Hier gibt es auch einen Stellplatz für Wohnmobile inklusive Strom. Basketballfelder findet man nicht weit vom Hilton Hotel entfernt an der **Playa Pacifica.**

Küstenflecken, hat sich die Gemeinde über die Jahre zum Wohnsitz gut situierter Bürger und zum Treffpunkt jung-dynamischer Einheimischer entwickelt, die den Freizeitwert ihres mit über 150 Restaurants ausgestatteten Viertels zu schätzen wissen. Darum findet, wer Strandaktivitäten wie Kajakfahren, Radeln, Volleyballspielen oder Joggen mit einem Besuch in einem Straßencafé oder einem Shoppingabstecher auf den Mission Boulevard, die Grand oder Garnet Avenue kombinieren möchte, am Pacific Beach die besten Möglichkeiten (zwischen Mission Beach und La Jolla, frei zugänglich).

Alljährlich demonstriert die für ihre hippe Surfszene und ihr buntes Strandleben bekannte Gemeinde ihre Vitalität beim **Beachfest** im Oktober, wenn sich der Strand in eine Riesendisco verwandelt und Kunst- und Kunstgewerbestände die Garnet Avenue säumen (www.pacificbeach.org).

Crystal Pier

Am westlichen Ende der Garnet Avenue feierte 2017 der **Crystal Pier** seinen 90. Geburtstag, obwohl sein Ende schon 1987 gekommen schien. Ein fürchterlicher Sturm zertrümmerte damals einen großen Teil der alten Konstruktion, doch entschlossen sich die Verantwortlichen, die Schäden reparieren zu lassen und Pacific Beach sein meernahes Wahrzeichen zu erhalten. Denn Crystal Pier ist keine Strandattraktion wie jede andere. Neben Flaneuren und Anglern schätzen den Oldtimer auch nostalgische Hotelgäste, denen Lage und Aussicht mehr bedeuten als luxuriöse Ausstattung und Klimaanlage. Sie können in 29 während der 1930er-Jahre er-

richteten Cottages unterkommen, von denen die meisten direkt auf dem Pier liegen (Crystal Pier Hotel & Cottages, 4500 Ocean Blvd., Tel. 1-800-748-5894, www.crystalpier.com, Mitte Juni–Sept. Mindestaufenthalt drei, sonst zwei Nächte, DZ ab 175 $).

Tourmaline Surfing Park

www.beachcalifornia.com/turmo.html
Wo der flache Küstensaum nördlich des Crystal Pier endet, beginnt im **Tourmaline Surfing Park** die schroffe Steilküste, an deren Fuß der Sandstrand immer schmaler wird. Die Küste wurde an dieser Stelle nach Turmalin-Edelsteinen benannt, weil dort die auf denselben Namen getaufte Straße endet. Surfer interessieren sich mehr für die ständigen Wellen, die den hauptsächlich an Sommerwochenenden stark frequentierten Park zu einem bevorzugten Revier für Wellenreiter machen.

Ocean Beach 3

Cityplan: oben
Als vor einigen Jahren eine amerikanische Kaffeehauskette in **Ocean Beach** eine Filiale eröffnete, führte das unter den Einwohnern zu hitzigen Diskussionen über das Thema

San Diego – Küste

Sehenswert
1. Mission Bay Park
2. Pacific Beach
3. Ocean Beach
4. Point Loma
5. Coronado Peninsula
6. Hotel del Coronado

Übernachten
1. Surfer Beach Hotel
2. Paradise Point Resort & Spa
3. Beach Haven Inn
4. Red Roof Inn

Essen & Trinken
1. Island Prime
2. Bluewater Grill
3. Primavera Ristorante

Einkaufen
1. Farmers' Market

Abends & Nachts
1. Bub's Dive Bar

Aktiv
1. San Diego Whale Watch
2. Bayside Trail

Gentrifizierung. Im Unterschied zu anderen Stadtteilen von San Diego legen die Alteingesessenen in Ocean Beach offensichtlich keinen gesteigerten Wert auf soziale Umstrukturierungen bzw. Aufwertungen ihres Wohngebietes. Am liebsten bleibt man unter sich und lässt alles so, wie es immer war. Diese Mentalität ist den dort lebenden Menschen nicht zu verdenken, ist ihre Gemeinde doch ein gutes Stück entrückt vom schnelllebigen Zentrum von San Diego, wie etwa die entspannte Atmosphäre auf dem **Ocean Beach Municipal Pier** oder die berückende Fahrt entlang der **Sunset Cliffs** bei Sonnenuntergang demonstriert. Doch ganz aus der Welt ist auch Ocean Beach nicht. Bester Beweis dafür ist die jährlich wiederkehrende **Ocean Beach Street Fair & Chili Cook-Off** Ende Juni, ein buntes Straßenfest mit Livemusik, Straßenkünstlern, Kunstausstellungen, Hunderten unterschiedlicher Imbissstände und einem Chili-Wettbewerb.

Der Ocean Beach ist für seine gefährlichen Unterströmungen berüchtigt, darum sollte man sich zum Schwimmen an dem Strandabschnitt auf Höhe der Abbott Street niederlassen. Dort ist täglich ab 9 Uhr die Lifeguard-Station besetzt (sanitäre Einrichtungen sind vorhanden, Surfen ist an ausgewiesenen Abschnitten erlaubt, frei zugänglich). Den nördlichsten Abschnitt des Strandes sollte man meiden, weil dort Hundebesitzer ihre Vierbeiner frei laufen lassen dürfen.

Point Loma 4

Cityplan: links
Südlich von Ocean Beach wird die hügelige Point Loma Peninsula, die sich wie ein leicht gekrümmter Finger um die San Diego Bay biegt, immer schmaler und endet schließlich am **Point Loma.** Die Fahrt dorthin nimmt zwar einige Zeit in Anspruch, lohnt sich aber bei gutem Wetter wegen der fantastischen Aussicht in jedem Fall. In östlicher Richtung blickt man über die flache Coronado Peninsula auf die Stadt und die Berge dahinter. Im Westen liegt der endlos wirkende blaugrüne Pazifik, in dem man in den ersten Monaten des Jahres mit einem guten Fernglas Grauwale auf ihren Wanderungen zwischen Eismeer und Baja California in Mexiko beobachten kann.

Coronado Peninsula 5

Cityplan: links
Seit über 100 Jahren zieht die **Coronado Peninsula** berühmte und nicht so berühmte Persönlichkeiten an. Mit adretten Alleen, in üppigen Gärten versinkenden Villen, noblen Residenzen pensionierter Generäle und Kapitäne, eleganten Restaurants, Spezialitätengeschäften, charmanten Straßencafés und 15 Meilen Sandstrand verfügt der Stadtteil über ausreichend Prädikate, die eine Gemeinde zum Bilderbuchort machen. Über die 3,5 km

Die Küste von San Diego

OUTDOOR-PARADIES: DIE SÜDSPITZE VON POINT LOMA

Tour-Infos

Start: Cabrillo National Monument, Visitor Center, 1800 Cabrillo Memorial Dr., Tel. 1-619-557-5450, www.nps.gov/cabr, tgl. 9–17 Uhr, 10 $/Pkw
Länge: zu Fuß ca. 4 km (man kann auch abkürzen); mit dem Auto ca. 3 km
Dauer: 2–3 Std.
Ausrüstung: Bei den Entdeckungstouren zu den Gezeitenpools sollte man wegen des schlüpfrigen Untergrunds unbedingt Schuhe mit griffigen Sohlen tragen.
Hinweis: Wann für das Tidepool-Hüpfen (s. S. 219) die besten Gelegenheiten bestehen, erfährt man aus Gezeitenkalendern oder im Besucherzentrum. Dort kann man sich auch über Führungen der Parkranger zu diesem Schaufenster in die Unterwasserwelt des Pazifiks informieren.

Das nur 0,5 km² große **Cabrillo National Monument** an der Südspitze der Halbinsel **Point Loma** 4 ist nicht nur eine historische Erinnerungsstätte, sondern auch ein atemberaubendes Outdoor-Paradies. Hat man im Visitor Center die historischen Ausstellungen studiert, das wenige Schritte entfernte, über 4 m hohe und ca. 7 t schwere **Cabrillo-Denkmal** besichtigt und dem 1854 errichtete **Old Point Loma Lighthouse** einen Besuch abgestattet, kann man sich in frischer Seeluft den natürlichen Reizen der Halbinsel widmen, von der man an klaren Tagen einen einzigartigen Blick über die gesamte Stadtlandschaft bis in die San Bernadino Mountains genießt.

Sofern man ein Fernglas oder eine Kamera mit gutem Teleobjektiv dabeihat, bestehen hauptsächlich zu Jahresbeginn gute Chancen, vom **Whale Overlook** aus Grauwale auf ihren jahreszeitlichen Wanderungen zu beobachten. Die besten Monate sind Mitte Dezember bis März, wobei die meisten Tiere erfahrungsgemäß Mitte Januar vor der Point-Loma-Halbinsel vorbeiziehen. Vom Aussichtspunkt bietet sich eine kleine Wanderung auf dem insgesamt 3,2 km langen **Bayside Trail** 2 an, wobei man das spezielle, küstennahe Ökosystem mit Pflanzen kennenlernen kann, die in der Sommerwärme wie abgestorben aussehen, sich nach dem Winterregen aber mit frischem Grün und bunten Blüten (Feb.–Mai) schmücken.

Coronado Peninsula

Vom Eingang des National Monuments führt eine Asphaltstraße die Westflanke der Halbinsel hinunter bis an die Küste. Auf drei Parkplätzen kann man das Auto abstellen, um kleine und größere **Gezeitenpools** *(tide pools)* zu erreichen. Dabei handelt es sich um Vertiefungen im felsigen Meeresboden, in denen bei Ebbe Restwasser und Kleinlebewesen wie Muscheln, Krabben, Seesterne und Napfschnecken zurückbleiben. Aus ihrer temporären Gefangenschaft werden die Meeresbewohner erst wieder durch die nächste Flut befreit. Sammeln darf man die Kreaturen nicht.

lange Coronado Bridge ist die vom Meer umspülte Halbinsel mit Downtown verbunden.

Silver Strand

Die einzige Landverbindung der Coronado Peninsula ist der schmale, nach Süden führende **Silver Strand,** der die südliche San Diego Bay fast zum Salzwassersee macht. Der Silver Strand Boulevard folgt der langen, schmalen Sandbank, die am Imperial Beach auf dem Festland endet. Teile des Sandstreifens sind Militärgebiet, andere zählen zu den attraktivsten Badestränden in der Umgebung von San Diego. Der dem offenen Meer zugewandte **Silver Strand Beach** ist durch drei unter dem Highway hindurchführende Fußgängertunnels mit dem Strand auf der Bay-Seite verbunden, wo das Wasser nicht ganz so frisch ist (5000 Hwy 75, Coronado, Tel. 1-619-435-5184, www.parks.ca.gov/?page_id=654, mit Toiletten und Duschen, Tageseintritt 10 $/Pkw).

Naval Base Coronado

Die Nordspitze der Halbinsel ist militärisches Sperrgebiet, weil dort mit der **Naval Base Coronado** die nach Norfolk in Virginia größte US-Marinebasis ihren Platz hat. Sie ist Heimathafen zweier Flugzeugträger und Ausbildungszentrum der Marine-Spezialeinheit Seal. Südöstlich der Basis dehnen sich die vornehmen Wohnviertel von Coronado um den zentral gelegenen Spreckels Park aus.

Hotel del Coronado 6

San Diegos berühmtestes Hotel hat am Coronado Beach seinen Platz. 1888 erbaut, beherbergt das **Hotel del Coronado** (s. rechts) seit damals gekrönte Häupter und Präsidenten, Wirtschaftsbosse und Industriekapitäne, Wissenschaftler und Literaten. Schon der Erfinder Thomas Edison ließ sich vor Ort verwöhnen, und im Jahr 1927 fand zur Feier des ersten Transatlantikflugs ein Bankett für Charles Lindbergh statt. Bereits einige Jahre zuvor soll der spätere englische König Edward VIII. dort die Bekanntschaft der bürgerlichen Wallis Spencer Simpson gemacht haben, die er 1936 nach seinem Thronverzicht heiratete. Die durch ihre außergewöhnliche viktorianische Türmchenarchitektur ins Auge fallende Luxusherberge diente zahlreichen Filmen als Kulisse, darunter Billy Wilders genialer Filmkomödie »Manche mögen's heiß« mit Marilyn Monroe, Jack Lemmon und Tony Curtis. Aber auch andere Leinwandgrößen wie Ronald Reagan, Frank Sinatra, Peter O'Toole, Barbara Hershey, Brad Pitt und Madonna stiegen bereits hier ab. Der sandige **Coronado Beach,** an dem das Hotel liegt, rangierte unter den schönsten Stränden der USA (entlang dem Ocean Boulevard zwischen Avenida Lunar im Süden und Naval Air Station im Norden).

Infos

Coronado Visitor Center: 1100 Orange Ave., Coronado, CA 92118, Tel. 1-619-437-8788, www.coronadovisitorcenter.com.

www.a-zsandiegobeaches.com: Informative Seite über die schönsten Strände in und um San Diego mit Surfberichten, Wettervorhersagen und anschaulichen Plänen.

Übernachten

Filmdrehort – **Hotel del Coronado** 6 : 1500 Orange Ave., Coronado, Tel. 1-619-435-6611, www.hoteldel.com, s. links. Historisches Flair und moderne Zimmer. Die reizvolle Poollandschaft öffnet sich zum Pazifikstrand hin. Mehrere Restaurants und Geschäfte gehören zum Haus. DZ ab ca. 300 $.

Coronado Peninsula

Top Lage – **Surfer Beach Hotel 1 :** 711 Pacific Beach Dr., Pacific Beach, Tel. 1-858-483-7070, www.surferbeachhotel.com. Das im Jahr 1964 erbaute Hotel mit Meerblick ist eine gelungene Kombination aus Stil, Luxus und Zweckmäßigkeit. Direkt vor der Tür liegt der Oceanfront Walk. Alle Hotelzimmer besitzen Kabel-TV und Kühlschrank. DZ ab 220 $.

Polynesisches Flair – **Paradise Point Resort & Spa 2 :** 1404 Vacation Rd., Mission Bay, Tel. 1-858-274-4630, www.paradisepoint.com. Das tropische Thema passt zu diesem auf einer Insel gelegenen Ferienhotel zwischen Palmen, Hibiskushecken und Pools im Stil einer Lagune. 462 geschmackvoll ausgestattete Zimmer und Suiten. DZ ab ca. 200 $.

Super Lage – **Beach Haven Inn 3 :** 4740 Mission Blvd., Pacific Beach, Tel. 1-858-272-3812, www.beachhaveninn.com. Motelähnliche Unterkunft ein Block vom Strand mit Pool im Innenhof, um den sich auf zwei Etagen die Zimmer mit Küche gruppieren. DZ ab ca. 80 $.

Ohne großen Komfort – **Red Roof Inn 4 :** 4545 Mission Bay Dr., Mission Bay, Tel. 1-858-483-4222, www.innatpacificbeach.com. Nichtraucherhotel, Zimmer mit Kühlschrank, Mikrowelle, Kaffeemaschine, TV, WLAN, kleines Frühstück. DZ ab 75 $.

Essen & Trinken

Für höhere Ansprüche – **Island Prime 1 :** 880 Harbor Island Dr., Tel. 1-619-298-6802, www.islandprime.com, tgl. Lunch 11.30–16, Dinner 17.30–22 oder 23 Uhr. Auf Pfählen im Wasser stehendes elegantes Steakhouse. Bei perfekt gebratenem Rib-eye-Steak (48 $), Alaska-King Crab Legs (32 $) oder Goldmakrele mit Reis (32 $) genießt man den Blick über den Hafen. Hauptgerichte ab 25 $.

Charmant, aber touristisch – **Bluewater Grill 2 :** 1701 Strand Way, Coronado, Tel. 1-619-435-0155, www.bluewatergrill.com/locations/coronado, So–Do 17–22, Fr–Sa bis 23 Uhr. Das nicht weit vom Hotel del Coronado entfernte Restaurant ist im selben Stil wie das historische Hotel erbaut und steht direkt am Wasser. Spezialitäten sind Alaska-Heilbutt mit Macadamianüssen (33 $) und Seafood 27–47 $.

Exzellente Küche – **Primavera Ristorante 3 :** 932 Orange Ave., Coronado, Tel. 1-619-435-0454, www.primavera1st.com, tgl. 17– 22 Uhr. Kenner zählen dieses Lokal zu den besten Italienern der Stadt. Auch das gemütliche Ambiente lässt nichts zu wünschen übrig. Auf den Tisch kommen italienische Klassiker sowie Fisch und Geflügel. 17–30 $.

Einkaufen

Frisches aus dem Umland – **Farmers' Market 1 :** Jeden Mittwoch findet in Ocean Beach auf der Newport Avenue zwischen Cable und Bacon St. ein Bauernmarkt statt, auf dem Obst, Gemüse und Blumen verkauft werden.

Abends & Nachts

Total relaxed – **Bub's Dive Bar 1 :** 1030 Garnet Ave., Tel. 1-858-270-7269, http://bubspb.com, Mo–Fr ab 11, Sa, So ab 9 Uhr, Happy Hour Mo–Fr 16–19, So 15–18 Uhr. Lebhafte Sportbar nur drei Straßenblocks vom Strand entfernt, in der hauptsächlich jüngere Leute verkehren. Mi Abend gibt es Buffalo Wings zum halben Preis.

Aktiv

Schwimmen, Radfahren, Laufen – **Mission Bay Park 1 :** s. Aktiv S. 214.

Walbeobachtungstouren – **San Diego Whale Watch 1 :** 1717 Quivira Rd., Tel. 1-619-839-0128, www.sdwhalewatch.com. Das ganze Jahr hindurch werden Touren angeboten.

Wandern – **Bayside Trail 2 :** s. Aktiv S. 218.

Verkehr

Fähre: Coronado Ferry Landing (östliches Ende der 1st St.) auf der Coronado Peninsula ist von der B Street Pier per Fähre in 15 Min. zu erreichen (Abfahrten stdl., Rückfahrt alle 30 Min., 4,75 $/Fahrt).

Auto: Die aus Spannbeton und Stahl erbaute und 1969 eröffnete Coronado Bridge besitzt eine Gesamtlänge von 3407 m und eine maximale Höhe von 61 m. Autofahrer können sie kostenlos benutzen.

Legendäres Urlaubsdomizil und gefragte Filmlocation: Hotel del Coronado

La Jolla und North San Diego County

Kalifornier verstehen den 40 Meilen langen Küstenstreifen zwischen San Diego und Oceanside als Amerikas Antwort auf die französische Riviera. Wie jeder andere Vergleich hinkt auch dieser. Unumstritten ist aber, dass der Pazifiksaum des sogenannten North County mit Orten wie Del Mar, Carlsbad und Oceanside zu den reizvollsten Abschnitten der südkalifornischen Küste zählt.

La Jolla ▶ 1, K 16

Der Kriminalschriftsteller Raymond Chandler verbrachte die letzten 13 Jahre seines Lebens von 1947 bis 1959 in seinem Haus Nr. 6005 am Camino de la Costa in **La Jolla**. Sehr angetan muss er von den lokalen Verhältnissen nicht gewesen sein, bezeichnete er seinen letzten Wohnort doch als Stadt, in der ältere Menschen mit ihren Eltern wohnen. Chandler war bis heute nicht die einzige in San Diegos Vorort lebende Berühmtheit. Im Jahr 1967 eröffnete Dr. Jonas Salk dort eine Forschungseinrichtung, die heute Teil einer respektablen örtlichen biomedizinischen und biotechnischen Industrie ist. Salk wurde in den 1950er-Jahren durch die Erfindung eines Impfstoffes gegen Kinderlähmung weltbekannt, den er an sich selbst und an seiner Familie getestet hatte.

La Jolla hat sein Gesicht in den letzten Jahrzehnten merklich verändert. Zwar gilt das knapp 43 000 Einwohner zählende Städtchen nach wie vor als konservative Hochburg von aus dem aktiven Arbeitsleben ausgeschiedenen Menschen mit erklecklichen Renten oder Ersparnissen. Andererseits macht die Gemeinde mit krummen Straßen, spanisch-mexikanischer Architektur, gepflegten Gärten und einem an Südeuropa erinnernden Flair in den Augen vieler US-Besucher einen geradezu unamerikanischen Eindruck.

Museum of Contemporary Art

700 Prospect St., Tel. 1-858-454-3541, www.mcasd.org, tgl. außer Mi 11–17, 3. Do im Monat 17–19 Uhr, Eintritt frei, unter 25 J. gratis, Erw. 10 $

Flaniert man über die zentrale Prospect Street oder über die Garnet Avenue, bekommt man das aufgeweckte Gesicht von La Jolla mit einer lebhaften Kunst-, Kultur- und Gastronomieszene zu sehen. Deren Mittelpunkt bildet die Außenstelle des **Museum of Contemporary Art** in San Diego, das Malereien, Skulpturen, Fotografien und multimediale Installationen ausstellt. Besonderes Augenmerk gilt auch der regionalen und der lateinamerikanischen Kunst. Hinzu kommen Dutzende von Kunstgalerien, Antiquitätengeschäfte, Modeboutiquen, teure Hotels und elegante Restaurants.

Coast Walk

Die meisten Besucher kommen aber nicht wegen der Kunst nach La Jolla. Auf dem **Coast Walk** flanieren sie die Steilküste entlang und lassen sich die frische, salzige Meeresluft um die Nase wehen. Ein solcher Spaziergang lohnt sich allein schon wegen des **Childrens' Pool,** einer kleinen, von einer Hafenmole geschützten Bucht, in der früher Familien mit Kindern gefahrlos baden konnten. Diese Zeiten sind längst vorbei, weil schon vor Jahren Robben und Seelöwen den Strand in Besitz

La Jolla

Da kann man nur staunen: Rund 90 m hoch ist die Steilküste bei La Jolla

nahmen, um sich dort in der Sonne zu fläzen, den Nachwuchs aufzuziehen und für eine der zugkräftigsten Besucherattraktionen an der Küste zu sorgen (850 Coast Blvd.).

Sunny Jim Cave
1325 Coast Blvd., Tel. 1-858-459-0746, www.cavestore.com, tgl. 10–17 Uhr, Erw. 5 $, Kin. unter 16 J. 3 $

An der zerklüfteten Steilküste von La Jolla sind insgesamt sieben von der Brandung ausgewaschene Höhlen bekannt. Einige davon sind per Kajak erreichbar, und nur eine, **Sunny Jim Cave,** kann man zu Fuß besuchen. Von einem Souvenirladen aus führen 145 Stufen in einem zu Beginn des 20. Jh. von Menschenhand geschaffenen Tunnel in die ausgeleuchtete Höhle. Sie gibt eine plastische Vorstellung von der Brachialgewalt der donnernden Brecher, welche die Höhle während der vergangenen 200 000 Jahre aus dem 75 Mio. Jahre alten Sandstein der Küste herausmodellierten.

Birch Aquarium at Scripps
2300 Expedition Way, Tel. 1-858-534-FISH, http://aquarium.ucsd.edu, tgl. 9–17 Uhr, Fütterungszeiten Di und Do 12.30, Sa 14 und So 10.30 Uhr, Erw. 18,50 $, Kin. unter 18 J. 14 $

In mehr als 60 Bassins präsentiert das **Birch Aquarium at Scripps** auf spannende und zugleich lehrreiche Weise exotisches Meeresleben. Weltweit sind 370 unterschiedliche Haiarten bekannt, von denen in La Jolla einige zu Hause sind, darunter der an der kalifornischen Küste vorkommende Leopardenhai mit einer auffälligen Körperzeichnung. Die Spezialisten des Aquariums züchten in mühsamer Arbeit sogar eigene Korallen, die ein tropisches Riff bilden sollen. Um Gästen den Besuch im Aquarium so kurzweilig wie möglich zu gestalten, initiierten die Betreiber einige spezielle Programme wie etwa geführte Kajaktouren und Walbeobachtungsfahrten in den Küstengewässern. Ein Höhepunkt sind die Fütterungszeiten, zu denen Taucher in ein

La Jolla und North San Diego County

250 000 Liter Meerwasser fassendes Becken mit einem grandiosen Kelpwald steigen, um den dort lebenden Fischen ihre Mahlzeiten zu servieren. Im Splash Café kann man sich selbst eine Stärkung gönnen.

Torrey Pines State Reserve
N. Torrey Pines Rd., Tel. 1-858-755-2063, www. torreypine.org, tgl. 8 Uhr bis Sonnenuntergang, Parkgebühr 10–12 $/Pkw

Schon vor Jahrzehnten wurde im **Torrey Pines State Reserve** ein Küstenflecken unter Naturschutz gestellt, weil dort außer auf der Channel-Insel Santa Rosa die letzten Exemplare von Torrey-Kiefern *(Pinus torreyana)* überlebt haben. Im Besucherzentrum des heutigen State Park ist ein kleines Museum zur Kultur- und Naturgeschichte der Gegend eingerichtet worden. Um das 1923 errichtete Adobegebäude, das früher als Restaurant diente, stehen zahlreiche Bäume und Sträucher, die für die Vegetation vor Ort repräsentativ sind.

Auf Wanderwegen mit einer Länge von insgesamt 13 km kann man das Schutzgebiet erkunden. Der **Broken Hill Trail** führt bergab bis zu einer Stelle am Strand, an der sich die kleine Felsinsel Flat Rock aus dem Meer erhebt. Auch der **Beach Trail** mäandert Richtung Wasserkante und endet am Yucca Point, wo man den Blick die Küste entlang und auf La Jolla genießen kann. Im äußersten Süden liegt mit dem **Black Beach** ein Strandabschnitt, der inoffiziell als FKK-Revier gilt.

Infos
La Jolla Visitor Center: 1162 Prospect St., La Jolla, CA 92037, Tel. 1-858-454-5718, www.lajollabythesea.com.

Übernachten
Traumhaft – **Lodge at Torrey Pine:** 11480 N. Torrey Pine Rd., Tel. 1-858-453-4420, www.lodgetorreypines.com. Die wunderschön gelegene Lodge mit 170 Zimmern und Suiten besteht überwiegend aus einer massiven Holzkonstruktion und gehört zu den exklusivsten Hotels im Großraum San Diego. Sogar der Außenpool ist etwas Besonderes, weil man in ihm nicht in Chlorwasser, sondern in Meerwasser schwimmt. Direkt vor der Tür liegt ein 18-Loch-Golfplatz. Ab ca. 360 $.

Praktisch und gut – **La Jolla Beach Travelodge:** 6750 La Jolla Blvd, Tel. 1-858-454-0716, www.lajollatravelodge.com. Ruhige Lage in Strandnähe. In der Umgebung gibt es mehrere Restaurants und einen Supermarkt. Das Preis-Leistungs-Verhältnis stimmt. DZ ab ca. 100 $.

Essen & Trinken
Gutes Seafood – **George's California Modern:** 1250 Prospect St., Tel. 1-858-454-4244, www.georgesatthecove.com, tgl. Lunch und Dinner. Jeden Abend wird in diesem Lokal, das zu den besten im südlichen Kalifornien zählt, ein Spezialgericht des Chefs serviert. Am schönsten speist man auf der Terrasse mit herrlichem Meerblick. Hauptgericht ca. 50 $.

Mit Blick aufs Meer – **Marine Room:** 2000 Spindrift Dr., Tel. 1-855-923-8057, www.marineroom.com, So–Do 18–21, Fr, Sa 17.30–22 Uhr. Am Pazifiksaum liegendes Lokal mit international angehauchter Küche. Auf ordentliche Kleidung wird Wert gelegt. Hauptgerichte ab 30 $.

Lebhaft und unkompliziert – **Rock Bottom Restaurant & Brewery:** 8980 Villa La Jolla Dr., Tel. 1-858-450-9277, www.rockbottom.com, tgl. Lunch und Dinner, Mo–Do 11–24, Fr 11–1, Sa 11.30–1, So 11.30–24 Uhr, Happy Hour an der Bar Mo–Fr 16–19 Uhr. Deftige amerikanische Küche mit Steaks, Rippchen, Pizzen, Salaten und guten Desserts. Die Brauerei stellt ihr eigenes Bier her. Hauptgerichte ca. 14 $.

Einkaufen
Antiquitäten – **King and Company:** 6027 Beaumont Ave., Tel. 1-858-454-1504, keine Website. Antiquitätengeschäft mit dekorativen Stücken aus den USA, Europa und dem Orient.

Einkaufszentrum – **La Jolla Village Square:** 8657 Villa La Jolla Dr., La Jolla, Tel. 1-858-455-7550, http://ljvillagesquare.com, Mo–Sa 10–21, So 12–18 Uhr. Mode, Delikatessen, Supermärkte, Computer ...

Alles unter einem Dach – **Westfield UTC:** 4545 La Jolla Village Dr., Mo–Fr 10–21, Sa 10–20, So 11–19 Uhr. Großes Einkaufszentrum mit

188 einzelnen Geschäften, fünf Restaurants und einem Food Court.

Abends & Nachts

Nightlife-Oase – **Prospect Bar:** 1025 Prospect St., Tel. 1-858 454-8092, http://prospectbar.com, Mo–Fr 10–2, Sa, So 10–3 Uhr. Für pulsierendes Nightlife und fetzige Nachtschwärmerziele ist La Jolla nicht bekannt. Von der Terrasse des Lokals sieht man aufs Meer, während sich in der Etage darunter Gäste eine kleine Tanzfläche teilen. Man kann auch unter freiem Himmel an ziemlich teuren Cocktails nippen.
Promi-Bühne – **La Jolla Playhouse:** 2910 La Jolla Village Dr., Tel. 1-858-550-1010, www.lajollaplayhouse.org. Das vom Schauspieler Gregory Peck 1947 gegründete Theater gehört zu den renommiertesten Bühnen im Großraum San Diego.

Aktiv

Surfen – **Windansea Beach:** 6800 Neptune Place, www.sandiego.gov/lifeguards/beaches/windan.shtml, frei zugänglich. Der von Sandsteinklippen gesäumte Strand gilt unter Surfern als Geheimtipp. Vor dem Strand erheben sich aus dem Meeresboden mehrere Riffs, die hohe Wellen aufwerfen. Nur an den Sommerwochenenden ist eine Strandwache aktiv. Es gibt weder Toiletten noch Duschen.
Sportzentrum – **La Jolla Kayak:** 2199 Avenida De La Playa, Tel. 1-858-459-1114, www.lajollakayak.com, tgl. 8–18 Uhr. Vermietung von Kajaks für Ausflüge auf eigene Faust und geführte Touren für Kajaksportler und Schnorchler vor der Steilküste. Außerdem kann man Räder ausleihen.
Der Schönheit zuliebe – **Azalea Salon and Spa:** 4150 Regents Park Row, Suite 140, Tel.1-858-552-0761, www.azaleasalonandspa.com. Maniküre, Pediküre, Augenbrauen, Make-up, Massagen, Styling und mehr.

Termine

Nations of San Diego International Dance Festival (Jan./Feb.): Fest mit ethnischen Tänzen im südlichen Kalifornien auf dem Campus der Universität (www.nationsdancefestival.com).

La Jolla Art Festival (Juni): Großes Fest mit Kunst- und Kulturveranstaltungen, Stände mit vielen Schlemmereien. Die Erträge kommen Behinderten zugute (www.sdfestivalofthearts.org).

Del Mar ▶ 1, K 16

Der 4500-Seelen-Ort **Del Mar** mit seinem rund 5 km langen Sandstrand verdankt seine Gründung im letzten Viertel des 19. Jh. zwei Faktoren: dem Bau einer Eisenbahnlinie zwischen San Bernardino und San Diego und der Überzeugung der Investoren, dass die landschaftliche Schönheit der Küste Grund genug sei, an dieser Stelle einen Badeort aus dem Boden zu stampfen. In den 1920er-Jahren ließen sich in den bis dahin entstandenen Hotels häufig Stummfilmstars aus Hollywood sehen, die am Strand Ruhe und Entspannung suchten. Die Entwicklung erhielt hauptsächlich in den 1930er-Jahren einen Schub. Damals suchte man für die **San Diego County Fair** einen Standort und fand ihn in Del Mar, wo die Veranstaltung mit großer Kirmes bis in die Gegenwart jedes Jahr im Juni/Juli stattfindet (www.sdfair.com).

Pferderennbahn

2260 Jimmy Durante Blvd., Tel. 1-858-755-1141, www.dmtc.com
Eine große Langzeitwirkung auf die Gemeinde hatte die Gründung des Del Mar Thoroughbred Club und der Bau einer **Pferderennbahn** nur einen Steinwurf von der Küste entfernt, wobei als erster Prominenter der berühmte Sänger und Schauspieler Bing Crosby die Hand im Spiel hatte. Die im Hochsommer veranstalteten Rennwochen sind bis heute nicht nur sportliche, sondern auch gesellschaftliche Großereignisse. Das gilt in erster Linie für den jeweiligen Eröffnungstag der neuen Saison, der als Hat Day bekannt geworden ist. Aus gutem Grund: Es gehört zur guten Tradition, dass an diesem Tag stilbewusste Rennbahnbesucherinnen zum Vergnügen des bis zu 40 000-köpfigen Publikums mit kreativen Hutmodellen auf sich aufmerksam machen.

Solana Beach ▶ 1, K 16

Schon vor Jahren setzten es sich die 13 000 Einwohner der Küstengemeinde **Solana Beach** zum Ziel, ihre Heimat weder durch am Straßenrand aufgestellte Werbetafeln noch durch Sprühorgien selbsternannter Graffitikünstler verschandeln zu lassen. In jüngerer Vergangenheit bemühten die Stadtverschönerer echte Künstler, um graue Schaltkästen öffentlicher Versorgungsbetriebe, Mäuerchen und Betonbänke zu bemalen oder in Mosaikwerke zu verwandeln. Der **Coastal Rail Trail**, die Trasse einer früheren Eisenbahn, wurde in einen asphaltierten Rad- und Fußweg umgewandelt, der von reizvoller öffentlicher Kunst gesäumt wird.

Einkaufen
Frisch vom Bauernhof – **Farmers' Market:** Ecke Cedros Ave. & Rosa St., www.solanabeachfarmersmarket.com. Am Sonntagnachmittag versorgen sich die Einheimischen auf dem traditionellen Markt mit frischem Obst, Gemüse und Blumen. Er erinnert daran, dass Solana Beach schon im frühen 20. Jh. eine auf den Avocadoanbau spezialisierte Agrargemeinde war.

Rancho Santa Fe
▶ 1, K 16

Östlich von Solana Beach liegt am Fuß der Küstenberge mit **Rancho Santa Fe** eine idyllische Millionärsenklave samt Golfklub, für dessen Mitgliedschaft man bis zu 300 000 $ hinblättern muss. Den Grundstein zu dem exklusiven Flecken legte eine Eisenbahngesellschaft, die auf dem Grund und Boden Eukalyptusbäume anpflanzen ließ, um aus dem Holz Eisenbahnschwellen zu fertigen. Als sich das Material für diesen Zweck als zu weich erwies, ließ man ein Gästehaus im Spanish-Revival-Stil erbauen, das 1940 in Privatbesitz überging und in ein Hotel umgebaut wurde. Mittlerweile haben sich andere Ranches und Villen hinzugesellt und bilden eine kleine, aber feine Ortschaft.

Übernachten
VIP-Oase – **Inn At Rancho Santa Fe:** 5951 Linea del Cielo, Rancho Santa Fe, CA 92067, Tel. 1-858-756-1131, www.theinnatrsf.com. In dem exklusiv ausgestatteten Inn stiegen Könige und Präsidenten, First Ladies und Filmstars ab, nachdem das Stummfilmduo Mary Pickford und Douglas Fairbanks die Gegend in den 1920er-Jahren als Wohnsitz auserkoren hatte. 87 reizend ausgestattete Zimmer. DZ ab 240 $.

Encinitas ▶ 1, K 16

Mildes Klima hat das Städtchen **Encinitas** nach einer etwas übersteigerten Selbsteinschätzung zur ›Flower Capital of the World‹ gemacht. Zahlreiche Gärtnereien mit großen gläsernen Treibhäusern haben sich auf die Produktion von Jungpflanzen spezialisiert, die im Frühjahr im ganzen Land zum Verkauf angeboten werden.

San Diego Botanic Garden
230 Quail Gardens Dr., Tel. 1-760-436-3036, www.sdbgarden.org, tgl. 9–17 Uhr, Erw. 14 $, Kin. 3–13 J. 8 $
Exotische Pflanzen bringt der **San Diego Botanic Garden** seinen Besuchern näher. Innerhalb der Anlage befinden sich Regenwälder, seltene Bambushaine, ein Wüstengarten mit unterschiedlichen Kakteenarten, eine Abteilung für Sukkulenten und ein subtropischer Obstgarten.

Swami's Beach
1298 S. Coast Hwy 101, www.beachcalifornia.com/swami.html
Außer für Hobbygärtner ist Encinitas auch für Wassersportler interessant. Surfer zieht es zum unterhalb des Seacliff Roadside Park gelegenen **Swami's Beach,** der wegen seiner extremen Brandung bei Wellenreitern hoch im Kurs steht.

Termine
Oktoberfest: Mountain Vista Dr. & El Camino Real. Ein feuchtes Erlebnis der anderen Art er-

Achtung: Surfer mit ihren ausladenden Brettern könnten in Encinitas den Weg kreuzen

wartet die Besucher bei dem jährlich im September stattfindenden Fest (http://encinitas oktoberfest.com).

Carlsbad ▶ 1, K 16

Als in den 1880er-Jahren ein Brunnenbauer zufällig auf eine Mineralwasserader stieß, erinnerte man sich an den berühmten tschechischen Kurort Karlsbad und taufte die Gemeinde auf diesen Namen. Allerdings erfüllte der Fund nie die in ihn gesteckten Erwartungen, sodass der lokale Kurbetrieb erst gar nicht richtig in die Gänge kam. Ein dekoratives Überbleibsel aus der alten Zeit ist der seit 1882 in einem hübschen Fachwerkhaus untergebrachte **Carlsbad Mineral Water Spa** mit Badeeinrichtungen zum Teil im orientalischen Stil (2802 Carlsbad Blvd., Tel. 1-760-434-1887, www.carlsbadmineral spa.com, tgl. 9–18 Uhr). Die Gemeinde blieb auch sonst allein durch die Lage direkt an der Pazifikküste dem Wasser verbunden. Außerdem befinden sich sowohl an der Nord- wie an der Südgrenze der Kleinstadt zwei große Lagunen.

Flower Fields
5704 Paseo del Norte, Tel. 1-760-431-0352, www.theflowerfields.com, März–Mai tgl. 9–18 Uhr, Erw. 14 $, Kin. 3–10 J. 7 $
Größere Popularität verschaffte sich Carlsbad durch seine Landwirtschaft, speziell durch den Blumenanbau. Jahr für Jahr pilgern bis zu 150 000 Blumenfreunde auf die **Flower Fields,** um durch die gigantischen Felder von in allen Farben leuchtenden Ranunkeln zu spazieren. Nur ca. 2 % werden als Blumen verkauft, weil die eigentliche Produktion den Zwiebeln der Stauden dient.

Legoland
1 Legoland Dr., Tel. 1-877-376-5346, http:// california.legoland.com, im Hochsommer 10–20 Uhr, sonst kürzer, Erw. 90 $, Kin. 3–12 J. 84 $
Eine bunte Welt aus Plastik öffnet sich hinter den Eingangstoren von **Legoland.** Aus Millionen von Steinen ließen die Träumebauer

exotische Tiere, Märchenfiguren von Rotkäppchen über Hänsel und Gretel bis hin zu Schneewittchen, Städte im Miniaturformat wie San Francisco und New York und weltberühmte Sehenswürdigkeiten wie Mount Rushmore, die Freiheitsstatue, den Taj Mahal und den Eiffelturm entstehen. Beeindruckend ist der legendäre Hotelstrip in Las Vegas im Kleinformat, für den 2 Mio. Legosteine und 16 000 Stunden Arbeit nötig waren. Natürlich fehlen auch Fahrgeschäfte wie die Achterbahn Bionicle Blaster nicht, die inzwischen in jedem Vergnügungspark obligatorisch sind.

Infos

Carlsbad Chamber of Commerce: 5934 Priestly Dr., Carlsbad, CA 92008, Tel. 1-760-931-8400, www.carlsbad.org.

Übernachten

Traumhafte Lage – **Beach Terrace Inn:** 2775 Ocean St., Tel. 1-760-729-5951, http://beach terraceinn.com. Das einzige, direkt an der Küste gelegene Hotel mit 49 Ein-Zimmer-Suiten besitzt eine Terrasse mit Pool auf der Strandseite. Manche Suiten haben kleine Küchen und Balkone. DZ mit kleinem Frühstück ab 230 $.

Gemütliches B & B – **Pelican Cove Inn:** 320 Walnut Ave., Tel. 1-760-434-5995, www.pelican-cove.com. Jedes der zehn Nichtraucherzimmer verfügt über ein eigenes Bad. DZ inkl. Frühstück ab 110 $.

Bewährte Bleibe – **Ramada Suites:** 751 Macadamia Dr., Tel. 1-760-438-2285, http:// ramadacarlsbad.com. Manche Zimmer sind mit Teeküche, Kabel-TV, WLAN, Mikrowelle, Toaster und Kaffeemaschine ausgerüstet. Zum Hotel gehören Cafeteria, Fitnesscenter und Außenpool. DZ mit Frühstück ab 90 $.

Ordentliches Kettenmotel – **Motel 6 Downtown:** 1006 Carlsbad Village Dr., Tel. 1-760-434-7135. www.motel6.com. Budgetmotel mit Standardzimmern. DZ 54 $.

Essen & Trinken

Lobenswerte Küche – **West Steak Seafood and Spirits:** 4980 Avenida Encinas, Tel. 1-760-930-9100, www.weststeakandseafood. com, tgl. 16.30–21.30 Uhr. Der Küchenchef bereitet ausgezeichnete regionale Fisch- und Seafoodgerichte zu. Außerdem gibt es leckere Steaks, Lammkoteletts und Hähnchenbrust mit erntefrischem Gemüse (12–30 $).

Romantische Atmosphäre – **Cafe Sevilla:** 3050 Pio Pico Dr., Tel. 1-760-730-7558, www. cafesevilla.com, tgl. Lunch und Dinner. Spanische Gerichte und Tapas, von Mi bis So Dinnershows mit Flamencovorführungen und Tangotänzen. Ab ca. 18 $.

Solide Kost – **Daily News Café:** 3001 Carlsbad Blvd., Tel. 1-760-729-1023, www.dailynews cafe.com, tgl. 6.30–16 Uhr. Frühstückstreff mit großer Auswahl für Frühaufsteher oder Lunchlokal für Langschläfer, die bis in den Nachmittag hinein Mahlzeiten serviert bekommen. 5–12 $.

Einkaufen

Große Auswahl – **Carlsbad Village Art & Antique Mall:** 2752 State St., www.carlsbadar tandantiques.com, tgl. 10.30–17 Uhr. Ca. 100 Geschäfte für Kunstgewerbe, Antiquitäten, Deko-Objekte, Souvenirs und Geschenke.

Reduzierte Preise – **Carlsbad Premium Outlets:** 5620 Paseo del Norte, www.pre miumoutlets.com, tgl. 10–20 Uhr. Das Zentrum besteht aus 90 Fabrikverkaufsstellen für Mode, Schuhe, Gepäck und Accessoires.

Oceanside ▶ 1, K 16

Das 183 000 Einwohner zählende **Oceanside** kann damit renommieren, den mit 592 m längsten aus Holz gebauten **Pier** an der amerikanischen Westküste zu besitzen. Seine Anfänge gehen auf das Jahr 1888 zurück, als der erste Steg auf Höhe der Wisconsin Avenue errichtet wurde. Vier weitere am heutigen Standort fielen schweren Stürmen zum Opfer, von denen die Einwohner der Stadt ein Lied singen können. Fünf Minuten braucht man, um auf Pier Nr. 5 bis zum Ende zu gehen, an dem das Familienrestaurant Ruby's Diner zu einer Fischmahlzeit oder einem kleinen Snack einlädt (http:// rubys.com/locations/oceanside). Für 50 Cents kann man sich auch von einem Shuttle über

Oceanside

LOGIEREN IM SAN DIEGO ZOO SAFARI PARK

Die Szene könnte aus dem Film »Jenseits von Afrika« stammen. Von der Erhebung, auf der das Zeltcamp steht, fällt der Blick auf die taufrische Savannenlandschaft. Es riecht nach feuchtem Gras, das der neue Tag mit den ersten Sonnenstrahlen zu trocknen beginnt. Auf staksigen Beinen bewegen sich zwei Giraffen durch die Szenerie. Eine kleine Herde von Impala-Gazellen äst in der Nähe mehrerer Gnus, die hin und wieder die Köpfe heben und ein Nashorn beobachten, das wie ein Denkmal für die Tierwelt Schwarzafrikas in der Sonne steht.

Kein schlechter Tagesbeginn, wenn ein brüllender Löwe den Morgenschlaf beendet. Tatsächlich ist Afrika aber weit entfernt. Der **San Diego Zoo Safari Park** (▶1, L 16 4) als Außenstelle des San Diego Zoo liegt bei **Escondido** östlich von Oceanside im Küstenhinterland. Zahlreiche Zoos, Museen und Aquarien im

Er könnte Ihr Nachbar sein beim ›Sleepover‹ im Safari Park. Keine Sorge, sein artgerechtes Domizil befindet sich in ausreichendem Abstand zu dem der Gäste – und Gorillas sind ohnehin Vegetarier

La Jolla und North San Diego County

südlichen Kalifornien führten schon vor Jahrzehnten sogenannte *Sleepover*-Programme ein, im Rahmen derer Gäste in den jeweiligen Einrichtungen übernachten können. Zu den attraktivsten Plätzen dieser Art gehört der Safari Park. Die Zelte sind je nach Kategorie mit Betten und anderem Mobiliar, Heizöfen bzw. Ventilatoren für die entsprechenden Jahreszeiten ausgestattet.

Der Preis für ein waschechtes kalifornisches Afrikaabenteuer beläuft sich etwa auf die Kosten für ein besseres Hotel samt Abendessen. Am preiswertesten sind Zelte mit Kunststoffmatten und Gemeinschaftsdusche.

Teil des *Roar-and-snore*-Programms sind nach einem einfachen Abendessen an Campingtischen am Kilima Point verschiedene Rangerveranstaltungen, bei denen die Parkprofis ihr Publikum mit spannenden Geschichten über wilde Tiere unterhalten und Kinder auch schon mal harmlose Parkbewohner streicheln dürfen. Gegen 22 Uhr ziehen sich die meisten Camper in ihre Zelte zurück, um den in einiger Entfernung hin und wieder brüllenden Löwen Konkurrenz zu machen. Um 6 Uhr in der Frühe endet die Nacht mit allgemeinem Wecken. Eine Stunde später sitzen die Gäste wieder am Kilima Point bei Rührei, Würstchen und frischem Obst. Noch ehe der Park seine Tore für Tagesbesucher öffnet, brechen die Übernachtungsgäste zu von Rangern geführten Sondertouren auf (15500 San Pasqual Valley Rd., Tel. 1-760-747-8702, www.sdzsafaripark.org > Safari Tours > Roar & Snore Safari, tgl. 9–17 Uhr die Kosten variieren je nach Angebot und sind auf der Internetseite nachzulesen).

die holprigen Holzplanken fahren lassen. Der Spaziergang ist allemal interessanter, weil man dabei das maritime Flair und die berückenden Ausblicke genießen kann. Romantiker sollten für den Pierbesuch einen Abend mit prächtigem Sonnenuntergang wählen.

Oceanside Museum of Art
704 Pier View Way, Tel. 1-760-435-3720, www.oma-online.org, Di, Mi, Sa 11–17, Do, Fr 11–20, So 12–17 Uhr, 8 $

In Oceanside befinden sich zwei Museen. Das **Oceanside Museum of Art** in Downtown organisiert Jahr für Jahr mindestens 15 Ausstellungen moderner Kunst mit unterschiedlichen Schwerpunkten von Neonskulpturen über Malereien und Patchworkdecken bis hin zu künstlerischer Fotografie.

California Surf Museum
312 Pier Way, Tel. 1-760-721-6876, www.surfmuseum.org, tgl. 10–16 Uhr, 5 $

Mit allen Aspekten des Surfsports beschäftigt sich das 1986 ins Leben gerufene **California Surf Museum**. Spezielle Ausstellungen werden beispielsweise dem über die Zeiten veränderten Design von Surfboards, den großen Pionieren dieser Sportart und dramatischen Actionfotografien gewidmet. Daneben sind auch Ausstellungen zu sehen, die sich mit Bademode für sie und ihn beschäftigen.

Mission San Luis Rey de Francia
4050 Mission Ave., Tel. 1-760-757-3651, www.sanluisrey.org, Museum tgl. 10–17 Uhr, Erw. 7 $, Kin. unter 18 J. 3 $

Ihre lange Geschichte verdankt die Stadt der **Mission San Luis Rey de Francia,** einer der größten historischen Missionsstationen. Die Anlage wurde 1798 als 18. am Camino Real von Pater Fermin Lasuen errichtet und nach Louis IX., dem König von Frankreich und Schutzherrn des Franziskanerordens, benannt, dessen Statue im Museum steht. Auf keinem anderen Missionsgelände des Landes lebten so viele Indianer wie in San Luis. Zu den Blütezeiten waren es über 3000 Menschen, die zu unterschiedlichsten Arbeiten herangezogen wurden. Im Garten der heute noch von Padres bewohnten Mission steht der erste in Kalifornien gepflanzte Pfefferbaum aus dem Jahr 1830. Im Museum sind religiöse Kunst und Ausstellungen über das Pionierleben auf der Mission, die Ära der mexikanischen Säkularisation und die US-amerikanische Militärzeit zu sehen.

Oceanside

Infos
Oceanside Chamber of Commerce: 928 N. Coast Hwy, Oceanside, CA 92054, Tel. 1-760-722-1534, zahlreiche Informationen unter www.oceansidechamber.com.

Übernachten
Gute Wahl – **La Quinta Inn:** 937 N. Coast Hwy, Tel. 1-760-450-0730, www.laquintaoceanside.com. Hotelkomplex nicht weit vom Strand entfernt. Nichtraucherzimmer inklusive Mikrowelle, Kabel-TV, Schreibtisch, Kaffeemaschine und Highspeed-Internet. DZ online ab 84 $.

Klein, aber fein – **Harbor Inn and Suites:** 1401 N. Coast Hwy, Tel. 1-760-722-1244, www.harborinnoceanside.com. Zweigeschossiges, gut geführtes Motel. Internet, Mikrowelle, Kühlschrank und TV gehören zur Grundausstattung. DZ online ab 70 $.

Abends & Nachts
Spielcasino – **Ocean's Eleven:** 121 Brooks St., Tel. 1-760-439-6988, www.oceans11.com. Casino für Kartenspiele wie Poker, Black Jack und Bakarat. Mi–So abends gibt es Live-Entertainment.

Aktiv
Weinproben – **Belle Marie Winery:** 263 12 Mesa Rock Rd., Escondido, www.bellemarie.com. Im Küstenhinterland von Oceanside ist über den Hwy 78 im Umkreis der Stadt Escondido eine hügelige Weinbauregion mit mehreren Winzereien zu erreichen. **Orfila Vineyards:** 13455 San Pasqual Rd., www.orfila.com. In dieser Winzerei kann man die vor Ort produzierten Tropfen probieren.

Termine
World Bodysurfing Championships: Oceanside Pier, Tel. 1-800-350-7873 oder 1-760-722-1534, www.worldbodysurfing.org. Mitte/Ende Aug. Surfgrößen aus der ganzen Welt liefern sich einen spannenden Wettkampf. **Longboard Surf Club Competition:** Oceanside Pier, www.oceansidelongboardsurfingclub.org. Zu diesem Wettbewerb kommen im Hochsommer Tausende Zuschauer in die Stadt.

Schon in jungen Jahren gilt es, die Herausforderungen des Strandlebens zu meistern: den Kopf über Wasser halten – oder über Sand (Oceanside Beach)

Kapitel 3
Kalifornische Wüsten und Las Vegas

Mit dem Death Valley, dem Joshua Tree National Park und dem Anza-Borrego Desert State Park liegen drei populäre Touristenziele im Südosten von Kalifornien. Keinem anderen Teil des Golden State haftet das Image des Außergewöhnlichen, Exotischen und Geheimnisvollen so sehr an wie dieser von der Sonne ausgedörrten Trockenregion, deren Landschaften drei unterschiedlichen Wüsten zugeordnet werden.

Wildblumen, Kakteenblüten und außergewöhnliche Landschaften sind nicht die einzigen Reize der Wüstenregion. Neben imposanten Auftritten von Mutter Natur zählt mittlerweile auch die immer weiter vordringende Zivilisation zu den Wüstenattraktionen. Schon vor Jahrzehnten entwickelte sich das Coachella Valley mit einem knappen Dutzend Kleinstädten um Palm Springs und 330 Sonnentagen im Jahr zu einem attraktiven Winterziel für Bühnen- und Leinwandstars aus Hollywood und zu einem Refugium für schwerreiche Industriebosse und Börsengurus, die das Riesenangebot an Freizeitaktivitäten und die erlesene Hotellerie bzw. Gastronomie zu nutzen wissen.

In Las Vegas erwartet USA-Reisende mitten in der Wüste ein an Attraktivität kaum zu überbietendes City-Abenteuer. Längst geht es rund um den legendären Strip nicht mehr nur um Glücksspielpaläste, sondern auch um exklusive Hotellerie auf höchstem Niveau, um exzellente Restaurants und Myriaden von Unterhaltungsmöglichkeiten für die ganze Familie mit nervenzerfetzenden Achterbahnen, tropischen Badelandschaften und Piratenshows.

Aufstiegskampf im Joshua Tree National Park

Auf einen Blick:
Kalifornische Wüsten und Las Vegas

Sehenswert

Anza-Borrego Desert State Park: Wüstenpark mit sehr abwechslungsreicher Vegetation von Teddybear-Cholla-Kakteen bis zu den seltenen Elefantenbäumen (s. S. 240).

Joshua Tree National Park: Der Nationalpark liegt auf der Grenze zwischen Mojave- und Sonora-Wüste und bildet vor allem in der nördlichen Hälfte ein Wüstenparadies mit einer berückenden Vegetation (s. S. 256).

Death Valley National Park: Das Tal des Todes hat seine ehemals üble Reputation längst verloren und gegen ein Image als berühmtester amerikanischer Wüstenpark eingetauscht (s. S. 264).

Schöne Routen

Durch die kalifornische ›Sahara‹: Westlich von Glamis am Highway 78 dehnt sich zu beiden Seiten der Straße eine atemberaubende Dünenlandschaft aus – ein Outdoor-Paradies für Buggypiloten und Naturliebhaber (s. S. 240).

Durch das Coachella Valley: Von der Wüstenmetropole Palm Springs bis an den Salton Sea führt die Route 111 durch das Coachella Valley, das in den letzten Jahrzehnten zu einer blühenden Oase wurde (s. S. 254).

Meine Tipps

Shopping auf Indianisch: Neben dem Viejas-Kasino in Alpine dehnt sich zwischen Brunnen, Seerosenteichen und Gärten das Viejas Outlet Center aus, in dem man wie in einem indianischen Pueblo durch die 50 Shops und Boutiquen schlendert (s. S. 236).

Apfelernte in Julian: Um die Ortschaft Julian kultivieren Bauern über 17 000 Apfelbäume. Im Herbst herrscht wegen der Apfel- und Birnenernte Hochbetrieb, wenn aus frischen Früchten ein köstlicher, unvergorener Saft gekeltert wird (s. S. 245).

Streifzug durch den wilden Westen: Calico Ghost Town bei Barstow hat den Wilden Westen mit windschiefen Saloons, Gefängniszellen, Pferdeställen und Bergbaugerätschaften für die Nachwelt konserviert (s. S. 263).

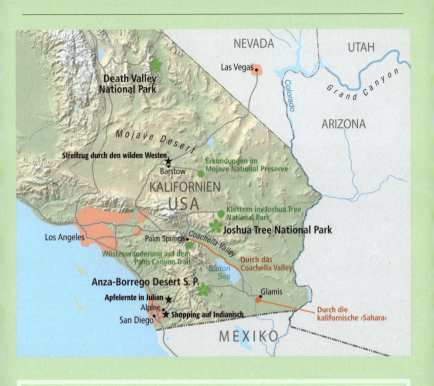

Wüstenwanderung auf dem Palm Canyon Trail: Durch den auf Indianerterritorium liegenden Palm Canyon zieht sich ein reizender, von über 6000 Schirmpalmen gesäumter Wanderweg (s. S. 253).

Klettern im Joshua Tree National Park: Die im nördlichen Teil des Joshua Tree National Park liegenden griffigen Granitformationen locken Felskletterer aus der ganzen Welt an. Am attraktivsten sind die vertikalen Touren in der kühleren Jahreszeit. Im Hochsommer heizt die Sonne die Felsoberfläche zum Teil so stark auf, dass man sich beim Klettern die Finger verbrennen kann (s. S. 260).

Erkundungen im Mojave National Preserve: Das 6500 km² große Mojave National Preserve zählt zu den vielfältigsten Wüstenökosystemen der USA und bietet ein breites Spektrum an Outdoor-Aktivitäten (s. S. 270).

Von San Diego in die südkalifornische Wüste

Kalifornienurlauber aus Europa fühlen sich im Golden State neben der Pazifikküste hauptsächlich von den geheimnisvollen Wüstenlandschaften und deren exotischer Vegetation angezogen. Statt mit einem schnelllebigen Land der unbegrenzten Möglichkeiten kommen sie dort mit einem ganz anderen Amerika in Kontakt, in dem hauptsächlich Mutter Natur auf unnachahmliche Art und Weise Regie führt.

Auf der Interstate 8 nach Osten

Karte: S. 238

Die erste Teilstrecke der Rundtour durch das Bergland und die Wüste im äußersten Süden von Kalifornien legt man am besten auf der Interstate 8 zurück, der südlichsten Ost-West-Verbindung zwischen San Diego und dem Nachbarstaat Arizona. Sobald man die Außenbezirke der Küstenmetropole hinter sich gelassen hat, beginnen sich Landschaft und Klima mit zunehmender Höhe zu verändern. Wenn sich im Frühjahr San Diego mit prächtigen Wildblumenwiesen schmückt, kann im Bergland um Julian durchaus während der Nacht so viel Schnee fallen, dass am folgenden Morgen manche Nebenstraßen für mehrere Stunden gesperrt bleiben müssen.

Alpine ▶ 1, L 16

Die Viejas-Gruppe der südkalifornischen Kumeyaay-Indianer lebt bei **Alpine** 1 zwar in einer nur 6,5 km² großen Reservation, hat sich aber durch zweierlei einen Platz auf den touristischen Landkarten des Landes gesichert: Gambling und Shopping. Schon vor einigen Jahren errichteten die Indianer direkt neben der I-8 einen gewaltigen Entertainment- und Shoppingkomplex, der nicht nur wegen seiner Größe, sondern in erster Linie wegen des gelungenen, in der Tradition des amerikanischen Südwestens stehenden Designs der Anlage schon mehrere Architekturpreise eingebracht hat.

Einkaufen, Abends

Shopping auf Indianisch – **Viejas Outlet Center:** ca. 4 Meilen östl. von Alpine, 5000 Willows Rd., Tel. 1-619-659-2070, www.viejas.com Direkt neben dem Viejas-Kasino dehnt sich zwischen plätschernden Brunnen, Seerosenteichen und Gärten das Viejas Outlet Center aus, in dem man wie in einem indianischen Pueblo durch die 50 Shops und Boutiquen schlendert. Allerdings handelt es sich nicht um indianische Geschäfte, sondern in erster Linie um Niederlassungen nationaler Modeketten. Sehenswert ist die Wasser- und Lasershow (tgl. 17–20 Uhr). Auf der einem indianischen Tipi nachempfundenen Showbühne, die zu dem Komplex gehört, treten internationale Stars des Musikgeschäfts auf.

Südlicher Anza-Borrego Desert S. P. ▶ 1, M 16

Nordwestlich von **Ocotillo** 2 windet sich die Nebenstrecke S 2 durch den Südteil des **Anza-Borrego Desert State Park** (s. Kar-

Auf der Interstate 8 nach Osten

Landschaft mit Faltenwurf: Das Wohnmobil ist natürlich das perfekte Fortbewegungsmittel im Anza-Borrego Desert State Park

te S. 238, S. 242). Wenige Meilen nach der Abzweigung zum Mountain Palm Springs Campground folgt die Straße einem Teilstück des **Southern Immigrant Trail,** auf dem, geführt u. a. von dem berühmten Scout Kit Carson, Entdecker, Missionare, Goldsucher und 1858 die Butterfield-Postkutschenlinie auf kalifornisches Territorium vorstießen und noch heute sichtbare Spuren hinterließen. Die **Vallecito Stage Station** etwa war eine Raststation für Postkutschen. Einen gefährlichen Engpass stellte der **Box Canyon** dar, der mit primitiven Werkzeugen verbreitert werden musste, um Wagentrecks die Passage zu ermöglichen.

Juan Bautista de Anza National Historic Trail

www.nps.gov/juba, www.anzahistoric trail.org

Zu den ersten Entdeckern im südlichen Teil des Wüstenparks gehörte der Spanier Juan

Von San Diego in die südkalifornische Wüste

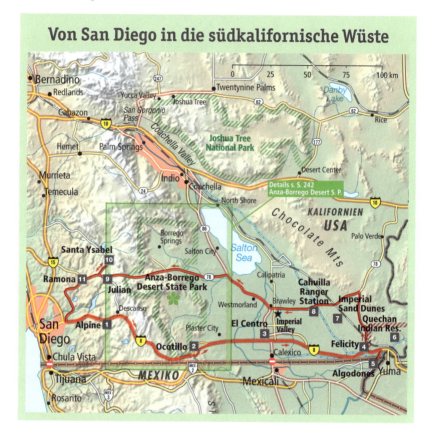

Bautista de Anza, nach dem ein National Historic Trail benannt wurde. Um die Weihnachtszeit des Jahres 1775 führte er eine Gruppe von 200 Siedlern vom damaligen Neuspanien (Mexiko) nach Kalifornien. Ziel der Expedition war die Pazifikküste, wo de Anza im Frühjahr 1776 den Grundstein für das spätere San Francisco legte.

Imperial Valley ▶ 1, N/O 16

Karte: oben

Flach und heiß wie ein Backblech, wäre dieser Teil der unbarmherzigen Sonora-Wüste zwischen Colorado River und Salton Sea ohne Bewässerung eine wirtschaftlich nutzlose Einöde. Aber schon zu Beginn des 20. Jh. begannen Siedler, die Region durch den Bau von Bewässerungskanälen zu verändern. Die erste künstliche Wasserleitung führte 1901 vom Colorado über mexikanisches Gebiet auf kalifornisches Territorium. In den folgenden Jahren brachten Projekte wie der All American Canal und der Coachella Canal immer mehr Leben spendendes Wasser in die trockene Wüstenregion und ließen dort nach und nach ein gewaltiges Agrarzentrum entstehen.

El Centro 3

Die Gemeinde **El Centro** ist, was ihr Name bedeutet: Verwaltungszentrum und wirtschaftliches Herz des Imperial Valley, in dem ausgeklügelte Bewässerungstechniken heute bis zu einem Dutzend Ernten pro Jahr möglich machen. Mitten im Winter reifen auf den zum Teil riesigen Plantagen Zitronen, Erdbeeren, Grapefruits, Blumenkohl und Avocados. Aber auch die Viehzucht hat sich breitgemacht. Um die riesigen Mengen Mist von den Ranches zu entsorgen, stellte 1989 ein seinerzeit weltweit einmaliges Elektrizitätswerk seinen Betrieb auf die Verbrennung von täglich Hunderten Tonnen getrocknetem Dung um und produziert seitdem Strom aus Mist.

Seit den 1960er-Jahren war der Zustrom von Arbeitskräften vor allem aus dem benachbarten Mexiko besonders groß, sodass die 43 000-köpfige Bevölkerung mittlerweile zu gut 79 % aus Hispaniern besteht. Kurioserweise liegt die ganze Stadt unter Meeresniveau, das an einem Wasserturm mit einem deutlich sichtbaren Strich markiert ist. Sommertemperaturen um die 45 °C sind eher die Regel als die Ausnahme.

Schönheiten aus Lack und Blech meist amerikanischer Herstellung sind im **Alford Auto Museum** ausgestellt. Es handelt sich überwiegend um technisch intakte Modelle, die zwischen 1910 und 1960 gebaut wurden (599 E. Main St., Tel. 1-760-353-3920, www.alfordmuseum.com, Mo–Fr 8–17 Uhr, Eintritt frei).

Infos
El Centro Chamber of Commerce & Visitors Bureau: 1095 S. 4th St., El Centro, CA 92243, Tel. 1-760-352-3681, www.elcentrochamber.org.

Übernachten
Praktische Lage – **Fairfield Inn:** 503 E. Danenberg Dr., Tel. 1-760-353-2600, www.marriott.com. 88 schöne Zimmer neben der Imperial Valley Mall. Swimmingpool; Internetzugang und Frühstück inbegriffen. DZ ab 160 $.

Angenehmes Hotel – **Best Western John Jay Inn:** 2352 S. 4th St., Tel. 1-760 337-8677, www.bestwestern.com. Mit Swimmingpool, Fitnesscenter und Restaurant ausgestattete Unterkunft. Alle 58 Zimmer verfügen über Highspeed-Internetzugang, Kühlschrank und Mikrowelle. DZ ab 100 $.

Felicity [4]
Das an der I-8 liegende **Felicity** ist ein bizarr anmutender Ort. Der Franzose Jacques-André Istel, Fallschirmspringerpionier und Investmentbanker, ließ dort das aus einer Pyramide bestehende **Offizielle Zentrum der Welt** erbauen, das an ein von ihm verfasstes Kinderbuch erinnert. Zu der Anlage gehören eine Reihe exzentrischer Denkmäler und ein **Museum of History in Granite** mit in Steintafeln gemeißelten historischen Ereignissen (www.historyingranite.org).

Algodones [5]
Nur wenige Meilen entfernt hat sich der mexikanische Grenzort **Algodones** zur größten Zahnarztpraxis im gesamten südlichen Kalifornien entwickelt. Im Zentrum der Gemeinde macht ein Wald aus Werbeschildern darauf aufmerksam, dass man sich vor Ort zu erheblich geringeren Kosten seine Zähne reparieren lassen kann als auf US-Boden. Wer sein intaktes Gebiss an mexikanischen Spezialitäten testen will, hat dazu nach dem unproblematischen Grenzübertritt in zahlreichen Restaurants Gelegenheit.

Quechan Indian Reservation [6]
www.quechantribe.com
Wo die drei Staaten Kalifornien, Arizona und Mexiko eine gemeinsame Grenze bilden und sich der Colorado River aus dem Golden State verabschiedet, liegt mit der **Quechan Indian Reservation** ein von Indianern verwaltetes Gebiet, das nur durch den Fluss von der Großstadt **Yuma** in Arizona getrennt ist. Mit den beiden dort liegenden Glücksspieltempeln **Paradise Casino** (450 Quechan Dr., Yuma, Tel. 1-888-777-IWIN, www.paradise-casinos.com) und **Quechan Casino-Resort** (525 Algodones Rd., Winterhaven, Tel. 1-877-QUECHAN, http://playqcr.com) haben sich die Indianer wichtige Einnahmequellen erschlossen.

Imperial Sand Dunes [7]
Überaus populär als Freizeitrevier ist die auf älteren Karten häufig noch als Algodones Dunes bezeichnete Landschaft östlich von

Centro, die heute besser unter dem Namen **Imperial Sand Dunes** bekannt ist – eine etwa 40 Meilen lange attraktive Sandwüste, die sich als schmaler Streifen von der mexikanischen Grenze bis über die Ortschaft Glamis hinaus grob in Nord-Süd-Richtung durch das Imperial Valley zieht. Naturfreunde bzw. Off-Road-Enthusiasten haben die wunderschönen Dünen für Abenteuersportarten erschlossen.

Ein Zugang in diese Dünen liegt bei Gordon's Well Road Exit von der I-8, auf dessen Nordseite sich Buggypiloten nach Herzenslust in einem für Off-Roader ausgewiesenen Gelände austoben können. Auf der Südseite der I-8 haben in der trockenen Hitze Überbleibsel der historischen **Old Plank Road** überlebt, Relikte einer geradezu irrwitzig anmutenden Ingenieursleistung. Als in den ersten Dekaden des 20. Jh. über eine Südverbindung von Arizona nach San Diego nachgedacht wurde, standen einem solchen Straßenprojekt die Dünen des Imperial Valley im wahrsten Sinne des Wortes im Weg. 1915 machten sich Arbeiter daran, das Problem durch den Bau einer Holzplankenstraße zu lösen. Von der alten Plank Road zeugen nur noch wenige Überreste, nachdem die meisten Holzdielen schon vor Jahrzehnten als Souvenirs oder Brennmaterial abtransportiert wurden.

Cahuilla Ranger Station 8

Einen noch populäreren Abenteuerspielplatz als der äußerste Süden bildet das über die Ted Kipf Road erreichbare Dünengebiet westlich von **Glamis** am **Highway 78.** Von der dort liegenden **Cahuilla Ranger Station** führt die Gecko Road in südlicher Richtung zu einem Dutzend Campingplätze, auf denen sich das ganze Jahr über zweibeinige Wüstenfüchse tummeln.

Nördlich vom Highway 78 dehnt sich die **Algodones Dunes Wildlife Area** aus, in der die höchsten Sanddünen liegen und sowohl Flora wie Fauna ungestört von röhrenden Buggys gedeihen können.

Fortsetzung der Route 9 – 11 s. S. 244

Anza-Borrego Desert S. P.
▶ 1, L/M 16

Karten: S. 242

Die Rundtour folgt dem Highway 78 nach Westen bis zum **Anza-Borrego Desert State Park.** Vor allem wegen seiner vielfältigen exotischen Vegetation ist Amerikas größter Wüstenpark zu einem Publikumsliebling geworden. Entscheidend sind die unterschiedlichen Höhenlagen des Schutzgebietes zwischen 1890 m im äußersten Westen und Meereshöhe in der Nähe des Salton Sea im Osten.

Bauchige Fasskakteen, schlanke Fächerpalmen, rot blühende Kerzensträucher, Teddybear-Cholla- und Biberschwanzkakteen kommen auch in anderen Wüstenregionen des Golden State vor. Aber der fast 2500 km² große Park wartet mit Raritäten auf, die selbst viele Botaniker noch nie zu Gesicht bekommen haben, z. B. mit den sehr seltenen Elefantenbäumen (lat. *Bursera microphylla*), die südlich von Ocotillo Wells abseits der Split Mountain Road am ca. 2,4 km langen Lehrpfad **Elephant Trees Discovery Trail** 1 wachsen (www.natural bornhikers.com/trails/elephanttrees. html).

Font's Point 2

Video über Font's Point s. www.desertusa.com/video_pages/fonts.html

Andernorts zeigen sich die Naturwunder des Parks eher von ihrer herben, wenn auch nicht weniger beeindruckenden Seite. Vom Highway S22 biegt nordöstlich der kleinen Gemeinde Borrego Springs eine Piste zum ca. 4 Meilen weiter südlich liegenden **Font's Point** ab. Aber Vorsicht! Der Weg kann sehr holprig bzw. wegen Sandverwehungen und nach Regenfällen sogar unbefahrbar sein. Er endet an einer nahezu senkrechten Abbruchkante, unterhalb der sich eine fantastische Mondlandschaft aus vegetationslosen, von den Kräften der Natur zerfurchten Lehmhügeln ausdehnt. Besonders beeindruckend ist die Szenerie am frühen oder späten Tag, wenn die schräg stehende Sonne den **Borrego Badlands** Konturen verleiht.

Anza-Borrego Desert S. P.

FRÜHJAHRSBLÜTE IM ANZA-BORREGO DESERT S. P.

Am bekanntesten ist der Anza-Borrego Desert State Park für im Frühjahr blühende Wildblumen, die Gegenden wie **Blair Valley** 3, **Indian Gorge** 4 und **Culp Valley** 5 mit ihrer verschwenderischen Pracht in einen Farbenrausch versetzen. Wer die sonnenverbrannten Trockenlandschaften der Region im Sommer kennt, traut bei einem Besuch zwischen Februar und Mai seinen Augen kaum. Zwar variieren die ›Boom-Zeiten‹ der Blüte je nach Klima und Niederschlägen. Aber meist zeigt sich die Landschaft im März und April von ihrer attraktivsten Seite.

Der **Borrego Palm Canyon** 6, der am Campingplatz nördlich des Besucherzentrums beginnt, entwickelt sich in diesen Wochen zum touristischen Epizentrum und Medienereignis das in Zeitungen und im Fernsehen in aller Breite gewürdigt wird. Am hin und zurück ca. 5 km langen **Trail durch den Canyon** stehen wie an einem Lehrpfad nummerierte Markierungen, die sich auf ein im Visitor Center ausliegendes Faltblatt mit nützlichen Infos beziehen. Über eine Wildflower-Hotline kann man sich nach dem besten Zeitpunkt der Wildblumenblüte erkundigen (Tel. 1-760-767-4684).

Nur ein Frühjahrsfarbenspiel von vielen: Traubenhyazinthen rahmen Cholla-Kakteen ein

Von San Diego in die südkalifornische Wüste

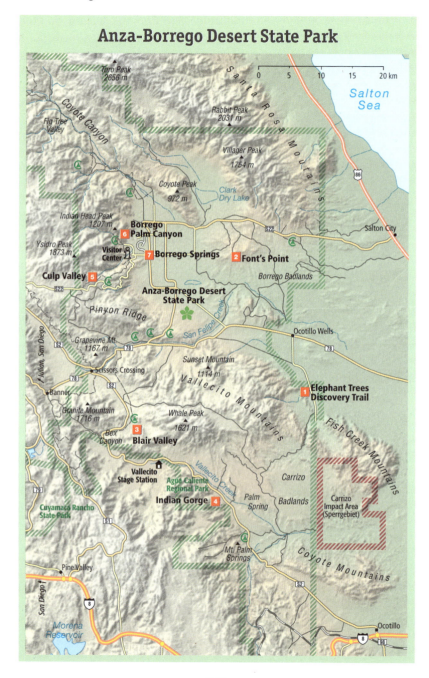

Anza-Borrego Desert S. P.

Borrego Springs [7]

So ländlich wie der gesamte Park erweist sich auch sein 2600 Einwohner zählendes ›urbanes‹ Zentrum **Borrego Springs,** von dem die nächste Verkehrsampel 50 Meilen entfernt ist. Das frühere Agrarzentrum, das nicht Teil des Anza-Borrego Desert State Park ist, lebt heute in erster Linie vom Tourismus und bildet für Besucher des Wüstenparks mit Hotels, Motels, Restaurants und Einkaufsgelegenheiten die wichtigste Versorgungsbasis. Sternengucker haben es in der kaum beleuchteten ›Dark Sky Community‹ besonders leicht, den nächtlichen Sternenhimmel zu betrachten (www.abdnha.org/borregodarksky).

Infos

Visitor Center: 200 Palm Canyon Dr., Borrego Springs, CA 92004, Tel. 1-760-767-4205, www.parks.ca.gov > VisitaPark. Das Visitor Center des State Park westlich von Borrego Springs ist größtenteils in eine Bergflanke hineingebaut. Eintritt pro Pkw/Tag 5 $.

Übernachten

Komfortable Oase – **Borrego Springs Resort:** 1112 Tilting T Dr., Tel. 1-760-767-5700, www.borregospringsresort.com. Urlauberhotel mit 100 Zimmern und Suiten, zu dem mehrere Sportanlagen gehören, z. B. Tennisplätze und ein 9-Loch-Golfplatz. DZ ab 110 $.

Für bescheidene Ansprüche – **Stanlunds Resort Inn & Suites:** 2771 Borrego Springs Rd., Tel. 1-760-767-5501, www.stanlunds.com. Von Palmen umgebenes einfacheres Motel mit Pool und 21 klimatisierten Standardzimmern, manche mit Küche. DZ ab ca. 75 $.

In freier Wildbahn – **Camping:** Mit einer entsprechenden Genehmigung (erhältlich im Besucherzentrum, s. o.) darf man im Anza-Borrego Desert State Park in freier Wildbahn campen. Cabins gibt es für 60 $.

Essen & Trinken

Gute Verpflegung – **Krazy Coyote Bar & Grille:** 2220 Hoberg Rd., Tel. 1-760-767-7788, www.thepalmsatindianhead.com. Gute Drinks und eine gute Küche in sehr entspannter Atmosphäre. Dinner gibt es ab ca. 25 $.

Einkaufen

Versorgungsstation für Selbstverpfleger – **Village Liquors & Mini Mart:** 659 Palm Canyon Dr., Tel. 1-760-767-3100, tgl. 7–21 Uhr.

Hier gibt es das Nötigste – **Center Market:** 590 Palm Canyon Dr., Tel. 1-760-767-3311. Supermarkt.

Aktiv

Kunsttour – **Galleta Meadows:** Borrego Springs Rd. (Plan s. Website), www.desertusa.com/borrego/bs-art.html. Der Künstler Ricardo Breceda hat über zehn Dutzend riesige Skulpturen von Kreaturen und Fabelwesen aufgestellt.

Radfahren – Durch den Park führen über 800 km Pisten, die mit Fahrrädern befahrbar sind. Auf Wanderwegen darf nicht geradelt werden. Radverleih: Bike Borrego, 583 Palm Canyon Dr., Tel. 1-760-767-4255, www.bikeborrego.com.

Wandern – **Anza-Borrego Desert State Park:** Visitor Center, s. S. 243. Auf informativen Hiking Trails können sich Besucher von Rangern im Winter und Frühjahr etwa zum Fish Creek, über den Narrows Earth Trail oder in die Superstition Mountains führen lassen. Mit zwölf Wildnisgebieten und zig Kilometern von Pfaden bildet der Park außerhalb der heißen Sommermonate ein ideales Wanderrevier. Durch das Bergland im äußersten Parkwesten führt der südliche Abschnitt des 4240 km langen Pacific Crest Trail, der von der kanadischen bis zur mexikanischen Grenze reicht.

Erlebnistouren – **California Overland:** 1233 Palm Canyon Dr., Tel. 1-760-767-1232, www.californiaoverland.com. Unterschiedlich lange Touren durch Anza-Borrego, auch inklusive Übernachtung.

Termine

Pegleg Liars Contest (1. Sa im April): Bei dem reichlich mit Skurrilitäten aufwartenden Wettbewerb geht es darum, wer dem Publikum die unglaublichsten Lügengeschichten erzählt.

Borrego Springs Days Desert Festival (letztes Okt.-Wochenende): Fröhliches Fest mit abwechslungsreichem Programm zu Beginn der Reisesaison im Park.

Von San Diego in die südkalifornische Wüste

Julian ▶ 1, L 16

Karte: S. 238

Über 1000 m höher als Anza-Borrego liegt in den kühleren Laguna Mountains die schnuckelige, in der Goldrauschära 1869 gegründete Ortschaft **Julian** 9. In der Pionierzeit, als vor Ort Gold entdeckt worden war, entstanden zahlreiche hübsche Anwesen, die den Zeitenwechsel überdauerten. Heute dienen sie als Boutiquen, stimmungsvolle B & B-Unterkünfte oder Restaurants mit dem Flair des Gestrigen. Viele Prospektoren, also Leute, die in der Region nach Goldvorkommen suchten, kamen im 19. Jh. aus Deutschland, weshalb heute noch ein Viertel aller Einwohner von deutschen Einwanderern abstammt.

Eagle & High Peak Mine

Am Ende der C St., Tel. 1-760-765-0036, www.theeaglemining.com, Zeiten nach Vereinbarung

An die Boomzeiten, als die Eagle Mining Company Gold im Wert von 13 Mio. Dollar zutage förderte, erinnert die **Eagle & High Peak Mine.** Auf Führungen durch die alten Stollen erfahren Besucher viel Interessantes über die Knochenarbeit unter Tage.

Julian Pioneer Museum

2811 Washington St., Tel. 1-760-765-0227, http://julianpioneermuseum.org, im Sommer tgl. 10–16, sonst Sa, So 10–16 Uhr

Auch das in einer ehemaligen Brauerei bzw. Schmiede eingerichtete **Julian Pioneer Museum** beschäftigt sich anhand von Gerätschaften und indianischen Exponaten mit der Vergangenheit der Gemeinde.

Infos

Julian Chamber of Commerce: Town Hall, 2129 Main St., Julian, CA 92036, Tel. 1-760-765-1857, http://visitjulian.com. Ein dort erhältlicher detaillierter Ortsplan hilft bei der Suche nach historischen Gebäuden.

Übernachten

Bezaubernd – **Julian Gold Rush Hotel:** 2032 Main St., Tel. 1-760-765-0201, www.julianhotel.com. Reizendes B & B aus dem 19. Jh. mit Mobiliar aus der damaligen Zeit. Romantisches Flair prägt das Honeymoon House für Flitterwöchner mit gusseisernem Ofen und Badewanne auf Löwenpfoten. DZ 135–210 $.

Viktorianisch – **Butterfield B & B Inn:** 2284 Sunset Dr., Tel. 1-760-765-2179, www.butter

Früher glänzte in Julian das Gold, heute sind es die Äpfel

Rückweg nach San Diego

APFELERNTE IN JULIAN

Vor allem im Herbst bietet sich ein Besuch in Julian an. Die im Umland lebenden Obstbauern kultivieren ca. 17 000 Apfelbäume, weshalb von Anfang September bis zum Erntedankfest im Oktober wegen der Apfel- und Birnenernte Hochbetrieb herrscht. Aus den Früchten wird ein köstlicher unvergorener Saft gekeltert, den man vielerorts probieren kann. Die Bäckerei **Mom's Pie House** wird um diese Zeit wegen ihrer hervorragenden Apfelkuchen von hungrigen Kunden regelrecht belagert (2119 Main St., www.momspiesjulian.com). Mehrere Plantagen laden zu Besichtigungen nach Voranmeldung ein: **Apple Lane Orchard,** 2641 Apple Lane, Tel. 1-760-765-2645; **Calico Ranch,** 4200 Hwy 78, Tel. 1-858-586-0392, www.calicoranch.com, Sept.–Okt. Fr–So 9–17 Uhr.

fieldbandb.com. B & B mit fünf Zimmern im historischen Kern von Julian, Ausstattung zwischen Kitsch und Romantik. DZ 135–185 $.

Aktiv

Für Hobby-Astronomen – **Observer's Inn:** 3535 Hwy 79, Tel. 1-760-765-0088, www.observersinn.com, Mo–Mi, Fr–So, nur nach Voranmeldung. Sternegucker können im Observer's Inn an einstündigen Vorführungen teilnehmen und durch Teleskope einen Blick in den Weltraum werfen. Man kann vor Ort auch übernachten.
Ausflüge hoch zu Ross – **Kenner Horse Ranch:** 92036 Harrison Park Rd., Tel. 1-760-473-5681, http://kennerhoreranch.com. Einmal im Leben Cowboy spielen. Die noch in Betrieb befindliche Ranch bietet Ausritte unter professioneller Leitung an. 1 Std. 50 $ p. P.

Kurse für Pferdefreunde – **Integrity Stables Riding & Training Center:** P.O. Box 1841, Tel. 1-760-484-2929, www.integritystables.com. Reitunterricht, Langstreckenritte und Reitcamps.

Rückweg nach San Diego ▶ 1, L 16

Karte: S. 238

In **Santa Ysabel** 10 entstand 1818 eine Außenstelle der Mission in San Diego, von der allerdings nichts mehr übrig ist. Die heute in der Nähe des ehemaligen Missionsstandortes gebaute Kapelle stammt von 1924. Ein kleines Museum beschäftigt sich u. a. mit den beiden ursprünglichen Missionsglocken, die 1926 auf geheimnisvolle Weise verschwanden und von denen nur die Klöppel wieder auftauchten. Größere Anziehungskraft hat seit 2007 das auf indianischem Territorium stehende Casino und Resort, das jedoch 2014 mit einem hohen Schuldenberg seine Pforten für immer schließen musste.

Letzte Station auf der Rundreise ist die in einem breiten Tal 36 Meilen von San Diego entfernt gelegene Stadt **Ramona** 11, deren 21 000 Einwohner das gemäßigte Klima mit angenehmen Sommertemperaturen und einem nicht zu kalten Winter schätzen. Mehrere Winzerbetriebe (s. u.) bieten Proben der Weiß- und Rotweine an, die aus eigenen Trauben gewonnen werden.

Aktiv

Weinproben – **Lenora Winery:** 251 Steffy Lane, Ramona, Tel. 1-760-788-1388, www.lenorawinery.com, Sa, So 10–18 Uhr oder nach Voranmeldung. Im Ausschankraum können zehn verschiedene Weine probiert werden.
Auf Rotwein spezialisiert – **Pamo Valley Vineyards & Winery:** 603 Main St., Ramona, CA 92065, Tel. 1-760-271-3090, www.pamovalleyvineyards.com, Mo, Fr 14–18, Sa, So 11–18 Uhr. Das Weingut produziert Rotweine aus den Trauben Merlot, Cabernet Sauvignon, Sangiovese und Syrah.

Coachella Valley und Joshua Tree National Park

Zehntausend Swimmingpools, Hunderte Golfanlagen und Tennisplätze, Poloturniere, erstklassige Einkaufsmöglichkeiten, ein beachtliches Kulturangebot, Luxushotels wie Sand am Meer und Top-Restaurants haben das 70 km lange Coachella Valley um Palm Springs vom Wüstental in eine begehrte Wohn- und Freizeitoase verwandelt. Mit Joshua Tree liegt ein wunderbarer Wüstenpark ganz in der Nähe.

Wenn sich Los Angeles am Freitagnachmittag ins Wochenende verabschiedet, quält sich der Verkehr aus dem Ballungsraum der Millionenmetropole hauptsächlich auf den nach Osten verlaufenden Interstates dickflüssig voran. Viele Wochenendurlauber machen eine Spritztour in die Spielkasinos von Las Vegas. Andere haben das lang gestreckte Coachella Valley zum Ziel, das sich als Ausgangspunkt für Touren in die umliegenden Wüstenregionen eignet. Ehe in den 1990er-Jahren in Palm Springs und Umgebung der Immobilienboom einsetzte, hatte das Tal noch nicht einmal 200 000 Einwohner. Mittlerweile hat sich die dort lebende Bevölkerung mehr als verdoppelt und das Coachella Valley ist zu einer der am schnellsten wachsenden Regionen in Kalifornien avanciert.

Auf dem Weg nach Palm Springs

Karte: S. 248

In Cabazon

Morongo Casino ▶ 1, L 14
49500 Seminole Dr., Tel. 1-800-252-4499, www.morongocasinoresort.com, DZ wochentags ab 110 $, am Wochenende ab 360 $

Außerhalb des Großraums Los Angeles ist das **Morongo Casino** 90 Meilen östlich in der Ortschaft **Cabazon** 1 das einzige Hochhaus weit und breit. Die Zockerzitadelle samt einem 300 Gästezimmer großen Hotel steht auf dem Boden der **Morongo Band of Mission Indians Reservation,** die 1865 vom damaligen US-Präsidenten Ulysses Grant eingerichtet worden war. Wo vor einigen Jahren nur eine kleine Halle zum Bingo einlud, ließen die Native Americans 2004 einen Spielpalast mit mittlerweile über 2700 Spielautomaten, Black-Jack- und Pokertischen errichten, der die finanzielle Situation der Reservation in den letzten Jahren erheblich verbesserte. Über 3000 Personen stehen heute bei dem Stamm auf der Gehaltsliste. Gäste kommen im Hotel in bequemen Zimmern, Suiten oder den sechs luxuriösen Casitas mit eigenem Pool unter. Für das leibliche Wohl sorgen mehrere Restaurants und das täglich zur Lunch- und Dinnerzeit servierte Potrero Canyon Buffet (tgl. 11–21 Uhr). Ob im exklusiven Nachtklub Vibe mit Dress Code, im Bowlingzentrum Canyon Lanes oder auf dem Golfplatz: für gute Unterhaltung ist gesorgt.

Hinter dem Kasino zieht sich das Reservationsgebiet die Berghänge hinauf, an denen die ca. 1000 Cahuilla-, Serrano- und Cupeño-Indianer leben.

Begrüßungskomitee bei Cabazon: die Dinosaurier Dinny und Mr. Rex (s. S. 249)

Coachella Valley und Joshua Tree National Park

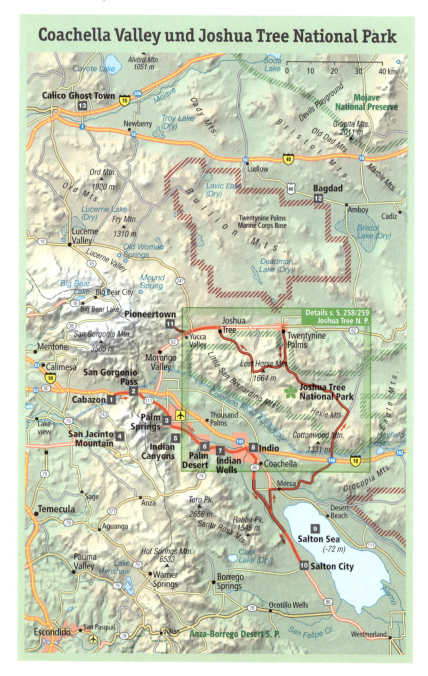

Dinny und Mr. Rex

50800 Seminole Dr., www.cabazondinosaurs. com

Von der I-10 sind in Cabazon nördlich der Schnellstraße die beiden riesigen **Saurierskulpturen Dinny und Mr. Rex** zu sehen, die seit über 30 Jahren einen Rastplatz markieren und in Kalifornien jedem Schulkind aus Werbefilmen und TV-Dokumentationen bekannt sind. Schöpfer der Betonmonster war ein Motelbesitzer, der mit den gigantischen Urviechern auf sein Geschäft aufmerksam machte.

Einkaufen

Konsumparadies – **Desert Hills Premium Outlets:** www.premiumoutlets.com, So–Do 10–20, Fr, Sa bis 21 Uhr. In Casinonähe gelegenes Zentrum für Fabrikverkäufe. Großes Angebot an preisreduzierten Waren.

Günstig einkaufen – **Cabazon Outlets:** www. cabazonoutlets.com, So–Do 10–20, Fr, Sa bis 21 Uhr. Attraktiv gestaltetes Fabrikverkaufszentrum in der Nachbarschaft des Kasinos mit Markenwaren von Mode über Schuhe bis zu Haushaltsgeräten und Accessoires.

Termine

Thunder & Lightning Powwow (Ende Sept.): Das große, mehrtägige Indianerfest findet alljährlich in der Morongo Indian Reservation bei Cabazon statt, Wettbewerbe in indianischem Tanz, Gesang und indianischer Trommelmusik, die Wettbewerbsteilnehmer tragen moderne indianische Trachten (http:// www.morongopowwow.com > Schedule).

San Gorgonio Pass

▶ 1, L 14/15

Am 670 m hohen **San Gorgonio Pass** 2 endet die klimatisch noch größtenteils von der Pazifikküste geprägte Landschaft des Los-Angeles-Beckens. Östlich des Passes öffnet sich die in der Hitze brütende, bis nach Arizona reichende Mojave- und Sonora-Wüste. San Gorgonio bildet eine schmale Passage zwischen dem 3500 m hohen San Gorgonio Mountain im Norden und dem etwas niedrigeren San Jacinto Mountain im Süden, wo der Luftaustausch zwischen kühler Küstenregion und heißer Wüste auf so stürmische Weise stattfindet, dass der Pass als Idealstandort für Hunderte Rotoren einer Windfarm ausgewählt wurde. Sie verleihen der Landschaft ein so futuristisches Flair, dass J. J. Abrams 2005 einige Einstellungen des Thrillers »Mission Impossible III« mit Tom Cruise in dieser Szenerie drehte.

Palm Springs ▶ 1, L 15

Karte: S. 248

Die Attraktivität der 44 000 Einwohner großen Stadt **Palm Springs** 3 am nordwestlichen Ende des Coachella Valley (s. S. 254) ist kein neues Phänomen. Ende des 19. Jh. eine Heilwiese für Lungenkranke, entwickelte sie sich Anfang des 20. Jh. zum verschlafenen Refugium Golfschläger schwingender Pensionäre und seit den 1930er-Jahren zur winterlichen Sonnenbank für Hollywood-Ikonen. In dieser Zeit hatte der örtliche Tennisverein Racquet Club berühmte Mitglieder wie Ginger Rogers, Clark Gable und Humphrey Bogart, und die Stadtverwaltung leistete sich einen Ehrenbürgermeister namens Bob Hope, dem später der Ehemann der Sängerin Cher, Sonny Bono, als gewählter Amtsinhaber folgte.

Die Wüstengemeinde rückte als Wochenendziel schon vor Jahren ins Blickfeld Homosexueller und wirbt heute damit, eine besonders schwulenfreundliche Gemeinde zu sein. Viele Hotels und Bars haben sich auf Gays bzw. ›LGBTI‹ spezialisiert. Die Zeiten, da gegen 22 Uhr die Gehsteige hochgeklappt wurden, gehören der Vergangenheit an. Dennoch wollen die Stadtväter den Wandel von der geruhsamen Golfoase zur aufgeweckten Resort-Metropole nicht überhasten. Darauf legte schon der 1998 bei einem Skiunfall am Lake Tahoe ums Leben gekommene ehemalige Promibürgermeister Bono Wert. Als Studenten Palm Springs für ihre berühmt-berüchtigten Spring-Break-Semesterferien erwählten, verbot er die meist in Saufgelage ausufernden Festivitäten schlichtweg. Für sein Engagement für die Stadt widmete Palm Springs dem ehemaligen Kopf der Stadtverwaltung, der als

Coachella Valley und Joshua Tree National Park

Interpret von »I Got You Babe« international bekannt wurde, eine Skulptur in Lebensgröße. In Bronze gegossen beobachtet Sonny Bono auf dem Rand eines Brunnens sitzend das Treiben auf dem South Palm Canyon Drive (zw. Amado und Baristo Rd.), der jeden Donnerstagabend für den Verkehr gesperrt wird und Platz macht für das **Palm Springs Villagefest** mit zahlreichen Essens- und Verkaufsständen, Musikern und Entertainern (s. S. 252).

Palm Springs Walk of Stars
www.palmsprings.com/stars
Wer sich näher für die VIPs aus der guten alten Zeit interessiert, informiert sich am besten auf dem **Palm Springs Walk of Stars.** Ähnlich wie auf dem Hollywood Walk of Fame sind entlang dem Canyon Drive, Tahquitz Canyon Way und Museum Drive mit in die Gehsteige eingelegten Marmorsternen knapp 300 Berühmtheiten von Lauren Bacall, Rock Hudson, Catherine Deneuve bis Marlene Dietrich verewigt, die sich auf die eine oder andere Weise um Palm Springs verdient gemacht haben.

Palm Springs Art Museum
101 Museum Dr., Tel. 1-760-322-4800, www.ps museum.org, Sa–Di 10–17, Do–Fr 12–21 Uhr, Erw. 12,50 $, Do 16–21 Uhr Eintritt frei
Das **Palm Springs Art Museum** ermöglicht einen Abstecher in die zeitgenössische Kunst mit Werken etwa von Robert Motherwell und Helen Frankenthaler, aber auch in die ›klassische‹ Westernkunst von Thomas Moran, Charles Russell und Frederic Remington. Ein Schwerpunkt der Ausstellungen liegt auf indianischer und mexikanischer Kunst. In Sonderausstellungen geht es um Architekturentwürfe.

Aus Kunstlack wird Lackkunst – wer in Palm Springs auffallen will, muss schon etwas investieren

Palm Springs Air Museum
745 N. Gene Autry Trail, Tel. 1-760-778-6262, www.palmspringsairmuseum.org, tgl. 10–17 Uhr, Erw. 16,50 $, Kin. 13–17 J. 14,50 $

Mit der Rolle der US-Luftwaffe im Zweiten Weltkrieg setzt sich das **Palm Springs Air Museum** auseinander. Es besitzt eine der größten Sammlungen an flugfähigen Militärmaschinen in den Vereinigten Staaten.

Ruddy's General Store Museum
221 S. Palm Canyon Dr., Tel. 1-760-327-2156, Okt.–Juni Do–So 10–16, Juli–Sept. Sa, So 10–16 Uhr, Eintritt 95 Cents

In **Ruddy's General Store Museum** kommen Nostalgiker auf ihre Kosten, die sich an mehr als 6000 aus den 1930er-Jahren stammenden Verkaufsartikeln erfreuen können, die in den Regalen des Oldtimerladens ausgestellt sind.

Agua Caliente Cultural Museum
219 S. Palm Canyon Dr., Tel. 1-760-778-1079, www.accmuseum.org, Juni–Aug. Fr–So, sonst Mi–So 10–17 Uhr, Eintritt frei

Über Leben und Kultur der Native Americans von Palm Springs informiert das **Agua Caliente Cultural Museum**. Als 1896 für die Agua-Caliente-Gruppe der Cahuilla-Indianer die heutige Reservation geschaffen wurde, gab es Palm Springs noch gar nicht. Nach und nach entwickelte sich die Stadt und erlebte in den 1940er-Jahren einen gewaltigen Bauboom. Danach hatten Gerichte massenhaft Besitzansprüche zu klären, weil Häuser und Straßenzüge zu einem großen Teil auf dem Boden der Reservation entstanden waren. Da das Gelände mittlerweile weitgehend verbaut war, kam nur noch ein Pachtsystem für die jeweiligen Grundstücke in Frage. Diese Einnahmequelle machte die Indianer von Palm Springs zu einer der wohlhabendsten Urbevölkerungen Amerikas. Das Museum zeigt eine Sammlung kunstvoller Cahuilla-Flechtkörbe sowie historische Fotos.

Moorten Botanical Garden
1701 S. Palm Canyon Dr., Tel. 1-760-327-6555, http://palmsprings.com/moorten, tgl. außer Mi 9–13 Uhr, Erw. 5 $, Kin. 2 $

Liebhaber von Wüstenvegetation schätzen den **Moorten Botanical Garden.** In der Miniaturwüste gedeihen über 3000 unterschiedliche Kakteen- und Pflanzenarten, die im amerikanischen Südwesten, in Lateinamerika und im südlichen Afrika heimisch sind. Hinzu kommen Tiere, die sich an die extremen Klimaverhältnisse dieser Regionen angepasst haben. Der Gartenbetreiber wurde u. a. als privater Gartengestalter des Schauspielers Michael Douglas bekannt.

Umgebung von Palm Springs ▶ 1, L 14/15

San Jacinto Mountain 4
Wenn im Hochsommer Palm Springs in der Hitze brütet, verschaffen sich Einheimische und Besucher gelegentlich ein paar kühle Stunden auch außerhalb klimatisierter Gebäude. Die **Palm Springs Aerial Tram** ›liftet‹ ihre Passagiere in 15 Minuten vom Wüstenboden über einen Höhenunterschied von 1791 m auf die 3234 m hoch gelegene Bergstation auf dem **San Jacinto Mountain,** wo selbst im Juli und August ein frisches Lüftchen weht. Eine Besonderheit sind die 80 Personen fassenden, sich drehenden Kabinen der Seilbahn. Für Wanderer bietet die Bergwelt reizvolle Wege von einem 1,6 km langen Naturpfad durch das Long Valley gleich hinter der Bergstation bis zum 8,8 km langen Pfad auf den 3302 m hohen Gipfel. Parkranger veranstalten kostenlose Führungen. In der kalten Jahreszeit können Wintersportler im Adventure Center Skier und Schneeschuhe ausleihen (1 Tramway Rd., Tel. 1-888-515-8726, www.pstramway.com, alle 30 Min. Mo–Fr 10–21.45, Sa, So 8–21.45 Uhr, Erw. 25,95 $, Kin. 3–12 J. 16,95 $).

Indian Canyons 5
Eine andere Art von Erfrischung bieten die südlich von Palm Springs gelegenen **Indian Canyons.** Mit Murray, Andreas und Palm Canyon liegen auf dem Territorium der Agua Caliente Indian Reservation drei Schluchten von seltener landschaftlicher Schönheit, die sich über 20 km weit durch die Wüstenberge ziehen.

Coachella Valley und Joshua Tree National Park

Infos
Palm Springs Visitors Information Center: 2901 N. Palm Canyon Dr., Palm Springs, CA 92262, Tel. 1-760-778-8418, 1-800-347-7746, www.visitpalmsprings.com.

Übernachten
Unterkunft zum Verlieben – **Korakia Pensione:** 257 S. Patencio Rd., Tel. 1-760-864-6411, www.korakia.com. Zwei von Bougainvilleas umrankte Villen mit Zimmern, die Romantiker verzaubern. DZ ab 200 $.

Im Stil der 1950er-Jahre – **Movie Colony Hotel:** 726 N. Indian Canyon Dr., Tel. 1-760-320-6340, www.moviecolonyhotel.com. Nach Plänen des bedeutenden österreichischen Architekten Richard Neutra gebautes Boutiquehotel mit Pool unter Palmen und hellen Zimmern mit WLAN. DZ ab 130 $.

Ein kleines Juwel – **Calla Lily Inn:** 350 S. Belardo Rd., Tel. 1-760-323-3654, www.callalilypalmsprings.com. Hübsches Hotel mit neun Gästezimmern um einen Hof mit Pool. DZ ab 129 $ (an Wochenenden zwei Nächte Minimum).

Essen & Trinken
Vegetarisch – **Palm Greens Café:** 611 S. Palm Canyon Dr., Tel. 1-760-864-9900, www.palmgreenscafe.com, Mo–Di 7–15, Mi, So 7–21, Do–Sa 7–22 Uhr. Bei der Zubereitung der Speisen wird viel Wert auf gute Biozutaten gelegt. Selbst der Wein stammt aus organischem Anbau. 10–40 $.

Prima Fingerfood – **Tyler's Burgers:** 149 S. Indian Canyon Dr., Tel. 1-760-325- 2990, www.tylersburgers.com, Mo–Sa 11–16 Uhr. Im ehemaligen Busbahnhof gibt es die schmackhaftesten Hamburger der Stadt. Ab ca. 7 $.

Abends & Nachts
Cool – **Zelda's Nightclub:** 611 S. Palm Canyon Dr., Tel. 1-760-325-2375, www.zeldasnightclub.com, Di–Sa 21–2 Uhr. Klub auf zwei Etagen mit Restaurant, Tanzfläche und DJ-Musik.

Gay-Bar – **Toucan's Tiki Lounge:** 2100 N. Palm Canyon Dr., Tel. 1-760-416-7584, www.toucanstikilounge.com, tgl. ab 14 Uhr. Bar mit Dschungelthema und Live-Unterhaltung von Go-Go-Girls bis Rock Bands. Zwei Terrassen laden auch Raucher ein.

Abends Live Music – **Village Pub:** 266 S. Palm Canyon Dr., Tel. 1-760-323-3265, www.palmspringsvillagepub.com, tgl. 10–2 Uhr. Populäre Kneipe mit Innen- und Außenbereich, hier darf auch getanzt werden. Küche bis 1.30 Uhr.

Unterhaltung rund um die Uhr – **Spa Resort Casino:** 401 E. Amado Rd., Tel. 1-888-999-1995, www.sparesortcasino.com, tgl. rund um die Uhr geöffnet. Von lokalen Cahuilla-Indianern betriebenes Kasino mit Poker, Black Jack, Münz- und Videospielen sowie diversen Restaurants und Bars.

People Watching – **Georgie's Alibi Azul:** 369 N. Palm Canyon Dr., Tel. 1-760-325-5533, www.alibiazul.com, tgl. ab 11 Uhr. Lebhafter Mix aus Restaurant, Patio und Bar, abends mit unterschiedlicher Unterhaltung, Mo–Do preiswerte Dinner-Specials. Tapas ab 8 $, Pasta 10 $, Burger mit Beilagen ab 11 $.

Aktiv
Reitausflüge – **Smoke Tree Ranch:** 1850 Smoke Tree Lane, Tel. 1-800-787-3922, www.smoketreeranch.com. Neben vielen anderen Aktivitäten bietet die Ranch Reitausflüge unterschiedlicher Länge an. Früher hatte dort Walt Disney einen Feriensitz.

Architektur-Touren – **Palm Springs Modern Tours:** Touren im Kleinbus (max. 6 Teilnehmende) zu Modernismus-Villen ehemaliger Stars und Prominenter (www.palmspringsmoderntours.com, Voranmeldung Tel. 1-760-318-6118).

Termine
Palm Springs Villagefest (jeden Do): Bunter Straßen-, Bauern- und Gourmetmarkt zwischen 18 und 22 Uhr auf dem South Palm Canyon Drive (zwischen Amado und Baristo Rd., www.palmspringsvillagefest.com).

Palm Springs Film Festival (Jan.): Während der Palm Springs Walk of Stars eine Hommage an meist schon verblichene Kinohelden ist, präsentiert das alljährlich veranstaltete Palm Springs Film Festival von Jahr zu Jahr mehr bekannte Stars der Gegenwart. Es

Palm Springs

WÜSTENWANDERUNG AUF DEM PALM CANYON TRAIL

Tour-Infos

Start/Gebühren: Palm Canyon, 7 Meilen südlich von Palm Springs; Trading Post am Parkplatz (Wanderkarten, Getränke), Okt.–Juni tgl. 8–17 Uhr, sonst Fr–So, Erw. 9 $, Kin. 6–12 J. 5 $
Infos im Internet: http://indian-canyons.com
Länge: 1–15 km
Rangerführungen: Fr–So um 10 und 13 Uhr, ca. 1,5 Std. und 1,6 km Länge

Vom **Trading Post** führt ein kurzer, befestigter Pfad abwärts in einen wunderschönen Hain voller mächtiger kalifornischer Schirmpalmen *(Washingtonia filifera)*, in deren Schatten der **Palm Canyon Trail** beginnt. An vielen der über 6000 Exemplare des Canyons hängen abgestorbene Blätter am Stamm herunter wie ein buschiger Rock, weshalb man auch von Petticoatpalmen spricht. Die bis zu 15 m hohen, robusten und schnell wachsenden Schönheiten säumen den Wanderpfad, der sich leicht ansteigend an einem selbst im Hochsommer Wasser führenden Bach entlangzieht. An den Flanken der nicht sehr tief eingeschnittenen Schlucht blühen im Frühjahr unterschiedliche Wildblumen und verleihen der Szenerie ein reizvolles Aussehen. Manche Palmen zeigen immer noch Spuren eines Waldbrandes, der vor einigen Jahren den Palm Canyon in Mitleidenschaft zog.

Nach gut 1 km überquert der Trail das Bachbett und führt auf der linken Seite des Wasserlaufs bergan. Etwa 400 m weiter gabelt sich der Weg, wobei die rechte Abzweigung ca. 20 km weiter bis zum Highway 74 südlich von Pinyon Pines führt. Wer sich hauptsächlich aufgrund der überaus reizvollen Vegetation auf den Trail begibt, wird sich in der Regel mit einer hin und zurück etwa 3 bis 5 km langen Wanderung zufriedengeben.

hat sich hinter Sundance in Utah zum zweitgrößten Filmfestival der USA entwickelt (www.psfilmfest.org).
Film Noir Festival (Ende Mai/Anfang Juni): Das Festival zeigt Schwarz-Weiß-Filme aus den 1940er- und 1950er-Jahren (http://arthurlyonsfilmnoir.ning.com).

Verkehr

Flüge: Palm Springs International Airport, 3400 E. Tahquitz Canyon Way, Tel. 1-760-318-3800, www.ci.palm-springs.ca.us > PSP Airport. Flugverbindungen in erster Linie an die kalifornische Küste. Zwei Dutzend Limousinen-Unternehmen bringen Passagiere in die

Stadt (Soprano Limousine, Tel. 1-760-321-4001; First Class Limousine, Tel. 1-760-343-4910). Preisgünstiger sind der AM/PM Shuttle Service (Tel. 1-760-409-8826) oder Skycap Shuttle (Tel. 1-760-272-5988).
Bahn: Amtrak-Bahnhof, N. Indian Canyon Dr. & Palm Springs Station Rd., Tel. 1-800-872-7245, www.amtrak.com. Der Sunset Limited fährt tgl. von Los Angeles über Palm Springs nach Osten.
Busse: Greyhound Terminal, North Indian Canyon Dr. & Palm Springs Station Rd., Tel. 1-800-872-7245.

Coachella Valley

▶ 1, L/M 15

Karte: S. 248
Zwischen den San Jacinto bzw. Santa Rosa Mountains im Westen und den Little San Bernardino Mountains im Osten erstreckt sich auf knapp 50 Meilen Länge das **Coachella Valley,** das von Palm Springs im Norden bis zur Salton Sea im Süden reicht. Es bildet in der südkalifornischen Wüstenregion den größten Ballungsraum mit über 400 000 Einwohnern, die überwiegend in Städten wie Palm Springs, Coachella, Desert Hot Springs, Cathedral City, Rancho Mirage, Palm Desert, Indian Wells und Indio leben. Das vor 1000 Jahren noch von einem See gefüllte Tal ist zwar geografisch Teil der heißen Sonora-Wüste, macht aber wegen der seit Langem praktizierten künstlichen Bewässerung eher den Eindruck einer blühenden Oase mit Obstgärten und Gemüsefeldern, auf denen so ziemlich alles gedeiht, was in amerikanischen Supermärkten verkauft wird. Wichtigstes Erzeugnis sind Datteln, die schon vor über 100 Jahren aus irakischen und ägyptischen, später algerischen Setzlingen kultiviert wurden.

Palm Desert [6]

Elegante Villen, sattgrüne Golfplätze, Einkaufszentren, Hotels mit türkisgrünen Pools, prächtige Gärten und akkurat gestutzte Palmen verleihen dem Tal entlang der zentralen Route 111 ein tropisches Erscheinungsbild. Zu den lohnenden Stopps in dieser Gegend, die vom Spanier Juan Bautista de Anza als erstem Weißen im Jahr 1774 erkundet wurde, gehört das 50 000 Einwohner große **Palm Desert,** das wegen seiner zahlreichen Malls als Handelszentrum im Tal gilt.

Living Desert Zoo & Gardens

47900 Portola Ave., Tel. 1-760-346-5694, www.livingdesert.org, Okt.–Ende Mai tgl. 9–17, sonst 8–13.30 Uhr, Erw. 20 $, Sen. ab 62 J. 18 $, Kin. 3–12 J. 10 $; mit ›Starry Safaris‹ bietet die Einrichtung Zeltübernachtungen auf dem Gelände mit Führungen und Lagerfeuerrunden an.
Wem der Sinn statt nach Konsum eher nach Natur steht, der kann im **Living Desert Zoo & Gardens** eine Anlage besichtigen, die 1970 zum Schutz von Wüstenflora und -fauna eingerichtet wurde. In zehn unterschiedlichen Ökosystemen werden Tiere und Pflanzen vorgestellt, wie sie etwa im amerikanischen Südwesten und in der afrikanischen Savanne heimisch sind.

Einkaufen

Shoppingmeile – **El Paseo Gardens:** 73061 El Paseo, www.thegardensonelpaseo.com, Mo–Sa 10–18, So 12–17 Uhr. Knapp 50 Geschäfte aller Branchen, Restaurants, Bistros, Cafés und Imbisse in einer reizenden Gartenlandschaft, die in Anlehnung an die berühmte Shoppingmeile in Beverly Hills den Beinamen ›Rodeo Drive der Wüste‹ trägt.
Alles, was man braucht – **Westfield Shoppingtown:** 72840 Hwy 111, http://westfield.com/palmdesert, Mo–Fr 10–20, Sa 9–21, So 9–20 Uhr. Mall mit Shops, Restaurants, Food Court und Kinozentrum.
Shopping-Event – **College of the Desert Street Fair:** 43500 Monterey Ave., http://codstreetfair.com, Sa, So 7–14 Uhr. Bunter Straßenmarkt auf dem Universitätsgelände.

Termine

Golf Cart Parade (Anf. Nov.): Witzige Parade auf dem El Paseo mit geschmückten Golf Carts und kostümierten Teilnehmern (www.golfcartparade.com).

Coachella Valley

›Sonnenrad‹ in Indio – beim Coachella Festival geht es aber vor allem musikalisch rund

Indian Wells 7

Die Gemeinde **Indian Wells** ist zwar nur ein größeres Dorf mit nicht einmal 5000 Einwohnern, besitzt aber in Sportkreisen einen klingenden Namen. Im **Indian Wells Tennis Garden,** der zweitgrößten Tennisanlage auf US-Boden, wird traditionell im März mit dem ATP-Masters das jeweils erste Turnier der Tennis-Masters-Serie unter Teilnahme der weltweit besten Profis ausgetragen. Als die 75 Mio. Dollar teure sechseckige Riesenarena, um die 20 weitere Courts liegen, im Jahr 2000 eröffnet wurde, lobte sie ein amerikanisches Tennismagazin überschwänglich als »ehrgeizigstes Wüstenprojekt seit Erbauung der Sphinx«. Wenn dort keine Turniere ausgetragen werden, finden häufig große Konzerte statt, bei denen in der Vergangenheit z. B. The Eagles auf der Bühne standen (78200 Miles Ave., Tel. 1-760-200-8400, www.iwtg.net).

Indio 8

Mit 76 000 Einwohnern die größte Stadt im Coachella Valley, trägt **Indio** den Beinamen City of Festivals: Im Dezember feiern die Latinos der Gegend das **International Tamale Festival,** in dessen Mittelpunkt neben Paraden und Wettbewerben die in Maisblättern servierte Spezialität Tamale steht (www.tamalefestival.net). Im Januar folgt das **Southwest Arts Festival,** bei dem über 250 Künstler ihre Arbeiten präsentieren (www.discoverindio.com/Southwest-Arts-Festival). In den vergangenen Jahren strömten im Februar jeweils über 300 000 Besucher zum **National Date Festival,** das seine Gäste mit Straußen- und Kamelrennen, Konzerten, Feuerwerk, kulina-

Coachella Valley und Joshua Tree National Park

rischen Angeboten und der Wahl von Dattelkönigin Scheherazade samt Hofstaat unterhält (www.datefest.org). Sehr populär ist auch das **Coachella Valley Music and Arts Festival** im April (www.coachella.com).

Salton Sea und Salton City

Am Südende des Coachella Valley liegt mit dem 920 km² großen **Salton Sea** 9 der größte See Kaliforniens, der 1905 durch eine Überflutung des Colorado River entstand. Das 66 m unter Meereshöhe liegende Gewässer besitzt weder Zu- noch Abfluss, womit die Versalzung bzw. letztendlich die Austrocknung vorbestimmt sind. Noch in den 1950er-Jahren war am westlichen Seeufer um die heutige *ghost town* **Salton City** 10 ein Freizeitparadies entstanden, in dem sich die Prominenz aus Los Angeles am Sandstrand aalte. Als das Gewässer aber salziger als ein Heringssud, durch Abwässer aus umliegenden Plantagen immer giftiger und über die Jahre zu einer stinkenden Riesenpfütze wurde, hatten ihm die Urlauber längst den Rücken gekehrt. Heute zählt Salton City zu den seltsamsten Ortschaften in Kalifornien. Es gibt weder einen Supermarkt noch ein Kino, keine Straßenampel und kein öffentliches Telefon. Kaum ein anderes Kaff liegt so abseits jeglicher Zivilisation in einer sonnendurchglühten Wüstenlandschaft, in der das Thermometer nicht selten auf über 46 °C steigt.

Trotzdem spielt eine Immobilienorganisation seit Jahren mit dem Gedanken, dem ›Toten Meer Amerikas‹ durch den Bau von mehreren tausend Eigenheimen wieder Leben einzuhauchen, obwohl dort bis 1961 Atombomben getestet, Raketen abgeschossen und die Böden in eine kontaminierte ›Müllkippe‹ verwandelt wurden. Umweltschützer befürchten, dass eine Kommerzialisierung mit Eingriffen in die Ökologie eines Schutzgebietes für Zugvögel verbunden wäre. Aber der in Aussicht gestellte Grundstücksboom blieb bis heute ohnehin aus. Viele neue Hauseigentümer versuchen sogar, ihre überhastet erworbenen Spekulationsobjekte wieder loszuwerden (www.desertusa.com/salton/salton.html).
Fortsetzung der Route 11 – 13 s. S. 262.

Joshua Tree N. P.

▶ 1, M/N 14/15

Karte: S. 258
Der 2250 km² große **Joshua Tree National Park,** einer der schönsten Wüstenparks der USA, bietet ein bezauberndes landschaftliches Kontrastprogramm mit einer sehr abwechslungsreichen Vegetation. Die südliche, unterhalb von 900 m gelegene Hälfte des Parks ist Teil der Sonora-Wüste, einer ausgesprochenen Trockenzone mit Kreosote-Büschen, Kerzensträuchern (Ocotillo) und Cholla-Kakteen (s. Abb. rechts). Aber man sollte sich vor ihnen in Acht nehmen, weil mit ihrem wehrhaften ›Fell‹ nicht zu spaßen ist. Vom Südeingang des Parks beim **Cottonwood Visitor Center** ist über die Basin Pinto Road der 20 Meilen entfernte **Cholla Cactus Garden** 1 erreichbar. Auf einem etwa 500 m langen Lehrpfad durch das frei zugängliche Gelände erfährt man interessante Details über die hier im Süden Kaliforniens weit verbreiteten Kakteenarten.

Auf über 900 m Höhe gelegen, gehört der nördliche, interessantere Teil des Nationalparks mit moderateren Temperaturen und einer reicheren Vegetation zur Mojave-Wüste, in der die vielen Joshua-Bäume charakteristisch sind. Die teils über 10 m hohen Agavengewächse *(Yucca brevifolia)* geben mit Büscheln spitzer, harter Blätter ein dekoratives Bild ab, vor allem während der Blütezeit im April/Mai, wenn unzählige Wildblumenarten um ihre Stämme bunte Teppiche ausbreiten.

Vom Highway 62 führen vier Eingänge in den Park. Zwei der Zugangsstraßen enden allerdings kurz hinter der Parkgrenze im **Black Rock Canyon** 2 bzw. in **Indian Cove** 3. Von der **West Entrance Station** südlich der Gemeinde Joshua Tree und von der **North Entrance Station** südlich von Twentynine Palms führen größtenteils Asphaltstraßen durch die interessantesten Parkgebiete und

Wegen ihrer samtweich erscheinenden Stacheln werden Chollas auch Teddybär-Kakteen genannt

Coachella Valley und Joshua Tree National Park

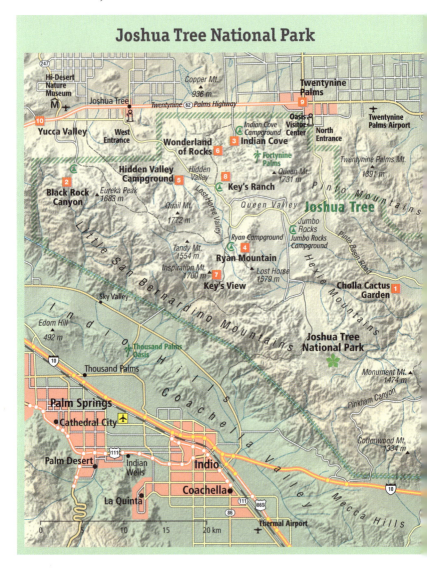

zum Südausgang an der I-10. Neben großen Joshua-Tree-Wäldern charakterisiert ein zweites unübersehbares Element den Norden des Nationalparks: abgerundete Granitblöcke, die sich wie riesige Murmeln zu Bergen türmen.

Vor über 100 Millionen Jahren kühlte das ehemals flüssige Gestein unter der Erdoberfläche ab und härtete aus, ehe es von Grundwasser geschliffen und durch Erosion schließlich an der Erdoberfläche freigelegt wurde. Seit Langem bilden die gewaltigen Granitmurmeln mit ihren rauen Oberflächen ein bekanntes Kletterparadies (s. Aktiv S. 260).

Joshua Tree N. P.

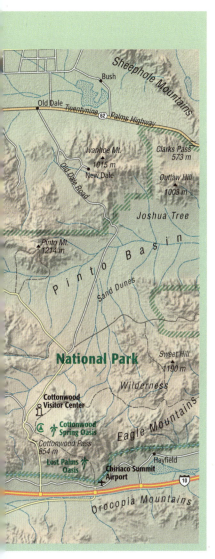

führt ein 2,5 km langer, nicht sehr anstrengender Pfad. Aus luftiger Höhe blickt man über das Hidden Valley im Norden und das Queen Valley im Nordosten (5 und 6 s. Aktiv S. 260).

Vom Hidden Valley führt eine gut ausgebaute Stichstraße in südlicher Richtung in die Ausläufer der Little San Bernardino Mountains. Auf einem Hochplateau liegt mit **Key's View** 7 auf 1576 m Höhe ein weiterer Aussichtspunkt mit einem atemberaubenden Rundblick bis nach Palm Springs und an klareren Tagen sogar bis zum Salton Sea am Ende des Coachella Valley.

Key's Ranch 8

90-minütige Führungen Do–Sa 14 Uhr,
So 10 Uhr, Erw. 10 $, Kin. 6–12 J. 5 $

Menschliche Spuren sind im Nationalpark selten, von Campingplätzen, Reifenspuren und Magnesiumflecken von Kletterern einmal abgesehen. Lange vor Ankunft der Weißen lebten in dieser Gegend Serrano-, Cahuilla- und Chemehuevi-Indianer. Felszeichnungen und in den Granit geschlagene Kuhlen zum Zermahlen von Nüssen und Samen zeugen an manchen Stellen von der Anwesenheit der Ureinwohner. Im 19. Jh. drangen Goldsucher und Rancher in dieses Gebiet vor, unter ihnen Bill Keys, dem die südwestlich von Twentynine Palms gelegene **Key's Ranch** gehörte. Er lebte dort mit seiner Familie von 1917 bis zu seinem Tod 1969, von fünf Jahren abgesehen, die er im Gefängnis saß, weil er – wie sich später herausstellte in Notwehr – einen Nachbarn erschossen hatte. Heute bilden mehrere Gebäude zusammen mit Bergbauausrüstung, ausgedienten Fahrzeugen und einem Obstgarten eine kleine Geisterstadt. Das Schulhaus hatte Keys eigens für seine fünf Kinder gebaut.

Twentynine Palms

Der nördliche Parkausgang liegt bei der Ortschaft **Twentynine Palms** 9, wo sich auch das informative Hauptquartier des Nationalparks befindet. Der Ort dient Besuchern als günstig gelegener Ausgangspunkt für Ausflüge in den Nationalpark, zumal es dort ausreichend Unterkunfts- und Versorgungsmöglichkeiten gibt. Südkaliforniens Pionier-

Aussichtspunkte

Zwei der höchsten Erhebungen auf dem Parkgebiet bieten eine gute Rundumsicht und sind auf der Straße bzw. auf einer relativ kurzen Wanderung erreichbar. Nicht weit von der zentralen Parkstraße entfernt liegt der 1660 m hohe **Ryan Mountain** 4. Auf den Gipfel

KLETTERN IM JOSHUA TREE NATIONAL PARK

Tour-Infos
Karte: S. 258
Infos im Internet: www.joshuatreeclimb.com, www.nps.gov/jotr/planyourvisit/climbing.htm
Start: am jeweiligen Campingplatz (s. S. 261)
Besondere Hinweise: s. S. 261
Ausrüstung: Nomad Ventures, 61795 Hwy 62, Joshua Tree, Tel. 1-760-366 4684, www.joshuatreevillage.com/515/nv.htm, Verkauf/Verleih von sämtlichem Kletterbedarf; Coyote Corner, 6535 Park Blvd., Tel. 1-760-366 9683, www.jtcoyotecorner.com, Verpflegung, Ausrüstung und Routenführer für Kletterer (hinter dem Laden gibt es heiße Münzduschen).
Kletterschule: Joshua Tree Rock Climbing School, HCR Box 3034, Joshua Tree, CA 92252, Tel. 1-760-366-4745, 1-800-890-4745, www.joshuatreerockclimbing.com. Kurse für Anfänger und Fortgeschrittene.
Notruftelefon: Intersection-Rock-Parkplatz beim Hidden Valley Campground

Über 400 Klettergebiete mit 8000 Routen bilden im Norden des Nationalparks ein Felsklettergebiet im Weltklasseformat, in dem im Frühjahr und Herbst der Klettertourismus boomt. Im Hochsommer hingegen heizt die Sonne die Felsen derart auf, dass man sich an metallenen Sicherungsgeräten die Finger verbrennen kann. Die Kletterrouten sind wegen der relativ geringen Höhe der Granitberge nur kurz und eignen sich deshalb hervorragend auch für Anfänger mit noch wenig Kondition, aber auch für Fortgeschrittene und Profis, die Abwechslung schätzen. Die populärsten Klettergebiete liegen in der Nachbarschaft von einfachen Campgrounds. Feuerholz muss man von außerhalb der Parkgrenzen mitbringen. Trinkwasser gibt es nur auf dem Black Rock und Cottonwood Campground, Toiletten findet man auf allen Plätzen.

Wer durch den **Westeingang** 10 in den Park fährt, kommt zuerst zum **Hidden Valley Campground** 5, der wegen seiner Beliebtheit oft voll belegt ist (15 $). In der Umgebung bieten über ein Dutzend attraktive Klettersektionen zum Teil schwierige Routen, deren Namen wie ›Masochism‹ und ›Geronimo‹ erahnen lassen, was einen erwartet; einen legendären Ruf hat das **Wonderland of Rocks** 6, ein steinernes Paradies. Beim **Ryan Campground** am **Ryan Mountain** 4 gibt es weniger Routen, aber das Gebiet macht das ›Manko‹ durch den **Headstone Rock** wett, eine mächtige Felszinne, auf deren Spitze zwei klassische Trails führen. Weitere attraktive Routen einschließlich der überhängenden Nordflanke der Timbuktu Towers findet man beim **Jumbo Rocks Campground.** In der kühlen Jahreszeit bietet sich der **Indian Cove Campground** (20 $) bei der **Indian Cove** 3 mit wärmeren Temperaturen und weniger Wind an. Um den Platz liegen über 40 Klettersektionen mit mehr als 300 Routen, die meisten im Gebiet Feudal Wall.

Hinweise: Wer auf eigene Faust wenig oder gar nicht frequentierte Klettergebiete erkunden möchte, muss sich unbedingt an bestimmte Regeln halten, die von der Parkverwaltung strikt durchgesetzt werden. So ist etwa für Backcountry-Camping ein Permit erforderlich, das man in den Besucherzentren erhält. Nicht ausgewiesene Campingstellen im Hinterland müssen mindestens eine Meile (1,6 km) von der Straße, 150 m von jedem Weg und wegen der Wildtiere 400 m von Wasserstellen entfernt liegen. An den Trailheads der meisten Wanderwege findet man Möglichkeiten, um sich für bestimmte Trails einzutragen. Möchte man nach einer Klettertour mitten in der Wildnis übernachten, sollte man trockene Flussläufe unbedingt meiden. Fällt irgendwo im Hinterland Regen, können sich solche *washes* sehr schnell mit Wasser füllen und lebensgefährlich werden. Trinkwasser muss man selbst mit sich führen, es gibt kaum natürliche Quellen.

geschichte ist in Twentynine Palms auf rund 20 großflächigen Wandgemälden festgehalten.

Yucca Valley

Eine ähnliche Versorgungsrolle wie Twentynine Palms spielt die 17 000-Seelen-Gemeinde **Yucca Valley** 10 weiter westlich am Highway 62. Im **Hi-Desert Nature Museum** sind zahlreiche Wüstenbewohner wie Schlangen und Skorpione untergebracht, denen viele Menschen in Freiheit lieber nicht begegnen. Außerdem können Besucher seltene Mineralien und indianisches Kunsthandwerk bewundern (57090 Twentynine Palms Hwy, Tel. 1-760-369-7212, www.hidesertnaturemuseum.org, Do–Sa 10–17 Uhr, Eintritt frei).

Infos

… in Twentynine Palms:
Joshua Tree National Park: Oasis Visitor Center, 74485 National Park Dr., Twentynine Palms, CA 92277, Tel. 1-760-367-5500, www.nps.gov/jotr, Pkw 20 $/7 Tage.

Übernachten

… in Twentynine Palms:
Klasse Unterkunft – **29 Palms Inn:** 73950 Inn Ave., Tel. 1-760-367-3505, www.29palmsinn.com. Aus Lehmziegeln erbaute Cottages mit Restaurant und Pool. DZ ab 110 $, Sa, So teurer.

… in Yucca Valley:
Ordentliche Bleibe – **Best Western Joshua Tree Hotel:** 56525 Twentynine Palms Hwy, Tel.

Coachella Valley und Joshua Tree National Park

1-760-365-3555, http://book.bestwestern.com. Moderne Unterkunft mit Pool, DZ ca. 110 $.
… im Joshua Tree National Park:
Limitiertes Angebot – **9 Campingplätze:** für Wohnmobile, ohne Hook-ups. Black Rock und Indian Cove können an Wochenenden von Sept. bis Ende Mai reserviert werden (Tel. 1-877-444-6777, www.recreation.gov). Hotels, Motels und Restaurants gibt es im Nationalpark nicht.

Essen & Trinken
… in Joshua Tree:
Einfach & gut – **Crossroads:** 61715 29 Palms Hwy, Tel. 1-760-366-5414, www.crossroadscafejtree.com, tgl. 7–21 Uhr. Die rustikale Stammkneipe vieler Einheimischer serviert Frühstück (ca. 9 $), Lunch, Dinner (ab 9 $) und gewährt freies WLAN während des Besuchs.

Einkaufen
… in Joshua Tree:
Stützpunkt für Outdoorfans – **Joshua Tree Outfitters:** 61707 29 Palms Hwy, Tel. 1-760-366-1848, www.joshuatreeoutfitters.com. Der Laden verkauft und verleiht Camping- und Kletterausrüstung und bietet von Profis geleitete Klettertouren im Nationalpark an. Ausrüstung kann man auch reparieren lassen.

Filmkulissen und Geisterstädte

Karte: S. 248

Pioneertown ▶ 1, L 14
53688 Pioneertown Rd., Tel. 1-760-365-5956, www.pappyandharriets.com, Do–So ab 11, Mo ab 17 Uhr, Di–Mi geschl.
Ca. sechs Meilen westlich von Yucca Valley führt die Nebenstraße 247 nach **Pioneertown** [11]. Die wüstenhafte Ortschaft wurde ursprünglich im Jahr 1946 als reine Kulissenstadt für ein gutes Dutzend Westernfilme errichtet, die hier in den 1950er-Jahren gedreht wurden.

Außer Gene Autry und Barbara Stanwyck standen keine Stars bei den zweitrangigen Produktionen vor der Kamera. Im Juli 2006 war es um die alten Filmgebäude aus Holz fast geschehen, als ein Buschfeuer große Teile der Vegetation um das Dorf vernichtete, die Feuerwehr das historische *movie set* aber vor den Flammen bewahren konnte. Entlang der Mane Street profitieren Hobbyfotografen heute von typischen Wildwestmotiven.

Von April bis Oktober führen kostümierte Einwohner wilde Schießereien vor. Zu den noch im Originalzustand vorhandenen Drehorten gehört Pappy and Harriet's Pioneertown Palace, wo man sich einen kühlen Drink genehmigen und den häufig auftretenden Musikern zuhören kann.

Übernachten
… in Barstow:
An der Route 66 – **Best Western Desert Villa Inn:** 1984 E. Main St., Tel. 1-760-256-1781, www.bestwesternbarstow.com. Gäste kommen in 95 Zimmern und 18 Suiten unter, Highspeed-Internetzugang und Frühstück inklusive. DZ ca. 110 $.

Bagdad ▶ 1, M 13
Der Old National Trail Highway südlich der I-40 ist ein Überbleibsel der historischen Route 66. Zwischen Amboy und Ludlow markiert nur noch ein Baum den Flecken **Bagdad** [12], der 1883 an der Bahnlinie von Barstow nach Needles gegründet wurde. Mit dem Ausbau des Autobahnnetzes verschwand er.

Der Regisseur Percy Adlon drehte hier 1986 das Kultmovie »Out of Rosenheim« mit der bayerischen Schauspielerin Marianne Sägebrecht in der Hauptrolle. Von den im Film zu sehenden Szenerien ist allerdings nichts mehr übrig, weil es sich um eigens für den Dreh errichtete Gebäude handelte. Als »Bagdad Café«, um das sich die Geschichte rankt, musste damals eine Kneipe in Newberry Springs 40 Meilen westlich herhalten, die nach dem Welterfolg des Films auf ebendiesen Namen umgetauft wurde. Schon vor dem Leinwanderfolg war Bagdad eine Berühmtheit, weil es im Jahr 1910 mit 767 aufeinander folgenden Tagen ohne einen einzigen Tropfen Regen einen amerikanischen Rekord aufstellte.

Filmkulissen und Geisterstädte

STREIFZUG DURCH DEN WILDEN WESTEN

Haben Sie schon einmal mit einer Blechpfanne Gold gewaschen? Oder an einer in Pulverrauch gehüllten Wild-West-Show teilgenommen? **Calico Ghost Town** 13 (11 Meilen nordöstl. von Barstow) hat den Wilden Westen mit windschiefen Saloons, Gefängniszellen, Pferdeställen, Lokalen und rostigen Bergbaugerätschaften für die Nachwelt konserviert.

Eine reiche Silberader ließ 1881 innerhalb weniger Monate eine Stadt mit 3000 Einwohnern entstehen. Nachdem der Preisverfall für Silber den Boom beendet hatte, spezialisierte man sich bis 1907 auf den Boraxabbau, dann folgte der endgültige Niedergang. Wahrscheinlich wäre von Calico nichts geblieben, hätte sich nicht der Betreiber des Vergnügungsparks Knott's Berry Farm (s. S. 185) entschlossen, die Geisterstadt in eine Touristenattraktion umzubauen. Schlendert man durch die von Läden gesäumte Main Street, begegnet man grimmig aussehenden Revolvermännern ebenso wie Hausfrauen in wallenden Röcken und Spitzenhäubchen. Der General Store mit Regalen voller Büchsen und Gläser und die Apotheke wecken nostalgische Erinnerungen, wie man sie aus Büchern und Filmen kennt. Wer mag, lässt sich von einer Oldtimer-Schmalspurbahn durchs Dorf fahren.

Infos: Calico Ghost Town, P.O. Box 638, Yermo, CA 92398, Tel. 1-760-254-2047, www.calicotown.com, tgl. 9 Uhr bis Sonnenuntergang, Erw. 8 $, Kin. 6–15 J. 5 $, für viele Attraktionen bezahlt man extra. Manche Geschäfte etc. haben gesonderte Öffnungszeiten. In Calico kann man auch campen oder in einer einfachen Schlafbaracke übernachten.

In Calico Ghost Town sieht es noch aus wie in der Zeit des Wilden Westens

Death Valley, Mojave-Wüste und Las Vegas

Unter allen Wüstengegenden der USA trägt das Death Valley den bedrohlichsten Namen und verunsichert Besucher damit auch heute noch. Dabei wartet das Tal des Todes mit landschaftlichen Reizen wie wunderschönen Dünen, farbigen Canyons, einem in Salz erstarrten See und der tiefsten Stelle der westlichen Hemisphäre auf. Rekordverdächtig sind auch die Temperaturen. Abkühlen kann man sich jenseits der Nevada-Grenze in den klimatisierten Kasinos von Las Vegas.

✽ Death Valley N. P.

▶ 1, K/L 9–12

Karte: S. 267

Death Valley erhielt seinen wenig einladenden Namen von frühen Pionieren, die das erbarmungslose Klima auf dem Weg nach Westen nur knapp überlebten. Im Dezember 1849 hatte eine Gruppe von rund 100 Menschen auf dem Weg in die kalifornischen Goldfelder eine Abkürzung gesucht und die Orientierung verloren. Bis eine Route durch die Salzebenen und über die Bergketten gefunden war, mussten die meisten Treckmitglieder wochenlang unter härtesten Entbehrungen ausharren, wobei ein Mensch starb. Als der Konvoi schließlich eine Passage gefunden hatte, blickten die dem Tod Entronnenen noch einmal auf das Tal zurück und nannten es Death Valley.

Neben unwegsamem Gelände mit aufgeworfenen Salzflächen und unpassierbaren Dünen wäre den Pionieren fast etwas anderes zum Verhängnis geworden: die gnadenlose Hitze. Keine Landschaft der westlichen Hemisphäre weist wie das Death Valley ständig ähnliche **extreme Temperaturen** auf. Im Schatten steigen sie im Sommer häufig auf über 45 °C, und auch die Nächte bringen keine wirkliche Abkühlung. Am 10. Juli 1913 kletterte die Quecksilbersäule sogar auf den damaligen Hitzeweltrekord von 56,7 °C, der mittlerweile von der World Meteorological Organization der UNO bestätigt wurde. Unglaublich mutete die Bodentemperatur an, die im Juli 1972 bei der Furnace Creek Ranch gemessen wurde: 93 °C. Kein Wunder, dass viele Amerikaner den Nationalpark in der heißen Jahreszeit meiden und die Landschaften lieber im Winter bei frühlingshaften Temperaturen genießen. Für Autohersteller, die Klimaanlagen und andere Ausrüstungen einer harten Belastung aussetzen wollen, ist das Death Valley hingegen ein bevorzugtes Testgelände.

Flora und Fauna

Trotz der Extremtemperaturen ist ›Tal des Todes‹ eine für die seit 1994 als Nationalpark verwaltete Landschaft unzutreffende und irreführende Bezeichnung. Weder Flora noch Fauna rechtfertigen den Namen, weil die Vielfalt von Lebensformen geradezu frappierend ist. Innerhalb der Parkgrenzen leben ca. 400 verschiedene **Tierarten** von Kojoten, Kängururatten, Chuckwalla-Eidechsen, Rotluchsen, weißschwänzigen Antilopeneichhörnchen und Wüstendickhornschafen bis zu winzigen Salzwasserfischen (*Cyprinodon salinus*), die sonst nirgendwo auf der Erde vorkommen.

Die **Flora** steht mit über 1000 Arten hinter der Fauna nicht zurück und demonstriert, mit was für raffinierten Schutzeinrichtungen

Death Valley N. P.

manche Pflanzen in der erbarmungslosen Hitze ihr Überleben sichern. Der weitverbreitete Mesquitestrauch etwa gräbt seine Pfahlwurzeln bis zu 18 m tief in den Boden, um tiefliegende Wasseradern anzuzapfen, während der Kreosotebusch mit seinem ausgreifenden, flachen Wurzelsystem versucht, selbst geringste Niederschlagsmengen aufzunehmen.

Entstehungsgeschichte

Die Bezeichnung Tal des Todes erweist sich auch mit Blick auf die Entstehungsgeschichte der Landschaft als nicht korrekt. Denn in Wirklichkeit handelt es sich nicht um eine durch fließendes Wasser entstandene Senke, sondern um ein Becken, das sich im Zuge der Hebung der Panamint Range im Westen und der Amargosa Range im Osten herausbildete. Vor 25 000 Jahren bedeckte ein 180 km langer und knapp 200 m tiefer See das Death Valley. Reste der feuchten Vergangenheit sind die bis zu 1,80 m dicken Salzkrusten, die weite Teile der tiefsten Stellen bedecken. Funde wie Speerspitzen und Handwerkszeug lassen darauf schließen, dass in den vergangenen 10 000 Jahren mindestens vier unterschiedliche Indianerkulturen vor Ort lebten. Als die ersten weißen Goldsucher ins Death Valley vorstießen, gehörte der Landstrich noch zu den Jagdgründen der Shoshone, die aus der Region längst verschwunden sind. Mittlerweile hat der Tourismus den Nationalpark zu einer Berühmtheit gemacht. Schon vor Jahren dienten die Dünen bei Stovepipe Wells für den Film »Star Wars« als Kulisse und die Rockbands Oasis und U2 ließen dort Sequenzen ihrer Musikvideos drehen.

Stovepipe Wells Village and Dunes

Wer sich aus westlicher Richtung auf dem Highway 190 dem Nationalpark nähert, spürt die landschaftliche Dramaturgie, mit

Ein Stück Sahara mitten in Kalifornien: die Stovepipe Wells Dunes

Death Valley, Mojave-Wüste und Las Vegas

welcher das Todestal seine Besucher empfängt. Nachdem am 1511 m hohen **Towne Pass** der höchste Straßenpunkt in der Panamint Range überwunden ist, senkt sich das Asphaltband in das blasse, vor Hitze flirrende Tal wie ein schräger Strich in einem Aquarellgemälde.

Stovepipe Wells Village 1

Hwy 190, P.O. Box 559, Tel. 1-760-786-2387, www.escapetodeathvalley.com, DZ ab 140 $
Übernachtungs- und Verpflegungsmöglichkeiten sind im Death Valley rar. Erste Zivilisationsinsel am Highway 190 ist **Stovepipe Wells Village,** das von vielen Reisenden zum Rasten und Übernachten genutzt wird. Alle 83 Nichtraucherzimmer des Motels sind mit Klimaanlage und Bad ausgestattet, haben aber keinen Telefonanschluss. Das ›Dorf‹ wird durch mehrere Einrichtungen vervollständigt. Dazu gehören ein Restaurant für Frühstück, Lunch und Dinner, der rustikale Badwater Saloon, ein Souvenirladen, ein General Store, ein von einer Quelle gespeister Swimmingpool, ein Wohnmobilstellplatz, eine Tankstelle, eine Rangerstation und eine Landebahn für Kleinflugzeuge.

Stovepipe Wells Dunes 2

Viele Reisende stellen sich das Tal des Todes als ein Meer aus Sand vor. Tatsächlich sind aber nur etwa 1 % der Parkfläche von Sand bedeckt. Am schönsten und leichtesten zugänglich sind die **Stovepipe Wells Dunes** in der Nachbarschaft des Dorfes. Diese etwa 40 km² große ›Sahara‹ dehnt sich in den sogenannten Mesquite Flats aus und besteht aus Flugsand, dessen Quarz- und Feldspatkörnchen vermutlich größtenteils aus den weiter westlich gelegenen Cottonwood Mountains als Teil der Panamint Range stammen. Eine Dünenwanderung lohnt sich am ehesten in den noch kühleren Morgenstunden. Es gibt keine markierten Wege durch die vom Wind geriffelten Sandberge, an deren Flanken man nach Spuren nachtaktiver Nager und Reptilien suchen kann, die sich in der Hitze des Tages selten sehen lassen. Dünenwanderungen auf eigene Faust sind vor allem bei Vollmond

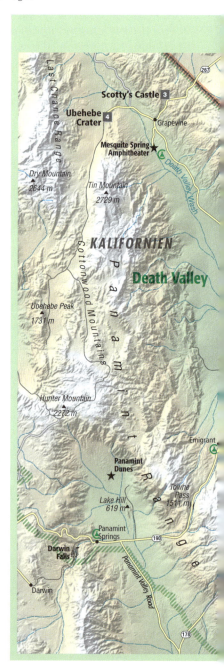

Death Valley N. P.

Death Valley National Park

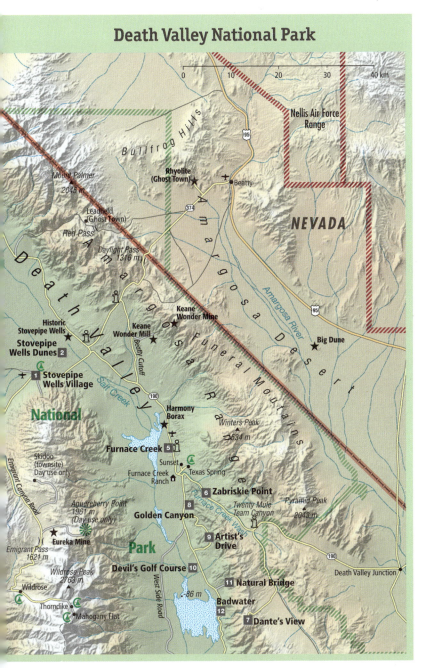

ein echtes Abenteuer. Zur Sicherheit sollte man trotz heller Nacht eine Taschenlampe bei sich haben.

Im Nordwesten

Scotty's Castle 3

Besichtigungen nur Jan.–April nach Voranmeldung unter Tel. 1-877-444-6777 (wegen Überflutungsschäden bleibt Scotty's Castle bis voraussichtlich 2019 geschlossen)

Im äußersten Norden liegt am Fuße des Grapevine Canyon mit **Scotty's Castle** ein von Legenden umranktes kleines Schloss, das mit seiner Architektur und umgebenden Palmen, Grünflächen und blühendem Oleander einem südspanischen Landsitz ähnelt. Der aus Chicago stammende Versicherungsmillionär Albert M. Johnson hatte das Anwesen in den 1920er-Jahren bauen lassen, um sich im trockenen Wüstenklima Linderung von einer Krankheit zu verschaffen. Zum Freundeskreis von Johnson gehörte ein gewisser Walter E. Scott, der sich im amerikanischen Westen als Zirkusmitglied, Goldsucher und vor allem Erfinder fantastischer Geschichten einen Namen gemacht hatte. So pflegte Scotty, wie er überall genannt wurde, die Mär, unter Johnsons Besitz liege seine private Goldmine. Er überlebte seinen Mäzen Johnson um sechs Jahre. Nach seinem Tod 1954 wurde er auf einer Anhöhe über dem Anwesen an einer von einem Holzkreuz und einem Grabstein mit Büste gekennzeichneten Stelle begraben. Die Inschrift einer Messingtafel könnte eine Kurzversion von Scottys Lebensphilosophie sein: »Sag nichts, was irgendjemanden verletzt. Gib keine Ratschläge, sie werden ohnehin von niemandem befolgt. Beklage Dich nicht. Erkläre nichts.«

Das für Besichtigungen geöffnete Schlösschen lässt mit einer rustikal-eleganten Innenausstattung samt Holzschnitzarbeiten und dekorativen schmiedeeisernen Gittern auf einen gepflegten Lebensstil der ehemaligen Bewohner schließen. Im großen Salon sickert Wasser zwecks Kühlung über eine Steinwand in ein Becken. Im Musikzimmer ließ der kunstbeflissene Hausbesitzer eine Orgel mit 1121 Pfeifen zur musikalischen Erbauung installieren.

Scotty ließ in seinen geflunkerten Geschichten gerne durchblicken, das Castle gehöre nicht Johnson, sondern ihm. In Wahrheit lebte der Münchhausen aus dem Todestal aber auf der **Lower Vine Ranch,** einer in der Nähe liegenden Blockhütte, die sein wohlhabender Freund für ihn hatte bauen lassen.

Ubehebe Crater 4

Westlich von Scotty's Castle klafft mit dem **Ubehebe Crater** ein 800 m breiter und 140 m tiefer Krater in der Erde. Er entstand vor mehreren tausend Jahren, als heiße Magma in den damals noch existierenden See floss und Wasser explosionsartig verdampfte. In der näheren Umgebung lassen weitere kleinere Krater, Aschehügel und Überbleibsel von einst fließender Lava auf damals dynamische Erdaktivitäten schließen. Um Ubehebe herum führt ein Fußweg, ein zweiter steiler Pfad führt hinab auf den Kraterboden.

Nördlich des Kraters zieht sich im äußersten Norden des Nationalparks eine Piste durch das nicht ganz einfach erreichbare **Eureka Valley** mit den höchsten Dünen in Kalifornien. In großem Bogen führt diese zum Teil holprige Route nach Big Pine im Owens Valley.

Furnace Creek 5

Das eigentliche Zentrum des Nationalparks liegt südlich der Straßenkreuzung von Highway 190 und 374 in dem von Dattelpalmhainen umgebenen **Furnace Creek,** wo sich auch das Besucherzentrum und die Verwaltung des Death Valley befinden. Im Besucherzentrum bekommt man alle hilfreichen Informationen über den Nationalpark, kann an Rangerprogrammen teilnehmen und auf der benachbarten **Furnace Creek Ranch** (Adresse s. S. 273) übernachten. Im Umkreis der Oase liegen mehrere Campingplätze, von denen die meisten nur über die notwendigsten Einrichtungen verfügen.

Am nördlichen ›Ortsrand‹ dokumentiert mit den **Harmony Borax Works** eine alte Fabrikanlage unweit der Durchgangsstraße die Industriegeschichte des Death Valley. In

Vorsicht Wüste!

Als im Juli 2007 bei der Furnace Creek Ranch im Death Valley National Park die Quecksilbersäule des Thermometers eine Schattentemperatur von 53,8 °C anzeigte, spekulierten Parkranger bereits mit neuen Rekordtemperaturen. Die blieben am Ende jedoch aus und beließen die Höchstmarke bei 56,7 °C – die höchste jemals auf US-Boden gemessene Lufttemperatur aus dem Jahr 1913.

Die extremen Werte verdeutlichen, wie gnadenlos sich das Klima im südlichen Kalifornien verhalten kann. Urlauber sind deshalb gut beraten, bei Reisen durch die Region einige Verhaltensmaßregeln zu beherzigen. Dass man auf Wüstentouren immer genug Trinkwasser an Bord haben sollte, versteht sich von selbst. Wer mit einer Autopanne in abgelegenen Landstrichen liegen bleibt, kann ohne entsprechende Versorgung in lebensbedrohliche Situationen kommen. Schutz vor der unbarmherzigen Sonne ist keine Nebensächlichkeit, sondern unverzichtbar, vor allem bei längeren Aufenthalten im Freien. Kenner lokaler Verhältnisse tragen deshalb einen luftdurchlässigen Hut und adäquate Kleidung, die möglichst alle Körperstellen schützt. Auch Sonnenschutzmittel sind unverzichtbar.

Es mag sich seltsam anhören, aber in den kalifornischen Wüsten sind mehr Menschen ertrunken als verdurstet. Das Wetter kann sehr schnell umschlagen und lokal zu Platzregen führen, die zu einer ernsten Bedrohung werden können. Weil der von der Hitze hartgebackene Wüstenboden die Wassermengen bei starken Regenfällen nicht aufnehmen kann, fließen sie oberflächlich ab. Wo das Gelände eine Ausbreitung über größere Flächen verhindert wie in Mulden und Talsohlen, können sich innerhalb von Minuten *flash floods* bilden, die alles mit sich reißen, was ihnen im Weg steht. Deshalb sollte man selbst bei gutem Wetter solches Gelände meiden, weil sich innerhalb weniger Stunden die Wetterverhältnisse dramatisch verändern können. Enge Canyons sind durch umschlagendes Wetter schon für viele Wanderer zu tödlichen Fallen geworden.

Wer Erfahrung mit Wüsten hat, legt Besichtigungs- und Wandertouren möglichst auf den frühen Morgen oder Spätnachmittag. In der Zeit dazwischen ist nicht nur die Hitze am größten. Die Sonne strahlt auch in einem so ungünstigen Winkel, dass alle Schatten und Konturen verschwinden und Hobbyfotografen sich hinterher wundern, warum die Wüstenfotos so ›flach‹ aussehen. Ein Paradebeispiel dafür ist Zabriskie Point im Death Valley. Bei Sonnenauf- und Sonnenuntergang zeigen sich die dort erodierten Schlammberge in hinreißender Schönheit. Wer den Aussichtspunkt um die Mittagszeit aufsucht, kann sich über ein solches Lob nur wundern, weil der Reiz der Landschaft überhaupt nicht zur Geltung kommt. Die hohen Sommertemperaturen meiden vor allem Felskletterer in den nördlichen Abschnitten des Joshua Tree National Park denn dann kann man sich an den Granitfelsen die Finger verbrennen. Deshalb wählen Sportler für vertikale Abenteuer eher die kühleren Jahreszeiten. Im Frühjahr zeigen sich die kalifornischen Wüsten mit einem bunten Blütenkleid von ihrer schönsten Seite.

Death Valley, Mojave-Wüste und Las Vegas

Aktiv

ERKUNDUNGEN IM MOJAVE NATIONAL PRESERVE

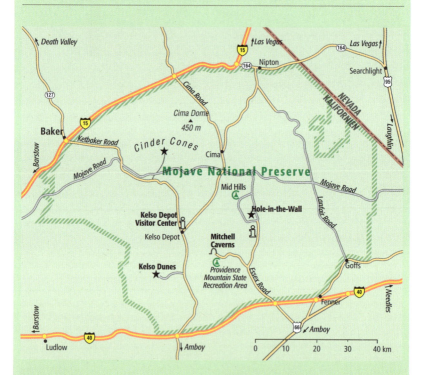

Tour-Infos
Start: Ortschaft Baker an der Kreuzung von Highway 127 und Interstate 15
Länge/Dauer: 150 Meilen, 1–2 Tage
Beste Reisezeit: März, April, Oktober und November (Tagestemperaturen ca. 22–28 °C)

Wichtiger Hinweis: Im Park gibt es keine Tankstellen, die nächsten Tankmöglichkeiten befinden sich in Baker, Nipton, Primm und Ludlow. Die Strecke ist ohne 4x4 befahrbar (beim Autovermieter vorher nachfragen, ob die Fahrt über Schotterstraßen erlaubt ist).

Das 6500 km² große **Mojave National Preserve** (▶ 1, M/N 12/13) zählt zu den abwechslungsreichsten Wüstenökosystemen der USA. In diesem Wildnisgebiet ist man zwar auf ein Auto angewiesen, hat aber viele Möglichkeiten der Outdoor-Aktivitäten.

Die asphaltierte Kelbaker Road führt an den **Cinder Cones** vorbei, vulkanischen Aschekegeln, die von zuletzt vor etwa 10 000 Jahren ausgebrochenen Vulkanen zeugen. Die Ailken's Mine Road (für normale Pkw nicht empfehlenswert) biegt zu einem 7 Meilen entfernten, 1990 aufgegebenen Bergwerk ab. Auf der Holperpiste kommt man den Vulkankegeln näher und kann ihnen zu Fuß einen Besuch abstatten. Das von 1923 bis 1985 als Bahnhof genutzte Kelso Depot beherbergt das **Kelso Depot Visitor Center,** in dem man alle Informationen über das Reservat bekommt und ein kleines Museum besichtigen kann (Tel. 1-760-252-6100, www.nps.gov/moja, Fr–Di 9–17 Uhr).

Weiter südlich führt von der Durchgangsstraße eine Waschbrettpiste 3 Meilen westlich zu den **Kelso Dunes.** Um die mit ca. 200 m höchste Düne zu erreichen, geht man vom Ende der Straße direkt auf die 4 km entfernten Sandhügel zu, deren Besteigung wegen des lockeren Sands ziemlich anstrengend ist (hin und zurück 3 Stunden). Vorsicht! In den Dünen bläst häufig eine steife, sandige Brise, vor der man seine Kamera und andere empfindliche Ausrüstungsgegenstände schützen sollte.

Ein anderer Landschaftscharakter präsentiert sich um den 450 m hohen **Cima Dome.** Auf dem ausgeschilderten, hin und zurück 6,4 km langen Teutonia Peak Trail (ca. 2 Stunden), der knapp 10 km nördlich von Cima an der Cima Road beginnt, kann man den Granithügel besteigen und sich einen Eindruck von der reizvollen Vegetation mit Joshua-Trees, Yucca-Sträuchern, Kreosote-Büschen und Kakteen verschaffen. In die Erde getriebene Stollen zeugen von der Suche nach Silberlagerstätten.

Auf der ungeteerten Cedar Canyon Road schlägt man eine Staubschlacht bis in das **Hole-in-the-Wall-Gebiet,** wo in Felsen aus Quarzporphyr seltsame Hohlräume von vergangenen vulkanischen Aktivitäten zeugen. Vom Besucherzentrum bzw. dem benachbarten Campingplatz bietet sich eine Wanderung auf dem hin und zurück etwa 1 km langen, in den Banshee Canyon führenden Rings Trail an. An einigen steilen Passagen klettert man über in den Felsen verankerte Eisenringe. Die weiter südlich liegenden **Mitchell Caverns** sind wegen Renovierung derzeit geschlossen.

den 1880er-Jahren wurde vor Ort aus kristallinen Ablagerungen Borax produziert, das bei der Herstellung von Keramikglasuren, Desinfektions- und Reinigungsmitteln und beim Löten und Schweißen eine Rolle spielte. Mit von Mulis gezogenen Karren wurden jeweils 33 t Borax in zehn Tagen zur nächstgelegenen Bahnverladestelle ins 180 Meilen entfernte Mojave transportiert, bis das Unternehmen die unrentabel gewordene Produktion 1890 einstellte.

Von der weitgehend verfallenen Produktionsanlage kann man durch den **Mustard Canyon** auf die Straße zurückfahren, wobei sich dieser kleine Umweg nur am Morgen und Spätnachmittag lohnt. Dann taucht die schräg stehende Sonne die Ablagerungen entlang der Piste in ein senfgelbes Licht, das dem Canyon den Namen gab.

Infos

Furnace Creek Visitor Center: Hwy 190, Furnace Creek, P. O. Box 579, Death Valley, CA 92328, Tel. 1-760-786-3200, www.nps.gov/deva. Pkw 20 $/7 Tage.

Übernachten

Da die Übernachtungsmöglichkeiten im Death Valley National Park beschränkt und die Hotelpreise ziemlich gesalzen sind, bietet sich als Alternative in der näheren Umgebung die Gemeinde Beatty jenseits der Nevada-Grenze an. Dort gibt es mehrere eher einfache Motels, in denen man zu günstigeren Preisen unterkommt.

Refugium in der Wüste – **Furnace Creek Inn:** Hwy 190, Tel. 1-760-786-2345, www.furnacecreekresort.com, nur Mitte Okt.–Mitte Mai. Am Fuß der Funeral Mountains in einem Pal-

Death Valley N. P.

menhain gelegenes Resort mit 66 klimatisierten Nichtraucherzimmern und -suiten mit TV, Telefon und Kühlschrank. DZ ab 389 $.

Ehemalige Ranch – **Furnace Creek Ranch:** Hwy 190, Tel. 1-760-786-2345, www.furnacecreekresort.com, ganzjährig geöffnet. Ehemalige Ranch mit 224 Zimmern, Steakhouse, Schwimmbad im Freien, Tennisplätzen, Coffeeshop und dem am tiefsten gelegenen Golfplatz der Welt. Hier gibt es eine Tankstelle, einen Supermarkt und einen Geldautomaten. DZ ab 169 $.

Camping – Auf dem Gebiet des Nationalparks liegen **neun Campingplätze,** die zum Teil kostenlos sind. Einige sind ganzjährig geöffnet, die restlichen nur in bestimmten Monaten. Ausführliche Informationen findet man unter der Webadresse www.nps.gov/deva/planyourvisit/camping.htm.

Essen & Trinken

Auf der Furnace Creek Ranch und im Furnace Creek Inn (s. o.) gibt es Restaurants.

Im Südosten

Zabriskie Point 6

Zwei Meilen südöstlich der Furnace Creek Ranch teilt sich die Parkstraße zum einen in Richtung Badwater, zum anderen in Richtung Death Valley Junction. An dieser Straße liegt nur ein paar Schritte von der asphaltierten Fahrbahn entfernt mit **Zabriskie Point** der schönste Aussichtspunkt im Nationalpark. Allerdings mit einer Einschränkung: Für ihn gilt, was im Prinzip für das gesamte Death Valley Gültigkeit hat: Sightseeing lohnt nur in den ersten Stunden nach Sonnenaufgang und in den letzten Stunden vor Einbruch der Dunkelheit.

Schon gegen 10 Uhr vormittags legt die Hitze einen Dunstschleier über das Tal, der Konturen verblassen und Schatten verschwinden lässt. Am Zabriskie Point sammeln sich

Niemand, der den heraufdämmernden Tag am Zabriskie Point erlebt hat, wird die dramatische Licht- und Schattenshow und die sich wandelnden Farben jemals vergessen

Kenner deshalb schon im Morgengrauen, um das grandiose Naturschauspiel zu verfolgen, wie die aufgehende Sonne mit ihren ersten Strahlen über schroffe Felsen und vegetationslose, in Falten gelegte Lehmablagerungen eines alten Flussbettes tastet und von Minute zu Minute sich verändernde Szenerien von unwirklicher Schönheit schafft. Der italienische Regisseur Michelangelo Antonioni nannte seinen Ende der 1960er-Jahre gedrehten Aussteigerfilm, der zum Teil in der Wüste spielt, nach dem Aussichtspunkt.

Ein kurzes Wegstück nach Zabriskie Point biegt eine bei trockenem Wetter gut befahrbare Einbahnpiste in den **Twenty Mule Team Canyon** ab, die nach knapp drei Meilen wieder auf den Highway 190 zurückführt. Sie mäandert durch eine traumhaft schöne Wüstenlandschaft, in der sämtliche Farbschattierungen von Gelb über Ocker und Braun bis zu Türkis und Rostrot vorkommen. Die Strecke ist vor allem im letzten Drittel zwar eng, kurvig und zum Teil sehr steil, aber mit dem Pkw problemlos zu befahren.

Dante's View 7

Nach dem Abzweig vom Highway 190 steigt die Straße nach **Dante's View** 13 Meilen weit ständig an und endet schließlich auf dem Kamm der Amargosa Range am 1669 m hoch gelegenen Aussichtspunkt. Im anbrechenden Tag, wenn der Morgenwind in der Höhe noch kühl ist, zaubert der heller werdende Himmel zarte Pastellfarben auf das Todestal, das sich über eineinhalb Kilometer tiefer zwischen Panamint und Amargosa Range ausbreitet. Genau genommen beschert Dante's View Besuchern eine in Kalifornien einmalige Aussicht. Denn von ein und derselben Stelle sieht man mit Badwater die tiefste Stelle der westlichen Hemisphäre und erkennt gleichzeitig am westlichen Horizont den Gipfel des 4418 m hohen Mount Whitney in der Sierra Nevada, den höchsten Punkt auf dem zusammenhängenden Staatsgebiet der USA.

Die Straße nach Badwater

Die Straße in den südlichen Teil des Parks verläuft am Fuße der Amargosa Range entlang

Death Valley, Mojave-Wüste und Las Vegas

zunächst zum **Golden Canyon** 8 , wo viele Besucher eine knapp 2 km lange Wanderung durch die zerklüfteten gelblichen Felsformationen machen, die dem Canyon den Namen gaben. Vor allem am Spätnachmittag lohnt sich die Anstrengung, wenn die Sonne in den Canyon fällt, in den früher eine Autostraße führte. Mit welcher Brachialgewalt sich in der Wüstenlandschaft fließendes Wasser seinen Weg sucht, zeigen die Überreste der zerborstenen Fahrbahn, die man an einigen Stellen noch sieht. Die meisten Wanderer gehen bis zur Red Cathedral, einem natürlichen Amphitheater, und treten von dort den Rückweg an.

Die neun Meilen lange Einbahnstraße **Artist's Drive** 9 biegt von der Durchgangsstraße Richtung Osten ab und kurvt am Fuß der Amargosa Range durch eine wild zerklüftete Berglandschaft mit mehreren Aussichtspunkten entlang der schmalen und zum Teil steilen Strecke. Auf halbem Weg liegt mit **Artist's Palette** eine von Wind und Wetter freigelegte Bergflanke, die mit ihren durch Metalloxide entstandenen Gesteinsverfärbungen tatsächlich einer Malerpalette ähnelt.

Die nächste Abzweigung von der Parkstraße führt in westlicher Richtung an den Rand der gewaltigen Salzflächen, die sich bis an den Fuß der Panamint Range zu erstrecken scheinen. Mit **Devil's Golf Course** 10 (Golfplatz des Teufels) gaben die Parkverwalter dieser Gegend einen passenden Namen, weil es sich um ein Gebiet mit aufgeworfenen, wie frisch umgepflügten Salzschichten handelt. Man kann die Salzkruste betreten, sofern man feste Schuhe trägt, denen die scharfkantigen Salzausblühungen nichts anhaben können. Etwa 50 m vom Parkplatz entfernt klafft ein Loch in der dicken Salzschicht und beweist, dass sich darunter ein Salzsee verbirgt.

Eine Reise Jahrtausende zurück in die graue Vorzeit des Death Valley erlaubt eine 1 Meile lange nicht asphaltierte Stichstraße, die zur **Natural Bridge** 11 abbiegt. Was sich heute als enge, in Felsen eingegrabene Schlucht präsentiert, war vor langer Zeit ein Flussbett, durch das sich ein Wasserlauf den Weg in einen damals noch existierenden See bahnte. Auf halber Strecke steht ein von Wind und Wetter ausgehöhlter Naturbogen.

Badwater 12

Für die meisten Death-Valley-Besucher ist **Badwater** ein obligatorischer Stopp. Grund ist nicht der landschaftliche Reiz, sondern die Tatsache, dass man sich an der tiefsten Stelle nicht nur auf dem nordamerikanischen Kontinent, sondern in der gesamten westlichen Hemisphäre befindet. Vor einigen Jahren ließ der National Park Service vor Ort einen großen Parkplatz und einen Holzsteg bauen, der die kleinen, ständig vorhandenen Wasserstellen überbrückt und auf die endlos wirkenden Salzflächen hinausführt, die sich weiter westlich ausdehnen. Badwater liegt direkt unterhalb von Dante's View (s. S. 273). Am westlichen Horizont baut sich wie eine dunkle Naturmauer die Panamint Range mit dem 3368 m hohen Telescope Peak auf.

Warum der Punkt Badwater – schlechtes Wasser – heißt, erklärt das stark brackig riechende Wasser der kleinen Pfützen. Weiter im Süden endet das Death Valley kurz hinter dem 390 m hohen **Jubilee Pass,** der sich im Januar und Februar mit den schönsten Wildblumen des Nationalparks schmückt.

Rhyolite ▶ 1, L 10

Karte: S. 267

Ein kurzes Stück außerhalb des Todestales, bereits auf dem Gebiet des Nachbarstaats Nevada, liegt die Geisterstadt **Rhyolite,** die Anfang des 20. Jh. das Zentrum des sogenannten Bullfrog Mining District bildete. Wer heute durch den größtenteils verfallenen Ort bummelt, kann sich kaum mehr vorstellen, dass der Wüstenflecken um 1910 mit mehr als 10 000 Einwohnern die drittgrößte Stadt im Bundesstaat Nevada war. Drei Eisenbahnlinien bedienten damals das Schürfercamp mit 50 Minen, Elektrizitätswerk, fast zwei Dutzend Hotels, Oper, Telegrafenstation, Schule und natürlich Saloons wie Sand am Meer. Die Straßen waren voller Passanten, Pferdekutschen, wilder Esel und vornehmer Damen, die ihre städtische Garderobe spazieren trugen. Teenager verkauften Zeitungen aus Denver, Salt Lake City und San Francisco, die gegen drei lokale Blätter in Konkurrenz traten.

Sehenswerte Gebäude

Als der wirtschaftliche Boom in Rhyolite 1916 vorüber war, holte sich die Wüste zurück, was ihr Baumeister und Goldsucher bis dahin abgerungen hatten. Heute ragt die Ruine der ehemaligen **Cook Bank** mit blinden Fenstern in den wolkenlosen Himmel. Zu den am besten erhaltenen Gebäuden gehört das ehemalige Bahnhofsgebäude der **Las Vegas & Tonopah Railroad.** Berühmter ist aber das sogenannte **Bottle House** aus dem Jahr 1906, dessen Wände aus ca. 30 000 leer getrunkenen Bierflaschen bestehen. Die ehemalige Kneipe wurde vor einigen Jahren vor dem endgültigen Verfall gerettet, aber so renoviert, dass das Gebäude viel von seinem früheren Geisterstadtflair verlor.

Goldwell Open Air Museum

Tel. 1-702-870-9946, www.goldwellmuseum. org, jederzeit zugänglich, Eintritt frei
In den 1980er-Jahren entdeckten einige belgische Künstler Rhyolite und stellten im Freien mehrere moderne Skulpturen auf, die heute Teil des **Goldwell Open Air Museum** sind. Zu den bekanntesten Werken gehört eine Gruppe von weißen, mit Acryl überzogenen Gipsfiguren von Albert Szukalski, die Leonardo Da Vincis »Letztes Abendmahl« darstellen sollen.

Las Vegas ▶ 1, N 11

Cityplan: S. 276
Las Vegas ist seit Langem abhängig. Nicht von Whisky oder sonstigen Drogen, sondern von Baggern und Baukränen. Größer, schöner, höher, luxuriöser ... Nach neuesten Schätzungen wird der Bauboom, der die Stadt seit Jahren fest im Griff hat, bis weit in die Zukunft hinein anhalten. Dabei verwandelt sich die einstmalige Zockerzitadelle im Wüstensand in rasendem Tempo in die größte Amüsiermetropole der Welt.

Wenn es nach den Zukunftsplanern ginge, transportierten irgendwann Laufbänder Passanten über den **Strip,** wie der von den größten Hotelkasinos flankierte **Las Vegas Boulevard** genannt wird. Längst sind nicht mehr nur Roulette, Poker und Spielautomaten die Attraktionen. Themenkasinos versetzen Gäste in ferne Weltstädte. Selbst auf original bayerisches Ambiente brauchen Las-Vegas-Touristen nicht zu verzichten, seit mit dem Hofbräuhaus eine detailgetreue Kopie des Münchner Kultlokals entstanden ist. Jeder Küchenchef, der auf sich hält, ist mit einem Luxusrestaurant vertreten und einige der exklusiven Hotelsuiten kennen preislich fast kein Limit.

CityCenter [1]

www2.citycenter.com
Zu den neueren Komplexen am Strip zählt das über 30 ha große **CityCenter** mit Luxusapartments, Casinos, edler Shopping Mall und fast 5000 Hotelzimmern. Ein riesiges Angebot von Kabaretts, Musicals, Pop-Konzerten, Varietés bis hin zu exotischen Poollandschaften, Spas, Freiluft-Nachtklubs, haarsträubende Fahrbetriebe und sogar Haifischbecken sorgen dafür, dass keine Langeweile aufkommt.

Themenkasinos

Caesar's Palace [2]

3570 Las Vegas Blvd. S., Tel. 1-866-227-5938, www.caesars.com/caesars-palace
Der Schlüssel zum Erfolg war die Erfindung des Themenkasinos. Der erste Spielbetrieb, der sich in allen Facetten einem Motto unterordnete, erblickte in den 1960er-Jahren den Himmel über Las Vegas. Mit **Caesar's Palace** strebten die Planer eine Dependance des antiken Rom an und setzten die Idee mit Triumphbögen, Kolonnaden etc. konsequent um. Selbst die Arbeitskleidung des Personals wurde entsprechend abgestimmt. Mit etwas Glück begegnet man zwischen einarmigen Banditen und rotierenden Glücksrädern Kleopatra, die am Arm von Marc Anton majestätisch durch die Hallen schreitet. Die Zugkraft von Caesar's Palace motivierte andere Kasinobetreiber, ebenfalls auf thematisierte Gamblingpaläste zu setzen.

Las Vegas

Sehenswert

1. CityCenter
2. Caesar's Palace und Forum Shops
3. Mirage und The Volcano
4. Excalibur
5. Paris Las Vegas
6. The Venetian
7. New York New York
8. Luxor
9. Bellagio
10. Wynn Las Vegas
11. Madame Tussauds
12. Mob Museum
13. Neon Museum
14. Mandalay Resort
15. Flamingo Hilton
16. Fremont Street Experience
17. Circus Circus
18. Stratosphere Tower
19. The Linq
20. MGM
21. Rio Casino
22. Harrah's
23. Planet Hollywood

Übernachten
1. Wynn Las Vegas
2. Hard Rock Hotel

Essen & Trinken
1. Picasso
2. Hofbräuhaus

Einkaufen
1. Boulevard Mall
2. North Premium Outlets
3. South Premium Outlets
4. Fashion Show Mall

Abends & Nachts
1. Skyfall Lounge
2. Marquee
3. Hard Rock Cafe
4. Smith Center for the Performing Arts

Aktiv
1. Qua Baths & Spa
2. Nurture Spa

Death Valley, Mojave-Wüste und Las Vegas

Weitere Kasinos

Das Hotelkasino **Mirage 3** ließ in seiner Lobby einen echten Regenwald anlegen, aus dessen dunklem Grün Orchideen in knalligen Farben leuchten. Mit Türmchen und Zugbrücken versetzt das **Excalibur 4** seine Gäste ins Mittelalter, für das Kasino **Paris Las Vegas 5** entstanden Kopien des Eiffelturms und des Arc de Triomphe, während **The Venetian 6** Gondolieri unter seinen Mitarbeitern hat, die Las-Vegas-Besucher in venezianischen Gondeln über künstlich angelegte Kanäle schippern.

Wer sich eine Städtereise nach New York ersparen will, schlendert durch das Kasino **New York New York 7**, wo ein verkleinertes Greenwich Village Besuchern das Flair Manhattans vorgaukelt. Auch das antike Ägypten ist in Las Vegas im Programm. Schon beim Anflug auf die Stadt ist die schwarze Pyramide des **Luxor 8** zu erkennen, vor der eine riesige Sphinx Wache hält. Beliebt ist hier übrigens die Ausstellung Titanic (www.luxor.com/entertainment/titanic.aspx, tgl. 10–22 Uhr, Erw. 32 $, Kin. 4–12 J. 24 $).

Wasserspektakel

Offenbar waren die lokalen Kasinostrategen schon immer von der Idee fasziniert, das Unmögliche möglich zu machen. Anders ist kaum zu erklären, dass die auf Wassernachschub vital angewiesene Wüstenmetropole mit dem kostbaren Nass so irrwitzig umgeht, als sei der Rohstoff im Überfluss vorhanden. Natürlich besitzt jedes Hotelkasino eine Poollandschaft. Aber seit das **Mirage 3** (s. o.) Ende der 1980er-Jahre vor seinen Haupteingang eine Lagune mit Wasserfall setzte, versuchen auch andere, dem Kasinostrip zusätzlichen irrealen Reiz zu verleihen. Das **Bellagio 9** ließ einen See anlegen, auf dem abends zu moderner oder klassischer Musik eine aus 12 000 Düsen gespeiste Wassershow die Zuschauer verzaubert. Das Kasino **Wynn Las Vegas 10** schmückt sich mit einem Wasserfall und dem Dream Lake, auf den nach Sonnenuntergang eine Licht- und Tonshow projiziert wird, bei der sich selbst Hightech-Freaks die Augen reiben.

Museen und Ausstellungen

Es gibt auch Bestrebungen, Las Vegas zur Kulturmetropole zu machen. Auf dem Weg dorthin sind jedoch immer wieder Rückschläge zu verzeichnen, so wurden in den letzten Jahren diverse Museen geschlossen. Grund dafür ist wahrscheinlich das Image der Stadt als Mekka für die eher leichte Unterhaltung.

Madame Tussauds 11
3377 Las Vegas Blvd. S., Tel. 1-702-862-7800, www.madametussauds.com, So–Do 10–20, Fr, Sa 10–21 Uhr, Erw. 24 $, Kin. 7–12 J. 16 $, online um 25 % billiger

Nach wie vor kultiviert die Stadt Attraktionen für den breiteren Publikumsgeschmack wie das Wachsfigurenkabinett **Madame Tussauds** mit einer langen Reihe erlauchter Stars aus Film, Musik, Showbiz und Sport.

Mob Museum 12
300 Stewart Ave., Tel. 1-702-229-2734, themobmuseum.org, tgl. 9–21 Uhr, Erw. 24 $, Sen. 18 $

Gut kommt auch das **Mob Museum** an, das sich mit der Mafia-Vergangenheit der Stadt beschäftigt. Eigentlich ein Treppenwitz: Das Museum befindet sich im ehemaligen Gebäude des Bundesgerichts.

Neon Museum 13
770 Las Vegas Blvd. N., Tel. 1-702-387-6366, www.neonmuseum.org, nur Touren tgl. 9.20–20 Uhr, Erw. 19 $, Nachttour 25 $

Fans von Neonreklamen können im **Neon Museum** die einst so beliebten Reklameschönheiten der Casinos betrachten, die moderner Technik wie LEDs weichen mussten. Der berühmte Fotostopp am Schild »Welcome to Fabulous Las Vegas« befindet sich übrigens südlich des Mandalay Casinos am Strip.

Bellagio Gallery of Fine Art 9
Bellagio Hotel & Casino (s. links), 3600 Las Vegas Blvd. S., Tel. 1-702-693-7871, www.

Die Öko-Erleuchtung hat Las Vegas erreicht: In Kasinos & Co. wird zunehmend erneuerbare Energie ins Spiel gebracht

bellagio.com/en/entertainment/gallery-of-fine-art.html, tgl. 10–20 Uhr, Führungen tgl. 14 Uhr, Erw. 17 $, Sen. ab 65 J. 15 $
Gegenwärtig ist von Las Vegas' Flirt mit der Kunst nur die **Bellagio Gallery of Fine Art** mit Werken von Künstlern wie Andy Warhol, Frank Stella, Ellsworth Kelly, Sol LeWitt, Roy Lichtenstein und Ed Ruscha übrig geblieben.

Tierattraktionen

Siegfried & Roy begeisterten als erste Bühnenkünstler in Las Vegas 1990 mit einer Tigershow im **Mirage** 3 (s. S. 278), die 2003 mit einem tragischen Unfall ihr Ende fand. Neben einer klobigen Skulptur außerhalb des Casinos ist **Siegfried & Roy's Secret Garden and Dolphin Habitat** das Einzige, was noch an die Auftritte des deutschen Duos erinnert (tgl. 10–18.30 Uhr, Erw. 22 $, Kin. 17 $). Mittlerweile behalten ausgerechnet Ozeanbewohner wie Haie und Meeresschildkröten sowie Krokodile die Oberhand in der Tierwelt von Las Vegas. Einen ersten Blickkontakt mit solchen Tieren bietet die Rezeption des Mirage, hinter der ein 75 000 l Wasser fassendes Aquarium mit einem (künstlichen) Korallenriff und lebenden Fischen unterhalten wird.

Das **Mandalay Resort** 14 am südlichen Strip bietet für Tierfreunde das **Shark Reef.** In Gestalt eines versunkenen antiken Tempels gebaut tummeln sich dort gefährliche und ungewöhnliche Wassertiere aus aller Welt, wie etwa 16 unterschiedliche Haiarten, Krokodile, Meer- und Süßwasserfische und in einem zylindrischen Becken Quallen, deren Schönheit durch entsprechende Beleuchtung unterstrichen wird. Wer will, kann auch mit den Haien tauchen (3950 Las Vegas Blvd., Tel. 1-702-632-4555, www.sharkreef.com, So–Do 10–20, Fr, Sa 10–22 Uhr, Erw. 20 $, Kin. 5–12 J. 14 $).

Wer durch eine Glaswand getrennt neben Haien schwimmen möchte, stürzt sich in den Pool des Golden Nugget Casino (129 Fremont Street Experience).

Das **Flamingo Hilton** 15 beweist mit seinem **Wildlife Habitat** Tierliebe zu zahmeren Spezies. Ein ausgedehnter Innenhof wurde zusammen mit einer attraktiven Poolland-schaft in eine 6500 m² große Naturoase umgestaltet, in der man sich zwischen sprudelnden Bächen und Palmenhainen an die Karibik erinnert fühlt. Flamingos, Pelikane, Schwäne, Enten, Wasserschildkröten, Fische und Kakadus haben dort ein Zuhause gefunden. Ein besonderes Ereignis sind die Fütterungen der Pelikane tgl. um 8.30 und 14 Uhr (Eintritt frei).

Kostenlose Shows

Neben der beeindruckenden Licht- und Wassershow vor dem **Bellagio** 9 (s. S. 278) gibt es andere Shows, mit denen Las-Vegas-Besucher bei Laune gehalten werden – und zwar gratis. Als zugkräftig erweist sich Abend für Abend mit **Fremont Street Experience** 16 ein Hightech-Spektakel in Downtown. Vor Jahren wurde der künstliche Himmel über der vier Häuserblocks langen Fremont Street mit ca. 2 Mio. LEDs in eine gigantische Projektionsfläche verwandelt, auf der computergesteuert und von einem 540 000-Watt-Soundsystem unterstützt ein Zusammenschnitt von Videoclips abläuft (Fremont St., nach Einbruch der Dunkelheit bis 24 Uhr).

Römische Brunnen mit ›antiken‹ Brunnenfiguren sorgen in der Einkaufsmeile **Forum Shops** von **Caesar's Palace** 2 (s. S. 275) für ein Flair, das an die Ewige Stadt am Tiber erinnern soll. In neonfarbenes Licht getaucht, beginnen sich während der **Atlantis Show** auf zwei der Brunnen die nur scheinbar aus Stein geschlagenen Statuen plötzlich zu bewegen. Von den Wasserflächen steigen Nebel auf, während sich die steinernen Monumente im Laufe der von Lautsprechern übertragenen Geschichte in Fabelwesen verwandeln (tgl. ab 10 Uhr, jeweils zur vollen Stunde).

Zu den klassischen Freiluftattraktionen am Strip gehört längst **The Volcano** vor dem **Mirage** 3 (s. S. 278). Bereits seit Jahrzehnten stößt der von Palmen und Wasserflächen umgebene 16 m hohe Feuerberg allabendlich Flammen und Rauch aus, während geschmolzene Lava seine Flanken herabfließt und grollender Donner schon die nächsten Eruptionen ankündigt (3400 Las Vegas Blvd. S., tgl. 18–23 Uhr zur vollen Stunde).

Las Vegas

DIE BELIEBTESTEN BUFFETS

Las Vegas hat sich in den vergangenen Jahren zum Feinschmeckerparadies entwickelt. Zahlreiche Restaurants werden von preisgekrönten Küchenchefs geführt, die sich gegenseitig übertrumpfen. Derzeitiger Spitzenkoch ist Joël Robuchon mit zwei Restaurants im **MGM-Casino** [20], wo ein 16-gängiges Degustationsmenü für rund 400 $ tiefe Kräter in der Reisekasse hinterlässt.

Günstiger ist der Besuch an einem der zahlreichen *All-you-can-eat*-Bufetts zum Frühstück, Lunch oder Dinner inklusive Softdrinks und Kaffee, wobei die Preise für das Dinner am Wochenende oder beim Sonntagsbrunch stets höher sind. Gemeinhin werden das **Bellagio Buffet** (Dinner 37 $), das **Le Village Buffet** im Paris Las Vegas Casino (Dinner 31 $), das **Bacchanal Buffet** im Caesar's Palace (55 $), **The Buffet** im Wynn Casino (40 $) und das **Carnival World Buffet** im **Rio Casino** [21] (Dinner 33 $, hier ist die Flasche Wein mit 10 $ am günstigsten) zu den besten Bufett-Tipps gezählt.

In die Reihe der empfehlenswerten Selbstbedienungsküchen gehören auch das **MGM Grand Buffet** (Dinner 30 $), das **Cravings** im Mirage (Dinner 31 $) sowie das **Bayside Buffet** im Mandalay Bay Hotel (Dinner 33 $). Besonders an den Wochenenden kann es empfehlenswert sein, nicht zu spät zum Bufett zu gehen, um lange Wartezeiten zu vermeiden. Wer völlig ausgehungert ist, kann mit dem »Buffet of Buffets Pass« und einem entsprechenden Bändchen am Handgelenk – theoretisch – innerhalb von 24 Stunden folgende Buffets aufsuchen: Bacchanal Buffet im Caesar's Casino (Zuzahlung), Paradise Garden im Flamingo, **Flavors** im **Harrah's** [22], Le Village Buffet im Paris, **Spice Market** im **Planet Hollywood** [23] und **Carnival World Buffet** im Rio (60 $ unter der Woche, 75 $ am Wochenende).

›Manege frei‹ lautet die Devise im **Circus Circus** [17], dem familienfreundlichsten Hotelkasino der Stadt, in dem man von Clowns, Trapezkünstlern und Jongleuren täglich ab 11 Uhr unterhalten wird.

Attraktionen mit Nervenkitzel

Da heutzutage jeder noch so kleine Vergnügungspark auf einen nervenzerfetzenden Fahrbetrieb nicht verzichten will, beeilte sich Las Vegas, entsprechende Einrichtungen in sein Abonnement auf Superlative aufzunehmen. Bestes Beispiel dafür ist der 356 m hohe **Stratosphere Tower** [18]. Um das Observation Deck kreist in 270 m Höhe mit XScream die höchste Achterbahn der Welt. Bei Insanity schwingt ein beweglicher Träger Fahrgäste fast 300 m über dem Erdboden ins Freie (2000 Las Vegas Blvd. S., Tel. 1-702-380- 7711, www.stratospherehotel.com, Lift zum Aussichtsdeck mit 1 Fahrt 20 $, 2 Fahrten 25 $, 3 Fahrten 30 $, unbegrenzte Fahrten 40 $).

Achterbahnfreaks kommen auch in 60 m Höhe über den Zinnen von **New York New York** [7] (s. S. 278) auf ihre Kosten (tgl. 10.30–24 Uhr, 14 $). Der **Adventuredome** im **Circus Circus** [17] (s. links), einer der größten geschlossenen Vergnügungsparks der USA,

Death Valley, Mojave-Wüste und Las Vegas

In Las Vegas ist alles ein paar (Schuh-)Nummern größer – High Heel an der Fermont Street

lockt u. a. mit zwei rasanten Achterbahnen (tgl. 10–24 Uhr, www.adventuredome.com, Tagespass Erw. 32 $, Kin. unter 1,22 m 18 $).

Downtown können Mutige am **SlotZilla** mit Tempo entlang der **Fremont Street** (s. S. 280) ›ziplinen‹ und so ihren Adrenalinspiegel in die Höhe treiben.

Höhenangst ist nicht angebracht bei einem Aufenthalt in einer der Kabinen des – zum jetzigen Zeitpunkt – höchsten Riesenrads der Welt. Knapp 168 m misst der **High Roller** von **The Linq** 19 bis zu seiner LED-beleuchteten Spitze (www.caesars.com/linq).

Infos

Las Vegas Visitor Information Center: 3150 Paradise Rd., Las Vegas, NV 89109, Tel. 1-702-892-7575, www.visitlasvegas.com.

Übernachten

Nobel, nobel – **Wynn Las Vegas** 1 : 3131 Las Vegas Blvd. S., Tel. 1-702-770-7000, www.wynnlasvegas.com. Geräumige Zimmer, hervorragend ausgestattete Suiten, Edelrestaurants, schicke Cafés, Bars und exklusive Einkaufsmöglichkeiten genügen selbst höchsten Ansprüchen. Auch der Service ist perfekt. Ab ca. 270 $.

Coole Unterkunft – **Hard Rock Hotel** 2 : 4455 Paradise Rd., Tel. 1-702-693-5000, www.hardrockhotel.com. Rockstar-Lifestyle inspiriert die abseits vom Strip gelegene Bleibe mit großem Außenpool und mehreren Restaurants. Ab ca. 140 $.

Essen & Trinken

Edelrestaurant – **Picasso** 1 : 3600 Las Vegas Blvd. S., Bellagio Hotel, Tel. 1-702-693-8865, www.bellagio.com, Mi–Mo 17.30–21.30 Uhr. Zwei Sterne im Michelin und Dinieren zwischen Picasso-Gemälden schlagen sich im Preis nieder: festes Menü ab 115 $.

Ein Stück Bayern – **Hofbräuhaus** 2 : 4510 Paradise Rd., Tel. 1-702-853-2337, www.hofbrauhauslasvegas.com, tgl. ab 11 Uhr. Kulinarisches Refugium mit Currywurst, Zwiebelrostbraten und bayerischem Brotzeitteller nicht nur für heimwehkranke Deutsche. Ab 13 $.

Einkaufen

Riesiges Einkaufszentrum – **Boulevard Mall** 1 : 3528 S. Maryland Pkwy, www.boulevardmall.com, Mo–Sa 10–21, So 11–18 Uhr. 140 Geschäfte, Mode, Sport, Elektronik, Spielwaren, Bücher, Schmuck.

Direkt aus der Fabrik – **North Premium Outlets** 2 : 875 S. Grand Central Pkwy, www.premiumoutlets.com, Mo–Sa 10–21, So 11–18 Uhr. Markenmode auch für Kinder; **South Premium Outlets** 3 : südlich von Downtown, www.premiumoutlets.com. Mo–Sa 10–21, So 11–18 Uhr. Gleiches Angebot wie North Premium Outlets.

Shopping-Flagschiff – **Fashion Show Mall** 4 : 3200 Las Vegas Blvd S., www.thefashionshow.com, Mo–Sa 10–21, So 11–19 Uhr. Das äußerlich futuristische Einkaufszentrum birgt im Inneren Kaufhäuser wie Saks Fifth Avenue und Dillard's, Neiman Marcus und Macy's sowie 250 Geschäfte, Boutiquen und Restaurants.

Abends & Nachts

Coole Aussicht – **Skyfall Lounge** 1 : 3940 S. Las Vegas Blvd., Delano Hotel, Tel. 1- 877-632-5400, www.delanolasvegas.com.

Nachtschwärmerziel – **Marquee** 2 : 3708 S. Las Vegas Blvd., im Cosmopolitan Casino, Tel. 1-702-333-9000, www.marqueelasvegas.com. Do–Mo von 22–5 Uhr ist Party angesagt im riesigen Danceclub. Zur warmen Jahreszeit öffnet der Day-Club mit Pools tgl. von 10 Uhr bis zum Sonnenuntergang.

Rock-Mekka – **Hard Rock Cafe** 3 : 4475 Paradise Rd., Tel. 1-702-733-8400, www.hardrock.com, So–Do 9–24, Fr, Sa 9–1 Uhr. Das Lokal der Hard-Rock-Kette ist auf drei Etagen mit vielen Memorabilien von Rockstars ausgestattet, die sich gelegentlich auch auf der hauseigenen Bühne zeigen. Im Laden werden Hard-Rock-Souvenirs wie T-Shirts und Geschenkartikel verkauft.

Kultur pur – **Smith Center for the Performing Arts** 4 : 361 Symphony Park Ave., Tel. 1-702-749-2012, www.thesmithcenter.com, Touren nach Anmeldung. Musik, Tanz, Theater und Skulpturenkunst haben hier eine Heimat gefunden.

Aktiv

Wellness pur – **Qua Baths & Spa** 1 : Caesar's Palace, 3570 Las Vegas Blvd. S., Tel. 1-702-731-7822, www.caesars.com > Las Vegas > Things to do. Im Arctic Ice Room herrschen 13 °C, und aus dem Kuppeldach rieselt künstlicher Schnee.

Sich rundum wohlfühlen – **Nurture Spa** 2 : Luxor Hotel, 3900 Las Vegas Blvd. S., Tel. 1-800-258-9308, www.luxor.com. Großes Angebot an Massagen und Anwendungen, Sauna, Fitnesscenter.

Verkehr

Flüge: McCarran International Airport, nur 1 Meile vom südlichen Strip entfernt, 5757 Wayne Newton Blvd., Tel. 1-702-261-5211, http://mccarran.com. Der Flughafen wird von vielen Fluglinien angeflogen, Direktflüge gibt es von Condor ab Frankfurt. Taxen zum Strip 15–20 $. Shuttlebusse fahren vom Flughafen zum Strip und nach Downtown (ca. 10 $), RTC-Bus WAX 108, 109 (3 $).

Bahn: Las Vegas besitzt keinen Bahnanschluss.

Busse: Greyhound Lines, 200 S. Main St., Tel. 1-702-384-9561, www.greyhound.com. Zentraler Busbahnhof.

Fortbewegung in der Stadt
Las Vegas Deuce on the Strip (The Deuce)/ Las Vegas Strip & Downtown Express: Der Deuce-Bus (Doppeldeckerbus; 24 Std.) verbindet den Strip mit Downtown ebenso wie der Express (weniger Stopps, 9–24 Uhr), www.lasvegas-how-to.com/strip-downtown-express.php. Tagespass 8 $, Dreitagespass 20 $.

Monorail: Die automatisierte Hochbahn verkehrt auf der 4 Meilen langen Strecke zwischen MGM Grand Hotel und Sahara Ave. (Fahrt 5 $, Tagespass 12 $, www.lvmonorail.com).

Kasinobahnen: Kostenlos von Kasinos Mirage–Treasure Island, Excalibur, Luxor–Mandalay Bay, City Center–Bellagio.

Kapitel 4

Zwischen Los Angeles und San Francisco

Kaum irgendwo auf amerikanischem Boden begegnen sich Meer und Kontinent auf so dramatische Weise wie an der Pazifikküste zwischen Los Angeles und San Francisco. Von der gesamten, 845 Meilen langen kalifornischen Küstenlinie gelten die ca. 300 Meilen zwischen Los Angeles und der Bucht von Monterey als Zentralküste.

Auf dem südlichsten Abschnitt geht der legendäre Highway No. 1 in der durch Oxnard und Ventura nach Santa Barbara führenden Schnellstraße Highway 101 auf. Am nördlichen Ende führt die Traumstraße Amerikas zwischen Monterey und Santa Cruz an der idyllischen Bucht von Monterey entlang. Diese Route ist nichts für Raser hinter dem Steuer, sondern ein eindrucksvolles Abenteuer für Genießer, die den Küstenbummel durch dramatische Landschaften auskosten wollen.

Neben dem Fahrspaß über teilweise achterbahnähnliche Strecken bietet die Tour spektakuläre Naturerlebnisse: atemberaubende Landschaften mit schroffen Klippen, stillen Buchten und felsigen Landvorsprüngen, interessante Naturschutzreservate für Robben, Seelöwen und Seeelefanten, die man aus nächster Nähe beobachten kann, versteckte State Parks zum Wandern oder Campen und fast konkurrenzlose Surfstrände.

In Städten wie Santa Barbara, Santa Cruz und Carmel erinnern im 18. Jh. gegründete Missionen an die Geschichte Kaliforniens, während es im skandinavisch angehauchten Solvang und in Monterey um Pioniervergangenheit bzw. um wirtschaftliche Aktivitäten geht.

Brückenlauf: Wenn die Sportschuhe den Asphalt der Bixby
Bridge berühren, ist die Hälfte des Big Sur Marathon geschafft

Auf einen Blick:
Zwischen Los Angeles und San Francisco

Sehenswert

★ **Hearst Castle:** In der Hügellandschaft oberhalb des Küstendorfes San Simeon ließ sich der berühmte Pressezar William Randolph Hearst ein Schloss bauen, das zu den bekanntesten Sehenswürdigkeiten in Kalifornien zählt und Jahr für Jahr über eine Million Schaulustige anzieht (s. S. 303).

★ **Monterey:** Die frühere Sardinenmetropole ist in den letzten Jahrzehnten dank John Steinbeck und seinem Roman »Straße der Ölsardinen« zu einem touristischen Schwergewicht geworden (s. S. 309).

Schöne Routen

Auf dem Highway No. 1 von San Simeon nach Carmel: Auch wer nicht die Zeit für eine Küstentour über die gesamte Distanz zwischen Los Angeles und der San-Francisco-Bucht hat, ist gut beraten, zumindest die Strecke zwischen San Simeon und Carmel auf dem Highway No. 1 zurückzulegen. Auf diesem Abschnitt mäandert die schmale, kurvige Straße direkt am Pazifiksaum entlang und erlaubt von vielen Aussichtspunkten wunderbare Ausblicke auf die zerklüftete, kaum verbaute Küste von Big Sur (s. S. 305).

17 Mile Drive: Zwischen Carmel und dem hübschen Monterey folgt der zerklüfteten Küstenlinie abseits der Durchgangsstraße mit dem 17 Mile Drive eine reizvolle Panoramaroute. Die Privatstraße ist auf jeder Meile die Maut wert, die man bezahlen muss (s. S. 308).

Meine Tipps

Indianische Graffiti: In einer kleinen Höhle in der Nähe von Santa Barbara sind indianische Felsmalereien aus der Zeit zu sehen, als europäische Seefahrer und Entdecker bereits ein Auge auf die kalifornische Pazifikküste warfen (s. S. 297).

Fetziger Nachtmarkt: Auf dem Nachtmarkt in San Luis Obispo geht es nicht nur um Melonen und Salatköpfe. An Ständen beweisen lokale Köche zur Musik von Live Bands ihre Kunst (s. S. 303).

Beim Schaulaufen der Schwergewichte: In Piedras Blancas an der Küste nördlich von San Simeon kann man das ganze Jahr hindurch eine Kolonie von Seeelefanten aus nächster Nähe kostenlos beobachten (s. S. 304).

Wandern und paddeln im Channel Islands National Park: Die fünf ›Landkrümel‹ Anacapa, San Miguel, Santa Barbara, Santa Cruz und Santa Rosa bilden vor der kalifornischen Küste den kaum berührten Channel Island National Park, ein Kajak- und Wandergebiet vom Feinsten (s. S. 289).

Mit dem ATV oder zu Fuß in den Oceano Dunes: Das Dünen- und Strandparadies Oceano Dunes State Vehicular Recreation Area bei Pismo Beach ist ein wahrer Open-Air-Tummelplatz für Groß und Klein (s. S. 300).

Hiking im Hügelland der San Gabilan Mountains: Auf einem knapp 14 km langen Trail kann man die vulkanisch geprägte Landschaft des Pinnacles National Park kennenlernen (s. S. 320).

Central Coast

Zerklüftete Steilküsten, herrliche Buchten und von der Brandung geglättete Sandstrände machen die kalifornische Zentralküste zwischen Los Angeles und Monterey zur Augenweide. Größere Städte wie Santa Barbara sind selten. Man bummelt eher durch kleinere Orte und provinzielle Landschaften, deren Einwohner vom schnelllebigen Lifestyle des Golden State noch relativ wenig infiziert zu sein scheinen.

Auf dem Weg nach Santa Barbara

Oxnard ▶ 1, H 14

Die größte Stadt im Ventura County, **Oxnard,** hat sich als Wassersportzentrum einen Namen gemacht. Ob Walbeobachtung, Kajak oder Tauchen – der **Channel Islands Harbor** ist der passende Ausgangspunkt. Dass die in Kalifornien weitverbreitete Landwirtschaft auch diese Stadt fest im Griff hat, beweist das jeweils am 3. Maiwochenende veranstaltete **California Strawberry Festival,** bei dem sich alles um Erdbeeren dreht, die auf riesigen Feldern um die Stadt angebaut werden.

Ventura ▶ 1, H 14

Oxnard ist mit **Ventura** zu einem Ballungsraum verschmolzen. Die Stadt verdankt ihre Existenz dem Franziskanerpater Junípero Serra, der hier 1782 mit der **Mission San Buenaventura** seine letzte Missionsstation gründete. Die Anlage im Stadtzentrum, die nur noch aus einer Kirche besteht, hat viel von ihrem Charme eingebüßt, weil im Zuge der Bebauung die früher einmal bestehenden Gärten Straßen und Häuserzeilen weichen mussten. Ein kleines Museum veranschaulicht das frühere Missionsleben (211 E. Main St., Tel. 1-805-643-4318, www.sanbuenaventuramission.org, Museum Mo–Fr 10–17, Sa 9–17, So 10–17 Uhr, Erw. 4 $, Kin. 1 $).

Eine Ergänzung bilden die Ausstellungen im nahen **Museum of Ventura County** (100 E. Main St., Tel. 1-805-653-0323, www.venturamuseum.org, Di–So 11–17 Uhr, 5 $) und im **Albinger Archaeological Museum** (113 E. Main St., Tel. 1-805-648-5823, Mitte Juni–Anf. Sept. Sa, So 11–16 Uhr, Eintritt frei).

Wer sich für das moderne Stadtleben interessiert, flaniert über den am Nordende des San Buenaventura State Beach gelegenen **Ventura Pier,** den längsten aus Holz gebauten Pier in Kalifornien, ein reizvoller Logenplatz, um Anglern und Wellenreitern am Surfers' Point zuzuschauen. In den 1880er-Jahren war der Pier Schauplatz einer Katastrophe: In nächster Nähe ging einer der ersten Öltanker der Welt in Flammen auf und sank. Auf einer Länge von 13 Meilen führt ein Rad- und Wanderpfad an der Küste entlang, auf dem man sich die salzige Luft um die Nase wehen lassen kann.

In Ventura lebte viele Jahre lang Erle Stanley Gardner (1889–1971), der sich einen Ruf als Top-Jurist machte. Noch bekannter wurde er aber als unter dem Pseudonym A. A. Fair arbeitender Kriminalschriftsteller und geistiger Vater des Strafverteidigers Perry Mason. Seine ersten Perry-Mason-Romane verfasste der schreibende Anwalt in seiner Kanzlei, die sich im **Erle Stanley Gardner Building** an der South California Street Nr. 21 befand.

Aktiv

Bootsausflüge – **Island Packers:** fährt zu den Channel Islands, s. S. 289.

Auf dem Weg nach Santa Barbara

WANDERN UND PADDELN IM CHANNEL ISLANDS NATIONAL PARK

Tour-Infos

Lage: ▶ 1, F–J 14–16
Start: Scorpion Valley Campground (s. S. 290)
Dauer: 3 Std. bis mehrere Tage
Beste Wassersportsaison: Mai–Okt.
Infos im Internet: www.nps.gov/chis
Anbieter von Kajaktouren: Aquasports, 111 Verona Ave., Goleta bei Santa Barbara, Tel. 1-805-968-7231, www.islandkayaking.com; Channel Islands Outfitters, 117B Harbor Way, Santa Barbara, Tel. 1-805-899-4925, www.channelislandso.com. Inseltransport und Kajakausrüstung ist jeweils inklusive.
Anreise mit dem Schiff: Island Packers, 1691 Spinnaker Dr., Suite 105 B, Ventura, Tel. 1-805-642-1393, www.islandpackers.com (regelmäßige Fährverbindungen).
Anreise mit dem Flugzeug: Channel Island Aviation, 305 Durley Ave., Camarillo, Hwy 101, ca. 20 Meilen südlich von Ventura, Tel. 1-805-987-1301, www.flycia.com (25-minütige Flüge nach Santa Rosa Island).

Eine Kette faszinierender Inseln liegt vor der kalifornischen Küste zwischen Los Angeles und Santa Barbara. Von den acht ›Landkrümeln‹ bilden Anacapa, San Miguel, Santa Barbara, Santa Cruz und Santa Rosa den von moderner Zivilisation kaum berührten **Channel Island National Park.** Um jedes Eiland dehnt sich ein 11 km breites Meeresschutzgebiet aus, um die einzigartige maritime Flora

Central Coast

und Fauna in diesem entrückten Paradies zu erhalten – geradezu ein Geheimtipp für Kajaksportler. Auch die Landmasse unterliegt seit der Gründung des Nationalparks 1980 striktem Naturschutz, was die Inseln zu einem Wandergebiet weit entfernt von jeglicher Zivilisation macht.
Wie kommt man überhaupt in den Nationalpark? Von Ventura und Oxnard fahren die Schiffe von Island Packers auf alle fünf Nationalparkinseln. Am einfachsten zu erreichen sind Anacapa, Santa Barbara und Santa Cruz, die auch von den Touranbietern (s. S. 289) genutzt werden. Beide Unternehmen unterhalten auf **Santa Cruz** im äußersten Osten bei **Scorpion Anchorage** Kajakcamps, die als Basis dienen. Dort beginnen die ein- oder mehrtägigen Touren, die hauptsächlich die Nordküste der Insel zum Ziel haben. Zerklüftete Lavaformationen und viele von der Brandung ausgewaschene Meereshöhlen bilden dort eine atemberaubende Szenerie. Die Paddeltouren dauern meist ca. 3 Std. und eignen sich auch für Amateure, die noch nie ein Kajak gesteuert haben.
Übernachten kann man auf dem **Scorpion Valley Campground** oder dem 23 km entfernten **Del Norte Campground** (oblig. Reservierung: Tel. 1-877-444-6777, www.recreation.gov; 15 $/Tag). Beide Campingplätze verbindet ein Wanderweg (**Route 1,** hin und zurück ca. 34 km), der durch das zerklüftete Inselinnere und über die höchsten Erhebungen führt. Eine kürzere, ebenso anstrengende Hikingtour hat den Kieselstrand bei **Smugglers Cove** zum Ziel (**Route 2,** hin und zurück 11,2 km). Nur 3,2 km lang ist dort der Cavern Point Loop, bietet aber wunderbare Aussichten. Auf dem aus drei Eilanden bestehenden **Anacapa** landen die Fähren im äußersten Inselosten. Ähnlich wie auf Santa Cruz erhalten Teilnehmer dort eine grundsätzliche Instruktion für die folgenden Drei-Stunden-Touren auf dem Meer, die u. a. die spektakuläre **Cathedral Cove** mit einem langen Felstunnel und den 12 m hohen **Arch Rock** zum Ziel haben, einen grandiosen Naturbogen. Beim Paddeln entlang der wildromantischen Küstenlinie hat man gute Chancen, Seelöwen, Robben und Braune Pelikane zu beobachten, von den Fischen im kristallklaren Wasser ganz abgesehen. Wandern ist nur auf **East Anacapa** erlaubt, wo es ca. 3 km lange Trails gibt. Kleinste Insel im Nationalpark ist das nur 260 ha große, gebirgige **Santa Barbara,** wo ein in der **Landing Cove** stationierter Ranger darüber wacht, dass Besucher die 8 km langen Wanderwege nicht verlassen. Kajaker können das Eiland auf einer Tagestour umrunden.

Santa Barbara ▶ 1, G 14

Cityplan: S. 293
Weiße Stuckfassaden, rote Ziegeldächer, von schmiedeeisernen Balustraden umgebene Balkone, Bananenstauden, die ihre Riesenblätter über Adobe-Mauern hängen lassen, Hauswände mit Bougainvillea-Dekor in allen Farben: Das 93 000 Einwohner große **Santa Barbara** gilt aus gutem Grund als schönste Stadt an der Zentralküste. Diese Reputation hat jedoch ihren Preis: Nirgends sind die Immobilien- und Lebenshaltungskosten so hoch wie hier.

Dass die spanischen Eroberer dem Landstrich im 18. Jh. den Namen Tierra Adorada (Geliebtes Land) gaben, ist in Anbetracht der natürlichen Voraussetzungen verständlich. Die Santa Ynez Mountains und die San Rafael Mountains schirmen Stadt und Küste gegen von Norden eindringende kühle Winde ab und schaffen klimatische Verhältnisse wie am Mittelmeer. Auch die Architektur erweckt den unamerikanischen Eindruck, als sei ein Stück Andalusien an den Pazifik verpflanzt worden.

Als ein Erdbeben 1925 die meisten Gebäude zerstört hatte und die städtische Baubehörde Möglichkeiten für einen architektonischen Neuanfang sah, entschieden sich die Stadtväter für den traditionellen spanischen Missionsstil, der schon die 21 Missionen am Camino Real geprägt hatte und der Santa Barbara ein attraktives einheitliches Stadtbild verschaffen sollte. Heute sind die von Palmen und Akazien gesäumten Straßenzüge im Zentrum zwar nach US-Manier im Schachbrettmuster angelegt. Aber hie und da führen Passagen und schmale Gassen in blumengeschmückte Innenhöfe mit plätschernden Brunnen oder in

Santa Barbara

offene Einkaufszentren mit einladenden Straßencafés. Ein Auto ist im Zentrum eher hinderlich, weil man es ohnehin kaum irgendwo kostengünstig abstellen kann.

Am Infostand im County Courthouse (s. u.) bekommt man einen Plan für die **Red Tile Walking Tour,** die im Stadtkern durch ein zwölf Straßenblocks umfassendes Areal mit mehreren Sehenswürdigkeiten führt.

Zu Fuß durch das Zentrum

County Courthouse 1
1100 Anacapa St., Tel. 1-805-962-6464, http://sbcourthouse.org, El Mirador Mo–Fr 8–16.45, Sa, So 10–16.45 Uhr, Führungen tgl. 14, Mo–Fr auch 10.30 Uhr

Die Stadtbesichtigung beginnt bei einem der auffälligsten Gebäude: Im Stil einer mexikanischen Hazienda erbaut, gilt das monumentale **County Courthouse** als eines der schönsten staatlichen Gebäude auf US-Boden. Der einen gesamten Straßenblock einnehmende Komplex konnte vier Jahre nach dem großen Erdbeben von 1925 eingeweiht werden und profitiert nicht nur von seiner anmutigen Architektur, sondern auch von den umgebenden exotischen Garten- und Parkanlagen. Den Mural Room im ersten Obergeschoss stattete der lokale Künstler Dan Sayre Groesbeck mit bis an die Balkendecke reichenden Wandgemälden aus, auf denen die Geschichte des Golden State und der spanischen Missionen in leuchtenden Farben dargestellt ist. Per Aufzug können sich Besucher auf den 26 m hohen Glockenturm El Mirador hieven lassen, von wo man einen fantastischen Blick über die Stadt genießt.

El Presidio de Santa Barbara 2
123 E. Canon Perdido St., Tel. 1-805-965-0093, www.sbthp.org/presidio.htm, tgl. 10.30–16.30 Uhr, 5 $, Kin. unter 16 J. freier Eintritt

Station auf der Red Tile Walking Tour (s. o.) ist **El Presidio de Santa Barbara,** wo die Spanier 1782 mit einem Fort den Grundstein für die Stadt legten. Zweck der Befestigungsanlage war, sowohl die Mission als auch die Siedler vor Indianerangriffen zu schützen, einen Verwaltungssitz einzurichten und den Anspruch der spanischen Krone auf das Territorium abzusichern.

Historical Museum 3
136 E. De La Guerra St., Tel. 1-805-966-1601, www.santabarbaramuseum.com, Di–Sa 10–17, So 12–17 Uhr, Mo geschl., Eintritt frei

Noch ein Stück weiter als El Presidio führt das **Historical Museum** in die Geschichte der Stadt zurück. Ausstellungsstücke der früher in der Region lebenden Chumash-Indianer gehen bis auf das 15. Jh. zurück. Hinzu kommen Fotografien, Textilien und Mobiliar aus der spanischen Kolonialzeit, aus der mexikanischen Ära seit 1823 und aus der US-Zeit seit 1850.

El Paseo Nuevo 4
651 Paseo nuevo, www.paseonuevoshopping.com, gute Parkmöglichkeiten in den umliegenden Parkhäusern

Ein Einkaufsvergnügen der besonderen Art beschert konsumfreudigen Stadtbesuchern der in den 1920er-Jahren entstandene **El Paseo Nuevo.** Das Einkaufszentrum zählt zu den ältesten in Kalifornien. Wie in einem bunt zusammengewürfelten mexikanischen Dorf reihen sich Boutiquen, die Kaufhäuser Macy's und Nordstrom, Restaurants, Straßencafés und Souvenirläden aneinander. Orangenbäume, blühende Hibiskussträucher, Blumenkübel, Palmen, begrünte Fassaden, Sitzgelegenheiten und Brunnen verleihen der Anlage ein romantisches Flair, das aber nicht darüber hinwegtäuschen kann, dass in den eleganten Fachgeschäften deftige Preise verlangt werden. Drei hübsche Plätze mit Straßencafés, in denen man unter bunten Sonnenschirmen sitzen kann, geben dem Ganzen ein mediterranes Ambiente.

Museum of Art 5
1130 State St., Tel. 1-805-963-4364, www.sbmuseart.org, Di–So 11–17, Do 17–20 Uhr, Erw. 10 $, Sen. ab 65 J. und Kin. 6–17 J. 6 $

An der State Street weiter nördlich geht es im **Museum of Art** um Kunst aus unterschiedlichen Regionen der Welt. Die Einrichtung beschäftigt sich im Wesentlichen mit der Antike, chinesischer, japanischer, indischer und

Santa Barbara

Sehenswert
1. County Courthouse
2. El Presidio de Santa Barbara
3. Historical Museum
4. El Paseo Nuevo
5. Museum of Art
6. La Arcada
7. Moreton Bay Fig Tree
8. Stearns Wharf
9. Sea Center
10. Santa Barbara Zoo
11. Andree Clark Bird Refuge
12. Mission Santa Barbara
13. Museum of Natural History
14. Santa Barbara Botanic Garden

Übernachten
1. Harbor View Inn
2. West Beach Inn
3. Presidio Motel
4. Mason Beach Inn
5. White Jasmine Inn
6. Agave Inn
7. Carpinteria State Beach

Essen & Trinken
1. Palazzio
2. Petit Valentien
3. Tupelo Junction Café
4. Palace Grill

Einkaufen
1. Jedlicka's
2. Brinkerhoff Avenue
3. Warbler Records & Goods

Abends & Nachts
1. Granada Theatre
2. James Joyce
3. The Press Room

Aktiv
1. Trolley Tours
2. Santa Barbara Beach
3. Adventure Company of Santa Barbara
4. Wheel Fun Rentals
5. Eagle Paragliding
6. Santa Barbara Seals
7. Santa Barbara Surf School

---

tibetischer Kunst, europäischer Malerei des 19. und frühen 20. Jh., aber auch mit Werken von US-Künstlern wie Albert Bierstadt, George Inness, John Singer Sargent, Edward Hopper und Frederic Remington. Im Museumscafé kann man sich bei Kaffee oder Tee und kleineren Gerichten eine Pause gönnen.

La Arcada 6
1114 State St., www.laarcadasantabarbara.com
Von der zentralen State Street führen Pflastergassen in **La Arcada** zu Geschäften, Cafés, Kunstgalerien, öffentlich aufgestellter Kunst und zu einem Friseurgeschäft, in dem die Einrichtung an längst vergangene Zeiten erinnert. Unter Sonnenschirmen kann man an kleinen Tischen bei Kaffee und Kuchen eine Rast einlegen und die entspannte Atmosphäre vor oder nach einem Zug durch die Ladenlandschaft auf sich wirken lassen.

Am Hafen

Moreton Bay Fig Tree 7
Ecke Chapala/Montecito Sts., www.beachcalifornia.com/sbtree.html
Auf dem Weg vom Stadtzentrum zum Hafen kann man eine Naturattraktion besichtigen. Der **Moreton Bay Fig Tree** ist angeblich der größte Feigenbaum *(Ficus macrophylla)* der Welt. Der mit einer 50 m breiten Krone ausgestattete Riese soll der Legende zufolge von einem Seemann 1876 aus Australien mitgebracht und später an die heutige Stelle verpflanzt worden sein. Ob der Rekordanspruch gerechtfertigt ist oder nicht: Der imposante Gummibaum ringt jedem Betrachter Bewunderung ab. Leute, die es genau wissen wollen, haben errechnet, dass in seinem Schatten 1000 Menschen Platz finden.

Stearns Wharf 8
219 Stearns Wharf, www.stearnswharf.org
Beliebtester Treffpunkt der Stadt ist die gut 800 m ins Meer hinausreichende **Stearns Wharf**. Ein zum 200-jährigen Bestehen der Stadt aufgestellter Brunnen mit Delfinskulpturen am Fuße der State Street markiert den Zugang zu dem auf Holzpfählen stehenden Riesenpier aus dem Jahr 1872. Früher gingen dort Frachter und Passagierschiffe vor Anker. In den 1930er-Jahren stell-

Santa Barbara

ten Wassertaxis und kleine Fähren die Verbindung zu schwimmenden Kasinopalästen vor der Küste her. Geschäfte, Imbisse, Restaurants und Anglerplätze machen die Wharf zu einem populären ›Stadtteil‹ von Santa Barbara. Der Blick vom äußersten Ende des Piers auf die Stadt und die dahinter wie Ränge eines Amphitheaters ansteigenden Berge ist abends überwältigend.

Sea Center 9
Tel. 1-805-962-2526, www.stearnswharf.org/Sea-Center, tgl. 10–17 Uhr, Erw. 8,50 $, Kin. 13–17 J. 7,50 $
Als Teil des Museum of Natural History hat das auf dem Pier gelegene **Sea Center** mit Seesternen, Seeigeln und Tintenfischen das Meeresleben vor der kalifornischen Küste zum Thema. Bereits in der Lobby werden Besucher vom 12 m langen Modell einer Grauwalmutter mit Jungem in Empfang genommen.

Santa Barbara Zoo 10
500 Ninos Dr., Tel. 1-805-962-5339, www.sbzoo.org, tgl. 10–17 Uhr, Erw. 17 $, Sen. 13 $, Kin. 2–12 J. 10 $, Parkgebühren 7 $
Nicht nur kalifornische Arten, sondern exotische Tiere aus aller Welt sind im **Santa Barbara Zoo** im Osten von Downtown zu sehen. Mit einem Minizug (2 $) können sich Besucher einen ersten Überblick über den Tiergarten verschaffen, in dem Elefanten, Tiger, Löwen, Gorillas, Alligatoren, Flamingos, Pinguine und viele Reptilienarten zu Hause sind. Giraffen und Papageien darf man eigenhändig füttern.

Andree Clark Bird Refuge 11
1400 E. Cabrillo Blvd., Tel. 1-805-564-5418, tgl. Sonnenauf- bis Sonnenuntergang, Eintritt frei
In der Nähe des Zoos an der Seeseite finden neben Wildenten und Wildgänsen im **Andree Clark Bird Refuge** viele andere Vogelarten einen idealen Lebensraum. Ein Radweg und ein Wander- und Joggingpfad erschließt das unter Naturschutz stehende Feuchtgebiet.

Kunst auf Zeit: 150 Pflasterbilder entstehen im Frühsommer beim Street Painting Festival Madonnari vor der Mission Santa Barbara

Mission Santa Barbara 12
2201 Laguna St., Tel. 1-805-682-4713, http://santabarbaramission.org, tgl. 9–17 Uhr, 8 $
Die für die ganze Stadt repräsentative spanische Bauweise prägt auch die 1820 fertiggestellte **Mission Santa Barbara,** die auf einem Hügel über der Stadt liegt. Pater Fermin Lasuen, einer der eifrigsten Gründerväter, hatte die zehnte Station am Camino Real 1786 errichtet. Als einzige in Kalifornien ist sie bis heute ohne Unterbrechung im Besitz des Franziskanerordens geblieben. Zu Beginn des 19. Jh. erhielt sie den Status der kalifornischen Muttermission und wird seitdem ihrem Beinamen Königin der Missionen durch eine wohlproportionierte Architektur mit zwei Doppeltürmen aus hellen Sandsteinblöcken und ihrer malerischen Lage gerecht. Der heutige Bau hatte drei Vorgänger, von denen aber nichts übrig geblieben ist. Nachdem ein Erdbeben 1925 die Kirche in Mitleidenschaft gezogen hatte, wurde sie im Originalstil restauriert. Zahlreiche mexikanische Kunstwerke stammen aus dem 18. und 19. Jh. Zwei der Frontseite zugewandte Gemälde sind über 200 Jahre alt.

Museum of Natural History 13
2559 Puesta del Sol Rd., Tel. 1-805-682-4711, www.sbnature.org, tgl. 10–17 Uhr, Erw. 8,50 $, Kin. 13–17 J. 7,50 $
Auf anschauliche Weise präsentiert das im Nordosten der Stadt gelegene **Museum of Natural History** präparierte Exemplare von Flora und Fauna Kaliforniens. Es informiert auch über das prähistorische Leben der Chumash-Indianer. Im Gladwin-Planetarium können Besucher nächtliche Live-Shows über den Orbit miterleben. Außerhalb des Gebäudes windet sich ein Lehrpfad am Mission Creek entlang.

Santa Barbara Botanic Garden 14
1212 Mission Canyon Rd., Tel. 1-805-682-4726, www.sbbg.org, März–Okt. tgl. 9–18, sonst 9–17 Uhr, Erw. 10 $, Kin. 13–17 J. 8 $
Der **Santa Barbara Botanic Garden** bildet botanisch ein Kalifornien im Kleinen. Viele der ca. 5800 im Golden State heimischen

Central Coast

Pflanzenarten sind auf dem Gelände vertreten. Ein Drittel dieser Arten ist vom Aussterben in naher Zukunft bedroht, weshalb viele von ihnen im Botanischen Garten mit Hingabe gehegt und gepflegt werden.

Infos

Santa Barbara Visitor Center: 1 Garden St., Santa Barbara, CA 93101, Tel. 1-805-965-3021, http://santabarbaraca.com/plan-your-trip/know-before-you-go/visitors-center/
Central Coast Tourism Council: 1601 Anacapa St., Santa Barbara, CA 93101-4851, www.centralcoast-tourism.com.

Übernachten

Empfehlenswert – **Harbor View Inn** [1] : 28 W. Cabrillo Blvd., Tel. 1-805-963-0780, www.harborviewinnsb.com. Vier-Sterne-Unterkunft an der Küste bei der Stearns Wharf mit Swimmingpool in einem reizenden Tropengarten. Die knapp 100 Zimmer/Suiten mit Marmorbädern lassen keine Wünsche offen. Auf der Meerseite besitzen viele einen großen Balkon. DZ ca. 240 $.

Reizvolle Lage – **West Beach Inn** [2] : 306 W. Cabrillo Blvd., Tel. 1-805-963-4277, www.coasthotels.com/hotels > California > Barbara > West Beach Inn. Das gut geführte Hotel wenige Schritte vom Strand entfernt strahlt eine entspannende Atmosphäre aus. Die 46 klimatisierten Zimmer sind mit Gratis-WLAN, Kaffeemaschine und Küche ausgestattet. Parkplätze im Preis inkl. DZ ab ca. 240 $.

Guter Preis, gute Qualität – **Presidio Motel** [3] : 1620 State St., Tel. 1-805-963-1355, www.presidiosb.com. Empfehlenswerte Unterkunft in ruhiger Lage mit ordentlichen Zimmern. Das im Preis eingeschlossene Frühstück hat aber eher Alibicharakter. DZ ca. ab 159 $.

Ordentlich – **Mason Beach Inn** [4] : 324 W. Mason St., Tel. 1-805-962-3203, www.masonbeachinn.com. 45 saubere Zimmer mit King- bzw. Queen-Size-Betten inkl. Klimaanlage und Kabel-TV. Zum Haus gehören ein Restaurant und ein Außenpool. Das Stadtzentrum ist zu Fuß leicht erreichbar. DZ ca. 150 $.

Hervorragendes B & B – **White Jasmine Inn** [5] : 1327 Bath St., Tel. 1-805-966-0589, www.whitejasmineinnsantabarbara.com. Zwölf romantisch ausgestattete Gästezimmer bzw. Suiten, alle mit eigenem Bad und Kamin. Zum Anwesen gehört ein lauschiger Garten. Das warme Frühstück wird auf den Zimmern serviert. DZ ab 136 $.

Empfehlenswert – **Agave Inn** [6] : 3222 State St., Tel. 1-805-687-6009, http://agaveinnsb.com. Ordentliche und erschwingliche Motelunterkunft ohne Schnickschnack. Man kann vor den Zimmern parken und muss das Gepäck nicht weit schleppen. DZ ab 109 $.

Super Platz – **Carpinteria State Beach** [7] : Carpinteria, Tel. 1-805-968-1033, http://www.parks.ca.gov > Visit a Park > Carpinteria State Beach. Reizvoll an einem langen Sandstrand gelegener, allerdings teurer Campingplatz 12 Meilen südlich von Santa Barbara.

Essen & Trinken

Gute Trattoria – **Palazzio** [1] : 1026 State St., Tel. 1-805-564-1985, www.palazzio.com, tgl. Lunch und Dinner. Italiener mit feinen Pastagerichten und Sitzgelegenheiten draußen. Spaghettigerichte ab 24 $, der exzellente Caesar's Salad kommt für 13,95 $ auf den Tisch. Große Portionen.

Hohe Qualität – **Petit Valentien** [2] : 1114 State St., Tel. 1-805-966-0222, http://petitvalentien.com, Lunch Mo–Fr 11.30–15, Dinner Mo–So ab 17 Uhr. Das Lokal in der Shoppingmall La Arcada legt bei seinen kleineren, französisch inspirierten Gerichten wie Krabbenkuchen, Safranmuschelsuppe und Feigen- und Ziegenkäsesalat Wert auf Qualität. 15–20 $.

Wie im tiefen Süden – **Tupelo Junction Café** [3] : 1218 State St., Tel. 1-805-899-3100, www.tupelojunction.com. Gut für Frühstück, Lunch und Dinner, Happy Hour Do 17–19 Uhr. Die Küche hat einen kräftigen Südstaaten- bzw. Cajun-Einschlag. Vor allem zur Frühstückszeit herrscht Hochbetrieb. Dinner ab etwa 14 $.

Cajun-Kost – **Palace Grill** [4] : 8 E. Cota St., Tel. 1-805-963-5000, http://palacegrill.com, tgl. 11–15, 17.30–22 Uhr. In diesem Lokal kom-

INDIANISCHE GRAFFITI

Nordwestlich von Santa Barbara führt der Highway 154 zum 680 m hohen San Marcos Pass. 2,2 Meilen vor der Passhöhe biegt nach rechts die schmale, kurvige Painted Cave Road (für Wohnmobile nicht geeignet) zum **Chumash Painted Cave State Historic Park** (▶ 1, G 13/14) ab. In einer dort vor rund 150 Jahren entdeckten Sandsteinhöhle sind aus dem 17. Jh. stammende Felsmalereien zu sehen, die nach Expertenmeinung von Priestern der Chumash-Indianer stammen. Neben figürlichen und geometrischen Formen vermutlich aus jüngerer Zeit stellen die Graffiti u. a. eine Sonnenfinsternis dar, die erwiesenermaßen am 24. November 1677 stattfand. Forscher entnahmen dem Kunstwerk winzige Partikel und konnten daraus nicht nur auf das Alter schließen, sondern auch auf die Zusammensetzung der Farben aus überwiegend mineralischem Material. Rot besteht aus dem Eisenoxid Hämatit, Weiß aus Gips, Schwarz aus Holzkohle oder Manganoxid. Die Pigmente wurden mit Wasser, Tierfett oder Pflanzensäften gemischt und mit Fingern oder aus Tierschwänzen gefertigten Pinseln auf die Felswand aufgetragen.

Ähnliche Malereien wurden in Kalifornien an mehreren Stellen gefunden, von den Wissenschaftlern aber oft nur in Fachpublikationen vorgestellt, um sie zu schützen. Die früher für religiöse Zeremonien genutzte Chumash Painted Cave bildet eine Ausnahme. Die Höhle ist durch eine Gittertür verschlossen, aber man sieht durch eine Öffnung ins Innere. Allerdings sind viele Details ohne Taschenlampe und Fernglas nicht erkennbar, da die Höhlenöffnung nach Norden zeigt und somit wenig Tageslicht bekommt (Painted Cave Rd., Tel. 1-805-733-3713, http://www.parks.ca.gov > Visit a Park > Chumash Painted Cave State Historic Park, von Sonnenauf- bis Sonnenuntergang).

men typische Louisiana-Spezialitäten wie Jambalaya und Crawfish auf den Tisch. Zur lockeren, freundlichen Atmosphäre trägt der ausgezeichnete Service bei. 10–20 $.

Einkaufen

Alles für Westernfans – **Jedlicka's** 1 : 2605 De La Vina St., Tel. 1-805-687-0747, www.jedlickas.com. Cowboys und Cowgirls finden hier alles, was ihr Herz begehrt: das komplette Outfit von Stiefeln über Jeans mit passenden Accessoires bis zum Hut.

Souvenirs und Geschenke – **Brinkerhoff Avenue** 2 : Ein knappes Dutzend größtenteils in viktorianischen Gebäuden eingerichtete Geschäfte verkaufen in erster Linie Antiquitäten, Geschenkartikel und Souvenirs.

Für Sammler – **Warbler Records & Goods** 3 : 131 E. De La Guerra St., Tel. 1-805-845-5862, www.warblerrecords.com, Mo–Sa 10.30–18, So 12–17 Uhr. Mischung aus Büchern, Kalender und neue wie gebrauchte CDs und Platten, die man längst nicht überall findet.

Abends & Nachts

Orchesterbühne – **Granada Theatre** 1 : 1214 State St., Tel. 1-805-899-2222, http://granadasb.org, Spielsaison Okt.–Mai. Das Granada Theatre ist die Konzertstätte des Santa Barbara Symphony Orchestra.

Central Coast

Nicht nur für Erdnussfreunde – James Joyce 2 : 513 State St., Tel. 1-805-962-2688, www.sbjamesjoyce.com, tgl. 10–2 Uhr. Am späteren Abend ist der Boden dieses irischen Pubs mit Erdnussschalen übersät. Hauptsächlich am Wochenende gibt es Live-Auftritte von Dixieland-, Jazz- oder Rockbands.

Populärer Treffpunkt – The Press Room 3 : 15 E. Ortega St., Tel. 1-805-963-8121, http://pressroomsb.com. Sportbar, in der es immer sehr lebhaft, aber auch ziemlich laut zugeht. Bier vom Fass, Musik aus der Musicbox, angenehmer Service. Gute Adresse, um mit Leuten ins Gespräch zu kommen.

Aktiv

Sightseeingtouren – Trolley Tours 1 : www.sbtrolley.com. Kommentierte Trolleytouren (90 Min.) durch Santa Barbara ab Stearns Wharf. Ticketverkauf im Visitor Center (s. S. 296).

Baden – Santa Barbara Beach 2 : In der Nachbarschaft der Wharf liegen die populärsten Strände, an denen wegen der geschützten Lage im Hochsommer angenehme Wassertemperaturen herrschen.

Kajakfahren – Adventure Company of Santa Barbara 3 : 32 E. Haley St., Tel. 1-805-884-9283, www.sbadventureco.com. Kajaktouren um die Channel Islands.

Biken & skaten – Wheel Fun Rentals 4 : 23 East Cabrillo Blvd., Tel. 1-805-966-2282, www.wheelfunrentalssb.com. Vermietstation für Fahrräder, Rollerscates, Scooter u. Ä.

Paragliding – Eagle Paragliding 5 : 1107 Castillo St., Tel. 1-805-968-0980, www.eaglepargliding.com. Kurse bzw. Tandemflüge.

Wellenreiten – Santa Barbara Seals 6 : 745 Puente Dr., Goleta, Tel. 1-805-687-9785, www.santabarbaraseals.com. Wellenreiten unter professioneller Anleitung.

Surfen – Santa Barbara Surf School 7 : 3950 Via Real, Carpinteria, Tel. 1-805-708-9878, www.santabarbarasurfschool.com. Surfkurse, auch Tageskurse und Surfausflüge.

Termine

Santa Barbara International Film Festival (Jan./Feb.): Alljährliches internationales Filmfestival (http://sbiff.org).

I Madonnari – Italian Street Painting Festival (Mai): Pflastermalkunst vor der alten Mission (www.imadonnarifestival.com, s. S. 295).

Unabhängigkeitstag (4. Juli): Im Park des County Courthouse tritt das Orchester der Santa Barbara Symphony auf.

Old Spanish Days (Ende Juli, Anf. Aug.): Santa Barbara feiert sein historisches Erbe (www.oldspanishdays-fiesta.org).

Harbor & Seafood Festival (Okt.): Mit diesem kulturellen und kulinarischen Festival im Hafen von Santa Barbara beginnt die kommerzielle Hummersaison (www.santabarbara.com/events/harbor_festival).

Verkehr

Flüge: Santa Barbara Municipal Airport, Tel. 1-805-683-4011, www.flysba.com. Der kleine Regionalflughafen liegt ca. 10 Autominuten nördlich der Stadt in Goleta. Non-Stop-Flüge in kalifornische Städte und nach Denver, Phoenix, Portland, Dallas.

Bahn: Santa Barbara Rail Station, 209 State St., Tel. 1-800-872-7245, www.amtrak.com. Tgl. Verbindungen nach Los Angeles und an die San Francisco Bay.

Umgebung von Santa Barbara

Solvang ▶1, G 13

Das Städtchen **Solvang** geht zwar auf dänische Einwohner zurück, gibt sich aber im Zeitalter des Massentourismus recht international. Neben mexikanischem Food, Zimmer im Heidelberg Inn, Bier aus St. Pauli und belgischen Waffeln in den örtlichen Cafés ist man in der vielseitigen Gemeinde auch um Süßigkeiten aus der Schweiz, deutsche Rezeptbücher und norwegische Hägars nicht verlegen. Solvang macht erst gar nicht den Versuch, sein Kitschimage zu verbergen. Im Gegenteil: Seit Jahrzehnten bastelt die lokale Geschäftswelt an Häuschen im Pseudo-Fachwerkstil, schindelgedeckten Giebeln, Lebkuchenfassaden, Windmühlenattrappen und allem, was in Amerika für skandinavisch gehalten wird.

Solvang Antique Center

1693 Copenhagen Dr., www.solvangantiques.com, tgl. ab 10 Uhr

Im Mittelpunkt der Märchengemeinde steht mit dem **Solvang Antique Center** ein kirchenähnlicher Fachwerkbau mit einem dekorativen Turm, der mit Mauerwerk aus rotbraunen Backsteinen, Uhr und externem Glockenspiel ins Bild passt und, wie der Name schon sagt, Antiquitäten und dergleichen verkauft.

Missionsstation Santa Ynez

www.missionsantaines.org

Am Rand der Ortschaft liegt auf dem Territorium der Santa Ynez Indian Reservation die kleine **Missionsstation Santa Ynez,** die als 19. der insgesamt 21 kalifornischen Niederlassungen im Jahre 1804 von spanischen Franziskanern gegründet wurde. Nach wie vor dient die Anlage als Pfarrei, in der ein kleines Museum über längst vergangene Zeiten berichtet.

La Purisima Mission State Historic Park ▶1, F 13

2295 Purisima Rd., Lompoc, Tel. 1-805-733-3713, www.lapurisimamission.org, tgl. 9–17 Uhr

Eine weitere Missionsstation liegt 15 Meilen von Solvang entfernt östlich von Lompoc in einem Gebiet, in dem sich Farmer auf den kommerziellen Blumenanbau spezialisiert haben und sich im Frühjahr riesige Blütenteppiche ausdehnen. Die 1787 gegründete, in einem State Historic Park liegende **Purisima Mission,** auf der während der Blütezeiten die indianischen Arbeitskräfte der Missionare für eine 23 000-köpfige Rinder- und Schafherde zuständig waren, wurde 1812 durch ein Erdbeben fast völlig zerstört, zerfiel nach dem Wiederaufbau im Zuge der Säkularisierung und entstand 1934 nach Originalplänen neu.

Pismo Beach ▶ 1, F 13

Beim Flanieren durch **Pismo Beach** kann man sich des Eindrucks nicht erwehren, dass die besten Tage der Küstengemeinde längst vorüber sind. Das sehen die Einheimischen auch

Zuweilen musikalisch untermalt: Sonnen-Showdown am Pismo Beach

Central Coast

MIT DEM ATV ODER ZU FUSS IN DEN OCEANO DUNES

Tour-Infos
Lage: ▶ 1, F 13
Start: Der Zugang zu den Oceano Dunes liegt im Städtchen Oceano beim sogenannten Post 2, wo die Pier Avenue am Strand endet.
Öffnungszeiten und Gebühren: ganzjährig 24 Stunden, Tagesaufenthalt 6–23 Uhr, Parkgebühr 5 $
Anbieter: Steve's ATV, Sand Hwy, Pole 2, Oceano, Tel. 1-844-278-3837, www.stevesatv.com; Pacific Dunes Ranch RV Resort, 1205 Silver Spur Place, Oceano, Tel. 1-805-489-7787, http://pacificdunesranch.com. Obligatorisch ist eine Schadenskaution je nach Fahrzeug von mindestens 100 $. Fahrer unter 18 Jahren benötigen ein Sicherheitszertifikat, das man online unter www.rideatvoregon.org bekommen kann.
Infos: Ranger Station, 928 Pacific Blvd., Oceano CA, Tel. 1-805-473-7220, http://ohv.parks.ca.gov > SVRAs > Oceano Dunes SVRA

Zwei Mio. Besucher lassen sich Jahr für Jahr vom drei Meilen südlich von Pismo Beach beginnenden **Oceano Dunes State Vehicular Recreation Area** in Bann ziehen. Der Grund: Das durch einen flachen Strand und dahinter liegende Dünen geprägte Gebiet ist ein wahrer Open-Air-Abenteuerspielplatz für Groß und Klein, ob man schwimmen, campen, angeln, wandern oder mit Offroad-Fahrzeugen durch die Sandhügel preschen will.
Bei **Post 2** beginnt die Dünenlandschaft, die sich auf einer Länge von 18 Meilen bis zum Point Sal State Beach im Süden erstreckt. Über 6 km² des Küstenabschnitts bilden das bekannteste Off-Road-Gebiet an Kaliforniens Küste, das man von einigen abgegrenzten Naturschutzreservaten mit geländegängigen Fahrzeugen kreuz und quer durchfahren kann. Die mobile Leihstelle von **Steve's ATV** an Post 2 vermietet unterschiedliche ATV (All Terrain Vehicle). An Ferienwochenenden patrouillieren neben Rangern auch freiwillige Hilfskräfte, die bei Problemen helfen.
Camping ist südlich von Post 2 sowohl am Strand als auch in den nicht gesperrten Dünen erlaubt. Man kann sich seinen Platz selbst aussuchen, nachdem man am Eingang pro Übernachtung und

Pkw 10 $ bezahlt hat. Strom- und Wasseranschlüsse gibt es nicht. Toiletten sind vorhanden. Reservieren kann man das ganze Jahr hindurch unter Tel. 1-844-278-3837. Wer kein Allradfahrzeug fährt, sollte lieber an der Pier Avenue parken, da der Sand am Strand tief sein kann.

Der kommerzielle Campingplatz **Pacific Dunes Ranch RV Resort** am Rand des Dünengebietes bietet Plätze mit Stromversorgung für Wohnmobile, ein großes Areal zum Grillen und ein Volleyballfeld an. Außerdem gibt es einen **Reitstall,** in dem man Pferde für geführte Strandausflüge ausleihen kann.

Der ca. 9 km lange **Meeresstrand** ist für Urlaub in Sonne und Sand wie geschaffen. Aber Vorsicht beim Schwimmen in tieferem Wasser. Es gibt Stellen mit tückischen Strömungen. Von Juni bis Anfang September sind die Badeplätze beaufsichtigt. Muscheln sammeln darf nur, wer eine Anglerlizenz besitzt.

Beim Ort **Guadalupe** liegen die **Guadalupe-Nipomo Dunes,** wo der Regisseur Cecil B. DeMille 1923 den Film »Die zehn Gebote« drehte. Kulissen wie ein riesiger Tempel und mehrere Sphinxe wurden nach Abschluss der Dreharbeiten gesprengt und verbuddelt, aber in jüngster Zeit zum Teil ausgegraben. Einiges davon ist im **Dunes Center** ausgestellt (1065 Guadalupe St., Guadalupe, CA 93434, Tel. 1-805-343-2455, http://dunescenter.org).

so, sind aber zugleich davon überzeugt, dass ihr Heimatort bereits wieder im Kommen ist. In den 1930er-Jahren zeigten sich am attraktiven Strand die Schönen und Berühmten aus Hollywood, u. a. Clark Gable und Spencer Tracy, die in luxuriösen Sommerhäusern logierten. Kein Wunder, dass der Ort im Sog der High Society zu einer der bekanntesten Strandgemeinden nördlich von Los Angeles wurde.

Monarch Butterfly Grove

400 S. Dolliver St., www.monarchbutterfly.org
Zwischen November und Februar machen in den Eukalyptuswäldchen im **Pismo Beach Grove** mehrere Zehntausend Monarch-Schmetterlinge auf ihrer Wanderung zwischen Mexiko und Kanada Station und lassen sich von etwa ebenso vielen zweibeinigen Schaulustigen bewundern. Nirgendwo im Westen der Vereinigten Staaten gibt es eine größere Schmetterlingskolonie.

Infos

Pismo Beach Chamber of Commerce: 581 Dolliver St, Pismo Beach, CA 93449, Tel. 1-805-773-4382, www.pismochamber.com.

Übernachten

Für Strandurlauber – **Sandcastle Inn:** 100 Stimson Ave., Tel. 1-805-773-2422, www.sandcastleinn.com. Große Ferienanlage neben dem Pier mit unverbautem Blick auf Strand und Meer. Geräumige Zimmer und Suiten, manche mit Patio und offenem Kamin, kleines amerikanisches Frühstück inklusive. DZ ab 155 $, am Wochenende ab 199 $.

Gute Lage – **Dolphin Cove Lodge:** 170 Main St., Tel. 1-805-773-4706, www.dolphincovemotel.com. Direkt am Pier liegt das schmucke Nichtraucher-Motel mit Strandzugang, alle Räume haben einen wunderschönen Meeresblick, teilweise sind sie mit Küchen ausgestattet. DZ ab 125 $.

Platz für Wohnmobile – **Le Sage Riviera RV Park:** 319 Hwy 1, Grover Beach, Tel. 1-805-489-5506, www.lesageriviera.com. Der Park bietet Stellplätze für Wohnmobile und Camper, nur wenige Schritte vom traumhaften Strand entfernt.

Essen & Trinken

Einfach & gut – **Splash Cafe:** 197 Pomeroy St., Tel. 1-805-773-4653, www.splashcafe.com, tgl. ab 8 Uhr. Lokaler, mit Strand- und Surfszenen an den Wänden dekorierter Klassiker; ausgezeichnete Chowders und Fish & Chips. Ab 6 $.

Einkaufen

Für Budget-Konsumenten – **Premium Outlets:** 333 Five Cities Dr., Mo–Sa 10–21, So 10–

19 Uhr. Zentrum für Fabrikverkäufe mit Filialen von Calvin Klein, Ralph Lauren und Tommy Hilfiger. Man bekommt auch Reisegepäck, Schuhe und Kosmetik.

Aktiv
Wassersport – **Pismo Beach Surf Shop:** 470 Price St., Tel. 1-805-441-5792, www.pismo beachsurfshop.com. Verleih von Ausrüstung für Wassersport.

Zwei- und Vierradverleih – **Wheel Fun Rentals:** 630 Cypress St., Tel. 1-805-773-0197, www.wheelfunrentals.com/Locations/Pismo-Beach. Verleih von allem, was man mit eigener Kraft mit Pedalen vorwärtsbewegen kann.

San Luis Obispo
▶ 1, F 12

Nördlich von Pismo Beach macht der Highway No. 1 bzw. 101 einen Abstecher ins Landesinnere. Ca. 13 Meilen von der Küste entfernt liegt das 45 000 Einwohner große **San Luis Obispo** am Eingang des Salinas Valley (s. S. 317). Ein beträchtlicher Teil der Bevölkerung besteht aus Studenten der örtlichen California Polytechnic State University, die zur lebendigen Atmosphäre der Stadt beitragen.

Mission San Luis Obispo de Tolosa
Ecke Monterey/Chorro Sts., Tel. 1-805-781-8220, www.missionsanluisobispo.org, Museum 5 $

Den Grundstein für den Ort legten spanische Franziskaner 1772 mit der Gründung der **Mission San Luis Obispo de Tolosa.** Danach vergingen Jahrzehnte, ehe der Anschluss an die Southern Pacific Railroad 1894 den Beginn der modernen Stadtentwicklung markierte. Die heute als Pfarrkirche genutzte Missionsstation sieht nach ihrer Restaurierung so aus wie zu Beginn des 19. Jh., besitzt aber nicht das historische Flair der weiter nördlich im Salinas Valley gelegenen Stationen. Vor der Kirche dehnt sich die schattige, baumbestandene Mission Plaza aus; Bronzeskulpturen eines Mädchens und eines Grizzlybärs schmücken einen Brunnen.

Madonna Inn
100 Madonna Rd., Tel. 1-805-543-3000, www.madonnainn.com, DZ in der Nebensaison ab 189 $, unbedingt rechtzeitig reservieren

Mit dem **Madonna Inn** liegt am südlichen Stadtrand das wahrscheinlich verrückteste Hotel Kaliforniens, wenn nicht der USA. Äußerlich betrachtet könnte man auf die Idee kommen, der Architekt habe viktorianische Stilelemente mit Fred-Feuerstein-Design gemischt. Im Innern präsentiert sich der Gold Rush Dining Room als Orgie in Pink und Samt. Einmaligkeit beansprucht das Motel aber hauptsächlich wegen seiner individuell gestalteten Zimmer. Gäste haben die Qual der Wahl zwischen Höhlendesign oder Zuckerbäckerstil, Safari-Look oder dem Thema Hawaii. Die Fantasien der Innenausstatter machten nicht einmal vor den Herrentoiletten Halt, wo ›man‹ es mit weit aufgerissenen Hairachen zu tun bekommt.

Bubblegum Alley
Außer dem verrücktesten Hotel gibt es in der Stadt auch die vermutlich unappetitlichste, aber auch skurrilste Straße in ganz Kaliforniens. Eine schmale Gasse nahe der Kreuzung von Broad und Higuera Street trägt den Namen **Bubblegum Alley,** weil Passanten an den Wänden dieses Durchgangs seit den 1960er-Jahren Abertausende gebrauchter Kaugummis in allen Farben und Formen hinterließen.

Historical Museum
696 Monterey St., Tel. 1-805-543-0638, http://historycenterslo.org, tgl. 10–16 Uhr

Wer sich für die Kultur der früher in der Region lebenden Chumash- und Salinan-Indianer interessiert, findet im **San Luis Obispo County Historical Museum** neben zahlreichen anderen historischen Exponaten Ausstellungsstücke der materiellen Kultur dieser beiden Gruppen; das Zentrum zeigt zudem Wechselausstellungen zur Alltagskultur der frühen Siedler.

Infos

San Luis Obispo Visitor Center: 895 Monterey St., San Luis Obispo, CA 93401, Tel. 1-805-781-2777, http://visitslo.com. Hier gibt es alle praktischen Informationen.

Übernachten

Hübsche Bleibe – **Garden Street Inn:** 1212 Garden St., Tel. 1-805-545-9802, www.gardenstreetinn.com. Elegant-gemütliches historisches B & B in zentraler Lage mit sehr geschmackvoll eingerichteten Zimmern und Suiten. DZ ab 139 $.

Reizende Unterkunft – **Heritage Inn B & B:** 978 Olive St., Tel. 1-805-544-7440, www.heritageinnslo.com. Gäste werden häufig vom Kater Blue begrüßt. Sieben hübsche, zum Teil aber etwas kitschig hergerichtete Zimmer in einem Anwesen, das 1980 per Tieflader an den heutigen Standort versetzt wurde. DZ ab 115 $.

Ordentliches Kettenmotel – **Motel 6 South:** 1625 Calle Joaquin, Tel. 1-805-541-6992, www.motel6.com. Ordentliche und sehr preiswerte Motelzimmer mit eigenem Bad und WC sowie einem kleinen Schreibtisch. DZ ab ca. 60 $.

Essen & Trinken

Globale Küche – **Novo:** 726 Higuera St., Tel. 1-805-543-3986, www.novorestaurant.com, tgl. ab 11 Uhr. Brasilianische, südeuropäische und asiatische Geschmacksrichtungen bestimmen die Küche des Lokals. In den Preisen ist das Trinkgeld inbegriffen. Ab 20 $.

Publikumsliebling – **F. McLintocks:** 686 Higuera St., Tel. 1-805-541-0686, www.mclintocks.com, tgl. 7–21 Uhr. Beliebtes und entsprechend lebhaftes Restaurant mit Bar, in dem sich alles um Barbecue-Gerichte dreht. Jeden Donnerstag veranstalten die Köche eine sehenswerte Show, wenn sie auf dem Farmers' Market Rippchen von einem riesigen Holzkohlegrill unter die Leute bringen. Ab 12 $.

FETZIGER NACHTMARKT

Eine gute Gelegenheit, die aufgeweckte Atmosphäre von San Luis Obispo mitzuerleben, bietet sich jeden Donnerstagabend, wenn auf der Higuera Street mitten im Herzen der Stadt der traditionelle **Farmers' Market** stattfindet. Früher war dieser Bauernmarkt nur eine Verkaufsveranstaltung lokaler und regionaler Landwirte. Aus dem wöchentlichen Abendverkauf ist aber längst ein quirliger Event geworden, bei dem an Barbecue-Ständen gegrillt wird, auf der Straße sitzende Kunden die Köstlichkeiten verzehren und lokale Bands die Begleitmusik dazu liefern (www.slocountyfarmers.org, jeden Do 18–21 Uhr außer bei Regenwetter).

Von San Luis Obispo nach Norden

Morro Bay ▶ 1, F 12

Der Highway No. 1 erreicht bei **Morro Bay** wieder die Küste. Die Gemeinde verdankt ihren Namen dem pyramidenförmigen **Morro Rock** an der Estero Bay, der zu sieben längst erloschenen Vulkanen gehört, die unter dem Namen Sieben Schwestern bekannt sind. Früher wurde der 175 m hohe Hausberg als Steinbruch benutzt, ehe darauf ein Schutzgebiet für Wanderfalken entstand. Der örtliche Fischereihafen gehört zu den bedeutendsten an der kalifornischen Küste.

 Hearst Castle ▶ 1, E 12

750 Hearst Castle Rd., San Simeon, Tel. 1-916-414-8400, Anschluss 4100 oder 1-800-444-4445, www.hearstcastle.org; sechs unter-

Central Coast

BEIM SCHAULAUFEN DER SCHWERGEWICHTE

An der Küste nördlich von San Simeon staunten die Küstenbewohner nicht schlecht, als sich Ende 1990 am Sandstrand einige Dutzend Seeelefanten niederließen, um ihre Jungen zur Welt zu bringen. In den folgenden Jahren wurde der Pazifikabschnitt **Piedras Blancas** bei den bis über 2 t schweren Tieren so populär, dass Experten die dortige Tierkolonie zuletzt auf mehrere Tausend Exemplare schätzten.

Vom Parkplatz (gratis) an der Meerseite des Highway 1 muss man nur wenige Schritte gehen, um die Kolosse unterhalb einer ca. 5 m hohen Böschung am flachen Strand liegen zu sehen. Auf Schautafeln erfährt man, dass die Meeresriesen acht bis zehn Monate im Jahr im offenen Meer verbringen, wo sie auf der Nahrungssuche weit über 1000 m tief tauchen. Zur Paarung, zur Geburt und zum Fellwechsel kommen sie an Land. Am lebhaftesten geht es zwischen Ende November und März zu, wenn vor Ort über 3500 Junge zur Welt kommen. Nach der Paarung bzw. der Geburt der Jungen kehren die Eltern in ihr Element zurück, während der Nachwuchs weitere acht bis zehn Wochen alleine und ohne Nahrung am Strand zurückbleibt und nach und nach im niedrigen Wasser das Schwimmen lernt.

Um die Tiere zu schützen, wurde über dem Strand ein Steg errichtet, von dem man das laute Treiben aus einer Entfernung von teils kaum mehr als 10 m studieren kann. Wer Fragen hat, hält nach Dozenten der Organisation Friends of the Elephant Seal Ausschau, die an ihren blauen Jacken erkennbar sind (Piedras Blancas Elephant Seal Rookery 7,7 Meilen nördlich von San Simeon, www.elephantseal.org, http://sansimeonchamber.org/attractions/elephant-seals).

Um ein Haar wäre die Spezies ausgestorben: Nördliche Seeelefanten bei Piedras Blancas

schiedliche Führungen werden tgl. ab 8.20 Uhr angeboten, im Frühjahr und Herbst gibt es auch eine Abendtour; obwohl eine Straße bis vor die Villa führt, ist privater Autoverkehr nicht erlaubt.

Blickt man von der Pazifikküste bei San Simeon in die sonnenverbrannten Grashügel des Küstengebirges hinauf, entdeckt man auf einer Anhöhe einen Palast, der einer Fata Morgana ähnelt. Für den heutigen Gegenwert von rund 400 Mio. Dollar ließ sich der kalifornische Zeitungsmagnat William Randolph Hearst (1863–1951) in den Jahren nach 1919 mitten in der Ranchlandschaft das sogenannte **Hearst Castle** errichten, mit dem der extrovertierte Unternehmer Reichtum und Macht eindrucksvoll zur Schau stellte.

Unter der Ägide der renommierten Architektin Julia Morgan entstand über die Jahre in einem abenteuerlichen Stilmix eine monumentale, im Westen der USA einmalige Anlage, die aus der kathedralenähnlichen Casa Grande und umliegenden kleineren Villen für Gäste besteht. An Bau- und Kunststilen ist so ziemlich alles vertreten, was jemals als Architektur oder Dekor bezeichnet wurde – von Nachbildungen griechischer und römischer Götter über byzantinische Elemente bis zu gotischen Gebäudeteilen.

Die Ehefrau von Hearst wohnte nie in diesem fürstlichen Ambiente, da der Hausherr sein Leben mit der Schauspielerin Marion Davies teilte. Zehn Jahre vor seinem Tod versuchte Hearst erfolglos, die Freigabe von Orson Welles Meisterwerk »Citizen Cane« zu verhindern. In dem kritischen Film weist der im Mittelpunkt stehende Zeitungszar Charles Foster Kane Charakterzüge auf, die nicht nur zufällig an den verschwenderischen und herrschsüchtigen Hausherrn von Hearst Castle erinnern. Nach dem Tod von Hearst vermachte die Familie den Besitz dem kalifornischen Staat, behielt aber im Umkreis etwa 32 000 ha Land.

Abseits des Highway No. 1 ließ der mit der Verwaltung beauftragte National Park Service eine Empfangsanlage für Hunderttausende von Besuchern bauen, die der Sehenswürdigkeit alljährlich ihre Aufwartung machen.

Big Sur ▶ 1, E 11

Der Küstenabschnitt **Big Sur** ist eine epische Landschaft mit Wäldchen aus gewaltigen Redwood-Bäumen, heißen Quellen, nebelverhangenen Buchten und dem legendären Highway No. 1. Abseits der Straße spielte sich in den vergangenen Jahren ein heimlicher Bauboom ab, der trotz strikter Bau- und Naturschutzgesetze versteckte Ferienhäuser entstehen ließ. Wo in den 1960er- und 1970er-Jahren Blumenkinder und Aussteiger in wackligen Bretterhütten einem alternativen Lebensstil frönten, stehen heute zwecks Selbstversorgung mit Solaranlagen und Wasserzisternen ausgestattete exklusive Zweitwohnungen von Schwerreichen, die sich vom wildromantischen Reiz der Küstenlandschaft verführen ließen.

Der berühmteste Streckenabschnitt des **Highway No. 1** mäandert auf ca. 90 Meilen zwischen San Simeon und Carmel direkt am Meer entlang. Wie eine asphaltierte Achterbahn zwängt sich die kurvige Straße zwischen die Santa-Lucia-Berge und die felsige Pazifikküste, und hinter jeder Serpentine schlagen atemberaubende Ausblicke neue Postkartenpanoramen auf. Erst um die Mitte des 19. Jh. ließen sich in Big Sur die ersten Einwanderer nieder, gefolgt von Holzfällertrupps und Viehzüchtern, die abseits der Küstenlinie ihre Camps und Ranches bauten. Danach dauerte es fast nochmals ein Jahrhundert, ehe der Highway No. 1 im Jahre 1937 fertiggestellt war. Auch danach blieb die Küste ein isolierter Landstrich, selbst nachdem in den 1950er-Jahren Schriftsteller wie Henry Miller und Jack Kerouac ihre Eindrücke von dieser abgeschiedenen Welt zwischen Buchdeckeln publiziert und die Folk-Legende Joan Baez ein Jahrzehnt später ein jährlich wiederkehrendes Song-Festival ins Leben gerufen hatte.

Zeichen der Zivilisation wie die fotogene **Bixby Creek Bridge** von 1932 13 Meilen südlich von Carmel, die Station der Küstenwache bei dem ins Meer hinausragenden **Point Sur** oder das hübsche Whalers' Café in **Gorda** sind selten, weil Anstrengungen zum Erhalt der

Central Coast

unverfälschten Naturlandschaft bis heute von Erfolg gekrönt waren. Minisiedlungen wie **Nepenthe** fallen als Zivilisationsinseln kaum ins Gewicht. Henry Miller lebte dort 18 Jahre lang. Zahlreiche Erstausgaben sind in der nach ihm benannten Memorial Library ausgestellt (Tel. 1-831-667-2574, www.henrymiller.org, tgl. außer Di 11–18 Uhr).

Auch der schottische Schriftsteller Robert Louis Stevenson fand an der Küste von Big Sur Anregungen, beispielsweise für seinen Erfolgsroman »Die Schatzinsel«, und kommentierte die Küste so: »Big Sur ist da, wo sich Berge und der Ozean zu einem dramatischen Rendezvous treffen. Das ist die schönste Begegnung von Land und See, die es auf der Erde gibt.«

Julia Pfeiffer Burns State Park
37 Meilen südlich des Städtchens Carmel bei Meilenstein 35.8 am Highway 1, Tel. 1-831-667-2315, www.parks.ca.gov > Visit a Park > Julia

Wie das Paradies auf Erden muten die Buchten im Julia Pfeiffer Burns State Park an

Point Lobos State Reserve

Pfeiffer Burns State Park, geöffnet von Sonnenauf- bis Sonnenuntergang, Parkgebühr 10 $
Der **Julia Pfeiffer Burns State Park** lädt mit berückenden Naturszenerien und Wanderwegen zu längeren Fahrpausen ein. Die schmale Sycamore Canyon Road führt fast bis zum traumhaften Sandstrand, an dem das Wasser des McWay Creek von einer senkrechten Klippe 25 m tief direkt in die Brandung fällt. Einige andere Wanderwege im Park sind hin und wieder wegen Waldbränden und Bergrutschen auf unabsehbare Zeit gesperrt.

Infos
Big Sur Chamber of Commerce: P.O. Box 87, Big Sur, CA 93920, Tel. 1-831-667-2100, www.bigsurcalifornia.org.

Essen & Trinken
Traumhafte Oase mit Panoramablick –
Nepenthe Restaurant: Hwy 1, Big Sur, Tel. 1-831-667-2345, www.nepenthebigsur.com, Lunch und Dinner. Hoch über der Steilküste kann man sich auf der Terrasse des legendären Lokals den Ambrosiaburger (17,50 $), das Hühnchen mit Salbeifüllung und Cranberry-Sauce (31 $) oder ein Phoenix Steak mit Broccoli und Kartoffeln (49,50 $) servieren lassen und den grandiosen Blick auf die Küste und den Pazifik genießen.

Point Lobos State Reserve ▶ 1, E 11

Rte 1, Box 62, Carmel, CA 93923, Tel. 1-831-624-4909, www.pointlobos.org, www.parks.ca.gov/pointlobos, tgl. 8 Uhr bis Sonnenuntergang, Eintritt pro Pkw 10 $
Punta de los Lobos (Platz der Seewölfe) nannten die Spanier die Halbinsel südlich der Bucht von Carmel. Von dieser Bezeichnung leitet sich der heutige Name **Point Lobos State Natural Reserve** ab, ein Juwel unter den kalifornischen Naturschutzgebieten. Nirgends sonst gibt es noch so viele Monterey-Zypressen wie an dieser wilden Küste mit ihren zahlreichen kleinen Buchten, in denen der Blick durch das grünblaue Wasser bis auf den Grund reicht.

Entlang senkrechter Klippen führen Wanderwege zu grandiosen Aussichtspunkten. Seelöwen und Robben sind in diesem Küstenparadies meist unter sich. Mancherorts finden sich Überreste längst verfallener Indianersiedlungen und einer nicht mehr existierenden Fischereiindustrie, die es hauptsächlich auf Abalone-Schnecken abgesehen hatte.

Monterey Bay und Salinas Valley

Carmel und Monterey sowie das Universitätsstädtchen Santa Cruz bilden unumstritten die Hauptanziehungspunkte an der malerischen Bucht von Monterey. Schroffe Küsten umgeben das historische Monterey, das als ehemalige Hauptstadt des Golden State und als Sardinenmetropole Amerikas sogar Literaturgeschichte machte. Im nahe gelegenen Salinas Valley wuchs der bekannte US-Schriftsteller und Nobelpreisträger für Literatur John Steinbeck auf.

Carmel-by-the-Sea

▶ 1, E 10

Neonreklamen, Hot-Dog-Imbisse und Hamburgerketten sucht man im Kern von **Carmel** vergeblich. Seit Jahrzehnten pflegt das Städtchen seinen Ruf als konservative Besserverdienergemeinde mit Maßnahmen, die Straßenbeleuchtungen in den Wohngebieten, Plastikpflanzen in Vorgärten und die überall üblichen Briefkästen verbieten, um das Ortsbild nicht zu verschandeln. Von 1986 bis 1988 leistete man sich sogar einen Bürgermeister namens Clint Eastwood, um sich auch administrativ den Schein des Besonderen zu verleihen. Auf geführten **Stadtspaziergängen** kann man die interessantesten Teile von Carmel kennenlernen (Treffpunkt: Lincoln St. & Ocean Ave., Tel. 1-888-284-8405, www.carmel walks.com, Di–Fr 10, Sa 10 u.14 Uhr, 2 Std., 30 $).

Mission San Carlos Borromeo de Carmelo

3080 Rio Rd., Tel. 1-831-624-1271, www.car melmission.org, Museum tgl. 8.30–19 Uhr, Erw. 6,50 $, Sen. 4 $, Kin. unter 17 J. 2 $
Historische Wiege des blitzsauberen Städtchens ist die **Mission San Carlos Borromeo de Carmelo,** die 1771 von Monterey nach Carmel verlegt wurde. Im Garten ranken blühende Rosenbüsche und Bougainvillea-Sträucher über bemooste Mauern. Das Portal der Kirche mit neobarockem Dekor wird durch ein sternförmiges Fenster geschmückt. Der angebaute gedrungene Turm besitzt einen fast orientalisch anmutenden Aufsatz. Im Innern, wo selbst im heißesten Hochsommer angenehme Kühle herrscht, erinnert ein Sarkophag mit den sterblichen Überresten des Franziskanerpaters Junípero Serra an den Gründer der ersten spanischen Missionen im Lande. Im umbauten Innenhof plätschert ein alter Brunnen und macht die Missionsstation zum friedlichsten Flecken, den man sich vorstellen kann.

17 Mile Drive

Carmel ist von seiner nördlichen Nachbarstadt Monterey durch die ins Meer hineinragende Monterey-Halbinsel getrennt und gleichzeitig durch den sogenannten **17 Mile Drive** entlang der Küstenlinie mit ihr verbunden. ›Erst bezahlen, dann genießen‹ heißt es auf dieser Strecke, weil es sich um eine Privatstraße im Besitz einer Hotelgesellschaft handelt. Nach dem Mauthäuschen folgt die Asphaltstraße durch Kiefern- und Zedernwälder der Küste, manchmal nur einen Steinwurf von der mächtigen Brandung entfernt, die donnernd über den zerklüfteten Felsensaum herfällt. Knapp zwei Dutzend Aussichtspunkte reihen sich auf den 17 Meilen aneinander und präsentieren Südkaliforniens Küste von ihrer schönsten Seite.

Der mitten in der Brandung liegende **Seal and Bird Rock** dient einer Robbenkolonie sowie Seemöwen, Pelikanen und Schwarzen Kormoranen als Refugium. Der bekannteste Stopp befindet sich bei **Lone Cypress,** wo sich eine einzelne Monterey-Zypresse seit über 250 Jahren mit ihren Wurzeln auf einem von Wellen umtosten Felsen festkrallt.

Am südlichen Ende des Drive liegt die 1919 erbaute **Lodge at Pebble Beach** mit einem der schönsten Golfplätze Amerikas und einem 7. Loch auf einer Felsklippe über dem schäumenden Meer. Der Anblick lässt sogar Nicht-Golfern das Herz höherschlagen (www.pebblebeach.com, 10 $ pro Pkw).

Monterey ▶ 1, E 10

Cityplan: S. 311

Monterey, in den 1770er-Jahren eine der ersten spanischen Niederlassungen an der amerikanischen Westküste, war zur Zeit der Spanier und der Mexikaner Kaliforniens Hauptstadt. Nachdem 1849 vor Ort die kalifornische Verfassung verabschiedet worden war, trat der Golden State ein Jahr später der Amerikanischen Union bei und wurde US-Bundesstaat. In den folgenden Jahrzehnten verlor die Stadt ihre politische Bedeutung zwar an Sacramento. Aber der Walfang und seit dem frühen 20. Jh. der Sardinenfang machten Monterey zu einem der bedeutendsten Fischereizentren der Westküste. Um 1913 kam die Flotte der Sardinenfischer jede Nacht mit etwa 25 t Fisch zurück, die in 18 Fabriken verarbeitet wurden. Die jahrzehntelange Überfischung der Küstengewässer blieb nicht ohne Folgen. Nach und nach schwanden die pazifischen Erträge, bis die Sardinenschwärme Ende der 1940er-Jahre ganz ausblieben und alle Verarbeitungsfabriken schließen mussten.

Nördlich des Zentrums

Cannery Row 1

Der Schriftsteller **John Steinbeck** beschrieb in seinem 1946 erschienenen berühmten Roman »Die Straße der Ölsardinen« das stimmungsvolle Monterey der 1920er- und 1930er-Jahre auf sehr lebhafte und anschauliche Weise. Als David S. Ward das Buch Anfang der 1980er-Jahre mit Nick Nolte und Debra Winger in den Hauptrollen verfilmte, hatte sich die richtige Cannery Row in Monterey schon so sehr verändert, dass dem Leinwandstreifen in Hollywood gebaute Kulissen romantisches Flair verleihen mussten. Längst sind geruchsintensive Konservenfabriken, Lagerhallen, Fischkutter und Kleine-Leute-Viertel den Weg alles Zeitlichen gegangen. Auf der von Steinbeck ins Blickfeld gerückten **Cannery Row** sind Arbeiter im Blaumann, die Karren voller Fischabfälle über holpriges Pflaster ziehen, auf Touristenmassen eingestellten Restaurants, Ladengalerien und Souvenirshops gewichen.

Monterey Bay Aquarium 2

1-886 Cannery Row, Tel. 1-831-648-4800, www.montereybayaquarium.org, Mai–Sept. 9.30–18, sonst 10–17 Uhr, Erw. 49,95 $, Kin. 3–12 J. 29,95 $

Unumstrittener Lichtpunkt im Touristentrubel ist das viel gepriesene **Monterey Bay Aquarium.** Im Sommer bilden sich lange Warteschlangen an den Kassen, und vor den Becken herrscht oft so dichtes Gedränge, dass Besucher sich in Geduld üben müssen. Manche gläserne Tanks sind so riesig, dass man das darin enthaltene Meeresleben von mehreren Stockwerken aus beobachten kann. Am Fuß dieser gewaltigen Aquarien hat man den Eindruck, als stünde man auf dem Boden des Ozeans, über sich der in sanftem Rhythmus fächelnde Algenwald und Schwärme von silbrig glänzenden Fischen. In anderen Becken treten Seeotter als Alleinunterhalter auf, indem sie sich ihre Shrimps auf den Bauch häufen und zur Freude der Zuschauer genüsslich kauend in Rückenlage ihre Runden drehen.

Seelöwen-Refugium Coast Guard Pier 3

In den 1990er-Jahren ließen sich im Hafen eine Zeit lang große Kolonien von Seelöwen nieder. Zum Teil kletterten sie auf Boote und Jachten und machten sich dadurch nicht nur Freunde. In jüngerer Vergangenheit tummeln sich Hunderte der Riesen auf dem felsigen Brandungswall, der den **Coast Guard Pier**

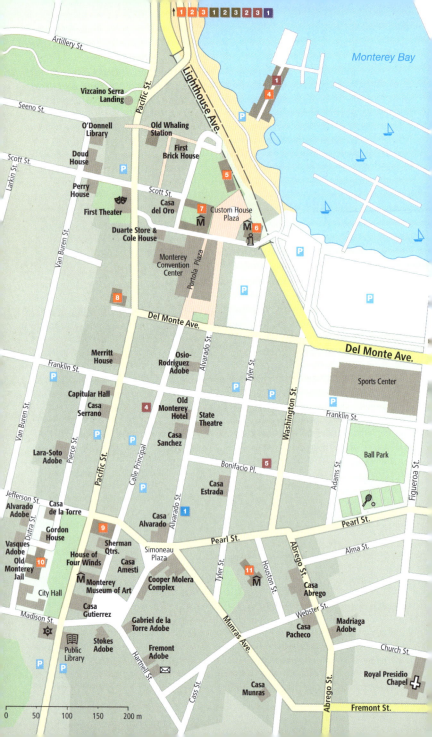

Monterey

Sehenswert
1. Cannery Row
2. Monterey Bay Aquarium
3. Seelöwen-Refugium Coast Guard Pier
4. Fisherman's Wharf
5. Custom House
6. Dali 17
7. Pacific House
8. Casa Soberanes
9. Larkin House
10. Colton Hall
11. Stevenson House

Übernachten
1. Monterey Plaza
2. The Jabberwock
3. Victorian Inn
4. Monterey Bay Lodge
5. Stage Coach Lodge

Essen & Trinken
1. Old Fisherman's Grotto
2. Chart House
3. Fishhopper
4. Montrio Bistro
5. Paris Bakery Café

Abends & Nachts
1. Bull and Bear

Aktiv
1. Ag Venture Tours

---

nordwestlich von Fisherman's Wharf schützt. Schon lange bevor man die Tiere sieht, vernimmt man aus der Ferne ihr lautes Bellen.

Monterey State Historic Park

Alle Führungen kostenlos

Im Gegensatz zu den Fischereianlagen opferte die Stadt ihre Relikte aus der Kolonialgeschichte nicht gänzlich dem Kommerz. Der Nachwelt blieben Bauten im Stadtzentrum erhalten, die im **Monterey State Historic Park** unter Schutz gestellt sind.

Fisherman's Wharf 4

www.montereywharf.com

Ausgangspunkt für einen Rundgang durch das historische Viertel ist **Fisherman's Wharf.** Anstelle von Walfangschiffen und Kuttern der Sardinenflotten machen dort heute Hochseejachten fest, die man samt Besatzung für einen Angeltörn mieten kann. Auf dem 1846 erbauten Pier reihen sich Andenkenläden, Restaurants und Imbissbuden aneinander.

Custom House 5

www.oldmonterey.org/biz/custom-house-store, tgl. 10–16 Uhr

Als ältestes öffentliches Gebäude westlich der Rocky Mountains gilt das **Custom House.** Ein Trakt wurde schon 1827 erbaut und später durch einen Anbau ergänzt, um dort das Zollbüro unterzubringen. Heute verkauft ein Souvenirladen Mitbringsel, die an Kaliforniens Geschichte erinnern.

Dali 17 6

Stanton Center, 5 Custom House Plaza, Tel. 1-831-372-2608, www.dali17.com, tgl. 10–17 Uhr, Erw. 20 $, Sen. 16 $, Kin. 6–17 10 $

Das frühere Museum of Monterey wurde in das Kunstmuseum **Dali 17** umgewandelt, in dem über 500 aus privaten Sammlungen stammende Werke des spanischen Surrealisten Salvador Dalí ausgestellt sind.

Pacific House 7

20 Custom House Plaza, Tel. 1-831-649-7118, www.historicmonterey.org/historicbuildings/pacific-house, Fr–Mo 10–16 Uhr, 3 $

Das **Pacific House** diente nach seiner Fertigstellung 1847 als Offiziersquartier und als Nachschubdepot für das Militär, besaß aber auch einen Ballsaal für gesellschaftliche Veranstaltungen. Im Erdgeschoss sind Ausstellungen über die Rolle von Monterey als Hauptstadt Kaliforniens während der spanischen bzw. mexikanischen Herrschaft zu sehen. Im Obergeschoss zeigt das **Museum of the American Indian** alltägliche Gebrauchsgegenstände der Native Americans.

Casa Soberanes 8

336 Pacific St., Ecke Del Monte Ave., Tel. 1-831-649-7118, www.historicmonterey.org, Führungen nach Voranmeldung

In der 1842 aus Adobe erbauten **Casa Soberanes** quartierte der Chef der damaligen Zollbehörde seine Braut ein. Das zweigeschossige Anwesen ist heute mit Mobiliar aus Neuengland, Kunstgewerbe aus Mexiko und Porzellan aus China ausgestattet, womit u. a. die Bedeutung des Überseehandels im 19. Jh. dokumentiert wird.

Larkin House 9

464 Calle Principal, Tel. 1-831-649-7118, www.historicmonterey.org, Führungen nur auf Anfrage, Erw. 5 $, Kin. unter 6 J. frei

Zu den einflussreichsten Amerikanern im mexikanischen Kalifornien gehörte Thomas O. Larkin (1802–58). Durch den Handel mit Mexiko und den Hawaii-Inseln zu Geld und Macht gekommen, war er zwischen 1844 und 1848 US-Konsul in Monterey und nahm als Delegierter 1849 an der verfassungsgebenden Versammlung teil. Außer dem Pacific House baute er 1835 das nach ihm benannte zweigeschossige **Larkin House,** das zum Teil noch mit originalem Mobiliar ausgestattet ist.

Colton Hall 10

570 Pacific St., zwischen Jefferson & Madison St., Tel. 1-831-646-5640, www.historicmonterey.org, tgl. 10–16 Uhr

Die im neuenglischen Stil zwischen 1847 und 1849 errichtete **Colton Hall** war öffentlicher Versammlungsraum und Schule zugleich. Im Obergeschoss verabschiedeten 1849 die 48 Mitglieder der verfassungsgebenden Versammlung die kalifornische Staatsordnung.

Stevenson House 11

530 Houston St., Tel. 1-831-649-7118, www.historicmonterey.org, Sa 13–16 Uhr, Eintritt frei

Ursprünglich als Hotel erbaut, hatte das heutige **Stevenson House** 1878 einige Monate lang einen prominenten Gast: den schottischen Schriftsteller Robert Louis Stevenson. Auf einer Frankreichreise hatte er 1876 die verheiratete Fanny Osbourne kennengelernt

und sich Hals über Kopf in sie verliebt. Er folgte der Angebeteten in ihre Heimat Kalifornien und heiratete sie nach ihrer Scheidung 1880. Das Anwesen beherbergt heute ein Museum zum Leben und Werk Stevensons.

Infos

Monterey Visitors & Convention Bureau: 401 Camino El Estero, Monterey, CA 93940, Tel. 1-831-657-6400, www.seemonterey.com.

Übernachten

Zahlreiche preisgünstige Motels liegen an der Durchgangsstraße im Vorort Seaside.
Direkt am Meer – **Monterey Plaza** 1 : 400 Cannery Row, Tel. 1-831-920-6710, www.montereyplazahotel.com. Elegantes 5-Sterne-Ho-

Monterey

Heute das reinste Vergnügen – früher beherrschte Arbeit die Atmosphäre von Fisherman's Wharf

tel mit exquisit ausgestatteten Zimmern und Suiten, Spa, Fitnesscenter und zwei Restaurants. Man kann auf einer Terrasse direkt am Meer speisen. DZ ab ca. 290 $.

Bezauberndes B & B – **The Jabberwock** 2 : 598 Laine St., Tel. 1-831-372-4777, www.jabberwockinn.com. In einem ruhigen Garten gelegenes B & B mit sieben Zimmern, viel Atmosphäre, netten und hilfsbereiten Wirtsleuten und reichhaltigem Frühstück. DZ ab 189 $.

Nett eingerichtet – **Victorian Inn** 3 : 487 Foam St., Tel. 1-831-373-8000, www.victoraninn.com. Für Besuche des Aquariums und der Cannery Row günstig gelegene, etwas hellhörige Unterkunft mit 70 Zimmern, kleines Frühstück inklusive. DZ ab 155 $.

In bestechender Lage – **Monterey Bay Lodge** 4 : 55 Camino Aguajito, Tel. 1-831-372-8057, www.montereybaylodge.com. Nahe der Bucht gelegene Motorlodge mit 46 Zimmern, kostenlosem Internetzugang und Parkplatz. DZ ab 110 $.

Nette Bleibe – **Stage Coach Lodge** 5 : 1111 10th St., Tel. 1-831-373-3632, www.montereystagecoachlodge.com. Zu Fuß etwa 15 Min. von Fisherman's Wharf entfernt. Ordentliche Zimmer. Insgesamt ein gutes Preis-Leistungs-Verhältnis. DZ ab 110 $

Essen & Trinken

Dinieren mit Aussicht – **Old Fisherman's Grotto** 1 : 39 Fisherman's Wharf, Tel. 1-831-375-4604, www.oldfishermansgrotto.com, tgl.

Monterey Bay und Salinas Valley

11–22 Uhr. Im Hafen liegendes Restaurant mit nautischem Interieur. Zu den Küchenklassikern gehört Clam Chowder auf Monterey-Art, eine gebundene Muschelsuppe. Ca. 15–43 $.
Nicht verpassen! – **Chart House** 2 : 444 Cannery Row, Tel. 1-831-372-3362, www.chart-house.com, Lunch nur in der warmen Jahreszeit Sa, So 11.30–15, Dinner Mo–Fr ab 17, Sa, So ab 16 Uhr. Gutes Seafood und saftige Steaks machten das Lokal in den vergangenen Jahrzehnten populär. Wer einen Fensterplatz mit Blick aufs Meer wünscht, muss rechtzeitig reservieren. Dinner ab ca. 20 $.
Fabelhafte Aussicht – **Fishhopper** 3 : 700 Cannery Row, Tel. 1-831-372-8543, www.fishhopper.com/monterey.htm, tgl. Lunch und Dinner. Auf Pfählen stehendes Touristenlokal für Steaks und Seafood mit Blick auf die Bucht. Die beliebten Clam-Chowder-Suppen gibt es ab 7,95 $, Schwertfisch in Zitronen-Kapernsauce für 28 $. Dinner ab ca. 20 $.
Gut gekocht – **Montrio Bistro** 4 : 414 Calle Principal, Tel. 1-831-648-8880, www.montrio.com, tgl. 16.30–22, Fr, Sa bis 23 Uhr. Bunte Küchenpalette: Pasta-Gerichte, Geflügel, Seafood und Fleischspezialitäten. Dinner ab ca. 18 $.
Super Frühstück – **Paris Bakery Café** 5 : 271 Bonifacio Pl., Tel. 1-831-646-1620, http://parisbakery.us, Mo–Sa 6–18, So 6.30–16.30 Uhr. Wer nicht auf europäische Frühstücksgepflogenheiten verzichten will, ist hier bei diversen Brotsorten und süßen Teilchen an der richtigen Stelle. Ab 6 $.

Abends & Nachts

Biertrinkeroase – **Bull and Bear** 1 : 479 Alvarado St., Tel. 1-831-655-3031, www.bullandbearca.com, tgl. 11–2 Uhr, Happy-Hour tgl. 16–19 Uhr. An zwei Bars werden über 20 Biersorten ausgeschenkt. Am Wochenende Happy Hour 16–19 Uhr.

Aktiv

Ausflüge mit Weinproben – **Ag Venture Tours** 1 : P.O. Box 2634, Tel. 1-831-761-8463, www.agventuretours.com. Unterschiedliche Weintouren in der Region mit Abholservice in allen betreffenden Hotels sowie Rücktransport, Weinproben inklusive.

Monterey Bay ▶ 1, E 10

Zwischen Monterey im Süden und Santa Cruz im Norden beschreibt die Bucht von Monterey einen ebenmäßigen Bogen, dem in einiger Distanz zur Wasserkante der Küstenhighway No. 1 bzw. 101 folgt. Touristisch interessante Gemeinden sucht man auf der 43 Meilen langen Strecke vergeblich. Dafür dehnen sich zu beiden Seiten der Straße bis an den Horizont reichende Felder und Äcker aus, die das Küstenhinterland als bedeutende Agrarregion zu erkennen geben.

Castroville

Das 7000-Seelen-Städtchen **Castroville** feiert bereits seit über einem halben Jahrhundert jeweils im Mai mit dem großen **Artichoke Festival** jene Feldfrucht, die den meisten örtlichen Farmern ein Auskommen beschert (www.artichokefestival.org). 1948 wurde vor Ort die damals 22-jährige Norma Jeane Mortenson zur Artischockenkönigin gewählt, die später unter dem Namen Marilyn Monroe Filmkarriere machte.

Watsonville und Gilroy

Während sich die Landwirte in **Watsonville** auf den Anbau von Erdbeeren und Rosen spezialisierten, lässt sich **Gilroy** gern als die ›Knoblauchhauptstadt der Welt‹ bezeichnen. Hier dreht sich alles um das duftende Zwiebelgemüse, das seit 1979 jedes Jahr Ende Juli beim **Gilroy Garlic Festival** ausgelassen gefeiert wird (www.gilroygarlicfestival.com).

Santa Cruz ▶ 1, D 10

Hauptgeschäftsmeile in Downtown **Santa Cruz** ist die lebhafte, von Bäumen, Geschäften, Kiosken, Restaurants und Straßencafés gesäumte **Pacific Avenue.** Wer an *people watching* denkt, profitiert vom Ruf der Stadt als unangepasste Studentenmetropole, in der die Zahl von Freaks und Aussteigern, Straßenmusikanten und Wohnsitzlosen höher zu sein scheint als in vergleichbaren Kommunen.

Santa Cruz

Municipal Wharf

Von der Pacific Avenue abgesehen, spielt sich das Leben in Santa Cruz hauptsächlich an der Küste ab. Auf der **Municipal Wharf,** wo man bis zu einer halben Stunde kostenlos parken darf, befinden sich mehrere Restaurants, Läden und Kioske, die Wal- und Delfinbeobachtungstouren anbieten. Am Ende des Piers sind in den groben Dielenboden offene Stellen eingelassen, durch die man auf das Wasser bzw. das stützende Gebälk sieht, auf dem sich Seelöwen und Robben vom Schwimmen ausruhen.

Boardwalk

www.beachboardwalk.com, Ende Mai–Anf. Sept. tgl., sonst nur an Wochenenden, der Eintritt in den Park ist kostenlos, Ganztagesticket für unbegrenzte Fahrten 40 $

Neben der Wharf zieht sich am Strand auf einer Länge von ca. 800 m der seit über 100 Jahren existierende Vergnügungspark **Boardwalk** entlang. Populärste Attraktionen unter den fast drei Dutzend Fahrbetrieben und Rummeleinrichtungen sind ein Karussell mit handgeschnitzten Pferdchen von 1911 und der 1924 aus Holz erbaute Rollercoaster Big Dipper. Vor allem diese Achterbahn zieht Jahr für Jahr mehrere Millionen Besucher an. Viel verändert hat sich am legendären Oldtimer seit seiner Fertigstellung nicht. Außer dem Preis. Durften Gäste bei der Eröffnung das nervenkitzelnde Abenteuer für 15 Cent erleben, bezahlt man heute pro Fahrt 4–7 $.

Lighthouse State Beach und Umgebung

Westlich der Wharf folgt der attraktive **West Cliff Drive** der Küste und führt zum **Lighthouse State Beach,** wo ein kleiner Leuchtturm samt **Surfing Museum** ein bekanntes Surferrevier markiert (tgl. außer Di/Mi 12–16 Uhr, sonst kürzer). An dieser Steilküste herrschen fast ständig ideale Bedingungen zum Wellenreiten, entsprechend populär ist die Stelle sowohl bei aktiven Wassersportlern als auch bei deren schaulustigem Publikum. In östlicher Himmelsrichtung erreicht man auf dem **East Cliff Drive** vorbei an herrlichen Sandstränden den Nachbarort **Capitola.**

Seymour Marine Discovery Center

100 Shaffer Rd., Tel. 1-831-459-3800, http:// seymourcenter.ucsc.edu, Di–So 10–17 Uhr (Juli/Aug. auch Mo), Erw. 8 $, Kin. 3–16 J. 6 $

Über das Meeresleben vor der Küste informiert das **Seymour Marine Discovery Center** u. a. mit einem Meereslaboratorium und *touch tanks*. Im Außenbereich ist das riesige Skelett eines Blauwals zu bestaunen.

Museum of Art & History

705 Front St., Tel. 1-831-429-1964, www. santacruzmah.org, Di–So 11–17, Fr bis 21 Uhr, Erw. 5 $

Wem der Sinn eher nach Kunst steht, der begibt sich in das **Museum of Art & History,** das zeitgenössische Kunst und lokale Geschichte zeigt. In regelmäßigen Abständen sind wechselnde Ausstellungen zu sehen.

Infos

Santa Cruz County Conference and Visitors Council: 303 Water St., Santa Cruz, CA 95060, Tel. 1-831-425-1234, www.santacruzca.org.

Übernachten

Juwel am Meer – **Darling House:** 314 W. Cliff Dr., Tel. 1-831-458-1958, http://darlinghouse. com. In Strandnähe gelegenes Anwesen aus dem Jahr 1910 mit 8 individuell eingerichteten Zimmern, teils mit Küchen und eigenem Bad. DZ inklusive Frühstück ab 175 $.

Mittelklasse – **Best Western Inn Santa Cruz:** 126 Plymouth St., Tel. 1-831-425-4717, http:// bestwesterncalifornia.com/hotels/best-western-inn-santa-cruz. Ordentliche Unterkunft für Gäste ohne besondere Ansprüche, etwa 5 Autominuten vom Strand entfernt, kleines Frühstück inklusive. DZ ab 85 $.

Für Outdoor-Fans – **Big Basin Redwoods State Park:** 21600 Big Basin Way, Boulder Creek, ca. 35 km nördlich von Santa Cruz Downtown, Tel. 1-831-338-8861, www.parks. ca.gov/BigBasin. Im State Park gibt es einen Campingplatz mit Laden, Bar, Heißwasserduschen, Picknicktischen. Keine Anschlüsse für Campmobile.

Essen & Trinken

Gut versteckt – **Shadowbrook:** 1750 Wharf Rd., Capitola, Tel. 1-831-475-1511, www.shadowbrook-capitola.com, nur Dinner Mo–Fr ab 17, Sa, So ab 16.30 Uhr. Zum romantischen Ambiente trägt bei, dass man das Lokal mit dem hauseigenen Cable Car oder über einen Fußweg durch einen reizvollen Garten erreicht. Die Küche bietet gute Qualität. Hauptgerichte ab ca. 20 $.

Eine Institution – **Zachary's:** 819 Pacific Ave., Tel. 1-831-427-0646, www.zacharyssantacruz.com, Di–So 7–14.30 Uhr. Wer nach 9 Uhr zum Frühstück kommt, muss mit einer langen Warteschlange rechnen. Auch für guten Lunch ist das einfache Lokal bekannt. 6–15 $.

Aktiv

Wandern – **Natural Bridges State Beach:** 2531 W. Cliff Dr., Tel. 1-831-423-4609, www.parks.ca.gov > Visit a park. Gezeitenpools und mehrere Wanderpfade machen den naturgeschützten Strand zu einem beliebten Ziel für Hiker. Von Mitte Okt. bis Ende Jan. machen dort Tausende von Monarch-Schmetterlingen Station.

Touren zu Seelöwenkolonien – **Año Nuevo State Park:** 25 Meilen nördlich von Santa Cruz am Hwy 1, Anmeldung Tel. 1-800-444-4445 oder Tel. 1-650-879-2025, www.parks.ca.gov > Visit a park, Parkeintritt 10 $. Von Dez. bis Ende März veranstalten Parkranger und Naturschützer zu bestimmten Zeiten Führungen an den Sammelplatz von Hunderten von Seeelefanten, die sich hier in dieser Zeit paaren und ihre Jungen zur Welt bringen (telefonische Anmeldung notwendig). Von Mai bis November ist die Beobachtung der Tiere frei möglich. In unmittelbarer Nähe des Highway 1 sind solche Tiere auch in Piedras Blancas (s. S. 304) zu sehen.

Termine

Santa Cruz American Music Festival (Ende Mai): Zweitägiges Festival im Aptos Village Park bei Santa Cruz mit Blues- und Countrymusik (www.santacruzamericanmusicfestival.com).

Salinas Valley

Durch das **Salinas Valley** verläuft keine bekannte Touristenroute, obwohl dort mit John Steinbeck einer der bekanntesten US-Schriftsteller aufwuchs. Er bezeichnete die abgelegene Tallandschaft zwischen den Gabilan und Santa Lucia Mountains als Weidegründe des Himmels. Längst hat sich das Tal in einen agro-industriellen Großbetrieb verwandelt. Romantik strahlen nur noch einzelne Missionsstationen aus.

Im letzten Viertel des 19. Jh. stand Salinas Valley unter dem Einfluss des aus Lamstedt in Niedersachsen stammenden Unternehmers Claus Spreckels (1828–1908). Er gehörte zu jenen Einwanderern, für die sich der Karrieretraum ›vom Tellerwäscher zum Millionär‹ erfüllte. Spreckels arbeitete anfangs in einem Obst- und Gemüsegeschäft, wandte sich dann der Zuckerverarbeitung zu und legte schließlich den Grundstein für die kalifornische Zuckerindustrie im Salinas Valley, wo er um die Wende zum 20. Jh. die größte Raffinerie der Welt errichten ließ. Der Unternehmer experimentierte zwar auch mit Zuckerrohr, machte sein Riesengeschäft aber hauptsächlich mit Zuckerrüben, die auch heute noch neben vielen anderen Feldfrüchten auf den ausgedehnten Feldern des Tals angebaut werden.

Salinas ▶ 1, E 10

Das 150 000 Einwohner große **Salinas** bildet das nördliche Tor zum Salinas Valley, das sich in südlicher Richtung bis nach Paso Robles bzw. San Luis Obispo erstreckt. Der lokalen Bevölkerung ist der Ort unter dem Beinamen ›Salatschüssel Kaliforniens‹ bekannt – eine passende Bezeichnung, liegen im Umland doch endlose Salat- und Kohlfelder. Gelegentlich bringt ein Spargelacker oder eine Sellerieplantage Abwechslung in

Wem's schnell zu bunt wird, der muss um den Santa Cruz Boardwalk einen Bogen machen, für alle anderen gilt: rein ins Getümmel

die Gemüse-Geometrie. Am Stadtrand recken sich Silos chemischer Anlagen in den Himmel, in denen Kunstdünger und Pestizide produziert werden.

John Steinbeck und Salinas

Außerhalb des Tals haben keine agro-industriellen Betriebe, sondern Romane und Erzählungen des 1902 im Ort geborenen Schriftstellers John Steinbeck den Namen Salinas weltweit bekannt gemacht.

Steinbecks 1939 veröffentlichter Roman »Die Früchte des Zorns« schildert am Beispiel der 12-köpfigen Familie Joad die Geschichte verarmter Wanderarbeiter, die in den Jahren der Weltwirtschaftskrise notgedrungen die *dust bowl* in Oklahoma verließen und über die legendäre Route 66 nach Kalifornien zogen. Statt einer menschenwürdigen Zukunft erwarteten sie dort aber Hungerlöhne, brutale Arbeitsbedingungen sowie Hass und Missgunst einheimischer Arbeiter, die sie als Streikbrecher betrachteten. Von skrupellosen Arbeitsvermittlern ausgenutzt, von den Einheimischen verachtet und vom Staat ignoriert, irrten die Joads von einem Arbeitsplatz zum anderen.

Schon in früheren Werken wie »Stürmische Ernte« (1936) und »Von Mäusen und Menschen« (1937) hatte der Schriftsteller soziales Engagement gezeigt. In dem Roman »Die Früchte des Zorns« verdichtete er seine Anklage gegen eine Gesellschaft, die unschuldig in Not Geratenen keine Chance gibt, sondern sie missbraucht. Das Buch löste in Kalifornien zum Teil heftige Reaktionen aus, es wurde verboten und verbrannt, als Aufruf zum Klassenkampf interpretiert, aber von Kritikern auch hoch gelobt und von Wissenschaftlern und Regierungsbehörden zur Grundlage soziologischer Studien gemacht.

Bereits Mitte der 1920er-Jahre kehrte Steinbeck seiner Heimatstadt jedoch den Rücken, um im liberaleren New York zu leben und zu arbeiten. Später ließ er sich in Monterey nieder, das er durch den Roman »Die Straße der Ölsardinen« bekannt machte. Er starb 1968 weit entfernt von den ›Weidegründen des Himmels‹ in der urbanen Wüste von New York, wurde aber in der Familiengruft auf dem **Garden of Memories Cemetery** (850 Abbott St.) in Salinas zur letzten Ruhe gebettet.

Steinbeck House

132 Central Ave., Tel. 1-831-424-2735, www.steinbeckhouse.com, Di–Sa 11.30–14 Uhr, Lunch 15 $

Auch Jahrzehnte nach Steinbecks Tod schien Salinas noch keinen Frieden mit dem umstrittenen und ungeliebten Sohn geschlossen zu haben. Dieser Eindruck drängte sich jedenfalls auf, da sich die Stadt offensichtlich schwer damit tat, ihm gebührend Referenz zu erweisen. Aus dem viktorianischen **Steinbeck House,** in dem der Schriftsteller geboren wurde und seine Jugendjahre verbrachte, wurde wider Erwarten kein Steinbeck-Museum, sondern das Lunch-Restaurant einer gemeinnützigen Gilde, die im Souterrain einen Souvenirladen mit den Werken Steinbecks, Memorabilien und Reisemitbringseln betreibt.

National Steinbeck Center

1 Main St., Tel. 1-831-796-3833, www.steinbeck.org, tgl. 9–17 Uhr, Erw. 12 $, Jugendliche 6,95 $, Kin. unter 6 J. frei

Viele Jahre vergingen, ehe John Steinbeck 1998 das **National Steinbeck Center** gewidmet wurde. In teilweise interaktiven Ausstellungen bringt dieses Museum Besuchern die Werke und die Philosophie Steinbecks näher. U. a. ist sein Camper Rosinante zu sehen, mit dem der Literaturnobelpreisträger von 1962 Amerika bereiste. Hinzu kommen wechselnde Ausstellungen amerikanischer Künstler und ein kleines Stadtmuseum. Das Zentrum bildet auch den Mittelpunkt des dreitägigen **Steinbeck-Festivals,** das sich jedes Jahr einem anderen Thema widmet, 2017 beispielsweise standen »Migrationen« im Mittelpunkt.

Infos

Salinas Valley Chamber of Commerce: 119 E. Alisal St., P.O. Box 1170, Salinas, CA 93901, Tel. 1-831-751-7725, www.salinaschamber.com und www.ci.salinas.ca.us.

Salinas Valley

Übernachten

Gutes Stadthotel – Residence Inn by Marriott: 17215 El Rancho Way, Tel. 1-831-775-0410, www.marriott.com. Nichtraucherhotel; in den geräumigen Suiten sind voll ausgestattete Küchen eingerichtet; sie verfügen zudem über einen Highspeed-Internetzugang; der Parkplatz ist im Preis inbegriffen. DZ ca. 200 $.

Preisgünstiges Motel – Super 8: 131 Kern St., Tel. 1-831-758-4693, www.salinassuper8.com. Zweigeschossiges Motel mit gutem Preis-Leistungs-Verhältnis. Ordentliche Zimmer, manche mit Highspeed-Internetzugang. DZ ca. 80 $.

Essen & Trinken

Standardküche – Pajaro Street Grill: 435 Pajaro St., Tel. 1-831-783-1235, www.psgrill.net, Mo–Sa 17–21 Uhr. Einfaches Lokal mit typisch amerikanischen Speisen. Jeden Freitag gibt es Livemusik. 10–27 $.

Einkaufen

Interessante Landpartie – The Farm: Hwy 68, Exit Spreckels Blvd., P.O. Box 247, Tel. 1-831-455-2575, http://thefarm-salinasvalley.com, Mo–Sa 10–18 Uhr. Der Betrieb bietet Obst und Gemüse je nach Saison an. Besucher können die Farm im Sommer besichtigen (Di und Do 13 Uhr, Erw. 8 $).

Aktiv

Safari – Vision Quest Ranch: 400 River Rd., Tel. 1-831-455-1901, www.wildthingsinc.com, Führungen tgl. 13 Uhr, Juni–Aug. auch 15 Uhr. In einem Tierpark auf der Ranch verbringen Tiere wie Tiger, Löwen, Elefanten und Primaten ihre letzten Lebensjahre, nachdem sie in Hollywood-Filmproduktionen eine Rolle spielten. Auf der Ranch kann man auch in einem B & B übernachten (Erw. 12 $, Kin. unter 14 J. 10 $).

Termine

California Rodeo (3. Juliwoche): Eine der größten Rodeoveranstaltungen der USA findet im Salinas Sports Complex statt (www.carodeo.com).

California International Airshow (Sept.): Die Flugshow mit akrobatischen Einlagen zieht alljährlich 80 000 Besucher an (www.salinasairshow.com).

Missionen am Camino Real
▶ 1, E 11/12

Als Leben spendende Ader zieht sich der Salinas River durch das Salinas Valley. Der Fluss veranlasste spanische Missionare in der zweiten Hälfte des 18. Jh., ihre Missionsstationen in Ufernähe im Abstand von jeweils einer Tagesreise am sogenannten *Camino Real* aneinanderzureihen. Dem Weg folgt auf einigen Abschnitten der Highway 101.

Nuestra Señora de la Soledad

36641 Fort Romie Rd., Soledad, Tel. 1-831-678-2586, http://missionsoledad.com
Ca. 25 Meilen südlich von Salinas errichtete der Franziskanerpater Lasuen 1791 bei der Kleinstadt Soledad die 13. kalifornische Missionsstation **Nuestra Señora de la Soledad.** Der aus dem Spanischen abgeleitete Name (*soledad* – Abgeschiedenheit) traf schon damals zu, waren die Mönche im Niemandsland doch gezwungen, ein von jeglicher Zivilisation abgeschnittenes Dasein zu fristen. Die 1831 eingestürzten Originalgebäude der säkularisierten Mission wurden seit 1954 zum Teil wiederaufgebaut.

San Antonio de Padua

Mission Creek Rd., Jolon, Tel. 1-831-385-44 78, www.missionsanantonio.net, tgl. 10–16 Uhr, Museum 5 $, Messe So 10.30 Uhr
Noch einsamer liegt die **Mission San Antonio de Padua**, die man auf der Höhe von King City über einen 27 Meilen langen Abstecher nach Südwesten im fast unbewohnten Gebiet der Fort Hunter-Ligget Military Reservation erreicht. Am Eingang in das militärische Sperrgebiet bekommen Besucher ein kostenloses Permit ausgestellt, mit dem sie bis zur Missionsstation weiterfahren dürfen. Ursprünglich gründete Junípero Serra die Anlage 1771 an anderer Stelle, verlegte sie aber zwei Jahre später wegen der besseren

HIKING IM HÜGELLAND DER SAN GABILAN MOUNTAINS

Tour-Infos
Start: Westeingang des Pinnacles National Park am Ende von Hwy 146 bei der Chaparral Ranger Station
Länge: 13,6 km
Dauer: 5 Std.
Öffnungszeiten: Westeingang 7.30–20 Uhr, Pkw 15 $

Reisezeit: Frühjahr und Herbst (im Hochsommer beträgt die Temperatur oft über 35 °C).
Infos: Pinnacles Visitor Center, Tel. 1-831-389-4485, www.nps.gov/pinn (offizielle Website der Nationalparkverwaltung mit vielen Detailinfos)
Campingplatz: Reservierung unter Tel. 1-877-444-6777 oder www.recreation.gov

Westlich von Soledad im Salinas Valley (Hwy 101) steigt die Route 146 ins Hügelland der **San Gabilan Mountains** zum **Pinnacles National Park** an, einer Landschaft mit bizarren vulkanischen Formationen, die über 300 m über das Umland hinausragen. In diesem abgelegenen Naturparadies für Luchse, Wildschweine, Graufüchse, Falken, Steinadler und 2003 wiederangesiedelte Kalifornische Kondore können Hiker über 50 km Pfade mit unterschiedlichen Schwierigkeitsgraden und Längen unter die Wanderstiefel nehmen. Viele Trails sind miteinander verbunden und lassen sich kombinieren. Populäre Ausgangspunkte sind das Bear Gulch Reservoir, High Peaks und das Balconies-Gebiet. Eine reizvolle Wanderung ist der **High Peaks & Balconies Cave Trail.**

Der Trail beginnt am **Westeingang des Parks.** Schon bald kommt man an den ersten **Steinkolumnen** vorbei, die von einem 23 Mio. Jahre alten Vulkan übrig geblieben sind. Durch den **Juniper Canyon** gelangt man zum **High Peaks Trail,** wo zum Teil in den Stein geschlagene, mit Eisengeländern gesicherte **Stufen** zum höchsten Punkt der Wanderung führen. Bevor der Weg abwärts zur Chalone Creek Road mäandert, kann man den **Panoramablick** über die reizvolle Gegend genießen. Auf der **Talsohle,** wo der Hwy 146 East verläuft, stößt man auf den **Old Pinnacles Trail,** der in ebenem Gelände am Chalone Creek entlang 3,7 km weit zum **Balconies Trail** und weiter zur **Balconies Cave** führt, die durch einen Bergrutsch entstand (eine Taschenlampe ist an dieser Stelle hilfreich). Sobald man einen Wasserlauf auf einer Holzbrücke überquert hat, kündigt sich bereits das Ende der Tour am **Westeingang des Parks** an.

Wasserversorgung an den heutigen Standort. Über die lange Vorgängergeschichte der heutigen katholischen Pfarrei berichtet ein interessantes Museum, das mit Anschauungsmaterial aus der missionarischen Pionierzeit wie einem auf Tierhaut gezeichneten Plan der kalifornischen Missionen ausgestattet ist.

San Miguel Arcangel
775 Mission St., San Miguel, Tel. 1-805-467-3256, www.missionsanmiguel.org, tgl. 10–16.30 Uhr, 3 $

Ungefähr 16 Jahre nach der Errichtung von San Antonio de Padua entstand 1797 im heutigen Dorf San Miguel die **Missionsstation San Miguel Arcangel,** die nach einem Großbrand 1806 fast komplett neu aufgebaut werden musste. Nach der Säkularisierung während der mexikanischen Herrschaft übernahmen 1928 wieder Franziskanerpatres die Anlage. Die im Innern noch weitgehend im Originalstil erhaltene Kirche mit ihren aus organischen Materialien wie Kaktussaft bestehenden Malereien erlitt durch ein Erdbeben im Jahr 2003 schwere Schäden, die aber ausgebessert wurden. Neben der Kirche befindet sich hinter alten Holztoren und schiefen Mauern ein hübscher Garten mit vielen Kaktusarten, die einen Brunnen mit blühenden Wasserlilien umgeben.

Paso Robles ▶ 1, F 12

Zwischen Eichenwäldern, Mandelbaumgärten und Kornfeldern gelegen, markiert das 25 000 Einwohner große Städtchen **Paso Robles** das südliche Ende des Salinas Valley. Der Name, der auf Spanisch ›Pass der Eichen‹ bedeutet, geht auf den spanischen Entdecker Juan Bautista de Anza zurück, der 1775 von Tubac in Südarizona aus den Weg an die San Francisco Bay erkundete und dabei durch das Salinas Valley kam. Östlich der Stadt führt Highway 46 durch eine Gegend, die Paso Robles zur bekannten Weinregion machte. Setzt man die Fahrt Richtung Osten fort, erreicht man etwa zehn Meilen vor der Ortschaft Cholame die denkwürdige Kreuzung der Highways 46 und 41. An dieser Stelle verunglückte 1955 Hollywood-Star **James Dean** mit seinem silberfarbenen Porsche Speedster tödlich. Ein von Fans häufig besuchter Schrein erinnert an den tragischen Unfall.

Aktiv
Weinproben – **EOS Estate Winery:** 2300 Airport Rd., www.eosvintage.com, tgl. 10–17 Uhr. Führungen, Weinprobe. **Eberle Winery:** 3810 Hwy 46 E., www.eberlewinery.com. Weinprobe im Tasting Room. **Cellar 360:** 7000 Hwy 46 E., www.cellar360.com, Fr–So 10–17 Uhr. Weinausschank im Tasting Room.

Missionsindianer: Gotteskinder und Arbeitssklaven

Von 1769 an entstanden in Kalifornien 21 spanische Missionsstationen, Madrids letzter Versuch, einen Teil der heutigen Vereinigten Staaten zu kolonisieren. Für die indianische Urbevölkerung hatte die in der Regel mit Zwangsarbeit verbundene Christianisierung katastrophale Folgen. Zehntausende verloren durch kulturelle Entwurzelung, Versklavung und eingeschleppte Krankheiten ihr Leben.

Im Wettlauf europäischer Mächte um Gebietsansprüche an der Pazifikküste sah Madrid in der zweiten Hälfte des 18. Jh. eine letzte Gelegenheit, von Neu-Spanien (Mexiko) nach Norden vorzudringen, um rivalisierenden Interessen seitens der Russen, Engländer, Franzosen und Amerikaner zuvorzukommen. Die eigentliche Eroberung von Kalifornien begann 1769 unter der Führung von Gaspar de Portola durch eine Expedition, der neben einer Siedlergruppe auch der aus Mallorca stammende Franziskanerpater Junípero Serra angehörte. Bei San Diego gründete Serra die erste Station am sogenannten Mission Trail (Camino Real), an dem in Abständen von jeweils einer Tagesreise in den folgenden Jahrzehnten weitere 20 Niederlassungen folgen sollten. Städte wie Los Angeles und San Francisco entwickelten sich aus diesen Missionsgründungen. Der Pater starb im Jahr 1784 und liegt heute unter dem Altar der Mission San Carlos Borromeo de Carmelo in Carmel begraben.

Zu Beginn der spanischen Eroberung Kaliforniens war die indianische Urbevölkerung über einzelne Stammesverbände hinaus nicht komplexer organisiert, was den Spaniern die Missionierung der Indianer erleichterte. Das Kreuz bildete eine Alternative zu Feuer und Schwert, um im damaligen Alta California die spanische Kultur und Religion zu verankern. Missionen wurden zu Frontposten der Eroberung. Nach Meinung von Historikern zielte die Missionierung in erster Linie nicht auf die Ausbeutung der indianischen Arbeitskraft ab, sondern sollte die Urbevölkerung über die Bekehrung zum katholischen Glauben nach und nach in die hispanische Gesellschaft integrieren.

In den meisten Missionen ging dieser Prozess aber nicht im erwünschten Tempo und Umfang voran, weil für die Indianer damit ein brutaler Bruch mit ihrer Kultur und Lebensweise verbunden war. Im Durchschnitt ließen sich pro Jahr und Mission nur etwa 40 Indianer bekehren. Versorgungsprobleme sowie bürokratische Differenzen zwischen geistlichen und weltlichen Autoritäten erleichterten nicht gerade die Arbeit der Patres. Bis 1833 wurden 88 000 Indianer getauft und 24 000 katholisch verheiratet. Über 30 000 arbeiteten damals unter der Aufsicht von Franziskanern und Soldaten in zum Teil kleinen Niederlassungen in abgelegenen Gebieten. Man brachte ihnen handwerkliche Fertigkeiten bei, damit sie Lehmziegel und Hausdächer herstellen, Felder bewirtschaften, Vieh versorgen und Arbeiten wie Schmieden, Spinnen, Weben und Gerben erledigen konnten. Außer den Ureinwohnern verfügten die Missionsgründer kaum über Arbeitskräfte, die den Aufbau der einzelnen Stationen und deren Betrieb bewerkstelligen konnten.

Um grundsätzlich das indianische Interesse an den Missionen zu wecken, setzten Franziskanermönche Lockmittel wie künstliche Perlen, Flitterkram, Nahrungsmittel, Kleidung und Versprechen auf ein besseres Leben ein. Entschlossen sich Ureinwohner nach zwei, drei Monaten, sich bekehren zu lassen, mussten sie sich dem hispanischen Wertesystem und Lebensstil vollkommen unterwerfen. Manche versuchten nach gewisser Zeit zu fliehen. Wurden sie vom Militär eingefangen, drohte ihnen Prügelstrafe bis hin zum Tod. Mangelte es ihnen an Arbeitseifer, sorgten in

Junípero-Serra-Denkmal in der Mission San Antonio de Padua

der Regel Soldaten der nächsten Garnison für mehr Disziplin. In manchen Fällen kam es zu regelrechtem Menschenraub, Zwangstaufen und Sklaverei.

Das kalifornische Missionssystem hatte von 1769 bis 1834 Bestand, als die mexikanische Regierung mit der Säkularisierung begann. Während dieser Zeit nahm die Zahl der kalifornischen Indianer um etwa die Hälfte auf 150 000 Menschen ab. Wiederum 35 Jahre später war sie auf 58 000, 1913 auf 17 000 zusammengeschrumpft. Missionare, Soldaten und Siedler schleppten unbekannte Krankheiten ein, die Zehntausenden von Indianern zum Verhängnis wurden. Davon abgesehen litten viele unter den Folgen von Zwangsarbeit, Versklavung, mangelhafter Ernährung und sozialer Entwurzelung. Der weiße Zivilisationsdruck auf die Ureinwohner verstärkte sich noch drastisch, als im Zuge des Goldrausches 1849 Glücksritter aus allen Teilen der Welt selbst in die abgelegenen Täler der Sierra Nevada vordrangen, wo kleinere Indianergruppen bis dahin noch weitgehend unbehelligt nach ihrer traditionellen Art und Weise gelebt hatten.

Im September 2014 stattete Papst Franziskus den USA einen offiziellen Besuch ab, bei dem er von vielen Gläubigen umjubelt wurde. Auf weniger Beifall, zumindest bei seinen Kritikern, traf seine Entscheidung, den Missionsgründer Junípero Serra während einer Messe vor der Basilika der Unbefleckten Empfängnis in Washington D. C. heiligzusprechen – die erste Kanonisierung dieser Art auf US-Boden überhaupt. Verteidiger des Missionars brachten zum Ausdruck, Serra sei nicht an Gold und Land, sondern allein an der Verkündigung der frohen Botschaft interessiert gewesen und habe sich immer für eine menschliche Behandlung der Indianer eingesetzt. Kritiker der Heiligsprechung, darunter hauptsächlich Nachfahren der Native Americans, sahen das anders und protestierten u. a. in den kalifornischen Missionen gegen die päpstliche Maßnahme. Ihr Argument: Junípero Serra habe dem Land nicht einfach das Christentum gebracht, sondern er habe es der indianischen Bevölkerung Kaliforniens aufgezwungen und ihrer Kultur unermesslichen Schaden zugefügt.

Kapitel 5

Central Valley und Sierra Nevada

Hoch über den Orangenhainen des lang gestreckten Central Valley ragen die grauen Granitzacken der majestätischen Sierra Nevada in den Himmel. Mit Höhen bis über 4400 m ist dies auf dem Staatsgebiet der USA neben den Rocky Mountains die bekannteste Gebirgskette – trotz des Bevölkerungsbooms an der nicht weit entfernten Pazifikküste bis heute ein größtenteils naturbelassenes Wildnisgebiet. Ausnahmen bilden die drei Nationalparks Yosemite, Sequoia und Kings Canyon.

Vor allem im legendären Yosemite Valley ist an Sommerwochenenden von Zivilisationsferne nichts zu spüren, wenn sich der Urlauberverkehr nur im Stop-and-Go-Rhythmus vorwärtsbewegt und die Parkplätze überfüllt sind. Wer sich abseits solcher touristischer Epizentren aufhält, spürt die ungezähmte Natur, die Einsamkeit und Grenzenlosigkeit der Bergwelt, in der sich uralte Haine riesiger Mammutbäume, idyllische Seen, Wildblumenwiesen und Wasserfälle verstecken. Auf einem Plateau hoch über dem Mono Lake erinnert die Geisterstadt Bodie mit windschiefen Häuserzeilen auf malerische Weise an die rauen Zeiten des Bergbaus.

Ein völlig anderes Kalifornien treffen Reisende im Central Valley an. Feldwege, Landstraßen und Interstates parzellieren in der vom Klima verwöhnten Ebene riesige Ländereien, auf denen Obstbaumreihen und Gemüseäcker von einer Seite des Horizonts bis zur anderen zu reichen scheinen. Viele von Silos, Lagerhäusern und Wassertürmen umstandene Käffer geben ein grandios monotones Bild tiefster Provinzialität ab.

Der Half Dome, das Wahrzeichen des Yosemite National Park, spiegelt sich im Merced River

Auf einen Blick: Central Valley und Sierra Nevada

Sehenswert

Sacramento: Kaliforniens Hauptstadt ist zwar mit den Küstenmetropolen verglichen klein, aber nicht um Attraktionen verlegen (s. S. 335).

Yosemite National Park: Der berühmte Nationalpark hat sich längst zu einem der Hotspots für Kalifornienreisende entwickelt (s. S. 345).

Mono Lake: Der See mit seinen Kalksteinformationen in den Uferzonen gehört zu den ältesten und seltsamsten Gewässern der USA (s. S. 351).

Bodie: Die Geisterstadt demonstriert, wie malerisch der Blick in die Bergbauvergangenheit sein kann (s. S. 352).

Schöne Routen

Nationalparkroute durch Sequoia und Kings Canyon: Von Visalia im Central Valley führt der Hwy 198 in das Nationalparkduo mit Mammutbaum-Hainen und grandiosen Berglandschaften. Auf Hwy 180 kann man nach Fresno zurückkehren (s. S. 342).

Tioga Pass Road: Diese auf über 3000 m Höhe ansteigende Bergstrecke über die Sierra Nevada zählt zu den schönsten Straßenverbindungen zwischen dem westlichen und dem östlichen Kalifornien (s. S. 347).

Highway 395: Er ist eine der schönsten Straßen Kaliforniens und führt durch das gesamte Owens Valley. Geboten werden atemberaubende Aussichten auf die Sierra Nevada im Westen und die Ausläufer des wüstenhaften Großen Beckens im Osten (s. S. 352).

Meine Tipps

Antelope Valley California Poppy Reserve: Wo die Mojave-Wüste ins Central Valley übergeht, liegt das bekannteste Schutzgebiet Kaliforniens für Wildblumen (s. S. 330).

Blossom Trail: Bei Fresno lohnt sich im Frühjahr der Blütenweg durch Obstplantagen u. a. mit Mandel-, Aprikosen- und Pflaumenbäumen (s. S. 332).

Manzanar National Historic Site: Die historische Stätte von Manzanar bei Independence lässt die Geschichte Kaliforniens lebendig werden mit einem im Zweiten Weltkrieg erbauten Internierungscamp für 10 000 US-Bürger japanischer Abstammung (s. S. 354).

Mystischer Mono Lake

Aktiv

Wandern im Giant Forest: Versäumen Sie im Sequoia N. P. nicht den riesigen General Sherman Tree und den Aufstieg zum Moro Rock mit toller Aussicht (s. S. 343).

Zu den botanischen Schätzen im Mariposa Grove: Im Mariposa Grove des Yosemite National Park laden ca. 200 Mammutbäume zu einem Besuch ein (s. S. 346).

Das Central Valley

▶ 3, D 4–1, H 10

Mit dem 450 Meilen langen Central Valley zieht sich Amerikas vermutlich produktivste Farmregion, seine ›Kornkammer‹, mitten durch Kalifornien. Ein Viertel des gesamten US-Konsums an Obst und Gemüse stammt aus diesem Gebiet, dessen Markenzeichen sein stark ausgeprägtes provinzielles Flair ist. Größere Städte sind dünn gesät und tauchen auf touristischen Tourenkarten eher selten auf.

Das fruchtbare Zentraltal verläuft von Bakersfield im Süden bis nach Redding im Norden mitten durch das Herz von Kalifornien und gilt zu Recht als Wiege der amerikanischen Agroindustrie. Nicht nur günstige Boden- und Klimaverhältnisse fördern den Anbau einer Vielzahl von Produkten, sondern auch ausgeklügelte Anbau- und Bewässerungstechniken und ein hoher Grad von Mechanisierung. Obstplantagen, Gemüsefelder und Weinberge dieser gut 450 Meilen langen und im Durchschnitt 50 Meilen breiten Region sind so riesig, dass viele von ihnen nur unter Einsatz von künstlicher Bewässerung, Maschinen und sogar Hubschraubern bzw. Flugzeugen bewirtschaftet werden können.

Bereits in der zweiten Hälfte des 19. Jh. begannen Rancher damit, riesige Viehfarmen mit bis zu 1 Mio. Rindern und 100 000 Schafen anzulegen. Veränderungen folgten dem Anschluss an die Eisenbahn und der Erfindung von Kühlwaggons: Ranchern und Farmern

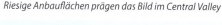

Riesige Anbauflächen prägen das Bild im Central Valley

stand nicht mehr nur der regionale Markt offen. Sie konnten ihre Produkte fortan selbst in entfernte urbane Ballungsräume an der Ostküste liefern. Legten Bauern in den ersten Jahrzehnten riesige Monokulturen hauptsächlich mit Getreide an, gingen sie im Laufe der Zeit zu einer diversifizierten Produktion mit Getreide, Alfalfa, Zuckerrüben, Baumwolle, Gemüse, Wein, Oliven, Pistazien, Mandeln, Walnüssen und Zitrusfrüchten über. Heute stammt etwa ein Viertel sämtlicher Nahrungsmittel der 324 Mio. US-Bürger aus der kalifornischen ›Kornkammer‹.

Zwar liegen im heißen und trockenen Central Valley mit der kalifornischen Hauptstadt Sacramento sowie Bakersfield, Visalia, Fresno und Stockton mehrere Großstädte. Überwiegend handelt es sich aber um eine ausgeprägt ländliche Gegend mit verschlafenen Landgemeinden, in denen der Bevölkerungsanteil von Latinos wegen des großen Bedarfs an Landarbeitern besonders hoch ist.

Aber auch diese provinzielle Gegend ist von wirtschaftlichen und gesellschaftlichen Veränderungen geprägt. Wegen niedriger Immobilien- und Grundstückspreise ist sie für viele Familien interessant geworden, die sich das Leben an der teuren Pazifikküste nicht mehr leisten können. Und auch die landwirtschaftliche Produktion hat sich schon vor geraumer Zeit zu verändern begonnen, weil sich bei vielen Verbrauchern eine veränderte Denkweise abzeichnet. Seit Jahren erhöht sich der Druck gesundheitsbewusster Konsumenten auf die Farmer, die Abhängigkeit von chemischen Dünge- und Pflanzenschutzmitteln aufzugeben und biologisch anzubauen – ganz im Sinne der California Cuisine.

Bakersfield ▶ 1, H 12

Eine der wenigen Großstädte im Central Valley ist **Bakersfield**, das den multikulturellen Charakter seiner 373 000 Einwohner zählenden Bevölkerung der lokalen Wirtschaftsgeschichte verdankt. In den 1860er-Jahren fanden Pioniere Gold im Bett des Kern River, was Schürfer aus aller Herren Länder veranlasste, in diesem Teil Kaliforniens ihr Glück zu suchen.

Bei vielen von ihnen blieb es beim Versuch, manche wurden sesshaft und sahen eine wirtschaftliche Zukunft eher in der nach und nach entstehenden Landwirtschaft. Dem Gold- und Agrarboom folgte in den 1920er-Jahren die Erdölförderung, die heute noch mit ihren im Wiegetakt arbeitenden Pumpen die Umgebung der Stadt und sogar Parkplätze und Gartenanlagen mitten im Zentrum prägt. Die unauffällige Downtown liegt entlang der Chester Avenue um die 19th Street herum und unterscheidet sich vom restlichen Stadtgebiet durch Gebäude, die über die übliche Eingeschossbauweise hinausgewachsen sind.

Kern Country Museum
3801 Chester Ave., Tel. 1-661-437-3330, www.kcmuseum.org, Di–Sa 10–16, So 12–16 Uhr, 10 $, Kin. unter 3 J. frei

Aus einem idyllischen Blickwinkel zeigt das **Kern County Museum** die Vergangenheit von Bakersfield. Ein Pionierdorf aus rund 50 Gebäuden verschafft Besuchern einen Eindruck vom Leben der ersten Siedler in der Region. Es besteht u. a. aus mehreren Handwerkergeschäften, einem General Store, einer nur rudimentäres Vertrauen erweckenden Arztpraxis und dem reizenden Beale Memorial Clock Tower. Hinzu kommt eine kleine Sammlung von Neonreklamen.

California Living Museum
10500 Alfred Harrell Hwy, Tel. 1-661-872-2256, www.calmzoo.org, tgl. 9–16 Uhr, Erw. 9 $, Kin. 3–12 J. 5 $

Als ein Kalifornien im Kleinen präsentiert sich das **California Living Museum** mit Pflanzen, Tieren, Fossilien sowie Artefakten und lädt Besucher zu einer konzentrierten *tour d'horizon* durch den Golden State ein. Man bekommt in den Wüstenregionen lebende Tiere, Wasservögel, Schwarzbären und Rehwild der Sierra Nevada sowie Füchse, Stinktiere, Waschbären und Luchse zu sehen, die man in freier Wildbahn nur mit Glück und Geduld beobachten kann.

Das Central Valley

ANTELOPE VALLEY CALIFORNIA POPPY RESERVE

Am Südende des Central Valley strömen im Frühjahr Schaulustige aus vielen Teilen Amerikas in eine Gegend, die die meiste Zeit des Jahres unspektakulär wirkt. Von Mitte März bis Mitte Mai dauert im **Antelope Valley California Poppy Reserve** (▶ 1, J 13) in normalen Jahren die Wildblumensaison und beschert diesem Flecken am Rand der großen Mojave-Wüste eine unglaubliche Farbenpracht. Auf 13 km Länge winden sich durch das aus rollenden Hügeln bestehende Schutzgebiet einfach zu gehende Wanderpfade, auf denen man die Blütenorgie genießen kann. In jüngster Vergangenheit fiel der Blumenzauber wegen der Trockenheit ziemlich spärlich aus. Hat es jedoch genug geregnet, verwandeln sich Hügelflanken und Senken in ein atemberaubendes Wildblumenparadies.

Vorherrschend ist die Farbe Orange. Zwar zeigen sich in dem Schutzgebiet auch Zwerglupinen und gelb blühende Wildastern *(Lasthenia californica)* von ihrer schönsten Seite. Berühmt gemacht hat das Antelope Valley aber die kalifornische Staatsblume, der Goldmohn *(California Poppy/Eschscholzia californica)*. So hübsch die auch in europäischen Gärten verbreitete Blume ist: Sämtliche Teile der Pflanze sind giftig (Jane S. Pinheiro Interpretive Center, 15 Meilen westlich von Lancaster, 15101 Lancaster Rd., Tel. 1-661-946-6092, Wildblumen-Hotline Tel. 1-661-724-1180, www.parks.ca.gov > Visit Parks > Find a Park > Antelope Valley California Poppy Reserve, Parkgebühr 10 $/Pkw. Radfahren ist auf den Wegen innerhalb des Poppy Reserve nicht erlaubt).

Das Antelope Valley: im Frühling ein einziger Blütentraum

Infos

Greater Bakersfield Convention & Visitors Bureau: 515 Truxtun Ave., Bakersfield, CA 93301, Tel. 1-661-852-7282, www.visitbakersfield.com.

Übernachten

Einwandfreies Hotel – **Hilton Garden Inn:** 3625 Marriott Dr., Tel. 1-661-716-1000, http://hiltongardeninn3.hilton.com. Alle Zimmer mit Kaffeemaschine, Kühlschrank, Mikrowelle und Highspeed-Internet. Zum Hotel gehören Innenpool, Fitness- und Businesscenter mit 24-Std.-Service. DZ ab 111 $.

Preisgünstig – **Red Roof Inn:** 889 Oak St., Tel. 1-661-336-0475, www.redroof.com. Motel mit freundlichen Zimmern inklusive WLAN, Kühlschrank und Mikrowelle. Kleiner Pool, Mini-Frühstück. Einige Restaurants liegen in der Nähe. DZ ab 67 $.

Essen & Trinken

Prima Küche – **Hungry Hunter Steakhouse:** 3580 Rosedale Hwy, Tel. 1-661-328-0580, Lunch Mo–Fr 11–14, Dinner tgl. ab 17 Uhr. Prime Rib, Seafood, Steaks und eine reiche Auswahl anderer Gerichte. Ab ca. 18 $.

Das etwas andere Lokal – **Wool Growers Restaurant:** 620 E/19th St., Tel. 1-661-327-9584, www.woolgrowers.net, Mo–Sa 11–14, 18–21 Uhr, So Ruhetag. Absolut uncooles, aber sehr populäres baskisches Lokal mit gealterten Blümchentapeten und trüber Beleuchtung wie in einem Speisesaal für Bedürftige. Zum sich täglich ändernden Tagesmenü gehören eine üppige Vorspeise (Suppe, gekochte rote Bohnen, Salat) sowie ein opulenter Hauptgang, der Spaghetti und zwei Fleischsorten umfasst. Außerdem werden Steaks, gebratene Hähnchen und Fisch serviert. Lunch 14 $, Dinner ab 15 $.

Das mittlere Valley

Visalia ▶ 1, H 11

Die 127 000 Einwohner große Stadt **Visalia** versinkt in riesigen Orangenplantagen, die während der Blütezeit im Frühjahr einen betäubenden Duft verbreiten. Downtown dehnt sich über mehrere Häuserblocks um die von Bäumen gesäumte Main Street aus, die von Geschäften, Cafés und Restaurants flankiert wird. Bauliches Wahrzeichen ist das **Fox Theatre** mit einem Turm im Zuckerbäckerstil. Das ehemalige Kino wird heute für Konzerte und andere Kulturveranstaltungen genutzt. Die Stadt wirbt mit dem Slogan: »Where the Valley meets the Giants« und empfiehlt Visalia als Etappenziel vor dem Besuch des ca. 45 Minuten entfernten Sequoia National Park mit seinen gigantischen Bäumen.

Mooney Grove Park

Für ein Picknick bietet sich der **Mooney Grove Park** an, in dem mächtige Eichen und andere Baumarten ihre Schatten auf einen Weiher werfen, auf dem man Tretboot fahren kann. Neben einem Pionierdorf steht im Park das **Tulare County Museum,** das sich mit indianischen Ausstellungen beschäftigt (27000 S. Mooney Blvd., Tel. 1-559-733-6291, Mo, Do, Fr 8–17, Sa, So 8–19 Uhr, Parkplatz 6 $). Inmitten eines Brunnens hat das **Denkmal »End of the Trail«** von James Earle Fraser (1876–1953) seinen Platz. Der Bildhauer schuf das berühmte Werk, das einen erschöpften Indianer zu Pferd darstellt, für die Internationale Panama-Pazifik-Ausstellung 1915 in San Francisco.

Fresno ▶ 1, G 10

Ausgedehnte Rebplantagen sorgen dafür, dass sich die mit über 515 000 Einwohnern zweitgrößte Stadt im Central Valley mit dem Beinamen ›Rosinenhauptstadt der Welt‹ schmücken kann. Im Zentrum um die Fulton Mall genannte Fußgängerzone ragen einige Hochhäuser in den Himmel und statten **Fresno** sichtbar mit großstädtischen Insignien aus.

River Park

www.shopriverpark.com
Eine Hauptader der lokalen Geschäftswelt ist die Blackstone Street, die von Downtown

nach North Fresno führt. In diesem Stadtteil entstand mit dem **River Park** ein riesiges Einkaufsviertel mit Supermärkten, Kaufhäusern und Einzelhandelsgeschäften. Im Herzen steht ein Kinozentrum mit 21 Lichtspieltheatern auf einem von Bäumen bestandenen Platz, der von Lokalen gesäumt wird und nach Sonnenuntergang eine lauschige Atmosphäre in das Shoppingparadies zaubert.

Fresno Chaffee Zoo
894 West Belmont Ave., Tel. 1-559-498-5910, www.fresnochaffeezoo.org, April–Okt. 9–18, sonst bis 16 Uhr, Erw. 10 $, Kin. 2–11 J. 5,50 $
Touristisch profitiert Fresno in erster Linie von seiner Nähe zu den Nationalparks Kings Canyon, Sequoia und Yosemite. Aber auch die Stadt selbst besitzt einige Sehenswürdigkeiten wie den hübschen **Fresno Chaffee Zoo** mit seinen vielen Tierarten, in dem die Gäste Giraffen füttern, in *touch tanks* harmlose Stachelrochen anfassen und Flugshows bunter Vögel miterleben können. Kleine Besucher begeistern sich für den Streichelzoo.

Museen
Wechselausstellungen mit nationalen und internationalen Künstlern sind im **Fresno Art Museum** zu sehen (2233 N. First St., Tel. 1-559-441-4221, www.fresnoartmuseum.org, Do–So 11–17 Uhr, Erw. 10 $, Kin. 6–17 J. 5 $).

Zwei ehemalige private Residenzen erlauben Besuchern heute als Museen einen unterhaltsamen Einblick in das Alltagsleben der lokalen High Society um die Wende vom 19. zum 20. Jh. Das viktorianische **Meux Home Museum** von 1888 gehörte einem Chirurgen (1007 R St., www.meux.mus.ca.us, Fr–So 12–15 Uhr, Erw. 5 $, Kin. 5–12 J. 3 $), während das 1906 fertiggestellte **Kearney Mansion** dem Pionier der lokalen Rosinenindustrie als Wohnsitz diente (7160 W. Kearney Blvd., http://historicfresno.org/nrhp/kearney.htm).

Forestiere Underground Gardens
5021 W. Shaw Ave., www.undergroundgardens.com
Eine außergewöhnliche Sehenswürdigkeit sind die **Forestiere Underground Gardens,** ein 4 ha großes unterirdisches Labyrinth aus Plätzen, Passagen und Nischen, in denen ein sizilianischer Einwanderer vor Jahrzehnten einen überaus merkwürdigen Garten anlegte.

Infos
Fresno Convention and Visitors Bureau: 1180 E. Shaw Ave., Fresno, CA 93710, Tel. 1-559-981-5500, http://playfresno.org/visitors.

Übernachten
Gut und sauber – **Best Western Plus Village Inn:** 3110 N. Blackstone St., Tel. 1-559-226-2110, www.bestwestern.com. Älteres Motel mit 150 ordentlichen Zimmern ohne viel Komfort. DZ ab ca. 90 $.

Gute Downtown-Unterkunft – **La Quinta Inn:** 2926 Tulare St., Tel. 1-559-442-1110, www.lq.com. 3-Etagen-Motel in Downtown mit Highspeed-Internet in allen 130 Zimmern, Außenpool und Fitness Center. DZ ab 79 $.

Aktiv
Wandern – Südöstlich von Fresno führt der 63 Meilen lange **Blossom Trail** von Ende Februar bis Ende März durch blühende Mandel-, Aprikosen-, Pfirsich-, Nektarinen- und Pflaumenplantagen (Karte und Routenbeschreibung unter www.goblossomtrail.com).

Merced ▶ 1, F 9

Ähnlich wie Fresno lebt **Merced** (80 000 Einw.) hauptsächlich von der Landwirtschaft und der Verarbeitung von Agrarprodukten. Im Umkreis des Ortes prägen Plantagen mit Mandeln, Tomaten, Baumwolle, Alfalfa und Süßkartoffeln sowie Zuchtbetriebe für Vieh, Truthähne und Hühner das Landschaftsbild.

County Courthouse Museum
21 St. & N. St., Tel. 1-209-723-2401, www.mercedmuseum.org, Mi–So 13–16 Uhr, Eintritt frei
Das **County Courthouse Museum** im Gerichtsgebäude von 1875 stellt eine Sammlung historischer Werkzeuge, Alltagsutensilien und Fotos aus vergangenen Zeiten aus. Allein das in einem hübschen Park stehende schneewei-

Die Geschichte des Pony Express

In Old Sacramento erinnern nicht nur Gebäude an die Pioniervergangenheit Kaliforniens, sondern auch ein bronzenes Reiterdenkmal. Es stellt einen Cowboy im Sattel seines Pferdes auf einem verwegenen Ritt dar und ist eine Erinnerung an den legendären Pony Express, einen abenteuerlichen Postdienst auf der 2000-Meilen-Distanz zwischen Kalifornien und Missouri.

In San Francisco suchte 1860 ein Unternehmen per Zeitungsannonce junge, drahtige Reiter, bevorzugt Waisen, die bereit waren, für einen Wochenlohn von 25 $ Kopf und Kragen zu riskieren. Die Anzeige löste eine ungeahnte Bewerbungswelle aus, wenngleich der angebotene Job riskanter und anstrengender kaum hätte sein können. Die betreffende Firma hatte sich in den Kopf gesetzt, Post zwischen Sacramento in Kalifornien und dem ca. 2000 Meilen entfernten St. Joseph in Missouri per Reiterkurierdienst befördern zu lassen. Zwischen Anfangs- und Endpunkt der Route lagen einsame Wüsten, schroffe Gebirge, trügerische Salzseen und fast endlose Prärien – von Indianergebieten ganz abgesehen, in denen Weiße mit dem Schlimmsten rechnen mussten.

Als sich am 3. April 1860 im kalifornischen Sacramento ein gewisser Sam Hamilton in den Sattel schwang, um sich auf die erste, 60 Meilen lange Etappe der neu eingerichteten Postlinie zu machen, begann mit dem Pony Express ein waghalsiges Unternehmen. Rund um die Uhr waren in den folgenden Monaten sowohl nach Westen wie nach Osten Stafetten von knapp fünf Dutzend Reitern unterwegs, deren Aufgabe es war, Post so schnell wie möglich von einer zur nächsten von 150 Relaisstationen zu bringen, an denen die Reiter Pferde wechselten, Verpflegung fassten bzw. Post an andere Kuriere weitergaben. 400 der besten Reitpferde standen zur Verfügung. Schon die erste Stafette setzte zeitlich Maßstäbe. Hatte die Post nach Kalifornien zuvor noch Monate benötigt, schafften es die Teufelskerle des Pony Express auf Anhieb in nur 10 Tagen. Berühmtester unter ihnen war der spätere Buffalo Bill. Er war erst 15 Jahre alt, als er einen Ritt über 520 (!) km absolvieren musste, weil er seinen Stafettenpartner an einer Wechselstation tot auffand. Jedes Pferd war auf eine maximale Last von 120 Pfund für den Reiter, 25 Pfund Ausrüstung und 20 Pfund Post ausgelegt, die in der mochila genannten ledernen Satteltasche transportiert wurde. Zur Standardausrüstung zählten ferner rotes Hemd, blaue Hosen, leichtes Gewehr, Colt und Bibel.

Als der spektakuläre Kurierdienst nach nur 18 Monaten am 24. Oktober 1861 eingestellt wurde, weil mittlerweile die transkontinentale Telegrafenlinie fertiggestellt worden war, hatten insgesamt 120 Reiter für den Pony Express im Sattel gesessen und 650 000 Meilen zurückgelegt. Nur ein Einziger hatte den Einsatz mit dem Leben bezahlt, und nur eine *mochila* mit unbedeutender Post war verloren gegangen. Kein Wunder, dass der Begriff Pony Express selbst im modernen Amerika noch ein Synonym für menschliche Eigenschaften wie Schnelligkeit und Mut, Tatkraft und Ausdauer ist.

Das Central Valley

ße Gebäude im Stil der italienischen Renaissance ist eine wahre Augenweide.

Castle Air Museum
5050 Santa Fe Dr., Atwater, Tel. 1-209-723-2178, www.castleairmuseum.org, tgl. 10–16 Uhr, Erw. 12 $, Kin. 6–17 J. 8 $

Im Castle Air Museum im nordwestlich gelegenen Nachbarort Atwater sind 46 historische Militärflugzeuge aus dem Zweiten Weltkrieg sowie aus den Korea- und Vietnamkriegen ausgestellt.

Im Sacramento-Delta
▶ 1, E 8

Auf der Höhe von Stockton nähert sich die durch das Central Valley führende Interstate 5 einer von Wasserarmen, Kanälen, Inseln und Halbinseln geprägten Region, die mancherorts geradezu Südstaatenatmosphäre ausstrahlt. Als viele enttäuschte Goldsucher nach Ende des Goldrausches der 1840er-Jahre nüchtern geworden waren, wandten sie sich als Farmer im gewaltigen Delta des Sacramento River mit der Landwirtschaft einem verlässlicheren Erwerbszweig zu. Auch chinesische Arbeiter, die zuvor beim Bau der Eisenbahnen beschäftigt waren, ließen sich dort in den Jahrzehnten danach als Bauern nieder. Nachdem in Walnut Grove eine bereits existierende Chinatown abgebrannt war, gestattete der Grundbesitzer George Locke den chinesischen Bewohnern, auf seinem Terrain die einzige chinesische Stadt der USA zu erbauen. Chinesen war der Besitz von eigenem Land in Kalifornien nämlich damals verboten.

Locke
www.locketown.com

Heute ist das einst von 15 000 Menschen bewohnte **Locke** eine Beinahe-Ghosttown, deren völliges Verschwinden nur durch die Arbeit einer extra ins Leben gerufenen Stiftung verhindert werden konnte. Der letzte übrig gebliebene Straßenzug ist von einfachen Holzhäusern gesäumt, von deren Fassaden die Tünche längst von Wind und Wetter abgebürstet wurde. Zwei, drei Antiquitätenläden und die Bar Al the Wop, die besonders an Wochenenden ein trinkfestes Publikum anzieht, halten das halbverfallene Dorf notdürftig am Leben.

Walnut Grove
www.walnutgrove.com

Auch die Nachbargemeinde **Walnut Grove** mit ihrem japanischen und chinesischen Viertel ist in ihrer Baufälligkeit in einen Dornröschenschlaf versunken, aus dem es aber langsam zu erwachen scheint. Um von hier nach Sacramento zu fahren, bieten sich die Route 160 bzw. die anschließende Nebenstrecke E 9 an. Auf dem Damm am Westufer des Sacramento River führen sie durch Baumwoll- und Spargelfelder bis in die Hauptstadt.

Sacramento

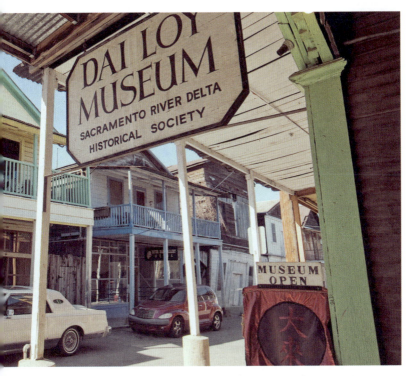

Locke – eine Beinahe-Geisterstadt mit einer wunderbar verträumten Atmosphäre

Übernachten

Angenehmer Aufenthalt – Best Western Royal Host Inn: 710 S. Cherokee Lane, im 16 Meilen südöstl. von Walnut Grove gelegenen Lodi, Tel. 1-209-369-8484, www.bestwestern.com. 48 Zimmer großes Nichtraucherhotel mit Standardausstattung. DZ ca. 100 $.

Essen & Trinken

Rustikal – Giusti's Place: 14743 Walnut Grove–Thornton Rd., Tel. 1-916-776-1808, www.giustis.com, Di–So Lunch und Dinner, Di, Do ital. Spezialitäten. Das Lokal befindet sich in einem mitten in der Landschaft stehenden Holzgebäude; Gerichte mit italienischem Einschlag wie Minestrone, Lammrücken und gebratene Tintenfischringe. Die Bar, an deren Decke Hunderte Mützen und Hüte hängen, wird an Wochenenden zum Hotspot. Ab ca. 18,50 $.

 Sacramento ▶ 1, E 7

Cityplan: S. 337

An seinen 485 000 Einwohnern (Großraum: ca. 1,8 Mio.) gemessen rangiert Sacramento weit hinter den großen Metropolen, ist aber Hauptstadt von Kalifornien und Sitz von Regierung und Parlament. Mit von Bäumen gesäumten Straßenzügen und zum Teil viktorianischen Häusern wirkt der ohne gigantische Wolkenkratzer auskommende Kern verglichen etwa mit Los Angeles oder San Francisco nicht sehr großstädtisch, lässt aber erkennen, dass Sacramento von seinem politischen Gewicht und insbesondere auch der Verarbeitung bzw. Vermarktung der im Central Valley angebauten Agrarprodukte sowie der Ansiedlung neuer Hightech-Firmen nicht schlecht lebt. Außerdem bezieht die Stadt ihren Reiz

nicht zuletzt von der günstigen Lage an Sacramento und American River.

Kreuz und quer durch Old Sacramento

In den 1960er-Jahren traf die Stadtverwaltung von Sacramento eine kluge Entscheidung. Anstatt den alten Stadtkern abzureißen, wurde das bis auf die erste Hälfte des 19. Jh. zurückgehende Viertel mit zahlreichen historischen Gebäuden, erhöhten Gehsteigen mit ausgetretenen Dielen und alten Straßenlaternen zu einem mit Leben gefüllten Open Air Museum saniert. Aus Downtown kommend gelangt man zu Fuß am besten über die K Street zum Eingang nach Old Sacramento. Gleich um die Ecke befindet sich an der Second Street ein **Visitor Center,** in dem man sich informieren kann.

Wells Fargo History Museum

1000 2nd St., Tel. 1-916-440-4263, www.wellsfargohistory.com/museums/sacramento, tgl. 10–17 Uhr, Eintritt frei

Im 1853 fertig gestellten B. F. Hastings and Co. Building ist das **Wells Fargo History Museum** untergebracht, in dem das originale Büro der Wells Fargo Bank aus der Mitte des 19. Jh. erhalten ist. Im Stockwerk darüber, wo vor 1857 und von 1859 bis 1870 der Oberste Gerichtshof von Kalifornien tagte, kann man den original erhaltenen Gerichtssaal besichtigen. Im Gebäude befand sich auch die westlichste Station des berühmten Pony Express (s. S. 333), an den die gegenüber stehende **Statue eines Pony-Express-Reiters** erinnert.

California State Railroad Museum

1111 I St., Tel. 1-916-323-9280, www.californiastaterailroadmuseum.org, tgl. 10–17 Uhr, Erw. 10 $, Kin. bis 17 J. 5 $

Das **California State Railroad Museum** beweist, dass Sacramento seine moderne Entwicklung erst 1856 mit dem Anschluss an das Eisenbahnnetz in Gang setzte. Zwei Dutzend vor Lack und Chrom glänzende Lokomotiven und Waggons sind in diesem größten Eisen-

Sacramento

Sehenswert
1. Wells Fargo History Museum
2. California State Railroad Museum
3. Sacramento History Museum
4. California State Capitol
5. Governor's Mansion
6. Leland Stanford Mansion
7. California Museum
8. Crocker Art Museum
9. California Automobile Museum
10. Sutter's Fort
11. State Indian Museum
12. Discovery Museum Science & Space Center
13. Aerospace Museum of California

Übernachten
1. Hyatt Regency
2. Amber House
3. Inn off Capitol Park
4. Delta King Hotel
5. Americas Best Value Inn-Downtown
6. Hi Sacramento

Essen & Trinken
1. Biba
2. Waterboy
3. Paragary's Bar
4. Il Fornaio
5. Magpie Cafe
6. Fox & Goose

Einkaufen
1. Arden Fair
2. Evangeline's
3. Folsom Premium Outlets

Abends & Nachts
1. Rio City Café
2. Golden1 Center

Aktiv
1. Dampflok-Rundfahrten
2. Sacramento River Cruises
3. Practical Cycle

---

bahnmuseum Nordamerikas zu bestaunen. Einige Wagen demonstrieren mit erlesener Innenausstattung, wie luxuriös manche Zeitgenossen damals reisten. Ein uniformierter Schaffner erzählt von Reisegewohnheiten im 19. Jh. Teil des Museums ist der aus den 1870er-Jahren stammende Passagierbahnhof der Central Pacific Railroad mit originalen Warte- und Abfertigungsräumen. Ab dem Frachtbahnhof können Eisenbahnfans **Dampflok-Rundfahrten 1** unternehmen.

Sacramento History Museum 3
101 I St., Tel. 1-916-808-7059, www.historicoldsac.org/museum, tgl. 10–17 Uhr, Erw. 6 $, Kin. 6–17 J. 4 $

Einen spannenden Gang durch die Geschichte der Region bietet Besuchern das **Sacramento History Museum** an. Mit vielen Exponaten wird die Entwicklung von den Zeiten der frühen Urbevölkerung bis in die Gegenwart anschaulich erklärt.

Am Sacramento River
Hinter den benachbarten Gleisanlagen wälzt der im Sommer träge Sacramento River sein Wasser gemächlich der San Francisco Bay zu. Am Ufer liegt der zum schwimmenden Hotel und Restaurant umgebaute **Raddampfer Delta King 4** vor Anker. In den 1920er-Jahren stellte er eine Passagierverbindung nach San Francisco her, ehe er im Zweiten Weltkrieg als Truppentransporter diente. Für eine Pause eignet sich das **Rio City Café 1** am besten, weil man dort auf der Terrasse sitzen und den Blick über den Fluss genießen kann.

Rund um den Capitol Park

California State Capitol 4
10th St. & L St., Tel. 1-916-324-0333, www.capitolmuseum.ca.gov, Mo–Fr 8–17, Sa, So 9–17 Uhr, stündlich Führungen

Im Rechteck zwischen Capitol Avenue und E Street sowie zwischen 7th und 10th Street sieht Sacramento in manchen Straßen noch aus wie am Ende des 19. Jh. Prächtige viktorianische Häuser lohnen den Spaziergang, der am unübersehbaren Wahrzeichen der Stadt endet, der Marmorkuppel des zwischen 1861 und 1869 erbauten **State Capitol**. Der Sitz von Parlament und Regierung des *Gol-*

Das Central Valley

den State liegt in einer grünen Oase mit Denkmälern, Blumenrabatten und Hunderten nummerierter Bäume aus unterschiedlichen Klimazonen wie Palmen, Korkeichen und Kiefern, unter denen die Nr. 59 an der Ecke der 10th und N Street mit einer gewaltigen Krone hervorsticht. Hauptanziehungspunkt im Kapitol ist die 36 m hohe, mit Blattgold verzierte Rotunde, die in den 1980er-Jahren samt Kristalllüster unter Zuhilfenahme alter Fotografien im ursprünglichen Stil wiederhergestellt worden war. Direkt unter der Kuppel stellt ein 9 t schweres Monument aus Carrara-Marmor die spanische Königin Isabella I. und Christoph Kolumbus dar, der in ihrem Auftrag 1492 die Neue Welt entdeckte. Auf derselben Etage befinden sich die musealen Büros des Generalstaatsanwalts, des Staatssekretärs, des Schatzmeisters und des Gouverneurs, die noch so aussehen wie zu Beginn des 20. Jh.

Governor's Mansion [5]

Bis 1967 bewohnte der damalige Gouverneur Ronald Reagan zusammen mit seiner Frau Nancy **Governor's Mansion,** einen fürstlich mit Kronleuchtern, persischen Teppichen und offenen Marmorkaminen ausgestatteten Wohnsitz von bislang 13 kalifornischen Gouverneuren. Danach diente der Bau als Museum. Jeder Raum der 1877 fertiggestellten Villa ist im Stil einer anderen Epoche ausgestattet, was die Residenz noch zu Lebzeiten der jeweiligen Hausherren zu einem Museum der Zeitgeschichte machte. Nach einer aufwendigen Renovierung ist die Residenz wieder Heim des jetzigen Gouverneurs.

Leland Stanford Mansion [6]

800 N St., Tel. 1-916-324-0575, www.parks.ca. gov/stanfordmansion, Führungen tgl. zur vollen Stunde 10–16 Uhr, Erw. 5 $, Kin. 6–17 J. 3 $
Das Eisenbahnzeitalter hinterließ seine Spuren nicht nur in Old Town mit ausgedienten Dampflokomotiven, sondern auch in anderen Teilen der Stadt in Gestalt prachtvoller Villen, die einst den sogenannten kalifornischen Eisenbahnkönigen gehörten, die es beim Eisenbahnbau zu riesigen Vermögen gebracht hatten. Einer von ihnen war Leland Stanford (1824–1893), der sich 1856 im damals modernen viktorianischen Stil das **Leland Stanford Mansion** hatte bauen lassen. Außer Eisenbahnmagnat war der rührige Hausherr Gründer der renommierten Stanford University und von 1861 bis 1863 kalifornischer Gouverneur. Die noble Ausstattung macht das Anwesen nicht nur zum Museum, sondern auch zu einer repräsentativen Stätte für offizielle Staatsempfänge.

California Museum [7]

1020 O St., Tel. 1-916-653-7524, www.californiamuseum.org, Di–Sa 10–17, So 12–17 Uhr, Erw. 9 $, Kin. 6–17 J. 6,50 $
Nicht weit vom Kapitol entfernt beschäftigt sich das **California Museum** mit unterschiedlichen Aspekten der Landesgeschichte. Ein neuerer Teil des Hauses ist die auf Initiative der ehemaligen kalifornischen First Lady, Maria Shriver, ins Leben gerufene California Hall of Fame, eine Hommage an Persönlichkeiten und Familien, die Kaliforniens Erfindergeist verkörpern und Geschichte geschrieben haben. Zu den geehrten Berühmtheiten zählen Ronald Reagan, Walt Disney, die Pilotin Amelia Earhart, Clint Eastwood, Stararchitekt Frank Gehry, Steve Jobs und Mark Zuckerberg.

Im Westen

Crocker Art Museum [8]

216 O St., Tel. 1-916-808-7000, www.crockerartmuseum.org, Di–So 10–17, Do bis 21 Uhr, Erw. 10 $, Kin. 7–17 J. 5 $
Ursprünglich bestand das **Crocker Art Museum** nur aus der 1870 erbauten Residenz eines Bankers. Ein moderner Erweiterungsbau verdreifacht heute die Ausstellungsfläche. Zu sehen sind amerikanische, europäische und asiatische Kunst, Skulpturen, Fotografien, Meissner Porzellan und digitale Kunst.

California Automobile Museum [9]

2200 Front St., Tel. 1-916-442-6802, www.calautomuseum.org, Mi–Mo 10–17 Uhr, Erw. 9 $, Kin./Jugendl. 5–18 J. 4 $

Sacramento

Waldgrün, Burgunderrot, Goldgelb? Als die Tower Bridge 2002 einen neuen Anstrich erhalten sollte, konnten die Bewohner von Sacramento mitentscheiden – hier das Ergebnis

Schönheiten aus Lack und Blech sind im **California Automobile Museum** in unterschiedlichen Ausstellungen aufgebaut, die sich mit Themen wie Mobilität, Luxus, Design oder Geschwindigkeit beschäftigen und passende Autos dazu zeigen.

Im Osten

Sutter's Fort 10
2701 L St., Tel. 1-916-445-4422, www.parks. ca.gov, >Visit Parks >Find a Park >Sutter's Fort, tgl. 10–17 Uhr, Erw. 5 $, Kin. 3 $
Luxus wie in der alten Gouverneursresidenz sucht man in **Sutter's Fort** vergeblich. Die Anlage entstand Anfang der 1840er-Jahre auf Betreiben des Schweizer Einwanderers Johann August Sutter, der in diesem Gebiet zusammen mit einigen Gefolgsleuten eine Kolonie unter dem Namen Neu-Helvetien aufbaute (s. S. 44). Der Goldrausch 1848/49 veränderte die Situation grundlegend. Goldsucher aus aller Welt fielen auf der Suche nach Edelmetall über seinen Besitz her und machten den ehemaligen Großgrundbesitzer innerhalb kurzer Zeit zum armen Mann. An Sommerwochenenden demonstrieren Freiwillige in Kostümen, wie einst Kerzenzieher, Schmiede, Schreiner und Küfer ihr Handwerk verrichteten.

State Indian Museum 11
2618 K St., Tel. 1-916-324-0971, www.parks. ca.gov > Visit a Park > Find Parks > State Indian Museum, tgl. 10–17 Uhr, 5 $
Das benachbarte **State Indian Museum** dokumentiert die materielle Kultur der im Staate lebenden Indianer vor der Kontaktaufnahme mit der weißen Zivilisation. Die ausgestellten Korbwaren, Angelgeräte, der Schmuck aus Fe-

Das Central Valley

dern und Muscheln, Kleidungsstücke, ein Yurok-Kanu und ein rekonstruiertes Schwitzhaus machen deutlich, dass es zwischen den einzelnen Gruppen der kalifornischen Urbevölkerung deutliche Unterschiede gab.

Außerhalb von Downtown

Zwei Museen sind einen Abstecher für Besucher wert, die sich für Luft- und Raumfahrt und Naturwissenschaften interessieren. Das **Discovery Museum Science & Space Center** 12 verfügt u. a. über ein Planetarium (3615 Auburn Blvd., Tel. 1-916-808-3942, www.thediscovery.org, Di–Fr 12–16.30, Sa, So 10–16.30 Uhr, Erw. 8 $, Kin. 13–17 J. 5 $). Im **Aerospace Museum of California** 13 kann man in einem Flugsimulator selbst seine Pilotenfähigkeiten testen (3200 Freedom Park Dr., Tel. 1-916-643-3192, www.aerospacemuseumofcalifornia.org, Di–So 10–17 Uhr, Erw. 8 $, Kin. 3–17 J. 6 $).

Infos
Sacramento Convention & Visitors Bureau: 1002 2nd St., Old Sacramento, Tel. 1-916-442-7644, www.visitsacramento.com.

Übernachten
Zahlreiche Hotels und Motels liegen nur wenige Minuten von Old Sacramento entfernt an der I-5, Exit Richards Ave.

Komfortabel – **Hyatt Regency** 1 : 1209 L St., Tel. 1-916-443-1234, http://sacramento.hyatt.com. Großes, komfortabel ausgestattetes Stadthotel mit Pool und Fitnesscenter in Kapitolsnähe. Die Zimmer lassen nichts zu wünschen übrig. DZ ab 220 $, Parken 20 $.

Stadtjuwel – **Amber House** 2 : 1315 22nd St., Tel. 1-916-444-8085, www.amberhouse.com. B & B mit viktorianischem Interieur. Im Poets' Refuge sind die Zimmer nach Dichtern, im Musician's Manor nach Komponisten benannt. DZ ab 189 $.

Lage und Service bestens – **Inn off Capitol Park** 3 : 1530 N St., Tel. 1-916-447-8100, www.innoffcapitolpark.com. Zentral beim Capitol Park gelegenes Hotel mit 38 Zimmern/Suiten inkl. eigenem Bad, WLAN und Kaffeemaschine. DZ ca. 149 $.

Auf schwankendem Boden – **Delta King Hotel** 4 : 1000 Front St., Tel. 1-916-444-5464, www.deltaking.com. Schwimmendes Hotel auf einem verankerten Schaufelraddampfer am Ufer des Sacramento River in Old Town. Die Gäste kommen in 44 Kabinen unter. An Bord befinden sich außerdem Restaurant, Lounge und Theater. Doppelkabinen ab ca. 100 $.

Günstig – **Americas Best Value Inn-Downtown** 5 : 430 16th St., Tel. 1-916-444-3670, www.abvidowntownsacramento.com. Ältere, einfache Zimmer mit WLAN, Mikrowelle und Satelliten-TV. DZ ab ca. 55 $.

Für Preisbewusste – **Hi Sacramento** 6 : 925 H St., Tel. 1-916-443-1691, 1-916-668-6632. Jugendherberge in einem reizenden Herrenhaus aus dem 19. Jh. Gäste können in Schlafsälen, privaten Einzel- oder Doppelzimmern oder auch in Familienzimmern unterkommen. Ab 36 $/Pers.

Essen & Trinken
Super Lokal – **Biba** 1 : 2801 Capitol Ave., Tel. 1-916-455-2422, www.biba-restaurant.com, Lunch Di–Fr, Dinner Mo–Sa. Küchenchef und Kochbuchautor Biba Caggiano hält seit über 30 Jahren mit traditionellen Gerichten die italienische Küche hoch. Zu den schmackhaften Klassikern können Gäste unter über 200 Weinen auswählen. Ab ca. 30 $.

Einfach klasse – **Waterboy** 2 : 2000 Capitol Ave., Tel. 1-916-498-9891, www.waterboyrestaurant.com, Lunch Mo–Fr 11.30–14.30, Dinner tgl. ab 17 Uhr. Dynamischer Aufsteiger unter den besten Restaurants der Stadt. Kalifornische Bouillabaisse, Jakobsmuscheln mit Linguini oder Steak mit Kartoffelgratin. Dinner 21–32 $.

Sehr stylisch – **Paragary's Bar** 3 : 1401 28th St., Tel. 1-916-457-5737, www.paragarys.com, Di–Fr Lunch, Di–So Dinner, So Brunch. Die Gerichte sind unverkennbar mediterran geprägt, zollen aber auch der neuen kalifornischen Küche mit ihrem Schwerpunkt auf frischen, lokalen und regionalen Zutaten Tribut. Dinner ab ca. 20 $.

Rundum empfehlenswert – **Il Fornaio** 4 : 400 Capitol Mall, im Wells Fargo Center, Tel. 1-916-446-4100, www.ilfornaio.com, Mo–Fr

11–22, Sa 17–22, So 16–21 Uhr. Italienisches Lokal mit hohem Küchenstandard und aufmerksamem Service. 16–32 $.

Frisch von der Farm – **Magpie Cafe 5 :** 1601 16th St., Tel. 1-916-452-7594, www.magpiecafe.com, Mo–Mi 11–21, Do–Fr 11–22, Sa 8–22, So Brunch 8–15 Uhr. Modernes Ambiente und wechselnde Gerichte mit stets frischen regionalen Zutaten. Vegetarier könnte die Vegetable Plate mit gegrilltem Gemüse (19 $) oder der Caprese Salad (11 $) interessieren, das Bio-›Chicken for Two‹ macht 2 Personen satt (34 $). Keine Reservierungen.

Populäres Lokal – **Fox & Goose 6 :** 1001 R St., Tel. 1-916-443-8825, www.foxandgoose.com, tgl. Frühstück, Lunch und Dinner. Typisch englischer Pub mit gutem, reichlichem Frühstück. Mo, Mi, Fr, Sa abends Livemusik. Ab ca. 9 $.

Einkaufen

Großer Konsumtempel – **Arden Fair 1 :** 1651 Arden Way, Tel. 1-916-920-1199, www.ardenfair.com. Ein Konsumententraum mit 165 Läden inkl. Gucci, Prada und Nordstrom. Mo–Sa 10–21, So 11–19 Uhr.

Verrückt – **Evangeline's 2 :** 113 K St., Tel. 1-916-443-2181, www.evangelines.com, tgl. 10–20 Uhr. Wildes Sammelsurium an Spielzeug, Masken und Perücken. Im Costume Mansion hat man die Wahl: vom Clownskostüm bis zum Gothic Outfit.

Schnäppchenzentrum – **Folsom Premium Outlets 3 :** 13000 Folsom Blvd. östlich von Sacramento, Hwy 50, Exit Folsom Blvd., www.premiumoutlets.com/outlet/folsom. Ca. 80 Geschäfte, u. a. Tommy Hilfiger, Guess, Calvin Klein, Gap, Mo–Sa 10–21, So 10–18 Uhr.

Abends & Nachts

Zum Ausspannen – **Rio City Café 1 :** 1110 Front St., Tel. 1-916-442-8226, www.riocitycafe.com. Der ideale Ort, um mit Blick auf den Sacramento River bei einem Drink auf der Terrasse den Abend zu beginnen.

Spiel & Spaß – **Golden1 Center 2 :** 547 L St., www.golden1center.com. Mitten in Downtown finden sich ein Komplex Sportveranstaltungen, Rodeos, Ausstellungen und Konzerte für bis zu 17 500 Besucher statt.

Aktiv

Zugfahrten mit Dampflok – **1 :** Ab Frachtbahnhof beginnen 40-minütige **Rundfahrten,** April–Sept. Sa, So, Fei stdl. 11–16 Uhr, Erw. 12 $, Kin. 6–17 J. 6 $.

Ausflüge per Schiff – **Sacramento River Cruises 2 :** 1206 Front St., Tel. 1-888-467-6256, www.hornblower.com > Sacramento > River Cruises. Touren auf dem Sacramento River, ab 20 $.

Radverleih – **Practical Cycle 3 :** 114 J St., Tel. 1-916-706-0077, www.practicalcycle.com, tgl. 10–18 Uhr. Fahrräder für jede sportliche Herausforderung. Das Geschäft hat auch E-Bikes im Angebot.

Termine

Sacramento Music Festival (letztes Maiwochenende): Zum überwiegenden Teil in Old Sacramento stattfindendes Jazzfestival (www.sacjazz.com).

California State Fair (Juli/Aug.): Jahrmarkt mit großem kulturellem Beiprogramm und Pferderennen (http://bigfun.org).

Verkehr

Flüge: Der Sacramento International Airport liegt etwa 15 Autominuten nördlich von Downtown, Tel. 1-916-929-5411, www.sacramento.aero/smf. Mit dem **SuperShuttle** (Tel. 1-800-258-3826) kommt man für ca. 15 $ in die Innenstadt. Taxis nach Downtown kosten ca. 33 $.

Bahn: Amtrak-Bahnhof, 401 I St., Tel. 1-800-872-7245, www.amtrak.com. Der Capitol-Corridor-Zug fährt mehrmals tgl. an die San Francisco Bay, der San Joaquins bedient Städte wie Bakersfield und Modesto im Central Valley. Nach Salt Lake City, Denver und Chicago kommt man mit dem California Zephyr.

Busse: Greyhound Terminal, 420 Richards Blvd., Tel. 1-800-231-2222. Mit den Bussen erreicht man alle größeren Städte.

Fortbewegung in der Stadt

In der sich nicht sonderlich weitläufig erstreckenden Innenstadt ist vieles gut zu Fuß zu erreichen. Für weitere Strecken nutzt man die Straßenbahn (Light Rail, www.sacrt.com).

Die Sierra Nevada

Für frühe Entdecker und Pioniere war die mächtige Sierra Nevada nichts anderes als ein fast unüberwindliches Hindernis auf dem Weg an den Pazifik. Heute gehören grandiose Naturwunder des Bergparadieses wie der berühmte Yosemite National Park oder der Mount Whitney als höchster Berg von Kontinentalamerika zu den reizvollsten Touristenzielen in Kalifornien.

An der Ostflanke des Central Valley zieht sich auf 700 km Länge und 120 km Breite das eindrucksvollste und höchste Gebirge Kaliforniens entlang: die Sierra Nevada. Der riesige Granitklotz entstand vor Urzeiten unter der Erdoberfläche durch flüssige Magma, ehe er als zusammenhängender Gesteinsblock von tektonischen Kräften in die Höhe gedrückt wurde. Während die Gebirgskette nach Westen relativ sanft abfällt, ist die östliche, am Owens Valley entlanglaufende Flanke viel steiler und zeigt den Gebirgszug von einer imponierenden, hochalpinen Seite.

Den vorerst letzten Akt im Entstehungsdrama der Sierra Nevada prägten die Eiszeiten mit ihren mächtigen Eispaketen. Mit ungeheurem Gewicht schrammten sie über das Gestein, hobelten Felszacken rund, arbeiteten sich in Senken hinein und vertieften sie zu u-förmigen Tälern, als das Eis vor ca. 12 000 Jahren im Zuge einer Klimaerwärmung abzufließen begann. Bekannteste damals entstandene Landschaft ist das berühmte Yosemite Valley, in dessen Süden mit dem 4418 m hohen Mount Whitney die prominenteste Erhebung auf dem zusammenhängenden Staatsgebiet der USA liegt. Von feuchter, vom Pazifik heranziehender Luft bekommt das Gebirge noch so viel Niederschlag ab, dass es im Winter regelmäßig im Schnee versinkt. Andererseits schirmt die gigantische Granitbarriere weiter östlich liegende Regionen wie das Great Basin so stark von Regenwolken ab, dass sich dort eine riesige Hochwüste herausbildete. Fantastische Naturlandschaften und verkehrstechnisch gut erschlossene Gebiete bzw. Attraktionen haben die Sierra Nevada zu einer touristischen Hauptattraktion im amerikanischen Westen gemacht. Das gilt in erster Linie für die Nationalparks, die so viele naturbegeisterte Besucher haben, dass zuweilen der Naturschutz darunter leidet.

Sequoia und Kings Canyon N. P. ▶ H/J 10/11

Viele Urlauber beginnen ihre Touren in die Sequoia und Kings Canyon National Parks in **Visalia** (s. S. 261). Östlich der Stadt verläuft Highway 198 am Lake Kaweah vorbei durch die Vorberge der Sierra Nevada – im Frühjahr eine grüne Hügellandschaft mit saftigen Wiesen, im Sommer und Herbst eine berückende Szenerie aus gestaffelten Höhenzügen, einheitlich bedeckt von goldbraunem Gras und kleinen Eichenhainen, während sich in Talsenken Zitrusgärten und Weinkulturen ausbreiten.

Sequoia N. P.

Am Ash Mountain Entrance in den **Sequoia National Park** beginnt beim **Foothills Visitor Center** der Generals' Highway, auf dessen 16 Meilen bis zum **Giant Forest Village** Verkehrsstatistiker genau 142 enge Kurven gezählt haben (für große Campingfahrzeuge ist die Strecke ab dem Potwisha Campground deshalb ungeeignet). Eine im Sommer sonnenverbrannte Vegetation mit

Sequoia und Kings Canyon N. P.

WANDERN IM GIANT FOREST

Tour-Infos
Start: Parkplatz im Giant Forest am Generals Highway 198
Länge: Anfahrt zu den Parkplätzen mit dem Auto ab Giant Forest Museum ca. 9 Meilen; zu Fuß zu den Besichtigungspunkten ca. 7 km
Dauer: 4–5 Std.

Das südliche Herzstück des Sequoia National Parks, in dem zahlreiche Mammutbäume stehen, heißt treffend Giant Forest (Wald der Giganten). Im **Giant Forest Museum** neben dem Parkplatz sind Exponate wie Holzproben und Samen zu sehen, die sich mit den imponierenden Sequoia-Bäumen beschäftigen. Als lebendes Anschauungsmaterial dient vor dem Museum der gewaltige Sentinel Tree.
Eine kurvige Nebenstraße biegt in südlicher Richtung nach Crescent Meadow ab. Auf dem Weg dorthin ist der Abstecher zum **Moro Rock** ein Muss. Zum schmalen Scheitel des glattpolierten Granitblocks führen 400 in den Fels geschlagene, zum Teil von Metallgeländern gesicherte Stufen. Der Aufstieg wird insbesondere bei Sonnenuntergang durch einen wunderbaren Rundblick über das westliche Parkgelände belohnt. Weiter Richtung Crescent Meadow folgt mit dem **Tunnel Tree** ein beliebter Fotopunkt, an dem Autos unter einem umgestürzten, quer über der Straße liegenden Riesenbaum hindurchfahren können. Die Autostraße endet bei **Crescent Meadow,** einem offenen Wiesengelände, das man auf dem **Crescent Meadow Trail** in etwa einer Stunde umrunden kann.
Die populärste Attraktion des Giant Forest (ab Museum 4 Meilen) ist vom **General-Sherman-Parkplatz** auf einem zum Teil steilen Fußweg zu erreichen (15 Min.): Der **General Sherman Tree** wird zwar sowohl im Stammumfang als auch in der Höhe von anderen übertroffen, gilt aber an seinem Volumen gemessen als das größte Lebewesen auf der Erde. Der über 2000 Jahre alte Riese wiegt mehr als 1200 t, ist 84 m hoch und hat auf dem Erdboden einen Stammumfang von 31,40 m. Der Durchmesser seines mächtigsten Astes beträgt ca. 2 m. Jahr für Jahr nimmt der immer noch wachsende Baum um so viel Holz zu, dass dies einen 20 m hohen Baum mit 30 cm Durchmesser ergeben würde. Beim General Sherman Tree beginnt der etwa 3 km lange, befestigte **Congress Trail,** der in einer Schleife zur **Congress Group** führt, einer Gruppe weiterer imposanter Bäume.

Die Sierra Nevada

Grandioser Blick vom Moro Rock im Sequoia National Park

Yucca-Palmen, Büschen und Laubbäumen säumt den Weg durch die steinige Landschaft. Unübersehbar thront hoch über der Straße die kahle Granitkuppel des 2050 m hohen **Moro Rock.**

Auf 1400 m Höhe ändert sich die Szenerie mit dem Beginn der Hochwaldgrenze. Am Straßenrand tauchen die ersten Wahrzeichen des Nationalparks auf – gigantische Mammutbäume *(Sequoia gigantea)*, deren Borken im Halbschatten der Wälder zimtrot leuchten. Diese Baumart ist zwar etwas kleiner als ihre Verwandten in den Redwood-Wäldern an der nordkalifornischen Küste, doch machen sie dies durch ihren gigantischen Stammumfang wett. Nach diesen Sequoia-Beständen erhielt der 1890 gegründete Nationalpark, der mit dem benachbarten Kings Canyon National Park ein 3500 km² großes Gebiet bedeckt, seinen Namen. Das Naturschutzreservat ist aber nicht nur für seine mächtigen Bäume, sondern auch für seine fantastischen Bergszenerien mit mehreren über 3000 m hohen Gipfeln bekannt, darunter der alles überragende **Mount Whitney.**

Crystal Cave

Tickets mit Tourzeit am besten online kaufen bei www.recration.gov, begrenzt gibt es sie im Visitor Center oder Giant Forest Museum, Tel. 1-559-565-3759, www.explorecrystalcave.com, Mai–Sept. tgl. 10.30–16.30 Uhr, sonst kürzer, Erw.16 $, Kin. 5–12 J. 8 $

Über die Cave Road (keine Autos über 6,7 m) erreicht man vom Generals' Highway aus mit Crystal Cave ein unterirdisches Märchenreich. Ab dem Parkplatz folgt ein 1 km langer, anstrengender Wanderweg dem Cascade Creek bis zum Eingang in die Höhle, die man nur im Rahmen einer Rangerführung besichtigen kann. Die 50-minütigen Touren führen durch ein Reich von marmornen Stalaktiten und Stalagmiten, in dem ständig eine Temperatur von nur 9 °C herrscht.

Grant Grove

Neben dem Giant Forest (s. S. 343) ist **Grant Grove** das zweite Zentrum im Park mit Wanderpfaden zu Riesenbäumen. Eine kurze Wegstrecke vom Parkplatz entfernt steht mit dem **General Grant Tree** ein Exemplar, das zu den fünf größten Bäumen der Erde zählt. Der 2000 bis 2500 Jahre alte Gigant bringt es mit 1343 Festmetern Holz auf ein Gewicht von 1135 t. Aufgrund seiner sehr ebenmäßigen Erscheinung wurde er 1926 offiziell zum Weihnachtsbaum der Nation auserkoren. An den Feiertagen findet zu seinen Füßen alljährlich ein Fest statt, das vom Fernsehen bis in den hintersten Winkel der USA übertragen wird.

Kings Canyon N. P.

Nördlich von Grant Grove führt der Kings Canyon Scenic Byway (Hwy 180) in die abgeschiedene Bergwelt des **Kings Canyon National Park.** Über der Naturlandschaft liegt himmlische Ruhe, die nur selten von einem auf der einzigen Parkstraße fahrenden Auto gestört wird. Die Route führt auf dem letzten Abschnitt des South Fork Kings River an überhängenden Felswänden vorbei bis zum Endpunkt im **Cedar Grove Village.** Über 1500 m hoch erheben sich um das Tal die Felswände der Sierra, deren Höhenlagen auf zahlreichen Wanderwegen erreichbar sind.

Infos

Sequoia & Kings Canyon National Parks: 47050 Generals Hwy, Three Rivers, CA 93271-9700, Tel. 1-559-565-3341, www.nps.gov/seki. 7 Tage gültiger Eintritt 30 $/Pkw. Ganzjährig geöffnet, manche Straßen sind im Winter geschlossen. Im Park gibt es keine Tankstellen!

Übernachten

Wer im Park kein Bett mehr bekommt, kann nach Three River am südlichen Parkeingang ausweichen. Für Unterkünfte im Park: www.nps.gov/seki/planyourvisit/lodging.htm.
Für Bergwanderer – **Bearpaw High Sierra Camp:** erreichbar ab Crescent Meadow auf einem 11,5 Meilen langen Wanderpfad, Tel. 1-866-807-3598. Zelt-Cabins mit Holzfußboden und zwei Queen-Size-Betten, heiße Gemeinschaftsduschen, Frühstück und Abendessen, Mitte Juni–Mitte Sept. Ca. 410 $.
Moderne Unterkunft – **Wuksachi Village Lodge:** Wuksachi Village, Tel. 1-866-807-3598. Ca. 2 Meilen westlich des Lodgepole Village biegt vom Generals' Hwy die Zufahrtsstraße nach Norden ab. Lodge nach ca. 1 Meile in 1980 m Höhe mit über 100 Motelzimmern in mehreren Gebäuden mit eigenem Restaurant. Ganzjährig geöffnet. DZ ab 210 $.
1980 m hoch gelegen – **John Muir Lodge:** Grant Grove Village, Tel. 1-877-436-9615, www.sequoia-kingscanyon.com. Die neuere Lodge hat 34 Zimmern mit eigenem Bad und Telefon. DZ im Sommer ab ca. 66 $.
Camping – In den Nationalparks gibt es insgesamt **14 Campingplätze,** die zum Teil vorab reserviert werden können: www.recreation.gov oder Tel. 1-301-722-1257. Maximale Aufenthaltsdauer 14 Tage.

Verkehr

Von Visalia fahren **Shuttlebusse** für 15 $ (inkl. Eintritt) zum Giant Forest Museum (Reservierung: www.sequoiashuttle.com). Im Park fahren kostenlose Busse.

Yosemite N. P.

▶ 1, G/H 8/9

Karte: S. 348
Der **Yosemite National Park** verdankt seine große Popularität in erster Linie seinen spektakulären Tal- und Hochgebirgslandschaften. Aber auch aus einem anderen Grund gehört er zu den meistbesuchten Nationalparks der USA: Er ist von großen Ballungsräumen wie San Francisco und Los Angeles in wenigen Stunden erreichbar.

1864 zum State Park proklamiert, erhielt Yosemite 26 Jahre später die höheren Weihen als zweiter US-Nationalpark nach Yellowstone. Der in Schottland geborene Naturkundler John Muir (1838–1914) erwarb sich unschätzbare Verdienste um den Landschaftsschutz, indem

Die Sierra Nevada

ZU DEN BOTANISCHEN SCHÄTZEN IM MARIPOSA GROVE

Tour-Infos
Start: Mariposa-Grove-Parkplatz nahe der südlichen Pforte des Yosemite National Park
Länge: hin und zurück ca. 12 km
Dauer: 3–5 Std.
Anstieg: Vom Parkplatz bis zum Wawona Point Vista ist ein Höhenunterschied von 369 m zu bewältigen.
Infos im Internet: www.nps.gov/yose/plan yourvisit/mg.htm
Hinweis: Zurzeit finden Instandsetzungsarbeiten statt, die bis ca. Herbst 2017 andauern.

Nahe dem südlichen Parkein- bzw. -ausgang haben im **Mariposa Grove** 4 ca. 200 Mammutbäume den brutalen Kahlschlag des 19. Jh. überlebt. Auf dem **Parkplatz** beginnt ein gut markierter Wanderpfad, der zunächst zum **Fallen Monarch** führt, einem gewaltigen, schon vor Jahrhunderten umgestürzten Baum. Dass er dennoch relativ gut erhalten ist, verdankt er dem gerbsäurehaltigen Holz, das zu Lebzeiten den Insektenfraß verhindert und den Baum nach seinem Tod konserviert.

Vorbei an der Viererguppe **Bachelor and Three Graces** erreicht man mit dem 1800 Jahre alten **Grizzly Giant** den berühmtesten Baum im Mariposa Grove. Nachdem er seinen Wipfel durch einen Sturm verlor, ist er ›nur‹ noch 64 m hoch, besitzt aber einen Umfang von fast 30 m. In der Nachbarschaft steht mit dem **California Tunnel Tree** ein historisches Zeugnis sinnloser Naturzerstörung: Der Stamm des Baumes wurde 1895 als Touristenattraktion ausgehöhlt.
Beim **Faithful Couple** handelt es sich um zwei Bäume, die an ihrer Basis zusammengewachsen sind, während im Stamm des **Clothespin Tree** mehrere Waldbrände tiefe Narben hinterlassen haben. Dass im Mariposa Grove heute noch zahlreiche Mammutbäume stehen, ist in erster Linie dem Naturschützer Galen Clark zu verdanken, der sich 1861 eine kleine Blockhütte baute. An ihrer Stelle steht heute das **Mariposa Grove Museum**, das relevante ökologische Probleme thematisiert. Ein lebendes Denkmal zur Erinnerung an Galen Clark ist der **Galen Clark Tree**, von dem man einen Abstecher zum 400 m entfernten und 2076 m hoch gelegenen **Wawona Point Vista** machen kann,

um die Aussicht zu genießen. Zurück am Galen Clark Tree, setzt man den Fußmarsch zum **Fallen Wawona Tunnel Tree** fort. 1881 ausgehöhlt, ließ eine schwere Schneelast den seiner Stabilität beraubten Baum 1969 umstürzen. Ein wahres Wunder ist der von zahlreichen Feuern ausgehöhlte **Telescope Tree**, der trotz seiner schweren Wunden bis heute überlebt hat und nach wie vor Samen produziert. Auf bekannten Wegen kehrt man von dort zum Parkplatz zurück.

er die US-Präsidenten Grover Cleveland und Theodore Roosevelt für diese Aufgabe gewann. Nach John Muir ist einer der bekanntesten Fernwanderwege benannt, der als 340 km langer Abschnitt des **Pacific Crest Trail** (www.pcta.org) zum 4418 m hohen Mount Whitney führt.

Yosemite Valley

Zentrum des Parks ist das liebliche **Yosemite Valley** 1 , das seinen Beinamen ›das unvergleichliche Tal‹ aus gutem Grund trägt. Auf beiden Seiten von senkrechten Granitwänden eingerahmt, stürzen von der Taloberkante mehrere Wasserfälle in die Tiefe, u. a. die dreistufigen **Yosemite Falls** mit einem Höhenunterschied von insgesamt 739 m. Auf der Nordseite ragt der 2307 m hohe **El Capitan** in den Himmel, eine fast senkrechte, 1000 m hohe Granitwand – Traum vieler Felskletterer, Alptraum mancher Zuschauer, die deren Vertikalabenteuer gebannt verfolgen. Touristische Zentren im Tal sind **Yosemite Village** und **Half Dome Village** mit Rangerbüros, Unterkünften, Campingplätzen und Geschäften.

Als Wahrzeichen erhebt sich am Ende des Tals der 2695 m hohe **Half Dome** wie eine in der Mitte auseinandergebrochene Riesenkuppel. Die dem Tal zugewandte senkrechte Wand entstand nicht durch eine Spaltung des Berges, sondern durch Gletscherabrieb. Einen grandiosen Panoramablick auf den Half Dome, die in der Nähe liegenden Vernon und Nevada Falls sowie die hochalpinen Landschaften der Sierra hat man vom **Glacier Point** 2 , einem der spektakulärsten Aussichtspunkte innerhalb der Yosemite-Grenzen.

Im Süden

Im südlichen Teil des Parks führt Highway 41 durch **Wawona** 3 . 1876 entstand dort mit dem Wawona Hotel (jetzt Big Tree Lodge) eine der ersten Unterkünfte im Park.

Nebenan zeigt das **Pioneer Yosemite History Center** historische Gebäude, die früher an anderen Orten standen, ehe sie in Wawona Bestandteil des Freilichtmuseums wurden (tgl. 9–17 Uhr). Weiter Richtung Süden gelangt man zum **Mariposa Grove** 4 (s. S. 346).

Im Norden

Im Norden des Yosemite Valley klettert die nur zwischen Mitte Juni und November befahrbare **Tioga Pass Road** (Hwy 120) auf ca. 60 Meilen durch Bergwiesen und Wälder langsam bergan. In **Tuolomne Grove** 5 stehen ähnlich wie in Mariposa Grove Mammutbäume mit gewaltigen Stammumfängen. Vorbei an Aussichtspunkten mit atemberaubenden Ausblicken gewinnt die Straße nach und nach an Höhe. **Siesta Lake** 6 ist einen Halt wert, weil sich der kleine See langsam in ein Moor verwandelt. Vom **Olmsted Point** 7 öffnet sich ein grandioses Panorama über die hohe Sierra mit grauen Granitgipfeln, zwischen denen kristallklare Bergseen wie Tenaya Lake und Ellery Lake liegen.

Eine veränderte Szenerie herrscht um die rund 2600 m hoch gelegenen **Tuolomne Meadows** 8 mit dem größten subalpinen Almengebiet der Sierra Nevada. Danach erreicht die gut ausgebaute Panoramastraße den östlichen Parkausgang auf dem 3030 m hohen **Tioga Pass** 9 .

Hinter der Passhöhe ändert sich die Landschaft schlagartig. Karge Vegetation bedeckt die Bergflanken, an denen die Serpentinenstraße die Ostflanke der Sierra Nevada talwärts in das wüstenhafte Great Basin führt, an dessen Rand der seltsame Mono Lake mit seinen bizarren Felssäulen liegt.

Die Sierra Nevada

Yosemite N. P.

Infos

Yosemite National Park: Visitor Information & Headquarters, P. O. Box 577, Yosemite National Park, CA 95389, Tel. 1-209-372-02 00, www.nps.gov/yose, 30 $/Pkw.

Übernachten

Alle Unterkünfte im Park außer Campgrounds werden vom Konzessionär DNC Parks & Resorts verwaltet (Online-Reservierungen www.yosemitepark.com/lodging.aspx oder Tel. 1-801-559-4884). Notfalls kann man auf Motels in Mariposa oder Oakhurst ausweichen.

Flaggschiff der Hotels – **The Majestic Yosemite Hotel:** Yosemite Village, Tel. 1-888-413-8869. 1927 aus Naturstein erbautes rustikales Nobelhotel mit 123 Zimmern und Suiten sowie 24 Cottages. Das Hotel lässt sich Komfort und Lage extrem teuer bezahlen. DZ ab 450 $.

Durchschnittlicher Komfort – **Yosemite Valley Lodge:** Yosemite Village, Unterkunft mit knapp 230 geräumigen Standardzimmern, beheiztem Pool (Ende Mai–Anf. Sept.), Restaurant, Food Court und WLAN-Anschluss. DZ im Sommer ab 230 $, in der Nebensaison unter der Woche ab 150 $.

Mit Zelt oder Wohnmobil – **Camping:** Im Yosemite National Park kann man auf 13 Campingplätzen unterkommen (Reservierung online unter www.recreation.gov, telefonisch unter Tel. 1-877-444-6777). Außerdem gibt es in der hohen Sierra Nevada fünf nur zu Fuß oder mit dem Pferd erreichbare High Sierra Camps (www.yosemitepark.com/high-sierra-camps.aspx).

Essen & Trinken

Alle größeren Hotels im Park sind mit Restaurants ausgestattet. Im Half Dome Village und Yosemite Village gibt es außerdem Imbissbuden mit diversem Fast-Food-Angebot, die nicht durchgehend geöffnet sind.

Aktiv

Radfahren/Mountainbiking – **Yosemite Valley Lodge/Half Dome Village:** Radverleih für Touren im Nationalpark. Auf Wanderpfaden sind Räder nicht erlaubt.

Die Sierra Nevada

Bergsteigen – **Yosemite Mountaineering School:** Tel. 1-209-372-8344, http://www.travelyosemite.com/things-to-do/rock-climbing, Kurse Sept.–Juni.

Wandern – Ein **Wanderwegnetz** von rund 1200 km Länge durchzieht den Park. Wer in der Wildnis übernachten will, braucht ein Gratispermit (im Besucherzentrum erhältlich).

Reiten – **Big Trees Stable:** 8308 Wawona Rd., Tel. 1-209-375-6502, www.yosemitepark.com/mule-horseback-rides.aspx, Ende Mai–Anf. Sept. tgl. 2-stündige, nicht schwierige Ausritte auf Pferden oder Maultieren für Personen ab 7 J., Höchstgewicht 102 kg, pro Person 61 $.

Wintersport – **Yosemite Ski & Snowboard Area:** Populärstes Skigebiet an der Glacier Point Road mit Skilifts und Langlaufloipen (Mitte Dez.–Anf. April, www.travelyosemite.com/winter/yosemite-ski-snowboard-area). Im Half Dome Village kann man die komplette Skiausrüstung ausleihen. Winterwanderer auf Schneeschuhen, Snowboarder und Schlittenfahrer kommen ebenfalls auf ihre Kosten.

Bustouren durch den Park – **Yosemite Sightseeing Tours:** Ausflüge in unterschiedliche

Bizarre Felssäulen am Mono Lake: fast wie die Kulisse eines Science-Fiction-Films

Parkregionen mit unterschiedlichen thematischen Schwerpunkten, Reservierungen in den Lodges bzw. im Besucherzentrum Tel. 1-888-413-8869, www.travelyosemite.com.

Mono Lake ▶ 1, H 8

Pastellblau mit weißen Salzrändern dehnt sich in der gleißenden Helligkeit der Wüstenlandschaft am östlichen Fuß der Sierra Nevada bei der Ortschaft Lee Vining der **Mono Lake** aus. Schon vor 700 000 Jahren existierte dieses seltsame Gewässer. Vor 13 000 Jahren war es noch fünfmal so groß wie heute. Eine dramatische Veränderung erlebte der See seit den 1940er-Jahren, als der Großraum Los Angeles die vier Zuläufe in ›das Tote Meer des Westens‹ anzapfte, um Wasser nach Südkalifornien abzuleiten. Innerhalb von vier Jahrzehnten sank der Wasserspiegel um 14 m. Dadurch entstand hauptsächlich am südlichen Ufer beim **Navy Beach** eine geradezu surrealistische Szenerie. Mehrere Meter hohe, bizarre Kalkgebilde ragen wie bleiche Termitenhügel in den Himmel. Sie entstanden infolge von chemischen Reaktionen durch aus dem Boden in den alkalischen See eindringendes Süßwasser. Während diese ›Tufas‹ am Südrand meist aus hohen, grazilen Türmen bestehen, haben sie am Nordufer aus ungeklärten Gründen gedrungene Formen angenommen.

Seit Umweltschutzorganisationen 1994 vor Gericht einen wichtigen Teilsieg gegen die Stadt Los Angeles erstritten, ist der Seepegel um gut 2 m gestiegen – für die Ökologie der Region ein großer Fortschritt. Jahr für Jahr machen aus dem Norden kommende Zugvögel im Winter am 280 Mio. Tonnen Salz enthaltenden See Zwischenstation, weil die dort lebenden Salzwassershrimps eine hervorragende Nahrungsquelle bilden. Auch der Tourismus hat das seltsame Gewässer entdeckt und dazu beigetragen, dass das ›Problem Mono Lake‹ einer breiten Öffentlichkeit bewusst wurde.

Im Herbst 2007 geriet die wüstenhafte Gegend östlich des Sees in die Schlagzeilen der Weltpresse, als der amerikanische Multimillionär und Abenteurer Steve Fossett in diesem Gebiet nach einem Alleinflug vermisst gemeldet wurde und erst ein Jahr später Spuren von ihm gefunden wurden, die auf einen Absturz durch Abwinde schließen ließen.

Infos
Mono Basin National Forest Scenic Area Visitor Center: Hwy 395, Lee Vining, Tel. 1-760-647-6595, www.monolake.org, tgl. 8–17 Uhr. Besucherzentrum mit Ausstellungen über Geologie, Ökologie und Geschichte des Sees sowie 20-minütiger Film.

Die Sierra Nevada

 Bodie ▶ 1, H 8

Rte 270, Tel. 1-760-647-6445, www.parks.ca.gov > Visit Parks > Find a Park > Bodie SHP, ganzjährig geöffnet tgl. 8–18 Uhr, Erw. 8 $, Kin. 18 J. 5 $

Nördlich des Mono Lake liegt in der einsamen Region an der Grenze zwischen Kalifornien und Nevada mit dem alten Bergbaucamp **Bodie** eine der schönsten Geisterstädte des Westens. Auf einer im Sommer heißen, im Winter vom Schnee abgeriegelten Hochfläche stieß William W. Body, der einen Feldhasen aus seinem Bau ausgraben wollte, 1859 auf Gold. Aber erst in den 1870er-Jahren stieg das Camp zum neuen Minenstar des Westens auf. In einem einzigen Monat förderte die Bodie Company Gold und Silber im Wert von 600 000 $. Schon bald bestand die Siedlung aus 2000 Gebäuden, 65 rund um die Uhr geöffneten Saloons und einer 10 000-köpfigen Bevölkerung aus Goldschürfern, Spielern, Abenteurern, Huren, Spekulanten und Halsabschneidern.

Die Lebensumstände waren zum Gotterbarmen, Hygiene und medizinische Versorgung Fremdwörter, die Wohnungen bestenfalls behelfsmäßig und die Lebenshaltungskosten exorbitant, weil alles Notwendige über sehr lange Transportwege herangeschafft werden musste. Keine Woche verging ohne Mord, Totschlag oder Diebstahl. Der für das Seelenheil zuständige Reverend F. M. Warrington traf wahrscheinlich den Nagel auf den Kopf, als er Bodie ein »vom Sturm der Lust und Leidenschaft gepeitschtes Meer der Sünde« nannte.

Die Bergbauära endete in den 1950er-Jahren, als die Standard Company ihre letzte Mine schloss und die Ortschaft sich auf den Weg in die Bedeutungslosigkeit machte. 1962 übernahm der Staat Kaliforniens die Aufsicht und begann die Überreste als State Park vor Souvenirjägern und Vandalen zu schützen. Im Unterschied zu anderen Camps wurde Bodie aber nie restauriert, sondern im ursprünglichen Zustand belassen und gibt deshalb heute ein authentisches Zeugnis der Goldgräberzeit ab.

Mammoth Lakes
▶ 1, H 9

Die Hauptsaison in **Mammoth Lakes** beginnt im Herbst, wenn sich das Laub der Bäume zu verfärben beginnt. Sobald der erste Schnee die Bergrücken pudert, reisen aus Südkalifornien wintersportverrückte Großstädter an, denen der 7000-Einwohner-Ferienort eine ausgeprägte Infrastruktur nach dem Vorbild der europäischen Alpen bietet. Namen wie Kitzbühl Place oder Garmisch Place sind ein Hinweis darauf. Doch auch außerhalb der von November bis Mai dauernden Skisaison hat die Gegend ihre Reize: Dutzende Gebirgsseen, abwechslungsreiche Wanderpfade, die höchsten Golfplätze Kaliforniens und zum Teil traumhafte Mountainbiking-Routen.

Beim **Devil's Postpile National Monument** bilden durch vulkanische Aktivitäten entstandene Basaltsäulen eine knapp 20 m hohe Wand, als hätten vorzeitliche Riesen gewaltige Pfeiler in die Erde gerammt (www.nps.gov/depo). Vom National Monument führt ein 2,5 km langer Weg zu den 30 m hohen **Rainbow Falls** (Mitte Juni–Okt.).

Owens Valley
▶ 1, H/J 9/10

Von einer über 2000 m hohen Ebene stürzt sich **Highway 395** vom Sherwin Summit in weiten Serpentinen in das im Sommer brütend heiße, über 800 m tiefer liegende Owens Valley hinunter. In der ersten Hälfte des 20. Jh. tobte in diesem abgelegenen Provinztal ein regelrechter Krieg zwischen ansässigen Bauern und Agenten der Stadt Los Angeles, die zum Teil durch dunkle Machenschaften die begehrten Wasserrechte an sich brachten.

Bishop ▶ 1, J 9
Der 4000 Einwohner große Hauptort im Owens Valley bezieht seinen Reiz nicht nur aus seinem typisch amerikanischen Kleinstadtflair, sondern vor allem aus seiner traumhaften Lage

am Fuß der über 4000 m hohen Felszinnen der Sierra Nevada. Das gut mit Übernachtungs- und Versorgungsmöglichkeiten ausgestattete Bishop eignet sich daher für Ausflüge ins Umland, aber auch als Etappenziel auf der Fahrt vom Yosemite National Park ins Death Valley.

Von der Ortsmitte sind über den Highway 168 der sehenswerte **Rock Creek Canyon** und am Ende der 20 Meilen langen Stichstraße die beiden von majestätischen Berggipfeln der Sierra eingerahmten Seen South Lake und Lake Sabrina erreichbar, wo mehrere Hiking Trails in die hochalpinen Regionen beginnen. Östlich von Bishop liegt in den einsamen White Mountains mit dem **Ancient Bristlecone Pine Forest** ein Grannenkiefernwald mit den ältesten Bäumen der Erde.

Laws Railroad Museum

Hwy 6, Tel. 1-760-873-5950, www.lawsmuseum.org, tgl. 10–16 Uhr, Eintritt nach Ermessen
Seit 1881 führte mit der Carson & Colorado Railway eine Schmalspurbahn vom Lake Owens bis nach Carson City in Nevada und sorgte für den Abtransport von Gold, Silber, Zink und Kupfer aus Minencamps in der Umgebung. In **Laws** fünf Meilen nordöstlich von Bishop erinnert das **Laws Railroad Museum** mit einem restaurierten Bahnhof (1883), zwei Dampflokomotiven, historischen Waggons und einem historischen Dorf an alte Zeiten.

Infos

Bishop Area Chamber of Commerce: 690 N. Main St., Bishop, CA 93514, Tel. 1-760-873-8405, www.BishopVisitor.com.

Übernachten

Sehr angenehm – **Bishop Creekside Inn:** 725 N. Main St., Tel. 1-760-253-8124, www.bishopcreeksideinn.com. Downtown in schöner Anlage mit Pool. Moderne Zimmer mit Mikrowelle, Kühlschrank und Kaffeemaschine. Großes Frühstück, WLAN inklusive. Ab 140 $.
Ordentliche Unterkunft – **Bishop Village Motel:** 286 W. Elm St., Tel. 1-760-872-8155, www.bishopvillagemotel.com. Ruhig gelegene Zimmer mit Kühlschrank, Mikrowelle und teils mit Küche, beheizter Pool. DZ ab 89 $.

Gratis-WLAN – **America's Best Value Inn:** 192 Short St., Tel. 1-760-873-4912, www.abvibishopca.com. Motelzimmer mit Kühlschrank, Mikrowelle und Kaffeemaschine. Einige Familiensuiten haben eine eigene Küche. DZ ab 70 $.
Mit Blick auf die Sierra – **Brown's Town Campground:** 1 Meile südlich an der US 395, Tel. 1-760-873-8522, www.brownscampgrounds.com. Zum Teil bewaldeter Platz für Zelte und Campmobile, Stromanschluss, Kabel-TV, heiße Duschen und Münzwäscherei.

Essen & Trinken

Einfacher Imbiss mit Terrasse – **Holy Smoke Texas BBQ:** 772 N. Main St., Tel. 1-760-872-4227, www.holysmoketexasstylebbq.com, Mi–Mo 11–21 Uhr. BBQ-Spezialitäten aus dem Smoker. Sampler Platter 17 $.
Gut und reichlich – **Amigos Mexican Restaurant:** 285 N. Main St., Tel. 1-760-872-2189. Kleines, einfaches Lokal mit Gerichten wie Acapulco Chicken, Cancun Enchiladas, Taco Salad und Guacamole. Ab ca. 8 $.

Einkaufen

Berühmtheit – **Schat's Bakery:** 763 N. Main St., Tel. 1-760-873-7156, keine Website. Café mit Bäckerei, in der man Leckereien aus ökologisch angebauten Zutaten bekommt. Wegen des seit 1938 hergestellten Sheepherder-Brotes nehmen viele Kenner einen langen Anfahrtsweg in Kauf.

Lone Pine ▶ 1, J 10

Vom Zentrum des kleinen Orts führt die Whitney Portal Road in westlicher Richtung genau auf den Mount Whitney zu, den mit 4418 m höchsten Berg der USA auf dem zusammenhängenden Staatsgebiet. Knapp drei Meilen außerhalb von Lone Pine verläuft diese Straße durch die mittlerweile legendären **Alabama Hills,** wo in den 1950er- und 1960er-Jahren über 200 Filme mit berühmten Leinwandstars gedreht wurden. Dass dieses Vorgebirge der Sierra Nevada zum Außenposten von Hollywood avancierte, ist kein Wunder. Entlang der nicht asphaltierten, aber gut befahrbaren

Die Sierra Nevada

Movie Road wechseln sich goldbraune, abgerundete Hügel mit bizarren Gesteinsformationen ab, die eine ideale Westernkulisse bilden.

Mount Whitney

Wer in der Mt.-Whitney-Gegend wandern bzw. bergsteigen will, sollte sich unbedingt über die nötigen Permits informieren: www.fs.usda.gov/main/inyo/passes-permits/recreation

Nach 13 Meilen endet die Whitney Portal Road so nahe am Fuß des Mount Whitney, dass man den Gipfel nicht mehr erkennen kann. Mehrere Campingplätze verteilen sich in den Kiefernwäldern. Wer dort unterkommt, muss Lebensmittel in speziellen Containern verstauen, weil das Gebiet gerne von Bären besucht wird. Auch in geparkten Autos darf aus Sicherheitsgründen nichts Essbares verstaut sein. Der Gipfel des Mount Whitney ist auf einem ca. 18 km langen **Wanderweg** über eine Höhendifferenz von 1870 m zu erreichen.

Manzanar National Historic Site

10 Meilen nordwestl. von Lone Pine, 5001 Hwy 395, Tel. 1-760-878-2194, www.nps.gov/manz, April–Okt. tgl. 9–17.30, sonst bis 16.30 Uhr, Eintritt frei

Ein düsteres Kapitel der US-Geschichte zeigt die **Manzanar National Historic Site.** Manzanar war eines von insgesamt zehn Internierungscamps, in denen nach dem japanischen Angriff auf Pearl Harbour 1941 in einer Welle der Hysterie über 10 000 Menschen festgesetzt wurden. Bei den meisten handelte es sich um amerikanische Staatsbürger, die lediglich durch ihre japanische Abstammung den Generalverdacht der Obrigkeit auf sich gezogen hatten. Während ihrer Gefangenschaft von 1942 bis 1945 kamen im Lager 150 Menschen ums Leben, von denen heute noch sechs auf dem örtlichen Friedhof beerdigt sind. Im Besucherzentrum beleuchtet ein 22-minütiger Film die politischen Hintergründe.

Infos

Eastern Sierra InterAgency Visitor Center: Hwy 395 & 136, Lone Pine, CA 93545, Tel. 1-760-876-6222. Informationen über die Sierra und das Death Valley.

Übernachten

Wo einst Stars nächtigten – **Dow Villa Motel:** 310 S. Main St., Tel. 1-760-876-5521, www.dowvillamotel.com. Zweistöckiges Motel in der Ortsmitte, in dem einst Leinwand-Stars wie John Wayne nächtigten. Zum Hotel gehört ein kleines Filmmuseum, das mit einer bunten Mischung von Memorabilien an die Movie-Ära erinnert. DZ 69–155 $.

Gute Wahl – **Best Western Frontier:** 1008 S. Main St., Tel. 1-760-876-5571, www.bestwestern.com. Südlich des Städtchens gelegenes Hotel. Im Übernachtungspreis sind Frühstück und Internetzugang inbegriffen. DZ 80–135 $.

Essen & Trinken

Gemütliches Lokal – **Margie's Merry Go-Round:** 212 S. Main St., Tel. 1-760-876-4115, Sa–Di nur Dinner, sonst auch Lunch. Salate sowie amerikanische und chinesische Gerichte. Kleine Terrasse. Ab 14 $.

Hausmannskost – **Mt. Whitney Restaurant:** 227 S. Main St., Tel. 1-760-876-5751, tgl. Frühstück, Lunch und Dinner. Das Familienrestaurant bietet typisch amerikanische Kost, von Burgern bis Steaks. Die Wände sind mit Fotos von Filmstars dekoriert, die früher in den Alabama Hills vor der Kamera standen. Ab 8 $.

Aktiv

Gleitschirmfliegen – **Lone Pine Chamber of Commerce:** P.O. Box 749, Lone Pine, CA 93545, Tel. 1-760-876-4444, www.lonepinechamber.org, info@lonepinechamber.org. Die Gegend um Lone Pine ist wegen der günstigen Aufwinde ein hervorragendes Terrain für Gleitschirmflüge. Im Chamber of Commerce bekommt man die Adressen von Unternehmen, die auch Tandemflüge anbieten.

Autotour – **Movie Road:** Den Plan für eine Filmkulissentour in den Alabama Hills erhält man bei der Chamber of Commerce, 126 S. Main St., oder unter www.lonepinechamber.org.

Steinig ist der Weg zum Gipfelglück: Wanderinnen beim morgendlichen Aufstieg auf den Mount Whitney

Kapitel 6

San Francisco und die Bay Area

Kaum eine Metropole auf amerikanischem Boden besitzt eine ähnlich fantastische Lage wie San Francisco. Gleichzeitig strahlt das städtische Leben eine magische Anziehungskraft aus. Grund dafür ist die unglaubliche Vielfältigkeit der Stadtteile, die alle jeweils einen eigenen Charakter erkennen lassen, von der fernöstlichen Chinatown bis zum lateinamerikanisch geprägten Mission District, vom typisch geschäftsmäßigen Financial District bis nach North Beach mit eher mediterraner Stimmung und vom malerisch viktorianischen Ambiente um den Alamo Square bis in die lauschig-grüne Naturoase Golden Gate Park.

Hinzu kommt der aufgeschlossene Geist der Stadtbewohner, der fast überall spürbar wird und sich in der Vergangenheit in zahlreichen alternativen Lebenskonzepten offenbarte, die in San Francisco ›erfunden‹ oder zum Kult entwickelt wurden – von Literaten der Beat Generation und Flower-Power-Kindern, von der aufmüpfigen studentischen Protestbewegung oder den Gays, die den Rechten von Schwulen und Lesben zum Durchbruch verhalfen.

Bis in die 1930er-Jahre führte die an der Nordspitze einer Halbinsel zwischen dem Pazifik, dem Goldenem Tor und der Bucht liegende Stadt verkehrsinfrastrukturell ein ziemlich isoliertes Dasein, weil Verbindungen nach Norden und Osten nur per Schiff möglich waren. Erst mit dem Bau der Oakland Bay Bridge nach Osten und der Golden Gate Bridge nach Norden löste die Stadtverwaltung ihre drängenden Verkehrsprobleme, weitete damit aber über die Jahrzehnte auch ihren Einflussbereich auf die gesamte Bay Area aus.

Viktorianisches Ambiente um den Alamo Square, Downtown San Francisco

Auf einen Blick:
San Francisco und die Bay Area

Sehenswert

⭐ **Downtown San Francisco:** Selbst wer den Vereinigten Staaten gegenüber ein distanziertes Verhältnis pflegt, kann sich dem unverwechselbaren Reiz und dem unnachahmlichen Charme von San Francisco meist nicht entziehen (s. S. 360).

Mission District: In keinem Stadtteil präsentiert sich die Bay-Metropole so ausgesprochen lateinamerikanisch wie in diesem alten Distrikt (s. S. 385).

Sonoma: Wer diese im Sonoma Valley liegende Ortschaft besucht, interessiert sich meist für die historischen Stätten, aber auch für den sympathischen, kleinstädtischen Charme (s. S. 396).

Schöne Routen

49 Mile Drive: Die Route ist mit blau-weißen Zeichen ausgeschildert, auf denen eine Möwe und die Zahl 49 zu sehen sind, und führt in etwa vier Stunden zu den wichtigsten Sehenswürdigkeiten von San Francisco (s. S. 380).

Serpentinenfahrt auf die Twin Peaks: In vielen Windungen steigt die Autostraße auf dieses Hügelduo hoch über San Francisco an (s. S. 385).

Von Muir Woods nach Stinson Beach: An der Westflanke des Mount Tamalpais verläuft von Muir Beach bis in den Urlauberflecken Stinson Beach eine reizvolle Strecke mit Ausblicken auf den blauen Pazifik (s. S. 395).

Meine Tipps

Dungeness Crabs: In der Krabbensaison von Dezember bis Februar feiern Gourmets die Dungeness-Krabben in zahlreichen Seafood-Restaurants (s. S. 377).

Golden Gate Vista Point: Fantastische Blicke auf San Francisco hat man vom Nordende der Golden-Gate-Brücke (s. S. 390).

Ausflug zum Rodeo Beach: Über eine einzigartige Panoramaroute geht es zum Rodeo Beach, bei Sonnenuntergang ein Erlebnis (s. S. 393).

Weingüter im Sonoma Valley: Südlich von Santa Rosa führt der Highway 12 zu zahlreichen Weinplantagen und Winzerbetrieben (s. S. 397).

Für zwei Stunden Hobby-Matrose: Im San Francisco Maritime National Historical Park schlüpfen Besucher auf schwimmenden Oldtimern in die Rolle früherer Seeleute (s. S. 363).

Fahrt mit dem Cable Car: Eine Tour mit San Franciscos rollendem Wahrzeichen ist ein geradezu sportives Unternehmen, das eine gewisse Etikette voraussetzt (s. S. 369).

Mit dem Rad oder zu Fuß im Golden Gate Park: Durch den 5 km langen und 800 m breiten Golden Gate Park ziehen sich viele Spazier- und Radwege, auf denen man die grüne Oase erkunden kann (s. S. 384).

Hiking im Muir Woods National Monument: Ein beliebtes Ziel ist das nördlich der Golden Gate liegende National Monument mit drei schönen Wanderwegen (s. S. 394).

⭐ Downtown San Francisco
▶ 3, D 9

Rummelplatzstimmung um Fisherman's Wharf, Knoblauchduft aus italienischen Restaurantküchen in North Beach, ein fernöstlicher Schilderwald in Chinatown, moderne Konsumpaläste um den Union Square, Kunst und Kultur im Viertel SoMa: Im facettenreichen Stadtzentrum von San Francisco tauchen Besucher ein in einen vibrierenden Großstadtkosmos voller mitreißender Lebenswelten.

Wer schon beim ersten Schritt in San Francisco ins Fettnäpfchen treten will, nennt die Metropole Frisco. Bei den Einwohnern ist diese Bezeichnung verpönt. Respektvoll sprechen sie von ›The City‹, wenn von ihrer 1776 von Spaniern gegründeten Heimatstadt die Rede ist. Dem Flecken wäre wahrscheinlich ein normales Wachstum beschieden gewesen, hätte nicht der Goldrausch nach 1848 die Weichen in eine hektische Zukunft gestellt. 1849 kamen Zehntausende Glücksritter im Hafen von San Francisco an. Die demografischen Auswirkungen erwiesen sich als phänomenal. Von gut 800 Einwohnern im Jahr 1848 explodierte die Bevölkerung bis Anfang des 20. Jh. auf 400 000.

Am 18. April 1906 morgens um 5.12 Uhr ließ ein Erdbeben der Stärke 8,2 auf der Richterskala die Halbinsel von San Francisco erzittern. Zwei Minuten lang schwankte die Erde wie ein Schiffsdeck und ließ ganze Häuserzeilen einstürzen. Aus zerfetzten Leitungen entweichendes Gas entzündete sich und fraß sich in rasender Geschwindigkeit durch die größtenteils aus Holz erbauten Viertel der Stadt. Über die Hälfte aller Einwohner waren über Nacht ohne Dach über dem Kopf. Die Asche war noch nicht erkaltet, als sich die Menschen an den Wiederaufbau machten.

Nach dem Ersten Weltkrieg veränderte ein Bauboom die Skyline von San Francisco, ehe in den Jahren der Weltwirtschaftskrise mit der Oakland Bay Bridge und der Golden Gate Bridge zwei Projekte verwirklicht wurden, mit denen die Stadt ihre bis dahin entwicklungshemmende geografische Abgeschlossenheit aufbrach.

In den 1960er- und 1970er-Jahren verwandelte die Hippie-Bewegung San Francisco in ein Heerlager exotisch gewandeter Jugendlicher, bis eine Aids-Epidemie in den 1980er-Jahren das Thema Homosexualität in den Mittelpunkt der öffentlichen Diskussion rückte. Aids, Erdbebengefahr, wirtschaftliche Probleme und wachsende Kriminalität verursachten im ausgehenden 20. Jh. den stärksten Bevölkerungsschwund, den die Stadt je erlebte. Trotzdem erfuhren früher wenig einladende Stadtteile wie South of Market Street (SoMa) und Embarcadero ein sehenswertes Facelift durch attraktive Um- und Neubauten.

San Francisco auf preiswerte Art
Der an neun aufeinander folgenden Tage gültige **San Francisco CityPass** beinhaltet nicht nur den Eintritt in einige Museen, sondern schließt auch an sieben Tagen unbegrenzte Fahrten mit dem Cable Car und einen Schiffsausflug in der Bucht ein (www.citypass.com, Erw. 94 $, Kin. 5–11 J. 69 $).
Theater- und Konzertinteressierte sollten wissen, dass es im **TIX Bay Area Kiosk** am Union Square (Tel. 1-415-433-7827, www.tixbayarea.org, tgl. 9–17 Uhr) Tickets für Veranstaltungen am jeweiligen Tag zum halben Preis gibt – telefonische Bestellungen sind allerdings nicht möglich. Im Kiosk erhält man übrigens auch Stadt- und Busfahrpläne.

Hafenfront

Cityplan: S. 371

Pier 39

Auf **Pier 39** haben sich um ein Kinderkarussell und eine Bühne für Straßenkünstler Geschäfte, Schnellimbisse, Souvenirshops, Pizzerias, Eisdielen und einige Restaurants angesiedelt. Doch auch die auf alt getrimmten Fassaden, Treppenaufgänge und Plankenböden der 1978 errichteten Konstruktion können nicht verbergen, dass es sich in erster Linie um einen Konsumzirkus handelt.

Aquarium of the Bay
Tel. 1-415-623-5300, www.aquariumofthebay.com, im Sommer tgl. 9–20 Uhr, sonst kürzer, Erw. 24,95 $, Kin. 4–12 J. 14,95 $
Zwei über 100 m lange Acryltunnel führen im **Aquarium of the Bay** in einem 2,7 Mio. Liter Wasser fassenden Becken durch die Unterwasserwelt der San Francisco Bay und machen Besucher mit der dort lebenden Meeresflora und -fauna vertraut. An mehreren *touch tanks* darf man kleine Rochen und Haifische streicheln.

Seelöwenkolonie
Echte maritime Atmosphäre hauchte Pier 39 erst ein Zufall ein. Im Jahr 1989 tauchten auf den schwankenden Bootsstegen auf der Westseite des Piers plötzlich einige Seelöwen auf, die sich auf ihrem neu entdeckten Liegeplatz offenbar wohlfühlten. Unter den pelzigen Meeresriesen muss sich das herumgesprochen haben. Jedenfalls nahm ihre Zahl seit 1990 beträchtlich zu, was manche Wissenschaftler dem Loma-Prieta-Erdbeben von 1989 zuschrieben, das ihrer Meinung nach die Tiere von ihrem ehemaligen Stammplatz auf den Seal Rocks beim Cliff House vertrieb.

Mittlerweile hat die bis zu 600 Tiere große **Seelöwenkolonie** dem Kitsch- und Kom-

Flagge zeigen, denn an Pier 39 gibt es eine große Tiershow zu sehen: Gratis und ganz ohne menschliche Regisseure setzen sich hier Hunderte Seelöwen in Szene

merzrummel des Piers längst die Schau gestohlen und ist an Fisherman's Wharf zur größten Sehenswürdigkeit geworden. Während viele der maritimen Logisgäste im Sommer ein Quartier auf den Channel Islands bevorzugen, kehren sie im Januar nach San Francisco zurück, weil die dann in der Bucht vorhandenen Heringsschwärme ein ideales Nahrungsangebot bilden.

Ausflug nach Alcatraz
Ausflugsschiffe von Alcatraz Cruises fahren ab Pier 33, Alcatraz Landing, Tel. 1-415-981-7625, www.alcatrazcruises.com, Erw./Jugendl. 12–61 J. 37,25 $, Sen. 35,25 $, Kin. 5–11 J. 23 $
Für viele Besucher gehört ein Abstecher auf die legendenumwobene, heute vom National Park Service verwaltete Gefängnisinsel **Alcatraz** zu einem San-Francisco-Aufenthalt dazu. Touren dorthin starten von Pier 33 (von Pier 39 und 41 starten Ausflugsschiffe zu anderen Zielen in der Bucht, z. B. Sausalito). 1934 entstand auf der Insel die erste offizielle zivile Haftanstalt – vom ersten Tag an kein Knast wie jeder andere. Einzelhaft war die Regel, was manche Kritiker als barbarisch anprangerten. Der offiziellen Version zufolge gelang es keinem einzigen Ausbrecher, von der Insel auf das 2 km entfernte Festland zu fliehen. Das verhinderten nicht nur ausgeklügelte Sicherheitssysteme, sondern auch das eiskalte, von gefährlichen Strömungen durchzogene Wasser in der Bucht. Auf Alcatraz saßen Amerikas berüchtigtste Kriminelle hinter Schloss und Riegel wie Gangsterboss Al Capone, der während der Prohibition in Chicago sein Unwesen getrieben hatte. Neben ihm zählte Robert Stroud zu den bekanntesten Insassen. Wegen zweifachen Mordes zu lebenslänglicher Einzelhaft verurteilt, züchtete er zum Zeitvertreib Vögel und schrieb ornithologische Fachbücher.

Von Fisherman's Wharf nach Westen
Fisherman's Wharf 2
Nachdem Kalifornien um die Mitte des 19. Jh. Bundesstaat der USA geworden war, strotzte die Bucht von San Francisco vor Aktivitäten. Im Hafen gingen Goldsucher aus aller Welt an Land, während an den Kais um **Fisherman's Wharf** Fischer ihren Fang entluden. Heute ist die berühmte Wasserkante der Stadt immer noch ein lebendiges Viertel. Aber statt bunter Kutter, die es immer noch gibt, bestimmen längst moderne Ausflugsschiffe, die in der Bucht kreuzen, das Bild. In dem Maße, wie Fisherman's Wharf über die Jahrzehnte seinen ursprünglichen Fischgeruch verlor, verwandelte sich die Gegend in einen kitschigen, touristischen Rummelplatz.

Pier 45 3
Jeremiah O'Brien: www.ssjeremiahobrien.org, tgl. 9–16 Uhr, Erw. 20 $, Kin. 5–16 J. 10 $; USS Pampanito: www.maritime.org/pamphome.htm, tgl. 9–17 Uhr, Erw. 20 $, Kin. 6–12 J. 10 $
Die US-Kriegsmarine ist am Pier 45 mit zwei Schiffen vertreten. Der Frachter **SS Jeremiah O'Brien** war eines der Schiffe, die an der Landung der Alliierten in der Normandie im Juni 1944 beteiligt waren. Das U-Boot **USS Pampanito** fuhr im Zweiten Weltkrieg Einsätze im Pazifik.

The Cannery 4
2801 Leavenworth St.
Früher einmal größte Konservenfabrik der Welt für Obst und Gemüse, entging **The Cannery,** 1907 aus Ziegeln erbaut, 1963 dem Abbruch, weil das leer stehende Industriegebäude durch Umbauten in einen modernen Geschäftskomplex verwandelt werden konnte. Auf mehreren Etagen verteilen sich Kunstgalerien, elegante Restaurants, ein Hotel, ein Kino und mehrere Boutiquen. Mittlerweile hat das nebenan liegende moderne **Anchorage Shopping Center** dem historischen Backsteinkomplex allerdings längst den Rang als Einkaufsparadies abgelaufen.

Ghirardelli Square 5
900 N. Point St., www.ghirardellisq.com
Auch das Einkaufs-, Restaurant- und Unterhaltungszentrum **Ghirardelli Square** hat eine Industriegeschichte. Ein aus dem italienischen Rapallo stammender italienischer Einwanderer namens Domingo Ghirardelli

Hafenfront

FÜR ZWEI STUNDEN HOBBY-MATROSE

Tour-Infos
Start: nördliche Endhaltestelle der Powell-Hyde Cable Car-Linie
San Francisco Maritime National Historical Park: Tel. 1-415-561-7000, www.nps.gov/safr, tgl. 9.30–17 Uhr, Eintritt 10 $. Am Eingang beim Tickethäuschen informiert eine Tafel über die Tagesaktivitäten, Info-Tel. 1-415-447-5000. Visitor Center: Ecke Jefferson St. & Hyde St.
Länge/Dauer: ca. 1 km, 2–3 Std.

Im **San Francisco Maritime National Historical Park** 6 schlüpfen Besucher auf schwimmenden Oldtimern gerne in die Rolle von Seeleuten. Vorbei an der 1895 gebauten **C. A. Thayer** und der 1914 vom Stapel gelaufenen, an einem hohen, weißen Schornstein erkennbaren **Eppleton Hall** kommt man zum Prachtstück des Parks, der aus dem Jahr 1883 stammenden **Balclutha.** Der stolze Dreimaster umsegelte mehrmals Kap Horn, ehe er in Alaska zur Konservenfabrik umfunktioniert wurde und im Abenteuerfilm »Meuterei auf der Bounty« eine Rolle spielte. Landratten klettern an Bord, um sich von einem Parkranger in seemännische Tätigkeiten einweisen zu lassen. An dicken Tauen wird auf sein Kommando mit vereinten Kräften das Stagsegel aufgezogen. Wer nicht weiß, wie man auf dem Vordeck mit der mächtigen Ankerwinde den Anker lichtet, lernt den Job im Rhythmus traditioneller Shanteys. Besonders stimmungsvoll wirken die alten Arbeitslieder, wenn man sich aus der Bordküche einen Becher heißen Apfelsaft geholt hat und an der Reling des Segelschiffs alte Seefahrtszeiten Revue passieren lässt.
Andere Rangerprogramme machen Teilnehmer mit Gerätschaften und Techniken der Seenotrettung vertraut, mit denen früher Schiffsbrüchige geborgen wurden. Oder man lässt sich von Ornithologen zum Hobby-Vogelkundler ausbilden, da es im Park vor Seevögeln nur so wimmelt. Nahe der Balclutha liegen das über 110 Jahre alte Frachtschiff **Alma**, der Schleppkahn **Hercules** und der Schaufelraddampfer **Eureka** vor Anker. Dazwischen hämmern im **Small Boat Shop** Bootsbauer an Modellen oder bessern Schiffsteile aus. Wer sich für Schiffsbau oder Seefahrttechnik interessiert, findet hier garantiert einen Fachmann, der einem Amateur gerne eine Anfängerlektion in Sachen Schiffsbau erteilt. Nach zwei, drei Stunden Seebärdasein kann man sich in der Nähe des **Museums** mit Blick auf die Lagune des **Aquatic Parks** auf den Rasen setzen und picknicken.

baute um die Wende vom 19. zum 20. Jh. vor Ort ein Schokoladenimperium auf. Als Ghirardelli Chocolate in den 1960er-Jahren an einen neuen Standort umzog, erkannten zwei lokale Geschäftsleute die ideale Lage des Komplexes am unteren Ende der Hyde Street in der Nähe einer Cable-Car-Wendeplattform und verwandelten das Gebäudeensemble 1967 in einen beliebten Treffpunkt mit Geschäften und Restaurants.

Nördlich der California Street

Cityplan: S. 371

Russian Hill

Vom Wendeplatz beim Ghirardelli Square führt eine Cable-Car-Linie bergan auf den **Russian Hill,** der seinen Namen vermutlich im 19. Jh. bestatteten russischen Trappern verdankt. Später entwickelte sich die Gegend zur Künstlerkolonie bzw. im 20. Jh. zu einem Viertel für begüterte Hausbesitzer. Vom ›Gipfel‹ des Hügels hat man einen wunderbaren Blick auf die Bucht und Alcatraz.

Lombard Street 7

Über die Anhöhe führt mit der **Lombard Street** die berühmteste Straße der Stadt und schwingt sich in engen Windungen talwärts nach North Beach. Seitliche, durch Vorgärten mit Hecken und Hortensienbüschen führende Treppen machen sie auch für Fußgänger begehbar. Mit 21,3 % Steigung ist sie bei Weitem nicht die steilste Straße im Stadtgebiet. Den Rekord hält die parallel verlaufende Filbert Street zwischen Leavenworth und Hyde Street mit 31,5 %.

North Beach

http://northbeachbusinessassociation.com/site
Rund um den **Washington Square** dehnt sich mit North Beach einer der ältesten Stadt-

Hier geht's nur bergab – die Lombard Street ist eine Einbahnstraße

Nördlich der California Street

teile aus. Der Platz liegt im Schatten der neogotischen Fassade der **Church of St. Peter and St. Paul** 8 . Ein Massenaufgebot an Presseleuten stürmte die Kirche 1954, als der legendäre Baseballstar Joe DiMaggio dort Marilyn Monroe heiratete. Unter der auf dem Rasen errichteten Statue von Benjamin Franklin wurde 1979 eine Kapsel mit einem Gedicht von Lawrence Ferlinghetti, einem Paar Jeans und einer Flasche Wein als Symbole der damaligen Zeit in den Sockel gemauert (666 Filbert St., http://salesianssppp.org).

Ursprünglich eine der begehrtesten Wohngegenden, verlor North Beach seine Attraktivität schon in den 1870er-Jahren, als Cable-Car-Linien andere Viertel zu erschließen begannen. In der ersten Hälfte des 20. Jh. ließen sich in der Gegend vor allem italienische Einwanderer nieder. Als nach dem Zweiten Weltkrieg viele aus dem eng gewordenen Viertel weggezogen waren, verwandelte sich der Stadtteil in eine Bohèmekolonie der Beat Generation. Bekannteste Vertreter dieser literarischen Richtung waren Jack Kerouac und Allen Ginsberg – der Erste ein Tramp, der die Rastlosigkeit zum Lebensprinzip erhoben hatte, der Zweite ein respektloser Poet, der den im Besitz des Verlegers Lawrence Ferlinghetti befindlichen Buchladen **City Lights** nach 1953 zum Literatentreff umfunktionierte (261 Columbus Ave., Tel. 1-415-362-8193, www.citylights.com, tgl. 10–24 Uhr).

Das **Beat Museum** 9 setzt sich mit den Protagonisten der Beat Generation, mit ihren Werken und ihren Lebensträumen auseinander (540 Broadway, Tel. 1-800-537-6822, www.kerouac.com, tgl. 10–19 Uhr, 8 $).

Columbus Avenue

Hauptverbindung quer durch North Beach ist die im Schachbrettmuster der Straßen schräg verlaufende **Columbus Avenue.** Sie beginnt in der Nähe von Fisherman's Wharf und endet im Financial District. Sie ist nicht nur eine pulsierende Verkehrsader, sondern auch eine populäre, wenn auch touristische Gourmetmeile mit Restaurants und Delikatessengeschäften. Die sich am südöstlichen Ende erhebende patinagrüne Fassade des 1913 errichteten **Sentinel Building** 10 (früher Columbus Tower) markiert den Schnittpunkt zwischen den drei Stadtteilen North Beach, Financial District und Chinatown. In den 1970er-Jahren erwarb Filmregisseur Francis Ford Coppola das Gebäude (900 Kearny St).

Telegraph Hill

Coit Tower 11
1 Telegraph Hill Blvd., Tel. 1-415-249-0995, im Sommer tgl. 10–18, im Winter bis 17 Uhr, Erw. 7 $, Sen. ab 65 J. und Kin. 3–17 J. 8 $

Zu den besten Aussichtspunkten in Downtown zählt der im Jahr 1929 auf dem **Telegraph Hill** erbaute, 64 m hohe **Coit Tower.** Von der Aussichtsplattform blickt man auf den Financial District, Russian Hill und Fisherman's Wharf. Die wie von Maulwürfen zerwühlte östliche Flanke der Hügelbasis lieferte früher Felsbrocken, als Segelschiffe ohne Fracht noch mit Ballast schwerer gemacht werden mussten.

Nob Hill

Die vier Eisenbahnkönige Leland Stanford, Mark Hopkins, Collis P. Huntington und Charles Crocker machten den 100 m hohen **Nob Hill** mit dem Bau ihrer Residenzen zum Nobelviertel. Lange hatten die Villen allerdings nicht Bestand. Das Erdbeben von 1906 zerstörte fast alle Prachtbauten. Schon ein Jahr später eröffnete das luxuriöse **Fairmont Hotel** 12 , das 1945 zur Gründung der UNO angereiste internationale Politprominenz beherbergte. Die Lobby des Hotels ist mit Marmor und korinthischen Säulen geschmackvoll ausgestaltet. Vom 24 Etagen hohen Turm haben Hausgäste einen wunderbaren Blick auf die Stadt (950 Mason St., www.fairmont.com/san-francisco).

Neben dem Huntington Park reckt die in den 1920er-Jahren aus erdbebensicherem Stahlbeton erbaute **Grace Cathedral** 13 ihre Doppeltürme in den Himmel. Die Pariser Kathedrale Notre-Dame soll als Vorbild für den Bau gedient haben (1100 California St., www.gracecathedral.org, tgl. 10–18 Uhr).

Financial District

San Francisco wird häufig nachgesagt, es hätte einen unamerikanischen, eher europäisch wirkenden Charakter. Im **Financial District** stimmt dieser Eindruck ganz und gar nicht, weil dort ein typisch amerikanischer Wolkenkratzerkern die Nähe des Himmels sucht.

Das erste größere Bürogebäude in der Wall Street des Westens stand lange dort, wo sich seit 1972 mit der **Transamerica Pyramid** 14 das moderne Wahrzeichen der Stadt erhebt. Die anfangs hitzigen Diskussionen über das 260 m hohe Bauwerk sind verebbt. Heute ist die erdbebensichere Pyramide aus der Skyline von San Francisco nicht mehr wegzudenken. Die Aussichtsplattform wurde nach dem Anschlag auf das World Trade Center in New York geschlossen (600 Montgomery St.).

Embarcadero

Embarcadero Center 15
http://embarcaderocenter.com
Der Grund und Boden des Finanzdistrikts wurde im 19. Jh. größtenteils durch Aufschüttung der Bucht gewonnen. Das gilt auch für den Untergrund des Embarcadero Center, eines Betonkomplexes aus Geschäfts- und Büroräumen, zu dem ein Hotel und die Justin Herman Plaza mit einer ausladenden Brunnenskulptur des frankokanadischen Bildhauers Armand Vaillancourt gehören.

Ferry Building 16
www.ferrybuildingmarketplace.com, Mo–Fr 10–19, Sa 8–18, So 11–17 Uhr, Bauernmarkt Di, Do 10–14, Sa 10–14 Uhr
Am **Ferry Building** kamen vor der Fertigstellung der Oakland Bay Bridge in den 1930er-Jahren täglich 50 000 Pendler per Fähre von der östlichen Bucht an. In späteren Jahrzehnten verlor das Terminal mit einem der Kathedrale im spanischen Sevilla nachempfundenen Campanile seine ursprüngliche Funktion und wurde in einen exquisiten Gourmettempel verwandelt. Das Erdgeschoss teilen sich vietnamesische, provenzalische und amerikanische Spezialitätenrestaurants mit Ständen, an denen Käseberge aus dem Marin County, unterschiedliche Kaffeesorten, nach Rezepten aus der Alten Welt hergestellte Backwaren und Biogemüse verkauft werden. Vor dem Gebäude bieten Bauern des Umlandes auf einem **Farmers' Market** frisches Obst und Gemüse an. An Wochenenden verwandelt sich die Umgebung in einen populären **Food Market,** auf dem einfallsreiche Köche Demonstrationen ihres Könnens geben und San Franciscos Bevölkerung schon am frühen Vormittag zum Probieren anrückt.

Weitere Sehenswürdigkeiten
An Pier 15 hat das Wissenschaftsmuseum **Exploratorium** 17 seinen Standort. Es widmet sich an interaktiven Stationen Themen aus Biologie, Physik und Akustik (Tel. 1-415-528-4444, www.exploratorium.edu, Di–So 10–17, Do bis 22 Uhr, Erw. 30 $, Kin. 13–17 J. 25 $).

Auf den Piers 27 und 29 entstand mit dem **James R. Herman Cruise Ship Terminal** 18 2014 ein ›Bahnhof‹ für Kreuzfahrtschiffe.

Chinatown

Cityplan: S. 371
Hinter dem reich verzierten **Chinatown Gate** an der Ecke Grant/Bush Street öffnet sich eine andere Welt: **Chinatown.** Pagodendächer beugen sich über enge Straßen, in denen Schilder mit chinesischen und englischen Schriftzeichen den Weg weisen und Straßenlaternen in exotischem Design ein zum Teil sympathisch unaufgeräumt wirkendes Stadtviertel beleuchten. Windspiele bimmeln vor Läden voller bemalter Fächer, bronzefarbener Buddhas und Taschen mit gestickten Drachenmustern. Hinter vielen beschlagenen Schaufenstern von Restaurants und Imbissen warten in Reih und Glied aufgehängte lackierte Enten auf Gäste, die sich trauen, auch einmal ein weniger bekanntes exotisches Gericht aus dem Reich der Mitte zu probieren.

Lichter der Großstadt: Nur eine kurze Distanz liegt zwischen viktorianischer Heimeligkeit und Businessleben (Transamerica Pyramid)

Wie viele Menschen aus China und Vietnam, Kambodscha und Laos in diesem Reich der Mitte leben, weiß niemand. Wahrscheinlich sind es weit über 100 000. Kein anderer Teil von San Francisco ist so dicht bevölkert wie die Straßenzüge um die von Transparenten und flatternden Fähnchen überspannte Grant Avenue. Früher einmal rein chinesisch, ist das Viertel durch Zuwanderung in den vergangenen Jahrzehnten internationaler geworden, hat aber durch die zunehmende Enge auch sozialen Zündstoff angehäuft. Der Blick in Innenhöfe und Seitengassen zeigt, wie eingepfercht die Einwohner zum Teil in heruntergekommenen Blocks leben.

Erste Einwanderer aus China erreichten die amerikanische Westküste in den späten 1840er-Jahren. Viele flohen vor Hungersnöten und Opiumkriegen im eigenen Land und hofften auf eine bessere Zukunft in den Goldfeldern von Kalifornien. Eine zweite Einwanderungswelle schwappte in den 1870er-Jahren nach Amerika, als Eisenbahngesellschaften Arbeiter für den Bau der Gleise durch den Kontinent benötigten. Als die Schienenwege fertiggestellt waren, ließen sich viele Chinesen in San Francisco nieder, zum Leidwesen der Einheimischen, die ihre Jobs durch das Lohndumping der Asiaten gefährdet sahen. Rassistische Ausschreitungen und ein gesetzlicher Einwanderungsstopp waren die Folge.

Chinese Historical Society of America [19]

965 Clay St., Tel. 1-415-391-1188, www.chsa.org, Di–Fr 12–17, Sa 10–16 Uhr, Erw. 15 $, Kin. 13–17 J. 10 $, 1. So im Monat Eintritt frei

Anschaulich dokumentiert ist die Geschichte von Chinatown bzw. der chinesischen Einwanderung in die USA in der **Chinese Historical Society of America** mit Fotos, Werkzeug vom Eisenbahnbau und einer von einem chinesischen Restaurantpionier erfundenen Maschine zur Reinigung von Shrimps.

Chinese Cultural Center [20]

750 Kearny St., Tel. 1-415-986-1822, www.cccsf.us, Di–Fr 9.30–18, Sa 10–16 Uhr, 5 $

Weniger um Geschichte als um Kunst und Kultur geht es in den Ausstellungen im **Chinese Cultural Center**. Das Zentrum bietet eine allgemeine und eine kulinarisch orientierte Führung durch Chinatown an. Vor dem Gebäude auf dem Portsmouth Square treffen sich alte und junge Menschen am frühen Morgen zur Tai-Chi-Frühgymnastik. Später am Tag brüten dann Männer im Schatten der Bäume über Schachbrettern.

Golden Gate Fortune Cookie Factory und Tin-How Temple

Einblicke in die Geheimnisse von Chinatown vermittelt auch die **Golden Gate Fortune Cookie Factory** [21], wo emsige Frauenhände mit Weissagungen gefüllte chinesische Glückskekse backen (56 Ross Alley, www.sanfranciscochinatown.com/attractions/ggfortunecookie.html, 9–24 Uhr) oder der 1852 eingeweihte **Tin-How Temple** [22]. Er ist der älteste chinesische Tempel auf dem Boden der USA und der Schutzheiligen der Seefahrer geweiht (125 Waverly Pl.).

Cable Car Museum [23]

1201 Mason St., Tel. 1-415-474-1887, www.sfcablecar.com/barn.html, April–Sept. 10–18, Okt.–März 10–17 Uhr, Eintritt frei

An der Grenze zwischen Chinatown und Nob Hill gelegen, versteht sich das **Cable Car Museum** als eine Hommage an das berühmteste städtische Transportmittel, die Cable Cars. Niemand bezweifelt, dass es sich dabei um ein rettungslos veraltetes Nahverkehrssystem handelt. Aber genauso käme niemand auf die Idee, die ratternden, von Stahltrossen gezogenen Publikumslieblinge abzuschaffen. Der gebürtige Engländer Andrew Halliday hatte 1873 einen ersten Wagen gebastelt, der auf der Clay Street erstmals eingesetzt wurde – aus Sicherheitsgründen bei einem Probelauf zur verkehrsarmen Zeit morgens um 5 Uhr. In den folgenden Jahren kamen weitere Strecken hinzu. Die Cable Cars waren sogar die Voraussetzung dafür, dass Hügel wie Russian Hill und das damals ziemlich abgehobene und elitäre Millionärsviertel auf dem Nob Hill überhaupt besiedelt wurden.

Chinatown

FAHRT MIT DEM CABLE CAR

Tour-Infos
Routen: Es gibt drei Linien: Powell-Mason (Line 59), Powell-Hyde (Line 60) und California Street (Line 61), Infos: www.sfcablecar.com/routes.html; Ein- und Ausstieg an den Linienenden und allen Haltestellen, die durch ein braun-weißes Schild mit der Aufschrift ›Cable Car Stop‹ gekennzeichnet sind. Sie halten einen Wagen per Handzeichen an und können von beiden Seiten einsteigen.
Schönste Strecke: Powell–Hyde (5,6 km)
Tickets: beim Schaffner, an Automaten oder an den Verkaufsstellen der jeweiligen Endstationen (Einzelfahrt ab 5 J. 7 $, Tagespass 20 $)
Fahrtzeit: 6–1 Uhr im Viertelstundentakt

Der letzte noch lebende ›Nahverkehrssaurier‹ der USA ist das Wahrzeichen von San Francisco. Für viele Stadtbesucher gehört eine Fahrt mit diesem kuriosen Verkehrsmittel wie eine Stippvisite bei der Golden Gate Bridge zum Standardprogramm. Aber glauben Sie bloß nicht, der ›Ritt‹ auf einem Cable Car sei wie eine Busfahrt! An Bord herrscht ein strenges Regiment – wie in einem Trainingslager für schwer erziehbare Rekruten. Sie unterstehen dem keinen Widerspruch duldenden Kommando des oft bärbeißigen *Gripman* (Fahrer). Im vorderen, offenen Teil des Wagens bedient er die Steuer- und Bremshebel. Falls es im Innern eng wird, sollten Sie vermeiden, auch nur eine Schuhspitze auf seinen mit gelben Markierungen versehenen Standplatz zu setzen. Das ist sein Revier, das er kompromisslos verteidigt wie ein Platzhirsch. Zweiter Mann der Besatzung ist der Schaffner, der bergab als Bremser verhindert, dass der Wagen ins Rennen kommt. Richtiges *freerider feeling* stellt sich ein, wenn man nicht im Innenraum sitzt, sondern auf dem Trittbrett balanciert – in den vom Sicherheitswahn befallenen USA eine geradezu kuriose Abnormität. Dort gibt es Haltestangen, an denen man sich festhalten muss, um nicht abgeschüttelt zu werden. Mehr als zwei Personen an einer Haltestange sind unzulässig. Taucht ein nah am Gleis geparktes Fahrzeug vor oder kommt ein Cable Car aus der Gegenrichtung, macht der Gripman Trittbrettfahrer auf die Gefahr aufmerksam. Wollen Sie aussteigen, zerren Sie nun an der Klingelleine über Ihrem Kopf. Sie dient ausschließlich der Verständigung zwischen Gripman und Bremser. Rufen Sie rechtzeitig ›Next stop, please‹, damit der Fahrer Zeit hat, den Oldtimer zum Halten zu bringen.

Downtown San Francisco

Diesseits und jenseits der Market Street

Cityplan: S. 371

SoMa

Den Stadtteil **South of Market Street** tauften die Einwohner der Stadt auf das Kürzel **SoMa,** nachdem die Gegend in ein schickes Trend- und Avantgardeviertel mit Kunst- und Kulturangeboten, Cafés, Weinbars und exquisiten Restaurants verwandelt worden war.

Den Weg in eine vielversprechende Zukunft ebnete in den 1990er-Jahren mit den **Yerba Buena Gardens** 24 eine Naturoase, die der ethnischen und kulturellen Vielfalt der Bay-Metropole gerecht werden sollte. Grünanlagen mit Wasserfall, Martin Luther King Memorial und Pflanzen aus allen Partnerstädten von Abidjan (Côte d'Ivoire) bis Schanghai (China) sind nur ein Teil des Parks (http://yerbabuenagardens.com). Dazu gehören auch das Kunst- und Kulturzentrum **Yerba Buena Center for the Arts** 25 mit einem 750-Plätze-Theater (701 Mission St., Tel. 1-415-978-2700, www.ybca.org, Erw. 10 $, Kin. bis 5 J. frei, 1. Di im Monat Eintritt frei) und das größtenteils unter der Straßenebene liegende Messe- und Kongresszentrum **Moscone Convention Center** 26 (www.moscone.com).

San Francisco Museum of Modern Art (SFMOMA) 27

151 3rd St., Tel. 1-415-357-4000, www.sfmoma. org, Fr–Di 10–17, Do 10–21 Uhr, Mi geschl., Erw. 25 $, unter 18 J. frei

Mittelpunkt der Museumsszene in SoMa ist das vom Schweizer Architekten Mario Botta entworfene **Museum of Modern Art,** ein gewaltiger Ziegelbau mit abgeschrägtem zylindrischen Dachaufsatz in rötlich-weißem Streifenmuster. Zu den über 15 000 Kunstwerken der ständigen Ausstellungen gehören Gemälde, Skizzen, Skulpturen und Kollagen, Fotografien, Architekturentwürfe, Modelle und Designstudien. Der Reigen der vertretenen Künstler reicht von Henri Matisse über Paul Klee, Frank Gehry und Anselm Adams bis zu US-Malern wie Clyfford Still und Jackson Pollock. Auf Straßenebene sind im Erweiterungsbau des Museums Riesenskulpturen des Künstlers Richard Serra frei zugänglich.

Museum of the African Diaspora 28

685 Mission St., 1-415-358-7200, www.moadsf. org, Mi–Sa 11–18 Uhr, So 12–17 Uhr, Erw. 10 $, Kin. unter 12 J. Eintritt frei

Mit dem Beitrag der Nachfahren schwarzer Sklaven zur Kultur in Nord- und Südamerika setzt sich das **Museum of the African Diaspora** auseinander. Die Ausstellungen gehen auf die afrikanischen Wurzeln des Jazz ebenso ein wie etwa auf die Einflüsse des Sklavenhandels auf die brasilianische Küche. Der Museum Store verkauft hübsches Kunsthandwerk.

California Historical Society 29

678 Mission St., Tel. 1-415-357-1848, www.californiahistoricalsociety.org, Di–So 11–17 Uhr, 5 $

In Ausstellungen beschäftigen sich die Galerien der **California Historical Society** mit Themen, die mit der Geschichte des Golden State oder mit der Vergangenheit von San Francisco zu tun haben, wie z. B. dem Bau der Golden Gate Bridge oder den chinesischen Einwanderern, die in der zweiten Hälfte des 19. Jh. als Eisenbahnarbeiter ins Land kamen.

Contemporary Jewish Museum 30

736 Mission St., Tel. 1-415-655-7800, www.thecjm.org, Fr–Di 11–17, Do 11–20 Uhr, Erw. 15 $, Sen. ab 65 J. 13 $, Kin. unter 18 J. und 1. Di im Monat frei

Eine Bereicherung der Museumsszene in SoMa ist das **Contemporary Jewish Museum,** ein nicht unumstrittener Bau von Daniel Libeskind. In den Räumlichkeiten werden Wechselausstellungen gezeigt, z. B. über die jüdische Gemeinde in der Bay Area oder über das Werk der Cartoonistin Roz Chast (geb. 1954), die für das renommierte Magazin »The New Yorker« arbeitet und deren Graphic Novel über das Leben und Sterben ihrer Eltern, der auch auf Deutsch erschienen ist, ein Bestseller wurde.

Children's Creativity Museum 31
221 Fourth St., Tel. 1-415-820-3320, http://creativity.org, Mi–So 10–16 Uhr, Erw. und Kin. ab 3 J. 12 $

Junge Besucher können sich im **Children's Creativity Museum** nach Herzenslust austoben und an vielen interaktiven Einrichtungen sinnvoll lernen, wie man etwa Musikvideos mit einem Rekorder gestaltet, den Ton dazu aufnimmt oder Computeranimationen nach eigenen Vorstellungen kreiert. Kleinere Gäste erwartet ein abenteuerlicher Spielplätz und ein traditionelles Karussell (pro Fahrt 3 $).

International Art Museum of America 32
1025 Market St., Tel. 1-415-376-6344, www.iamasf.org, Di–So 10–17 Uhr, Eintritt frei

Einen Einblick in chinesische Malerei, Bildhauerei und Kalligrafie vom 17. bis zum 21. Jh.

San Francisco Downtown

(Karte S. 372–373)

Sehenswert
1. Pier 39
2. Fisherman's Wharf
3. Pier 45
4. The Cannery
5. Ghirardelli Square
6. San Francisco Maritime National Historical Park
7. Lombard Street
8. Church of St. Peter and St. Paul
9. Beat Museum
10. Sentinel Building
11. Coit Tower
12. Fairmont Hotel
13. Grace Cathedral
14. Transamerica Pyramid
15. Embarcadero Center
16. Ferry Building
17. Exploratorium
18. James R. Herman Cruise Ship Terminal
19. Chinese Historical Society of America
20. Chinese Cultural Center
21. Golden Gate Fortune Cookie Factory
22. Tin-How Temple
23. Cable Car Museum
24. Yerba Buena Gardens
25. Yerba Buena Center for the Arts
26. Moscone Convention Center
27. San Francisco Museum of Modern Art (SFMOMA)
28. Museum of the African Diaspora
29. California Historical Society
30. Contemporary Jewish Museum
31. Children's Creativity Museum
32. International Art Museum of America
33. Dewey Monument
34. Westin St. Francis
35. Frank Lloyd Wright Building
36. Hallidie Plaza
37. City Hall
38. Asian Art Museum

Übernachten
1. Best Western Plus The Tuscan
2. Adagio
3. Best Western Carriage Inn
4. Hotel Diva
5. Orchard Garden
6. San Remo
7. Green Tortoise Guest House

Essen & Trinken
1. Crustacean
2. Boulevard
3. Swan Oyster Depot
4. Tommaso's Restaurant
5. Trattoria Contadina
6. House of Nan King
7. Buena Vista Café

Einkaufen
1. Westfield San Francisco Centre
2. Crocker Galleria
3. Levi's Flagship Store

Abends & Nachts
1. Top of the Mark
2. Biscuits & Blues
3. The EndUp
4. Louise M. Davies Symphony Hall
5. San Francisco Opera (War Memorial Opera House)
6. Herbst Theatre
7. Geary Theater
8. Curran Theater

Aktiv
1. Magic Bus
2. Bay City Bike

Vorbereitungen auf The Big One

Öffentliche Erdbebenvorhersagen sind in Kalifornien per Gesetz verboten und können mit bis zu drei Monaten Haft bestraft werden. Trotzdem halten viele Geowissenschaftler mit mehr oder weniger präzisen Prognosen nicht hinter dem Berg. Ihrer Meinung nach liegt die Wahrscheinlichkeit von The Big One, eines starken Bebens, noch vor 2032 in der Bucht von San Francisco bei 62 %.

Es stimmt, dass nur wenige Kalifornier aus Furcht vor Erdbeben dem Land den Rücken kehren. Davon darauf zu schließen, dass das offenbar Unausweichliche die Menschen nicht beunruhige und auch keine Vorkehrungen zur Folge habe, stimmt nicht. Beweise dafür gibt es in Hülle und Fülle – und zwar auf allen Ebenen. Beispiel Architektur. In Los Angeles durfte wegen drohender Erdbeben früher nicht über 13 Stockwerke hinaus gebaut werden. Solche Vorschriften sind Makulatur, seit die von japanischen Ingenieuren übernommene Wolkenkratzerbauweise unter Verwendung von Dämpfern aus Stahl und Gummi zwischen Gebäudefundamenten ihre Bewährungsprobe bestanden hat. Als 1989 das sogenannte Loma-Prieta-Beben in San Francisco u. a. Teile der Oakland Bay Bridge zusammenstürzen ließ, schwankte mit der Transamerica Pyramid das höchste Gebäude der Stadt zwar um ca. 30 cm, blieb aber unbeschädigt, weil es auf einem Fundament nach japanischem Muster steht.

Zu den technischen Präventionen zählen auch Maßnahmen im Innern. Schwere Möbel und Spiegel sollen an den Wänden sicher verdübelt werden. Bewohner sind angehalten, sich in ihren Wohnungen über Abschalthähne für Strom, Gas und Wasser zu informieren, um die Versorgungsleitungen im Notfall sperren zu können. Wichtig sind natürlich familieninternes Katastrophentraining und häusliche Vorsorgemaßnahmen. Die entsprechenden Empfehlungen und Tipps können in jedem Telefonbuch nachgelesen werden: Wo sind in einer Wohnung sichere und unsichere Stellen? Wo trifft man sich als Familie, wenn man durch eine Naturkatastrophe getrennt wird? Sind für den Notfall wichtige Telefonnummern parat? Wer kümmert sich um kranke oder behinderte Familienmitglieder? Wo befinden sich mögliche Fluchtwege?

Filialen des Roten Kreuzes bieten Erste-Hilfe-Kurse an, während andere Organisationen wie die Feuerwehr Kataloge von Trainingsmaßnahmen entwickeln, wie man sich und seine Familie auf ein Beben vorbereitet und auch die Nachbarschaft mit einbezieht. Eine wichtige Rolle im Erdbebentraining spielen Schulen, wo bereits Kinder auf potenzielle Gefahren vorbereitet werden und Verhaltensmaßregeln lernen. Regelmäßiger Drill ist in den meisten Lehranstalten Usus, weil Vorschriften die Erstellung und Einhaltung von Notfallplänen obligatorisch machen. Ähnliches gilt für Universitäten, Altenheime und Krankenhäuser. Vorsichtige Menschen sorgen mit sicher deponierten Überlebenspaketen inklusive batterielosen Taschenlampen und luftdicht verschweißten Nahrungsmitteln vor. Einwohner besonders gefährdeter Gebiete führen in ihren Autos nicht selten eine Notfallausrüstung mit sich, um auf eine Naturkatastrophe schnell reagieren zu können.

verschafft das **International Art Museum of America** interessierten Besuchern. Einen Schwerpunkt bilden Werke des zeitgenössischen Künstlers H. H. Dorje Chang Buddha III. Ziel des noch im Aufbau befindlichen Museums ist es, eine Bühne für Kunst aus aller Welt zu sein – auch für die europäische Malerei seit dem späten Mittelalter.

Union Square und Umgebung

Auf dem von großen Hotels und Geschäften umgebenen **Union Square** versammelten sich während des Bürgerkrieges 1861 bis 1865 häufig für die Nordstaaten eintretende Demonstranten, wovon der Platz seinen Namen ableitet.

Dewey Monument 33

Die 30 m hohe Säule **Dewey Monument** erinnert an den Sieg der amerikanischen Pazifikflotte unter Admiral Dewey 1898 in der Schlacht bei Manila während des Spanisch-Amerikanischen Krieges. Der von Palmen bestandene, terrassenförmig angelegte Platz mit einem Café bildet inmitten des Geschäftszentrums eine kleine Oase zum Verschnaufen nach einer kräftezehrenden Besichtigungs- und Shoppingtour durch die benachbarten Kaufhäuser und Designerboutiquen.

Westin St. Francis 34

Die zu Beginn des 20. Jh. erbaute Nobelherberge **Westin St. Francis** mit ihrer fürstlichen Lobby mit Pfeilern aus schwarzem Marmor liegt auf einer Walking Tour, auf der die Teilnehmer zahlreiche Aufenthaltsorte und Arbeitsplätze des Krimischriftstellers Dashiell Hammett zu sehen bekommen. Er war in San Francisco eine Zeit lang für die Detektivagentur Pinkerton tätig (www.donherron.com).

Frank Lloyd Wright Building 35
140 Maiden Lane

Die in einer schmalen Nebenstraße am Union Square liegende Immobilie besitzt durch einen ›Schneckenhausaufgang‹ bei Architekturkennern Kultstatus. Der 1949 vollendete Bau ist die einzige bauliche Hinterlassenschaft von Frank Lloyd Wright in der Bay-Metropole. Im Inneren der Galerie führt die spiralförmige Rampe ins Obergeschoss, die Wrights Idee für den Entwurf des berühmten Guggenheimmuseums in New York City vorwegnahm.

Hallidie Plaza 36

Wo die Powell Street auf die Market Street trifft, liegt mit der **Hallidie Plaza** ein lebhafter Platz, unter dem sich mehrere Etagen u. a. mit einer U-Bahn-Haltestelle und dem Visitor Information Center (s. S. 376) befinden. Auf Straßenebene ist die Wendeplattform der Cable Cars hauptsächlich dann eine Besucherattraktion, wenn die Wagen von Schaffner und Bremser mit vereinten Kräften umgedreht und für die Fahrt zum Nob Hill bzw. nach Fisherman's Wharf bereit gemacht werden.

Civic Center

City Hall 37

Der im Zentrum des Civic Center stehende Kuppelbau der 1915 erbauten **City Hall** (Rathaus) ist dem Petersdom in Rom nachempfunden. Lobby und Korridore spiegeln sich in Marmor, während die barock gestalteten Treppen genauso gut in die Geschosse eines französischen Prunkbaus führen könnten. Im Gegensatz zum Rathaus strahlt die davor liegende, von symmetrischen Baumreihen bestandene Plaza eher nüchternes Flair aus. Häufig flattern dort Plastikzelte von Wohnsitzlosen im Wind, was für eine tolerante Stadtverwaltung spricht. Jenseits der Van Ness Avenue reihen sich einige Kultureinrichtungen von Rang aneinander.

Louise M. Davies Symphony Hall 4
201 Van Ness Ave., Tickets Tel. 1-415-864-6000, http://sfwmpac.org/davies-symphony-hall

Mit einer modernen, gebogenen Fassade macht die **Louise M. Davies Symphony Hall** auf sich aufmerksam, in deren 2400 Plätze großem Auditorium von September bis Mai die Konzerte der San Francisco Symphony stattfinden.

San Francisco Opera (War Memorial Opera House) 5
301 Van Ness Ave., s. auch S. 379
Die **San Francisco Opera (War Memorial Opera House)** machte 1945 Weltgeschichte, als dort die Vereinten Nationen gegründet wurden. Sechs Jahre später war das Gebäude Schauplatz der Unterzeichnung des Amerikanisch-Japanischen Friedensvertrags. Heute finden dort die Aufführungen der San Francisco Opera (1923) und des San Francisco Ballet statt.

Herbst Theatre 6
401 Van Ness Ave., s. auch S. 379
Das aus dem Jahr 1932 stammende, im Veteran's Building untergebrachte **Herbst Theatre** für kleinere Veranstaltungen vervollständigt das kulturelle Triumvirat in der Nachbarschaft des Civic Center. Die acht überdimensionalen Wandgemälde im etwas weniger als 1000 Zuschauer fassenden Theater stammen vom belgischen Künstler Frank Brangwyn, der sie für die Panama-Pacific International Exposition 1915 schuf.

Asian Art Museum 38
200 Larkin St., Tel. 1-415-581-3500, www.asianart.org, Di–So 10–17, Sommer Do bis 21 Uhr, Erw. 15 $, Sen./Kin. ab 10 J. 10 $
An der östlichen Flanke des Civic Center widmet sich das **Asian Art Museum** asiatischer Kunst aus den zurückliegenden 6000 Jahren. Den Grundstein des Museums bildet eine Schenkung von Avery Brundage, der von 1952 bis 1972 Präsident des IOC war.

Infos
San Francisco Visitor Information Center: 900 Market St., Hallidie Plaza, Tel. 1-415-391-2000 (Informationen über Bandansage), Tel.1-415-391-2001,www.sftravel.com/visitor-information-center.

Übernachten
Top-Hotel – **Best Western Plus The Tuscan** 1 : 425 Northpoint St., Tel. 1-415-561-1100, www.tuscanhotel.com. Eines der besten Hotels nahe Fisherman's Wharf mit toskanischem Ambiente und über 220 stilvollen Zimmern und Suiten mit Minibar, Kühlschrank, Kaffeemaschine. DZ ab ca. 300 $.

In Ordnung – **Adagio** 2 : 550 Geary St., Tel. 1-415-775-5000, www.hoteladagiosf.com. Hippem Stadtleben zugetane Gäste schätzen in diesem luxuriösen Boutiquehotel die schicke Innenausstattung mit modularem Mobiliar, Highspeed-WLAN und schniekem Fitnessstudio. Die im Haus befindliche Bar Mortimer serviert auch kleine Gerichte. Happy Hour Mo–Fr 17–19 Uhr. DZ ab 290 $.

Klein, aber wohnlich – **Best Western Carriage Inn** 3 : 140 7th St., www.sanfrancisco.com/carriageinn. Städtisches Refugium im Stadtteil SoMa mit schick ausgestatteten Zimmern im Art-déco-Stil, inkl. Fitnessraum, Kühlschrank, Safe, kostenlosem WLAN, Parkplatz und Gartenpatio. DZ ab 230 $.

Super Art-déco-Hotel – **Hotel Diva** 4 : 440 Geary St., Tel. 1-415-885-0200, www.hoteldiva.com. Nichtraucherhotel in der Nähe des Union Square mit gestyltem Ambiente samt Designermöbeln und frischen Farben. Speziell eingerichtete Kindersuite. DZ ab 200 $.

›Grünes‹ Hotel – **Orchard Garden** 5 : 466 Bush St., Tel. 1-415-399-9807, www.theorchardgardenhotel.com. Eines der wenigen Ökohotels in der Stadt. Das Mobiliar ist aus balinesischem Holz, das nicht aus Urwäldern, sondern von Baumplantagen stammt. Tapeten und Teppichböden sind aus emissionsarmen Materialien. Wer sein Zimmer verlässt, schaltet den Strom automatisch ab. DZ ab 180 $.

Kleine, gemütliche Zimmer – **San Remo** 6 : 2237 Mason St., Tel. 1-415-776-8688, www.sanremohotel.com. Älteres Hotel in North Beach mit antiker Ausstattung. Die Zimmer haben weder TV noch Telefon. Die Gäste müssen sich mit Etagenbädern zufriedengeben. DZ ca. 90 $.

Günstig wohnen – **Green Tortoise Guest House** 7 : 494 Broadway, Tel. 1-415-834-1000, www.greentortoisesf.com. Herberge mit Schlafsaalbetten und Privatzimmern vor allem für junge Leute, Frühstück, Gratis-Internetzugang, Sauna, Küche und Münzwaschmaschinen. Privatzimmer mit Doppel- oder Einzelbetten 105–130 $, Schlafplatz ab 35 $.

DUNGENESS CRABS

Die Monate zwischen November und Juni sind in San Francisco keine Zeit wie jede andere. Traditionell besteht die Haupttätigkeit der Fischer in dieser Jahreshälfte darin, den riesigen Bedarf der lokalen Bevölkerung an **Dungeness Crabs** zu stillen. In den vergangenen Jahren hat jedoch eine giftige Algenblüte der Krabbensaison mehrfach schwer zugesetzt, sodass statt vor Ort gefischter Krustentiere Importe von der nördlicheren Pazifikküste auf den Tisch kamen.

Kenner verspeisen die abgekochten Meeresbewohner ohne Beilagen, andere schätzen die Begleitung von frischem Baguette und gut gekühltem Chardonnay. Köche laufen zur Hochform auf, wenn es darum geht, aus Krabben, Fisch, Wein und Tomaten die Fischsuppe Cioppino zu komponieren, San Franciscos Antwort auf die französische Bouillabaisse.

In der *crab season* versuchen Hotels und Restaurants Gäste mit appetitlichen Sonderangeboten an ihre Tische zu locken (www.sanfrancisco.com/crab-season).

Essen & Trinken

Crustacean 1 : 1475 Polk St., Tel. 1-415-776-2722, http://crustaceansf.com, tgl. 17–21.30 Uhr. Das vietnamesische Schwesterrestaurant von Thanh Long (s. S. 389) ist berühmt für seine Roasted Crabs und Knoblauchnudeln, deren Rezept streng geheim ist. Ab 50 $.

Swan Oyster Depot 3 : 1517 Polk St., Tel. 1-415-673-1101, www.sfswanoysterdepot.com, tgl. außer So 10.30–17.30 Uhr, kein Dinner. Seit 1912 bestehendes Lokal, vor dem sich hauptsächlich um die Mittagszeit Warteschlangen bilden. Hervorragende Dungeness Crabs, Seafoodplatten, fangfrische Austern und Shrimps-Salate werden an der 18 Plätze langen Bar serviert. Sehr gutes Preis-Leistungs-Verhältnis. 20– 40 $.

Essen & Trinken

Zwillingsschwester – **Crustacean** 1 : s. o.

Leichte, moderne Küche – **Boulevard** 2 : 1 Mission St., Tel. 1-415-543-6084, www.boulevardrestaurant.com, Lunch Mo–Fr 11.30–14, Dinner So–Do 17.30–22, Fr, Sa bis 22.30 Uhr. Seit der Eröffnung 1993 hat sich die Küchenchefin unter die besten Restaurants der Stadt gekocht. Aber nicht nur die hervorragenden Menüs und Gerichte, sondern auch das im Jugendstil gehaltene Interieur lohnen den Besuch. Dinner 31–49 $.

Geheimtipp – **Swan Oyster Depot** 3 : s. o.

Klassischer Italiener – **Tommaso's Restaurant** 4 : 1042 Kearny St., Tel. 1-415-398-9696, http://tommasos.com, Di–Sa 17–22.30, So 16–22 Uhr, Mo Ruhetag. Das italienische Lokal soll im Jahre 1935 als erstes an der US-Westküste Pizzen gebacken haben. Das Restaurant demonstriert heute noch Küchenkunst nach alter Schule. Pizzen 17–27 $, Pastagerichte 14–18 $, Fleisch und Geflügel 16–22 $.

Reizendes Lokal – **Trattoria Contadina** 5 : 1800 Mason St., Tel. 1-415-982-5728, www.trattoriacontadina.com, tgl. 17–21 Uhr. Fabelhafter Italiener mit No-Frills-Küche – authentischen Gerichten ohne Schnickschnack. Das kleine Lokal liegt nur wenige Schritte von den Touristenfallen der Columbus Ave.

entfernt. Pastagerichte ab 16 $, Fleisch, Geflügel und Meeresfrüchte ab 26 $.

Unverfälscht fernöstlich – **House of Nan King** 6 : 919 Kearny St., Tel. 1-415-421-1429, Mo–Fr 11–21, Sa, So 12–21.30 Uhr. Für Liebhaber fernöstlicher Küche der Heilige Gral, weil die Gerichte vom chinesischen *mainstream* abweichen. Vom Ambiente des Lokals – es gleicht einem Imbiss – sollte man sich nicht abschrecken lassen. 7–16 $.

Ein absolutes Muss – **Buena Vista Café** 7 : 2765 Hyde St., Tel. 1-415-474-5044, www.thebuenavista.com, Mo–Fr 9–2, Sa, So 8–2 Uhr. Eine Ikone unter den Frühstückstreffs der Stadt, weniger wegen der typisch amerikanischen Kost, sondern weil an der Bar im Jahr 1952 Irish Coffee sein amerikanisches Debüt erlebte. Ab ca. 7 $.

Einkaufen

Shopping Mall mit Flair – **Westfield San Francisco Centre** 1 : 865 Market St., http://westfield.com/sanfrancisco, Mo–Sa 10–20.30, So 11–19 Uhr. Riesiges Einkaufszentrum mit Fachgeschäften, Boutiquen, Restaurants, Kinos und einem Food Court mit dem Flair des Außergewöhnlichen, weil es Speisen gibt, die man sonst in einem Food Court vergeblich sucht – von Sushi bis Salat aus grünen Papaya und von Hamburgern mit Biofleisch bis zu thailändischen Spezialitäten.

Alles unter einem Dach – **Crocker Galleria** 2 : 1 Montgomery St., www.thecrockergalleria.com, Mo–Fr 10–18, Sa 10–17 Uhr. Shopping Mall unter einem Glasdach mitten im Finanzdistrikt.

Hightech-Jeans – **Levi's Flagship Store** 3 : 815 Market St., Tel. 1-415-501-0100, Mo–Sa 9–21, So 10–20 Uhr. Jeansträgerhimmel mit viel Hightech-Schnickschnack.

Abends & Nachts

Theaterprogramm: www.san-francisco-theater.com; Theater- und Konzerttickets: s. S. 360.

Auf dem Nob Hill – **Top of the Mark** 1 : 999 California St., Tel. 1-415-392-3434, www.

San Franciscos Zeitmaschine – noch 17 km lang ist das Cable-Car-Schienennetz

intercontinentalmarkhopkins.com/top_of_the_mark, Di–Sa Livemusik. Beliebte Cocktail Lounge auf der 19. Etage des Mark Hopkins Hotel mit fantastischer Rundumsicht und einer Auswahl von über hundert Martinis.

Livemusik & Tanz – **Biscuits & Blues** 2 : 401 Mason St., Tel. 1-415-292-2583, www.biscuitsandblues.com, tgl. ab 18 Uhr. Lokal mit Restaurant, Bar und Livemusik in der Nähe des Union Square.

Legendärer Klub – **The EndUp** 3 : 401 6th St., Tel. 1-415-646-0999, http://theendupsf.com, Fr–So, erm. Eintritt vor 22 Uhr. Seit über drei Jahrzehnten ist der House- und Technoklub eine gut besuchte Nightlife-Institution und ein populärer Treff der Partypeople.

Klassische Musik – **Louise M. Davies Symphony Hall** 4 : s. auch S. 375, 201 Van Ness Ave., Tel. 1-415-864-6000, www.sfsymphony.org. Das mehrfach mit Grammy Awards ausgezeichnete Symphonieorchester unter der Leitung von Michael Tilson Thomas beweist seinen hervorragenden Ruf in der ultramodernen Louise M. Davies Symphony Hall.

Oper und Ballett – **San Francisco Opera (War Memorial Opera House)** 5 : 301 Van Ness Ave., Tel. 1-415-864-3330, www.sfopera.com, Ticketverkauf online, telefonisch oder vor Ort (Mo 10–17, Di–Fr 10–18 Uhr). Im War Memorial Opera House ist das zweitgrößte Opernensemble der USA zu Hause. Unter demselben Dach stellt auch das San Francisco Ballet, nach Kritikermeinung eines der besten Ballettensembles im Land, seine Produktionen vor (Tel. 1-415-865-2000, www.sfballet.org).

Mit riesigen Gemälden – **Herbst Theatre** 6 : 401 Van Ness Ave., Tel. 1-415-392-4400, http://sfwmpac.org/herbst-theatre, s. auch S. 376.

Bühnenkunst – **Geary Theater** 7 : 415 Geary St., Tel. 1-415-749-2228, www.act-sf.org/home/box_office/geary.html. Der Spielplan zeichnet sich durch eine interessante Zusammenstellung sowohl zeitgenössischer als auch klassischer Theaterstücke aus.

Leichte Unterhaltung – **Curran Theater** 8 : 445 Geary St., Tel. 1-415-358-1220, https://sfcurran.com. Auf Broadwaymusicals spezialisiert.

Downtown San Francisco

Aktiv
Stadtrundfahrten – **Magic Bus 1 :** 280 Geary St., Tel. 1-855-969-6244, www.magicbussf.com. Sehr unterhaltsame ›Hippietour‹ quer durch die Stadt.
Radausflüge – **Bay City Bike 2 :** 2661 Taylor St., Fisherman's Wharf, Tel. 1-415-346-2453, www.baycitybike.com.

Termine
Chinesisches Neujahrsfest (meist Feb.): Große Parade mit vielen Zusatzveranstaltungen (www.chineseparade.com).
San Francisco International Film Festival (April): Das Festival zeigt ein weites Spektrum von Kinofilmen (www.sffs.org).
SF Gay Pride Parade (letzter So im Juni): Schwulen- und Lesbenparade (www.sfpride.org).
Fourth of July (4. Juli): Fest an Pier 39 und anderen Orten mit Livemusik und Feuerwerk.
San Francisco Aloha Festival (Aug.): Buntes polynesisches Kunst- und Kulturfest im Presidio (www.pica-org.org).

Verkehr
Flüge: Der Internationale Flughafen von San Francisco (www.flysfo.com/de) 14 Meilen südlich von Downtown wird von mehreren Fluglinien z. B. von Frankfurt aus nonstop oder mit Zwischenlandungen in US-Städten angeflogen. Die Terminals sind über den AirTrain mit der Flughafenstation der Schnellbahn BART verbunden (Fahrt in die Stadt 8,65 $). Taxis ca. 42–62 $, Super-Shuttle (Tel. 1-415-558-8500) ab 17 $, Sam-Trans Bus 292 5 $.
Bahn: Fernzüge halten in Emeryville am östlichen Ende der Oakland Bay Bridge. Von dort fahren Gratisbusse zum Transbay Temporary Terminal, wo man Bahnfahrkarten bekommt (www.amtrak.com). Mit Amtrak-Fernzügen sind zahlreiche Großstädte wie Portland, Seattle, Salt Lake City, Denver, Chicago und die großen Metropolen an der amerikanischen Ostküste erreichbar.
Busse: Greyhound Transbay Terminal, 200 Folsom St., Tel. 1-415-495-1569, www.greyhound.com. Das Unternehmen California Shuttle Bus bietet Fahrten zu echten Discountpreisen nach Los Angeles an (www.cashuttlebus.com).

Fortbewegung in der Stadt
Muni: Für Busse, Straßenbahnen, U-Bahn und Cable Cars ist in San Francisco Muni zuständig (Municipal Railway System, Tel. 1-415-673-6864, www.sfmuni.com). Außer Einzelfahrscheinen (2,25 $) gibt es verbilligte Fahrscheine für mehrere Tage. Cable Car 7 $. Muni-Busse fahren in der ganzen Stadt und haben ihren Namen, den Zielort und die Liniennummer vorne angegeben. Muni Metro Streetcars (Schnellbahnen Linien J, K, L, M, N) fahren in der Innenstadt unterirdisch, in den etwas weiter außerhalb liegenden Gegenden aber auf der Straße. Mit historischen Waggons ist die Muni F-line von der Market Street am Embarcadero entlang zur Fisherman's Wharf ausgestattet (2 $). Mit Muni Passports kann man unbegrenzt öffentliche Verkehrsmittel benutzen, 1 Tag (20 $), 3 Tage (31 $) oder 7 Tage (40 $), erhältlich an den Verkaufsstellen der Cable-Car-Wendepunkte (www.sfmta.com).
BART: Das Metro-Bahnnetz BART (Bay Area Rapid Transit, www.bart.gov) besteht aus mehreren Linien und verbindet San Francisco u. a. mit Vororten wie Oakland, Fremont und Berkeley, Fahrscheine ab 1,95 $.
Fähren: San Francisco Bay Area Water Transit Authority, Pier 9, Suite 111, The Embarcadero, Tel. 1-415-291-3377, http://sanfranciscobayferry.com. Verschiedene Fährlinien verbinden die Stadt mit Zielen wie Oakland, Sausalito oder Tiburon an der San Francisco Bay. Abfahrten vom Pier 1 oder den Piers am Fisherman's Wharf.

> **San Francisco auf die Schnelle**
> Am **Civic Center** startet und endet der **49 Mile Drive,** eine Panoramastrecke, die an den wichtigsten Sehenswürdigkeiten der Bay-Metropole vorbeiführt. Wer sich schnell einen guten Überblick über San Francisco verschaffen will, kann die empfehlenswerte Route mit dem Auto in etwa vier Stunden abfahren.

Großraum San Francisco

▶ 3, D 8/9

Einige der bekanntesten Sehenswürdigkeiten in San Francisco wie die berühmte Golden Gate Bridge, der Aussichtspunkt Twin Peaks, der Golden Gate Park, der lateinamerikanisch geprägte Mission District und die Strände am Pazifiksaum liegen nicht in Downtown, sondern außerhalb im westlichen und südlichen Teil der Bay-Metropole.

Von Fort Mason zum Lincoln Park

Cityplan: S. 386

Marina

Südlich von Fort Mason und dem Jachthafen liegen in **Marina** teure Wohnviertel mit teils noblen Bauten, deren Fassaden die beliebten Erkerfenster aufweisen. Die Lombard Street ist auf diesem Abschnitt wegen der zahlreichen preiswerteren Unterkünfte auch unter dem Namen Motel Row bekannt. Restaurants, Cafés, Kneipen, Supermärkte und Spezialitätenläden konzentrieren sich an der parallel verlaufenden Chestnut Street.

Fort Mason Center for Arts & Culture 1

Tel. 1-415-345-7500, www.fortmason.org
Westlich von Fisherman's Wharf entwickelte sich das ehemalige Militärgelände **Fort Mason** über die Jahre zu einem Kulturzentrum mit mehreren Theatern, vegetarischem Restaurant, dem **Museo Italo Americano** (Di–So 12–16 Uhr, Mo auf Anfrage, Eintritt frei) und **The Mexican Museum** (Do–So 12–16 Uhr, Eintritt frei) sowie dem Hauptquartier der Golden Gate National Recreation Area (s. S. 382).

Palace of Fine Arts 2

3301 Lyon St., http://palaceoffinearts.org
Wo heute der Stadtteil **Marina** liegt, erstreckte sich bis zum großen Erdbeben 1906 unverbautes Marschland. Als die Stadtverwaltung nach der Naturkatastrophe Platz benötigte, um Bauschutt zerstörter Häuser zu entsorgen, wählte sie die Uferzonen in Marina aus. Auf dieser Deponie entstanden 1915 für die Panama-Pacific International Exposition zahlreiche Gebäude, von denen nur der in einer Parkanlage gelegene neoklassische **Palace of Fine Arts** die Zeiten überdauert hat. Der mit Säulen, Kolonnaden, Halbreliefs und Statuen einem Tempel ähnelnde Bau sollte nach dem Willen der Erbauer nach der Ausstellung zu einer dekorativen Ruine verfallen, was Bürgerinitiativen dadurch verhinderten, dass der an einem Teich liegende Palast aus dauerhaftem Material nachgebaut wurde. Heute finden hier kulturelle Veranstaltungen statt.

Pacific Heights

Im Stadtteil **Pacific Heights** ist ein breites Sammelsurium an Baustilen und Architekturelementen zu sehen. Eines der schönsten viktorianischen Häuser ist das im Jahr 1886 erbaute **Haas-Lilienthal-House** 3 (voraussichtl. bis Okt. 2017 wg. Renovierung geschl., 2007 Franklin St., Tel. 1-415-441-3000, www.sfheritage.org/haas-lilienthal-house, Führungen So 11–16, Mi, Sa 12–15 Uhr, Erw. 8 $, Kin. bis 12 J. 5 $).

Für Architekturliebhaber und Fotografen ist der **Alamo Square** 4 ein Muss. Der von Bäumen bestandene Platz wird auf seiner Ostseite von viktorianischen Schönheiten gesäumt, über deren Dächer hinweg man auf Downtown San Francisco blickt, morgens und abends ein hinreißender Anblick (Ecke Fulton/Steiner Sts.).

Großraum San Francisco

Presidio National Park

Im Oktober 1994 räumte die US-Armee im Presidio de San Francisco eine der ältesten Militäranlagen an der Pazifikküste, die in der Folge zum **Presidio National Park** erklärt wurde. Seit der Gründung der Stadt im Jahre 1776 hatte der Posten ununterbrochen zunächst spanischen, dann mexikanischen und schließlich amerikanischen Truppen als Basis gedient. Wanderpfade und Radwege führen durch die verkehrsberuhigte Großstadtinsel.

Walt Disney Family Museum [5]
104 Montgomery St., Tel. 1-415-345-6800, www.waltdisney.org, Mi–Mo 10–18 Uhr, Erw. 20 $, Sen. über 65 J. 15 $, Kin. 6–17 J. 12 $, Filme Erw. 7 $
Das im Park liegende **Walt Disney Family Museum** erzählt interessante Geschichten und Episoden über das ereignisreiche Leben und Werk des berühmten Zeichentrickkönigs und Vergnügungsparkgründers Walt Disney.

Golden Gate National Recreation Area

Golden Gate Bridge [6]
Die Brückenmaut wird ausschließlich elektronisch erhoben, Infos: http://goldengate.org/tolls/german.php. Wer mit dem Leihwagen unterwegs ist, muss den Zahlungsmodus mit dem Vermieter abklären. Bezahlen muss man nur auf dem Weg in die Stadt hinein. Fußgängern steht der Gehweg auf der Ostseite der Brücke im Sommer von 5 bis 21 Uhr (im Winter bis 18.30 Uhr) kostenlos offen. Radler dürfen diesen Weg nur werktags benutzen und müssen an Wochenenden auf die westliche Brückenseite ausweichen.
Bereits 1918 machte der deutsch-amerikanische Ingenieur Joseph Strauss der Stadtverwaltung den Vorschlag, das Goldene Tor mit einer Brücke zu überspannen, um die Stadt aus ihrer geografischen Isolation an der Spitze einer Halbinsel zu befreien. Danach dauerte es noch mehr als zwei Jahrzehnte, bevor der Ingenieur die **Golden Gate Bridge** in Angriff nehmen konnte. War zunächst die Finanzierung schwierig, sollten sich die technischen Probleme als noch schwieriger erweisen. Vor allem die Verankerung des längst zur Legende gewordenen Bauwerks auf der Südseite war problematisch, weil dort der gewachsene Fels fehlt. Schließlich blieb keine andere Wahl, als den südlichen Brückenpfeiler auf einen Schelf des Meeresbodens zu stellen. Um an dieser Stelle überhaupt arbeiten zu können, musste die starke Strömung durch eine mächtige Betonmauer abgelenkt werden.

Auch die technischen Maße der Golden Gate Bridge sind äußerst beeindruckend: Vom einen Ende zum anderen misst sie ganze 2,7 km, wobei sie auf 1280 m zwischen den beiden 227 m hohen Pfeilern ohne Stützen auskommt. Die samt Gehwegen 27,5 m breite und 67 m über dem Wasser hängende Fahrbahn wird von zwei 2,3 km langen Stahltrossen mit 92,5 cm Durchmesser gehalten.

Mehr als 100 000 Fahrzeuge überqueren Tag für Tag das Goldene Tor, wobei die Fahrbahnen je nach Verkehrsaufkommen durch mobile Markierungen verändert werden.

Fort Point [7]
Marine Dr., Tel. 1-415-556-1693, www.nps.gov/fopo, tgl. außer Mi 10–17 Uhr, Eintritt frei
Wie dynamisch die Fluten den südlichen Brückenpfeiler der Golden Gate Bridge umspülen, zeigt sich am besten bei **Fort Point**, einer in den 1850er-Jahren zum militärischen Schutz der Bucht errichteten Festung mit 120 Kanonen. Das meist von hohen Wellen umspülte Fort zeigt die Golden-Gate-Brücke vor allem bei windigem Wetter aus einem überwältigenden Blickwinkel. Der Filmregisseur Alfred Hitchcock erkannte die dramatische Wirkung des Fleckens und ließ dort 1958 eine Szene des Thrillers »Vertigo« drehen, in der James Stewart seine Filmpartnerin Kim Novak aus dem Wasser rettet.

Baker Beach [8]
Südlich der Golden Gate Bridge säumt die Golden Gate National Recreation Area an der South Bay als schmaler Streifen den Pazifik-

Von Fort Mason zum Lincoln Park

Der Bau der Golden Gate Bridge (1933–1937) war ein Drahtseilakt: Würde man die verarbeiteten Drähte zusammenfügen, ergäbe sich eine Länge von fast 130 000 km

saum. Vom Lincoln Boulevard ist der reizvolle **Baker Beach** mit wunderschöner Aussicht auf die Brücke zu erreichen, ein sehenswerter Sandstrand mit Platz zum Baden und Sonnen, an dem der Wanderpfad **Coastal Trail** sowohl nach Norden wie nach Süden führt.

Lincoln Park

California Palace of the Legion of Honor 9

100 34th Ave, Tel. 1-415-750-3600, http://legionofhonor.famsf.org, Di–So 9.30–17.15 Uhr, Erw. 15 $, Kin. 13–17 J. frei, jeden 1. Di im Monat Eintritt frei, Sonderausstellungen ausgenommen

Im Lincoln Park beherbergt der im Beaux-Arts-Stil errichtete **California Palace of the Legion of Honor** eine der größten Sammlungen hauptsächlich europäischer Kunst, die außerhalb Europas gezeigt wird.

Cliff House 10

1090 Point Lobos, Tel. 1-415-386-3330, www.cliffhouse.com, 10–15.30 Uhr

Der Lincoln Park reicht mit seiner südwestlichen Ecke bis zum **Cliff House,** einem hoch über den Klippen stehenden Restaurantkomplex mit fabelhafter Aussicht auf die Pazifikküste. Sonntags bietet sich im Terrace Room bei Harfenmusik ein Gang ans Champagner-Brunchbuffet an.

Seal Rocks 11

Dicht vor der Küste waren die **Seal Rocks** jahrelang Heimat einer Seelöwenkolonie, bis die Tiere aus eigenem Antrieb nach Pier 39 umzogen. Vor allem abends lohnt sich der schöne Blick auf die mittlerweile von Kormoranen und Pelikanen bewohnten schwarzen Felsen. Der deutschstämmige Maler Albert Bierstadt verewigte die Felsformation im Jahre 1872 mit Öl auf Leinwand.

Großraum San Francisco

MIT DEM RAD ODER ZU FUSS IM GOLDEN GATE PARK

Tour-Infos
Start: Östliches Parkende an der Fell Street
Länge/Dauer: ca. 6–7 km; je nach Museumsbesuchen bis zu einem ganzen Tag.
Eintritt: Mit Ausnahme einzelner Attraktionen kostenlos.

Radverleih: Golden Gate Park Bike & Skate 1, 3038 Fulton St., nur wenige Schritte vom De Young Museum entfernt, Tel. 1-415-668-1117, www.goldengateparkbikeandskate.com, Mo–Fr 10–18, Sa, So 10–19 Uhr, Rad ab 5 $/Std.
Einkehr: Beach Chalet Brewery 2, s. S. 389

Durch den 5 km langen und 800 m breiten **Golden Gate Park** 12 ziehen sich zwar Autostraßen, aber man findet viele Spazier- und Radwege, um die grüne Oase zu erkunden. An Wochenenden sind mehrere Straßen wie der zentrale John F. Kennedy Drive für den Autoverkehr gesperrt. Kommt man von Osten über die Fell Street in den Park, fällt zuerst das 1878 fertiggestellte **Conservatory of Flowers** auf, das älteste Gebäude im Park. In diesem Pavillon aus Holz und Glas sind etwa 15 000 einheimische und exotische Pflanzen ausgestellt (Tel. 1-415-831-2090, www.conservatoryofflowers.org, Di–So 10–16.30, Erw. 8 $, Sen. ab 65 J. und Kin. 12–17 J. 6 $, 1. Di. im Monat frei). Nachdem das **M. H. de Young Memorial Museum** beim Erdbeben 1989 schwer beschädigt worden war, entschloss man sich zu einem dreistöckigen Neubau mit konischem Aussichtsturm und Skulpturengarten, um die Kunstsammlungen aus aller Welt angemessen präsentieren zu können (Tel. 1-415-750-3600, https://deyoung.famsf.org, Di–So 9.30–17.15, Fr bis 20.45 Uhr, Erw. 15 $, Kin. 13–17 J. frei, 1. Di im Monat Eintritt frei).
In der Nachbarschaft residiert die **California Academy of Sciences** in einem vom italienischen Stararchitekten Renzo Piano entworfenen Komplex. 38 000 Lebewesen fanden in dem Naturkundemuseum ein Heim, zu dem neben einer vier Stockwerke hohen Kuppel mit einem echten Regenwald auch ein Planetarium, ein 3D-Kino und ein Aquarium gehören (Tel. 1-415-379-8000, www.calacademy.org, Mo–Sa 9.30–17, So 11–17 Uhr, Erw. 35 $, Sen. und Kin. 30 $).

Eine beschauliche Atmosphäre genießt man im 1894 mit Pagode, Buddha-Statue, Wasserfällen, Koi-Teichen und Teehaus angelegten **Japanese Tea Garden** (Tel. 1-415-752-1171, tgl. 9–18 Uhr, Erw. 8 $, Kin. 6 $, Mo, Mi, Fr bei Eintritt vor 10 Uhr frei). Ganz nah ist der **San Francisco Botanical Garden** mit 7000 Pflanzenarten, darunter am Redwood Trail gewaltige Redwoodbäume (www.sfbotanicalgarden.org, April–Okt. 7.30–18, sonst bis 17 Uhr, 8 $, 2. Di im Monat Eintritt frei). Größter See im Park ist der künstliche **Stow Lake**. Im Bootshaus kann man neben Rädern auch Ruder- und Tretboote ausleihen. Über eine Brücke erreicht man die im See liegende Insel **Strawberry Hill**, von deren höchstem Punkt man die Golden Gate Bridge sehen kann. Der **Spreckels Lake** ist Treffpunkt von Hobbybastlern, die dort ihre Modelle schwimmen lassen. Auf dem **Buffalo Paddock** lässt sich eine schon vor über 100 Jahren heimisch gewordene Herde von Bisons beobachten. Eine holländische **Windmühle** mit dem Queen-Wilhelmina-Tulpengarten signalisiert das westliche Ende des Parks, das von der Pazifikküste nur durch den Great Highway getrennt ist. Wer eine Pause nötig hat, kann sich im **Beach Chalet** stärken und dabei die schöne Aussicht auf den Strand genießen (Tel. 1-415-386-8439, www.beachchalet.com).

Von den Twin Peaks in den Mission District

Cityplan: S. 386

Twin Peaks 13

Die früher auf der Halbinsel von San Francisco lebenden Küstenindianer hielten die **Twin Peaks** für ein streitendes Paar, das vom Großen Manitu durch einen Blitzschlag der besseren Harmonie wegen voneinander getrennt wurde. Mit 278 und 275 m sind die beiden Hügelkuppen fast gleich hoch. Der etwas höhere Gipfel mit Parkplatz und fantastischer Aussicht auf die Stadt bis hinüber an die East Bay ist für die meisten Touristen ein Pflichtstopp. Gegen Abend herrscht auf dem Parkplatz häufig Gedränge, sodass manchmal keine Autos mehr zugelassen werden.

Castro District 14

Am nordöstlichen Fuß der Twin Peaks macht die aus Downtown kommende Market Street plötzlich einen Bogen, als müsse sie dem **Castro District** ausweichen. Der in dieser Biegung liegende Stadtteil zog hauptsächlich seit den 1960er-Jahren Aufmerksamkeit auf sich. Als sich damals Teile der Bevölkerung kritisch mit den politischen und gesellschaftlichen Verhältnissen auseinanderzusetzen begannen und alternative Lebensformen ausprobierten, wandelte sich das bis dahin irische Arbeiterviertel San Franciscos in die bekannteste Schwulenkolonie. Sie wurde nach dem 1922 erbauten **Castro Theatre** benannt, einem der letzten historischen Kinopaläste der Stadt. Im Zuge der Emanzipationsbestrebungen Homosexueller wurde der Castro District für Gays zum Magnetpunkt mit Läden, Bars, Restaurants und Galerien. Heute leben zwar immer noch viele Homosexuelle in dieser Gegend. Aber der Stadtteil hat seinen Ghetto-Charakter dadurch verloren, dass in den letzten Jahren Heteros hierher zogen und viele Schwule sich in anderen Gegenden niederließen. Außerdem zog Castro die Aufmerksamkeit der Medien auf sich und verwandelte sich in eine Touristenattraktion.

Mission District

Mission Dolores 15

3321 16th St., Tel. 1-415-621-8203, www.missiondolores.org, tgl. 9– 16 Uhr, Eintritt nach Ermessen

San Franciscos historischer Kern war die im **Mission District** gelegene Ansiedlung Yerba Buena, die sich um die 1776 von spanischen Franziskanern gegründete Mission San Francisco de Asis herausbildete. Die originale Kapelle der später in **Mission Dolores** umbenannten

Großraum San Francisco

Sehenswert

1. Fort Mason Center for Arts & Culture
2. Palace of Fine Arts
3. Haas-Lilienthal-House
4. Alamo Square
5. Walt Disney Family Museum
6. Golden Gate Bridge
7. Fort Point
8. Baker Beach
9. California Palace of the Legion of Honor
10. Cliff House
11. Seal Rocks
12. Golden Gate Park
13. Twin Peaks
14. Castro District
15. Mission Dolores

Übernachten

1. Laurel Inn
2. Stanyan Park Hotel
3. Travelodge by the Bay
4. My Rosegarden Guest Rooms
5. Dolores Place B & B
6. Inn on Castro
7. La Luna Inn

Essen & Trinken

1. Thanh Long
2. Beach Chalet Brewery
3. Range
4. Pizzeria Delfina
5. Chow
6. Mifune

Aktiv

1. Golden Gate Park Bike & Skate

Anlage besteht aus 1,30 m dicken Adobe-Mauern, die als Schutz gegen Niederschläge mit einer Gips-Zement-Mischung überzogen wurden. Wahrscheinlich aufgrund des elastischen Baumaterials hat die historische Stätte sämtliche Erdbeben seit 1776 mehr oder weniger schadlos überstanden. Auffällig ist die Decke mit dekorativen Mustern, wie sie von den alten Costanoan-Indianern bei Korbflechtereien verwendet wurden. Ein kleines **Museum** zeigt historische Artefakte und Manuskripte. Nebenan wurde 1918 eine **Basilika** mit üppigem Stuckdekor um Portal und Türme erbaut. Auf dem **Friedhof** fanden 5000 Indianer, spanische Soldaten, mexikanische Geistliche und amerikanische Pioniere ihre letzte Ruhestätte.

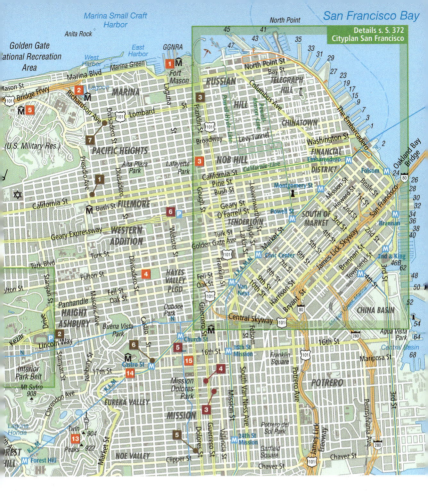

Mission und Valencia Street

Um Mission und Valencia Street pulsiert das Leben wie in einer mittelamerikanischen Stadt. Erst seit den 1950er-Jahren hatte mit dem Zustrom von Latinos die Lateinamerikanisierung des Stadtteils eingesetzt. Supermärkte kündigen ihre Angebote ebenso selbstverständlich auf Spanisch an wie Restaurants und Bäckereien, Nagelstudios und Reifenhändler. Der Schönheitssalon an der Ecke nennt sich nicht Beauty Saloon, sondern *Salon de Belleza*. Und was Imbissbuden betrifft, so sind hier weniger die üblichen Filialen amerikanischer Hamburgerketten vertreten als vielmehr Taco- und Burritostände.

Murals rund um 22nd und 24th Streets

Touren: Precita Eyes Mural Art, 2981 24th St., Tel. 1-415-285-2287, www.precitaeyes.org/tours.html, Sa, So 13.30 Uhr, Erw. 20 $, Sen. 10 $

Das kreative Potenzial des Stadtteils kommt am augenfälligsten in den zahlreichen Wandgemälden zum Ausdruck, für die der Mission District bekannt ist. Viele zum Teil riesige *murals* zeigen, dass hiesige Maler nach wie vor in der Tradition des bekannten mexikanischen Künstlers Diego Rivera (1886–1957) stehen, der in den 1930er-Jahren auch in der Bay Area arbeitete. Die vor allem in der Clarion Alley, Balmy Alley, 22nd und 24th Street zu

Großraum San Francisco

sehende Straßenkunst von einzelnen Malern und von Künstlergruppen beschäftigt sich mit politischen, sozialen, historischen und religiösen Themen.

Übernachten

Perfekter Service – **Laurel Inn** 1 : 444 Presidio Ave., Tel. 1-415-567-8467, www.jdvhotels.com/hotels/california. Modern eingerichtete Zimmer, einige mit Küche. DZ ab 330 $.

Viktorianisch – **Stanyan Park Hotel** 2 : 750 Stanyan St., Tel. 1-415-751-1000, www.stanyanpark.com. Hotel beim Golden Gate Park in einem denkmalgeschützten Gebäude im viktorianischen Stil. DZ ab 300 $.

Gute Mittelklasse – **Travelodge by the Bay** 3 : 1450 Lombard St., Tel. 1-415-673-0691, www.travelodgebythebay.com. Im Stadtteil Marina gelegenes Motel mit Standardzimmern, von dem Fisherman's Wharf zu Fuß erreichbar ist. DZ ab ca. 140 $.

Hübsche Bleibe – **My Rosegarden Guest Rooms** 4 : 75 20th Ave., Tel. 1-415-668-3783, www.my-rosegarden.com. Vier Gästezimmer, zwei davon mit eigenem Bad. Köstliches Frühstück (im Preis inbegriffen). DZ ab 140 $.

Lohnend – **Dolores Place B & B** 5 : 3842 25th St., Tel. 1-415-824-8728, www.doloresplace.com. Am Fuß der Twin Peaks gelegenes viktorianisches Reihenhaus. Apartment im Untergeschoss mit eigenem Bad, kleiner Küche und kostenlosem WLAN. DZ ab 139 $.

Ruhige Lage – **Inn on Castro** 6 : 321 Castro St., Tel. 1-415-861-0321, www.inncastro.

Ein sich ständig wandelndes Freiluftmuseum der Mural Art ist die Balmy Alley

Von den Twin Peaks in den Mission District

com. Modernes B & B mit gutem Frühstück im lebhaften Castro District. Muni-Station in der Nähe. DZ mit Etagenbad ab 135 $, mit Bad ab 165 $, Apartment ab 230 $.

Sauber und modern – **La Luna Inn 7**: 2599 Lombard St., Tel. 1-415-346-4664, www.lalunainn.com. Typisches amerikanisches Motel direkt an der Straße. TV, Kaffeemaschine, Gratis-WLAN. DZ inklusive Parkplatz und einfachem Frühstück ab ca. 120 $.

Essen & Trinken

Seafood-Mekka – **Thanh Long 1**: 4101 Judah St., Tel. 1-415-665-1146, http://thanhlongsf.com, tgl. außer Mo 17–22 Uhr. Für die Dungeness Crabs mit Knoblauchnudeln reisen die Gäste sogar von auswärts an. Ca. 40 $.

Dinieren mit Aussicht – **Beach Chalet Brewery 2**: 1000 Great Hwy, Golden Gate Park, Tel. 1-415-386-8439, www.beachchalet.com, tgl. 9–22 Uhr. Mit Blick auf den Pazifik können sich Gäste z. B. in der Pfanne gebratenen Lachs mit Selleriegratin zum hauseigenen Bier schmecken lassen. Dinner 16–36 $.

Ausgezeichnet – **Range 3**: 842 Valencia St., Tel. 1-415-282-8283, www.rangesf.com, Di–So 18–23 Uhr. California Cuisine mit nicht alltäglichen Gerichten wie Thunfisch-Confit mit Gurkensalat oder Tomatensuppe mit gebratenen Kürbisblüten. Hauptgerichte 21–27 $.

Exzellente Pizzen – **Pizzeria Delfina 4**: 3621 18th St., Tel. 1-415-437-6800, www.pizzeriadelfina.com, Mo, Mi, Do 11.30–22, Di 17–22, Fr–So 12–22 Uhr. Die ausgezeichneten Pizzen kosten zwischen 12 und 17 $.

Einfaches Lokal, gute Küche – **Chow 5**: 215 Church St., Tel. 1-415-552-2469, www.chowfoodbar.com, So–Do 8–23, Fr, Sa 8–12 Uhr. Im Stadtteil Castro ist dieses Lokal längst eine nicht mehr wegzudenkende Institution. Die Gerichte sind zumeist amerikanisch geprägt. Pasta ab ca. 10 $, Steak mit Pommes 16 $.

Populär – **Mifune 6**: 1737 Post St., Tel. 1-415-922-0337, www.mifune.com, Mo–Do und So 11–21.30, Fr, Sa 11–22 Uhr. Japanisches Lokal mit einem Interieur in Rot und Braun und einer Reputation als Nudelhimmel. Ab 8 $.

Aktiv

Radverleih – **Golden Gate Park Bike & Skate 1**: s. Aktiv S. 384.

Termine

Cherry Blossom Festival (April): Kirschblütenfest in Japantown (http://sfcherryblossom.org).

Polynesian Pride Festival (Aug.): Die aus Polynesien stammende Bevölkerung der Stadt feiert im Golden Gate Park ihr Brauchtum.

Dia de los Muertos (1. und 2. Nov.): Mexikanisches Totengedenkfest im Mission District (www.dayofthedeadsf.org).

Verkehr

BART/Busse: Zahlreiche BART- und Buslinien verbinden die Stadtviertel.

San Francisco Bay Area

Die riesige, nur durch das Goldene Tor mit dem Pazifik verbundene San Francisco Bay bezieht ihren Reiz nicht nur von Amerikas attraktivster Metropole San Francisco. Auch das enge Nebeneinander von hippem Großstadtbetrieb, stillen Naturoasen, verträumten Kleinstädten, führenden Hightech-Unternehmen und ländlichen Winzerbetrieben trägt zum Facettenreichtum der Bay Area bei.

Juan Rodriguez Cabrillo, Bartolomé Ferrelo, Sebastian Vizcaino und Sir Francis Drake zählen zu jenen Seefahrern, die im Entdeckerzeitalter die kalifornische Küste entlangsegelten, ohne ihrem größten Geheimnis auf die Spur zu kommen: der Bucht von San Francisco. Selbst heute noch versteckt sich das Goldene Tor, der schmale Zugang vom Pazifik in die riesige Bay Area, häufig hinter dichten Nebelbänken. Wahrscheinlich ist es dieser Laune der Natur zuzuschreiben, dass erst die Spanier in der zweiten Hälfte des 18. Jh. das tief ins Hinterland eingeschnittene ›Binnengewässer‹ entdeckten.

Heute versteht man unter der Bay Area das Gebiet um die Bucht von San Francisco, die sich von der Stadt Novato im Norden ca. 60 Meilen nach Süden Richtung San José erstreckt. Einst über 2000 km² groß, schrumpfte die Wasserfläche in den vergangenen 200 Jahren zwar durch Aufschüttungen hauptsächlich in San Francisco und Oakland um über 600 km². Dennoch bildet die Bucht immer noch den größten ›See‹ auf dem Staatsgebiet von Kalifornien, um dessen Ufer mit über sieben Millionen Menschen der nach Los Angeles zweitgrößte Ballungsraum an der Westküste entstand. Wer das gesamte Gewässer umfahren möchte, ist 270 Meilen unterwegs und kommt dabei außer durch Großstädte wie Berkeley, Oakland und San José und das Hightech-Revier Silicon Valley auch am Sonoma und Napa Valley vorbei, den bekanntesten Weinanbaugebieten der USA.

Marin County ▶ 3, D 8

Karte: S. 391

Am nördlichen Ende der Golden Gate Bridge, wo der **Golden Gate Vista Point** **1** eine fabelhafte Aussicht auf die Stadt bietet, beginnt mit Marin County nur Minuten vom quirligen Stadtzentrum entfernt eine Küstenregion, welche die Großstadtnähe nicht einmal erahnen lässt. Nimmt man nach dem Aussichtspunkt die Ausfahrt *(exit)* Richtung Sausalito und biegt sofort wieder Richtung San Francisco ab, erreicht man eine Bergflanke mit einer schmalen Serpentinenstraße, an der ein halbes Dutzend Aussichtspunkte einen wahrlich atemberaubenden Blick auf die Golden Gate Bridge und die dahinterliegende Stadt erlauben. Nach dem Abschied von dem traumhaften Panorama erreicht man über die Bunker Road weiter westlich den häufig fast menschenleeren **Rodeo Beach** (s. S. 393), einen wildromantischen Küstenflecken für Muschelsammler, Strandflaneure und Liebhaber von dramatischen Sonnenuntergängen.

Sausalito **2**

Vermutlich verdankt das 7300 Einwohner große Städtchen **Sausalito** seine Anziehungskraft nicht nur seiner schönen Lage an den Bergflanken der nördlichen San Francisco Bay, sondern auch seinem wohlklingenden Namen. Ein spanischer Entdecker nannte den Küstenabschnitt Saucelitos (Weidenhaine). Später entwickelte

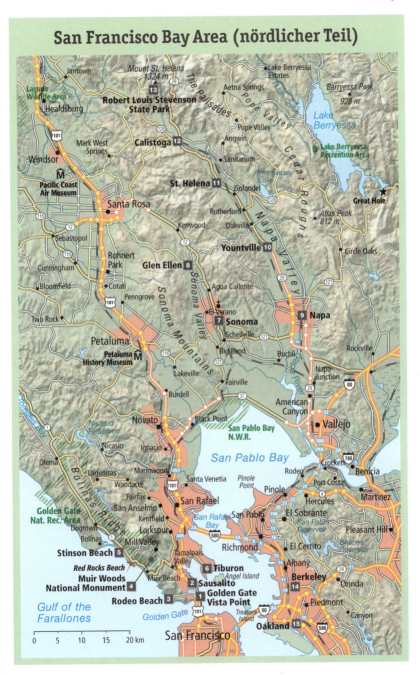

San Francisco Bay Area

sich dort ein kleiner Walfanghafen, ehe Jack London unwissentlich den Grundstein für eine sich hier entwickelnde Künstler- und Bohemienkolonie legte. Der bekannte US-Schriftsteller, der später im Sonoma Valley lebte, soll vor Ort den berühmten, mehrfach verfilmten Roman »Seewolf« verfasst haben.

Zahlreiche Grünanlagen wie der **Viña del Mar Park** mit steinernen Elefanten und einem Brunnen, die von der 1915 in San Francisco veranstalteten Panama-Pacific Exposition stammen, und eine attraktive **Hafenpromenade** mit Blick auf die Bucht und die Skyline von San Francisco statten den Ort mit einem mediterran anmutenden Flair aus. Der rege Ausflugsverkehr aus San Francisco ließ hübsche Boutiquen, Fachgeschäfte, am Hafen einladende Restaurants und Cafés, aber auch eine große Anzahl von Kunstgalerien entstehen. Von Ende Mai bis Ende August ist der **Gabrielson Park** jeden Freitag ab 18.30 Uhr Treffpunkt von Jazz- und Bluesanhängern, die auch kulinarische Spezialitäten zu schätzen wissen (www.jazzandbluesbythebay.com).

Hausbootkolonie

Macht Sausalito in seinem Zentrum einen durchaus gepflegten Eindruck, so vermittelt die in der **Richardson Bay** liegende **Hausbootkolonie** von Ausnahmen abgesehen ein anderes Bild. In den 1960er-Jahren, als Otis Redding dort seinen berühmten Song »Sittin' on the dock of the bay« schrieb, verschaffte sie der Gemeinde den Ruf eines Sex- und Drogenzentrums, und noch heute kann sie ihren stark alternativen Charakter nicht verbergen. Viele Hausboote sehen aus, als seien sie bereits im Sinken begriffen. Freizeitarchitekten tobten sich an den schwimmenden Heimen zum Teil mit sehr eigenwilligen Designs aus, und wer einen Spaziergang über die schwankenden Holzstege macht, muss ab und zu den Kopf einziehen, um sich nicht im Kabel- und Leitungsgewirr zu verheddern.

Bay Model Visitor Center

2100 Bridgeway, Tel. 1-415-332-3871, www.spn. usace.army.mil > Missions > Recreation, Winter Di–Sa 9–16 Uhr, Sommer tgl., Eintritt frei

Eine interessante Sehenswürdigkeit ist im **Bay Model Visitor Center** zu sehen. Um für wissenschaftliche Zwecke die Wasserbewegungen in der Bucht von San Francisco simulieren zu können, bauten Ingenieure die gesamte Bay in den 1950er-Jahren detailgetreu in einem verkleinerten Modell nach. Nachdem heutige Simulationen per Computer bewerkstelligt werden können, dient die in einer Halle untergebrachte Miniaturbucht nur noch Anschauungszwecken. Ein ständig zu hörendes Gurgeln beweist, dass Pumpen permanent mit über 400 000 Liter Wasser für Ebbe und Flut sorgen.

Infos

Sausalito Visitor Center: 780 Bridgeway, Sausalito, CA 94965, Tel. 1-415-332-0505, www.sausalito.org.

Übernachten

Traumhafte Lage – **Inn Above Tide:** 30 El Portal, Tel. 1-415-332-9535, www.innabovetide.com. Das einzige Hotel der gesamten Bucht, das direkt am Wasser liegt. Alle 29 komfortabel und elegant ausgestatteten Zimmer bieten Aussicht auf die San Francisco Bay. DZ ab 385 $.

Preiswert – **Hostelling International Marin Headlands:** 937 Rosenstock, Fort Barry Building 941, Tel. 1-415-331-2777, http://norcal hostels.org/marin. Gäste kommen 5 Meilen außerhalb der Stadt in zwei historischen Gebäuden (1907) unter. Bett ab 31 $.

Essen & Trinken

Auf Seafood spezialisiert – **Scoma's:** 588 Bridgeway, Tel. 1-415-332-9551, www.scomas sausalito.com, tgl. ab 11.30 Uhr, Nov.–März Di–Mi Ruhetag. In diesem eleganten Lokal an der Wasserkante kommen vorzugsweise Fischgerichte und Meeresfrüchte auf den Tisch. Sesam Ahi Tuna mit Wasabi-Aioli 34,50 $, Lazy Cioppino (Fisch-Stew) 35 $.

Toll gelegen – **Salito's:** 1200 Bridgeway, Tel. 1-415-331-3226, www.salitoscrabhouse.com, tgl. 11.30–22 Uhr. Lokal an der Waterfront. Spezialität des Hauses: Dungeness Crabs mit Knoblauchsauce. Die Platte für eine Person

Marin County

AUSFLUG ZUM RODEO BEACH

Auszeit vom Großstadtleben in San Francisco! Man überquert die Golden Gate Bridge Richtung Norden, biegt vom Highway 1 an der ersten Ausfahrt Richtung Sausalito ab, hält sich dann aber sofort wieder links, als kehre man in die Stadt zurück. Stattdessen verlässt man den Highway 1 wieder und nimmt rechts die Conzelman Road bergan. Wenn eine Strecke im Großraum die Bezeichnung Panoramastraße verdient, dann diese Route.

Mehrere Aussichtspunkte geben den Blick frei auf die Golden Gate Bridge, das Goldene Tor und die dahinterliegende Stadt. Ständig den offenen Pazifik in Sicht, windet sich die Asphaltstraße nach Überqueren der ›Passhöhe‹ durch eine windgebürstete, von niedrigem Buschwerk bewachsene Landschaft bergab. In der Entfernung ist der Landzipfel von Point Bonita zu erkennen.

Am Nordufer der Rodeo-Lagune kann man bei Fort Cronkhite parken und zum nur Schritte entfernten **Rodeo Beach** 3 wandern, an dem schroffe Felsen aus dem Meer ragen – vor allem bei Sonnenuntergang ein Naturerlebnis. Die etwa fünf Meilen lange Gesamtstrecke ist auch bei Radsportlern beliebt. Fast überall besteht ein Tempolimit von 15 Stundenmeilen.

Schattenrisse am Rodeo Beach: Die Felsnadeln bestehen aus schwarzem Basalt und Kieselschiefer

San Francisco Bay Area

HIKING IM MUIR WOODS NATIONAL MONUMENT

Tour-Infos

Start: Besucherzentrum des Muir Woods National Monument, Mill Valley, Tel. 1-415-388-2595, www.nps.gov/muwo

Länge/Dauer: 600 m–3,2 km, 30 Min.–1,5 Std.
Zugang/Eintritt: 8 Uhr bis Dämmerung, 10 $
Hinweise: große RV verboten; Shuttle-Service: www.marintransit.org/routes/66.html

Ein klassisches Ziel für Freizeitspaß unter freiem Himmel ist das 12 Meilen nördlich der Golden Gate Bridge gelegene **Muir Woods National Monument** 4 . Die in dem Schutzgebiet an den Flanken des knapp 800 m hohen Mount Tamalpais stehenden bis zu 1000-jährigen Redwoods gehören zu den letzten ihrer Art in der Umgebung von San Francisco. Schattentolerante Vegetation wie Schwertfarne und Moose, aber auch Lorbeerbäume, Ahornarten, Douglaskiefern und Kalifornische Nusseiben gedeihen prächtig unter dem Dach der Riesenbäume und bieten Vogelarten wie Waldlaubsänger, Goldhähnchen, Drossel und Zaunkönig einen adäquaten Lebensraum.

Vom Besucherzentrum folgt der kürzeste, nur 600 m lange Rundpfad dem Redwood Creek auf der östlichen Seite. Man kommt dabei am **Pinchot Tree** vorbei, der an Clifford Pinchot erinnert, zu Beginn des 20. Jh. einer der einflussreichsten Waldschützer der USA. Bei **Bridge 2** überquert man den Creek und tritt den Rückweg entlang dem westlichen Ufer an. Im **Bohemian Grove** bildet ein Baum mit einem gespaltenen Stamm einen beliebten Fotopunkt.

Eine ca. 1,6 km lange Schleife führt an Bridge 2 vorbei bis zum **Cathedral Grove,** wo mehrere Riesenbäume eine imponierende Versammlung bilden. Eine Gedenktafel vor einem umgestürzten Baum erinnert an das dortige Treffen von UN-Delegierten 1945, im Andenken an den kurz zuvor verstorbenen US-Präsidenten Roosevelt, der die erste Sitzung der in San Francisco gegründeten

Weltorganisation hätte eröffnen sollen. Bei **Bridge 3** überquert man den Bach und kehrt auf seiner Westseite zum Parkeingang zurück. Wer will, kann die Waldwanderung von der Cathedral Grove bis zur **Bridge 4** verlängern und über den **Hillside Trail** zurück zum Visitor Center spazieren. Zwischen Mitte Dezember und Mitte März kann man dabei ein besonderes Schauspiel beobachten: die Rückkehr der Lachse aus dem Pazifik über den Redwood Creek in ihre Laichgebiete.

kostet ab 30 $, das Crab Feast reicht für vier und kommt für 125 $ auf den Tisch.
Guter Tagesbeginn – **Fred's Coffee Shop:** 1917 Bridgeway, Tel. 1-415-332-4575, keine Website, tgl. 7–15 Uhr. Einheimische treffen sich in dem gemütlichen Café seit über 40 Jahren gerne zum Frühstück. Ab ca. 11 $.
No Name Bar: 757 Bridgeway, Tel. 1-415-332-1392, www.thenonamebar.com, tgl. 11–2 Uhr. Lokalatmosphäre schnuppern bei einem Drink: Insiderbar seit mehr als 50 Jahren, oft Livemusik – Blues, Jazz, Rock 'n' Roll.

Einkaufen
Regionale Weine – **Bacchus & Venus:** 769 Bridgeway, Tel. 1-415-3312001, www.bacchusandvenus.com. Ein Spezialitätengeschäft mit Weinen vor allem aus dem Napa und dem Sonoma Valley. Im Tasting Room kann man die erlesenen Tropfen auch probieren.

Aktiv
Wandern – **Um die San Francisco Bay** gibt es Dutzende von lohnenden **Hiking-Möglichkeiten.** Tourenbeschreibungen findet man unter der Internetadresse www.bahiker.com.

Verkehr
Fähren: Zwischen Sausalito und San Francisco pendeln mehrere Ausflugsschiffe. Siehe Fahrpläne Abfahrt San Francisco Ferry Building unter http://goldengateferry.org, Abfahrt San Francisco Fisherman's Wharf unter www.blueandgoldfleet.com, Tel. 1-415-705-8200.

Stinson Beach 5

www.nps.gov/goga/stbe.htm
Wo die westliche Flanke des Mount Tam, wie ihn die Einheimischen nennen, ans Meer reicht, hat sich am Highway No. 1 das rund 630 Einwohner große **Stinson Beach** in jüngerer Vergangenheit zu einer der populärsten Gemeinden entwickelt. Die Gründe: ungezwungene Urlaubsatmosphäre, ein 5 km langer Sandstrand und alles in der Kleinstadt ist zu Fuß in höchstens 15 Minuten erreichbar. Eine zweimal am Tag zu hörende Sirene erinnert daran, dass Stinson Beach exakt auf dem San-Andreas-Graben liegt und deshalb nicht nur erdbeben-, sondern auch tsunamigefährdet ist.

Red Rocks Beach
Am versteckten **Red Rocks Beach,** wo heiße Quellen aus dem Boden treten und griffige Klippen ein kleines, aber anspruchsvolles Paradies für Felskletterer bilden, duldet die Gemeindeverwaltung sogar einen Nacktbadestrand (Meile 11 am Hwy 1). Andere Strandabschnitte stehen bei Surfern vom Spätsommer an hoch im Kurs. Während diese Küste in den wärmsten Monaten des Jahres häufig von Nebelbänken eingehüllt, von böigem Wind und kalten Strömungen aus Alaska heimgesucht wird, ändert sich das Klima im September und wird für Strand- und Badeaufenthalte geradezu ideal.

Tiburon 6

Ähnlich wie Sausalito hat sich das auf einer Halbinsel gelegene **Tiburon** über die Jahre zu einem viel besuchten Jachthafen an der North Bay entwickelt. Vor allem an Sommerwochenenden lassen sich viele Städter von Ausflugsschiffen zum Lunch oder Nachmittagstee in den Ort bringen, in dem man auf Höhe der Main Street auf den Restaurantterrassen direkt am Hafen sitzen kann. Oder man flaniert auf dem Paradise Drive an der Wasserkante entlang und blickt über die Racoon Straits auf **Angel Island,** die größte, nur etwa eine Meile entfernt gelegene Insel in der Bucht.

Angel Island

Viele Besucher setzen an Wochenenden zur Insel über und wandern über die 7,5 km lange, autofreie Ringstraße, die durch zum Teil felsige Landschaft führt und berückende Panoramaaussichten eröffnet. Weit weniger Ausflügler trifft man auf dem gut 3 km langen Sunset Trail, der an den Flanken des 238 m hohen Mount Livermore entlangführt. Die Anstrengung wird auf dem Gipfel mit einer Postkartenansicht von San Francisco belohnt.

Angel Island wurde 1765 vom Spanier Gaspar de Portola entdeckt. Zehn Jahre später erkundete Juan de Ayala von dort die Bucht von San Francisco. 1863 errichteten die Amerikaner auf dem bergigen Eiland mit Camp Reynolds eine Befestigung zum Schutz des Goldenen Tores. Seit dem beginnenden 20. Jh. trägt die Engelsinsel auch den Beinamen Ellis Island des Westens, weil sie von 1910 bis 1940 als Emigrantenschleuse nach Kalifornien diente, über die allein 175 000 Chinesen in die USA einwanderten.

Verkehr

Fähren: Zwischen Tiburon und San Francisco sowie Angel Island und San Francisco verkehren Ausflugsschiffe. Fahrpläne und Infos: www.blueandgoldfleet.com, Abfahrt in San Francisco von Pier 41 oder Ferry Building.

Sonoma Valley ▶ 3, D 8

Karte: S. 391

Kaliforniens Weinbauern produzieren Jahr für Jahr über 300 000 Tonnen Trauben, aus denen sie u. a. 65 Mio. Liter Wein keltern. Ein Großteil der berühmtesten regionalen Tropfen stammt aus der bekanntesten amerikanischen Weingegend: den parallel verlaufenden Tälern Sonoma und Napa Valley. Wenngleich beide zu Synonymen für die kalifornische Weinproduktion geworden sind, unterscheidet sich ihr Charakter doch merklich. Das Sonoma Valley mit seinen etwa 40 auf 17 Meilen verteilten Winzerbetrieben wirkt ursprünglicher und bäuerlicher, wohingegen sich das 35 Meilen lange Napa Valley mit ca. 250 Weingütern stärker kommerziell orientiert und manchmal etwas versnobt präsentiert.

In die Annalen Amerikas ging das **Sonoma Valley** durch die sogenannte Bärenflaggen-Revolte von 1846 ein. Einer Gruppe amerikanischer Siedler kamen Gerüchte über Landschenkungen der mexikanischen Regierung zu Ohren. Im Sonoma Valley angekommen erfuhren sie, dass Nicht-Mexikanern der Landbesitz verboten war. In ihrem Frust überfielen sie den mexikanischen Verwaltungsposten, verhafteten General Vallejo und riefen die unabhängige Republik Kalifornien aus. Die Flagge mit einem Stern und einem Grizzlybären auf weißem Grund, seit 1911 Kaliforniens Staatsflagge, wehte nur 25 Tage lang über der Plaza. Am 9. Juli 1846 segelte US-Kommodore John Sloat mit seinem Schiff in die Bucht von Monterey und hisste das Sternenbanner zum Zeichen der offiziellen Annexion Kaliforniens durch die USA. Auf der Plaza erinnert ein heroisch gestaltetes Monument an die Siedlerrevolte.

Sonoma 7

Kleinstädtisches Zentrum des ländlichen Sonoma Valley ist das 11 000 Einwohner große **Sonoma,** das sich um die Plaza in seinem Kern historisch präsentiert. Auf einer Grünfläche steht die von schlanken Palmen und Eukalyptusbäumen umgebene, 1906 erbaute City Hall mit einer repräsentativen Fassade aus Basaltblöcken. Um den Platz, auf dem zu Zeiten der mexikanischen Herrschaft in der ersten Hälfte des 19. Jh. Soldaten zum Drill antraten, reihen sich zweigeschossige, ziegelgedeckte Häuser mit hölzernen Balkonen und Adobe-Fassaden, Geschäfte und Einkaufspassagen aneinander.

Mission San Francisco Solano de Sonoma

20 E. Spain St., Tel. 1-707-938-9560, www.mis siontour.org/sonoma, tgl. 10–17 Uhr, 3 $, auch gültig für Sonoma Barracks und Lachryma Montis

WEINGÜTER IM SONOMA VALLEY

Durchschnittlich 200 Sonnentage im Jahr haben die im **Sonoma Valley** produzierten Weine längst über die Grenzen Amerikas hinaus bekannt gemacht und vor Ort zwölf Appellationen entstehen lassen. Geschmacksintensive Rotweine werden aus Rebsorten wie Zinfandel und Syrah hergestellt. Aber auch Cabernet Sauvignon, Merlot und in geringem Umfang Cabernet Franc spielen eine Rolle.

Zu den bekanntesten Winzeradressen im Sonoma Valley gehören die **Sebastiani Vineyards** in Sonoma. Ihr aus der Toskana eingewanderter Gründer kaufte 1904 das schon um 1825 von Franziskanermönchen bewirtschaftete Gelände, das heute im Besitz der vierten Generation der ursprünglichen Familie ist. Im Laufe der Zeit größer geworden, gehören zu diesem Winzerbetrieb heute auch Weinberge im nördlichen Sonoma Valley und im Russian River Valley (389 4th St. E., Sonoma, Tel. 1-707-933-3230, www.sebastiani.com, Touren und Proben tgl. 10–17 Uhr).

Der 2015 verstorbene deutschstämmige Walter Schug gründete 1980 mit der **Schug Winery** einen Betrieb, der u. a. für seine ausgezeichneten Pinot-Noir-Weine bekannt ist (602 Bonneau Rd., Sonoma, Tel. 1-707-939-9363-202, www.schugwinery.com, Weinproben tgl. 10–17 Uhr).

Im Jahre 1863 nahm die **Valley of the Moon Winery** in Glen Ellen ihren Betrieb auf. Von den alten Gebäuden stehen noch einige, doch wurde die Weinherstellung 1997 modernisiert und auf zeitgemäße Produktionsmethoden umgestellt. Auch die Weinproben finden heute in einem modernen Gebäude statt (777 Madrone Rd., Glen Ellen, Tel. 1-707-939-4500, www.valleyofthemoonwinery.com, tgl. 10–16.30 Uhr).

Die **Eric Ross Winery** entstand 1994 durch die Geschäftsidee zweier preisgekrönter Fotografen, die sich auf ein neues Betätigungsfeld vorwagten. Heute ist der Betrieb für seine anspruchsvollen Chardonnay- und Pinot-Noir-Weine über die Grenzen des Sonoma Valley hinaus bekannt (14300 Arnold Dr., Glen Ellen, Tel. 1-707-939-8525, www.ericross.com, Weinproben tgl. 11–17 Uhr).

Architektonische Hauptzeugin der wechselhaften Vergangenheit von Sonoma ist die als letzte und nördlichste der insgesamt 21 kalifornischen Missionsstationen 1823 errichtete **Mission San Francisco Solano de Sonoma.** Damals stand das Sonoma Valley unter mexikanischer Verwaltung durch General Mariano G. Vallejo, der elf Jahre später im Auftrag seiner Regierung mit der Säkularisierung der Missionsstationen begann. Von der ursprünglichen Anlage sind nur noch die im Adobestil errichteten Wohn- und Arbeitstrakte der Patres mit einem kleinen Museum erhalten. Im Innenhof stehen Oliven-, Quitten- und Granatapfelbäume und Kakteen um einen Brunnen, und ein Lehmofen zeigt, wie die Pioniere ihr Brot herstellten. Die ursprüngliche Kirche wurde 1840 durch die heutige Kapelle mit buntem Altar ersetzt.

Sonoma Barracks und Lachryma Montis

Lachryma Montis: W. Spain St., Tel. 1-707-938-9559, www.parks.ca.gov, tgl. 10–17 Uhr, 3 $

San Francisco Bay Area

In der Nachbarschaft der Mission mauerten Indianer zwischen 1836 und 1840 mit den **Sonoma Barracks** ein zweigeschossiges Anwesen hoch, in dem Vallejo sein militärisches Hauptquartier aufschlug. Privat residierte der General in **Lachryma Montis** am nördlichen Ortsrand. Am Fuße eines Hügels versinkt das pittoreske viktorianische Anwesen in einem Garten mit Magnolienbäumen, Weinranken und Rosensträuchern. Innen machen originale Möbel und gemütliche Atmosphäre glauben, das Haus sei immer noch bewohnt. Der spanische Name der Residenz, Tränen des Berges, bezieht sich auf eine aus der Hügelflanke sprudelnde Quelle, die den Garten wie eh und je mit Wasser versorgt. In einem Nebengebäude ist ein kleines Museum eingerichtet.

Infos
Sonoma Valley Visitors Bureau: 453 1st St., Sonoma, CA 95476, Tel. 1-707-996-1090, www.sonomavalley.com.

Übernachten
Sehr komfortabel – **Cottage Inn:** 302 1st St. E., Tel. 1-707-996-0719, www.cottageinnandspa.com. Edles, im Zentrum gelegenes B & B im mediterranen Stil mit kunstsinnig eingerichteten Suiten inklusive Spa-Service und Weinbar, Frühstück, ab ca. 225 $.

Mit persönlicher Note – **Vineyard Inn:** 23000 Arnold Dr., Tel. 1-707-938-2350, www.vineyardinnsonoma.com. Südwestlich des Zentrums gelegen, zeichnet sich die Unterkunft durch eine entspannte Atmosphäre aus. Die Zimmer bzw. Suiten sind unterschiedlich groß und individuell eingerichtet. DZ ab 219 $.

Essen & Trinken
Traditionelle Küche – **La Casa:** 121 E. Spain St., Tel. 1-707-996-3406, www.lacasarestaurants.com, tgl. Lunch und Dinner. Fajitas, Burritos, Enchiladas und andere mexikanische Spezialitäten. Man kann auch auf der Terrasse in der Einkaufspassage El Paseo essen. 10–20 $.

Nettes Lokal – **Sunflower Caffé:** 421 1st St. W., Tel. 1-707-996-6645, tgl. 7–16 Uhr. Beliebtes Café an der Plaza mit hübschem Hinterhof, in dem man im Schatten von Bäumen die schmackhaften Sandwiches und kleinere Gerichte verzehren oder ein Glas Sonoma-Wein probieren kann. Ab ca. 11 $.

Im Käsehimmel – **Sonoma Cheese Factory:** 2 Spain St., Tel. 1-707-996-1931, www.sonomacheesefactory.com, tgl. 9–18 Uhr. Gut sortiertes Delikatessengeschäft mit Patio, in dem auf offenem Grill Gebratenes serviert wird. Der lokale, fast flüssige Sonomakäse ist das Probieren wert. Ab ca. 9 $.

Einkaufen
Reizende Boutiquen – **Sonoma Court Shops, The Mercato und El Paseo:** direkt an der Plaza gelegene, hübsch angelegte Einkaufsarkaden mit Brunnen und Bänken und der Vine Alley.

Gute Tropfen – **Sonoma Wine Shop:** 412 1st St. E., Tel. 1-707-996-1230, www.sonomawineshop.com, Do–Mo 11–18 Uhr. Weinliebhaber können vor dem Kauf die lokalen Weine für 5 $ verkosten, die dazu gehörende Bodega serviert einen schmackhaften Lunch in angenehmer Atmosphäre. Käseplatte ab 13 $.

Aktiv
Weintouren – **California Wine Tours & Transportation:** 22455 Broadway, Tel. 1-707-939-7225, www.californiawinetours.com. Touren per Kleinbus oder Limousine.

Autorennen – **Infineon Raceway:** 29355 Arnold Dr., Tel. 1-707-938-8448, www.infineonraceway.com. Auf dem Rennkurs finden das Jahr über mehrere Auto- und Motorradrennen statt.

Jack London Historic State Park

2400 London Ranch Rd., Tel. 1-707-938-5216, www.jacklondonpark.com, Winter Do–Mo 10–17 Uhr, im Sommer tgl., 10 $

Nördlich von Sonoma liegt am Highway 12, der zentralen Straßenverbindung durch das Tal, das Dorf **Glen Ellen** 8. Dort ließ sich 1909 Jack London nieder und betätigte sich neben seiner Schriftstellerei als Farmer und Viehzüchter. Er lebte dort mit seiner zweiten Frau Charmian bis zu seinem Tod 1916. Jahrelang ließ der damals höchstbezahlte Autor der USA, Verfasser von 51 Büchern und 193 Kurzgeschichten, an seinem **Wolf House** bauen. Kurz vor der Fertigstellung brannte die aus schwarzen Lavablöcken und Redwoodholz errichtete Villa 1913 ab, vermutlich weil sich ein Haufen ölgetränkter Lumpen selbst entzündet hatte.

Nach dem Tod ihres Mannes ließ Charmian mit dem **House of Happy Walls** eine verkleinerte Version des Wolfshauses errichten, in dem sich ein Museum mit vielen Jack-London-Memorabilien befindet. In einem nahegelegenen Eichenhain fand der große Abenteurer nach einem gegen Ende von Depressionen und Alkoholsucht geprägten Leben seine letzte Ruhestätte.

Napa Valley ▶ 3, D 8

Karte: S. 391

Eine halbe Autostunde weiter östlich verläuft das **Napa Valley,** fast wie eine vergrößerte Kopie des Sonoma Valley, ebenfalls grob in Nord-Süd-Richtung. Ende der 1850er-Jahre wurde vor Ort erstmals Saft aus Trauben gekeltert und vergoren. Damals ließ sich in St. Helena der preußische Einwanderer Charles Krug nieder, der 1861 mit der kommerziellen Weinproduktion zu experimentieren begann und sieben Jahre später einen Winzerbetrieb gründete. Auch Friedrich Beringer hatte Mitte des 19. Jh. seine deutsche Heimat Richtung Amerika verlassen und bis 1876 im Napa Valley ein Weingut aufgebaut.

Der Weinboom dauerte zunächst nur bis zur Prohibition 1920 bis 1933, die den neuen Wirtschaftszweig beinahe ruinierte. Erst nach dem Zweiten Weltkrieg konnte die Weinproduktion an der nördlichen San Francisco Bay auf Dauer Fuß fassen. Heute hat das fruchtbare Traubental dank des dort gekelterten Pinot Noir, Cabernet Sauvignon, Chenin Blanc und Chardonnay einen weit über die Grenzen der USA hinausreichenden Ruf. Über 400 Winzerbetriebe kultivieren 13 000 ha Rebland, von dem sich der größte Teil nördlich von Napa ausdehnt.

Napa 9

Mit rund 80 000 Einwohnern ist **Napa** die Weinhauptstadt des Tals. Mitte des 19. Jh. gegründet, haben zwar zahlreiche viktorianische Häuser den Zeitenwechsel überstanden. Das Städtchen bezieht seine Anziehungskraft jedoch aus seiner Reputation als weltbekannte Weinhochburg. Dementsprechend sind Hotels und Restaurants recht luxuriös.

Infos

Napa Valley Visitor Center: 1310 Napa Town Center, Napa, CA 94559, Tel. 1-707-226-7459, http://napavalley.org. Hier erhält man Coupons für Weinproben; Gratis-Internetnutzung.

Übernachten

Unterkunft der Mittelklasse – **Wine Valley Lodge:** 200 S. Coombs St., Tel. 1-707-224-7911, www.winevalleylodge.com. 54 große Gästezimmer mit Mikrowelle und kostenlosem Highspeed-Internetzugang. Zur Lodge gehört auch ein großer Außenpool. DZ ab 129 $.

Einfache Bleibe – **Chablis Inn:** 3360 Solano Ave., Tel. 1-707-257-1944, www.chablisinn.com. Zimmer mit Satelliten-TV, Kaffeemaschine und Kühlschrank, zum Teil mit kleinen Küchen ausgestattet. DZ im Sommer ab 139 $, im Winter ab 109 $.

Essen & Trinken

Südeuropäisch inspiriert – **ZuZu:** 829 Main St, Tel. 1-707-224-8555, www.zuzunapa.com, Lunch Mo–Fr, Dinner tgl. ab 16.30 Uhr. Das Lokal hat sich auf eine amerikanisierte Art spanischer Tapas und kleine mediterrane Gerichte spezialisiert. Tapas ab 8 $, Paella ab 32 $.

Einkaufen

Einkaufszentrum in der Innenstadt – **First Street Napa:** www.firststreetnapa.com. Der Komplex soll 2017 mit Luxushotel, Restaurants und Boutiquen eröffnet werden.

Für Gourmets – **Oakville Grocery:** 7856 St. Helena Hwy, Oakville, www.oakvillegrocery.com, tgl. 6.30–17 Uhr. Perfekter Laden, um

San Francisco Bay Area

Napa Valley: Gut möglich, dass der hier angebaute Wein ein Rosenbouquet hat …

Delikatessen, frisches Brot und Wein für ein Picknick vor Ort zu erstehen.
Preiswert einkaufen – **Napa Premium Outlets:** 629 Factory Stores Dr., www.premiumoutlets.com, Mo–Do 10–20, Fr, Sa 10– 21, So 10–19 Uhr. Fabrikverkaufszentrum mit einem vielfältigen Angebot an Markenprodukten.

Aktiv

Wine-&-Diner-Touren – **Napa Valley Wine Train:** 1275 McKinstry St., Tel. 1-800-427-4124, www.winetrain.com. 3,5-stündige Mittag- und Abendtouren auf der Strecke zwischen Napa und St. Helena. Viel zu sehen bekommt man von der Gegend nicht, weil der rumpelnde Zug die meiste Zeit im Schneckentempo am Highway 29 entlangschleicht. Wer beim Essen lieber festen Boden unter den Füßen hat, sollte sein Geld besser in ein Menü in einem Restaurant investieren. Dinner-Tour 2 Pers. ab ca. 322 $, Wein muss extra bezahlt werden.

Yountville 10

Optisch weniger einladend als St. Helena oder Calistoga, ist **Yountville** für Weinliebhaber dennoch eine empfehlenswerte Adresse, weil die Gemeinde mitten im Herzen des Reblandes liegt und sich vor Ort einige bekannte Weingüter befinden.

Übernachten

Reizende Unterkunft – **Maison Fleurie:** 6529 Yount St., Tel. 1-707-944-2056, www.maisonfleurienapa.com. Die 13 Gästezimmer des reizenden B & B liegen im provenzalischen Haupthaus hinter Efeufassaden und in zwei

rium von Thomas Keller, der zu den besten Küchenchefs der USA zählt. Menü ca. 310 $.

Aktiv

Radtouren – **Napa Valley Bike Tours:** 6795 Washington St., Tel. 1-707-251-8687, www.napavalleybiketours.com. Organisierte Ride-Wine-&-Dine-Touren und Fahrradverleih.

St. Helena 11

Natürlich steht auch das ruhige Städtchen **St. Helena** im Zeichen von Reben und Wein. Das **Silverado Museum** jedoch beschäftigt sich mit dem Schriftsteller Robert Louis Stevenson. Der Verfasser von Welterfolgen wie »Die Schatzinsel« und »Dr. Jekyll und Mr. Hyde« verbrachte 1880 seine Flitterwochen an den Flanken des erloschenen Vulkans Mount St. Helena (s. S. 404). Das Museum widmet sich Stevensons Leben und Werk (Library Lane, Tel. 1-707-963-3757, www.silveradomuseum.org, Di–Sa 12–16 Uhr, Eintritt frei).

Calistoga 12

Aus gutem Grund trägt das Landstädtchen **Calistoga** am nördlichen Ende des Napa Valley seit über 150 Jahren den Spitznamen Mud City. Nachdem schon die Indianer die heißen Quellen der Gegend genutzt hatten, ließ der Zeitungsverleger Sam Brannan 1860 mit dem **Indian Springs Hotel** einen Kurbetrieb bauen, der heute noch existiert und den ältesten Swimmingpool von Kalifornien besitzt. Auch wer nicht im Hotel logiert, kann sich im jahreszeitlich angepassten Wasser vergnügen – bei 38 °C im Winter und 32 °C im Sommer. Viele Besucher nutzen neben den Mineralbädern unterschiedliche Massagen und Schlammkuren, die von Hotels, Resorts und Spas (s. S. 403) angeboten werden.

Old-Faithful-Geysir

1299 Tubbs Lane, Tel. 1-707-942-6463, www.oldfaithfulgeyser.com, im Sommer 9–18, im Winter bis 17 Uhr, Erw. 15 $, Kin. 4–12 J. 9 $
Die dem vulkanischen Mount St. Helena innewohnende Energie kommt nicht nur den

Nebengebäuden in einem wunderschönen Garten. In jedem Zimmer wartet ein Teddy auf neue Gäste. DZ 160–315 $.
Einmal anders übernachten – **Napa Valley Railway Inn:** 6523 Washington St., Tel. 1-707-944-2000, www.napavalleyrailwayinn.com. Gäste übernachten in umgebauten Bahnwaggons, die an Komfort und Wohnlichkeit nichts vermissen lassen. DZ ab 225 $.

Essen & Trinken

Gourmethimmel – **The French Laundry:** 6640 Washington St., Tel. 1-707-944-2380, www.frenchlaundry.com, Lunch Fr–So 11–13, Dinner tgl. 17.30–21.30 Uhr, Dresscode, Reservierung obligatorisch. Das im Jahr 1900 aus Stein erbaute Cottage war früher einmal ein Bordell, dann eine Wäscherei. Heute ist es ein 3-Sterne-Nobelrestaurant im Kochimpe-

WEINSTRASSEN IM NAPA VALLEY

Zwischen den Städten Napa im Süden und Calistoga im Norden führen zwei zentrale Autorouten durch die Weinberge im Napa Valley. Am **Highway 29** reiht sich ein Weingut an das nächste. Darunter sind zahlreiche, die dem Valley zu seinem Kultstatus verholfen haben wie **Robert Mondavi** in Oakville. Das ist umso erstaunlicher, als Mondavi erst 1966 gegründet wurde. Die Architektur des Hauptgebäudes erinnert mit einem gedrungenen Turm und einem weiten Bogenportal an die Bauweise der kalifornischen Missionsstationen (7801 Hwy 29, Oakville, Tel. 1-707-968-2001, www.robertmondaviwinery.com, Führungen und Weinproben tgl. 10–17 Uhr).

Längst mischen europäische Kellereien wie Rothschild, Chandon und Taittinger im großen Geschäft mit. Aber auch amerikanische Promis kamen im Zuge populärer TV-Soap Operas wie der in den 1980er-Jahren auch in Deutschland ausgestrahlten Serie »Falcon Crest« auf den Geschmack und legten sich Weinberge zu. Unter ihnen befindet sich Hollywood-Regisseur Francis Ford Coppola, der Besitzer des **Inglenook** in Rutherford, wo »Falcon Crest« gedreht wurde. Seit 1975 hat Coppola der Weinproduktion neue Dynamik verliehen und diesen Teil des Napa Valley zu einem der besten US-Anbaugebiete der Rebsorte Cabernet Sauvignon gemacht (1991 St. Helena Hwy, Rutherford, Tel. 1-707-968-1161, www.inglenook.com, Weinproben tgl. 10–16 Uhr, 50 $).

Klein, aber fein ist die Devise der **Peju Province Winery,** deren fast mittelalterlich wir-

Das Schild zeigt die Geschmacksrichtung an: Hier geht's zu einem der Weingüter im Napa Valley

kende Gebäude in einem hübschen Garten liegen, in dem moderne Skulpturen Akzente zu Rosenhecken, verspielten Brunnen und hölzernen Weinfässern setzen. Das Gut hat sich auf Weine spezialisiert, die aus Chardonnay-, Syrah-, Merlot- und Cabernet-Sauvignon-Rebsorten gekeltert werden (8466 Hwy 29, Rutherford, Tel. 1-707-963-3600, www.peju.com, Weinproben tgl. 10–18 Uhr).

Zu den ältesten Weingütern im Valley zählen die von zwei Brüdern aus Mainz 1875 gegründeten **Beringer Vineyards.** Eine viktorianische Villa auf dem Gelände beweist, dass das Winzergeschäft bereits in den Pionierzeiten einträglich war. Die Beringers ließen von chinesischen Arbeitern unterirdische Stollen in eine Bergflanke treiben, in denen schon damals Weinfässer wegen der ausgeglichenen Temperatur gelagert wurden (2000 Main St., St. Helena, Tel. 1-866-708-9463, www.beringer.com, Besichtigung und Weinproben tgl. 10–17 Uhr).

Parallel zum Highway 29 windet sich einige Meilen weiter östlich der **Silverado Trail** durch die Reblandschaft, in der sich – zum Teil protzige – Weingüter verteilen, denen man die Lust auf Imagepflege schon von Weitem ansieht.

Ein antikisierender Säulenwald zieht die Blicke auf die **Darioush Winery,** die in einem schicken *tasting room* zum Probieren einlädt. Besitzer des Guts ist mit Darioush Khaledi ein aus dem Iran stammender Winzer, der die Weinherstellung in seiner Heimat kennenlernte, bevor die islamische Revolution diesen Geschäftszweig brachlegte (4240 Silverado Trail, Napa, Tel. 1-707-257-2345, www.darioush.com, Führungen nur nach Vereinbarung, Weinproben tgl. 10.30–17 Uhr).

Der Unterschied zwischen der eher hippe Kundschaft anziehenden Darioush Winery und den 1893 gegründeten **Stag's Leap Wine Cellars** könnte größer kaum sein. Bei Stag's lassen sich Gäste die guten Tropfen in traditioneller Weinkelleratmosphäre zwischen riesigen Weintanks auf der Zunge zergehen. In dem nach vergorenem Rebensaft duftenden Gebäude fühlt man sich nicht wie in einer gestylten Designerbar, sondern wie auf einem arbeitenden Weingut, das seit über 100 Jahren auf vulkanischem Boden Cabernet- und Syrah-Edelreben kultiviert (6150 Silverado Trail, Napa, Tel. 1-707-944-1303, http://stagsleap.com, Reservierung erforderlich).

Kurbetrieben zustatten, sondern versorgt auch den am nördlichen Ortsrand liegenden **Old-Faithful-Geysir,** der alle 20 bis 30 Minuten eine Wasserfontäne bis zu 20 m hoch in den Himmel steigen lässt. Ein echtes Naturwunder ist der ›alte Getreue‹ indessen nicht wirklich. In den 1920er-Jahren begann eine Erdölfirma, im nördlichen Napa Valley nach Öl zu bohren. Dabei zapfte sie ein unterirdisches Reservoir an, aus dem seither heißes Wasser durch das ehemalige Bohrloch an die Erdoberfläche gedrückt wird. Auf dem Terrain steht bei Kindern ein kleiner Streichelzoo hoch im Kurs, in dem Ziegen, Schafe und putzige Lamas gehalten werden.

Aktiv

Wellness für jeden – **Dr. Wilkinson's Hot Spring Resort:** 1507 Lincoln Ave., Tel. 1-707-942-4102, www.drwilkinson.com. Schlammbad mit Gesichtsmaske, Mineralwasserwhirlpool, Dampfbad und Massage (30 Min.), Paket 144 $. **Roman Spa Hot Springs Resort:** 1300 Washington St., Tel. 1-800-914-8957, www.romanspahotsprings.com. Schlammbad, Mineralbad, Ganzkörpermassage, Paket 169 $. **Calistoga Spa Hot Springs:** 1006 Washington St., Tel. 1-866-822-5772, 1-707-942-6269, http://calistogaspa.com. Schlammbäder 65 $, Mineralwasserbäder 45 $, Massage (30 Min.) 57 $, Schlammbad plus Massage (1 Std.) 149 $.

Robert Louis Stevenson State Park 13

Hwy 29, Tel. 1-707-942-4575, www.parks.ca.gov, tgl. Sonnenauf- bis Sonnenuntergang, Eintritt frei

San Francisco Bay Area

Vom einstigen Honeymoon-Quartier des Schriftstellers Louis Stevenson am **Mount St. Helena** ist zwar nichts mehr erhalten geblieben. Aber der ehemalige Standort des Gebäudes einer Silbermine ist im **Robert Louis Stevenson State Park** mit einem Gedenkstein markiert. Ein 8 km langer Wanderweg führt auf den Gipfel des Feuerbergs, von wo man an klaren Tagen den Panoramablick bis zum Mount Shasta genießen kann.

Berkeley ▶ 3, D 8

Karte: S. 391

Spürbarer als andere Universitätsstädte hat sich **Berkeley** 14 das Image der Nonkonformität erhalten. Auf dem knapp 500 ha großen **Universitätsgelände** mitten in der Stadt verteilen sich über 320 zum Teil repräsentative Gebäude: der mit einem Aussichtsdeck ausgestattete 95 m hohe Campanile (1914), die im Tudor-Stil aus roten Ziegeln erbaute South Hall – einziges originales Gebäude aus dem Gründungsjahr der Hochschule 1873 – und das patinagrüne Sather Gate, in dessen Umgebung Dritte-Welt- und Öko-Gruppen sowie Tibet-Sympathisanten ihre Informationsstände betreiben. Derartige Einrichtungen waren in den 1960er-Jahren noch zahlreicher, als von Berkeley Studentenunruhen ausgingen.

Das Aufbegehren entflammte 1964, als die Verwaltung der Universität mit einem Verbot politischer Aktivitäten auf dem Campus die damals noch junge schwarze Bürgerrechtsbewegung unterlaufen wollte. Die Studenten antworteten mit dem sogenannten Free Speech Movement, nach dem heute noch ein Café in der Moffitt Undergraduate Library benannt ist. Die Demonstranten erzwangen damals zwar Zugeständnisse der Hochschulverwaltung, doch gab es auch die größten Massenverhaftungen in der kalifornischen Geschichte.

*Sind aus dem Universitätsleben von Berkeley nicht wegzudenken:
die Footballspieler der California Golden Bears*

Campus-Touren in Berkeley

Auf dem sehenswerten, mit Grünflächen, Bäumen und Plätzen gestalteten Universitätscampus werden das ganze Jahr über kostenlose Besichtigungstouren (1,5 Std.) angeboten (Visitor Information Center, 101 University Hall, 2200 University Ave., Tel. 1-510-642-5215, http://visitors.berkeley.edu/tour/general.shtml, nur per Online-Reservierung).

Lawrence Hall of Science

Centennial Dr., Tel. 1-510-642-5132, www.lawrencehallofscience.org, tgl. 10–17 Uhr, Erw. 12 $, Kin. unter 19 J. 10 $

Unter den universitären Museen widmet sich die **Lawrence Hall of Science** mit vielen interaktiven Einrichtungen naturwissenschaftlichen Themen bzw. im Planetarium spannenden Weltraumshows.

Berkeley Art Museum

2626 Bancroft Way, Tel. 1-510-642-0808, www.bampfa.berkeley.edu, Mi–So 11–17 Uhr, Erw. 12 $, Kin. frei, 1. Do im Monat frei

Außer einem Skulpturengarten und einem Filmarchiv bietet das **Berkeley Art Museum** seinen Besuchern amerikanische und europäische Kunst, darunter eine spezielle Ausstellung über den deutschstämmigen Maler Hans Hoffmann (1880–1966), der in den 1930er-Jahren in Berkeley unterrichtete.

Oakland ▶ 3, D 8/9

Karte: S. 391

Der Unterschied zwischen Berkeley und seiner Nachbarstadt **Oakland** 15 ist deutlich spürbar. Mit 413 000 Einwohnern ist die Industriemetropole fast viermal so groß wie die Universitätsstadt. Oakland ist seit Jahrzehnten das wichtigste Transportzentrum der East Bay und ein bedeutender Schiffsbaustandort. Als während des Zweiten Weltkriegs die lokalen Industrien und Werften auf Hochtouren produzierten, begann sich die Bevölkerungsstruktur der Stadt durch die Zuwanderung von Zehntausenden Afro-Amerikanern aus dem Alten Süden nachhaltig zu verändern, sodass heute ca. 28 % der städtischen Bevölkerung Schwarze sind.

Berühmtester Sohn der Stadt ist Jack London. Der Schriftsteller kam zwar in San Francisco zur Welt, verbrachte aber seine Jugend in Oakland, wo er schon als 13-Jähriger in einer Konservenfabrik malochen musste. Als profitabler erwiesen sich seine nächtlichen Raubzüge in die Austernbänke der Bucht.

Jack London Square

www.jacklondonsquare.com

Nach dem berühmten Autor benannte die Stadt den **Jack London Square** mit Jachthafen, modernen Geschäften und Restaurants. Zwischen den Neubauten steht ein Nachbau der Blockhütte, die Jack London während seiner Goldgräberzeit 1897 im Yukon Territory in Nordkanada bewohnte. Der 1883 aus den Planken eines Walfängerschiffes gezimmerte **First and Last Chance Saloon** gehörte zu den vom Schriftsteller häufig frequentierten Lokalen. Der Wirt John Heinold war vom Talent seines Stammgastes so überzeugt, dass er ihm das erste Studienjahr in Berkeley finanzierte. Noch heute stillen in der urigsten Kneipe der Stadt Jack-London-Anhänger ihren Durst. Die heutige Besitzerin hat das Lokal kaum verändert und neben der Bar aus Mahagoniholz der Nachwelt einen dickbäuchigen Ofen, uralte Trinkgefäße, verblichene Fotografien und viele andere Memorabilien aus der guten alten Zeit erhalten.

San José ▶ 1, E 9

Karte: S. 391

Vielen Kalifornienreisenden ist die mit ihren 1 Mio. Einwohnern drittgrößte Stadt des Landes nur wegen einer einzigen Sehenswürdigkeit bekannt. Ein Steinwurf vom Highway 101 entfernt liegt hinter hohen Hecken und Bäumen das **Winchester Mystery House** versteckt (s. S. 406). Ansonsten hat sich San José als Schlafstadt für das Silicon Valley und als Sitz großer Firmen einen Namen gemacht.

San Francisco Bay Area

Downtown

Treffpunkt für ein Bier, Sushi oder Pizza ist der **San Pedro Square Market** mit Freiterrasse in Downtown. Ein Blickfang ist nach wie vor die 1877 eingeweihte **Cathedral Basilica of St. Joseph,** deren vier Vorgängerkirchen Erdbeben oder Großbränden zum Opfer fielen (80 S. Market St., www.stjosephcathedral.org).

Neben der Kirche wurde dem ehemaligen neoromanischen **Post Office** von 1892 ein moderner Gebäudetrakt hinzugefügt, in dem das **San José Museum of Art** Gemälde, Skulpturen, Zeichnungen, Drucke und neue Medieninstallationen ausstellt (110 S. Market St., Tel. 1-408-271-6840, www.sjmusart.org, Di–So 11–17 Uhr, 10 $).

Tech Museum of Innovation

201 S. Market St., Tel. 1-408-294-8324, www. thetech.org, tgl. 9–17 Uhr, Museum 24 $, IMAX-Kino 10 $

Ebenfalls an der Plaza de Cesar Chavez, wo die Stadt 1777 von Spaniern gegründet wurde, ist das **Tech Museum of Innovation** nicht nur wegen seiner interaktiven Einrichtungen einen Besuch wert, die sich mit Wissensgebieten wie Medizintechnik, Raumfahrt, Computer und Tiefseeerforschung beschäftigen. Das Gebäude selbst bietet im Innern interessante Perspektiven und Blickwinkel etwa in eine konische Dachkonstruktion. Besucher können ihre Augen auf Farbenblindheit überprüfen, sich von einer Thermokamera fotografieren lassen und ihre Astronautentauglichkeit testen. Ein Renner bei Kindern ist ein baufälliges Haus, in dem man auf schwankendem Boden ein Erdbeben erlebt.

Außerhalb von Downtown

Winchester Mystery House

525 S. Winchester Blvd., Tel. 1-408-247-2101, www.winchestermysteryhouse.com, Führungen April–Okt. tgl. 8–19, sonst bis 17 Uhr, je nach Tour Erw. 36–44 $, Kin. 6–12 J. 26–34 $

Das **Winchester Mystery House** macht trotz zahlreicher Giebel und Türmchen von außen keinen außergewöhnlichen Eindruck. Sarah Winchester, die Witwe des berühmten Flintenbauers, ließ die aus 160 Räumen bestehende Riesenvilla mit Durchgängen, über 40 Treppen, unechten Kaminen und blinden Fenstern zwischen 1884 und 1922 im viktorianischen Stil erbauen. Ein Wahrsager soll ihr prophezeit haben, sie bleibe so lange am Leben, wie an ihrem Haus gezimmert und gemauert würde. Besucher können das Domizil auf unterschiedlichen Touren besichtigen.

Santana Row

www.santanarow.com

Dass San José mehr als das Winchester Mystery House zu bieten hat, wird in der direkten Nachbarschaft deutlich. Mit **Santana Row** entstand vor einigen Jahren ein neuer Stadtteil, der einem europäischen Einkaufs- und Restaurantviertel ähnlicher sieht als einem amerikanischen. Zwischen Winchester Boulevard, Stevenson Creek Boulevard, Santana Row und Olsen Drive konzentrieren sich ein luxuriöses Hotel, 70 Geschäfte, 20 Restaurants und neun Spas um den Valencia Park, in dem die lokale Geschäftswelt Gratis-Events wie Jazzkonzerte und Modeschauen organisiert. Abends herrscht zwischen Schaufenstern und Straßenlokalen eine gelassen-elegante Atmosphäre, die im Sinne der Stadtplaner an französische Großstädte erinnert.

Egyptian Museum

1660 Park Ave., Tel. 1-408-947-3636, www. egyptianmuseum.org, Mi–Fr 9–17, Sa, So 10–18 Uhr, Erw. 9 $, Kin. 5–10 J. 5 $, angeschlossenes Planetarium Eintritt frei

Außerhalb von Downtown betreibt die Bruderschaft der Rosenkreuzer im Rosicrucian Park das **Egyptian Museum,** das architektonisch durch einen antiken Tempel in Karnak beeinflusst worden sein soll. Die altägyptischen, assyrischen und babylonischen Kunstsammlungen gehören zu den besten, die im Westen der USA zu sehen sind.

Infos

Convention & Visitors Bureau: 408 Almaden Blvd., San José, CA 95110, Tel. 1-408-295-9600, www.sanjose.org.

San José

Wie ein Gruß aus dem Nachbarland: Das mexikanische Fest Día de Los Muertos (Tag der Toten) wird seit einigen Jahren auch in San José gefeiert (http://diasanjose.com)

Übernachten

Eine Reihe von Motels liegt in der Nähe des Flughafens. In Downtown befinden sich große Businesshotels mit entsprechenden Preisen.

Unterkunft der Spitzenklasse – **Hotel Valencia Santana Row:** 355 Santana Row, Tel. 1-408-551-0010, www.hotelvalencia-santanarow.com. Das luxuriöse Haus liegt inmitten des Einkaufs- und Restaurantviertels Santana Row und bietet allen erdenklichen Komfort inklusive Spa, Pool und Fitnessraum. Nur Nichtraucher, DZ ab 300 $.

Gute Empfehlung – **Hampton Inn & Suites:** 55 Old Tully Rd., Tel. 1-408-298-7373, www.hamptoninn3.hilton.com. 80 Zimmer mit Kühlschrank, Mikrowelle und Kaffeemaschine. Kleiner Pool und Fitnessraum. Highspeed-Internet und Frühstück inbegriffen. Ab 149 $.

Solides Motel – **Americas Best Value Inn:** 1415 Monterey Rd., Tel. 1-408-993-1711, www.americasbestvalueinn.com. Standardmotel eine Meile südlich von Downtown mit gegenüberliegendem Kettenrestaurant Denny's, alle Räume mit Mikrowelle und Kühlschrank, WLAN und Frühstück inklusive. Der große Parkplatz ist auch für Wohnmobile geeignet. DZ ab 89 $.

Essen & Trinken

Voll im Trend – **Blowfish:** 355 Santana Row, Tel. 1-408-345-3848, www.blowfishsushi.com, So–Do Lunch, tgl. Dinner. Hippe Lounge mit Sushi ab 11 $.

Fingerfood frisch aus dem Meer – **The Boiling Crab:** 1631 E. Capitol Expy, Tel. 1-408-532-6147, www.theboilingcrab.com, Mo–Fr 15–22, Sa, So 12–22 Uhr. Shrimps, Crawfish, Calamari, Muscheln oder Austern werden in dem lebhaften Lokal rustikal in Plastiktüten mit milder oder scharfer Soße serviert. Ab 11 $.

Gemütlicher Italiener – **Maggiano's Little Italy:** 3055 Olin Ave., Tel. 1-408-423-8973, http://locations.maggianos.com, tgl. Lunch und Dinner. Gute italienische Speisen in der Santana Row. Pasta 15–17 $, Chicken Marsala 21 $, diverse Salate 14–16 $.

San Francisco Bay Area

Abends & Nachts
Der Stadtteil **Santana Row** bietet sich für ein breit gefächertes Amüsement nach Sonnenuntergang an (s. S. 406).
Für Cowboys – **Rodeo Club:** 610 Coleman Ave., Tel. 1-408-920-0145, www.therodeoclub.com, tgl. ab 20 Uhr. Es gibt Countrymusik live oder vom Plattenteller auf zwei Ebenen, außerdem locken sieben Bars und eine Raucherzone das Publikum an.

Verkehr
Flüge: Mineta San José International Airport, Tel. 1-408-392-3600, www.sjc.org. Flüge in alle Teile der USA inkl. Hawaii und nach Mexiko.
Bahn: Amtrak-Bahnhof, 65 Cahill St., Tel. 1-800-872-7245, www.amtrak.com. San José liegt an der Schienenstrecke des Amtrak-Zuges Coast Starlight zwischen Los Angeles und Seattle. Mit dem Caltrain-Zug kann man in ca. 90 Minuten nach San Francisco fahren (Tel. 1-800-660-4287, www.caltrain.com).
Busse: Greyhound Terminal, 70 S. Almaden Ave., Tel. 1-408-295-4151, www.greyhound.com. Busse in alle größeren Städte. Das Unternehmen California Shuttle Bus bietet Fahrten zu Discountpreisen nach Los Angeles an (www.cashuttlebus.com).
Fortbewegung in der Stadt: Straßenbahnen (VTA Light Rail), Tel. 1-408-321-2300, www.vta.org. Einzelfahrt 2 $, 8-Std.-Pass 4 $. Busse verbinden alle Stadtteile, s. Buslinienplan auf www.vta.org.

Silicon Valley

▶ 3, D/E 9

Silicon Valley ist eine nicht offizielle Bezeichnung des Landstrichs südlich von San Francisco, wobei **Sunnyvale** ungefähr in der Mitte liegt. Hier starteten einst die ersten Hightech-Firmen, die Halbleiter aus Silizium (Silicon) herstellten. Heute findet man im Silicon Valley illustre Namen wie Apple, Yahoo, Facebook, Adobe, Ebay, Google und viele andere, die junge Nerds aus der nahen Standford University in Palo Alto als künftige Arbeitgeber anziehen. Hübsch anzusehen mit den Androidplastiken ist der Campus Googleplex in **Mountain View,** Applefans können in **Cupertino** im Store nicht nur Hardware, sondern auch T-Shirts u. a. erstehen. Die Firmen selbst sind jedoch tabu für Besucher ohne Erlaubnis.

Stanford University

Standford Visitor Center, 295 Galvez St., Tel. 1-650-723-2560, www.stanford.edu. Kostenlose Touren ab dem Memorial Auditorium tgl. 11 und 15.15 Uhr außer an Feiertagen; Aussichtsplattform tgl. 10–16 Uhr, 3 $

Neben Harvard, MIT, Princeton und Yale ist die **Stanford University** eine der fünf berühmten Eliteuniversitäten der USA. Sie nahm 1891 nach der Gründung durch den schwerreichen Eisenbahnkönig Leland Stanford

Silicon Valley

Radioteleskop der Stanford University in Palo Alto

den Lehrbetrieb auf und ist heute vor allem in den Bereichen Informatik, Biotechnologie und Meeresforschung führend. Für die technische Revolution im Silicon Valley seit den 1960er-Jahren war die Hochschule von ausschlaggebender Bedeutung, weil viele Denkanstöße ihren Ursprung in den dortigen technischen Labors und akademischen Zirkeln hatten. Bis heute hat die Universität rund 30 Nobelpreisträger und mehrere Pulitzerpreisträger hervorgebracht.

Auf dem von Grünflächen, Palmenalleen und ca. 25 000 Bäumen geschmückten Campus dominieren Gebäude wie der 87 m hohe **Hoover Tower** mit einer Aussichtsplattform und die mit Mosaiken verzierte **Memorial Church** von 1903, die ebenso würdevolle Distanz ausstrahlt wie die neoromanischen Sandsteinarkaden um den Main Quad. Skulpturen, darunter die »Bürger von Calais« von Auguste Rodin, haben das Campuszentrum in eine Open-Air-Galerie verwandelt.

Cantor Center for Visual Arts
Lomita Dr. & Museum Way, Tel. 1-650-723-4177, http://museum.stanford.edu, Mi–Mo 11–17, Do bis 20 Uhr, Eintritt frei

Teile der Skulpturengruppe »Bürger von Calais« (s. o.) sind auch im Rodin Sculpture Garden zu sehen, der zum **Cantor Center for Visual Arts** gehört. Dieses vor über 120 Jahren eröffnete und mittlerweile erweiterte Museum auf dem Universitätsgelände zeigt Gemälde alter Meister, afrikanische Masken, historische Buddhafiguren aus Asien, Skulpturen von Claes Oldenburg, altägyptische Mumien und Bildhauerarbeiten aus Papua Neuguinea.

Kapitel 7

Nordkalifornien

Der nördliche Teil des Golden State ist von der sprichwörtlichen südkalifornischen Sonnen-, Sand- und Surferkultur weit entfernt. Grund dafür sind das kühlere Klima, die niedrigeren Wassertemperaturen und die gefährliche Brandung entlang der zerklüfteten Steilküste zwischen San Francisco und der Grenze zu Oregon. Daneben prägt auch eine andere Mentalität der dort lebenden Menschen das Gesicht des Nordens. Großstädtisches, hektisches City Life existiert nicht, weil es keine großen Metropolen gibt. Modeerscheinungen und schnelllebige Trends fallen in verträumten Provinzorten, wo die Menschen an harte Arbeit und einfaches Leben gewöhnt sind, viel weniger auf nahrhaften Grund.

Die Abgelegenheit gerade der Küstenregion vermochte nicht zu verhindern, dass seit der zweiten Hälfte des 19. Jh. die Redwood-Urwälder schonungslos geplündert wurden. Der Bedarf an stabilem Bauholz in den Städten war riesig und die Ressource Holz schien im Überfluss verfügbar. Heute sind nur noch etwa 5 % der Redwood-Wälder vorhanden, sie gehören aber dennoch zu den zugkräftigsten Touristenattraktionen der Region.

Östlich der nordkalifornischen Küste dehnen sich im Bergland riesige Wälder aus, über denen im Kaskadengebirge von Gletschern bedeckte Vulkane wie Mount Shasta und Lassen Peak thronen. Im Gegensatz zu diesen teils kaum erschlossenen Gebieten drang die Zivilisation im Sacramento Valley, im Gold Country und am Lake Tahoe schneller voran, weil Farmer, Goldsucher und Urlaubsplaner das wirtschaftliche Potenzial der entsprechenden Regionen zu nutzen wussten.

Auf einer kleinen Felseninsel wacht das Batterie Point
Lighthouse über die Küste von Crescent City

Auf einen Blick: Nordkalifornien

Sehenswert

Mendocino: Die Stadt wirkt wie eine große Puppenstube und liegt spektakulär an der zerklüfteten Steilküste (s. S. 417).

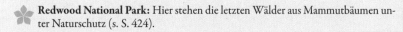
Redwood National Park: Hier stehen die letzten Wälder aus Mammutbäumen unter Naturschutz (s. S. 424).

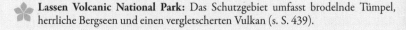
Lassen Volcanic National Park: Das Schutzgebiet umfasst brodelnde Tümpel, herrliche Bergseen und einen vergletscherten Vulkan (s. S. 439).

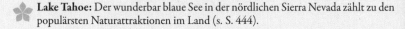
Lake Tahoe: Der wunderbar blaue See in der nördlichen Sierra Nevada zählt zu den populärsten Naturattraktionen im Land (s. S. 444).

Schöne Routen

Hinreißende Nordküste: Zwischen San Francisco und der Grenze zu Oregon folgt Highway No. 1 bzw. 101 der dramatischen Nordküste mit dem ehemaligen russischen Fort Ross, reizenden Ortschaften wie Mendocino und Ferndale, wildromantischen Steilküsten und den höchsten Bäumen der Erde (s. S. 414).

Straße der Giganten: Die Avenue of the Giants ist von wunderschönen Beständen uralter Mammutbäume gesäumt (s. S. 419).

Über den Sonora Pass: Landschaftlich können nur wenige Bergstrecken in der Sierra Nevada mit dem in Sonora beginnenden Highway 108 über den 2934 m hohen Gebirgskamm konkurrieren (s. S. 431).

Meine Tipps

Relaxen am Indianerfluss: Der Klamath River windet sich auf seinem Weg an die nordkalifornische Küste durch die Reservation der Yurok-Indianer. Im Dorf Klamath Glen macht die Steelhead Lodge das Ausspannen leicht (s. S. 427, 428).

Logieren dicht unter dem Himmel: Außergewöhnliche Übernachtungsmöglichkeiten bietet die kalifornische Forstverwaltung in der Region zwischen Redding und Mount Shasta. Wer mit bescheidenem Komfort zurechtkommt, kann in Brandwachestationen unterkommen (s. S. 443).

Tahoe Rim Trail: Auf einem wunderbaren Fernwanderweg können ausdauernde Hiker den Lake Tahoe auf den umliegenden Bergzügen umrunden (s. S. 444).

Aktiv

Hiking am Point Reyes: Unberührte Landschaften und leere Strände (s. S. 415).

Wanderungen entlang der Avenue of the Giants: Das dichte Wegenetz führt zu teils exzentrischen Sehenswürdigkeiten (s. S. 419).

Baden und Kajak fahren im Humboldt Redwoods S. P.: Paradies für Kanuten und idyllische Badeplätze am Eel River (s. S. 420).

Als Goldwäscher am American River: Mit etwas Glück findet man Gold (s. S. 432).

Bergtour auf den Lassen Peak: Bei günstiger Witterung auch für ›normale‹ Bergwanderer zu schaffen (s. S. 440).

Wintersport am Lake Tahoe: Das Heavenly Mountain Resort gehört zu den populärsten Skigebieten in der Sierra Nevada (s. S. 446).

Die Nordküste

Seelöwen- und Kormorankolonien auf winzigen Felsinseln, wie Schwalbennester an der schroffen Steilküste hängende Dörfer, Wälder mit majestätischen Riesenbäumen: In Nordkalifornien zeigt sich der Pazifiksaum fast so ungezähmt wie vor 100 Jahren – für Naturliebhaber eine traumhafte Empfehlung.

Von San Francisco nach Arcata ▶ 3, C 8–B 4

Karte: S. 422

Südlich von Mendocino

Point Reyes National Seashore 1
s. auch Aktiv S. 415
Nahezu unberührte Landschaften, schroffe Steilküsten und menschenleere Strände, über die der raue Wind Nebelbänke treibt, kennzeichnen das 300 km² große Naturreservat **Point Reyes National Seashore.** Damit besitzt das wie ein Hammerhaikopf in den Pazifik hineinragende Naturreservat beste Voraussetzungen für Aktivitäten unter freiem Himmel. Autostraßen gibt es nur wenige, sodass weite Teile nur zu Fuß erreichbar sind.

Bodega Bay 2
Auf dünnen Beinen patrouillieren im Hafen von **Bodega Bay** bei Ebbe hungrige Silberreiher und lassen das Jahr 1963 vergessen. Damals machte Thriller-Altmeister Alfred Hitchcock Hunderte von dressierten Krähen und Seemöwen zu Hauptdarstellern seines Films »Die Vögel«. Längst ist an der Bucht wieder Beschaulichkeit eingekehrt; Hektik kommt höchstens im Spätsommer auf, wenn ausnahmsweise einmal ein Kutter mit einem reichen Fang an Lachsen vom überfischten Pazifik zurückkehrt. Einige Schauplätze aus Hitchcocks Thriller existieren noch, wie etwa das Schulhaus und die Kirche – beide stehen aber nicht in Bodega Bay, sondern im Ort **Bodega** einige Meilen landeinwärts.

Fort Ross 3
19005 Coast Hwy 1, Jenner, Tel. 1-707-847-3286, www.parks.ca.gov, April–Aug. tgl. 10–16.30 Uhr, 8 $
An der rauen Küste bei **Fort Ross** errichtete die Russian-American Company (RAC), die ein Jagd- und Handelsmonopol in Alaska besaß, 1812 einen geschützten Stützpunkt, der fast 30 Jahre lang russischen Jägern, Fallenstellern und Pelzhändlern als Versorgungsbasis und Warenumschlagplatz diente. Zur Blütezeit des Handels hauptsächlich mit Seeotterfellen lebten mehrere Hundert Menschen in dieser Befestigung, die ihre Wehrhaftigkeit inmitten von Indianerland nie unter Beweis stellen musste, weil die russischen Bewohner mit den Ureinwohnern gute Beziehungen und Handelskontakte pflegten. 1841 entschloss sich die RAC, das Fort an Johann August Sutter (s. S. 44) zu verkaufen, weil mit der Beinahe-Ausrottung der Seeotter dem profitablen Pelzhandel die Grundlage entzogen war und sich die Landwirtschaft an der Küste als unergiebig herausgestellt hatte.

Was von Fort Ross heute hinter dem von zwei Wachtürmen überragten Palisadenzaun noch zu sehen ist, sind fast ausnahmslos Rekonstruktionen. Als einziges original erhaltenes Gebäude hat das **Rotchev's House** überlebt. Die hölzerne Kapelle mit ihren Türmchen fiel 1970 einem Brand zum Opfer und wurde nach Originalplänen wieder aufgebaut.

Von San Francisco nach Arcata

HIKING AM POINT REYES

Tour-Infos

Start: Bear Valley Visitor Center, Tel. 1-415-464-5100, www.nps.gov/pore, tgl. von Sonnenaufgang bis Mitternacht, Eintritt frei
Dauer: 3 Std. bis 1 Tag (bis Point Reyes Lighthouse ca. 45 Min. Fahrtzeit mit Auto)
Hinweise: Wer wandern möchte, sollte sich unbedingt vorher im Besucherzentrum genau über die geplante Route informieren. Aufgrund des unstabilen Geländes kann es immer wieder zu Felsabbrüchen oder Spaltbildungen kommen. So kam es 2015 zu einem Felsenabbruch des nun gesperrten Arch Rock Overlook. Hiker sollten daher keinesfalls die Trails verlassen.
Infos im Internet: www.nps.gov/pore/planyourvisit/hiking_guide.htm

Obwohl es sich beim **Point Reyes National Seashore** 1 (s. S. 414) um einen Landvorsprung und keine Insel handelt, ist er streng genommen nicht Teil des amerikanischen Festlands. Der berühmt-berüchtigte San-Andreas-Graben trennt nicht nur zwei Erdplatten voneinander, sondern separiert auch Point Reyes von Nordkalifornien. Exakt auf der parallel zum Highway 1 verlaufenden Trennlinie liegt mit dem **Bear Valley Visitor Center** der Haupteingang zum Seashore. Wie tektonisch sensibel die Region ist, zeigt der kurze **Earthquake Trail** mit Erdverschiebung, die durch das große Erdbeben 1906 verursacht wurden. Ein 1,3 km langer Pfad führt vom Nordende des Parkplatzes zum rekonstruierten **Coast Miwok Indian Village**, das Aufschluss über das Leben der Küstenindianer gibt. Vogelfreunde kommen bei **Abbotts Lagoon** auf ihre Kosten. Auf einem 2,5 km langen Wanderweg erreicht man von der Straße aus den von Dünen bedeckten Pazifikstrand, an dem im Herbst große Zugvogelschwärme ankommen. Vorbei am Beginn des 1 km langen Wanderwegs, der zum einsamen **Kehoe Beach** führt, gelangt man an der Nordspitze des Seashore zum **Tomales Point** und zum **Tule Elk Reserve**, wo Parkdozenten Besuchern Interessantes über die Hirsche erzählen können, die sich in der Brunftzeit in dem Schutzgebiet versammeln (Aug.–Okt. Sa, So 11–16 Uhr). Hauptziel der meisten Besucher ist das 1870 erbaute und 1970 stillgelegte **Point Reyes Lighthouse**. Am Ende der Asphaltstraße führt vom Parkplatz ein ca. 1 km langer Fußweg zuerst zum Lighthouse Visitor Center und dann weiter zur Station der Küstenwache, die auf einer windumtosten, im Sommer häufig nebligen Felsnase an der Steilküste liegt (Fr–Mo 10–16.30 Uhr). Vom **Sea Lion Overlook** lassen sich Seeelefanten beobachten.

Die Glas-Stahl-Konstruktion lässt viele Einzelbilder entstehen: Blick vom Point Arena Lighthouse

Kruse Rhododendron State Reserve 4

Hwy 1 bei Meile 43 ca. 10 Meilen nördlich von Fort Ross, Tel. 1-707-847-3221, www.parks.ca. gov, Eintritt frei

Jedes Jahr im Mai strömen Besucher in das **Kruse Rhododendron State Reserve,** wo sich auf einer ehemaligen Ranch auf einer Waldfläche von 130 ha außer Douglasien, Redwood-Bäumen und Farnen hauptsächlich Rhododendren mit bis zu 10 m hohen Büschen und Azaleen ausbreiten. 8 km Wanderpfade führen durch die Parklandschaft.

Point Arena Lighthouse 5

45500 Lighthouse Rd., Point Arena, Tel. 1-707-882-2777, www.pointarenalight house.com, tgl. 10–15.30 Uhr, Erw. 7,50 $, Kin. bis 12 J. 1 $

An der Zugangsstraße zum **Point Arena Lighthouse** liegt ein Café, das mit dem Slogan wirbt: »Letztes Café vor Hawaii«. Aus der Luft gegriffen ist diese Behauptung nicht. Tatsächlich liegt kein Landpunkt der kontinentalen USA näher am pazifischen Inselparadies als Point Arena. Der heute dort in den Himmel ragende Leuchtturm war 1908 der erste aus

Von San Francisco nach Arcata

Mendocino 6

Eine noch steilere Karriere als Filmdrehort machte in den vergangenen 100 Jahren die kleine, an einer zerklüfteten Steilküste liegende Ortschaft **Mendocino**. Über 60 Kino- und TV-Produktionen diente sie als wildromantische Kulisse, u. a. dem 1954 gedrehten Klassiker »Jenseits von Eden« mit James Dean. Seit Jahrzehnten verteidigt Mendocino seinen Ruf als viktorianisches Schmuckstück mit hübschen Galerien, romantischen Unterkünften und überbordenden Blumengärten hinter weiß getünchten Bretterzäunen. Über manche Hausdächer ragen aus Balken gezimmerte Wassertürme hinaus, die in der Holzfällerära als Versorgungsdepots angelegt wurden. Mittlerweile hat die Gemeinde den Tourismus als Einnahmequelle entdeckt und lebt nicht schlecht davon.

In der Umgebung

In der Umgebung von Mendocino liegen zwei landschaftlich ausgesprochen reizvolle Küstenabschnitte. Sowohl im **Mendocino Headlands State Park** als auch im **Jug Handle State Natural Reserve** modellierte der Pazifik spektakuläre Formationen aus dem Fels, wusch Höhlen aus und schuf Buchten, die für Wanderungen in der salzigen Luft wie geschaffen sind und im Sommer bei Ebbe sogar das Baden zu einem ungefährlichen Erlebnis machen.

Infos
Ford House Visitor Center: 735 Main St., Mendocino, CA 95460, Tel. 1-707-937-5397, www.mendoparks.org.

Übernachten
Refugium zum Verwöhnen – **Brewery Gulch Inn:** 9401 N. Hwy 1, Tel. 1-707-937-4752, www.brewerygulchinn.com. Die herrliche Lage am Pazifik, köstliches Frühstück und die beliebte Wine-Hour mit kleinem Abendessen machen den Aufenthalt zum Erlebnis. DZ ab 325 $.
Perfektes B & B – **Glendeven Inn:** 8205 N. Hwy 1, Tel. 1-707-937-0083, www.glendeven.com. Idyllisch gelegenes Inn mit einem guten

Stahlbeton auf US-Boden. In den tückischen Küstengewässern liegen Dutzende havarierter Schiffe auf Grund, von denen die meisten in schweren Stürmen sanken. Das Meer bietet um Point Arena neben Wracks aber noch andere Schätze: Seeigel für den japanischen Gourmetmarkt. Bei einer Führung kann man den 35 m hohen Turm besteigen und die wunderbare Aussicht genießen. Kinogängern kommt das Lighthouse vielleicht bekannt vor. Anfang der 1990er-Jahre standen dort Jamie Lee Curtis und Mel Gibson für »Forever Young« vor der Kamera.

Restaurant und Zimmern bzw. Suiten in einem ehemaligen Farmhaus von 1867 bzw. angrenzenden Gebäuden. Elegante Einrichtung in einer Mischung aus Alt und Neu. DZ ab 180 $.
Romantisches Haus – **Maccallum House:** 45020 Albion St., Tel. 1-707-937-0289, www.maccallumhouse.com. Das mitten im Ort stehende Inn ist eine viktorianische Augenweide und bietet seinen Gästen hübsche Zimmer im Haupthaus, in einer umgebauten Scheune und in niedlichen Cottages inmitten eines reizenden Gartens. Zimmer und Cottages ab 169 $, Studios ab 229 $.

Essen & Trinken

Nettes Lokal – **Mendocino Café:** 10451 Lansing St., Tel. 1-707-937-6141, tgl. 11–21 Uhr. Biologisch-ökologisch orientiertes Lokal mit Fisch- und Fleischgerichten. Lauschiger Garten mit kleiner Veranda und Meerblick. Hauptgericht 16–26 $.
Guter irischer Pub – **Pattersons:** 10485 Lansing, Tel. 1-707-937-4782, www.pattersonspub.com, tgl. 10–24 Uhr, ab 21 J., keine Kreditkarten. Gute Drinks, frische Austern, Burger, Killer Nachos und Pizza. Ab 12 $.

Fort Bragg 7

Obwohl die Ortschaft nur 7000 Einwohner zählt, ist **Fort Bragg** die größte Stadt zwischen San Francisco und Eureka. Fischfang, Landwirtschaft und Holzindustrie spielen zwar immer noch eine Rolle, aber längst ist das Geschäft mit Urlaubern zum wichtigsten Wirtschaftszweig geworden. Ein Relikt aus alten Holzfällerzeiten ist der Gemeinde geblieben, der Skunk Train.

Skunk Train

100 W. Laurel St., Tel. 1-707-964-6371, www.skunktrain.com, Erw. 59 $, Kin. 34 $; außer den regulären Fahrten gibt es Sonderzüge und mehrere Bahnfeste
Der **Skunk Train** (*skunk* = Stinktier), dessen Lokomotiven früher offenbar einen üblen Gestank verbreiteten, transportiert schon lange keine Redwood-Stämme mehr aus den Wäldern an die Küste. In den Waggons sitzen heute Touristen, die sich auf der 40 Meilen langen Fahrt ab Fort Bragg oder Willits Reste alter Urwälder und den malerischen Noyo River anschauen können. Am Schienenweg, der über 30 Brücken und durch zwei Tunnel führt, liegt die Haltestelle Northspur, wo man sich während eines 30-minütigen Stopps verpflegen kann.

Mendocino Coast Botanical Gardens

18220 N. Hwy 1, Tel. 1-707-964-4352, www.gardenbythesea.org, März–Okt. tgl. 9–17, sonst bis 16 Uhr, Erw. 14 $, Kin. 5–17 J. 5 $
Vorbei am geschützten **Noyo Harbor,** wo Fischkutter auf ihren nächsten Einsatz auf dem offenen Meer warten, gelangt man zwei Meilen südlich der Stadt zu den **Mendocino Coast Botanical Gardens.** Von Mitte April bis Mitte Mai strömen Blumenliebhaber zur Rhododendronblüte hierher. Mehrere Arten dieser häufig giftigen Pflanze – von baumhohen Exemplaren bis zu kleinen Büschen – verwandeln die Anlage in ein Farbenmeer. Auch in anderen Jahreszeiten lohnt ein Besuch, etwa wenn im Frühsommer Kamelien und Iris blühen oder sich im Herbst Dahlien, Begonien und Fuchsien von ihrer schönsten Seite zeigen. An Tischen kann man sein mitgebrachtes Picknick mit Blick aufs Meer verzehren.

Infos

Chamber of Commerce: 217 S. Main St., Fort Bragg, Tel. 1-707-961-6300, www.mendocinocoast.com.

Übernachten

Hübsch und modern – **Beachcomber Motel:** 1111 N. Main St., Tel. 1-707-964-2402, www.thebeachcombermotel.com. Motel mit unterschiedlich ausgestatteten Räumen oder Suiten mit und ohne Meeresblick, teilweise mit Kühlschrank und Mikrowelle oder Kitchenette, WLAN, kleiner Fitnessraum. DZ ab 119 $.
Preisgünstig – **Colombi Motel:** 647 Oak St., Tel. 1-707-964-5773, www.colombimotel.com. Älteres, angenehm zentrales Haus mit großen Wohneinheiten (z. T. mit Küche), gutes Preis-Leistungs-Verhältnis. DZ ab 80 $.

Von San Francisco nach Arcata

WANDERUNGEN ENTLANG DER AVENUE OF THE GIANTS

Tour-Infos
Start: 1 Meile nördlich von Garberville
Länge: 31 Meilen ohne Abstecher
Humboldt Redwoods State Park: 17119 Avenue of the Giants, Tel. 1-707-946-2263, April–Okt. tgl. 9–17, sonst bis 16 Uhr
Infos im Internet: www.avenueofthegiants.net, http://humboldtredwoods.org

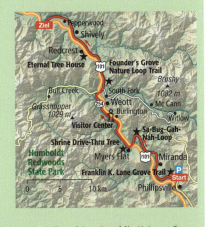

Highway 1 ist in Nordkalifornien streckenweise eine nervige ›Rennstrecke‹. Nördlich von Garberville kann man sie meiden und auf die parallel verlaufende ruhigere **Avenue of the Giants** 8 abbiegen. Dort gibt es viele Möglichkeiten, sich auf Waldpfaden teils exzentrische Sehenswürdigkeiten anzuschauen.

Eine erste Waldwanderung kann man nördlich von Phillipsville auf dem **Franklin K. Lane Grove Trail** unternehmen. Der Weg beginnt bei Meile 2,6 auf einem Parkplatz östlich der Straße und windet sich in einer ca. 700 m langen Schleife durch das Wald- und Wiesengelände. Hinter der Ortschaft Miranda beginnt der Humboldt Redwoods State Park mit Beständen von riesigen Redwood-Bäumen, die an Höhe die Sequoias der Sierra Nevada noch übertreffen. An vielen Haltestellen entlang der Straße sind Wanderpfade ausgewiesen, auf denen man je nach Bedarf längere oder kürzere Touren zwischen den Baumriesen machen kann. Das gilt auch für den bei Meile 11,5 in der Nähe des Hidden Springs Beach Campground gelegenen, knapp 2 km langen **Sa-Bug-Gah-Nah-Loop,** auf dem man hauptsächlich die vielfältige Vegetation in Augenschein nehmen kann.

Der **Shrine Drive-Thru Tree** in Myers Flat lässt einem die Haare zu Berge stehen, weil der Baum zu einem Tunnel ausgehöhlt und dabei so geschädigt wurde, dass er mit Stahlseilen abgesichert werden muss. Wer will, kann mit dem Auto hindurchfahren. Einen zusätzlichen Kick verschafft der nahe **Drive-On Tree,** ein umgestürzter Baum, der in eine befahrbare Rampe verwandelt wurde. Nicht weit entfernt bietet sich ein Spaziergang auf dem ca. 600 m langen **Founder's Grove Nature Loop Trail** u. a. zum einst 110 m hohen **Dyersville Giant** an, der 1991 umstürzte und heute sein wahrhaft gigantisches Wurzelwerk zeigt. Holzfällersägen setzten einem ca. 2500 Jahre alten Baum zu: Vor ca. 100 Jahren kürzte ihn ein Waldarbeiter bis auf einen immer noch lebenden Stumpf und richtete darin eine Wohnung ein, die heute unter dem Namen **Eternal Tree House** Touristen anzieht. Bei Pepperwood führt die Avenue of the Giants wieder auf den Highway 101 zurück.

Die Nordküste

BADEN UND KAJAK FAHREN IM HUMBOLDT REDWOODS S. P.

Tour-Infos
Infozentrum: Visitor Center, Avenue of the Giants, SR 254 zwischen Weott und Myers Flat, P.O. Box 100, Weott, Tel. 1-707-946-2263, http://humboldtredwoods.org, April–Okt. tgl. 9–17, Nov.–März 10–16 Uhr
Tagesgebühr: 8 $ pro Pkw
Kajakverleih: Tsunami Surf & Sport, 445 Conger St., Garberville, Tel. 1-707-923-1965, www.tsunamisurfandsport.com
Hinweis: Ziehen Gewitter auf, sollte man den Eel River unbedingt meiden (s. auch unten).

Der am Highway 101 gelegene **Humboldt Redwoods State Park** 9 ist vor allem für seine zum Teil völlig unerschlossenen Wälder mit riesigen Redwood-Bäumen berühmt. Das Naturschutzgebiet lockt aber auch mit unerwarteten Attraktionen: idyllischen Bade- und Angelplätzen bzw. Flussabschnitten, auf denen Kajaksportler ihrem Hobby frönen können. Auf einer Länge von ca. 30 Meilen fließt die South Fork des Eel River durch den Park und bietet im Hochsommer an vielen Stellen Gelegenheiten zur Abkühlung. Eine Warnung vorweg: Der Wasserstand im Fluss hängt stark von Regenfällen ab und die Wassermassen können sehr schnell und gefährlich anschwellen. An Weihnachten 1964 stieg während eines Wintersturms der Pegel stellenweise 21 m über normal und verwüstete die ganze Gegend. Normalerweise zeigt sich der Fluss im Hochsommer von seiner idyllischen Seite mit moderater Fließgeschwindigkeit und Wasserhöhe. Als beste **Badeplätze** für Familien gelten **Lansdale Bar, Eagle Point** beim **Hidden Springs Campground, Williams Grove, Garden Club Grove** und **Gould Bar,** die mit Toiletten und Picknicktischen ausgestattet sind. Die Zufahrten werden auf der Avenue of the Giants angezeigt. Strandwachen gibt es nirgends im Park. Im Spätsommer ist der Pegel zum Teil so niedrig, dass giftige blaugrüne Algen zu blühen beginnen. Die zu solchen Zeiten öffentlich gemachten Warnungen der Parkverwaltung sollte man ernst nehmen.
Kajak- und Kanusportler treffen am **Eel River** meist nur im Frühjahr auf gute Bedingungen. Man muss in dieser Jahreszeit allerdings damit rechnen, dass die starke Strömung Treibholz mit sich schwemmt, das unter Umständen zur Gefahr werden kann. Bevor man sich auf das Wasser begibt, sollte man sich im Besucherzentrum nach den aktuellen Verhältnissen erkundigen.

Von San Francisco nach Arcata

Wer Lachse und Forellen **angeln** will und mindestens 16 Jahre alt ist, benötigt eine für das jeweilige Kalenderjahr gültige Lizenz. Ein solches Permit kann man sich online besorgen (www.dfg.ca.gov/licensing/forms) oder im nächstgelegenen Büro in Eureka kaufen (Sales Office, 619 Second St., Eureka, Tel. 1-707-445-6493, Mo–Fr 8–16.30 Uhr). Fische darf man zwar fangen, muss sie aber wieder in die Freiheit entlassen.

Camping – **Dolphin Isle RV Park:** 32399 Basin St., Tel. 1-707-964-4113, www.dolphinisle.com, März–Okt. geöffnet. RV-Park am Boothafen des Noyo River, auch Zelte erlaubt, mit kleinem Restaurant.

Essen & Trinken
Super Küche – **Mendo Bistro:** 301 N. Main St., Tel. 1-707-964-4974, www.mendobistro.com. Von Einheimischen favorisiertes Lokal mit Pasta- und Fischgerichten. Gute Auswahl an regionalen Weinen. Ab 18 $.

Nicht nur Pizza – **D'Aurelio's:** 438 S. Franklin St., Tel. 1-707-964-4227, tgl. 17–21 Uhr. Bescheiden eingerichtetes Lokal in einer kleinen Einkaufsarkade; italienische Spezialitäten wie Shrimps-Pasta mit Kräutern, Lasagne und viele Pizza-Variationen. Dinner ab ca. 13 $.

Tolles Essen – **Taqueria Ricarda:** 647 E. Oak St., Tel. 1-707-964-8684, Di–Fr 11–20.30, Sa ab 10, So ab 9 Uhr. Einfaches Lokal in einer Wohngegend mit ausgezeichneter mexikanischer Küche. Ca. 7–10 $.

Aktiv
Reiten – **Ricochet Ridge Ranch:** 24201 N. Hwy 1, Tel. 1-707-964-7669, www.horse-vacation.com. Ausritte am Beach oder im Landesinnern.

Ferndale 10

Im Jahre 1864 von dänischen Einwanderern gegründet, ähnelt **Ferndale** einem viktorianischen Freilichtmuseum. An der Main Street gleicht keine Häuserfassade der anderen. Entlang der parallel verlaufenden Berding Street steht mit dem **Gingerbread Mansion** aus dem Jahre 1899 ein besonders hübsches ›Lebkuchenhaus‹ im viktorianischen Stil, das als B & B mit überaus üppig und fürstlich eingerichteten Räumen Gäste bewirtet (Tel. 1-707-786-4000, www.gingerbread-mansion.com, DZ ab 200 $ inkl. Frühstück und Afternoon Tea).

Ältestes viktorianisches Haus in Ferndale ist das in einem verwunschenen alten Garten gelegene **Shaw House Inn** (703 Main St., Tel. 1-707-786-9958, www.shawhouse.com, DZ inkl. Frühstück ab 145 $). Ein Schmuckstück ist auch das romantisch eingerichtete **Victorian Inn** mit Restaurant und Taverne (400 Ocean Ave., Tel. 1-707-786-4949, www.victorianvillageinn.com, DZ ab 173 $).

Ferndale Museum
515 Shaw St., Tel. 1-707-786-4466, www.ferndale-museum.org, Juni–Sept. Di–Sa 11–16, So 13–16, sonst außer Jan. Mi–Sa, 4 $
Wie der Alltag in Ferndale im 19. Jh. aussah, zeigt das **Ferndale Museum** mit Zimmern im viktorianischen Stil, einer Schmiede und landwirtschaftlichen Geräten, mit denen dänische Pioniere ihre Farmen bestellten.

Termin
Kinetic Sculpture Race: Seit 1969 findet jeweils Ende Mai zum Memorial Weekend dieses seltsame Rennen statt, das in Arcata beginnt, am zweiten Tag in Eureka weitergeht und nach 42 Meilen am dritten Tag in Ferndale endet. Zur Teilnahme zugelassen sind nur selbst gefertigte, künstlerisch dekorierte und von Menschenkraft betriebene ›Maschinen‹, die während des dreitägigen Rennens zu Lande, im Schlamm und im Wasser vorwärtskommen müssen. Wer als Erster über die Ziellinie gelangt, ist nicht notwendigerweise der Sieger. Denn die Bewertungen basieren auf einem ausgeklügelten System mit Bonus- sowie Strafpunkten, bei dem auch der Spaßfaktor nicht zu kurz kommt (www.kineticgrandchampionship.com).

Die Nordküste

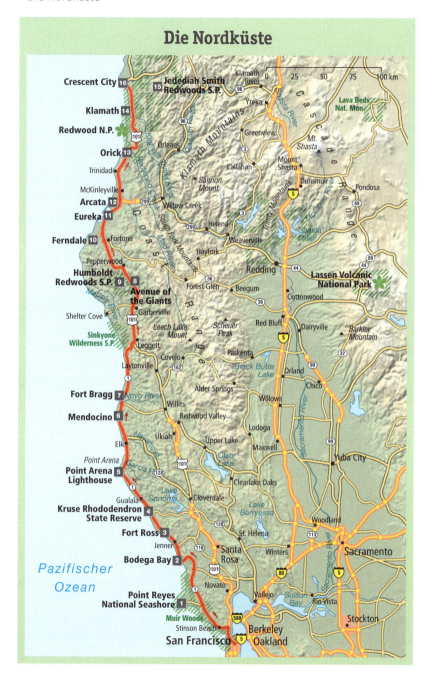

Von San Francisco nach Arcata

Eureka 11

Über 200 in der Humboldt Bay vor Anker liegende Fischkutter lassen darauf schließen, dass die 27 000 Einwohner zählende Stadt **Eureka** auch mehr als 150 Jahre nach Beginn der Lachsfischerei immer noch ein bedeutender Fischereihafen ist. Vom Boardwalk, der als Fußgängerpromenade dem Altstadtufer entlang der größten Bucht zwischen San Francisco und Seattle folgt, hat man die Marina und den Leuchtturm auf **Woodley Island** und das Dorf **Samoa** im Blick, wo die größte Austernfarm der kalifornischen Küste liegt.

Humboldt Bay Maritime Museum

8 Samoa Rd., Tel. 1-707-444-9440, www.humboldtbaymaritimemuseum.com, Sommer Di–Sa 11–16 Uhr, sonst Do–Sa, Spende von 5 $ erbeten

Der ausgeprägt maritimen Orientierung der Stadt und ihrer Wirtschaft zollt das **Humboldt Bay Maritime Museum** mit Ausstellungen Tribut, die sich dem Schiffsbau, Wracks, dem Leben von Leuchtturmwächtern und der Fischereigeschichte der Nordküste widmen.

Clarke Historical Museum

Ecke 3rd/E St., Tel. 1-707-443-1947, www.clarkemuseum.org, Mi–Sa 11–16 Uhr, Spende 5 $

Aus einer anderen Perspektive beleuchtet das **Clarke Historical Museum** die Vergangenheit der Stadt. Im Flügel einer von 1912 stammenden ehemaligen Bank sind wertvolle Artefakte von Küstenindianern zu sehen, während die übrigen Ausstellungen Mobiliar, Glaswaren und Textilien aus der viktorianischen Ära Ende des 19. Jh. zeigen.

Carson Mansion

143 M St., www.ingomar.org

Noch beeindruckender präsentiert sich das viktorianische Zeitalter mit architektonischen Schmuckstücken im historischen Kern der Stadt, wo Straßenlaternen im Stil des 19. Jh. und ziegelgepflasterte Gehwege zum besonderen Ambiente des Ortes beitragen. Ein Gang durch Old Town lohnt sich u. a. wegen des märchenhaften, 1886 vom Holzbaron William Carson erbauten **Carson Mansion**. In dem in Grüntönen gehaltenen Palast mit anmutigen Türmchen, Dachgauben und Balkonen befinden sich heute die Räumlichkeiten eines privaten Klubs. Der Bau besteht fast komplett aus Holz, wobei neben heimischem Redwood exotische Holzarten verwendet wurden.

Infos

Humboldt County Convention & Visitors Bureau: 1034 2nd St., Eureka CA 95501, Tel. 1-800-346-3482, http://redwoods.info.
Chamber of Commerce: 2112 Broadway, Eureka, CA 95501, Tel. 1-707-442-3738, www.eurekachamber.com.

Übernachten

Komfort – **Carter House Inn:** 301 L St., Tel. 1-707-444-8062, www.carterhouse.com. Romantische und luxuriöse Unterkunft in fünf verschiedenen Häusern, besonders sind das Cottage von 1880 und das Carter House im Stil von 1880. Beliebt ist der Massageservice bei Kerzenlicht für Paare (240 $). Das Restaurant (s. u.) gehört zu den besten in ganz Nordkalifornien. DZ ab 214 $, Suiten mit Kamin, Whirlpool, Küche und allem Komfort ab 330 $.

Günstige Lage – **Best Western Plus Bayshore Inn:** 3500 Broadway St., Tel. 1-707-268-8005, www.bestwestern.com. Großes, gepflegtes Haus mit Restaurant, Pool und Internetzugang, Frühstück inkl. DZ ab 130 $.

Viktorianisch – **Eagle House:** 2nd & C St., Tel. 1-707-444-3344, www.eaglehouseinn.com. Historisches Anwesen von 1886. Im Erdgeschoss befindet sich ein irischer Pub mit Restaurant. DZ mit kleinem Frühstück ab 125 $.

Attraktiver Platz – **Redwood Coast:** 4050 N Hwy 101, Tel. 1-707-822-4243, www.redwoodcoastrv.com. Nördlich von Eureka gelegener Campingplatz mit Stellplätzen für Zelte und Campmobile; Fahrradverleih. Man kann auch Cabins und Cottages inklusive voll ausgestatteter Küche mieten.

Essen & Trinken

Ausgezeichnetes Lokal – **Restaurant 301:** 301 L St., Tel. 1-707-444-8062, www.carter

Die Nordküste

house.com, tgl. 17–20.30 Uhr. Einfallsreiche Kochkunst, serviert in eleganten Räumen. Die Weinkarte bietet rund 3400 gute Tropfen. Das Discovery-Menü gibt es für 62 $, Hauptgänge wie Thunfisch mit Linguini in Zitronengras, Ingwer, Chili, Zitrusfrüchten für ca. 30 $.

Italienisch – **Brick & Fire Bistro:** 1630 F. St., Tel. 1-707-268-8959, www.brickandfirebistro.com, Mo, Mi–Fr 11.30–20.30, Sa, So 17–20.30 Uhr. Lebhaftes Lokal mit offener Küche, großem Holzofen und angeschlossener Weinbar. Pizza Margherita 14 $, gegrillter (!) Caesar's Salad 8 $. Die Weinbar serviert Snacks, Weine ab 5 $ pro Glas.

Rustikales Ambiente – **Samoa Cookhouse:** 78 Cookhouse Lane, Samoa, Tel. 1-707-442-1659, www.samoacookhouse.net. Letzte noch in Betrieb befindliche ehemalige Verpflegungsstation für Holzfäller. An langen Tischen mit rot-weißen Tischtüchern wird ein eher einfaches Menü serviert. Ca. 13–18 $.

Einkaufen

Biodelikatessen – **North Coast-Coop:** Ecke 4th & B St., Tel. 1-707-443-6027, www.northcoastco-op.com, tgl. 6–21 Uhr. Supermarkt für vegetarische und ökologisch angebaute Produkte einheimischer Farmer.

Aktiv

Hafenrundfahrten – **Passagierfähre Madaket:** Abfahrt F St. & Boardwalk, Tel. 1-707-445-1910, www.humboldtbaymaritimemuseum.com/madaketcruises.html. 75-minütige informative Fahrten mit einem 1910 erbauten Oldtimer durch die Humboldt Bay, Zeiten s. Website, Erw. 22 $, Kin. 5–12 J. 12 $.

Käsereibesichtigung – **Loleta Cheese Factory:** 252 Loleta Dr., Loleta, Tel. 1-707-733-5470, www.loletacheese.com, tgl. 9–17 Uhr. 10 Meilen südlich von Eureka kann man die kleine Loleta Cheese Factory besichtigen und die 38 dort hergestellten Käsesorten probieren.

Zoobesuch – **Sequoia Park Zoo:** 3414 W St., Tel. 1-707-442-6552, www.sequoiaparkzoo.net, Juni–Anf. Sept. tgl. 10–17, sonst Di–So 10–17 Uhr, Erw. 7 $, Mi halber Preis. Der kleine Zoo hat neben Bären, roten Pandas und Affen auch ein Aviarium und einen Streichelzoo.

Arcata ▶ 3, B 4

Trotz ihrer nur knapp 17 000 Einwohner kann sich die 1858 als Versorgungszentrum für Bergwerke gegründete Ortschaft **Arcata** 12 Universitätsstadt nennen. An Fakultäten wie Forstwirtschaft, Fischerei und Ozeanografie der Humboldt State University ist fast die Hälfte der Einwohner als Studenten eingeschrieben, was den Charakter von Arcata nachdrücklich prägt. Das unkonventionelle Flair hat dem Ort den Beinamen Berkeley des Nordens eingebracht. Arcata war die erste Gemeinde in den USA, die eine Mehrheit von Vertretern der Grünen in den Stadtrat wählte, für eine Beschränkung von Kettenrestaurants votierte und das Antiterrorismusgesetz Patriot Act von Präsident Bush ablehnte, das Überwachungsmaßnahmen und Hausdurchsuchungen ohne richterliche Genehmigung möglich machte.

Märkte

Am lebhaftesten zeigt sich Arcatas Gegenkultur bei den regelmäßigen Samstagsmärkten auf der Plaza im Zentrum, wo ein Denkmal an den 1901 in Buffalo ermordeten US-Präsidenten William McKinley erinnert. An einfachen Ständen werden Kunsthandwerk, Biofutter für Hunde, Glaskunst, Kunstblumen, psychedelische Malereien, Lavendelseifen, Batikkleidung und Flugblätter gegen die Regierungspolitik unter die Leute gebracht. Um das seelische Wohl der größtenteils alternativen Kundschaft kümmern sich Handleser und Tarotspezialisten.

 Redwood National Park ▶ 3, B 3

Karte: S. 422

Wer auf dem Highway 1 oder 101 entlang der kalifornischen Nordküste fährt, bekommt an mehreren Stellen Wälder mit mächtigen

Im Reich der Riesenbäume, dem Redwood National Park

Hölzerne Giganten

Nur durch das Engagement von Umweltschützern und einflussreichen Öko-Organisationen wie dem Sierra Club haben die riesigen Redwood-Bäume der kalifornischen Nordküste das Zeitalter der Äxte und Kettensägen überlebt. Noch im frühen 19. Jh. bedeckten sie den Küstenstreifen von Monterey bis nach Oregon. Heute stehen die größten verbliebenen Wälder im Redwood National Park unter Naturschutz.

Im Herbst 2006 kletterte ein Naturkundeprofessor der Humboldt State University auf einen bislang unbekannten Redwood-Baum im Nationalpark und nahm ihm seine korrekten Maße ab. Mit einer Höhe von 115,55 m erwies sich der auf den Namen Hyperion getaufte hölzerne Riese als das größte bislang entdeckte Lebewesen auf der Erde. Exemplare mit Wipfelhöhen über 80 m sind unter der Spezies *Sequoia sempervirens* allerdings keine Seltenheit. Um den ›Weltrekordler‹ vor allzu vielen Schaulustigen zu schützen, wurde geheim gehalten, an welchem Ort genau er steht.

Mit dem Gattungsnamen *Sequoia* ehrten Wissenschaftler im 19. Jh. den Indianerhäuptling Sequoia, der 1760 in Tennessee als Sohn einer Cherokee-Indianerin und eines Einwanderers aus Deutschland geboren wurde. Er qualifizierte sich nach Ansicht der Forscher dadurch, dass er ein aus 85 Silben bestehendes Alphabet und damit eine Schriftsprache geschaffen hatte, mit welcher er die Verständigung zwischen seinen Stammesbrüdern verbesserte. Warum Redwoods speziell an der kalifornischen Nordküste gedeihen, hat gute Gründe. Die Riesen stellen an ihre Standorte hohe Ansprüche. Aus Zapfen stammende Samen überleben am besten auf zuvor abgebrannten Flächen, auf denen sie durch abfallende Nadeln ein eigenes Humusbett schaffen können. Von ausschlaggebender Bedeutung ist daneben die Wasserversorgung. Häufige Nebel halten den Boden feucht und verhindern im Hochsommer zu hohe Lufttemperaturen.

Als parallel zum Bergbau um die Mitte des 19. Jh. in Nordkalifornien die weit profitablere Holzindustrie Fuß fasste, schienen Redwood-Riesen im Überfluss vorhanden zu sein. Sie lieferten qualitativ einen Baustoff, wie man ihn sich besser kaum vorstellen konnte. Doch schneller als gedacht verschwand ein Forst nach dem anderen, zumal von staatlicher Seite kaum Möglichkeiten bestanden, dem Kahlschlag auf privatem Grund und Boden Einhalt zu gebieten. Im frühen 20. Jh. begann sich mit der Save-the-Redwoods-League die erste Umweltschutzorganisation für die Erhaltung der Wälder einzusetzen. Die zum Teil handfest ausgetragenen Konflikte zogen sich bis in die 1970er-Jahre hin, als der Redwood National Park schon gegründet war und um zusätzliche Areale erweitert werden sollte. Hintergrund der von den Umweltschützern wie auch von der Industrie verbissen geführten Auseinandersetzung ist die Tatsache, dass weite Teile von Nordkalifornien traditionell von der Holzindustrie leben und sich alternative Beschäftigungsmöglichkeiten kaum anbieten. Andererseits machte sich die Holzindustrie kaum die Mühe, Bäume selektiv einzuschlagen, sondern ›erntete‹ aus Kostengründen ganze Wälder, ohne einen einzigen Baum stehen zu lassen.

Redwood National Park

Redwood-Bäumen zu sehen. Bekanntestes Schutzgebiet für diese Art ist jedoch der **Redwood National Park,** dessen südliches Besucherzentrum bei der Ortschaft **Orick** 13 am Highway 101 liegt. Aus mehreren State Parks und öffentlichem Grund und Boden zusammengesetzt, bildet die Waldoase ein lang gezogenes Gebiet entlang der Küste bis auf die Höhe von Crescent City. Anlässlich seiner Gründung im Jahre 1968 wurde der Nationalpark von der damaligen First Lady in sogenannten **Lady Bird Johnson Grove** feierlich eingeweiht. An die Stelle führt ein zwar populärer, aber nicht besonders attraktiver Wanderpfad.

Die gleiche Zufahrtsstraße, die in der Verlängerung nur für 50 Fahrzeuge pro Tag freigegeben wird, endet beim **Tall Tree Grove,** wo einige der mächtigsten Bäume der Welt versammelt sind. An vielen Stellen entlang der Nationalparkstraßen wie dem **Newton B. Drury Scenic Parkway** weisen Schilder auf längere oder kürzere Wanderpfade hin, die tiefer in die fantastischen Redwood-Wälder und zu Baumriesen führen, in deren Gegenwart man sich wie ein Zwerg vorkommt.

Der Redwood National Park besteht nicht nur aus Forstflächen, sondern schließt auch einsame Strände, Steilküsten und Lagunen ein, die man in Wanderstiefeln erkunden kann. Einer der schönsten Trails führt durch den **Fern Canyon,** in dem riesige Farne Hohlwege bilden und eine geradezu prähistorische Atmosphäre schaffen. Auf der **Elk Prairie** beim Prairie Creek Visitor Center zeigt sich häufig eine Herde von Roosevelt-Hirschen, die zum Teil auf Wiesen direkt am Highway 101 äsen. Mehrere Hundert Schwarzbären und viele unterschiedliche Vogelarten teilen sich mit ihnen den Park.

Infos
Redwood National & State Parks: 1111 Second St., Crescent City, CA 95531, Tel. 1-707-465-7335, www.nps.gov/redw, Eintritt frei.

Übernachten
Übernachtungsmöglichkeiten im Umkreis des Parks findet man u. a. in Crescent City und Klamath. Wer die Reise Richtung Süden fortsetzt, kommt in Arcata oder Eureka unter.

Camping – **Jedediah Smith Campground,** Jedediah Smith Redwoods S. P., 10 Meilen östl. von Crescent City am Hwy 199; **Mill Creek Campground,** Del Norte Coast Redwoods S. P., 7 Meilen südl. von Crescent City am Hwy 101; **Elk Prairie Campground,** Prairie Creek Redwoods S. P., 6 Meilen nördl. von Orick am Newton B. Drury Scenic Parkway; Reservierung für alle: Tel. 1-800-444-7275, 35 $. **Gold Bluffs Beach Campground,** Prairie Creek Redwoods S. P., 10 Meilen nördl. von Orick an der Davison Road, keine Reservierung, keine *hook-ups.*

Klamath 14

Das heute mit Tankstelle, Markt, Campingplatz und Motel ausgestattete Dorf **Klamath** mit rund 800 Einwohnern wurde an einem neuen Standort errichtet, nachdem 1964 eine Überschwemmung den alten Ort völlig zerstört hatte.

Relaxen am Indianerfluss
Von Klamath führt die Route 169 am Klamath River entlang in das 3 Meilen entfernte Klamath Glen in der **Yurok Indian Reservation.** Das Indianergebiet erstreckt sich auf einer Länge von ca. 40 Meilen in einem rund eine Meile breiten Landstrifen landeinwärts am Fluss. Der in Oregon in der Cascade Range entspringende Klamath River fließt nach einer 423 km langen Reise durch eine zum Teil gebirgige Landschaft auf nordkalifornischem Territorium in den Pazifik. Die letzten Kilometer vor seiner Mündung schlängelt er sich durch eine beschauliche Gegend. Die Autostraße, auf der sich idyllische Blicke auf den Fluss mit seinen bewaldeten Ufern bieten, endet in dem abgelegenen Ort **Klamath Glen.** Dieser paradiesische Flecken scheint weiter von städtischer Hektik entfernt zu liegen, als die Distanz zu den nächsten größeren Städten vermuten lässt. Klamath Glen ist eine Ferienkolonie, deren Einwohner teilweise davon träumen, zusammen mit anderen Counties aus Nordkalifornien und Oregon einen 51. Freistaat namens Jefferson zu gründen. Gut entspannen kann man in der **Steelhead Lodge.** Das zugehörige Lokal serviert kräftige Speisen und gute Drinks.

Die Nordküste

Hypnose gefällig? Dieser im Redwood National Park gesichtete Rotschwanzbussard (Red-tailed hawk) ist darauf spezialisiert

Übernachten

Mitten im Nirgendwo – **Raven Wood:** 151 Klamath Blvd., Tel. 1-707-482-5911, www.ravenwoodmotel.com. Ruhiges Motel mit Atmosphäre. Zimmer und geräumige Suiten mit Küche für bis zu 6 Pers. Im Aufenthaltsraum sind Kühlschrank und Mikrowelle mitzubenutzen. DZ 75 $, Suiten 125 $.

Beim Redwood Casino – **Holiday Inn Express:** 171 Klamath Blvd., Tel. 1-707-482-1777, www.hiexpress.com. Gut für Ausflüge. Moderne Zimmer. WLAN, kleines Frühstück inkl. DZ ab 110 $.

Erholsam – **Steelhead Lodge:** s. o., 330 Terwer Riffle Rd., Tel. 1-707-482-8145, http://thesteelheadlodge.com. 7 DZ, 85 $.

Camping – **Klamath Camper Corral:** 18151 Hwy 101, Tel. 1-707-482-5741, www.klamathcampercorral.com. Idyllisch gelegener, gepflegter Platz für RV und Zelte, abends Campfeuer; Gemeinschaftsküche, beheizter Außenpool. **Klamath River RV Park:** 700 Klamath Beach Rd., Tel. 1-707-482-2091, www.klamathriverrv.com. RV und Zelte, alle Plätze mit *hook-up;* Waschmaschinen, Grillplätze, Coffeebar, RV ab 50 $, Zelt 29 $.

Jedediah Smith Redwoods State Park 15

Nördlichster Teil des Redwood National Park ist der nach dem ersten Trapper in dieser Gegend benannte **Jedediah Smith Redwoods State Park** östlich von Crescent City. In dem knapp 4000 ha großen Gebiet stehen 19 einzelne Wäldchen mit Redwood-Bäumen unter Schutz. Vom Parkeingang am Highway 101 windet sich die ehemalige Postkutschenroute Howland Hill Road durch eine Galerie imposanter Riesenbäume zur **Stout Grove,** wo der Stout Tree mit 104 m Höhe bei einem Durchmesser von knapp 5 m alle anderen Bäume in den Schatten stellt.

Crescent City ▶ 3, B 2

Nördlichste Küstenstadt Kaliforniens vor der Oregon-Grenze ist mit dem 7000 Einwohner großen **Crescent City** 16 eine Ortschaft, die bis heute geblieben ist, was sie schon vor Jahrzehnten war – ein relativ isolierter Außenposten. Der Durchgangsverkehr zwischen Seattle und San Francisco rauscht auf dem außerhalb verlaufenden Highway 101 vorbei, während der Ort selbst als Fischereihafen und als Etappenziel für Urlauber eine Rolle spielt. Viel zu sehen gibt es in Crescent City allerdings nicht. Auch das Ortsbild kann mit anderen Küstengemeinden seit dem Jahr 1964 nicht mehr konkurrieren. Damals erschütterte ein extrem starkes Erdbeben den Prince William Sound in Alaska und löste einen Tsunami aus, der Stunden später die Küste erreichte und 29 Straßenblocks mit über 300 Gebäuden im Kern der Stadt zerstörte. Da eine Flutwarnung rechtzeitig eingetroffen war, konnten die meisten Einwohner evakuiert werden. Dennoch kamen elf Menschen zu Tode.

Pebble Beach Drive

Was Crescent City an interessanter Architektur nicht bieten kann, macht es durch Postkartenansichten der Küste wett. Der **Pebble Beach Drive** führt direkt an der Wasserkante entlang, vorbei an großen und kleinen, zum Teil recht düster wirkenden Felszacken in der Brandung, die von der ständigen Grabarbeit des Pazifiks zeugen. Neben zerzausten Baumkronen demonstrieren auch riesige, am Strand aufgehäufte Treibholzberge und Hügel von ausgerissenem Seegras den immerwährenden Kampf der Naturgewalten.

Battery Point Lighthouse

April–Sept. tgl., sonst Sa, So 10–16 Uhr, Führung Erw. 3 $

Am Südende des Pebble Beach Drive ziert das 1856 in Betrieb genommene und 1953 auf automatischen Betrieb umgestellte hübsche **Battery Point Lighthouse** eine winzige Insel. Sie ist vom Festland nur bei Ebbe über eine schmale Landbrücke erreichbar. Der Leuchtturm dient auch als nautisches Museum.

Crescent Beach Overlook

Südlich von Crescent City biegt die Enderts Beach Road zum 2 Meilen entfernten **Crescent Beach Overlook** ab. Der Aussichtspunkt liegt wie eine Felskanzel hoch über der Steilküste und gibt den Blick frei nach Süden auf den zerklüfteten Pazifiksaum sowie nach Norden auf den sandigen Crescent Beach und Crescent City im Hintergrund. Er ist eine hervorragende Stelle, um Grauwale auf ihrer Reise von den arktischen Gewässern in die warmen Meeresregionen der Baja California zu beobachten, wo sie ihre Kälber zur Welt bringen. Sie schwimmen mit einem Tempo von 3 Meilen pro Stunde zwischen November und Dezember in südlicher und von Januar bis April in nördlicher Richtung. In der Nähe beginnen zwei Wanderpfade. Der Overlook liegt am Wanderpfad **Last Chance Trail,** nördlichster Abschnitt des California Coastal Trails.

Infos

Del Norte County Chamber Of Commerce: 1001 Front St., Crescent City, Tel. 1-800-343-8300, www.northerncalifornia.net.

Übernachten

Gute Lage – **Ocean View Inn & Suites:** 270 Hwy 101 S, Tel. 1-707-954-5640, www.oceanviewinncrescentcity.com. Großzügige Zimmer und Suiten mit Kühlschrank, Mikrowelle, Kaffeemaschine, Bügeleisen, z. T. Jacuzzi. WLAN und Frühstück inkl. Ab 120 $.

Leider in Straßennähe – **Curly Redwood Lodge:** 701 Hwy 101 S, Tel. 1-707-464-2137, www.curlyredwoodlodge.com. Aus dem Holz eines einzigen Redwood-Baumes gebautes Motel mit Standardzimmern, Inneneinrichtung mit schön gemasertem Holz. DZ im Sommer ab 82 $, im Winter ab 62 $.

Camping – **Crescent City Redwoods KOA:** 4241 Hwy 101 N, Tel. 1-707-464-5744, www.crescentcitykoa.com. Inmitten der Redwoods, mit Fahrradverleih; auch Cabins.

Essen & Trinken

Am Hafen – **Chart Room:** 130 Anchor Way, Tel. 1-707-464-5993, ccchartroom.com, Di 11–16, Mi–So 7–19 Uhr. Fischgerichte 12–24 $.

Nördliche Bergregion

Nordkaliforniens berühmtes Schaustück mag die wildromantische Küste sein. Aber auch in der weniger bekannten nördlichen Bergregion verstecken sich beeindruckende Landschaften und Attraktionen. Sie liegen zwar abseits der großen Touristenrouten, sind deshalb aber nicht weniger sehenswert – von der Wiege des kalifornischen Goldrausches bis zu den majestätischen Vulkankegeln des Kaskadengebirges.

Gold Country

▶ 3, E/F 7/8

Sozusagen über Nacht brach in Kalifornien am 24. Januar 1848 ein neues Zeitalter an. Beim Bau einer Sägemühle entdeckte der für Johann August Sutter (s. S. 44) arbeitende James Marshall in Coloma am Ufer des American River in einem ausgehobenen Graben glitzernde Körnchen. Ein genauer Blick ließ keine Zweifel offen: Es handelte sich um Gold. Die zunächst geheim gehaltene Sensation verbreitete sich in den folgenden Wochen wie ein Lauffeuer und löste den kalifornischen Goldrausch aus; zugleich veränderte sie die politische und demografische Landkarte des amerikanischen Westens von Grund auf.

In der Geschichte der USA gab es keinen anderen Tag, an dem eine einzige Nachricht eine solche Massenbewegung auslöste wie am 5. Dezember 1848 eine Erklärung des amerikanischen Präsidenten. James Polk präsentierte den staunenden Abgeordneten im US-Kongress einen Beutel voller Goldklumpen, die im American River in Coloma gefunden worden waren. Die Meldung verbreitete sich wie ein Lauffeuer und setzte einen gewaltigen Strom von Glücksrittern in die kalifornischen Goldfelder in Gang. Bereits zweieinhalb Jahre nach Marshalls Entdeckung wurde die bis dahin unter mexikanischer Verwaltung stehende Provinz Alta California 1850 unter dem Namen Kalifornien als 31. Mitglied in den Kreis der US-Bundesstaaten aufgenommen. Zehn Jahre später näherte sich die Einwohnerzahl des Golden State bereits der 400 000-Marke. Spuren des Goldrausches, der diese bahnbrechenden Veränderungen einleitete, sind an der westlichen Flanke der Sierra Nevada heute noch im sogenannten Gold Country sichtbar, wo die damals entstandenen Goldgräbercamps zu respektablen Ortschaften heranwuchsen, zu Geisterstädten verfielen oder von den Landkarten ganz verschwanden.

Grob in Nord-Süd-Richtung verlaufend, bildet **Highway 49** in dieser friedlichen Landschaft quasi die Goldader, an der sich die Schauplätze des Goldrausches wie Perlen einer Kette aneinanderreihen (www.historic hwy49.com).

Von Sonora nach Angels Camp ▶ 3, F 8

Sonora

Im 4000-Seelen-Städtchen **Sonora** ließen sich zu Beginn des Goldrausches Bergleute aus dem mexikanischen Sonora nieder und gaben ihrer neuen Heimat diesen Namen. Wie stumme Zeugen einer glänzenden Vergangenheit stehen im **Bradford Street Park** ausgediente Bergbauausrüstungen wie eine Maschine, mit der man goldhaltiges Erz zerkleinerte. Auch das im ehemaligen Gefängnis untergebrachte **Tuolomne County Museum** erinnert mit historischen Fotografien, Waffen und Goldfunden an Kaliforniens glanzvolles Zeitalter (158 W. Bradford Ave., Tel. 1-209-532-1317, www.tchistory.org, Mo–Sa 10–15.30 Uhr). Unter den historischen Gebäuden der Stadt befindet sich das außerhalb am Jackass Hill wieder aufgebaute **Blockhaus von Bret Harte und Mark Twain**, in dem der Schriftsteller 1864 an seinem ersten Werk »Der berühmte Springfrosch von Calaveras County« arbeitete.

Früher wurde Sonora ›Königin der südlichen Minen‹ genannt. Trotz dieser Reputation waren unter den Einwohnern offenbar viele zwielichtige Gestalten. Vielleicht hatte Regisseur Fred Zinnemann dies vor Augen, als er sich 1952 für den Ort als Kulisse des später zum Klassiker gewordenen Western »Zwölf Uhr mittags« mit Gary Cooper und Grace Kelly entschied. Nach den im Film gezeigten Häuserzeilen sucht man heute vergebens. Ein Großbrand vernichtete 1966 die meisten alten Bauten.

Columbia

Nördlicher Nachbar von Sonora ist das nur halb so große **Columbia,** wo zu Boomzeiten innerhalb von 20 Jahren Gold im Wert von über 90 Mio. $ gefördert wurde. Ein Dutzend Straßenblocks im historischen Zentrum wurden als **State Historic Park** so restauriert, dass man sich in diesem mit Geschäften, Boutiquen, Restaurants und Saloons ausgestatteten Freilichtmuseum einen lebhaften Eindruck von der Vergangenheit verschaffen kann (Tel. 1-209-588-9128, www.columbiacalifornia.com, tgl. 10–17 Uhr, Eintritt frei).

Sonora-Pass

Landschaftlich können nur wenige Bergstrecken in der Sierra Nevada mit dem in Sonora beginnenden Highway 108 konkurrieren, der über den 2934 m hohen **Sonora-Pass** Richtung Bridgeport an die Ostflanke des Gebirges führt. Auf der Westseite des zweithöchsten Passes der Sierra zieht sich die im Winter gesperrte Straße durch Wälder mit mächtigen Ponderosakiefern, die mit jedem Höhenmeter lichter werden. Jenseits der Passhöhe, auf welcher der Fernwanderweg Pacific Crest Trail verläuft, sorgt der Regenschatten für eine viel kargere Vegetation. Da die Straße auf einigen Abschnitten eng und steil ist, sollte man sie mit Campmobilen nicht befahren.

Angels Camp

Einmal im Jahr platzt die kleine Ortschaft **Angels Camp** aus allen Nähten. Im Mai findet das **Jumping Frog Jubilee** statt, das an Mark Twains Erzählung (s. links) erinnert und zu dem Tausende Besucher anreisen. Es treten sogenannte Frog Jockeys mit ihren Fröschen an und versuchen, die Tiere zu möglichst großen Sprüngen zu animieren. Champions schaffen ca. 7 m (www.frogtown.org).

Placerville ▶ 3, F 7

Durch schattige Eichenwälder gelangt man nach **Placerville,** die mit fast 10 000 Einwohnern größte Ortschaft am Mother Lode Highway, wie Highway 49 auch genannt wird. Während der Goldschürferzeiten gehörte es zu den wildesten Siedlungen und machte als ›Justizzentrum‹ seinem Beinamen Hangtown dadurch alle Ehre, dass Desperados in der Regel schonungslos abgeurteilt wurden. Im Ort kreuzten sich eine Postkutschenlinie, die Postroute Pony Express (s. S. 333) sowie wichtige Telegrafenverbindungen und trugen zur Bedeutung von Placerville bei.

El Dorado County
Historical Museum

104 Placerville Dr., Tel. 1-530-621-5865, http://museum.edcgov.us, Mi–Sa 10–16, So 12–16 Uhr
Wer heute das Flair der Vergangenheit aufspüren will, spaziert durch den hübschen Ortskern, in dem keine Hausfassade der anderen gleicht. Oder besucht das **El Dorado County Historical Museum,** wo ein Pionier-Camp mit einem Laden, Eisenbahn- und Holzfällergerät und eine historische Postkutsche vergangene Zeiten wieder aufleben lassen.

Gold Bug Park

2635 Goldbug Lane, Tel. 1-530-642-5207, www.goldbugpark.org, Parkzeiten Anf. April–Ende Okt. tgl. 10–16, sonst Sa, So 12–16 Uhr, Erw. 7 $, Kin. 3–17 J. 4 $

Nördliche Bergregion

ALS GOLDWÄSCHER AM AMERICAN RIVER

Tour-Infos
Start: Gold Discovery Museum im Marshall Gold Discovery State Historic Park in Coloma
Anmeldung und Information: Gold Discovery Museum & Visitor Center, 310 Back St., Tel. 1-530-622-3470, www.parks.ca.gov, tgl. 10–17, im Winter bis 16 Uhr
Gebühren: Parkeintritt 8 $, Parken 6 $
Kurse: Im Sommer Sa, So 10–15 Uhr

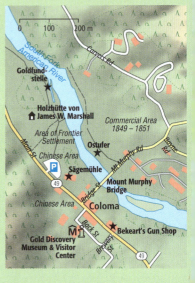

In Coloma am American River betreten Besucher historischen Boden. Ein gewisser **James W. Marshall,** der eine einfache **Holzhütte** bewohnte, entdeckte am 24. Januar 1848 zufällig Gold, als er das Fundament für eine heute rekonstruierte **Sägemühle** aushob. Wer glaubt, dass die edelmetallenen Zeiten längst vorüber sind, irrt. Noch immer findet man Gold im Flussbett – etwas Glück und Geduld vorausgesetzt. Wo und wie wäscht man Gold? Starthilfe gibt das **Gold Discovery Museum & Visitor Center,** wo man Broschüren für Anfänger und Goldwaschpfannen bekommt. Ein Vier-Minuten-Video schildert, wie man zum Glücksritter wird. An Wochenenden kann man sich von Parkrangern zeigen lassen, wie die Goldsuche funktioniert. Einzig erlaubte Arbeitsstätte am Fluss ist das über die **Mount Murphy Bridge** erreichbare **Ostufer** des **American River.** Außer Goldpfannen darf man dort keine Ausrüstungsgegenstände benutzen. Man sucht sich auf einem seichten Flussabschnitt eine Stelle, an der sich mit der Pfanne Sand und loses Geröll aufnehmen lässt, beseitigt größere Steine und schwingt die gefüllte Pfanne im Wasser mit rotierenden Bewegungen, damit schwerere Goldkrümel absinken und sich letztlich auf dem Boden der Pfanne sammeln können. Wer erst einmal eine Trainingsstunde auf dem Trockenen absolvieren will, hat dazu bei **Bekeart's Gun Shop** Gelegenheit, wo man an langen Holzrinnen hinter dem Haus üben kann (7 $).
Hat man bei der Goldsuche kein Glück, will die Lieben daheim aber trotzdem mit einem Körnchen Edelmetall überraschen, bleibt nur noch eine Möglichkeit: der Kauf. Mini-Nuggets werden in den meisten Geschäften in Coloma angeboten. Wer an einem nichtmateriellen Souvenir interessiert ist, kann sich in einer kleinen Kirche auf romantische Weise trauen lassen (www.coloma.com/visitor/weddings.php).

Gold Country

Auch der nördlich der Stadt liegende **Gold Bug Park** konserviert die lokale Bergbaugeschichte mit Maschinen, Geräten und einer richtigen Goldmine, in deren engen Stollen Guides den Gästen demonstrieren, wie früher Gold aus den Erzadern gemeißelt wurde.

Infos
El Dorado County Chamber of Commerce: 542 Main St., Placerville, CA 95667, Tel. 1-530-621-5885, www.visit-eldorado.com.

Übernachten
Traumhaftes B & B – **Bella Vista B & B:** 581 Cold Springs Rd., Tel. 1-530-622-3456, www.bellavistainc.net. Edel mit Antiquitäten eingerichtete Villa mit gepflegten Suiten, die über moderne Badezimmereinrichtungen, WLAN, Satelliten-TV und zum Teil Küchen verfügen, Frühstück inkl. Ab 179 $.

Gepflegtes Haus – **The Seasons:** 2934 Bedford Ave., Tel. 1-530-626-4420, www.theseasons.net. B & B in einem Haus von 1859 mit umlaufender Terrasse. Antikes Mobiliar und zahlreiche Kunstwerke verleihen der Unterkunft ein wohnliches Flair. Zum Haupthaus gehören zwei Cottages. 100–185 $.

Essen & Trinken
Bunte Vielfalt – **Red Hawk Casino:** 1 Red Hawk Pkwy, Tel. 1-888-573-3495, www.redhawkcasino.com. Hier ist für jeden Geschmack etwas dabei: Steakhouse, mexikanische und asiatische Spezialitäten oder lieber gleich das Waterfall Buffet (Lunch/Dinner Mo–Do 10/17 $, sonst teurer).

Coloma ▶ 3, F 7

Das mitten in der Provinz liegende Coloma macht mit seiner Ghosttown-Atmosphäre auf heutige Besucher nicht den Eindruck, als hätte es durch die Goldfunde 1848 die Geschicke Kaliforniens und sogar der USA verändert. Auf dem historischen Grund und Boden am Ufer des American River dehnt sich der **Marshall Gold Discovery State Historic Park** aus (s. Aktiv S. 432), der aus einem Museum und einem winzigen Dorf besteht. Ein Denkmal erinnert an James W. Marshall, der durch die zufällige Entdeckung von Gold in die Geschichtsbücher einging.

Auburn ▶ 3, F 7

Besser als andere ehemalige Goldsuchercamps hat Auburn den Übergang von der Zeltsiedlung zur modernen Stadt in den Griff bekommen. Vielleicht hing dies mit der verkehrsgünstigen Lage direkt an der Interstate 80 zusammen, die zu den wichtigsten Ost-West-Verbindungen über die Sierra Nevada gehört. Nur einige Schritte von der dröhnenden Schnellstraße entfernt, erinnert in Old Town die überdimensionale Skulptur eines Goldsuchers an alte Zeiten. Gebäude aus Holz und rotbraunen Ziegeln, darunter ein Feuerwehrhaus von 1893 mit Turm, Souvenirläden, Restaurants und Kneipen machen den alten Kern von Auburn sehenswert. Die neue Stadt, die am neoklassizistischen **Courthouse** von 1898 vorbei die Berghänge hinaufwucherte, ist heute mit fast 14 000 Einwohnern der größte Ort im Gold Country.

Die Suche nach dem großen Goldfund ist auch heutzutage noch aktuell. Im Herbst 2015 wurde ein Restaurantbesitzer in Old Town auf laute Hammergeräusche aus dem Kanalsystem unter seinem Lokal aufmerksam. Zwei Schatzsucher hatten sich in dem Regenwasserkanal auf Goldsuche begeben – die von der Polizei wegen Einsturzgefahr beendet wurde.

Placer County Museum
101 Maple St., Tel. 1-530-889-6500, www.placer.ca.gov, tgl. 10–16 Uhr, Eintritt frei

Die eng mit dem Goldrausch verbundene Geschichte der Region dokumentiert das **Placer County Museum** im **Courthouse**. Es beschäftigt sich anhand mehrerer Hundert Exponate aber auch mit der indianischen Urbevölkerung.

Übernachten
Modern – **Holiday Inn:** 120 Grass Valley Hwy. Tel. 1-530-887-8787, www.ihg.com. Großzügige, schöne Zimmer mit WLAN. Mit Außen-

Auburns kulturelles Aushängeschild: Das 1930 eröffnete und 2014 umfassend restaurierte State Theatre im Art-déco-Stil ist auch heute noch Garant für abwechslungsreiche Abendunterhaltung

pool, Fitnessraum, gutem Restaurant sowie Bar. Ohne Frühstück DZ ab 150 $.
Große Zimmer – **Best Western Golden Key:** 13450 Lincoln Way, Tel. 1-530-885-8611, www.bestwestern.com. 68 Zimmer großes Motel in einer Parkanlage außerhalb des Zentrums. Die Zimmer sind sauber und wohnlich eingerichtet, Schwimmbad, inkl. Frühstück. DZ ca. 100 $.

Essen & Trinken

Schmackhafte Küche – **Awful Annie's:** 13460 Lincoln Way, Tel. 1-530-888-9857, www.awfulannies.com, tgl. 8–15 Uhr. Gute Frühstücksauswahl, viel gelobte Bloody Mary und Happy Hour von 14 bis 15 Uhr. Unter den Süßspeisen ist der Bread Pudding mit Brandysauce der Renner. Ab ca. 10 $.

Einkaufen

Frisch aus dem Obstgarten – **Ikedas:** 13500 Lincoln Way, Tel. 1-530-885-4243, www.ikedas.com, Mo–Do 8–20, Fr–So 8–21, im Winter bis 19 bzw. 20 Uhr. Mandeln, Nüsse, Erdbeeren, Äpfel, Pflaumen oder Pfirsiche, alles was rund um Auburn wächst, wird angeboten.

Grass Valley ▶ 3, F 6

Der kalifornische Goldrausch war bereits in vollem Gang, als die 12 000 Einwohner zählende Gemeinde Mitte des 19. Jh. gegründet wurde. Ihre Anonymität legte sie schnell ab, als die Empire Mine die Produktion aufnahm und sich im Laufe der Zeit als größte und ergiebigste Goldmine Kaliforniens erwies. Zwischen 1850 und der Schließung 1956 förderten die Kumpel einen Riesenschatz von etwa 170 t Gold.

Empire Mine State Historic Park
10791 E Empire St., Tel. 1-916-653-6995, www.empiremine.org, tgl. 10–17 Uhr, Erw. 7 $, Kin. 6–16 J. 3 $

Gold Country

Längst dient der **Empire Mine State Historic Park** mit alten Handwerksschuppen, Lagerhallen, Maschinen, Erzloren, verrosteten Eisenteilen und einem originalen Schacht nur mehr als Touristenattraktion. In Zukunft soll eine Untertagebahn wieder eingesetzt werden, mit der Besucher in das riesige Stollennetz von ca. 600 km Länge einfahren können.

Auf dem Gelände steht in einer bewaldeten Parkanlage mit dem **Bourn Cottage** der Wohnsitz des früheren Minenbesitzers William Bourn. Das an einem idyllischen Teich mit Brunnen gelegene märchenhafte Anwesen beweist, dass der Hausbesitzer nicht nur über ein riesiges Vermögen, sondern auch über Geschmack verfügte.

Mining Museum
933 Allison Ranch Rd., Tel. 1-530-273-4255, Mai–Okt. Di–Sa 10–16, So 12–16 Uhr, Eintritt nach eigenem Ermessen

Um Bergbaumemorabilien geht es im **North Star Power House**, das eine erlesene Sammlung von Gerätschaften besitzt. Star der Ausstellungen ist der drei Stockwerke hohe Vorgänger eines Turbinenrades, der zur Produktion von Strom durch Wasserkraft verwendet wurde.

Wohnhäuser von Lola Montez und Lotta Crabtree
238/248 Mill St.

In der Goldrauschära war Grass Valley so bekannt, dass es Berühmtheiten in die Bergwildnis zog, unter ihnen die irische Tänzerin Lola Montez, auch bekannt als ehemalige Geliebte des Bayernkönigs Ludwig I. Sie brachte der damals sechsjährigen Lotta Crabtree, die später ein gefeierter Bühnenstar wurde, die ersten Tanzschritte bei. Die Häuser der einstigen Stars sind nur von außen zu betrachten. Der seit 1852 existierende Saloon des **Holbrooke Hotel** ist jedoch weiterhin ein Treff für durstige Kehlen (212 W. Main St.).

Infos
Visitor Center: 128 E. Main St., Grass Valley, Tel. 1-530-273-4667, http://grassvalleychamber.com/visitor-information.

Nevada City ▶ 3, F 6

Mit hübschen viktorianischen Häusern, Ziegelfassaden und historischen Straßenlaternen gehört Nevada City zu den am besten erhaltenen Gold-Rush-Städten. Über 90 Gebäude im Ortskern stehen unter Denkmalschutz, darunter mit dem 1865 eröffneten **Old Nevada Theatre** die älteste Bühne Kaliforniens (www.nevadatheatre.com).

Der Eindruck drängt sich auf, dass die Gemeinde das Ende des Bergbaubooms besser verschmerzte als andere und im Touristengeschäft einen lohnenden Ersatz fand. In den meisten anderen Goldgräberorten war *hard rock mining* die probate Methode zur Goldgewinnung, d. h. der gewachsene Fels wurde aufgebrochen und zerkleinert. In Nevada City hingegen setzte sich das sogenannte *placer mining* durch, bei dem loser Sand und Gestein gewaschen und gesiebt wird. Schon bald erwies sich die hydraulische Goldsuche als profitabler, bei der mit unter hohem Druck stehendem Wasser ganze Bergrücken abgetragen wurden. Als die Bergbauzeit zu Ende ging, war Gold im Wert von über 400 Mio. $ gefördert worden.

Railroad Museum
5 Kidder Court, Tel. 1-530-470-0902, www.ncngrrmuseum.org, Mai–Okt. Fr–Di 10–16, Nov.–April Sa, So 10–16 Uhr, Eintritt frei

Im **Nevada County Narrow Gauge Railroad Museum** sind alte Loks, Waggons und Bahnausrüstungen zu sehen. Verlässliche Transportwege waren für bergbauliche Aktivitäten und Personentransport im 19. Jh. von größter Bedeutung. Die Nevada-County-Schmalspurbahn verkehrte 66 Jahre lang auf dem 22 Meilen langen Schienenweg von Nevada City über Grass Valley bis nach Colfax an der heutigen I-80, von wo Anschluss an das weiterführende Eisenbahnnetz bestand. Im Zuge der Schließung der letzten Minen stellte die Bahn 1942 ihren Betrieb ein.

Historic Firehouse No. 1 Museum
214 Main St., Tel. 1-530-265-3937, www.nevadacountyhistory.org > Visit us, Mai–Okt. Di–So 13–16 Uhr, im Winter auf Anfrage

Nördliche Bergregion

Am häufigsten fotografiertes Gebäude im Ort ist das **Firehouse No. 1 Museum,** ein 1861 in Betrieb genommenes Feuerwehrhaus, das Anfang des 20. Jh. mit einer viktorianischen Fassade samt Balkon und Türmchen ausgestattet wurde. Neben indianischen Exponaten und Teilen zweier früher vor Ort stehender chinesischer Tempel sind Alltagsgegenstände aus der Vergangenheit ausgestellt.

Infos
Chamber of Commerce: 132 Main St., Nevada City, CA 95959, Tel. 1-530-265-2692, www.nevadacitychamber.com, Mo–Fr 9–17, Sa 11–16, häufig auch So 11–15 Uhr.

Übernachten
Logieren im Grünen – **Piety Hill Cottages:** 523 Sacramento St., Tel. 1-530-265-2245, www.pietyhillcottages.com. Putzige Cottages für bis zu 6 Personen mit Kitchenette oder Küche in Zentrumsnähe. Cottages von 100–180 $.

Charmant und gemütlich – **Outside Inn:** 575 E. Broad St., Tel. 1-530-265-2233, www.outsideinn.com. Beliebt bei Radlern und Wanderern, mit kleinem Pool und zentral gelegen. Jedes Zimmer ist individuell eingerichtet, das gemütliche Cottage verfügt sogar über eine Küche. Die Besitzer können Wandertipps geben. DZ 89–139 $.

Stadtnahes Glamping – **Inn Town Campground:** 9 Kidder Ct., Tel. 1-530-265-9900, www.inntowncampground.com. Nichtraucherplatz mit Pool, Stellplätzen, möblierten Zelten ohne Bad. Gemeinschaftsküche, Zelt 100 $.

Camping am Wasser – **Scotts Flat Lake Campground:** 5 Meilen östlich von Nevada City abseits Hwy 20, Tel. 1-530-265-5302, www.scottsflatlake.net. Gelände für Campmobile mit Toiletten, warmen Duschen, Picknicktischen und Strand, der zum Baden einlädt.

Essen & Trinken
Alles frisch – **South Pine Cafe:** 110 S Pine St., Tel. 1-530-265-0260, www.southpinecafe.com, tgl. 8–15 Uhr. Perfekt für Frühstück und Lunch, auch hervorragende vegetarische Küche. Tägliche Lunchspecials ca. 12 $.

Sacramento Valley
▶ 3, D/E 4–7

Der nördlich der Hauptstadt Sacramento liegende Teil des Central Valley dehnt sich bis in das 91 000 Einwohner große Redding aus und ist als Sacramento Valley bekannt. Die Region leitet ihren Namen vom Sacramento River ab, dem längsten Fluss Kaliforniens. Er entspringt in der Mount-Shasta-Region und mündet nach 384 Meilen im Sacramento Delta. Auf seinem Weg leistet er Schwerstarbeit, weil er riesige Ländereien bewässern muss, auf denen Reis, Weizen, Oliven, Obst, Mais, Futterklee, Tomaten und Gemüse angebaut werden. Früher waren diese Agrarflächen einmal größtenteils von Auwäldern bestanden, von denen heute nur noch ungefähr 5 % übrig geblieben sind.

Redding ▶ 3, D 4

Zwei Autostunden nördlich von Sacramento gilt Redding nach Yuma in Arizona als sonnenreichste Stadt der USA. Bis in den späten September klettern die Temperaturen nicht selten auf fast 40 °C im Schatten – für viele Einheimische Grund genug, Abkühlung in der höher gelegenen Bergwelt oder an den zahlreichen Seen zu suchen. Der **Shasta Lake** (s. S. 438) wird an heißen Wochenenden ebenso zum viel besuchten Ziel wie der **McArthur Burney Falls Memorial State Park,** in dem das aus einer eiskalten Quelle stammende Wasser der 40 m hohen Burney Falls über Basaltklippen stürzt und in den Lake Britton fließt.

Sundial Bridge
Redding spielt im nordkalifornischen Binnenland vor allem als Verkehrsknotenpunkt und Versorgungszentrum eine Rolle. Touristisch erfährt es wegen der 213 m langen **Sundial Bridge** (2004) über den Sacramento River mehr Aufmerksamkeit. Das vom spanischen Stararchitekten Santiago Calatrava entworfene Bauwerk zieht viele Besucher an, die sich für die futuristische Glas- und Stahlkonstruktion interessieren. Das gilt hauptsächlich für den 66 m hohen, um 4 Grad geneigten Pylon,

Sacramento Valley

Zeitlos präsentiert sich die ›Sonnenuhr-Brücke‹ in Redding bei Nacht. Die Tageszeit zeigt das architektonische Uhr-Werk übrigens sehr unpräzise an, was der Eleganz aber keinen Abbruch tut

an dem die Fußgängerbrücke mit 14 Stahlkabeln verankert ist und der mit seinem Schattenwurf die größte Sonnenuhr der Welt bildet.

Turtle Bay Exploration Park

1335 Arboretum Dr., Tel. 1-530-243-8850, www.turtlebay.org, tgl. 9–17 Uhr, im Winter Mo, Di geschl., Erw. 16 $, Kin. 4–15 J. 12 $

Die Sundial Bridge steht im 120 ha großen **Turtle Bay Exploration Park,** zu dem ein Botanischer Garten und Arboretum gehören. Im **Turtle Bay Museum** sind insbesondere auch jene Ausstellungen interessant, die sich mit den Wintu-Indianern beschäftigen, die vor Ankunft der weißen Pioniere zu Beginn des 19. Jh. im Sacramento Valley lebten. Kinder begeistert das Parret Playhouse mit bunten Papageien.

Infos

Convention & Visitor's Bureau: 777 Auditorium Drive, Redding, CA 96001, Tel. 1-530-225-4100, www.visitredding.com.

California Welcome Center: 10 Meilen südlich von Redding an der I-5, Exit Anderson. Informationen über ganz Kalifornien.

Übernachten

Zahlreiche preisgünstige Motels liegen entlang der I-5 bzw. am Hilltop Drive.

Mit allem drum und dran – **Best Western Hilltop Inn:** 2300 Hilltop Drive, Tel. 1-530-221-6100, www.thehilltopinn.com. Komfortables Haus mit Pool, Sauna sowie Restaurant. DZ 140–160 $.

Freundliche Unterkunft – **Tiffany House:** 1510 Barbara Rd., Tel. 1-530-244-3225, www.tiffanyhousebb.com. Gemütliches, in einem Wohngebiet liegendes B & B mit drei Zimmern und einem Cottage mit Whirlpool. DZ 125–175 $.

Camping – **Premier RV Park:** 280 Boulder Dr., Tel. 1-530-246-0101, www.premierrvresorts.com. Komfortabler Campingplatz mit Pool beim WaterWorks Park.

Nördliche Bergregion

Essen & Trinken
Nichts für Vegetarier – **Jack's Grill:** 1743 California St., Tel. 1-530-241-9705, www.jacksgrillredding.com, Mo–Sa 17–23 Uhr. Lebhaftes Lokal, das allerdings eher einer Trinkhalle ähnelt. Die vor allem von Einheimischen frequentierte Bar hat wesentlichen Anteil daran. Steakliebhaber träumen von den deftigen Fleischspeisen, die preiswert auf den Tisch kommen. Steak 18–38 $.

Einkaufen
Konsumkomplex – **Mount Shasta Mall:** Dana Dr., Mo–Sa 10–21, So 11–18 Uhr. Große Kaufhäuser wie Macy's, Sears und JC Penney.

Abends & Nachts
Spielcasino – **Win-River Casino:** Indianisches Spielkasino 6 Meilen südlich der Stadt am Hwy 273 (2100 Redding Rancheria Rd., Tel. 1-530-243-3377, www.win-river.com).

Aktiv
Radfahren – **Redding Sports Ltd:** 950 Hilltop Dr., Tel. 1-530-221-7333, www.reddingsportsltd.net. Radverleih für Touren beispielsweise am Sacramento River entlang (www.traillink.com > Search Trails > Sacramento River Trail Redding).
Spaß im Wasser – **WaterWorks Park:** 151 N. Boulder Dr., www.waterworkspark.com, unterschiedliche Öffnungszeiten. Badespaß mit Strömungskanälen, Wasserfällen und diversen Wasserrutschen, Erw. 22 $, Kin. ab 3 J. 18 $.

Termine
Redding Rodeo (Mai): Großes Rodeo mit vielen Wettbewerben (www.reddingrodeo.com).
Silent Film Fest (Okt.): Seit 2006 stattfindendes Filmfestival (www.shastaartscouncil.org).

Verkehr
Bahn: Amtrak Station, 1620 Yuba St., Tel. 1-800-872-7245, www.amtrak.com. Redding wird vom Coast Starlight bedient, der zwischen Los Angeles und Seattle pendelt.
Bus: Greyhound Bus Lines Terminal, Ecke Butte/Pine Sts., Tel. 1-530-241-2070, www.greyhound.com.

Umgebung von Redding
▶ 3, D 4

Aus dem zentralen Bergland von Nordkalifornien fließen außer dem Sacramento River viele Flüsse und Bäche talwärts, deren Wasser schon seit Jahrzehnten in Stauseen aufgefangen und zwecks Bewässerung ins Central Valley weitergeleitet wird. Mit dem Bau der Reservoirs entstanden aber nicht nur gigantische Wasserspeicher, sondern auch Wasserkraftwerke und attraktive Freizeitziele.

Whiskeytown Lake
Nordwestlich von Redding breitet sich am Highway 299 der **Whiskeytown Lake** aus. Ein 1963 eingeweihter Damm staut das Wasser des Trinity River zu einem See mit Marinas, Picknick- und Campingplätzen, Badestränden und versteckten Buchten. Längst haben Urlauber das Gewässer als Freizeitgebiet entdeckt und feiern an manchen Abschnitten des 60 km langen Ufers wie bei **Oak Bottom** im Hochsommer ausgelassene Strandfeste.

Shasta Lake
Nördlich von Redding dehnt sich an der I-5 hinter einem 183 m hohen Damm der **Shasta Lake** aus. Der seit 1945 aufgestaute See gilt mit einer 365 Meilen (584 km) langen Uferlinie als Kaliforniens größtes künstliches Gewässer. Viele Unterkunftsmöglichkeiten, zehn Bootsanlegestellen, rund zwei Dutzend Campingplätze, teils direkt an der Wasserkante, Hunderte Buchten, Anglerplätze, Wasserskibasen und Wanderpfade machen ihn zu einem populären Naherholungsziel.

Shasta Lake Caverns
20359 Shasta Caverns Rd., Lakehead, CA 96051, Tel. 1-530-238-2341, www.lakeshastacaverns.com, Ende Mai–Anf. Sept. halbstdl. 9–16, April, Mai, Sept. stdl. 9–15, Okt.–März 10, 12 u. 14 Uhr, Erw. 26 $, Kin. 3–15 J. 15 $
Beim Exit O'Brien von der I-5 weisen Schilder den Weg von der Ausfahrt zu jener Stelle, an der eine Fähre Besucher über den Shasta Lake bringt. Von dort aus wird die letzte Wegstrecke zu den **Shasta Lake Caverns** im Bus zurück-

gelegt. Bevor das aufgestaute Gewässer den Zugang zu den Kalksteinhöhlen mit Stalaktiten und Stalagmiten erleichterte, war das Naturwunder Wanderern vorbehalten, die einen langen Anmarsch nicht scheuten. Die das ganze Jahr über 15 °C kühle, märchenhafte Unterwelt ist durch Pfade gut erschlossen und ausgeleuchtet, sodass man die prächtigen, etwa 1 Mio. Jahre alten Tropfsteinformationen im Cathedral Room und den anderen sieben Höhlenräumen betrachten kann.

❋ Lassen Volcanic National Park ▶ 3, E 4

Im Osten von Redding beginnt im Bergland mit dem sogenannten **Volcanic Legacy Scenic Byway** eine Panoramastraße, die mehrere Feuerberge im Westen der USA miteinander verbindet (www.volcaniclegacybyway.org). Am Beginn der Route liegt am südlichen Ende der Cascade Range der 420 km² große **Lassen Volcanic National Park** mit dem 3187 m hohen Lassen Peak. 1921 begab sich der von ganzjährigen Schnee- und Eisfeldern bedeckte Vulkan nach aufregenden Jahren sozusagen in den vorläufigen Ruhestand. Ohne Vorankündigung war er im Mai 1914 ausgebrochen. Statistiker zählten in den folgenden sieben Jahren 289 Eruptionen unterschiedlicher Stärke. Lava und Vulkanasche zogen auch außerhalb des Parks liegende Gebiete in Mitleidenschaft.

Von Süden führt der Highway 89 zum ausgezeichneten **Kohm Yah-mah-nee Visitor Center** und erreicht mit **Sulphur Works** ein Thermalgebiet, das mit Fumarolen und blubbernden Schlammkesseln Aufschluss über das aktive Innenleben der vulkanischen Region gibt. Um den 2429 m hohen **Diamond Peak** herum führt die Parkstraße am kleinen Emerald Lake vorbei auf einen Parkplatz, von

Blubbernde Schlammkessel sind nur eine der vielen Attraktionen des Naturparks

Nördliche Bergregion

BERGTOUR AUF DEN LASSEN PEAK

Tour-Infos

Start: Der Lassen Peak Trail zum Gipfel des Vulkans beginnt bei Meile 22 auf einem Parkplatz an der zentralen Parkstraße.
Länge: Weg zum Gipfel ca. 4 km
Dauer: Hin und zurück ca. 4–5 Std.
Höhenunterschied: Einstieg auf 2591 m, bis zum Gipfel auf 3187 m ca. 600 m
Beste Jahreszeit: Juni –Okt.
Information: Lassen Volcanic National Park, P.O. Box 100, Mineral, CA 96063, Tel. 1-530-595-4480, www.nps.gov/lavo. Kohm Yah-mah-nee Visitor Center, am südlichen Parkeingang, April–Okt. tgl., Nov.–März Mi–So 9–17 Uhr
Gebühren: 20 $/Pkw
Hinweise: Der Weg ist steil und für Ungeübte anstrengend. Wanderstiefel und warme Kleidung sind erforderlich. Nicht nur im Winter kann die zentrale Parkstraße temporär geschlossen sein.

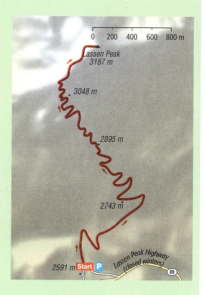

Die Besteigung des **Lassen Peak** (3187 m) ist bei günstiger Witterung ein sportliches Unternehmen, das auch ›normale‹ Bergwanderer schaffen können. Der erste Abschnitt führt über eher sandigen Untergrund, ehe man hauptsächlich durch steiniges Gelände bergan steigt, um schließlich unterhalb des Kraterrandes in die Felszone zu kommen. Vor allem in höheren Lagen zahlen sich in Anbetracht von zum Teil scharfkantigem Geröll stabile Wanderstiefel aus.
Markierungen und mehrere Sitzbänke stehen am Trail, der an einigen Stellen, wo man vom Weg abkommen könnte, von Steinbarrieren gesäumt ist. Der Kraterrand mit dem Gipfelpunkt lässt mit erkalteten Lavaformationen Rückschlüsse auf die vulkanische Entstehungsgeschichte des Lassen Peak zu. Bereits während des Aufstiegs bietet sich eine fantastische Rundumsicht auf die Bergwelt. Nicht weit von der höchsten Erhebung erreicht man das erste Schneefeld. Dann erkennt man über ein bei den Eruptionen von 1914 und 1915 verwüstetes Gebiet hinweg am nördlichen Horizont den weißen, etwa 120 km entfernten Kegel des 4317 m hohen Mount Shasta. Unterhalb des Gipfels glitzert im Krater des Vulkans ein blauer See, der selbst im Hochsommer teilweise eine Eisschicht trägt. Wer noch über Zeit und Kondition verfügt, kann auf einem ausgetretenen Trampelpfad bis an das Ufer des Kratersees absteigen. Die Eisflächen zu betreten, ist gefährlich.

dem aus man zu Fuß in einer halben Stunde das bekannteste Thermalgebiet des Parks erreichen kann. **Bumpass Hell** ist eine Senke mit blubbernden Schlammlöchern und gelben Schwefelablagerungen. Auf hölzernen Stegen können Besucher mitten durch diese unheimliche Teufelsküche spazieren.

Lake Helen und Summit Lake

Am **Lake Helen** herrscht wieder eine alpine Bilderbuchszenerie. Noch im Frühsommer schwimmen Eisflächen auf dem türkisgrünen Gewässer, in dem sich der kegelförmige **Lassen Peak** spiegelt, mit 3187 m die höchste Erhebung innerhalb der Parkgrenzen. Östlich des Lassen Peak schlägt die Parkstraße einen großen Bogen um den 2652 m hohen **Reading Peak** und erreicht auf knapp 2100 m Höhe den inmitten einer reizvollen Wiesenlandschaft gelegenen **Summit Lake** mit zwei Campingplätzen am Nord- bzw. Südufer.

Manzanita Lake

Würde man unterwegs keine Stopps einlegen, könnte man auf der 35 Meilen langen Parkstraße (Hwy 89) in ca. 1 Std. den nördlichen Parkeingang erreichen. Der dort liegende von Wäldern eingerahmte **Manzanita Lake** gibt eine Postkartenansicht ab, wenn abends die letzten Sonnenstrahlen auf die mächtige Gipfelregion des Lassen Peak fallen und sich der Berg auf der Seeoberfläche spiegelt. Das nahe **Loomis Museum** ist nach B. F. Loomis benannt. Er hielt viele Eruptionen des Vulkans zwischen 1914 und 1915 auf Fotografien fest, die in den Ausstellungen neben seiner originalen Fotoausrüstung zu sehen sind. Das Museum dient auch als Besucherzentrum (Tel. 1-530-595-3399, Juni–Sept. tgl., Okt. Mi–So 9–17 Uhr).

Infos

Lassen Volcanic National Park: 38050 Hwy 36 E, Mineral, Tel. 1-530-595-4480, www.nps.gov/lavo, Okt.–Juni Straßen teilweise nicht befahrbar, Pkw 20 $.

Übernachten

Abgeschiedenes Refugium – **Drakesbad Guest Ranch:** Tel. 1-866-999-0914, www. drakesbad.com, Anf. Juni–Mitte Okt. Die seit 1909 bestehende Ranch liegt abseits der Parkstraße im Warner Valley auf ca. 1700 m Höhe und bietet Reitausflüge an. Gäste schlafen in einfachen Zimmern ohne Elektrizität. DZ inkl. drei Mahlzeiten ab ca. 354 $.

Motel & Camping – **Lassen Mineral Lodge:** Hwy 36 E., P. O. Box 160, Mineral, CA 96063, 9 Meilen südlich der südlichen Parkgrenze, Tel. 1-530-595-4422, www.minerallodge.com. Einfaches Motel mit Restaurant und Zimmern ohne TV und Telefon. DZ ab 90 $.

Aktiv

Hiking – **Bumpass Hell Trail:** Beginn des Wegs zu dieser thermischen Hexenküche beim Bumpass-Hell-Parkplatz an der Durchgangsstraße, hin und zurück 5 km. Insgesamt gibt es im Park 240 km Wanderwege.

Mount Shasta ▶ 3, D 3

Was der kalifornische Nordosten an urbanen Ballungsräumen nicht bietet, macht er durch Naturschönheiten wett: Wasserfälle, wilde Gebirgsflüsse, natürliche und aufgestaute Seen, undurchdringliche Wälder, Ranchlandschaften und die majestätischen Berge der Cascade Range wie der 4317 m hohe **Mount Shasta.** Schon aus der Entfernung hebt sich der von fünf Gletschern bedeckte zweithöchste Vulkan der USA vom Horizont ab. 1786 rumorte es zum letzten Mal in seinem Innern, weshalb er von Wissenschaftlern als schlafend bezeichnet wird. Sehr tief scheint dieser Schlaf jedoch nicht zu sein. Im Kraterinnern blubbern heiße Schwefelquellen, die dem Naturkundler John Muir und seinem Bergpartner 1875 das Leben retteten. Während der Besteigung gerieten die beiden in einen Schneesturm und konnten sich vor dem Erfrieren nur dadurch retten, dass sie sich in heißen Schlamm eingruben.

Für Autotouristen hat der moderne Straßenbau die Annäherung an den Mount Shasta einfach gemacht. Der bestens ausgebaute **Everitt Memorial Highway** steigt 13 Meilen durch Wiesen und Wälder bis hinauf zum 2440 m hoch gelegenen Parkplatz bei Panther

Nördliche Bergregion

Meadow, wo nur noch wenige Bäume wachsen. Dort beginnen mehrere Wanderwege, u. a. der Pfad zum Gipfel.

Warum sich um den ebenmäßigen Kegel des Mount Shasta seit Langem Geschichten von mysteriösen Urbewohnern, unterirdischen Kolonien, riesigen Energiefeldern und UFO-Landeplätzen ranken, ist unklar. Den Ursprung dafür mögen Indianer gelegt haben, die den Gipfel als Wohnsitz des großen Geistes Skell betrachten. Ende des 19. Jh. veröffentlichte ein gewisser Frederick Oliver einen Roman unter dem Titel »A Dweller on Two Planets« (Ein Bewohner zweier Planeten), in dem Oliver von riesigen Hallen im Innern des Berges erzählt, die von Nachfahren Überlebender des legendären Kontinents Atlantis abstammen. Tatsache ist, dass der vom amerikanischen Dichter Joaquin Miller als »einsam wie Gott und weiß wie der Wintermond« beschriebene Mount Shasta seit Jahrzehnten Mystiker und Esoteriker, New-Age-Anhänger und Öko-Freaks geradezu magisch anzieht.

Mount Shasta City

Kein Wunder, dass die 3300 Einwohner große Ortschaft **Mount Shasta City** am Fuß des Vulkans den Beinamen ›Sedona des Nordens‹ trägt (Sedona in Arizona ist das bekannteste mystische und spirituelle Zentrum der USA). Auf den ersten Blick macht das Städtchen keinen außergewöhnlichen Eindruck. Im Zentrum um den Mount Shasta Boulevard sind die Straßen von kleinen Modeboutiquen, hübschen Cafés, Restaurants und Kunstgalerien gesäumt, die zum Teil in putzigen viktorianischen Häusern untergebracht sind. Darunter sind aber auch zahlreiche Einrichtungen, die spirituelle Erleuchtung, psychedelische Malereien, Verjüngungsseminare, Meditationskurse, rituelle Reinigungen, Naturheilmethoden und Führungen zu übernatürlichen Kraftzentren anbieten.

Infos
Mount Shasta Visitors Bureau: 300 Pine St., Mt. Shasta CA 96067, Tel. 1-530-926-4865, www.mtshastachamber.com.

Übernachten
Schönes, altes Haus – **McCloud Hotel:** 408 Main St., McCloud, Tel. 1-530-964-2822, www.mccloudhotel.com. Wunderschöne Räume und luxuriöse Suiten mit Whirlpool, Balkon und bester Sicht auf Mount Shasta in einem historischen Hotel von 1915. Ohne TV und Telefon, üppiges Frühstück inkl. DZ 145–199 $.

Völlig relaxt – **Shasta MountInn:** 203 Birch St., Tel. 1-530-926-1810, www.shastamountinn.com. Hübsches kleines B & B mit vier Räumen, gutem Frühstück, schönem Garten, Sauna- und Massageangebot. Die Küche kann mitbenutzt werden. DZ ab 150 $.

Entspannung pur – **Dream Inn:** 326 Chestnut St., Tel. 1-530-926-1536, www.dreaminnmtshastacity.com. Hübsches B & B inmitten der Stadt mit grandiosen Blick auf den Mount Shasta, Suite auch mit Küche. DZ 110–160 $.

Reizvoller Platz – **Mount Shasta KOA:** 900 N. Mountain Shasta Blvd., Tel. 1-530-926-4029, www.mtshastakoa.com, ganzjährig geöffnet. 120 Stellplätze, kleiner Pool und Cabins für bis zu 6 Pers. mit Blick auf den Mount Shasta.

Essen & Trinken
Perfektes Frühstück – **Mt. Shasta Pastry:** 610 S. Mt. Shasta Blvd., Tel. 1-530-926-9944, www.mountshastapastry.com, Mo–Fr 7–16, Sa, So bis 13 Uhr. Feine Croissants am Morgen, Pizza, Salat, Suppen zum Lunch, ab ca. 10 $.

Kreative Küche – **Wayside Grill:** 2217 S. Mount Shasta Blvd., Tel. 1-530-918-9234, www.waysidegrill.com, Mi–So 16–21 Uhr. Hier gibt's für jeden Geschmack etwas: Pizza, Steaks, Salate, Hamburger oder die beliebte Lobster Bisque (Hummersuppe 8,95 $). Die Bar hat Happy-Hour-Preise von 16–18 Uhr und oft Livemusik. Dinner ab ca. 13 $.

Aktiv
Bergsteigen – **Mount-Shasta-Besteigung:** Auf den Gipfel führen 17 ausgewiesene Routen, von denen die Avalanche Gulch Route die populärste ist. Wer über einer Höhe von 10 000 Fuß (3048 m) klettert, benötigt ein Wilderness Permit sowie den drei Tage lang gültigen Summit Pass (25 $), den man an der Ranger Station erhält oder sich selbst ausstellen kann, alle In-

LOGIEREN DICHT UNTER DEM HIMMEL

Wer die Einsamkeit liebt und Hüttenzauber der besonderen Art sucht, wird im **Shasta-Trinity National Forest** im Zentrum von Nordkalifornien garantiert fündig. Seit geraumer Zeit bietet die Verwaltung der riesigen Waldgebiete ehemalige Stationen von Brandwachen als Übernachtungsquartiere an. Solche *lookouts* gibt es noch an zahlreichen Stellen, doch sind die meisten von ihnen längst nicht mehr von Leuten besetzt, die nach Waldbränden Ausschau halten, weil mittlerweile moderne Technik diese Funktion übernommen hat. Will man in einem solchen *lookout* übernachten, muss man sich neben der Einsamkeit auch mit der ›Komfortferne‹ dieser Quartiere arrangieren. Eine komplette Campingausrüstung sowie Verpflegung und Wasser müssen Logisgäste selbst mitbringen, denn außer Tisch, Stühlen und Feldbetten für vier Personen gibt es nichts. Die Saison dauert normalerweise von Juli bis Oktober, auf Hochlagen zum Teil auch kürzer. Kosten: Für 4 Pers. um 75 $ (Mindestmietdauer: 3 Tage, Mindestalter der Mieter: 18 Jahre).

Little Mount Hoffman Lookout: Östlich von Mount Shasta gelegen, bietet die größtenteils aus Glas bestehende Station auf 2230 m Höhe ihren Gästen eine fantastische Aussicht auf die Berglandschaft mit Mount Shasta und Mount Lassen sowie Mount McLoughlin (Tel. 1-530-964-2184, www.recreation.gov > Find Places & Activities > Little Mount Hoffman Lookout).
Forest Glen Guard Station: Ohne großen Ausblick liegt mitten im Wald die ehemalige Wächterstation von 1915 beim South Fork Trinity River, in dem man baden kann. Die Hütte beherbergt bis zu acht Personen und verfügt über eine Küche mit Herd sowie eine einfache Toilette (ganzjährig buchbar unter Tel. 1-877-444-6777 oder www.recreation.gov).
Girard Ridge Lookout: Der 1931 gebaute Turm mit Satteldach liegt auf der Höhe von Dunsmuir südlich von Mount Shasta und bietet eine grandiose Panoramaaussicht auf den Vulkan und die Castle Crags (Tel. 1-530-964-2184, www.recreation.gov > Find Places & Activities > Girard Ridge Lookout).

fos unter www.shastaavalanche.org. Zur vorgeschriebenen Mindestausstattung gehören eine Eisaxt, Steigeisen sowie ein Helm. Das nötige Equipment kann man mieten (Vorbestellung online möglich) bei **The Fifth Season,** 300 N. Mt. Shasta Blvd., Mt. Shasta, Tel. 1-530-926-3606, www.thefifthseason.com.
Kajak & Rafting – **River Dancers:** 302 Terry Lynn Ave., Tel. 1-530-926-3517, http://riverdancers.com. Geführte Kajak- und Raftingtouren auf dem Klamath oder Trinity River von einem halben Tag bis zu 2 Tagen, auch für Familien mit kleineren Kindern geeignet, pro Pers. ab 70 $.

Wintersport – Es gibt **21 Abfahrtspisten** mit 2 Sesselliften an der Südflanke des Vulkans, Höhenunterschied 335 m, auch Snowmobilfahren. Skiausrüstungen können komplett angemietet werden (www.skipark.com).

Einkaufen

Öko-Mekka – **Berryvale Grocery:** 305 S. Mt. Shasta Blvd., Tel. 1-530-926-1576, www.berryvale.com, tgl. 8–20 Uhr. Naturkostladen mit frischem Obst und Gemüse aus ökologischem Anbau, Theke mit frisch gepressten Säften, Salaten, Sandwiches und kleinem Café.

Lake Tahoe

▶ 3, G 6/7

Auf der Grenze zwischen Kalifornien und Nevada in der 1900 m hohen Sierra Nevada gelegen, gilt Lake Tahoe schon lange als landschaftliches Juwel und touristische Hauptattraktion im Golden State. Hätte die moderne Entwicklung um das ›blaue Wunder‹ nicht schon im 19. Jh. unumkehrbare Tatsachen geschaffen, hätte der See längst den Status eines Nationalparks verdient.

Karte: S. 445

Kalifornien teilt sich den auf allen Seiten von Bergzügen umgebenen See im Verhältnis zwei Drittel zu einem Drittel mit dem Nachbarstaat Nevada. Mit 497 km² ist er etwas kleiner als der Bodensee, an seiner Tiefe von 500 m gemessen aber der zweittiefste See der USA nach dem Crater Lake in Oregon. Einen legendären Ruf genießt das Gewässer aber weder wegen Größe noch Tiefe, sondern wegen seiner außergewöhnlichen kobaltblauen Farbe. Gegenstände sind selbst noch in 60 m Tiefe zu erkennen. Grund dafür ist das kristallklare, von Schwebstoffen weitgehend freie Wasser, in dem eindringendes Sonnenlicht erst in großer Tiefe reflektiert wird.

Laut Untersuchungen droht der Wassertransparenz allerdings Gefahr. Wissenschaftler fanden heraus, dass die Wassertemperatur im See während der vergangenen 30 Jahre zwar nur um weniger als 1 °C zugenommen hat. Hält ein solcher Trend aber an, könnte dies zur vermehrten Algenbildung beitragen und den See am Ende sein bekanntestes Prädikat kosten. Die Ursache für eine solche Entwicklung sehen Forscher in der globalen Erwärmung, die nicht nur den See selbst, sondern auch seine Umgebung in Mitleidenschaft zieht. In jüngster Vergangenheit trugen in der Region schneeärmere Winter zur Trockenheit bei, die wiederum wie im südlichen Kalifornien schon im Frühsommer zu Waldbränden führte. Dass der Lake Tahoe selbst im tiefsten Winter nicht zufriert, hat nichts mit dem Klimawandel zu tun, sondern liegt am ständig vom Seegrund aufsteigenden 7 °C warmen Wasser.

Lake Tahoe, dessen Name in der Sprache der Washoe-Indianer ›großes Wasser‹ bedeutet, entstand im Gegensatz zu anderen Bergseen der Sierra nicht durch die Hobelkraft eiszeitlicher Gletscher, sondern als Becken zwischen tektonischen Gebirgsauffaltungen. Vor 150 Mio. Jahren hob sich im Osten die Carson Range, während im Westen der Hauptkamm der Sierra Nevada aufgeworfen wurde. Zwischen diesen beiden Rücken bildete sich die Tahoe-Senke heraus. Vulkanische Aktivitäten schlossen die Kuhle im Norden und Süden ab, ehe sich Niederschläge über lange Zeiträume ansammelten. Wahrscheinlich waren der Pio-

> **Per Auto oder zu Fuß um den See**
> Wer den Lake Tahoe genauer kennenlernen will, macht sich am besten mit dem Auto auf die 72 Meilen lange Fahrt rund um den See. In der Hochsaison ist es ratsam, eine solche Tour wegen der Verkehrsdichte nicht am Wochenende, sondern an einem Wochentag zu unternehmen. Seit der **Tahoe Rim Trail** fertiggestellt ist, kann man die Runde auch auf Schusters Rappen absolvieren. Wer sich die Gesamtdistanz von 165 Meilen (260 km) nicht zutraut, kann kürzere Tagesetappen auswählen. Dass die Wanderstrecke mehr als doppelt so lang ist wie die Autotour, liegt daran, dass der Hiking Trail nicht am Ufer, sondern auf den umliegenden Höhenzügen verläuft. Manche Abschnitte dürfen auch mit dem Mountainbike befahren werden (www.tahoerimtrail.org).

South Lake Tahoe und Umgebung

nier John Fremont, sein Führer Kit Carson und der deutschstämmige Kartograf Karl Preuss die ersten Weißen, die 1844 zu den um den See lebenden Washoe-Indianern vordrangen. Etwa 30 Jahre später kamen die ersten Touristen. Heute ist Lake Tahoe eines der bedeutendsten Urlauberziele in der Sierra Nevada. Diese Karriere verdankt er nicht nur seiner idyllischen Lage, sondern auch 275 Sonnentagen im Jahr.

South Lake Tahoe und Umgebung ▶ 3, G 7

Karte: S. 445

Als touristisches Epizentrum am See zollt das am Südufer liegende Städtchen **South Lake Tahoe** 1 (22 000 Einw.) längst seiner rapiden Entwicklung Tribut. An Sommerwochenenden quält sich der Verkehr im Stop-&-Go-Rhythmus an einem gigantischen Angebot an Hotels, Motels, B & B und Freizeitvergnügungen jedweder Art vorbei. Große Anziehungskraft besitzt der Ort aber nicht nur wegen seiner reizvollen Lage am südlichen Seeufer und der vielfältigen Freizeitmöglichkeiten. South Lake Tahoe ist mit der Nachbargemeinde **Stateline** in Nevada längst verwachsen, und jenseits der Staatsgrenze ist im Gegensatz zu Kalifornien das Glücksspiel nicht nur erlaubt, sondern der wichtigste Wirtschaftsfaktor. Kaum hat man Stateline betreten, sorgen in der Welt der Gamblingpaläste blinkende Neonreklamen und großspurige Jackpot-Versprechungen für Stimmung.

Schaufelraddampfer Tahoe Queen

Tahoe Queen Cruises, Ski Run Marina, Tel. 1-775-589-4906 oder 888-838-8923, www.zephyrcove.com > Cruises > Daytime Scenic Cruises, 2,5 Std., Erw. 55 $, Kin. 3–11 J. 20 $
In South Lake Tahoe liegen Rundfahrten mit dem Schaufelraddampfer **Tahoe Queen** bei den Touristen ganz vorn. Dabei steuert der 1983 am Mississippi gebaute Oldtimer von Dixieland-Musik untermalt die traumhafte **Emerald Bay** (s. S. 448) am kalifornischen Ufer an, sofern der See genügend Wasser hat. Ansonsten legt die **MS Dixie II** vom 8 km nördlich liegenden **Zephyr Cove** ab.

Skigebiet Heavenly Mountain

Heavenly Mountain Resort, Ecke Wildwood & Saddle St., Tel. 1-775-586-7000, www.skiheavenly.com, Saison Mitte Nov.–Mitte April
Nicht nur im Sommer ist Lake Tahoe ein populäres Urlauberziel. Die Heavenly-Valley-Seil-

WINTERSPORT AM LAKE TAHOE

Tour-Infos
Start: Heavenly Mountain Resort, Heavenly Village, 3860 Saddle Rd., South Lake Tahoe, Tel. 1-775-586-7000, 1-800-432-8365
Infos im Internet: www.skiheavenly.com, www.skilaketahoe.com
Skisaison: Mitte Nov.–Mitte April
Lift-Tagespass: online Erw. 85 $, Sen. ab 65 J. und Kin. 13–18 J. 70 $, Kin. 5–12 J. 47 $ (www.skiheavenly.com > Plan a Trip > Lift Tickets), vor Ort 25 % teurer
Pisten: Mo–Fr 9–16, Sa, So 8.30–16 Uhr
Ausrüstungsverleih/-reparatur: The North Face, 4118 Lake Tahoe Blvd., Tel. 1-530-544-9062; The Boardinghouse, 4118 Lake Tahoe Blvd., Tel. 1-530-542-5228
Skireisen-Anbieter: www.faszinationski.de, www.wingert.de

Knapp 20 km² groß und auf Höhenlagen zwischen 1900 und 3040 m in der Sierra Nevada gelegen, gehört das **Heavenly Mountain Resort** am Südende des Lake Tahoe zu den populärsten Skigebieten auf kalifornischem Boden. Es reicht über die Grenze ins benachbarte Nevada hinein und lockt u. a. mit jährlich 600–1300 cm Schnee und einer atemberaubenden Landschaft. Ausgangspunkte sind die beiden Ortschaften **South Lake Tahoe** auf kalifornischer Seite und **Stateline** (s. S. 445) in Nevada. Anhänger des weißen Sports können auf 94 markierten **Pisten aller Schwierigkeitsgrade** ihr Können beweisen und bei Abfahrten Höhendifferenzen von bis

South Lake Tahoe und Umgebung

über 1000 m auskosten. Die längste Abfahrt misst 8 km. Über zwei Dutzend unterschiedliche Liftanlagen bzw. Förderbändern, an denen sich in der Regel keine großen Warteschlangen bilden, bedienen das Gebiet. 20 % der Pisten eignen sich für Anfänger, leicht bzw. anspruchsvoller sind 45 bzw. 30 %, während 5 % als schwer ausgewiesen sind.

Die **Heavenly's Ski/Ride School** bietet für jene, die noch nicht sicher auf Skiern oder Snowboards stehen, unterschiedliche Kurse an (Tel. 1-800-587-4430). Wer ein alternatives Schneevergnügen sucht, kann sich beim Snow Tubing (dem ›Rodeln‹ auf Schläuchen) auf einer tollen Piste austoben **(Heavenly Tubing Hill,** 30 $ pro Std.; Kinder ab einer Körpergröße von 1,07 m).

Außer Pistenabenteuern gibt es in Heavenly viele andere Möglichkeiten für Outdoor-Aktivitäten, die den Aufenthalt am Lake Tahoe unvergesslich machen: So kann man sich bei einer halbstündigen Ausfahrt mit altmodischen **Pferdeschlitten** in die gute alte Zeit zurückträumen (Borges Sleigh Rides, Tel. 1-775-588-2953, www.sleighride.com, tgl. 10–16.45 Uhr, Erw. 50 $, Kin. 20 $). Sportlicher geht es bei geführten einstündigen **Touren mit Schneemobilen** zu (Lake Tahoe Adventures Snowmobiling, Tel. 1-530-577-2940, www.laketahoeadventures.com). Ein besonderes Erlebnis ist ein **Helikopterflug** über das Pistengelände, die umgebende Wildnis und den blauen Lake Tahoe (Heli Vertex, 1901 Airport Rd., Tel. 1-530-214-0711, www.helivertex.com, 2 Pers. ab 160 $).

Bis in den späteren Abend kann man im Village auf einer **Eislauffläche** unter freiem Himmel zu musikalischer Untermalung Figuren drehen. Mit den 8-Personen-Kabinen der teuren **Lake Tahoe Gondola** geht es in 10 Min. über einen 3,8 km langen Anstieg bis zur Bergstation auf 2780 m (Tel. 1-775-586-7000, tgl. 10–16 Uhr, nach 15 Uhr im Winter an der Bergstation kein Ausstieg mehr, Erw. 45 $, Kin. 13–17 J. 37 $, Kin. 5–12 J. 27 $).

bahn bringt Wintersportler in der kalten Jahreszeit vom Ufer in ein über dem Ort liegendes Skigebiet am **Heavenly Mountain,** das zu den größten der USA zählt. Dutzende Pisten zum Teil mit Höhendifferenzen von 1000 m werden von insgesamt 30 Sessellifts bedient. Wenn die Natur nicht für ausreichend Schnee sorgt, hilft ein Hightech-System mit künstlicher weißer Pracht nach.

Tallac Historic Site

Hwy 89, Tel. 1-530-541-4975, www.fs.usda.gov/ attmain/ltbmu > Special Places, Mai–Anf. Juni nur Sa, So 10–16.30 Uhr, Juni–Sept. tgl.

Außerhalb der Stadt liegt an einem von Rotzedern und Fichten bestandenen Uferabschnitt der **Tallac Historic Site.** Reiche Unternehmer ließen sich auf diesem idyllischen Flecken seit Ende des 19. Jh. im Blockhausstil Sommerresidenzen errichten wie Valhalla, Pop Estate mit einem Arboretum samt künstlichen Teichen und schmalen Wasserläufen und das zum Baldwin Estate gehörende McGonagle House aus halbierten Baumstämmen. Im **Baldwin Museum** sind u. a. Ausstellungen über die Kultur der Washoe-Indianer zu sehen.

Infos

Lake Tahoe Visitors Authority/Visitor Center: 3066 Lake Tahoe Blvd., South Lake Tahoe, CA 96150, Tel. 1-530-541-5255, www.tahoe south.com.

Übernachten

Zum Ausspannen – **Fireside Lodge:** 515 Emerald Bay Rd., Tel. 1-530-544-5515, www. tahoefiresidelodge.com. Im modernen Blockhausstil eingerichtetes B & B mit Suiten, z. T. mit offenem Kamin und Küche. DZ 120–259 $.

Gute Wahl – **Beach Retreat & Lodge:** 3411 Lake Tahoe Blvd., Tel.1-530-541-6722, www. tahoebeachretreat.com. Angenehme Unterkunft in Strandnähe mit 260 Zimmern, Restaurant, Fitnessstudio und Pool. DZ ab 120 $.

Auch mit Cabins – **Camp Richardson Campground:** Hwy 89, Jameson Beach Rd., Tel. 1-530-541-1801, www.camprichardson. com. Großes Resort mit Marina, Hotel, Cabins, RV- und Campingplatz.

Lake Tahoe

Am See – **Campground by the Lake:** 1150 Rufus Allen Blvd., Tel. 1-530-542-6096, www.cityofslt.us > Recreation > Campground by the Lake. Der Platz wird von der Stadt verwaltet und ist gut ausgestattet.

Essen & Trinken

Spitzenlokal – **Ciera Steak & Chophouse:** 55 Hwy 50, Stateline, Tel. 1-775-588-3515, www.montbleuresort.com, Mi–So ab 17.30 Uhr. Butterzarte Steaks und köstlicher Fisch, rund 300 Weine. Empfehlenswert sind die 3-Gang-Menüs zum Festpreis (40 $/60 $; außer Sa).
Für das romantische Dinner zu zweit – **Café Fiore:** 1169 Ski Run Blvd., Tel. 1-530-541-2908, www.cafefiore.com, nur Dinner. Romantischer Ort mit nur sieben Tischen für ein stimmungsvolles Abendessen bei Kerzenschein mit italienischen Spezialitäten. 22–40 $.

Abends & Nachts

Neun Casinos auf der Nevadaseite sorgen für Unterhaltung. An den Wochenenden finden oft Konzerte statt und auch die Nightclubs öffnen meist erst dann ihre Türen.
Nachtschwärmer-Paradies – **Opal Ultralounge:** 55 Hwy 50, Stateline, www.montbleuresort.com, Mi–Sa ab 22 Uhr. Wer gern tanzt und feiert, trifft sich mit Gleichgesinnten in diesem Nachtklub bei Livemusik und einem eindrucksvollen Angebot an Drinks und Cocktails.

Aktiv

Strampelnd unterwegs – **Radtouren:** Infos über Radwege in und um South Lake Tahoe sowie über Geschäfte, in denen man Räder ausleihen kann, findet man unter der Internetadresse www.tahoesbest.com/Biking.
Paddelsport – **Kayak Tahoe:** 3411 Lake Tahoe Blvd., Timber Cove Marina, Tel. 1-530-544-2011, www.kayaktahoe.com. In diesem Shop können Kajaks für individuelle Touren auf dem Lake Tahoe gemietet werden.

Verkehr

Bahn: Die nächstgelegene Station ist in Truckee, Tel. 1-800-872-7245, www.amtrak.com.
Bus: Greyhound Bus Lines, Truckee, 10065 Donner Pass Rd., www.greyhound.com.

Emerald Bay ▶ 3, G 7

Karte: S. 445

Über 60 in den Lake Tahoe mündende Gebirgsflüsse und Bäche verhindern, dass nicht einmal im Hochsommer die Badetemperaturen an den zahlreichen Uferstränden über 20 °C steigen. Trotzdem herrscht in der warmen Jahreszeit hauptsächlich am kalifornischen Ufer Hochbetrieb, wo neben reizvollen Stränden wie dem Baker Beach vor allem die malerische **Emerald Bay** 2 Besucher anzieht. Dieser Seeabschnitt war vor 20 000 Jahren von mächtigen Eisschichten bedeckt, die mit dem Ende der Eiszeit in Täler abflossen und dabei als Resultat ihrer Schürfarbeit diese lang gezogene Bucht zurückließen.

Vikingsholm

Tel. 1-530-525-9530, Führungen tgl. 10.30–15.30 Uhr, Ende Mai–Ende Sept., www.vikingsholm.com, Parkplatz 10 $, danach eine Meile steiler Wanderweg, Erw. 10 $, Kin. 7–17 J. 8 $

Ein 1,5 km langer Wanderweg führt vom Parkplatz an der Hauptstraße nach **Vikingsholm,** einem 38 Zimmer großen Prachtbau aus Granit und handbearbeitetem Holz im Stil eines skandinavischen Schlosses. Die aus Norwegen stammende Millionärin Lora J. Knight, die u. a. den Transatlantikflug von Charles Lindbergh finanzierte, ließ sich diese Residenz 1929 bauen. Nach ihrem Tod übernahm der State Park Service das Anwesen 1953 und öffnete es für die Öffentlichkeit.

Von Tahoe City nach Truckee ▶ 3, G 6

Karte: S. 445

Tahoe City 3

Einer der ältesten Häfen am Seeufer mit der **Marina Mall** in einem historischen Holzgebäude bildet im 6000-Seelen-Ort **Tahoe City,** das belebte Zentrum. Schön gestaltet ist der **Commons Beach.**

Von Tahoe City nach Truckee

Watson Cabin Museum

560 N. Lake Blvd., Tel. 1-530-583-1762, www.northtahoemuseums.org, Juli–Sept. Do–So 12–16 Uhr, Eintritt frei

In der Nähe des Commons Beach liegt die **Watson Cabin,** die ein gewisser Robert Watson 1909 als Hochzeitsgeschenk für seinen Sohn bauen ließ. Kostümierte Führer erzählen Besuchern interessante Details über die hübsche Blockhütte und das Leben um die Wende vom 19. zum 20. Jh. am Lake Tahoe.

Gatekeeper's Museum

130 W. Lake Blvd., Tel. 1-530-583-1762, www.northtahoemuseums.org, Do–Di 10–16, Okt.–April nur Sa, So 11–15 Uhr, Erw. 5 $, Sen. ab 65 J. 4 $

Historisch ausgerichtet ist auch das rekonstruierte **Gatekeeper's Museum,** in dem historische Fotografien, eine Sammlung indianischer Körbe, alte Landkarten und Kostüme zu sehen sind, die einen Eindruck vom Leben in Tahoe City vor über 100 Jahren vermitteln.

Aktiv

Rafting – Ein beliebter Familiensport ist im Hochsommer River Rafting auf dem **Truckee River.** Gemächlich lässt man sich in Gummibooten oder aufgepumpten Lkw-Reifen den Fluss hinabtreiben, der aus Truckee kommend Highway 89 folgt und bei Tahoe City in den See mündet. Raftverleih und Transport: Truckee River Rafting, Tel. 1-530-583-1111, www.truckeeriverrafting.com; Truckee River Raft Co., Tel. 1-530-583-0123, www.truckeeriverraft.com.

Squaw Valley 4

www.squaw.com

Ungefähr 6 Meilen außerhalb, erreichbar auf Highway 89, liegt mit **Squaw Valley** der Austragungsort der Olympischen Winterspiele 1960. Per Gondelbahn können sich Besucher bequem in die Höhe transportieren lassen, von wo man einen wunderbaren Blick auf den Ort und den Lake Tahoe genießt. In der Nähe führt der Fernwanderweg **Pacific Crest Trail** vorbei.

Infos

Tahoe City Visitors Information Center: 380 N. Lake Blvd., Tahoe City, CA 96145, Tel. 1-530-581-6900, www.gotahoenorth.com.

Übernachten

Sehr schön rustikal – **Cottage Inn at Lake Tahoe:** 1690 W. Lake Blvd., Tel. 1-530-581-4073, www.thecottageinn.com. Schindelgedeckte und gemütlich eingerichtete B & B-Cottages im Blockhausstil mit Schlaf- und Wohnzimmer, Kühlschrank, TV und Kamin. Ab 165 $, Suite ab 225 $.

Stimmungsvolle Lodge – **River Ranch Lodge:** Hwy 89 & Alpine Meadows Rd., Tel. 1-530-583-4264, www.riverranchlodge.com. Am Ufer des Truckee River gelegene Lodge mit 19 Zimmern und Restaurant. Bei der Unterkunft enden viele der Raftingtouren. DZ ab 110 $.

Preisgünstig – **Americas Best Value Inn:** 455 N. Lake Blvd., Tel. 1-530-583-3766, www.abvitahoecity.com. Nichtrauchermotel mit Pool, Zimmer mit Kaffeemaschine, Kühlschrank und Mikrowelle. DZ ab 80 $.

Truckee 5

Einige ältere Gebäude mit typischen Scheinfassaden verleihen dem 16 000-Einwohner-Ort Westernatmosphäre. Schon Charlie Chaplin war von **Truckee** angetan: 1925 drehte er dort mit »Goldrausch« einen Klassiker über die Goldgräberzeiten in Alaska. Ende der 1860er-Jahre dampften via Truckee die ersten Loks über das Gebirge. Seit damals hat die Bergpassage ihre verkehrsinfrastrukturelle Bedeutung sogar noch ausgebaut, weil auch mit der Interstate 80 eine der wichtigsten Ost-West-Verbindungen über Truckee führt.

In den nationalen Temperaturtabellen überregionaler Zeitungen taucht das Städtchen fast regelmäßig als kältester Ort auf dem zusammenhängenden Staatsgebiet der USA auf.

Donner Memorial State Park

www.parks.ca.gov > Visit a Park > Find Parks > Donner Memorial State Park

Lake Tahoe

Im Oktober 1846 wurde ein verfrüht einsetzender Winter der sogenannten Donner Party zum Verhängnis. Eine Gruppe von 87 Pionieren blieb im Schnee stecken und konnte erst im Februar 1847 gerettet werden. Mehrere Mitglieder des Konvois verhungerten. Am Ostufer des Donner Lake erinnert der **Donner Memorial State Park** an die Tragödie.

Das Nevada-Ufer

▶ 3, G 6

Crystal Bay/Incline Village 6

Am Nordende des Lake Tahoe beginnt bei **Crystal Bay** das Nevada-Ufer des Sees. Der erste größere Ort ist **Incline Village,** das sich als ganzjähriges Freizeitparadies einen Namen gemacht hat. In der warmen Jahreszeit bietet der See mit seinen Ufern und dem Hinterland Gelegenheit zum Wandern und Radfahren. Selbst das Nachtleben kommt am Nordufer nicht zu kurz. In Crystal Bay gibt es mehrere Kasinos. Das Cal Neva Casino hatte einst mit Frank Sinatra einen prominenten Besitzer (Wiedereröffnung zzt. ungewiss).

Sand Harbor State Park 7

Auch Theaterliebhaber kommen auf ihre Kosten, wenn im Sommer im **Sand Harbor State Park** auf einer Bühne direkt am Wasser das viel beachtete **Lake Tahoe Shakespeare Festival** veranstaltet wird. Der Park zählt zu den schönsten Uferplätzen. Hunderte abgerundeter Granitfelsen liegen wie helle Riesenmurmeln im smaragdgrünen Wasser. In der kalten Jahreszeit ziehen **Diamond Peak** und **Mount Rose** Wintersportler an.

Infos
Incline Village Visitor Information Center: 969 Tahoe Blvd., Incline Village, NV 89451, Tel. 1-775-832-1606, www.gotahoenorth.com.

Übernachten
Fünf-Sterne-Haus – **Hyatt Regency:** 111 Country Club Dr., Tel. 1-775-832-1234, http://laketahoe.hyatt.com. Luxuriöses Hotel im Stil einer rustikalen Lodge mit großer Poolanlage, Spa, Kasino, mehreren Restaurants und modernen, komfortablen Zimmern bzw. Suiten. DZ 160–350 $, Resort Fee 30 $.

Termin
Lake Tahoe Shakespeare Festival (Juli/Aug.): http://laketahoeshakespeare.com.

Zephyr Cove 8

In den Pinienwäldern am südlichen Nevada-Ufer des Lake Tahoe versteckt sich mit **Zephyr Cove** ein kleines Freizeitparadies, in dem man Boote mieten, segeln, reiten und sich im Winter auf ein Snowmobil schwingen kann. Vor Ort legt der Mississippidampfer **M. S. Dixie II.** zu Fahrten in die malerische Emerald Bay und zu Dinnertouren auf dem See ab (Tel. 1-775-589-4906, www.zephyrcove.com).

Übernachten
Sehr empfehlenswert – **Zephyr Cove Resort:** 760 Hwy 50, Tel. 1-775-589-4907, www.zephyrcove.com. Cabins bzw. Cottages unterschiedlicher Größe und Ausstattung. AC, TV, Küche und Kamin sind Standard. 2 Pers. ab 160 $.
Camping – **Nevada Beach Campground:** Elks Point Rd., Tel. 1-877-444-6777, www.fs.fed.us/r5/ltbmu > Recreation > Camping > Nevada Beach Campbeach. Bewaldeter Platz am See mit Toiletten, aber ohne Duschen. **Zephyr Cove RV Park & Campground:** s. o., Zephyr Cove Resort. Schön gelegener Platz am See für Campmobile und Zelte.

Essen & Trinken
Mexikanisch – **Latin Soul:** 168 Hwy 50, Stateline, im Lakeside Inn Casino, Tel. 1-775-588-7777, www.lakesideinn.com. Guter, preiswerter Mix lateinamerikanischer Gerichte. Viele Gäste kommen schon zum Frühstück. 8–18 $.

Ein Kleinod, das Größe hat:
Bonzai Rock unweit von Sand Harbor

Kulinarisches Lexikon

Im Restaurant

Ich möchte einen Tisch reservieren.	I would like to book a table.
Bitte warten Sie, bis Ihnen ein Tisch zugewiesen wird.	Please wait to be seated.
Essen nach Belieben zum Einheitspreis	all you can eat
Die Speisekarte, bitte.	The menu, please.
Weinkarte	wine list
Die Rechnung, bitte.	My check, please.
Vorspeise	appetizer
Suppe	soup
Hauptgericht	main course
Nachspeise	dessert
Beilagen	trimmings
Tagesgericht	meal of the day
Gedeck	cover
Messer	knife
Gabel	fork
Löffel	spoon
Glas	glass
Flasche	bottle
Salz/Pfeffer	salt/pepper
Zucker/Süßstoff	sugar/sweetener
Kellner/Kellnerin	waiter/waitress

Zubereitung/Spezialitäten

boiled egg	hartgekochtes Ei
broiled	gegrillt
burrito	mit Hack, Bohnen u. a. gefüllte Tortilla
caesar's salad	Salat mit Anchovisfilets und Parmesan
chef salad	Eissalat mit Schinken
chili relleno	mit Käse gefüllte Pfefferschoten
cole slaw	Kohl-Karotten-Salat
deep fried	frittiert (meist paniert)
eggs (sunny side up/ over easy)	Spiegeleier (Eigelb nach oben/beidseitig gebraten)
enchiladas	gerollte Tortillas mit Chili und Fleisch
fried	in der Pfanne gebraten
guacamole	Avocadopaste
onion rings	frittierte Zwiebelringe
nachos	Tortillachips
rare/medium rare	blutig/rosa
scrambled eggs	Rühreier
stuffed	gefüllt
tacos	gefüllte Maistortillas
tamales	Chili und Hackfleisch in Maisblätter gehüllt
tortilla	dünne Mais- oder Weizenfladen
well done	gut durchgebraten

Fisch und Meeresfrüchte

bass	Barsch
clam chowder	Venusmuschelsuppe
cod	Kabeljau
crab	Krebs/Krabbe
flounder	Flunder
haddock	Schellfisch
halibut	Heilbutt
gamba	Garnele
lobster	Hummer
mussel	Miesmuschel
oyster	Auster
prawn	Riesengarnele
salmon	Lachs
scallop	Jakobsmuschel
shellfish	Schalentiere
shrimp	Krabbe
sole	Seezunge
swordfish	Schwertfisch
trout	Forelle
tuna	Thunfisch

Fleisch und Geflügel

bacon	Frühstücksspeck
beef	Rindfleisch
chicken	Hähnchen
drumstick	Hähnchenkeule
duck	Ente
ground beef	Hackfleisch vom Rind
ham	Schinken

meatloaf	Hackbraten
porc chop	Schweinekotelett
meatloaf	Hackbraten
porc chop	Schweinekotelett
prime rib	saftige Rinderbratenscheibe
rabbit	Kaninchen
roast goose	Gänsebraten
sausage	Würstchen
spare ribs	Rippchen
turkey	Truthahn
veal	Kalbfleisch
venison	Reh bzw. Hirsch
wild boar	Wildschwein

Gemüse und Beilagen

bean	Bohne
cabbage	Kohl
carrot	Karotte
cauliflower	Blumenkohl
cucumber	Gurke
eggplant	Aubergine
french fries	Pommes frites
garlic	Knoblauch
lentil	Linse
lettuce	Kopfsalat
mushroom	Pilz
pepper	Paprikaschote
peas	Erbsen
potatoe	Kartoffel
hash browns	Bratkartoffeln
squash/pumpkin	Kürbis
sweet corn	Mais
onion	Zwiebel
pickle	Essiggurke

Obst

apple	Apfel
blackberry	Brombeere
cantaloup	Zuckermelone
cherry	Kirsche
fig	Feige
grape	Weintraube
lemon	Zitrone
orange	Orange
peach	Pfirsich
pear	Birne
pineapple	Ananas
plum	Pflaume
raspberry	Himbeere
rhubarb	Rhabarber
strawberry	Erdbeere

Käse

cheddar	kräftiger Käse
cottage cheese	Hüttenkäse
goat's cheese	Ziegenkäse
curd	Quark
soft cheese	Schmelzkäse

Nachspeisen und Gebäck

brownie	Schokoplätzchen
cinnamon roll	Zimtschnecke
french toast	Toast in Ei gebacken
maple sirup	Ahornsirup
muffin	Rührteiggebäck
pancake	Pfannkuchen
pastries	Gebäck
sundae	Eisbecher
waffle	Waffel
whipped cream	Schlagsahne

Getränke

beer (on tap/draught)	Bier (vom Fass)
brandy	Cognac
coffee	Kaffee
(decaffeinated/decaf)	(entkoffeiniert)
lemonade	Limonade
icecube	Eiswürfel
iced tea	gekühlter Tee
juice	Saft
light beer	alkoholarmes Bier
liquor	Spirituosen
milk	Milch
mineral water	Mineralwasser
red/white wine	Rot-/Weißwein
root beer	dunkle Limonade
soda water	Selterswasser
sparkling wine	Sekt
tea	Tee

Sprachführer

Allgemeines

guten Morgen	good morning
guten Tag	good afternoon
guten Abend	good evening
auf Wiedersehen	good bye
Entschuldigung	excuse me
hallo/grüß dich	hello
bitte	you're welcome/please
danke	thank you
ja/nein	yes/no
Wie bitte?	Pardon?
Wann?	When?
Wie?	How?

Unterwegs

Haltestelle	stop
Bus	bus
Auto	car
Ausfahrt/-gang	exit
Tankstelle	petrol station
Benzin	petrol
rechts	right
links	left
geradeaus	straight ahead/straight on
Auskunft	information
Telefon	telephone
Postamt	post office
Bahnhof	railway station
Flughafen	airport
Stadtplan	city map
alle Richtungen	all directions
Einbahnstraße	one-way street
Eingang	entrance
geöffnet	open
geschlossen	closed
Kirche	church
Museum	museum
Strand	beach
Brücke	bridge
Platz	place/square
Schnellstraße	dual carriageway
Autobahn	motorway
einspurige Straße	single track road

Zeit

3 Uhr (morgens)	3 a. m.
15 Uhr (nachmittags)	3 p. m.
Stunde	hour
Tag/Woche	day/week
Monat	month
Jahr	year
heute	today
gestern	yesterday
morgen	tomorrow
morgens	in the morning
mittags	at noon time
abends	in the evening
früh	early
spät	late
Montag	Monday
Dienstag	Tuesday
Mittwoch	Wednesday
Donnerstag	Thursday
Freitag	Friday
Samstag	Saturday
Sonntag	Sunday
Feiertag	public holiday
Winter	winter
Frühling	spring
Sommer	summer
Herbst	autumn

Notfall

Hilfe!	Help!
Polizei	police
Arzt	doctor
Zahnarzt	dentist
Apotheke	pharmacy
Krankenhaus	hospital
Unfall	accident
Schmerzen	pain
Panne	breakdown
Rettungswagen	ambulance
Notfall	emergency

Übernachten

Hotel	hotel
Pension	guesthouse
Einzelzimmer	single room

Doppelzimmer	double room
mit zwei Betten	with twin beds
mit/ohne Bad	with/without bathroom
mit WC	ensuite
Toilette	toilet
Dusche	shower
mit Frühstück	with breakfast
Halbpension	half board
Gepäck	luggage
Rechnung	bill

Einkaufen

Geschäft	shop
Markt	market
Kreditkarte	credit card
Geld	money
Geldautomat	cash machine
Bäckerei	bakery
Lebensmittel	foodstuffs
teuer	expensive
billig	cheap
Größe	size
bezahlen	to pay

Zahlen

1	one	17	seventeen
2	two	18	eighteen
3	three	19	nineteen
4	four	20	twenty
5	five	21	twenty-one
6	six	30	thirty
7	seven	40	fourty
8	eight	50	fifty
9	nine	60	sixty
10	ten	70	seventy
11	eleven	80	eighty
12	twelve	90	ninety
13	thirteen	100	one hundred
14	fourteen	150	one hundred and fifty
15	fifteen		
16	sixteen	1000	thousand

Die wichtigsten Sätze

Allgemeines

Sprechen Sie Deutsch?	Do you speak German?
Ich verstehe nicht.	I do not understand.
Ich spreche kein Englisch.	I do not speak English.
Ich heiße …	My name is …
Wie heißt du/ heißen Sie?	What's your name?
Wie geht's?	How are you?
Danke, gut.	Thanks, fine.
Wie viel Uhr ist es?	What's the time?
Bis bald (später).	See you soon (later).

Unterwegs

Wie komme ich zu/nach …?	How do I get to …?
Wo ist bitte …?	Sorry, where is …?
Könnten Sie mir bitte … zeigen?	Could you please show me …?

Notfall

Können Sie mir bitte helfen?	Could you please help me?
Ich brauche einen Arzt.	I need a doctor.
Hier tut es weh.	Here I feel pain.

Übernachten

Haben Sie ein freies Zimmer?	Do you have any vacancies?
Wie viel kostet das Zimmer pro Nacht?	How much is a room per night?
Ich habe ein Zimmer bestellt.	I have booked a room.

Einkaufen

Wie viel kostet …?	How much is …?
Ich brauche …	I need …
Wann öffnet/ schließt …?	When does … open/ close …?

Register

17 Mile Drive 308

Academy Awards 94
Adams, Anselm 130
Aktivurlaub 89
Alabama Hills 353
Algodones 239
Algodones Dunes Wildlife Area 240
Alkohol 97
Alpine 39, **236**
Amargosa Range 273, 274
American River 14, 92, 430, **432**
Anaheim 51, 181, **184**
– Disneyland 184
Angel Island 396
Angeln 421
Angels Camp 95, 431
Año Nuevo State Park 17
Anreise und Verkehr 72
Antelope Valley California Poppy Reserve 330
Anza-Borrego Desert State Park 16, 233, **236**, **240**,
Anza, Juan Bautista de 41, 237, 254, 321
Apotheken 103
Apps 106
Arcata 95, 421, **424**, 427
Architektur 58
Ärztliche Versorgung 103
Atwater 334
Auburn 433
Auskunft 97
Ausrüstung 104
Autry, Gene 151
Avenue of the Giants 19, 419

Baden 16, **89**, 176, 214
Bagdad 262
Bahn 73
Baker 270
Bakersfield 17, 24, 68, **329**
Balboa Peninsula 182
Barrierefrei reisen 97
Bay Area 18, 26
Beatty (Nevada) 271
Bed & Breakfast 79
Belushi, John 154
Bengston, Billy Al 62

Bergsteigen 350, 442
Berkeley 18, 47, **404**
Bevölkerung 25, 36, 43, 53
Big Sur 17, 60, **305**
Bischoff, Elmer 62
Bishop 352
Bixby Creek Bridge 305
Bodega 414
Bodega Bay 19, 414
Bodie 352
Bogart, Humphrey 146, 150, 249
Bono, Sonny 249
Borrego Springs 243
Botschaften 98
Botta, Mario 370
Boyle, T. C. 65
Brecht, Bertolt 47, 67, 68, 167
Brown, Jerry 49, 51
Brubeck, Dave 68
Buena Park 185
Bukowski, Charles 65
Burroughs, William 64
Busse 74

Cabazon 39, 96, **246**
Cabrillo, Juan Rodriguez 41, 50
Cahuilla-Indianer 246, 251
Cahuilla Ranger Station 240
Calatrava, Santiago 436
Calico Ghost Town 263
California Trail 46
Calistoga **401**, 402
Camping 80
Campmobil 73, 80
Capitola 315
Carey, Mutt 68
Carlsbad 227
Carmel-by-the-Sea 285, 305, 306, 307, 308, 322
Carson, Kit 237
Cascade Range 26, 105, 441
Castroville 314
Cathedral City 254
Central Coast 288
Central Valley 17, 24, 26, 47, 325, **328**
Chandler, Raymond 64, 222
Channel Islands National Park 25, 29, 37, 50, **289**
Chaplin, Charlie 449

Cherry Creek 92
Cholame 321
Chumash-Indianer 25, 37, 39, 40, 50, 61, 159, 291, 295, **297**
Chumash Painted Cave State Historic Park 297
Citypässe 112
Clark, William Andrews Jr. 133
Clift, Montgomery 145
Climbing 260, 269
Coachella 254
Coachella Valley 27, 94, 233, 246, **254**
Coburn, James 165
Coloma 50, 430, 432, **433**
Colorado River 89, 256
Columbia 431
Conniff, Ray 165
Cooper, Gary 47, 146
Coppola, Francis Ford 365, 402
Crescent City 32, 427, **429**
Crocker, Charles 46
Crystal Bay 450
Culver City 59
Cupeño-Indianer 246
Cupertino 408

Dalí, Salvador 311
Dean, James 321
Death Valley National Park 16, 26, 29, 105, 233, **264**
– Artist's Drive 274
– Artist's Palette 274
– Badwater 273, 274
– Dante's View 273
– Devil's Golf Course 274
– Eureka Valley 268
– Furnace Creek 268
– Furnace Creek Ranch 264, 269
– Golden Canyon 274
– Harmony Borax Works 268
– Jubilee Pass 274
– Lower Vine Ranch 268
– Mustard Canyon 271
– Natural Bridge 274
– Scotty's Castle 268
– Stovepipe Wells Dunes 266
– Stovepipe Wells Village 266
– Twenty Mule Team Canyon 273

Der Haupteintrag ist **fett** hervorgehoben.

– Ubehebe Crater 268
– Zabriskie Point 269, 273
Del Mar 225
Desert Hot Springs 254
Diamond Peak 450
Diebenkorn, Richard C. 62
Disneyland (Anaheim) 184
Disney, Walt 146, 184, 252, 382
Döblin, Alfred 67, 68, 167, 169
Donner Memorial State Park 449
Dos and Don'ts 87, **98**
Drogen 99
Dürre 11, 27, **28**
Dylan, Bob 68

Eastwood, Clint 134, 308
Edel, Uli 68
Edison, Thomas 219
Eggers, Dave 66
Einkaufen 100
Einreisebestimmungen **72**, 76
Eisenhower, Dwight D. 47
El Centro 238
Elektrizität 101
Ellis, Bret Easton 66
Ellroy, James 66
Emerald Bay 445, **448**, 450
Emmerich, Roland 68
Encinitas 226
Erdbeben 32, 50, 51, 58, 119, 360, **374**, 381
Erdöl 34, 47
Escondido 115, 231
Essen und Trinken 81
Estero Bay 303
Eureka 421, **423**, 427
Events 93

Factory Outlets 39, **100**, 228, 236, 249, 301, 341, 400
Fairbanks, Douglas 148, 149, 226
Fauna 29
Feiertage 94, 101
Felicity 239
Ferienhäuser und Ferienwohnungen 79
Ferndale 95, 421
Fernsehen 109

Feste und Festivals 93
Festivals 255
Feuchtwanger, Lion 67
Film **66**, 93, 94, **108**, 129, 131, **141**, **146**
Filmschauplätze 12, 19, 133, **162**, 164, 186, 219, 249, 262, 265, 301, 354, 363, 382, 402, 414, 417, 449
Finch, Peter 150
FKK **101**, 395
Flora 29, 426
Flüge 73
Fontana 57
Fort Bragg 418
Fort Ross 50, **414**
Fotografieren 101
Fox, William 146
Frauen 102
Fresno 17, **331**

Gable, Clark 145, 154, 249
Garberville 19, 419, 420
Garbo, Greta 146
Garcia, Jerry 69
Garnier, Katja von 68
Gehry, Frank 58, **59**, 128, 130, 134, 178
Geisterstädte **256**, **262**, 263, 274, 334
Geld 102
Geschichte 25, **40**
Gesundheit 103
Getty, Jean Paul 165, 166
Gibson, Mel 145
Gillespie, Dizzy 68
Gilroy 100, **314**
Ginsberg, Allen 64, 365
Glamis 240
Glen Ellen 398
Gold Country 430
Goldrausch 42, 44, 46, 50, 52, 244, 334, 339, 352, 360, **430**, **432**, 449
Golfen 273, 309
Gorda 305
Graham, Robert 124, 131, 134
Grant, Cary 146
Grass Valley 434
Guadalupe 301

Hackett, Joan 149
Half Moon Bay 94
Hammett, Dashiell 47, 63
Harlow, Jean 162
Hausbootferien 80
Haustiere 72
Hawkinson, Tim 62
Hawthorne 68
Hayek, Salma 148
Hearst Castle 303
Hearst, William Randolph 305
Heavenly Mountain Resort 445, 446
Heavenly Valley 92
Heißluftballonfahrten 92
Hermosa Beach 176
Highway No. 1 10, 17, 52, 60, 74, 285, **305**
Hiking **91**, **394**
Hill, Thomas 62
Hirschbiegel, Oliver 68
Hitchcock, Alfred 19, 146, 382, 414
Hollywood 16, 66, 93, 94, 96, **141**
– Autry Museum 151
– Capitol Records Tower 148
– Chateau Marmont 154
– Dolby Theatre 147
– Egyptian Theatre 148
– El Capitan Theatre 145
– Griffith Observatory 61, **150**
– Griffith Park 150
– Hollywood Boulevard 141, **144**
– Hollywood Bowl 152
– Hollywood Forever Cemetery 149
– Hollywood & Highland Center 145
– Hollywood Museum 147
– Hollywood Roosevelt Hotel 144
– Hollywood & Vine 148
– Hollywood Wax Museum 147
– Los Angeles Park Zoo 150
– Madame Tussauds 147
– Museum of Contemporary Art (MOCA) 155
– NBC Television Studios 153

Register

- Pacific Design Center 155
- Pantages Theatre 148
- Paramount Pictures 146, **148**, 153
- Sony Pictures Studios 153
- Southwest Museum of the American Indian 151
- Sunset Boulevard 154
- Sunset Strip 154
- Sunset Tower Hotel 154
- TCL Chinese Theatre 145
- Walk of Fame 144, 151
- Walk of Fame Gateway Gazebo 144
- Warner Bros. Studios 153
- West Hollywood 154
Hopkins, Mark 46
Hotels 79
Howard, Sidney 63
Hubschrauberrundflüge 92
Humboldt Redwoods State Park 19, 419, **420**
Huntington Beach 95, 181
Huntington, Collin P. 46
Huntington, Henry E. 188
Huston, John 150

Imperial Sand Dunes 239
Imperial Valley 238
Incline Village 450
Indian Canyons 17, 29, 251
Indianer 25, 30, **37**, **40**, 44, 50, 94, 96, 246, 259, 265, 311, **322**, 415, 442
Indian Wells 94, 254, **255**
Indio 94, 254, **255**
Informationsstellen 97
Inlandflüge 74
Internetzugang 103
Irwindale 94
Isozaki, Arata 128

Jack London Historic State Park 398
Jedediah Smith Redwoods State Park 428
Joggen 157, 214
Joshua Tree National Park 16, 29, 233, 246, **256**
- Black Rock Canyon 256
- Cholla Cactus Garden 256
- Indian Cove 256
- Key's Ranch 259
- Key's View 259
- Ryan Mountain 259
- Twentynine Palms 259
- Wonderland of Rocks 261
- Yucca Valley 261
Juan Bautista de Anza National Historic Trail 237
Jugendherbergen 80
Jug Handle State Natural Reserve 417
Julian 244
Julia Pfeiffer Burns State Park 306

Kajakfahren 289, 420, 443, 448
Karten 104
Keith, William 62
Kelly, James 62
Kelly, Mike 62
Kennedy, Robert 48, 158
Kerouac, Jack 64, 305, 365
Kesey, Ken 65
Kinder 104
King, Martin Luther 48
Kings Canyon National Park 17, 29, 342, **345**
Klamath 427
Klamath Glen 427
Kleidung 104
Klettern **260**, 269
Klima **26**, 33, **104**, 269
Knott's Berry Farm 185
Koenig, Pierre 58
Konsulate 98
Koolhaas, Rem 58
Kriminalität 56
Kruse Rhododendron State Reserve 416
Kumeyaay-Indianer 236
Kunst 61

Laemmle, Carl 146
Laguna Beach 95, 115, **182**
Laguna Mountains 244
La Jolla 16, **222**
Lake Helen 441
Lake Tahoe 26, 46, 89, **444**
Lancaster, Burt 165
Landwirtschaft 17, 35, 328
Lang, Fritz 146
La Purisima Mission State Historic Park 299
Lassen Peak 19, 29, 439, **440**, 441
Lassen Volcanic National Park 29, 439
Las Vegas 16, 97, 101, 228, 233, **275**
Lautner, John 58
Lava Beds National Monument 41
Laws 353
Lee Vining 351
Leihwagen 13, **73**
Lemmon, Jack 165
Lesetipps 106
Libeskind, Daniel 370
Links 106
Literatur 63, 106
Locke 334
London, Jack 50, 63, 392, **398**, 405
Lone Pine 353
Long Beach 16, 178
Lorre, Peter 146, 150
Los Angeles 12, 16, 17, 28, 32, 36, 47, 50, 51, 53, 58, 61, 62, 68, 69, 94, **119**, 246, 285, 374
- Ahmanson Theatre 124
- Angel's Flight 129
- Bank of America Plaza 132
- Beverly Hills 16, 59, 158, **161**
- Beverly Hills Hotel 162
- Beverly Wilshire Hotel 162
- Bradbury Building 129
- Broadway 129
- Bullock's Wilshire Building 158
- Bunker Hill 59, 124
- Bunker Hill Steps 131, 132
- California African American Museum 135
- California Science Center 134
- Cathedral of Our Lady 124
- Chinatown 94, **123**
- City Hall 124

Der Haupteintrag ist **fett** hervorgehoben.

- Craft and Folk Art Museum 160
- Dorothy Chandler Pavilion 124
- DoubleTree by Hilton 130
- Downtown 122
- El Pueblo de Los Angeles 122
- Exposition Park 134
- Farmers Market (Miracle Mile District) 159
- Financial District 131
- Getty Center 58
- Grammy Museum 134
- Grand Central Market 130
- Grand Hope Park 139
- Grand Park 124
- HOLLYWOOD-Schriftzug 147
- Japanese American Cultural & Community Center (JACC) 130
- Japanese American National Museum 130
- Jewelry District 133
- Koreatown 158
- La Brea Tar Pits & Museum 159
- L.A. Live 133
- Little Tokyo 130
- Los Angeles Central Library 131
- Los Angeles Convention Center 134
- Los Angeles County Museum of Art 58, 159
- Los Angeles Dodgers Stadium 138
- Los Angeles Memorial Coliseum 134
- Maguire Gardens 131
- Mark Taper Forum 124
- Microsoft Theater 134
- Millennium Biltmore Hotel 133
- Million Dollar Theatre 129
- Miracle Mile District 158
- Museum of Contemporary Art (MOCA) 128
- Museum of Tolerance 161
- Music Center 124
- Natural History Museum 134
- Orpheum Theatre 138
- OUE Skyspace LA 131
- Paley Center for Media 162
- Pershing Square 133
- Petersen Automotive Museum 59, 160
- Rodeo Drive (Beverly Hills) 161
- Spring Street 129
- Staples Center 134, 138
- Sunset Strip 69
- The Broad 59, **128**
- The Geffen Contemporary at MOCA 130
- The Grove (Miracle Mile District) 159
- Union Station 122
- University of Southern California 134
- U.S. Bank Tower 51, **131**
- Walt Disney Concert Hall 59, **124**
- Wells Fargo Center 132
- Wells Fargo History Museum 129
- Westin Bonaventure Hotel 131
- Wilshire Boulevard 158
- Wilshire Grand Center 133
- Wiltern Theatre 158

Los Angeles Westside 164
- Bel Air 164
- Brentwood 165
- Fowler Museum 164
- Hammer Museum 164
- Hotel Bel Air 164
- The Getty Center 165
- Westwood 164
- Westwood Village Memorial Park Cemetery 165

Lubitsch, Ernst 146
Lucas, George 134

Macdonald, Ross 64
MacLaine, Shirley 55
Malibu 166
Mammoth Lakes 26, 91, 92, **352**
Mammoth Mountain 91

Manhattan Beach 176
Mann, Heinrich 67, 167
Mann, Thomas 47, 67, 167
Mansfield, Jayne 150
Manzanar National Historic Site 354
Manzanita Lake 441
Marcuse, Ludwig 134, 169
Marina del Rey 174
Marin County 18, 390
Marshall Gold Discovery State Historic Park 432
Marshall, James W. 42, 44, 50, 432, 433
Martin, Dean 165
Maßeinheiten 108
Matthau, Walter 165
Maupin, Armistead 65
Mavericks 91, 94
Mayer, Louis B. 146
McArthur Burney Falls Memorial State Park 436
McCarthy, Joseph 47
McCarthy, Paul 62
Medien 109
Mehring, Walter 167
Meier, Richard 58, 165
Mencken, H. L. 63
Mendocino 96, **417**
Mendocino County 19
Mendocino Headlands State Park 417
Merced 332
Mietwagen 13, **73**
Miller, Henry 305, 306
Mission San Diego de Alcalá 205, **206**
Mission San Fernando Rey de España 186
Mission San Gabriel Arcángel 188
Missionsstationen 41, 50, 60, 288, 295, 299, 302, 308, **319**, 322, 396
Mission Valley 205
Mojave National Preserve 12, 16, 249, 256, 270
Mono Lake 28, **351**
Monroe, Marilyn 144, 145, 154, 165, 314, 365

Register

Monterey 17, 42, 50, 95, 96, 285, 308, **309**
Monterey Bay 41, 285, 308, **314**
Morongo Band of Mission Indians Reservation 246
Morrison, Jim 69, 173
Morro Bay 303
Moss, Eric Owen 59
Motels 77
Motorradfahren und Motorradreisen 74
Mountainbiking 89, 349, 352
Mountain View 408
Mount Rose 450
Mount Shasta 19, **441**
Mount Shasta City 442
Mount St. Helena 404
Mount Tamalpais 18
Mount Whitney 26, 92, 342, 344, **354**
Muir, John 33, **345**, 441
Muir Woods National Monument 18, 394
Mulholland Drive 186
Mulholland, William 186
Musik 68

Nachhaltig reisen 114
Nachtleben 110
Napa **399**, 402
Napa Valley 18, **399**
Nathan, George Jean 63
Nationalparkpass 112
Nationalparks **27**, 92
Naturparks 27
Nepenthe 306
Neutra, Richard 58, 252
Nevada 28, 444, 446, **450**
Nevada City 435
Neve, Felipe de 42, 50, 123
Newport Beach 96, **182**
North San Diego County 222
Notfälle 111

Oakland 18, 37, 47, 48, 405
Oakville 402
Obama, Barack 33
Oceano 300
Oceano Dunes 300
Oceanside 228

Ocotillo 236
Ocotillo Wells 240
Öffnungszeiten 111
Offroadsport 240, 300
Ojai 115
Orange County 166, **180**
Orbison, Roy 165
Oregon Trail 46
Orick 427
Oroville 27, 41
Ory, Edward ›Kid‹ 68
Osbourne, Ozzy 69
Oscar-Verleihung 94, 147
Outdooraktivitäten 89
Owens Lake 28
Owens Valley 26, 28, **352**
Oxnard 288

Pacific Palisades 166
Palm Canyon 253
Palm Desert 94, **254**
Palm Springs 16, 94, 233, 246, **249**, 254
Palos Verdes Peninsula 177
Panamint Range 274
Parker, Charlie 68
Pasadena 186, **188**
Paso Robles 321
Pauschalreisen 14
Pebble Beach 95
Peck, Gregory 225
Pelli, Cesar 155
Pepperwood 19
Petaluma 94
Petersen, Wolfgang 68
Petrini, Carlo 82
Piano, Renzo 58, 160, 384
Pickford, Mary 145, 149, 226
Piedras Blancas 17, **304**
Pinnacles N. P. 320
Pioneertown 262
Pismo Beach 299
Pitt, Brad 145
Placerville 431
Point Arena Lighthouse 416
Point Lobos State Reserve 307
Point Reyes National Seashore 414, 415
Polanski, Roman 186
Politik 25, 34

Polk, James Knox 42
Pomo-Indianer 40
Portola, Gaspar de 37, 41, 123, 322
Post 111
Power, Tyrone 150

Quechan Indian Reservation 239

Radfahren 168, 214, 243, 349, **384**, 393, 401, 438, 448
Radio 109
Rafting 14, 92, 443
Ramona 245
Ramos, Mel 62
Ranches 79
Rancho Mirage 254
Rancho Palos Verdes 65
Rancho Santa Fe 226
Rauchen 111
Reading Peak 441
Reagan, Ronald 48, 124, 338
Redding 436
Redondo Beach 176
Red Rocks Beach 395
Redwood National Park 29, **424**
Reisekasse 111
Reisezeit 104
Reiten 91, 245, 252, 350, 421
Religion 25, 54
Remarque, Erich Maria 169
Remington, Deborah 62
Restaurants 87
Rhyolite (Nevada) 274
Rivera, Diego 62, 387
Robert Louis Stevenson State Park 403
Roberts, Monty 91
Rodeo Beach 390, **393**
Rogers, Ginger 249
Rundreisen 20
Ruscha, Edward 62
Rutherford 402
Ryan Mountain 259

Sacramento 44, 84, 95, **335**
Sacramento-Delta 334
Sacramento River 337, 436
Sacramento Valley 436

Der Haupteintrag ist **fett** hervorgehoben.

Salinas 50, **317**
Salinas Valley 308, **317**
Salk, Jonas 222
Salton City 256
Salton Sea 256
Samoa 423
San-Andreas-Graben 32, 119
San Antonio de Padua 319
Sand Harbor State Park 450
San Diego 12, 16, 32, 47, 53, 60, 95, 96, 105, **193**, 236, 245
– Alcazar Garden 201
– An der Marina 200
– Balboa Park 201
– Belmont Park 212
– Botanical Building 202
– Cabrillo National Monument 218
– California Tower 201
– Casa del Prado 202
– Coronado Beach 219
– Coronado Peninsula 196, 212, **217**
– Crystal Pier 215
– Downtown 196
– El Prado 201
– Embarcadero 200
– Fiesta Island 212
– Gaslamp Quarter 196
– Hotel del Coronado 219
– House of Hospitality 201
– Junípero Serra Museum 205
– Maritime Museum 200
– McCoy House Museum 205
– Mingei International Museum 201
– Mission Bay 212
– Mission Bay Park 212, **214**
– Mission Beach 212
– Mission San Diego de Alcalá 206
– Mission Valley 205
– Museum of Contemporary Art San Diego 200
– Naval Base Coronado 219
– Ocean Beach 216
– Old Town San Diego State Historic Park 204
– Pacific Beach 213
– Point Loma 217, **218**
– Point Loma Peninsula 16, 196, 212, **217**
– Presidio Hill 205
– Reuben H. Fleet Science Center 202
– San Diego Air & Space Museum 202
– San Diego Convention Center 201
– San Diego History Center 202
– San Diego Model Railroad Museum 202
– San Diego Museum of Art 201
– San Diego Museum of Man 201
– San Diego Zoo 203
– Seaport Village 200
– Sea World 212
– Seeley Stables Museum 204
– Silver Strand 219
– Spanish Village 203
– Spreckels Park 219
– Timken Museum of Art 202
– Tourmaline Surfing Park 216
– USS Midway Museum 200
– Vacation Isle 212, **215**
– Wells Fargo Museum 205
– Westfield Horton Plaza 199
– William Heath Davis House 196
San Diego Bay 41, 212
San Fernando Valley 51, 146, **186**
San Francisco 12, 17, 18, 26, 32, 40, 41, 43, 48, 50, 53, 58, 59, 60, 61, 62, 65, 69, 82, 89, 94, 95, 238, 285, **357**
– Alamo Square 381
– Alcatraz 38, **362**
– Aquarium of the Bay 361
– Asian Art Museum 376
– Baker Beach 382
– Beat Museum 365
– Botanical Garden 385
– Cable Car 369
– Cable Car Museum 368
– California Academy of Sciences 58
– California Historical Society 370
– California Palace of the Legion of Honor 383
– Castro District 385
– Children's Creativity Museum 371
– Chinatown 82, **367**
– Chinese Cultural Center 368
– Chinese Historical Society of America 368
– Church of St. Peter and St. Paul 365
– City Hall 375
– Civic Center 375
– Cliff House 383
– Coit Tower 61, **365**
– Columbus Avenue 365
– Columbus Tower 365
– Contemporary Jewish Museum 370
– Dewey Monument 375
– Downtown 360
– Embarcadero 360, 367
– Embarcadero Center 367
– Exploratorium 367
– Fairmont Hotel 365
– Ferry Building 367
– Financial District 367
– Fisherman's Wharf 362
– Fort Mason Center for Arts & Culture 381
– Fort Point 382
– Frank Lloyd Wright Building 375
– Ghirardelli Square 362
– Golden Gate Bridge 51, 61, 357, 360, **382**
– Golden Gate Fortune Cookie Factory 368
– Golden Gate National Recreation Area 382
– Golden Gate Park 95, **384**
– Golden Gate Vista Point 390
– Grace Cathedral 365
– Haas-Lilienthal-House 381
– Hafenfront 361
– Hallidie Plaza 375
– Herbst Theatre 376
– International Art Museum of America 371

Register

- James R. Herman Cruise Ship Terminal 367
- Lincoln Park 383
- Lombard Street **364**, 381
- Louise M. Davies Symphony Hall 375
- Marina 381
- M. H. de Young Memorial Museum 384
- Mission District 41, 62, 385
- Moscone Convention Center 370
- Museo Italo Americano 381
- Museum of the African Diaspora 370
- Nob Hill 365
- North Beach 364
- Oakland Bay Bridge 357, 360, 374
- Pacific Heights 381
- Palace of Fine Arts 381
- Pier 39 361
- Presidio 42
- Presidio National Park 382
- Russian Hill 364
- San Francisco Maritime National Historical Park 363
- San Francisco Museum of Modern Art (SFMOMA) 370
- San Francisco Opera (War Memorial Opera House) 376
- Seal Rocks 383
- Seelöwenkolonie 361
- Sentinel Building 365
- South of Market Street (SoMa) 360, 370
- Telegraph Hill 365
- The Cannery 362
- The Mexican Museum 381
- Tin-How Temple 368
- Transamerica Pyramid 367, 374
- Transbay Block 8 59
- Twin Peaks 385
- Union Square 375
- Walt Disney Family Museum 382
- Westin St. Francis 375

- Yerba Buena Center for the Arts 370
- Yerba Buena Gardens 370

San Francisco Bay 40, **390**
San Gabilan Mountains 320
San Gabriel Valley 186, **187**
San Gorgonio Pass 249
San Jacinto Mountain 251
San Joaquin Hills 182
San José 18, **405**
San Luis Obispo 14, **302**
San Miguel Arcangel 321
San Pedro 178
San Simeon 305
Santa Barbara 17, 40, 41, 60, 86, 91, 94, 285, **290**
Santa Cruz 91, 285, 308, **314**
Santa Monica 16, **169**
Santa Rosa Island 40
Santa Ynez 39
Santa Ysabel 245
Saroyan, William 63
Sausalito 18, **390**
Schindler, Rudolph 58
Schwarzenegger, Arnold 33, 34, 39, 48, 51, 145, 165
Schwule und Lesben 112
Scott, George C. 165
Sebastian Vizcaino 41
Sequoia & Kings Canyon National Park 18
Sequoia National Park 17, 29, **342**
Serra, Junípero 41, 205, 206, 288, 308, 319, **322**
Serrano-Indianer 246
Shasta Lake 80, 436, **438**
Shasta-Trinity National Forest 443
Shoshone-Indianer 265
Sicherheit 56, **112**
Siegel, Benjamin ›Bugsy‹ 149
Sierra Nevada 12, 17, 18, 24, 26, 27, 28, 46, 92, 105, 325, **342**, 430, 444
Silicon Valley 25, 47, 48, **408**
Sinatra, Frank 155, 450
Skifahren 443, **446**, **447**
Solana Beach 226
Solvang 91, 285, **298**

Sonoma 42, 57, **396**
Sonoma Valley 396
Sonora 430
Sonora-Pass 431
Sonora-Wüste 12, 16, 238, 249, 254, 256
South Bay 168, **176**
South Lake Tahoe 92, 96, 445, 446
Souvenirs 101
Spartipps 74
Sperrung von Bank- und Kreditkarten 102
Spielberg, Steven 134
Sport **56**, 93, 115, **139**
Springfield, Buffalo 69
Squaw Valley 51, 92, 449
Stand-Up Paddling 181
Stanford 408
Stanford, Leland 46, 338
Stateline **445**, 446
Steinbeck, John 19, 47, 50, 63, 309, 317, **318**
Sternbeobachtung 243, 245
Stevenson, Robert Louis 17, 306, 312, 401, 403
St. Helena 399, **401**
Still, Clyfford 62
Stinson Beach 18, **395**
Stockton 17
Summit Lake 441
Sundial Bridge 436
Sunnyvale 408
Surfen **91**, 176, 181, 216, 225, 230, 315, 395
Surfrider Beach 91
Susanville 39
Sutter, Johann August **44**, 339, 414, 430
Swedenborg, Emanuel von 177

Tahoe Rim Trail 444
Taylor, Elizabeth 155, 162
Telefonieren 113
Tennis 255
Thiebaud, Wayne 62
Tiburon 395
Tijuana 81, **208**
Tocqueville, Alexis de 55
Toiletten 99, 113

Der Haupteintrag ist **fett** hervorgehoben.

Torrance 168
Torrey Pines State Reserve 224
Tourismus 25
Trinkgeld 114
Trinkwasser 269
Truckee 449
Truckee River 449
Trump, Donald 33, 53, 177
Twentynine Palms 259

Übernachten **76**, 443
Umgangsformen 98
Umweltschutz 33, 114

Valley of Fire 17
Venice 16, 172
Ventura 17, 288
Veranstaltungen 93
Verkehrsmittel 13, 72, 73
Verkehrsregeln 75, 97
Visalia 331
Vizcaino, Sebastian 50

Walnut Grove 334
Wambaugh, Joseh 64
Wandern 91, 224, 243, 251, 253, 259, 266, 271, 289, 317, **320**, 332, **343**, 350, **353**, 354, 395, 404, **415**, **419**, 429, 440, 441, 442
– Bay Area Ridge Trail 91
– California Coastal Trail 91
– John Muir Trail 92
– Pacific Crest Trail 92
Warner, Benjamin 146
Washoe-Indianer 444
Wasser 28, 114
Waters, Alice 82
Watsonville 314
Wayne, John 134, 146, 155, 182
Weeks, James 62
Wein **85**, 96, 245, 321, **396**, **402**
Wellenreiten 176
Wellness **115**, 138, 157, 283, 403
Werfel, Franz 167
Wetter 26, 104
Whale Watching 175, 200, 223
Whiskeytown Lake 438
Whiskeytown-Shasta Trinity National Recreation Area 80
White Mountains 26
Wiesenthal, Simon 161
Wilder, Billy 154
Wildwasser-Rafting 14, **92**
Willis, Bruce 145
Will Rogers State Beach 168
Wilshire, H. Gaylord 158
Wintersport **92**, 251, 350, **352**, 443, **446**, **447**, 450
Wirtschaft 25, 34
Wohnmobil 73, 80

Wright, Frank Lloyd 177, 375
Wüsten 16, 29, 30, **233**, **269**

Yahi-Indianer 41
Yerba Buena 42
Yermo 263
Yosemite National Park 17, 18, 29, 51, 91, 92, 325, **342**, **345**
– Glacier Point 347
– Half Dome 347
– Mariposa Grove 346
– Olmsted Point 347
– Pioneer Yosemite History Center 347
– Siesta Lake 347
– Tioga Pass 347
– Tuolomne Grove 347
– Tuolomne Meadows 347
– Wawona 347
– Yosemite Valley 62, 347
Yountville 400
Yuma (Arizona) 239
Yurok Indian Reservation 427

Zeit 115
Zeitungen und Zeitschriften 109
Zephyr Cove 450
Zollbestimmungen 72
Zuschauersport 56, **115**, 255

REISEN UND KLIMAWANDEL

Wir sehen Reisen als Bereicherung. Es verbindet Menschen und Kulturen und kann einen wichtigen Beitrag zur wirtschaftlichen Entwicklung eines Landes leisten. Reisen bringt aber auch die Verantwortung mit sich, darüber nachzudenken, was wir tun können, um die Umweltschäden auszugleichen, die wir mit unseren Reisen verursachen.

Atmosfair ist eine gemeinnützige Klimaschutzorganisation. Die Idee: Über den Emissionsrechner auf *www.atmosfair.de* berechnen Flugpassagiere, wie viel CO_2 der Flug produziert und was es kostet, eine vergleichbare Menge Klimagase einzusparen. Finanziert werden Projekte in Entwicklungsländern, die den Ausstoß von Klimagasen verringern helfen. *Atmosfair* garantiert die sorgfältige Verwendung Ihres Beitrags.

Abbildungsnachweis/Impressum

Abbildungsnachweis

AWL-Images, Whitchurch (GB): S. 78 (Aurora Photos); 9 (Banks); 312/313 (Copson); 27 (Danita Delimont Stock)

Manfred Braunger, Freiburg: S. 11, 45, 49, 112, 141, 152, 257, 323, 324, 425

DuMont Bildarchiv, Ostfildern: S. 85, 237, 439 (Heeb)

Fotolia, New York (USA): S. 416/417 (Hackemann); 393 (heyengel); 400/401 (latypova); 263 (vasen); 23 (Wiktor)

Reise- und Naturfotografie Roland Gerth, Thal (CH): S. 306/307, 327, 350/351

Getty Images, München: S. 334/335 (Bellah); 402 (Cozart); 232 (Epperson); 282 (Funk); 213 (Huffaker); 404 (Icon Sportswire/Stringer); 139, 269 (Image Source); 189 (Lonely Planet Images/Brady); 81 (Los Angeles Times/DeAratanha); S. 86 (Los Angeles Times/Friedman); 71 o. (Los Angeles Times/Melcon); 187 (Los Angeles Times/Melcon); 163 (Los Angeles Times/van der Brug); 167, 294 (Rose); 220 (Salvadori); 383 (van der Kruijssen); 279 (White)

Huber-Images, Garmisch-Partenkirchen: S. 136/137, Umschlagrückseite u. (Carassale)

iStock.com, Calgary (Kanada): S. 43 (compassandcamera); 30/31 (DanielHarwardt); 90 u. (Dobino); 95 (EddieHernandezPhotography); 304 (eoind); 123 (ExtremePhotographer); 99 (f8grapher); 90 M. re. (ianmcdonnell); 54 (JonathanNicholls); 247 (Kirkikis); 451 (KiskaMedia); 197 (littleny); 88 (marcopasqualini); 192 (Meinzahn); 83 (NicolasMcComber); 272 (nstanev); 18/19 (rabbit75_ist); 73 (robertcicchetti); 255 (thinkreaction)

laif, Köln222: S. 374 (Aurora / Essick), 446 (Aurora / Oberly); 125 (Biskup); 75 (Heeb); 71 M., 265 (hemis.fr); Umschlagrückseite o. (Le Figaro Magazine/Fautre); 71 u., 77 li., 77 re. (Le Figaro Magazine/Martin); Umschlagklappe vorn (Modrow); 408/409 (Redux/The NewYorkTimes)

Look, München: Titelbild, S. 117 (Brown); 66/67, 110 (Holler)

Mauritius Images, Mittenwald: S. 182/183, 388/389, Umschlagrückseite M. (age fotostock); 57, 61, 89, 90 M. li., 93, 96, 100, 104, 107, 118, 132, 160/161, 203, 210, 227, 229, 231, 244, 260, 284, 299, 316, 328, 339, 355, 407, 410, 434, 437 (Alamy); 90 o. (Image Source); 361, 378 (imagebroker); 241 (McPHOTO)

Naturbildarchiv Harald Mielke, Sachsenried: S. 344

picture-alliance, Frankfurt a. M.: S. 146 (Glasshouse Images); 28 (Image Source/Kearney); 108 (Mary Evans Picture Library); 250 (robertharding/Hellier)

Schapowalow, Hamburg: S. 170 (4Corners/Banks); 174/175, 364 (Kremer); 356, 366 (SIME)

Shutterstock, New York (USA): S. 59 (f11photo); 35 (Kramskaya); 13 (Pavone); 333 (Philip Bird LRPS CPAGB); 428 (Reichner); 426 (Rix); 223 (Sandler); 330 (Sarah Fields Photography)

Kartografie
DuMont Reisekartografie, Fürstenfeldbruck
© DuMont Reiseverlag, Ostfildern

Umschlagfotos

Titelbild: Kajakfahrer vor der Golden Gate Bridge in der San Francisco Bay; Umschlagklappe vorn: Wanderin im Death Valley National Park, Umschlagrückseite oben: Blick vom Glacier Point auf den 2695 m hohen Half Dome im Yosemite National Park

Hinweis: Autor und Verlag haben alle Informationen mit größtmöglicher Sorgfalt geprüft. Gleichwohl sind Fehler nicht vollständig auszuschließen. Alle Angaben erfolgen ohne Gewähr. Bitte schreiben Sie uns! Über Ihre Rückmeldung zum Buch und über Verbesserungsvorschläge freuen sich Autor und Verlag:
DuMont Reiseverlag, Postfach 3151, 73751 Ostfildern, E-Mail: info@dumontreise.de

4., aktualisierte und erweiterte Auflage 2018
© DuMont Reiseverlag, Ostfildern
Alle Rechte vorbehalten
Autor: Manfred Braunger
Lektorat: Henriette Volz, Lioba Waleczek, Erika E. Schmitz
Grafisches Konzept: Groschwitz/Tempel, Hamburg
Printed in China